Oberschichten – Eliten – Herrschende Klassen

Reihe „Sozialstrukturanalyse“
Herausgegeben von Stefan Hradil

Band 17

Stefan Hradil
Peter Imbusch (Hrsg.)

Oberschichten – Eliten – Herrschende Klassen

Leske + Budrich, Opladen 2003

Gedruckt auf säurefreiem und alterungsbeständigem Papier.

Die Deutsche Bibliothek – CIP-Einheitsaufnahme
Ein Titeldatensatz für die Publikation ist bei Der Deutschen Bibliothek erhältlich

ISBN 3-8100-3392-8

Druck: DruckPartner Rübelmann, Hemsbach
Printed in Germany

Inhaltsverzeichnis

III. Soziokulturelle Aspekte

IV. Internationale Aspekte

I. Einführung

I. Einführung

Konjunkturen, Probleme und Desiderata sozialwissenschaftlicher Elitenforschung

Peter Imbusch

1. Das neue Interesse an den Eliten

Seit einiger Zeit gibt es ein wiedererwachtes starkes Interesse an den Eliten der Gesellschaft. Als mehr oder minder untrügliche Indikatoren für dieses Interesse können gelten

– eine beträchtliche Zahl neuerer Publikationen auf dem Gebiet der Elitenforschung, die von Lasch (1995) und Bürklin/Rebenstorf (1997) über eine Reihe vergleichend angelegter Elitestudien (Best/Becker 1997; Page/Wright 1999) bis hin zu den neueren Publikationen von Krais (2001), Papcke (2001), Böhnisch (1999) und Hartmann (1996, 2002) reicht – um nur einige zu erwähnen. Hinzu genommen werden könnten hier noch die entsprechenden Themenschwerpunkte in nationalen wie internationalen Zeitschriften und eine beachtliche Zahl von in den letzten Jahren verstreut publizierten Aufsätzen.

– eine trotz oder gerade wegen der Ausdifferenzierung der Gesellschaft und ihres schnellen Formwandels mit dem Abbau von Hierarchien und der scheinbaren Egalisierung von Wertordnungen zu Stande kommende Wiederbelebung des Elitären, die mit einem v.a. über Individualisierungstendenzen transportierten Affekt gegen alles Kollektive und eine als wenig konturenhaft empfundene Masse einher geht (Berking/Evard/Schwengel 1988). Die Suche nach Exzellenz und die Legitimierung außergewöhnlicher Leistungen muss mehr denn je mit dem Prestige des Elitestatus belohnt werden.

– ein kaum noch zu überhörender Ruf nach Eliten und Führung angesichts einer schwierigen Wirtschaftslage, der Herausforderungen der Globalisierung und anhaltender politischer Problemlagen, denen mit Tatkraft und dem nötigen Überblick, die man wiederum nur handlungsfähigen Eliten zutraut, begegnet werden soll.

– eine mit der weit reichenden Durchsetzung neoliberaler Wirtschaftsprinzipien einher gehende generelle Vermarktwirtschaftlichung des Denkens und daraus resultierende Hochschätzung von Leistungsbereitschaft und Willen zum Erfolg einerseits, einer Relegitimierung sozialer Ungleichheit und der Anerkennung wirtschaftlichen Erfolgs – gleichgültig auf welcher Grundlage er beruht – andererseits. Im Hintergrund stehen überlebensgroß Bild und Begriff einer Elite, deren Existenz unausweichlich und geradezu naturwüchsig zu sein scheint und deren Handeln ihre Legitimität zunehmend in sich selbst findet.

– eine in der medialen Öffentlichkeit weit verbreitete, beträchtliche Faszination bestimmter Teileliten, die zunächst an der Figur des Millionärs fest gemacht werden kann – und so etwa dazu beiträgt, Reichtum als gesellschaftliches Leitbild zu stärken –, sich aber sodann auch an einer Reihe weiter Typen wie Sportlern und Stars zeigen lässt, deren Spitzenleistungen auf verschiedenen Gebieten Vorbildcharakter zugeschrieben wird (Kursbuch 2000, 2001).

Das alles summiert sich zu einem dauerhaften volkstümlichen Interesse und voyeuristischer Neugierde an der Prunk- und Genusssucht einer internationalen *leisure class*, die Woche für Woche von Hunderten von Gazetten befriedigt wird. Immer ist in diesen Zusammenhängen unzweifelhaft positiv von Eliten die Rede, deren Tun bewundert und deren Handeln zur Nachahmung empfohlen werden, ohne dass man sich heute noch recht bewusst machte, welchen unterschiedlichen Konjunkturen – und Anfechtungen – der Elitebegriff historisch ausgesetzt war.

2. Historische Konjunkturen des Elitebegriffs nach 1945

Betrachtet man allein die Konjunkturen des Elitenbegriffs nach 1945, dann wird man feststellen können, dass er nach der ideologischen Vereinnahmung und weltanschaulichen Aufladung des Elitenbegriffs durch die Nationalsozialisten zunächst lange Jahre diskreditiert war und es bis in die 60er Jahre hinein brauchte, um überhaupt so etwas wie Elitenforschung neu zu konstituieren (Reitmayer 2002). In diese Zeit fallen die ersten historischen Rekonstruktionen und Auseinandersetzungen mit dem Elitenbegriff (Jaeggi 1960; Bottomore 1966) wie auch die ersten großen Untersuchungen über die Veränderungen und Kontinuitäten der deutschen Eliten seit der Weimarer Republik (Hoffmann-Lange 2001; Zapf 1965; Scheuch 1966; Wildenmann 1968). Doch noch ehe sich diese Forschungen richtig auswachsen konnten, geriet der Begriff und die bezeichnete Gruppierung als akademischer Untersuchungsgegenstand im Zuge des mit der Studentenbewegung einher gehenden

Paradigmenwechsels in den späten 1960er und frühen 1970er Jahren vollkommen aus dem Blick. Nicht mehr die eher auf Integration zielenden Schicht- und Elitenmodelle wurden favorisiert, sondern eher den Konflikt betonende Klassenmodelle, in denen allerdings die Gestalt und Struktur der 'Bourgeoisie' nur höchst selten thematisiert wurden. Man begnügte sich mit Rollenetiketten und Funktionszuschreibungen an die 'herrschende Klasse' und verengte den Begriff dabei zugleich auf die unumschränkte Macht und die überragende Bedeutung des Kapitals und ließ andere Führungsgruppen nur noch als Handlanger der Wirtschaft zu oder vorsorglich gleich außer Acht.

Mit der internen Kritik an den beträchtlichen Versäumnissen der Klassenmodelle kam es in den 1980er Jahren keineswegs zu einer Revitalisierung des Eliten- oder des Oberschichtbegriffs, sondern eher zu einer weitgehenden Auflösung dieser an Klassen- und Schichten orientierten Perspektive und damit in der Soziologie auch zum Verlust des Gegenstandes Eliten (Rilling 1982). Dank der rasch voranschreitenden Enttraditionalisierung, Ausdifferenzierung und Individualisierung moderner Gesellschaften erschienen nun soziale Lagen und Milieus die ausschlaggebenden Kategorien zur Erfassung und Analyse sozialer Strukturen zu sein, denen gegenüber Eliten, Oberschichten oder gar herrschende Klassen – im Gegensatz übrigens zu den dominanten Trends in der internationalen Diskussion – wie sperrige Gegenstände wirkten. Als schließlich in den 1990er Jahren das Interesse an den Eliten der Gesellschaft erneut einsetzte, da hatten sich unter der Oberfläche des Elitendiskurses weit reichende Veränderungen in der Auseinandersetzung mit diesen Gruppen vollzogen: Man betrachtete Eliten nun gänzlich unideologisch, häufig in einem rein formalen Sinne, ohne sich über Gestalt, Struktur und Zuschnitt des jeweils bezeichneten Gegenstands eigens verständigen meinen zu müssen; man ging wie selbstverständlich – zumindest für die westlichen Demokratien – von einem pluralistischen Ensemble von Führungsgruppen aus, deren Macht aus der Besetzung bestimmter Positionen resultierte, ohne wirklich nachzuweisen, dass es sich um eine solche 'Konfiguration pluralistischer Führungsgruppen' und nicht doch eher um eine 'kohäsive Machtelite' oder gar eine 'herrschende Klasse' handelt; Eliten und Demokratie wurden nicht mehr länger als einander ausschließende Gegensätze begriffen. Der pluralistische Zugriff transportierte zudem weniger das Bild *einer* Elite, sondern das einer bunten Vielfalt von aus ganz unterschiedlichen Sektoren stammenden, wenn auch vollkommen verschieden legitimierten Eliten, das von den Politikern und Wirtschaftsführern über die Wissenschaftler bis hin zu Sportlern, Künstlern und Stars reichte. Deren qualitativ unterschiedliche Machtressourcen und Einflussmöglichkeiten blieben jedoch geflissentlich ohne Beachtung.

Schließlich rückten stärker denn je nicht nur die Funktionseliten (entweder als Positions- oder Machteliten) in den Vordergrund, sondern es gab und gibt quer durch die politischen Lager ein neuerliches starkes Interesse an Werteliten, die sich harten Auswahl- und Bewertungsmaßstäben unterwerfen müssen und Führungsqualitäten wie Charakterstärke, Gerechtigkeitssinn und moralische Autorität zeigen sollten. Das Reden über Eliten ist damit erheblich selbstverständlicher geworden als noch in den 60er und 70er Jahren des vorigen Jahrhunderts, die Existenz und die Notwendigkeit von Eliten wird kaum noch ernsthaft angezweifelt.

3. Mangelndes Wissen über die Eliten der Gesellschaft

Dennoch wissen wir insgesamt nur wenig über die 'höchsten Ränge' moderner Gesellschaften, sie bilden nach wie vor einen weißen Fleck auf der Landkarte soziologischer Forschung, nicht zuletzt deshalb, weil Sozialstrukturanalysen – wie immer sie angelegt waren – die Eliten entweder fast ausnahmslos vernachlässigt oder in einem pragmatischen, aber gänzlich unbefriedigenden Zugriff die Oberschichten einfach den oberen Mittelschichten zugeschlagen und somit auf ihre gesonderte Analyse verzichtet haben (Geißler 1996). Die moderne Ungleichheitsforschung hat sich zwar mit den Dimensionen sozialer Ungleichheit und den ungleichen Lebensbedingungen und Lebensweisen von Menschen auseinander gesetzt und dabei wichtige Variablen für Auf- und Abstiegsprozesse geliefert, dabei die Eliten aber bestenfalls am Rande gestreift (Hradil 2001). Dies ist umso erstaunlicher, als auch die Ungleichheiten innerhalb der Eliten erheblich sind und sie somit ein primäres Forschungsfeld für jene konstituieren könnten. Und die langjährige Elitenforschung in der Mannheimer Tradition mit ihren groß angelegten Untersuchungen war überwiegend politikwissenschaftlich orientiert und hat die Eliten zumeist abstrakt über Positionen definiert, selten jedoch konkrete Personenkreise ausführlicher untersucht und somit insgesamt nur wenig soziologisch interessantes Wissen transportiert. So kommt es, dass trotz der immensen Bedeutung gesellschaftlicher Führungsgruppen und ihrer Macht und ihres Einflusses auf gesamtgesellschaftlich bedeutsame Entscheidungen nur wenig gesichertes Wissen über diesen exklusiven Personenkreis existiert, der je nach zu Grunde gelegtem Elitenverständnis zwischen einem und fünf Prozent der Bevölkerung umfasst. Diese Tatsache sowie der Umstand, dass die Eliten den Soziologen nur selten als Problemgruppe auffielen, mag selbst ein ungerechtfertigter Grund für das Versäumnis sein, die Eliten einer Gesellschaft eigens und gesondert untersucht zu haben. Gab es nicht immer wichtigere Probleme und allein quantitativ relevantere Gruppierungen in der Gesellschaft als die Eliten? Oder ist es der typische Mittelschicht-Bias und ein entsprechendes Herkunftsmilieu vieler Soziologen gewesen, der hier den Blick habituell oder professionsbedingt verengt und bestenfalls noch auf die Unterschichten, soziale Bewegungen usw. gerichtet hat, nicht aber auf die Eliten?

4. Soziologische Probleme mit den Eliten

Die Schwierigkeiten mit der Analyse dieser Gesellschaftsgruppen beginnen bereits mit einer verbindlichen und v.a. begründeten Festlegung, wer aus welchen Gründen eigentlich zur Elite zählt, wer „dazu gehört". Probleme der Eingrenzung der Eliten – sollen Eliten aus allen gesellschaftlichen Bereichen berücksichtigt werden oder gibt es bei der Auswahl bestimmte Relevanzkriterien, nach denen die Bedeutung einzelner Eliten bewertet werden kann? – treffen sich hier mit Problemen der Abgrenzung von den Nicht-Eliten – bekanntermaßen existiert insbesondere zu den selbständigen Mittelschichten und bestimmten Kategorien von Freiberuflern ein offener Übergangsbereich, doch ab welchem gesellschaftlichen Rang gehört man zur Elite? –, die zudem durch die häufige Vermischung von normativen – Eliten als „the best and the brightest" – und deskriptiven – Eliten in einem rein formalen Sinne, ohne irgendwelche Spezifizierungen über Art und Typus einer bestimmten Elite zu beabsichtigen – Begriffsverwendungen zusätzlich erschwert werden. Fussels (2000) metaphorische Kennzeichnung der Spitzen der Gesellschaft und der Reichen in den USA als „Unsichtbare", die hinter hohen, bewehrten Mauern verschwinden oder gleich in elitären *no-go-areas* zu Hause sind, findet sein Pendant hierzulande in Markierungen der Eliten und der Reichen als Symbole der Grenzenlosigkeit einerseits, zugleich aber auch der Zurückgezogenheit, der Unsichtbarkeit und des Unbekannten andererseits. Im Begriff des „Unsichtbaren" ist das Dilemma der Identifikation einer alles andere als homogenen Gruppe auf den Punkt gebracht.

Unklar bzw. umstritten ist des weiteren, worauf der Elitestatus eigentlich beruht und was zur Elite qualifiziert: Leistung? Erfolg? Eigentum und Besitz? Macht? Eine bestimmte Position in einem ausdifferenzierten Funktionssystem? Wertebewusstsein? Herkunft und Stand? Wissen? Entsprechend variieren die Charakterisierungen und sonstigen näheren Bezeichnungen für die

Eliten je nach vermuteter Grundlage für den Elitestatus: So konkurrieren etwa Funktions-, Positions-, Leistungs-, Wert-, Macht-, Geburts- und Deutungseliten um die legitime Anerkennung als verbindlichem Begriff, obwohl diesbezüglich immer auf die historischen Veränderungen und gesellschaftsspezifischen Kontexte zu reflektieren wäre, unter denen solche Begriffe jeweils ihre Plausibilität erlangen konnten (Endruweit 1979; Schluchter 1963; Lenk 1982; Herzog 1982). Von nicht geringer Bedeutung für die Auseinandersetzung mit den Begriffen ist zudem die strikte Differenzierung von Selbsteinschätzungs- und Fremdeinschätzungseliten, denn wer sich selbst zur Elite zählt, mag vielleicht dazu gehören, könnte aber auch lediglich über einen beachtlichen Standesdünkel verfügen.

Die Schwierigkeiten einer adäquaten begrifflichen Fassung der Eliten liegen allerdings schon auf einer sehr viel grundsätzlicheren Ebene begründet, sofern man ein rein formales Elitenverständnis aufgibt. Denn dann offenbart sich sehr schnell, dass überhaupt konsensuell geteilte und allgemein akzeptierte Bezeichnungen und Analysekategorien fehlen. Dies zeigt sich nicht zuletzt bei der Wahl des Titels dieses Buches, der Oberschichten, Eliten und herrschende Klassen zusammen bringt, weil er das Analysespektrum des Phänomens nicht von vornherein einschränken wollte. Denn jeder der drei Begriffe ist mehr oder weniger umstritten und durch seine impliziten Prämissen und Wertungen in gewisser Weise auch unglücklich für das, was er jeweils bezeichnen soll. Der eine ist nach heftiger Kritik an gradationalen Schichtungsmodellen und seiner sukzessiven Ersetzung zunächst durch Klassenkonzepte, dann durch Milieu- und Lage-Modelle etwas aus der Mode gekommen, der andere ist bzw. war lange Zeit wertmäßig vorbelastet und politisch-weltanschaulich überstrapaziert, bevor er langsam wieder gebräuchlich wurde, und der dritte ist schließlich mit anklagenden Untertönen durchsetzt und durch seinen konfliktiven Charakter vielfach diskreditiert. Zudem sind die einzelnen Begriffe auf unterschiedlichen Erklärungsebenen und Abstraktionsstufen angesiedelt, und sie werden mit wechselnden Erkenntnisabsichten benutzt. Die Assoziationsräume, die die Begriffe jeweils aufspannen, sind höchst verschieden.

5. Oberschichten, Eliten, herrschende Klassen und mögliche begriffliche Alternativen

Der Begriff der Oberschichten entstammt dem Repertoire soziologischer Schichtungstheorien und bezeichnet in einer vertikal gestuften Perspektive denjenigen Personenkreis, der über die meisten gesellschaftlich anerkannten Ressourcen verfügt und sich ob dieser Ressourcenausstattung und der damit einhergehenden Lebensschancen in einer gehobenen sozialen Lage befindet, die zugleich einen gewissen Status verbürgt. Als solche Ressourcen gelten ein bestimmtes soziales Prestige, das sich auf unterschiedliche Aspekte beziehen kann, sodann eine mit bestimmten Berufen einher gehende Qualifikation, Einfluss oder Einkommen, Wissen, gegebenenfalls Macht. Diese Faktoren korrelieren in den unterschiedlichen Modellen in der Regel positiv miteinander und fügen sich zu einem mehrdimensionalen Statusmodell. Die in der Gesellschaft vorfindlichen Wertehierarchien führen dann mittels objektiv zuordnenbarer Merkmale sozialer Ungleichheit zu jener Rangordnung, die die Oberschichten an der Spitze der gesellschaftlichen Pyramide, einer Zwiebel oder eines Hauses – so die gängigen Modellvorstellungen – verorten. Die Oberschichten sind damit im Grunde eine Oberkategorie zur Bezeichnung von Eliten, die sowohl Macht-, Berufs-, Prestige-Eliten sein können oder sich in eine Reihe ganz verschiedene gesellschaftliche Teilbereiche umfassende Funktionseliten aufspalten. In diesen finden sich dann die wichtigsten Entscheidungsträger der Gesellschaft. Schichtungsanalysen rekurrieren damit auf die Ungleichheit der Güterausstattung und des sozialen Status einzelner Gruppierungen und erheben den Anspruch, die Ungleichheit der Lebensbedingungen aller Gesellschaftsmitglieder über ein Gradationsmodell zu beschreiben; sie können aber weder das Zustandekommen sozialer Ungleichheit noch horizontale Unterteilungen innerhalb der vertikalen Schichtenhierarchie erklären. Zudem stehen sie angesichts der zunehmenden Ausdifferenzierung moderner Gesellschaften vor dem Problem möglicher Statusinkonsistenzen, da es keine eindeutigen Prestigeordnungen und Statussysteme in der Gesellschaft mehr gibt, mit denen mit Anspruch auf allgemeine Verbindlichkeit eine Oberschicht identifiziert werden könnte. Jeder Versuch der objektivierenden Identifizierung einer Oberschicht müsste mehr als rein nominale Abgrenzungen zu den nächstfolgenden Schichten begründen können und hätte entsprechende Kriterien zu operationalisieren. Die Identifikation von Oberschichten bleibt damit in entscheidenden Punkten unspezifisch und führt zu beträchtlichen Vereinfachungen in Bezug auf die Eliten.

Neben dem älteren Begriff der Oberschichten findet sich dagegen der Elitenbegriff v.a. in jenen konkret-empirischen Untersuchungen gesellschaftlicher Führungsgruppen, die ich als pluralistisch bezeichnen möchte. Der Elitenbegriff wird dabei zunächst in einem rein formalen Sinne gebraucht, ohne Spezifizierungen der Gestalt und Merkmale der Elite vorzunehmen. Für die Eliten ist einzig konstitutiv, dass sie in einer Gesellschaft mit beträchtlichen Ungleichheiten Macht über bzw. Einfluss auf gesamtgesellschaftlich bedeutsame Entscheidungen ausüben (Hoffmann-Lange 1992: 19; Bürklin/Rebenstorf 1997: 35). Als Elite wird dabei in der Regel die zahlenmäßig kleine Gruppe der mächtigsten Personen einer Gesellschaft gefasst, deren Macht institutionalisiert und an Positionen oder Funktionen gebunden ist. Mit dem Elitebegriff verbinden sich primär deskriptive Zielsetzungen, mit ihm sollen etwa die Beziehungen von Eliten und Nicht-Eliten, Art und Ausmaß der Elitenintegration sowie spezifische Rollen und Funktionen von Teil-Eliten beschrieben werden. Zur Identifizierung von Eliten greift die diesbezügliche Forschung v.a. auf drei Verfahren zurück, nämlich a) die Positionsmethode, b) die Reputationsmethode, und c) die Entscheidungsmethode. Die einzelnen Methoden können auch kombiniert oder als Korrektiv- und Kontrollvarianten für einzelne Ansätze genutzt werden. Mit der Positionsmethode, einem mehrstufigen Auswahlverfahren zur horizontalen und vertikalen Abgrenzung der Zielpopulation, werden entsprechende Positionen in verschiedenen gesellschaftlichen Subsystemen, von denen man annimmt, dass sie die oben genannten Kriterien erfüllen, ausgewählt, um dann die eigentliche Elite oder einen zentralen Kern der Elite über weitere qualifizierende Verfahren zu identifizieren. Durch die Vorauswahl der entsprechenden Positionen in den einzelnen Subsystemen werden allerdings die Ergebnisse in gewisser Weise in Richtung auf eine pluralistische Elitenstruktur im Sinne offener Führungsgruppen hin präformiert und Macht und Einfluss erscheinen als relativ breit gestreut. Die wichtigsten Teileliten stammen dabei aus der Politik, der Wirtschaft und der Verwaltung. Der Elitenbegriff, wie er in vielen Studien zur Anwendung kommt, suggeriert zudem ein hohes Maß an Offenheit in Bezug auf die Elitenrekrutierung, ein geringes Maß an Verselbständigung gegenüber dem Rest der Bevölkerung und ein im Großen und Ganzen ordentliches Maß an Elitenzirkulation. Die Schwachpunkte der diesen Ergebnissen zugrunde liegenden Methoden produzieren unter ungünstigen Bedingungen Artefakte, die auf die Legitimation einer bestehenden Elitenherrschaft als pluralistisch hinauslaufen und problematische Machtballungen in der Demokratie alles in allem für unproblematisch erachten.

Vorstellung und Begriff der herrschenden Klasse entstammen der marxistischen Theorietradition. Wie schon bei den Begriffen Oberschichten und Eliten gibt es auch hier keine Konzeption aus einem Guss, so dass man auf eine gehaltvolle Synthese angewiesen ist, um Sinn und Bedeutung des Terminus zu erfassen. Im Zentrum aller klassentheoretischen Ansätze steht in der Regel eine mächtige, ökonomisch fundierte herrschende Klasse, welche die Geschicke eines Landes ganz überwiegend und wesentlich zu ihrem eigenen Vorteil determiniert. Sie kann dies, weil ihr Kern – die Bourgeoisie – als Eigentümerin privater Produktionsmittel über eine besondere Machtressource verfügt, die die übrige Gesellschaft in mehr oder weniger große Abhängigkeit von ihr zwingt. Herrschende Klassen ergeben sich strukturell aus der Art der Verankerung in den wirtschaftlichen Strukturen einer antagonistischen Gesellschaft. Da aber Klassengesellschaften nicht nur einen arbeitsteiligen Funktions- und Reproduktionszusammenhang darstellen, sondern aus den jeweiligen Eigentumsverhältnissen und Produktionsbedingungen zugleich Herrschafts- und Ausbeutungsverhältnisse resultieren, ist das Wohl der herrschenden Klasse in mehr oder minder großem Umfang mit dem Wehe der ausgebeuteten Klassen verbunden. Es ist dieser Nexus zwischen dem Wohlstand einer Klasse und der Not der anderen, von Unterordnung und Überordnung, welche die Klassentheorie zum Erklärungsmodell macht. Methodisch verifizieren klassentheoretische Analysen allerdings die herrschende Klasse nicht empirisch, sondern deduzieren sie strukturgenetisch aus historisch-materialistisch unterlegten Entwicklungsgesetzen der Geschichte. Entsprechend geht es ihnen weniger um die Identifizierung der realen Mitglieder oder zugehöriger Gruppen zur herrschenden Klasse und deren konkrete Verhaltensweisen, als um apriorisch festgestellte strukturelle Handlungszwänge des Kapitals, die deren konkrete Träger ohnehin nur zu Personifizierungen von verdinglichten Verhältnissen – zu Charaktermasken – werden lässt. Zur Absicherung und Aufrechterhaltung ihrer Herrschaft bedarf die Bourgeoisie zudem noch anderer sozialer Gruppen, die von ihren Funktionen her die Herrschafts- und Ungleichheitsverhältnisse legitimieren und ihre Interessen stützen. Schließlich muss sie auf den Staat zurückgreifen, um ihre Herrschaft effektiv zu legitimieren. Nur so kann sich schließlich die Dominanz der Bourgeoisie auf ökonomischem, politischem und kulturellem Gebiet entfalten (Bottomore 1989: 10f.) und auf Dauer gesichert werden. Die Herrschaft der Bourgeoisie zeigt sich dann nicht zuletzt daran, dass es ihr gelingt, die ökonomischen, politischen und ideologischen Herrschaftsbeziehungen der Gesellschaft zu ihren Gunsten zu reproduzieren (Therborn 1978: 161). Konzeptionen der herrschenden Klasse weisen also in elitentheoretischer Perspektive eine nicht unproblematische – da ökonomistische – Struktur- und eine vollkommen unbefriedigende – da reduktionistische – Handlungsdimension auf, mit denen der Nachweis einer Klassenherrschaft der Bourgeoisie nicht zu erbringen ist, zumal auf die konkrete empirische Überprüfung realer Herrschaftsverhältnisse im Sinne der Bourgeoisie verzichtet wird.

Allerdings waren Sozialwissenschaftler durchaus erfinderisch, um den Untiefen dieser drei klassischen Begriffe zur Kennzeichnung und Analyse der 'Spitzen der Gesellschaft' zu entgehen, und es haben sich eine ganze Reihe von Konkurrenzbegriffen entwickelt, die allerdings analytisch sehr viel weniger präzise sind oder sich nur auf bestimmte Elitensegmente beziehen:

– Der Begriff der 'politischen Klasse' stammt ursprünglich von Mosca und bezeichnete jene „classe dirigeante", die als herrschende Klasse alle politischen Funktionen besetzte, die Macht monopolisierte und deren Vorteile als Minderheit genoss. Heute wird der Terminus hauptsächlich zur Kennzeichnung und Stigmatisierung einer abgehobenen, professionalisierten und kommerzialisierten Politikerkaste verwendete, die an der Privilegienstruktur des Parteienstaats teilhat, aber nur geringe Responsivität gegenüber Wählerwünschen zeigt und deren hauptsächliches Interesse der Machterhalt ist (Beyme 1993; Leif/Legrand/Klein 1992).
– Die 'feinen Leute' – das war für Thorstein Veblen noch jene prestigeorientierte, konsumbewusste, nicht-produktiven Beschäftigungen nachgehende *leisure class*, die sich mit allerlei demonstrativem Müßiggang und Konsum die Zeit vertrieb und ein 'arbeitsloses', durch Reichtum geprägtes Leben zur Schau stellte. Roland Girtler hat hingegen die 'feinen Leute' an der vornehmen Art, durchs Leben zu gehen, erkannt, und ihre Existenz gruppen- und klassenübergreifend bei jenen Interessenten am symbolischen Kapital eines noblen Lebens, adligen Ritualen und allgemeiner Vornehmheit – von Leuten mit Geld bis zu edlen Ganoven und vornehmen Vagabunden – ausgewiesen (Veblen 1986; Girtler 1989).
– Unter der 'guten Gesellschaft' verstand Norbert Elias eine typische, horizontal und vertikal integrierte und v.a. ideologisch geeinte Elitenkonstellation, eine mit Privilegien und Ehre ausgestattete 'Gesellschaft von Satisfaktionsfähigen', die ihre Monopolstellung als Establishment über mehrere Generationen hinweg aufrecht zu erhalten vermochte (Elias 1992). Die heutigen 'besseren Kreise' sind umgangssprachlich die Nachfahren jener 'guten Gesellschaft'; ihnen wird ein hoher Status und bedeutendes Prestige zugeschrieben, das in der Regel mit gehobenen Berufspositionen, hohen Bildungstiteln und einem beträchtlichen Reichtum in Verbindung gebracht wird.
– Als 'rackets' bezeichneten Horkheimer und Adorno jene konkurrierenden Herrschaftsgruppen und -cliquen, Gremien und Komitees, deren soziale Funktion wesentlich dem Imperativ eigener Machterhaltung oder Machtver-

mehrung folgte. In ihrer Analyse der nationalsozialistischen Eliten waren diese Teile der herrschenden Klasse; Grundmuster der racket-Ideologie machten sie jedoch in allen menschlichen Beziehungen aus (Horkheimer 1939-1942).

– Die 'privilegierten Klassen' bezeichnen in der Ungleichheitsforschung jene Gruppen, die über weit überdurchschnittliche positive Lebensbedingungen verfügen und sich folglich in sozialen Lagen wiederfindet, die durch sicheren Wohlstand, Macht und Prestige sowie gehobene Lebensstile gekennzeichnet sind. 'Privilegierte Klassen' zeichnet generell die weitgehende Enthobenheit von den Negativ- und Schattenseiten des menschlichen Lebens aus (Hradil 2001).

– Die 'Reichen' mögen zwar als eine Art von Elite erscheinen, mehr noch sind sie aber eine höchst unterschiedliche und dennoch privilegierte Gruppe, die keineswegs ausschließlich und zur Gänze eine Elite im herkömmlichen Sinne darstellt. Reichtum ist vielmehr Grundlage für elitäre Lebensstile und beinhaltet vielfältige Möglichkeiten, auf soziales Handeln, Wertvorstellungen und gesamtgesellschaftliche Prozesse einzuwirken (Huster 1993; Stadlinger 2001; Imbusch 2002).

– Der Begriff der 'oberen Dienstklasse' geht ursprünglich auf Dahrendorf zurück und wurde dann von Goldthorpe zur Bezeichnung jener *higher civil servants* benutzt, die im Dienste des Staates zentrale Dienstleistungen im Sinne der Aufrechterhaltung von Staatsfunktionen erbrachten (Goldthorpe 1980; Erikson/Goldthorpe 1992). Später hat Solga von der oberen Dienstklasse als der Gesamtheit all jener Personen gesprochen, die in irgendeiner Form Anteil an der Ausübung von Herrschaft hat. Diese fungieren als Helfer einer 'herrschenden Klasse' oder sind selbst Mitglieder einer Partei-, Staats- oder Verwaltungselite, die leitende Positionen und/oder Führungsaufgaben an funktional wichtiger Stelle wahrnehmen (Solga 1997: 322).

– 'Strategische Gruppen' bestehen dagegen für Hans-Dieter Evers und Tilman Schiel aus jenen Personenkreisen, die ein gemeinsames Interesse an der Erhaltung oder Ausweitung gemeinsamer Appropriationschancen in Bezug auf materielle Güter, Macht, Prestige, Wissen etc. verbindet und entsprechende Strategien verfolgen. Es kann sich dabei um herrschende Klassen, bestimmte Eliten oder lediglich an zentralen Funktionen sitzende Gruppierungen handeln (Evers/Schiel 1988).

– Die 'Bobos' sind die jüngste Kreation in einer langen Reihe elitärer Selbstetikettierungen, die das kreative Lebensgefühl der Bohemians mit dem wirtschaftlichen Erfolg der Bourgeois zu einem neuen Elitetypus für das Informationszeitalter vereint und als künftiges Establishment für die sanften Formen der Herrschaft stehen möchte (Brooks 2001; Herkommer 2000).

– 'Leistungsträger' und 'Besserverdienende' finden sich dagegen in den Niederungen des politischen Alltags zur Bezeichnung derjenigen Personen, denen man erhöhte Leistungsbereitschaft zutraut, die mehr als andere verdienen (sollen) und deshalb natürlicherweise eine Elite bilden.

– In den Feuilletons und der Yellow Press stößt man auf die „Prominenz" (Wenzel 2000; Peters 1996), „Celebrities" und „Stars", die „High Society" oder die „Snobiety" – Konzepte also, die zugleich die Vielfalt möglicher Beschäftigung mit den realen oder vermeintlichen Eliten einer Gesellschaft signalisieren wie auch die beträchtliche Veränderung des Elitenverständnisses in Richtung auf „neue Eliten" (Kursbuch 2000, 2001) indizieren.

Wesentlich stabiler scheint dagegen der *common sense* zu sein, macht doch der Alltagsverstand gewohnheitsgemäß die „hohen Tiere" irgendwo „ganz oben" aus, so dass er trotz mancher Differenzen en detail die Eliten „an der Spitze" der gesellschaftlichen Hierarchie verortet. Somit existiert also weder ein Konsens über einen angemessenen Elitenbegriff noch über das 'richtige' Elitenverständnis. Das liegt zum einen an der unterschiedlichen Verwendungsweise einzelner Begriffe und deren weitreichenden Implikationen, zum anderen an der grundlegenden Unklarheit der mit ihnen zu bezeichnenden Gruppen, und schließlich an den gesellschaftlichen Strukturveränderungen, die natürlich die Eliten einer Gesellschaft, ihren Status und ihre immer relative Position nicht aussparen.

6. Offene Fragen und Forschungsdesiderata

Damit gibt es in Bezug auf die Eliten eine ganze Reihe von offenen Fragen und Kontroversen, die sich leicht zu Forschungsdesiderata verdichten lassen. Auf einer ganz basalen Ebene wäre etwa zu fragen:

Warum verdienen die Eliten (etymologisch élire: auswählen, sodann die Besten, Ausgewähltesten) diese Bezeichnung überhaupt, was genau hebt sie von anderen Gruppierungen der Gesellschaft jeweils ab? Wodurch rechtfertigt sich ihr Status, durch was ist ihr Prestige legitimiert? Haben die Eliten ihren Status (durch Leistung) erworben oder wird er ihnen lediglich zugeschrieben, ist er gar vererbt? Welche typischen Veränderungsmuster lassen sich diesbezüglich im Zeitverlauf feststellen? Wie verändern sich die Legitimationsmuster für einen etwaigen Elitestatus, wenn Leistungskriterien zunehmend durch Erfolgskriterien überlagert oder gar ersetzt werden – wie Sighard Neckel (2001) einmal treffend in Bezug auf die Verwerfungen und

Sackgassen sozialer Aufstiegsprozesse geschrieben hat – und wenn Leistung an zunehmend kontingenter werdende Anerkennungsprozesse gebunden ist, wie jüngst Beate Krais (2001) in Anlehnung an eine frühe Studie von Hans-Peter Dreitzel (1962) in Erinnerung gerufen hat?

Inwieweit stellen Eliten überhistorische soziale Tatsachen dar und inwiefern kann davon gesprochen werden, dass sie Universalien menschlicher Gesellschaften sind, wie etwa Michels, Mosca und Pareto jeweils mit höchst unterschiedlichen Begründungen und Intentionen dachten (Tamayo 1998)? Sie sahen in der Herausbildung, Etablierung und dem Untergang von Eliten quasi natürliche Phänomene und Prozesse, die sich unabhängig von einem bestimmten Typus von Gesellschaft oder Institution durchsetzen, und betrachteten die Herrschaft einer Minderheit über die Mehrheit als das unausweichliche Resultat jeder Organisation von Menschen. Einen solchen formalen Elitenbegriff, der im Grunde als ahistorisches Instrument zur Erfassung geschichtlich-gesellschaftlicher Phänomene dient, ist von anderer Seite ein stärker qualitativer und historisch orientierter Elitenbegriff gegenüber gestellt worden, der bestimmte Arten von Eliten an geschichtlich singuläre Sozialstrukturen rückbindet, so dass zum einen die jeweiligen Elitetypen in ihrer Plastizität erfasst werden können, zum anderen ihr Charakter und Stellenwert selbst relativiert wird.

Wie steht es um die Vereinbarkeit von Eliten mit der Demokratie (Röhrich 1975, 1991)? Die Herrschaft privilegierter Minderheiten und die herausgehobene Stellung und Macht widerspricht zumindest vordergründig dem Gleichheitspostulat der Demokratie und in wesentlichem Umfang dem egalitär-demokratischen Selbstverständnis moderner Gesellschaften, so dass sich Fragen danach aufdrängen, welche Funktionen Eliten in und für die Demokratie erfüllen und von welcher Art und Beschaffenheit Eliten sein müssen, um eine positive Rolle für demokratische Entwicklungen zu spielen (Etzioni-Halevy 1997)? Angesichts vielfältigen Elitenversagens gerade in tief greifenden Transformationsprozessen wie etwa in Osteuropa oder aber dem Umbau institutioneller Strukturen im EU-Integrations- und v.a. -Erweiterungsprozess kommt diesen Fragen erneut eine besondere Bedeutung zu (Best/Becker 1997). Auch wenn man die Kompatibilität von Eliten und Demokratie für pluralistisch-demokratische Gemeinwesen durchaus akzeptieren mag, so kann diese doch unter den schwierigen Übergangsbedingungen eines Systemwechsels nicht automatisch unterstellt werden, ist sie doch je nach Ausgangsbedingungen alles andere als selbstverständlich (Merkel 1997; Birle/Imbusch/Wagner 1997; Dogan/Higley 1998; Imbusch 1999).

Welche Handlungsressourcen können Eliten mobilisieren und auf welche Machtquellen können sie zurückgreifen? Je nach Elitenverständnis zerfällt diese Frage in eine Reihe von Unterfragen: Betreibt man Elitenforschung im Sinne einer Untersuchung von herrschenden Klassen, dann bündeln sich Ressourcen und Machtquellen natürlicherweise bei diesen Gruppierungen, ohne dass klar wäre, wie eine solche Einheitlichkeit im Sinne klassenmäßiger Herrschaftsausübung eigentlich zu Stande kommt. Geht man hingegen von einem pluralistischen Gefüge tendenziell gleichwertiger Teil- oder Sektoreliten aus, dann wäre nach dem Stellenwert und der Bedeutung einzelner Ressourcen und Machtquellen zu fragen, die bekanntlich sehr unterschiedlich ausfallen können und keineswegs gleichwertig sind. Müsste also nicht etwa die Paretosche Nebeneinanderstellung einzelner Teileliten als die Besten und Erfolgreichsten ihres Zweigs, die sich in elaborierterer Form auch in den neueren pluralistischen Paradigmen der Elitenforschung findet, durch qualitative Kriterien gewichtet werden? Wie kann und sollte dann die Macht empirisch gehaltvoll gemessen werden (Felber 1986; Hradil 1980)?

Inwiefern fallen Selbst- und Fremdeinschätzungen von Eliten auseinander, inwieweit stimmen sie überein und wie lässt sich dies erklären (Scheuch 1995; Hartmann 2000)? Das ist weniger die Frage danach, ob diejenigen, die sich selbst zur Elite zählen, auch dazu gehören bzw. diejenigen, die von anderen dafür gehalten werden, Mitglieder einer gesellschaftlichen Elite sind – ein solches Vorgehen würde einem irrlichternden Subjektivismus Tür und Tor öffnen und im Zweifelsfall pathologische Formen annehmen –, als vielmehr die Frage danach, mittels welcher Mittel und Methoden einmal etablierte Eliten sich selbst behaupten, wie sie Angriffe und Einwände gegen ihren Elitestatus parieren und mittels welcher Maßnahmen und Argumentationen sie ihre einmal erworbene Eliteposition rechtfertigen. In Bezug auf die Fremdeinschätzung zielt diese Frage auf die gültigen Statusordnungen und Prestigesysteme einer Gesellschaft, die bestimmten Gruppierungen die nötige Reputation als Eliten zukommen lässt.

Um welchen Typus und welche Art handelt es sich eigentlich bei einer gegebenen nationalen Elite? Zerfällt diese Elite in eine Reihe von Teileliten mit je eigenen Rangordnungen und Ausleseverfahren oder existiert doch so etwas wie eine einheitliche Elite, die eine hohe innere Integration und Verbundenheit aufweist? Die Antwort auf diese Frage wird je nach Gesellschaftstyp und Art und Ausmaß funktionaler Ausdifferenzierung der Gesellschaft unterschiedlich ausfallen: So ließen sich etwa aristokratische oder oligarchische, dynastische oder patriarchalische Eliten für historisch überwundene Gesellschaftstypen oder bestimmte gesellschaftliche Teilsysteme von modernen Führungsgruppen als pluralistischen Ensembles von Teileliten oder einer relativ geschlossenen herrschenden Klasse differenzieren. Deren Typus und jeweilige Struktur müsste empirisch untersucht und sollte nicht durch die entsprechenden Prämissen eines Zugangs oder Ansatzes bereits entscheidend präformiert werden.

Wie steht es sodann mit der Offenheit oder Geschlossenheit von Eliten, ihrer sozialen Durchlässigkeit? Dies ist zunächst die Frage nach möglichen Rekrutierungswegen und Zugehörigkeitskriterien zur Elite, wie sie sich entweder aus funktionalen Erfordernissen der Gesellschaft ergeben oder von der Elite selbst vorgegeben und kontrolliert werden. Die Durchlässigkeit von Eliten dürfte in pluralistisch verfassten demokratischen Gesellschaften höher sein als in Gesellschaften, die noch über beträchtliche vormoderne Traditionsbestände verfügen. Diese Frage zielt jedoch auch auf die Offenheit der sektoralen Eliten für neue Mitglieder. Während die Mannheimer und Potsdamer Elitestudien (Hoffmann-Lange 1992; Bürklin/Rebenstorf 1997) hier generell beträchtliche Spielräume konstatieren, weisen verschiedene Untersuchungen etwa von Top-Managern auf die weiterhin hohe Abgeschlossenheit dieser Gruppen und das beträchtliche Ausmaß an Selbstrekrutierung aus den gehobenen Berufsgruppen mit entsprechenden Familienhintergründen hin (Hartmann 1990, 1995, 1997). Diesbezüglich wären nicht zuletzt auch international vergleichende Studien von großer Bedeutung.

Welche nationalen Spezifika und habituellen Charakteristika zeichnen die nationalen Eliten im internationalen Vergleich aus, worin unterscheiden sich die Eliten einzelner Länder, worin bestehen Gemeinsamkeiten? Gibt es in diesem Sinne überhaupt eine Typik nationaler Eliten oder muss sich eine international vergleichende Elitenforschung nicht eher auf bestimmte Teileliten beschränken, um dort nach Selektionskriterien, Auslesemechanismen, Rekrutierungskanälen und Reproduktionsmustern zu fragen, um zu gehaltvollen Aussagen zu kommen (vgl. Bourdieu 1982; Mills 1956; Adonis/Pollard 1997; Bottomore/Brym 1989)?

Kommt es im Zuge des Globalisierungsprozesses zur Herausbildung echter transnationaler Eliten oder bleibt es lediglich bei einer vielgestaltigen Internationalisierung von Elitestrukturen (Robinson/Harris 2000; Page/Wright 1999)? Was wären angemessene Kriterien zur Feststellung einer solchen Transnationalisierung und auf welcher Ebene wäre sie zu verorten? Wie stünde es mit der sozialen Verantwortlichkeit solcher Eliten, deren Aktionsradius sich gegenüber einem bestimmten nationalen Territorium weitgehend verselbständigt hat und deren Bindungen und Bezüge als *global player* an eine bestimmte Nationalität verloren gingen? Weist hier das bedrohliche Szenario einer die Macht ohne Verantwortung ausübenden Elite, wie sie Chistopher Lasch skizziert hat und sich inzwischen auch in der soziologischen Globalisierungsdebatte findet, die Zukunft (Lasch 1995; Beck 1997; Münch 2001)?

Wie fügen sich die Eliten in die nationalen Ungleichheitsstrukturen einer Gesellschaft ein und wie hängen soziale Exklusivität und soziale Exklusion, Reichtum 'an der Spitze' der Gesellschaft und die Armut 'unten' miteinander zusammen (de Swaan/Manor/Øyen/Reis 2000)? Auf einer strukturellen Ebene geht es dabei um die Zusammenhänge zwischen einem bestimmten Typus von Elite und der Verfasstheit einer Gesellschaft; auf der Akteursebene wäre dagegen eher danach zu fragen, wie viel soziale Ungleichheit, Armut, Exklusion von den Trägern gesellschaftlicher, politischer und wirtschaftlicher Macht für akzeptabel gehalten wird und wie diejenigen, die Entscheidungen von gesamtgesellschaftlicher Reichweite fällen, es mit der Frage sozialer Gerechtigkeit halten (Müller/Wegener 1995). Dazu wären in Zeiten rasch voranschreitender Globalisierung und der Dominanz neoliberaler Wirtschaftsprinzipien die gesellschafts- und sozialpolitischen Leitvorstellungen von Eliten, die Frage der Reichweite ihrer sozialen Verantwortung sowie ihre sich wandelnden normativen Gerechtigkeitsvorstellungen mitsamt der Legitimationsmuster des Elitestatus zu thematisieren (Imbusch/Rucht 2001).

Und wie steht es schließlich mit den Negativ-Seiten der Eliten, den Fällen von Eliteversagen, das häufig auf Grund einer stark normativen Sichtweise auf die Eliten einer Gesellschaft bereits rein definitorisch gar nicht in den Blick gerät und noch weniger gern thematisiert wird? Gerade in Krisenzeiten verbinden sich mit den Eliten (welchen eigentlich: den herrschenden, bestimmten Teil- oder Gegeneliten, Funktions-, Wert- oder Positionseliten?) Hoffnungen, die leicht als Projektionen erkennbar sind oder häufig bereits deshalb als positiv erscheinen, weil sie gegenteilige Befunde über die Eliten souverän ignorieren – handele es sich dabei um die berühmten 'Nieten in Nadelstreifen' (Ogger 1992) oder das 'Kartell der Kassierer' (Ogger 1994), die den Kontakt mit der Bevölkerung verloren habende 'blinde Elite' von Christopher Lasch (1995), die weniger über Leistung, sondern über Cliquenbildung und Klüngeleien verlaufenden Karrieremuster von Politikern (Scheuch 1992) oder die berühmten 'Bürokraten in den Chefetagen', denen Scheuch/Scheuch (1995) attestieren, als Führungsschicht eher durchschnittlich, wenig eigenwillig und ohne Ausdruck einer selbstgewonnenen Identität zu sein. Dabei hatte schon Norbert Elias gewusst, dass „herrschende Gruppierungen jeder Art, ob Stämme, Eliten, Stände, Klassen oder Nationen, deren Macht im Schwinden ist, selten kampflos das Feld räumen, auch wenn die Chancen einer Aufrechterhaltung ihrer Macht und Herrschaft gleich Null sein mögen. Je schwächer sie sind, je unsicherer und bedrohter ihr Vorrang de facto ist, desto krasser, desto rücksichtsloser und unrealistischer fallen in der Regel die Maßnahmen aus, mit denen sie ihre Position zu behaupten suchen ... Denn zivilisierte Verhaltensstandards sind für herrschende Gruppierungen vielfach nur solange sinnvoll, wie sie, neben allen sonstigen Funktionen, Symbole und Werkzeuge ihrer Macht bleiben.“ (Elias 1992)

Neben diesen teils bereits klassischen, aber immer noch aktuellen Fragestellungen und Problembereichen einer Soziologie der Eliten lassen sich noch vielfältige andere, vollkommen unterbelichtete Felder der Elitenforschung benennen, die zusätzlich die beträchtliche Diskrepanz zwischen der realen oder perzipierten Bedeutung, der Macht und dem Einfluss der Eliten einerseits und dem geringen Wissen über sie andererseits offenbart. Einige wenige Aspekte seien erwähnt:

– Da die großen Elitestudien aus Mannheim und Potsdam bisher immer versucht haben, einen Gesamtüberblick über die Struktur und Zusammensetzung, die Entwicklung und Einstellungen zu gewinnen und zudem politikwissenschaftlich v.a. Positionseliten unter dem Aspekt der Macht thematisierten, ist über wichtige Teileliten so gut wie nichts bekannt. Am wenigsten trifft diese Behauptung noch für die Wirtschaftseliten zu, die in den letzten Jahren ein veritabler Forschungsgegenstand gewesen sind und wohl bleiben werden, aber über die Verwaltungseliten, die militärischen Eliten, die Kircheneliten, die Medien- und Kultureliten u.a.m. existiert im Grunde kein soziologisch relevantes Wissen (Landeszentrale für politische Bildung 1990).
– Die überaus komplexen Reproduktionsmuster von Macht und Status der Eliten bzw. einer Elite sind bislang sowohl auf der Mikro- wie auf der Makro-Ebene höchst selten Gegenstand der Forschung gewesen (Bourdieu 1981). Zwar findet sich in der diesbezüglichen Literatur eine Vielzahl verstreuter Hinweise zu dieser Problematik, diese wurden aber bislang nicht systematisch aufgearbeitet, geschweige denn an konkreten Fällen exemplifiziert.
– Über die gesellschaftspolitischen Leitbilder und Ordnungsvorstellungen der Eliten sind wir nur höchst ausschnitthaft informiert. Zwar liegen diese – quasi natürlicherweise und professionsbedingt – bei den politischen Eliten offen zutage, aber bereits für die Wirtschaftseliten sind sie nur bruchstückhaft bekannt, und für andere Teileliten gilt dies noch in weit geringerem Maße (Hoffmann-Lange 1992).
– Gleiches gilt für die Lebensstile und Lebensführungsmuster, für die kulturellen Lebenswelten, die Konsummuster und das Freizeitverhalten der Eliten, über die mehr Vorurteile, Vermutungen, Unterstellungen existieren dürften als klare, empirisch abgesicherte Belege. Gerade dieser Bereich eignet sich in besonderem Maße als Projektionsfläche eigener Wünsche und Vorstellungen und wird zudem noch durch die stark verzerrende Berichterstattung in der nationalen und internationalen Yellow Press präformiert (Sayles 2000: 40-106).

– Über die Repräsentationsmuster und Vorbildfunktionen von Eliten, ihre sich wandelnde Bedeutung für nationale Identitäten und die Integrationsfähigkeit von Gesellschaften ist historisch zwar einiges bekannt, aber diese Thematik ist nicht mehr eigens für die Gegenwartsgesellschaften beforscht worden. Gleichwohl kann die Bedeutung der damit einhergehenden bzw. verbundenen symbolischen Akte kaum bestritten werden, wenn man den Blick einmal über den deutschen Tellerrand hinaus schweifen lässt.
– Schließlich und nicht zuletzt ist auch über die weiblichen Eliten bzw. die Frauen der weit überwiegend männlichen Elite bislang allenfalls ansatzweise geforscht worden (Böhnisch 1999; Schulz 2000), so dass auch diese Thematik nach wie vor ein weites Feld darstellt, auf dem noch Mythen zertrümmert und Vorurteile abgebaut werden können.

***

Damit sind mehr oder weniger kursorisch einige Themenfelder markiert, mit denen sich die soziologische Elitenforschung als Sozialstrukturanalyse auseinander setzen könnte und müsste. Denn es ist in der Tat nur schwer verständlich, warum gerade diejenigen Gruppen der Gesellschaft, denen man weit reichende Macht und Einfluss zuschreibt, in der Gesellschaftsanalyse ausgespart werden. Rechtfertigungen derart, dass die Eliten nun einmal relativ kleine Gruppierungen und zudem extrem schwierig zu untersuchen seien, sollten der Vergangenheit angehören, zumal klein eben keineswegs unbedeutend heißt und in Bezug auf die methodischen Probleme der Untersuchung von Eliten inzwischen durchaus Literatur vorliegt (Hertz/Imber 1995; Felber 1986).

Mit dem vorliegenden Band wollen wir die soziologische Auseinandersetzung mit den Eliten der Gesellschaft fördern und Anregungen sowohl für eine erneuerte Begriffsarbeit wie auch für die Beschäftigung mit speziellen bzw. weiterführenden Aspekten der Elitenforschung liefern. Deshalb geht es im zweiten Teil zunächst um die konzeptionellen Grundlagen und begrifflichen und theoretischen Zugänge zu den Eliten der Gesellschaft, nicht nur um den Stand der aktuellen Elitenforschung darzustellen, sondern auch, um einen konstruktiven Streit um den angemessenen Zugang zu den 'Spitzen der Gesellschaft' zu fördern.

Der dritte Teil beschäftigt sich schwerpunktmäßig mit soziokulturellen Aspekten in Bezug auf die Eliten. Hier stehen mit den sich wandelnden Elitenkonfigurationen und den veränderten Repräsentationsmustern von Eliten nationale Elitestrukturen im Vordergrund, sodann aber auch zentrale Fragen der Reproduktion von Eliten.

Im vierten Teil folgen schließlich internationale Aspekte und stärker vergleichend angelegte Untersuchungen zu den europäischen Eliten. Diesen Aspekten kommt angesichts zunehmender Internationalisierung im Bereich der Wirtschaft und wachsenden transnationalen Verflechtungen im Bereich der Politik zunehmende Bedeutung zu. Schließlich erkennt man die Besonderheiten oder Eigenarten der eigenen Eliten am besten, wenn man sie einmal systematisch mit anderen vergleicht.

In diesem Sinne versteht sich der vorliegende Band v.a. als ein Impuls für die zukünftig hoffentlich verstärkte Auseinandersetzung mit den Eliten der Gesellschaft in der Soziologie.

Literatur

Adonis, Andrew / Pollard, Stephen (1997): A Class Act. The Myth of Britain's Classless Society, London.

Beck, Ulrich (1997): Was ist Globalisierung? Frankfurt/M.

Berking, Helmuth / Evard, Jean-Luc / Schwengel, Hermann (Hrsg.) (1988): Die veredelte Gesellschaft. Vom Verschwinden der Eliten und der Wiederkehr des Elitären, Würzburg.

Best, Heinrich / Becker, Ulrike (Eds.) (1997): Elites in Transition. Elite Research in Central and Eastern Europe, Opladen.

Beyme, Klaus von (1993): Die politische Klasse im Parteienstaat, Frankfurt/M.

Birle, Peter / Imbusch, Peter / Wagner, Christoph (1997): Unternehmer und Politik im Cono Sur. Eine vergleichende Analyse, in: Lateinamerika-Jahrbuch 1997, Frankfurt/M., S. 58-85.

Böhnisch, Tomke (1999): Gattinnen. Die Frauen der Elite, Münster.

Bottomore, Tom (1966): Elite und Gesellschaft. Eine Übersicht über die Entwicklung des Eliteproblems, München.

Bottomore, Tom (1989): The Capitalist Class, in: Tom Bottomore / Robert J. Brym (Eds.), The Capitalist Class. An International Study, New York, S. 1-18.

Bottomore, Tom / Brym, Robert J. (Eds.) (1989): The Capitalist Class. An International Study, New York.

Bourdieu, Pierre (1981): Titel und Stelle. Über die Reproduktion sozialer Macht, Frankfurt/M.

Bourdieu, Pierre (1982): Die feinen Unterschiede. Kritik der gesellschaftlichen Urteilskraft, Frankfurt/M.

Brooks, David (2001): Die Bobos. Der Lebensstil der neuen Elite, München.

Bürklin, Wilhelm / Rebenstorf, Hilke u.a. (1997): Eliten in Deutschland. Rekrutierung und Integration, Opladen.

Dogan, Mattei / Higley, John (1998): Elites, Crises and the Origins of Regimes, Boulder.

Dreitzel, Hans-Peter (1962): Elitebegriff und Sozialstruktur. Eine soziologische Begriffsanalyse, Stuttgart.

Elias, Norbert (1992): Studien über die Deutschen. Machtkämpfe und Habitusentwicklung im 19. und 20. Jahrhundert, Frankfurt/M.
Endruweit, Günter (1979): Elitebegriffe in den Sozialwissenschaften, in: Zeitschrift für Politik, Jg. 26, Num. 1, S. 30-46.
Erikson, Robert / Goldthorpe, John (1992): The Constant Flux. A Study of Class Mobility in Industrial Societies, Oxford.
Etzioni-Halevy, Eva (Ed.) (1997): Classes and Elites in Democracy and Democratization. A Collection of Readings, New York, London.
Evers, Hans-Dieter / Schiel, Tilman (1988): Strategische Gruppen. Vergleichende Studien zu Staat, Bürokratie und Klassenbildung in der Dritten Welt, Berlin.
Felber, Wolfgang (1986): Eliteforschung in der Bundesrepublik Deutschland, Stuttgart.
Fussel, Paul (2000): Cashmere, Cocktail, Cadillac. Ein Wegweiser durch das amerikanische Statussystem, Göttingen.
Geißler, Rainer (1996): Die Sozialstruktur Deutschlands, Opladen.
Girtler, Roland (1989): Die feinen Leute. Von der vornehmen Art, durchs Leben zu gehen, Frankfurt/M.
Goldthorpe, John (1980): Social Mobility and Class in Modern Britain, Oxford.
Hartmann, Michael (1990): Notwendig, aber nicht hinreichend – Soziale Herkunft als berufliches Selektionskriterium, in: Zeitschrift für Sozialisationsforschung und Erziehungssoziologie, Bd. 10, S. 218-234.
Hartmann, Michael (1995): Deutsche Topmanager. Klassenspezifischer Habitus als Karrierebasis, in: Soziale Welt, Jg. 46, S. 440-468.
Hartmann, Michael (1996): Topmanager – Die Rekrutierung einer Elite, Frankfurt/M.
Hartmann, Michael (1997): Die Rekrutierung von Topmanagern in Europa. Nationale Bildungssysteme und die Reproduktion der Eliten in Deutschland, Frankreich und Großbritannien, in: Archives Européennes de Sociologie, Bd. 38, S. 3-37.
Hartmann, Michael (2000): Aus gutem Stall. Das Elitebewusstsein der deutschen Spitzenmanager, in: Kursbuch Num. 139, S. 97-109.
Hartmann, Michael (2001): Klassenspezifischer Habitus oder exklusive Bildungstitel als soziales Selektionskriterium? Die Besetzung von Spitzenpositionen in der Wirtschaft, in: Beate Krais (Hrsg.), An der Spitze, Konstanz, S. 157-215.
Hartmann, Michael (2002): Der Mythos von den Leistungseliten. Spitzenkarrieren und soziale Herkunft in Wirtschaft, Politik, Justiz und Wissenschaft, Frankfurt/M.
Herkommer, Sebastian (2000): Macht und Lebensstil. Von der Power Elite zur neuen Klasse der Bourgeois Bohemians, in: Supplement der Zeitschrift Sozialismus, Num. 10, S. 1-26.
Hertz, Rosanna / Imber, Jonathan B. (Eds.) (1995): Studying Elites Using Qualitative Methods, Thousand Oaks u.a.
Herzog, Dietrich (1982): Politische Führungsgruppen. Probleme und Ergebnisse der modernen Elitenforschung, Darmstadt.
Hoffmann-Lange, Ursula (1992), Eliten, Macht und Konflikt in der Bundesrepublik Deutschland, Opladen.
Hoffmann-Lange, Ursula (2001): Elite Research in Germany, in: International Review of Sociology, Vol. 11, Num. 2, S. 201-216.
Horkheimer, Max (1939-1942): Aufzeichnungen und Entwürfe zur Dialektik der Aufklärung, in: der., Gesammelte Schriften, Bd. 12, Frankfurt/M., 1985, S. 250-295.

Hradil, Stefan (1980): Die Erforschung der Macht. Eine Übersicht über die empirische Ermittlung von Machtverteilungen durch die Sozialwissenschaften, Stuttgart.
Hradil, Stefan (1987): Sozialstrukturanalyse in einer fortgeschrittenen Gesellschaft, Opladen.
Hradil, Stefan (2001): Soziale Ungleichheit in Deutschland, 8. Auflage, Opladen
Huster, Ernst-Ulrich (Hrsg.) (1993): Reichtum in Deutschland. Der diskrete Charme sozialer Distanz, Frankfurt/M.
Imbusch, Peter (1995): Unternehmer und Politik in Chile. Eine Studie zum politischen Verhalten der Unternehmer und ihrer Verbände, Frankfurt/M.
Imbusch, Peter (1999): Politische und ökonomische Eliten in gesellschaftlichen Transitionsprozessen. Über den Erhalt, Verlust und die Transformation von Macht, in: Stefan Hornbostel (Hrsg.), Sozialistische Eliten, Opladen, S. 267-287.
Imbusch, Peter (2002): Reichtum als Lebensstil. Zur Soziologie der sozialen Distanz, in: Ernst-Ulrich Huster / Fritz Rüdiger Volz (Hrsg.), Theorien des Reichtums, Münster, S. 213-247.
Imbusch, Peter / Rucht, Dieter (2001): Wirtschaftseliten zwischen Konkurrenzdruck und sozialer Verantwortung, Projektantrag im Rahmen des Forschungsverbundes „Desintegrationsprozesse", IKG, Universität Bielefeld.
Jaeggi, Urs (1960): Die gesellschaftliche Elite. Eine Studie zum Problem der sozialen Macht, Bern, Stuttgart.
Krais, Beate (Hrsg.) (2001): An der Spitze. Von Eliten und herrschenden Klassen, Darmstadt.
Kursbuch (2000): Die neuen Eliten, Num. 139, Berlin.
Kursbuch (2001): Vorbilder, Num. 146, Berlin.
Landeszentrale für politische Bildung (Hrsg.) (1990): Eliten in der Bundesrepublik Deutschland, in: Der Bürger im Staat, 40. Jg., Num. 1.
Lasch, Christopher (1995): Die blinde Elite. Macht ohne Verantwortung, Hamburg.
Leif, Thomas / Legrand, Hans-Josef / Klein, Ansgar (Hrsg.) (1992): Die politische Klasse in Deutschland. Eliten auf dem Prüfstand, Bonn.
Lenk, Kurt (1982): Elite – Begriff oder Phänomen?, in: Aus Politik und Zeitgeschichte B 42/82, S. 27-37.
Merkel, Wolfgang (1997): Die Rolle von Eliten und Massen beim Übergang von autokratischen zu demokratischen Herrschaftssystemen, in: Jan Wielgohs / Helmut Wiesenthal (Hrsg.), Einheit und Differenz. Die Transformation Ostdeutschlands in vergleichender Perspektive, Berlin, S. 8-32.
Mills, C. Wright (1956): The Power Elite, London.
Müller, Hans-Peter / Wegener, Bernd (Hrsg.) (1995): Soziale Ungleichheit und soziale Gerechtigkeit, Opladen.
Münch, Richard (2001): Offene Räume. Soziale Integration diesseits und jenseits des Nationalstaats, Frankfurt/M.
Neckel, Sighard (2001): Leistung und Erfolg. Die symbolische Ordnung der Marktgesellschaft, in: Eva Barlösius / Hans-Peter Müller / Steffen Sigmund (Hrsg.), Gesellschaftsbilder im Umbruch. Soziologische Perspektiven in Deutschland, Opladen, S. 245-265.
Ogger, Günter (1992): Nieten in Nadelstreifen. Deutschlands Manager im Zwielicht, München.
Ogger, Günter (1994): Das Kartell der Kassierer, München.

Page, Edward C. / Wright, Vincent (Eds.) (1999): Bureaucratic Elites in Western European States. A Comparative Analysis of Top Officials, Oxford.
Papcke, Sven (2001): Gesellschaft der Eliten. Zur Reproduktion und Problematik sozialer Distanz, Münster.
Peters, Birgit (1996): Prominenz. Eine soziologische Untersuchung ihrer Entstehung und Wirkung, Opladen.
Reitmayer, Morton (2002): Eliten – Zur Durchsetzung eines Paradigmas in der öffentlichen Diskussion der Bundesrepublik (1948-1967), Manuskript.
Rilling, Rainer (1982): Das vergessene Bürgertum, in: das Argument, Num. 131, S. 34-47.
Robinson, William I. / Harris, Jerry (2000): Towards a Global Ruling Class? Globalization and the Transnational Capitalist Class, in: Science and Society, Vol. 64, Num. 1, S. 11-54.
Röhrich, Wilfried (1975): Demokratische Elitenherrschaft. Traditionsbestände eines sozialwissenschaftlichen Problems, Darmstadt.
Röhrich, Wilfried (1991): Eliten und das Ethos der Demokratie, München.
Sayles, Ginie (2000): Reich gefreit hat nie gereut! München.
Scheuch, Erwin K. (1966): Führungsgruppen und Demokratie in Deutschland, in: Die Neue Gesellschaft, Jg. 13, S. 356-370.
Scheuch, Erwin K. (1992): Cliquen, Klüngel und Karrieren, Reinbek.
Scheuch, Erwin K. (1995): Hochadel auf Zeit, in: Manager Magazin, Num. 3, S. 191-201.
Scheuch, Erwin K. / Scheuch, Ute (1995): Bürokraten in den Chefetagen. Deutsche Karrieren: Spitzenmanager und Politiker heute, Reinbek.
Schluchter, Wolfgang (1963): Der Elitebegriff als soziologische Kategorie, in: Kölner Zeitschrift für Soziologie und Sozialpsychologie, S. 233-256.
Schulz, Günther (Hrsg.) (2000): Frauen auf dem Weg zur Elite, München.
Stadlinger, Jörg (Hrsg.) (2001): Reichtum heute. Diskussion eines kontroversen Sachverhalts, Münster.
Swaan, Abram de / Manor, James / Øyen, Else / Reis, Elisa P. (2000): Elite Perceptions of the Poor. Reflections for a Comparative Research Project, in: Current Sociology, Vol. 48, Num. 1, S. 43-54.
Tamayo, Miguel (1998): Die Entdeckung der Eliten – Gaetano Mosca und Vilfredo Pareto über Macht und Herrschaft, in: Peter Imbusch (Hrsg.), Macht und Herrschaft. Sozialwissenschaftliche Konzeptionen und Theorien, Opladen, S. 61-75.
Therborn, Göran (1978): What Does the Ruling Class Do When it Rules? London.
Veblen, Thorstein (1986): Theorie der feinen Leute. Eine ökonomische Untersuchung der Institutionen, Frankfurt/M.
Wenzel, Harald (2000): Obertanen. Zur soziologischen Bedeutung von Prominenz, in: Leviathan, Num. 4, S. 452-476.
Wildenmann, Rudolf (1968): Eliten in der Bundesrepublik, Mannheim.
Zapf, Wolfgang (1965): Wandlungen der deutschen Elite, München.

II. Konzepte und Grundlagen

Begriffliche und theoretische Zugänge zu den 'oberen Rängen' der Gesellschaft

Beate Krais

Die „oberen Ränge“ der Gesellschaft sind seit einigen Jahren nicht nur für eine breitere Öffentlichkeit, sondern auch für die Soziologie wieder interessant geworden. Bis heute ist jedoch die soziologische Literatur hierzu recht überschaubar, jedenfalls, was die Verhältnisse in der Bundesrepublik angeht. Es sieht ganz so aus, als seien diese „oberen Ränge“ auf der Landkarte, die die Soziologie von der Sozialstruktur unserer Gesellschaft zeichnet, weitgehend ein weißer Fleck geblieben. Und schon bei der ersten, oberflächlichen Durchsicht der Literatur zeigt sich noch etwas anderes: Es gibt recht unterschiedliche Bezeichnungen für diese sozialen Gruppen und Formationen. So finden sich nebeneinander Begriffe wie Oberschichten, Eliten, Bürgertum, herrschende Klassen, und ein Autor wie Norbert Elias (1989) spricht von der „guten Gesellschaft“. Bevor man sich daher an die empirische Analyse macht, erscheint es geboten, zunächst einmal die Erkenntnis*werkzeuge*, die Kategorien und analytischen Konzepte, die uns hierfür zur Verfügung stehen, zum Erkenntnis*gegenstand* zu machen. Schließlich sind Begriffe so harmlos nicht, wie sie manchmal zu sein scheinen, und sie sind schon gar nicht beliebig: Sie geben immer bestimmte Sichtweisen auf soziale Verhältnisse vor und lassen anderes aus dem Blickfeld verschwinden.

Die gebräuchlichste Bezeichnung, die sich auch in den Medien am häufigsten findet, ist der Begriff der Elite. In der Soziologie hat darüber hinaus das Konzept der herrschenden Klasse in Anlehnung an Marx, aber auch an Pierre Bourdieu, seinen zwar nicht unumstrittenen, aber doch festen Platz. Ich will mich daher im folgenden vor allem mit diesen beiden unterschiedlichen theoretischen Zugängen zu dem hier interessierenden Phänomen auseinander setzen.

1. Eliten

Der Elitenbegriff ist ein problematischer, politisch und ideengeschichtlich belasteter Begriff. Er kam im 19. Jahrhundert auf, in einer Situation, die von tiefgreifenden gesellschaftlichen Umwälzungen geprägt war, und wurde um die Wende zum 20. Jahrhundert zu einer Schlüsselkategorie der gesellschaftspolitischen Diskussion. Das Bürgertum, das in seinem Aufstieg zur dominanten gesellschaftlichen Kraft durch die politischen Strukturen der alten, ständisch geprägten Ordnung noch empfindlich eingeschränkt wurde, sah sich zugleich von einer anderen Seite bedroht: Durch die neuen, lohnabhängigen Schichten, die Demokratie und gesellschaftliche Teilhabe auch für sich beanspruchten. Die „Masse" wurde zum Schreckensbild, die Herrschaft der „Eliten" zum rettenden politischen Konzept und die Antithese von Masse und (elitärem) Individuum zum zentralen Topos der politischen Philosophie bis weit in unser Jahrhundert hinein (vgl. dazu Ortega y Gasset 1930 mit seinem dramatisierenden Titel „Aufstand der Massen"). So ist der Elitenbegriff von Anbeginn an gebunden an den Gegenbegriff der „Masse", verstanden als ein diffuses, ja chaotisches, entindividualisiertes und irrationales Ensemble von Menschen.

Dieses Verständnis von „Eliten" fand seinen Widerhall in den machiavellistischen Elitetheorien von Mosca (1884), Pareto (1916) und Michels (1911). Charakteristisch für das machiavellistische Verständnis von Elite ist die Annahme eines überhistorischen „Gesetzes", wonach in allen Gesellschaften notwendigerweise eine kleine Minderheit über die Mehrheit herrscht. Von besonderem Interesse für die Soziologie ist Paretos Elitenkonzept, das sich nicht nur auf den politischen Raum bezieht, sondern den Elitenbegriff ausweitet auf die gesamte Gesellschaft (vgl. Lenk 1982). Dazu hat er eine voluntaristische Handlungstheorie entwickelt, eine Lehre von „Residuen" und „Derivationen", die so etwas wie die wissenschaftliche Begründung des elitentheoretischen Verständnisses von Masse liefert. Als „Residuen" bezeichnet Pareto einen überhistorischen, a-logischen Instinkt- oder Triebkern des Menschen; diese „Residuen" sind die Ursache für die meisten Handlungen der Menschen und damit auch für gesellschaftliche Prozesse. Die geistigen Äußerungen des Menschen (mit Ausnahme der streng naturwissenschaftlich verfahrenden Wissenschaften), die Normen und Regeln, die sich Gesellschaften geben, oder auch das, was man sonst als Tätigkeit der Vernunft bezeichnet, sind für Pareto nichts als „Derivationen", als nachträgliche, scheinlogische Rechtfertigungen, mit denen der nicht-logische und auch der zutiefst eigennützige Charakter der meisten Handlungen verschleiert werden soll. So entwickeln die Eliten immer neue „Derivationen" – zu denen in der Moderne beispielsweise die Demokratie gehört –, um die breite Masse der mittelmäßigen und erfolglosen Menschen ruhig zu stellen und zu führen.

Es verwundert nicht, dass diese Vorstellungen von einer Elite, die die „Masse", die verachtete Mehrheit der Bevölkerung, notwendigerweise führen muss, dann auch von den Faschisten aufgegriffen wurden. Der faschistische Anspruch totaler Herrschaft gründet sich auf die unüberbrückbare Kluft zwischen Masse und Elite, eine Kluft, die im Führerprinzip mit der mythischen Gestalt des Führers und den entsprechenden Unterführern, vor allem der SS, einen extremen Ausdruck findet. Über ausgeklügelte Inszenierungen sowohl des „Führers" als auch der „Masse" wird an irrationale Strebungen und Strömungen – in der Terminologie Paretos: an die „Residuen" – in der Bevölkerung appelliert, um die blinde und bedingungslose Gefolgschaft des „Volkes" herzustellen und zu erhalten.

Die Assoziationsräume, die der Elitenbegriff aufspannt, sind also alles andere als erfreulich, und es ist vor diesem Hintergrund schwer vorstellbar, wie er mit unserem Verständnis von einer pluralistischen, auf der politischen und sozialen Teilhabe der Bürgerinnen und Bürger gegründeten Gesellschaft versöhnt werden könnte. Ich sehe vor allem zwei Varianten, die in der Soziologie eine Rolle spielen: die Vorstellung von einer im politischen Raum angesiedelten „Machtelite", einschließlich der darauf bezogenen demokratietheoretischen Diskussion, und ein an den Begriff der Leistung gebundenes Elitenkonzept, das als eine Art „natürlicher Ideologie" der modernen bürgerlichen Gesellschaft gegenwärtig das Alltagsverständnis von gesellschaftlichen Spitzenpositionen zu bestimmen scheint.

Im Folgenden will ich mich lediglich mit dieser zweiten Variante auseinandersetzen, da sie sich explizit als analytisches Instrument zur Analyse der Sozialstruktur moderner Gesellschaften anbietet. Die Diskussionen um die „Machtelite", so interessant sie sind, müssen hier aus Platzgründen außer Acht gelassen werden (vgl. Krais 2001).

In einer fast vergessenen Studie aus den sechziger Jahren ist diese Variante systematisch ausgearbeitet worden (Dreitzel 1962). Dreitzel kritisiert die machiavellistischen Elitetheorien ebenso wie die Bindung des Elitenkonzepts an Macht als unhistorisch. Ihm geht es darum, den Elitenbegriff als einen modernen Begriff zu entwickeln, einen, der soziologisch sinnvoll nur mit Bezug auf die moderne, „industrielle Gesellschaft" zu verwenden ist (Dreitzel 1962: 16ff.). Charakteristisch für die Sozialstruktur der modernen Gesellschaft ist nach dieser Argumentation vor allem, dass sie geprägt ist durch eine immer weitergehende, immer differenziertere Arbeitsteilung. Es mache daher keinen Sinn, länger von einer „herrschenden Klasse" oder einem „homogenen Machtblock an der Spitze der Gesellschaft" zu sprechen, vielmehr gebe es, entsprechend der komplexen, arbeitsteiligen Differenzierung des gesellschaftlichen Funktionszusammenhangs, eine Vielfalt von unterschiedlichen „Spitzengruppen". In diesem Verständnis existieren also Eliten von vornherein im Plural – es gibt nicht *eine* Elite, *die* Elite, sondern eine Vielfalt von Eliten.

Was macht nun die Zugehörigkeit zu einer Elite in der modernen Gesellschaft aus? Die Antwort ist: *Leistung*. In den Worten Dreitzels: „Der Elitenbegriff bezeichnet die Inhaber von Spitzenpositionen in der Gesellschaft, die auf Grund einer sich wesentlich an der (persönlichen) Leistung orientierenden Auslese in diese Positionen gelangt sind" (Dreitzel 1962: 67). Tragendes Element dieses Elitenbegriffs ist die persönlich zurechenbare Leistung, nicht aber ein Besitztitel oder ein durch Geburt gegebenes Privileg. Zur Elite zählen dann jene Individuen, die nach den Normen des jeweiligen Auslesekriteriums Leistungen bringen, die die höchste Bewertung erhalten. Und es gibt viele, sehr unterschiedliche Auslesekriterien: Die Leistungsqualifizierung kann grundsätzlich auf jedem Gebiet erfolgen, „das für die Gesellschaft von Interesse und Bedeutung ist" (Dreitzel 1962: 68), handle es sich nun um militärische oder sportliche, um unternehmerische oder kulturelle Leistungen. Dabei können, wie Dreitzel (1962) durchaus illusionslos bemerkt, nicht nur tatsächliche Leistungen Anerkennung finden, sondern auch fiktive. Allerdings ist die Leistung an sich nicht zureichend als bestimmendes Kriterium der Elitenzugehörigkeit; ein zweites Kriterium tritt hinzu: die öffentliche Anerkennung einer – tatsächlichen oder fiktiven – Leistung, der *Erfolg*. Entscheidend ist also, dass es sich um eine Leistung handelt, die erstens in einer Gesellschaft irgendwie als bedeutsam erachtet wird und zweitens öffentlich anerkannt wird, d.h. als Erfolg gilt.

Dies bedeutet andererseits, dass es durchaus persönliche Spitzenleistungen geben mag, die zu einer bestimmten Zeit in einer bestimmten Gesellschaft völlig irrelevant sind und daher keine öffentliche Anerkennung finden, oder aber deshalb nicht als Erfolg gewertet werden, weil der Spitzenplatz – aus welchen Gründen auch immer – schon besetzt ist, z.B. bei Erfindungen, wissenschaftlichen Erkenntnissen, technischen Lösungen, sportlichen Leistungen. Das berühmte Problem des „41. Sitzes", wie es in Anlehnung an die vierzig Sitze der Académie Française genannt wird, bei der es eine lange Liste von berühmten „Inhabern des 41. Sitzes" gibt, taucht hier auf: Es gibt regelmäßig mehr preiswürdige Leistungen als Spitzenplätze.

Zusätzlich stellt sich das Problem der Leistungsmessung, das sich selbst dort stellt, wo es anscheinend objektivierbare Kriterien gibt (vgl. Krais 2000). Im Sport, wo es offenkundig immer einen Sieger geben muss, ist man darauf verfallen, die Messung z.B. bei den Wettläufen bis in den nicht mehr wahrnehmbaren (und nicht mehr zuverlässig messbaren) Bereich hinein zu verfeinern, mit der absurden Konsequenz, dass jemand, der den Sieg um 1/100 Sekunde verfehlt, als „Verlierer“ und „Versager“ angesehen wird. Und sind unterschiedliche Leistungen überhaupt vergleichbar? Ist die Leistung einer Krankenschwester geringer zu bewerten als die eines Fußballers oder eines Spitzenmanagers? Schließlich: Wie ist das mit dem Problem der persönlichen Zurechenbarkeit von Leistungen? Ist das gute Geschäftsergebnis der Firma X tatsächlich ausschließlich dem dafür hoch gelobten neuen Manager Schulze zuzurechnen – und nicht vielleicht dem Zusammenspiel einer ganzen Reihe von Personen, die zum richtigen Zeitpunkt das Richtige getan haben? Je intensiver man sich mit der Beziehung von Leistung und Elite beschäftigt, desto mehr Fragen und Zweifel tauchen auf. Am Ende ist wohl der Erfolg das Kriterium, das die Leistung anzeigt, die doch in dieser Elitenkonzeption den Erfolg erst nach sich ziehen soll.

Trotz der kaum lösbaren Probleme, die mit dem an Leistung gekoppelten Elitenbegriff verbunden sind, enthält er einen analytisch bedeutsamen Aspekt: Er verweist darauf, dass nicht nur Leistung im traditionellen, an die Webersche Berufskonzeption gebundenen Sinn bedeutsam ist. Vielmehr schließt dieses Elitenkonzept auch Personen ein, deren Erfolg nicht primär an die „fundamentalen Werte von Leistung und Fortschritt“ der industriellen Gesellschaft gebunden ist, sondern vor allem die Bereiche von Freizeit und Lebensführung repräsentiert. Dreitzel nennt sie die „Freizeithelden“: „Zu diesen Eliten würden etwa die Film- und Theaterstars, die erfolgreichen Sportler, die Modeschöpfer, Schlagerkönige und Virtuosen aller Art gehören, aber auch Künstler, Literaten und zuweilen Philosophen und Kulturkritiker. Von diesen Eliten können bestimmte Gruppen oder einzelne Personen zu Bezugspunkten des Verhaltens anderer werden.“ (Dreitzel 1962: 147) Bei Mills (1956) findet sich in Gestalt der *celebrities,* der „Berühmtheiten“ oder der „Prominenz“, eine ähnliche Elitekategorie: Personen, die nicht aufgrund einer spezifischen Leistung oder aufgrund ihres Besitzes oder einer besonderen Machtposition öffentlich präsent sind, sondern an denen vor allem ihr Lebensstil von Interesse ist.

Dreitzel wie Mills berühren damit einen Punkt, dem heute, unter den Prämissen einer soziologischen Theorie, die die strukturfunktionalistischen Vorstellungen eines eigenständigen „kulturellen“ oder „Werte-Systems“ überwunden hat, weit mehr Bedeutung zukommt als der eines Randphänomens der Elitenthematik. Was „richtiges“ Handeln ist, wird nicht nur – und vermutlich sogar nur zum geringsten Teil – durch abstrakte Normen und Werte vorgegeben, die im Bewusstsein der Mitglieder einer Gesellschaft präsent sind, es wird vielmehr, was vor allem Bourdieu immer wieder betont sind, es wird vielmehr, was vor allem Bourdieu immer wieder betont hat, vorgemacht, vorgelebt, es wird von Personen *verkörpert*. An den Personen, die zu einer Elite zählen, kann man *sehen*, welche Leistungen, welches Handeln, welches Sein gesellschaftlich anerkannt und prämiiert werden. Und je nachdem, um welche Leistungen es sich handelt, repräsentieren und verkörpern die herausragenden Individuen nicht allein Werte aus der Welt von Politik, Wirtschaft, Wissenschaft und Technik, sondern auch die Werte, Vorstellungen, Ideale und Wünsche, die die Lebensführung insgesamt anleiten.

Mit der Betonung der Vielfalt von Eliten trifft dieses Elitenkonzept die Differenziertheit und Pluralität, mit der Bindung an Leistung den Kern des Selbstverständnisses einer auf dem Privateigentum an Produktionsmitteln beruhenden modernen Gesellschaft, und mit dem Bezug auf die Person trägt es der Tatsache und dem Wert der Individualität in der Moderne Rechnung. Man kann sagen, das Elitenkonzept drängt sich als eine Art "natürliche Ideologie“ der modernen Gesellschaft geradezu auf. Und doch, es „klingt alles eine Idee zu schön, um wahr zu sein.“ (von Friedeburg 1987: 194) Zentrale Aspekte der Sozialstruktur moderner Gesellschaften werden ausgeblendet: Der Blick wird auf die Spitze, auf die luftigen Höhen der Berggipfel gelenkt, die große Mehrheit der Bevölkerung wird zur Restkategorie. Zwar scheint die „breite Masse“ ihre Gefährlichkeit verloren zu haben, doch ist sie damit auch vollends uninteressant geworden; allenfalls als staunendes oder konsumierendes Publikum spielt sie eine Rolle. Soziale Ungleichheiten, die hin und wieder eine gewisse Aufmerksamkeit auf sich ziehen, erscheinen einerseits zufällig wie die Haarfarbe und werden andererseits achselzuckend als unabänderbar hingenommen. In Gestalt von „Führungsaufgaben“ und „Spitzenpositionen“ wird zwar das Phänomen der Macht angesprochen, wenn auch in kaum erkennbarer Form, doch Herrschaft und die Modi ihrer Ausübung – Zwang, Einschüchterung, strukturelle und symbolische Gewalt bis hin zu physischer Gewalt – bleiben vollständig ausgeklammert.

2. Das Marxsche Klassenkonzept und die herrschenden Klassen

2.1 Die herrschenden Klassen im Verständnis von Marx

Den theoretischen und politischen Gegenpol zum „Elitenbegriff" bildet das Konzept der „herrschenden Klasse", das an die von Marx entwickelte Vorstellung der Klassengesellschaft anknüpft. Marx selbst hat sich bekanntlich zur Klassengliederung der bürgerlichen Gesellschaft nur knapp geäußert. Wichtige Hinweise finden sich vor allem in den Frankreich-Schriften: „Der achtzehnte Brumaire des Louis Bonaparte" von 1852 und „Der Bürgerkrieg in Frankreich" von 1871, in denen er die Auseinandersetzungen in der politischen Arena Frankreichs von der Klassengliederung her aufschlüsselt.

Was bedeutet nun die Marxsche Vorstellung von sozialen Klassen für den Gegenstand unseres Interesses, für die „oberen Regionen" der Gesellschaft? Zunächst: Was hat Marx selbst dazu gesagt?

Ein Verständnis von herrschenden Klassen, das sich im Marxschen Sinn auf den gesellschaftlichen Reproduktionsprozess bezieht, kennt zunächst einmal die Bourgeoisie als *die* herrschende Klasse. Die Bourgeoisie, das ist die eine der beiden Grundklassen der bürgerlichen Gesellschaft: die Eigentümer der für diese Gesellschaft charakteristischen Produktionsbedingungen, Eigentümer von Kapital. Allerdings bedeutet dies keineswegs, dass es sich bei der Bourgeoisie um eine monolithische, nach Interessen und Lebensführung homogene Klasse handelt: Bereits Marx unterschied zwischen industriellem Kapital, Handelskapital und Geld- oder Finanzkapital, deren Eigentümer unterschiedliche Interessen haben können; die Bourgeoisie gliedert sich also in verschiedene Fraktionen.

Darüber hinaus war jedoch für Marx Herrschaft in der bürgerlichen Gesellschaft von vornherein ein arbeitsteilig betriebenes Geschäft, an dem nicht allein die Bourgeoisie beteiligt ist. Zwar ist mit dem Eigentum an den objektiven Produktionsbedingungen ein Herrschaftsverhältnis bezeichnet, das, wie Marx schreibt, „unmittelbar aus der Produktion selbst hervorwächst." (MEW 25: 799) Doch wirkt die Herrschaft der Bourgeoisie nicht nur über „Sachzwänge" und die „Gesetze des Marktes", sie wird auch durch politische Prozesse und kulturelle Mechanismen befestigt; sie konstituiert eine umfassende, komplexe soziale Ordnung, die in der Sphäre der Politik und in den staatlichen Instanzen ebenso verankert ist wie im sozialen Leben und in den gesellschaftlichen Institutionen. Vor allem aber hält diese soziale Ordnung die

Köpfe besetzt, sie prägt die Sichtweisen der Welt, das Denken, die Vorstellungen und Ideen, das heißt, sie existiert auch in Form einer symbolischen Ordnung.

So stützt sich die Bourgeoisie bei der Aufrechterhaltung der bürgerlichen Ordnung auch auf soziale Gruppen, die von der Klassenlage her nicht den Kapitaleigentümern zuzurechnen sind: jene, die in der politischen Arena, über den Staat, die Interessen der Bourgeoisie vertreten und sichern – Regierungen; parlamentarische Vertreter, wo es Parlamente gibt; Militär; die Spitzen der Polizei und der staatlichen Behörden; Justiz – und jene, die die bestehende Ordnung in den Köpfen befestigen, d.h. den kulturellen Sektor repräsentieren. Im „Achtzehnten Brumaire“, der den Niedergang der französischen Republik nach der Revolution von 1848 bis zum Staatsstreich von Louis Bonaparte 1851 beschreibt, führt Marx die (parlamentarischen) „Wortführer und die Schriftgelehrten der Bourgeoisie, ihre Tribüne und ihre Presse, kurz die Ideologen der Bourgeoisie“ auf, dazu „die Großwürdenträger der Armee, der Universität, der Kirche, des Barreaus [= der Advokaten, B.K.], der Akademie und der Presse“, und noch einmal „das Kapital mit seinem Gefolge von Advokaten, Professoren und Schönrednern.“ (MEW 8: 182, 131, 139)

Die enorme Bedeutung derer, die die Welt deuten und erklären, für die Aufrechterhaltung von Herrschaftsverhältnissen ist nun kein Novum der bürgerlichen Gesellschaft. Marx' besondere Aufmerksamkeit galt vielmehr dem „modernen Staatsgebäude“, der „Staatsmaschinerie“, war doch der moderne Staat und mit ihm die Ausdifferenzierung einer eigenen politischen Sphäre in seinen Augen eine historisch neue und durchaus ambivalente Erscheinung. Er versäumt auch nicht darauf hinzuweisen, dass der Bourgeoisie mit dem Staat eine weitere Möglichkeit zur Verfügung stand, sich den gesellschaftlichen Reichtum anzueignen: „Aber das materielle Interesse der französischen Bourgeoisie ist gerade auf das innigste mit der Erhaltung jener breiten und vielverzweigten Staatsmaschine verwebt. Hier bringt sie ihre überschüssige Bevölkerung unter und ergänzt in der Form von Staatsgehalten, was sie nicht in der Form von Profiten, Zinsen, Renten und Honoraren einstecken kann.“ (MEW 8: 150 f.)

Bevor ich im Folgenden auf die moderne Entwicklung der herrschenden Klassen eingehe, muss ich ein theoretisches Problem ansprechen: das Problem, wie aus einer „Klasse auf dem Papier“ eine „reale Klasse“ wird.

2.2 *Von der „Klasse auf dem Papier" zur „realen" Klasse*

Der Marxsche Klassenbegriff bezieht sich zunächst nur auf Klassen*lagen*, d.h. er dient als analytisches Instrument zur Darstellung der sozialen Struktur einer Gesellschaft. Marx ging es bekanntermaßen um mehr, nämlich um die Bildung der Klasse als einem revolutionär agierenden Kollektiv. Es stellt sich jedoch die Frage, ob man sinnvoll von Klassen sprechen kann, wenn die sozialen Akteure die von einem Beobachter – dem Soziologen – ermittelte Klassengliederung in ihrem Handeln und in ihren Sichtweisen von der Gesellschaft, in der sie leben, selbst nicht realisieren. Mit dieser Frage hat sich in der neueren Soziologie vor allem Pierre Bourdieu mehrfach und in unterschiedlicher Akzentuierung auseinandergesetzt (Bourdieu 1970, 1982, 1985, 1998).

Der entscheidende Punkt, in dem Bourdieu über Marx hinausführt, ist in der Verknüpfung von Klassenlagen und Lebensführung zu sehen. Solange Unterschiede der Klassenlage, der materiellen Existenzbedingungen, der Stellung im gesellschaftlichen Reproduktionsprozess, wie immer man es formulieren will, sich nicht in der Lebensführung äußern und daher auch nicht wahrgenommen werden, mehr noch, nicht im sozialen Handeln hergestellt werden, bleiben die „objektiven" Klassen papierene Konstruktionen der Soziologie. Die unterschiedlichen Praktiken, Besitztümer, Meinungsäußerungen erhalten ihren sozialen Sinn nur insofern, als die etwas anzeigen, soziale Unterschiede nämlich, die Zugehörigkeit zu der einen oder zu der anderen sozialen Gruppe oder Klasse. Wenn die Klassen „gut konstruiert sind", wie Bourdieu schreibt, erfassen sie erfahrene und erfahrbare, von den Individuen realisierte Distanzen im sozialen Raum und in der sozialen Praxis, auch wenn sie von diesen nicht als *Klassen*unterschiede beschrieben werden. Erst an diese in der Lebensführung, im Geschmack, im Habitus sich niederschlagenden sozialen Unterschiede kann schließlich auch die politische Arbeit der Mobilisierung anknüpfen – mit welchem Erfolg, hängt nicht zuletzt von den historischen Gegebenheiten ab (Bourdieu 1982, 1985, 1998).

Festzuhalten ist an dieser Stelle, dass der analytische Schritt von der „konstruierten" Klasse zur Lebensführung und damit auch zur Gemeinsamkeiten und Unterschiede herstellenden sozialen Praxis bedeutet, mit Bewusstsein – wenn auch nicht unbedingt mit Klassenbewusstsein im Marxschen Sinne – ausgestattete soziale Subjekte in den Blick zu nehmen. Bourdieu geht es immer darum zu zeigen, dass alle soziale Praxis, auch alles Handeln, das soziale Strukturen produziert, durch die Köpfe der Menschen gehen muss. Was die sozialen Akteure über das Oben und Unten in ihrer Gesellschaft denken, welche Vorstellungen von sozialer Ordnung in ihr Handeln eingehen, wie sie selbst sich in ihrem Handeln auf verschiedene soziale Formationen – „Klassen" oder „Schichten" – beziehen, sich von den einen abgrenzen, sich an den anderen orientieren, kommt also zwingend dann ins Spiel, wenn man danach fragt, inwieweit den konstruierten Klassen der Soziologie auch eine Realität entspricht. Wo im sozialen Raum die Grenzlinien zwischen den Klassen verlaufen, ist nicht nur eine Frage der Klassenlage, sondern auch eine Frage der sozialen Praxis der handelnden Individuen. Dies aber heißt, dass die „symbolischen Formen", die Sichtweisen der Welt, unsere Klassifikationen und Vorstellungen, die, wie Bourdieu in seinen Arbeiten detailliert zeigt, Resultat der sozialen Strukturen und der jeweiligen materiellen Lage der Akteure sind, ihrerseits konstitutiv für diese Strukturen sind.

2.3 Historische Entwicklungen: herrschende Klassen und soziale Felder

Die Geschichte der bürgerlichen Gesellschaft ist mit dem 19. Jahrhundert nicht zu Ende und mit Marx' knappen Äußerungen zu den herrschenden Klassen ist zu diesem Thema keineswegs „schon alles gesagt". Die kapitalistische Produktionsweise hat sich weiter ausgebreitet, hat immer mehr Lebensbereiche ergriffen und eine weltumspannende Ökonomie hergestellt; sie war und ist der zentrale Motor der Herstellung einer „Weltgesellschaft". Was ist dabei aus der Bourgeoisie geworden, was aus ihrer „Tribüne" und ihrer „Presse"?

2.3.1 Veränderungen in der Zusammensetzung der Bourgeoisie

In den modernen westlichen Ländern ist die Bourgeoisie im eigentlichen Sinne, d.h. das Wirtschaftsbürgertum, eine sehr kleine Bevölkerungsgruppe. Das Standardwerk zur Sozialstruktur der Bundesrepublik bezieht sich, da neuere Zahlen nicht verfügbar sind, auf Daten des Statistischen Bundesamtes von 1966 und gibt an, dass in diesem Jahr 1,7% der westdeutschen Privathaushalte über 74% des privaten inländischen Produktivvermögens verfügten (Geißler 1996: 67).

Zweifellos hat sich die Bourgeoisie seit Marx' Zeiten verändert. Sowohl Prozesse der Homogenisierung wie der Differenzierung sind festzustellen. Ein Element der Homogenisierung ist darin zu sehen, dass die in West- und Mitteleuropa einst mächtige soziale Formation der Großgrundbesitzer ihre eigenständige Position im Klassengefüge verloren hat. Das Verschwinden der ostelbischen Großgrundbesitzer nach dem Zweiten Weltkrieg gilt als eines der offenkundigsten Elemente gesellschaftlicher Diskontinuität in Deutschland, ein Element, das nicht nur zur Entwicklung demokratischer Verhältnisse in der Bundesrepublik einiges beigetragen hat (vgl. Herbert 1999), sondern auch zur – späten – gesellschaftlichen Anerkennung des Wirtschaftsbürgertums. Blickt man zurück auf die Geschichte der Bundesrepublik, so sieht man, dass noch in fünfziger und sechziger Jahren die Bourgeoisie zwar durchaus die ökonomisch herrschende Klasse war, doch noch keineswegs die „Hegemonie über die Köpfe" hatte. Bei genauerem Hinsehen dürfte sich wohl herausstellen, dass die volle gesellschaftliche Anerkennung des Wirtschaftsbürgertums und die Dominanz der ökonomischen Weltsicht in der Bundesrepublik erst in den Neunzigerjahren des 20. Jahrhunderts erreicht war.

Doch auch im Wirtschaftsbürgertum selbst hat es Veränderungen gegeben. So ist in der Literatur, aber auch im öffentlichen Bewusstsein, vor allem das Verschwinden des Eigentümer-Unternehmers hervorgehoben worden, der oft zum Mythos überhöhten Figur des wagemutigen, innovativen und zugleich patriarchalischen Firmengründers und Fabrikbesitzers aus dem 19. Jahrhundert. Der Aufstieg der Kapitalgesellschaften gegenüber der Sozialfigur des Eigentümer-Unternehmers, der Einfluss der Banken und Versicherungsgesellschaften und die zunehmende internationale Kapitalverflechtung haben dazu geführt, dass die Eigentumsstrukturen unpersönlicher geworden sind (Bottomore 1989: 6; zur Entwicklung der „kapitalistischen Klasse" in Deutschland vgl. Spohn/Bodemann 1989). Wie sich in einschlägigen Studien immer wieder gezeigt hat, bedeutet dies jedoch nicht, dass die vermögenden Familien ihre dominante Position verloren hätten. Über die vermögenden Familien der Bundesrepublik wissen wir jedoch nur wenig; sie machen einen der „weißen Flecke" in der Sozialtopologie der deutschen Gesellschaft aus. Eine andere Frage, die in den letzten Jahren häufiger diskutiert wird, ist die nach der Internationalität der Bourgeoisie (vgl. dazu Hartmann 1999 und seinen Beitrag in diesem Band).

Schließlich ist zu konstatieren, dass die Bildungsexpansion, die Entwicklung eines differenzierten Kultur- und Unterhaltungssektors und neuer Informationsmedien nicht nur im Alltag der „Massen" tiefe Spuren hinterlassen haben, sondern auch in der kapitalistischen Ökonomie und bei ihren Akteuren, wie sich unschwer am „Neuen Markt" der Börse und den neuen Wortschöpfungen der „Yuppies" und der „Bohemian Bourgeoisie" (den „Bobos") ablesen lässt (vgl. Brooks 2000; Herkommer 2000). Mit der Ausbildung neuer Wirtschaftszweige und der zunehmenden „Kommerzialisierung" weiter Lebensbereiche ist die Bourgeoisie vielfältiger, bunter und gebildeter geworden.

2.3.2 Die „politische Klasse" – eine herrschende Klasse?

Auch der Staat der bürgerlichen Gesellschaft hat sein Gesicht verändert, und mit ihm verändern sich die Akteure an der Spitze des Staates und im politischen Raum. Die von Marx beschriebene Verselbständigung oder relative Autonomie des politischen Gemeinwesens – relativ, da die dort ausgeübte Macht gebunden ist an die Sicherung der bürgerlichen Eigentumsverhältnisse – wird durch zwei miteinander zusammenhängende Entwicklungen noch verstärkt: durch die Einführung des allgemeinen Wahlrechts und dadurch, dass Politik zum Beruf geworden ist.

Vor allem das allgemeine Wahlrecht bringt ein neues Element in das politische Gemeinwesen: Es stattet die Akteure im politischen Raum zusätzlich mit einer vom Volk delegierten Macht aus, die damit zu einer vielleicht prekären, aber doch existierenden Distanzierung und Autonomisierung der politischen Sphäre beiträgt. Das Parlament ist nicht mehr nur die „Tribüne der Bourgeoisie"; Sitz und Stimme haben nun auch Vertreter der Arbeiterbewegung und anderer emanzipatorischer Bewegungen in ihren verschiedenen politischen Schattierungen. Sozialistische, anarchistische, sozialreformerische und sozialrevolutionäre Positionen können im Parlament und in der Regierung vertreten werden, sofern der bürgerliche Rechtsstaat nicht zu Gunsten personaler Herrschaftsformen – das Regime von Louis Bonaparte lieferte hierfür das Modell, die Regime Mussolinis, Hitlers, Francos und anderer folgten ihm im 20. Jahrhundert nach – aufgegeben wird. Im Rahmen der bürgerlich-demokratischen Verfassung kann *im Prinzip* soziale Gerechtigkeit, politische Partizipation und Teilhabe der lohnabhängigen Klassen am gesellschaftlichen Reichtum mit dem Stimmzettel durchgesetzt werden. Inwieweit dies tatsächlich geschieht, inwieweit sich der immer wieder beanspruchte „Primat der Politik" gegen die „Sachzwänge der Ökonomie" geltend zu machen vermag, ist eine Frage der historischen Konstellationen, der Machtverhältnisse und des politischen Bewusstseins der Bevölkerung.

Die Antwort auf die Frage nach der sozialen Verortung der Akteure im politischen Raum wird durch diese Entwicklungen nicht einfacher. Von der Stellung im Reproduktionsprozess her gesehen ist zunächst eine spezifische Klassenlage des politischen Personals – gewählte Volksvertreter, Mitglieder der Regierung, hohe Beamte, hohe Richter und Militärs – anzunehmen, und zwar eine Klassenlage, die durch Herrschaftsfunktionen gekennzeichnet ist. Auch unter bürgerlich-demokratischen Verhältnissen sind die Spitzen des Staates von der Klassenlage her zu den Herrschenden zu rechnen. Es wäre jedoch eine unzulässige Verkürzung, diese nach wie vor mit Marx nur als das

„Gefolge" der Bourgeoisie zu sehen. Angesichts der Autonomie der politischen Sphäre unter Bedingungen der Demokratie und des Sozialstaates bilden die Personengruppen an der Spitze des Staates, wenn auch nicht gleichrangig, so doch mit Fug und Recht, eine herrschende Klasse, die mit dem Wirtschaftsbürgertum keineswegs identisch ist.

Inwiefern die „politische Klasse" allerdings mehr ist als eine „Klasse auf dem Papier", ist eine andere Frage. Die Interessen, die die politischen Akteure vertreten, und die damit verbundenen Sichtweisen, gesellschaftlichen Vorstellungen und mentalen Ordnungsprogramme können weit auseinander gehen. Je unterschiedlicher diese sind, desto unwahrscheinlicher wird andererseits eine integrative soziale Praxis, die Gemeinsamkeiten in der Lebensführung ebenso wie sich überschneidende soziale Verkehrskreise herstellt, mit den zentralen Elementen von Konnubium und Kommensalität. Offen bleiben muss auch, inwiefern die Zugehörigkeit zur „politischen Klasse" oder „Machtelite" innerhalb der Familie vererbt wird; die Kontinuität in der Generationenfolge wäre immerhin ein wichtiger Punkt für die Ausbildung der Klasse als Lebenswelt. Die Politikerdynastien der USA, die C.W. Mills (1956) beschreibt (und für die die Familie des gegenwärtigen Präsidenten der USA, George Bush, ein gutes Beispiel ist), sind Resultat spezifischer historischer Konstellationen, die in dieser Form, auch mit den Verflechtungen in das Wirtschaftsbürgertum hinein, keineswegs in allen Demokratien westlichen Typs gegeben sind.

Schließlich existieren auch hier wichtige sozialökonomische Differenzierungen, die auf die Lebenswelten durchschlagen. So ist mit dem Zugang zu hohen Staatsämtern nach wie vor die Chance der persönlichen Bereicherung gegeben; sie wird, wie sich immer wieder zeigt, durchaus genutzt. Nicht nur in amerikanischen Kriminalromanen, auch in der biederen Bundesrepublik hört man von Politikern, die ihr Amt mittellos angetreten haben, im Laufe weniger Jahre jedoch in die Bourgeoisie überwechseln und ihren Kindern ein stattliches Vermögen hinterlassen konnten. Dabei ergibt sich die Chance der Bereicherung weniger aus dem Salär der Regierenden als vielmehr aus der Möglichkeit, über die mit dem Amt gegebenen „Beziehungen" zusätzliche Geldquellen zu erschließen, sei es über Aufsichtsratsmandate, sei es über Waffenhändler in Kanada, französische Ölkonzerne oder Ähnliches, ganz nach dem Vorbild der von Marx beschriebenen Verflechtungen von Ökonomie und Politik in Frankreich. Andererseits ist nicht außer Acht zu lassen, dass die Politik neben dem Bildungswesen zu den zentralen Aufstiegskanälen der deutschen Gesellschaft gehört (vgl. Bürklin/Rebenstorf u.a. 1997).

2.3.3 Symbolische Ordnungen und die Felder der Kultur

Zu den bemerkenswertesten Entwicklungen des 20. Jahrhunderts gehört die Entwicklung im Bereich der Kultur: Die Produktion, Interpretation und Vermittlung von Kultur hat nicht nur vom Umfang her ungeheuer expandiert; herausragendstes Merkmal der kulturellen Entwicklung ist vor allem die große Vielfalt und Pluralität der Produkte, Medien, Meinungen, Deutungen, Herstellungs- und Gestaltungsweisen. Neue Techniken und Medien wie Schallplatte, Film, Rundfunk, Fernsehen, Computer und Internet haben die allgemeine Zugänglichkeit und massenhafte Verbreitung kultureller Produkte und damit die gesellschaftliche Kommunikation erleichtert und befördert; die Bildungsexpansion, verbesserte Lebensbedingungen und mehr verfügbare Zeit für breite Bevölkerungskreise waren Bedingungen für das heute existierende hohe Niveau der Literarisierung, für die Vielfalt auch der „Massenkultur“ und ein breites Spektrum an populären Künsten (vgl. Maase 1997). Bemerkenswert ist auch, dass sich die Vielfalt und Pluralität, die als herausragendes Merkmal der modernen Kulturproduktion und -vermittlung gelten kann, nicht auf Objekte beschränkt, die nach ästhetischen Kriterien beurteilt werden. Sie erstreckt sich auch auf Aspekte der sozialen Praxis, bei denen es um moralische Urteile, soziale Normen und Werte, politische Meinungen und soziale Deutungen geht. Ob der niedrige Frauenanteil in Führungspositionen nun als gesellschaftliches Problem zu gelten hat oder eher nicht, ob man unter die Verbrechen der deutschen Vergangenheit endlich einen Schluss-Strich ziehen soll, ob man in der Kirche heiraten soll, ob man deutschen Rap oder doch eher Volksmusik vorzieht – weder für diese noch für jene Frage gibt es Produktions- und Deutungsmonopole oder „letzte Instanzen“.

Und doch stecken in dieser kulturellen Vielfalt und Vielgestaltigkeit der Hervorbringung von kulturellen Äußerungen und Produkten symbolische *Ordnungen*; Ordnungen, die das Handeln der Individuen anleiten und die soziale Praxis strukturieren, damit aber auch die in die soziale Ordnung eingelassenen Herrschaftsstrukturen reproduzieren. Kulturelle Hegemonie oder symbolische Herrschaft ist in der modernen Gesellschaft zweifellos bedeutsamer geworden. Bourdieu sieht in der symbolischen Gewalt heute den wirksamsten und mächtigsten Modus der Ausübung von Herrschaft.

Wenn man aber wissen will, wie diese Herrschaft funktioniert, wie sich die symbolischen Ordnungen durchsetzen, wie sie ausgearbeitet, weiterentwickelt, in Worte gefasst und in Bilder umgesetzt werden, kommt man nicht umhin, sich den Akteuren und den Prozessen zuzuwenden, die das Geschehen in den Feldern kultureller Produktion prägen. Damit richtet sich der analytische Blick auf die Strukturen und Beziehungen innerhalb der verschiedenen kulturellen Felder, auf die Machtverhältnisse und die innere Dynamik in den verschiedenen Feldern der Kultur. In den Feldern der kulturellen Produktion werden die symbolischen Ordnungen zwar nicht erfunden, aber ausgearbeitet, in Worte gefasst, in Bilder umgesetzt, variiert, systematisiert, geordnet, kritisiert und bestritten. Kulturelle Arbeit legitimiert Herrschaft, indem sie sie rechtfertigt, tarnt, euphemisiert, die Verkennung der Willkür bewirkt, die ihr zugrunde liegt (vgl. Bourdieu 1991: 76). Sie hat aber auch die Kraft, Herrschaftsstrukturen als solche offen zu legen und zu kritisieren, zum Nachdenken darüber anzuregen, kurz, zur Aufklärung beizutragen.

Die Trennlinien zwischen Legitimierung von Herrschaft und Aufklärung verlaufen nun nicht einfach entlang der Klassenstrukturen oder der verschiedenen Zweige kultureller Produktion, so dass etwa ein freier Schriftsteller grundsätzlich als Aufklärer, ein Journalist eines kommerziellen Fernsehsenders oder eine Soziologie-Professorin im Staatsdienst grundsätzlich als Ideologen des Kapitals fungieren würden, und sie verlaufen auch nicht entlang der Unterscheidung von „hoher" Kultur und Unterhaltung. Zwar sind die ökonomischen Verhältnisse der kulturellen Produktion keineswegs irrelevant, ganz offensichtlich liegen die Dinge jedoch komplizierter. Die kulturelle Produktion folgt, wie gerade Bourdieu mit seinen Untersuchungen zu den sozialen Feldern der Kultur dokumentiert hat (vgl. Bourdieu 2000, 2001), immer auch einer eigenen Logik. Dabei ist vor einem Missverständnis zu warnen: Die „eigene Logik" der kulturellen Produktion bedeutet keineswegs, dass die symbolischen Ordnungen immer harmonisch aufeinander abgestimmt sein und ein in sich stimmiges Ganzes bilden müssen. In ihrer Studie über primitive Formen der Klassifikation haben Durkheim/Mauss (1987) gezeigt, dass bereits die Weltsichten relativ einfach strukturierter Gesellschaften keineswegs vollkommen stimmig und widerspruchsfrei sind; um so mehr gilt dies für die symbolischen Ordnungen der Moderne. Die verschiedenen sozialen Formationen, die sich in einem differenzierten gesellschaftlichen Reproduktionsprozess mehr oder weniger scharf abgegrenzt konstituieren, bringen in das komplexe soziale Mit- und Gegeneinander nicht nur ihre Interessen und Erfahrungen, sondern auch spezifische Sichtweisen, Wünsche und Mythen ein. Die komplexen sozialen Ordnungen differenzierter moderner Gesellschaften und die darauf bezogenen symbolischen Ordnungen sind daher zu jedem Zeitpunkt als Ergebnis sozialer Auseinandersetzungen, sich durchkreuzender, sich überlagernder, gegenseitig beeinflussender Strömungen des Denkens und Handelns einer Vielzahl sozialer Akteure zu begreifen.

Die Verortung der Akteure im sozialen Raum bleibt bei der Analyse dieser Vorgänge zunächst ausgeklammert. Sie kommt jedoch dann in den Blick, wenn man Herrschaft explizit als arbeitsteiliges Geschäft begreift und die Beziehungen, Abhängigkeiten und auch die personalen Verflechtungen zwischen den verschiedenen Machtfeldern thematisiert. Inwieweit sind beispielsweise politische Journalisten einbezogen in die Auseinandersetzungen im politischen Raum, in welchen materiellen Abhängigkeiten arbeiten sie, wie sind die Verlage und Fernsehanstalten verflochten mit der Bourgeoisie und mit der „politischen Klasse“? Wie differenziert gestaltet sich überhaupt das soziale Universum der Medien, in welchen Beschäftigungsformen, zu welchen Konditionen gelingt es Journalisten, ihre Arbeitskraft einzusetzen? Woher kommen Journalisten, welche Klassenlagen haben ihren Habitus geprägt? Eine Fülle von Fragen tut sich auf, will man die Funktionsweise symbolischer Herrschaft, ihren Aufbau und ihre Wirkungsweise verstehen; die Frage nach dem Ort der Akteure im sozialen Raum gehört dazu.

3. Herrschende Klassen oder Eliten?

Wenn man danach fragt, welches Bild die Menschen, die in der Gesellschaft der Bundesrepublik zusammenleben, von der sozialen Gliederung dieser Gesellschaft und ihrer eigenen Position darin haben, so erhält man heute meist eine Antwort, die das Elitenkonzept verwendet. Es scheint naheliegend zu sein – vor allem für die, die zu den Spitzen der Gesellschaft gehören oder gehören wollen –, von Eliten zu sprechen, von Eliten, die sich durch Leistungen unterschiedlicher Art legitimieren und daher auch im Plural auftreten. Ganz offensichtlich hat das Elitenkonzept gegenwärtig als Kategorie der naiven Wahrnehmung eine hohe Plausibilität. In der Tat trifft die Rede von den Eliten, wie bereits dargestellt, in wichtigen Aspekten das Selbstverständnis einer modernen, differenzierten, dynamischen, auf Konkurrenz und Marktbeziehungen beruhenden Gesellschaft: Mit der Bindung an Leistung und Erfolg stellt das modernisierte Elitenkonzept den Bezug zum ökonomischen Denken als dem Kern der Ideologie der Moderne her (vgl. Dumont 1991), mit der Bedingung der persönlichen Zurechenbarkeit von Leistung nimmt es die faktische und normative Bedeutung der Individualität in der Moderne auf, und mit der Betonung der Vielfalt von Eliten berücksichtigt es die Differenziertheit und Pluralität moderner Gesellschaften. Und es operiert mit jenem primären Gegensatz von „Elite“ und „Masse“, der sich so gut in unsere grundlegenden Wahrnehmungsmuster der Entgegensetzung von hoch und niedrig, fein und grob, einzigartig und gewöhnlich fügt.

Der Elitenbegriff weist auf der anderen Seite eine ganze Reihe von Problemen auf; sie sind oben kurz angesprochen worden. Der zentrale Einwand gegen die Verwendung des Elitenbegriffs in der soziologischen Analyse ist jedoch in der damit implizierten extrem verkürzten Vorstellung von Gesellschaft zu sehen. Konstitutiv für den Elitenbegriff ist, wie wir gesehen haben, die Entgegensetzung von „Elite“ und „Masse“; „Gesellschaft“ reduziert sich damit auf ein einfaches dichotomes Schema. Wenn die Eliten auch in ihrer ganzen Vielfalt erfasst werden können, so erscheint doch die nicht zu der einen oder der anderen Elite gehörende Mehrheit der Bevölkerung als bloßer „Rest“, mehr noch, sie wird mit dem verächtlichen Begriff der Masse belegt. Bis heute gehören die apokalyptischen Visionen von der „Nivellierung“ und „Vermassung“, von der Bedrohung „durch jene unterschiedslose und sich um keine Unterschiede scherende Masse, die permanent auf dem Sprung ist, die Reservate bürgerlicher Exklusivität zu überschwemmen“ (Bourdieu 1982: 731), zur Mythologie der bürgerlichen „Eliten“, insbesondere der Bildungsschichten. Nicht von ungefähr findet sich die Rede von den Eliten derzeit bevorzugt bei den im Zuge der Bildungsexpansion der siebziger Jahre aufgestiegenen Kleinbürgern des kulturellen Sektors, denen so viel daran gelegen ist, den Blick zurück, und das heißt nach unten, zu vermeiden. Das Elitenkonzept, das explizit als Gegenentwurf zur Vorstellung von der Klassengesellschaft entstanden ist, verstellt den Blick auf die Beziehung der verschiedenen Klassen zueinander, insbesondere auf die Komplementarität von herrschenden und lohnabhängigen Klassen, wie es sich überhaupt dem Denken in komplexen gesellschaftlichen Zusammenhängen verweigert.

Von den frühen Anfängen der Soziologie an haben sich die Soziologen – wie übrigens auch die Nationalökonomen – große Mühe gegeben, Gesellschaft als differenzierten, arbeitsteiligen Funktionszusammenhang zu begreifen. Der Blick auf den gesellschaftlichen Funktionszusammenhang, wie ihn die auf Marx zurückgehende Vorstellung von der Klassengesellschaft eröffnet, ist bis heute durch andere Erkenntnisinstrumente der Soziologie nicht zu ersetzen. Zwar lässt sich auch mit diesem Konzept der alte Traum vieler Soziologen, die Gesellschaft „in ihrer ganzen Totalität“ zu begreifen, nicht verwirklichen, doch gibt es die Mittel an die Hand, die soziale Welt als komplexen, arbeitsteiligen und zugleich von spezifischen Herrschaftsverhältnissen durchzogenen sozialen Zusammenhang zu erfassen. Und nicht nur die Reichen und Schönen und Erfolgreichen erscheinen hier als soziale Akteure, sondern grundsätzlich alle Individuen – in einer Gesellschaft, die ihrem Selbstverständnis nach vor allem eine „Gesellschaft der Individuen“ ist, muss dies als konstitutives Element jeder gesellschaftstheoretischen Konstruktion gelten.

Die mit der Vorstellung von der Klassengesellschaft implizierte Redeweise von den „herrschenden Klassen“ oder der „Herrschaft der Bourgeoisie“ stößt allerdings häufig auf Ablehnung und Unverständnis. C.W. Mills, der explizit von der Elite spricht, von der *power elite*, begründet seine Ablehnung des Begriffs der herrschenden Klasse damit, dass dieser ökonomistisch und deterministisch sei und die unmittelbare Ausübung der politischen Macht durch die Bourgeoisie unterstelle (Mills 1956: 277). Offensichtlich verbindet sich mit „herrschender Klasse“, mit der Verwendung des Begriffs „Herrschaft“ überhaupt für viele die Assoziation straff durchstrukturierter sozialer Verhältnisse, die wie eine gut geölte Maschine über verschiedene Räderwerke und Gestänge von einem zentralen Punkt aus – in der Regel von der Regierung aus – gesteuert werden können. Davon kann in der bürgerlichen Gesellschaft mit ihrem komplexen, arbeitsteilig ausdifferenzierten Reproduktionsprozess und ihren vielfältigen sozialen Beziehungen und Problemlagen keine Rede sein. Ich habe versucht zu zeigen, dass gerade mit einem Klassenbegriff, der an den gesellschaftlichen Reproduktionszusammenhang gebunden ist, die Dynamik der Entwicklung der bürgerlichen Gesellschaft zu begreifen ist. In der Weiterentwicklung des Klassenbegriffs durch Bourdieu, der insbesondere auf die Mechanismen symbolischer Herrschaft aufmerksam gemacht hat, öffnet sich auch der Blick auf die verschiedenen sozialen Formationen, die am Geschäft der Befestigung der herrschenden Verhältnisse beteiligt sind. Nicht nur die Bourgeoisie ist dann von Interesse, nicht nur die „politische Klasse“ muss einbezogen werden, auch und vor allem die sozialen Verhältnisse im Bereich der kulturellen Produktion, eingeschlossen die *celebrities*, die bestimmte, in einer Gesellschaft kursierende Vorstellungen vom „richtigen Leben“, von Werten und symbolischen Ordnungen verkörpern (vgl. dazu Gebauer 2001 und seinen Beitrag in diesem Band), geraten damit in den Horizont der soziologischen Analyse. Über Details, Varianten, Reichweite und blinde Flecke des hier vorgestellten Konzepts vom sozialen Raum und seinen herrschenden Klassen mag und sollte man in der soziologischen Zunft durchaus streiten; die Produktivität eines solchen Streits steht außer Frage. Schließlich erweist sich realitätsaufschließende Kraft dieses wie anderer Erkenntnisinstrumente in der Auseinandersetzung mit dem empirischen Gegenstand und in den Fragen, die es zu stellen erlaubt.

Literatur

Bottomore, Tom (1989): The Capitalist Class, in: Tom Bottomore/Robert J. Brym (Eds.), The Capitalist Class. An International Study, New York u.a., S. 1-18.

Bourdieu, Pierre (1970): Klassenstellung und Klassenlage, in: Pierre Bourdieu, Zur Soziologie der symbolischen Formen, Frankfurt/M., S. 42-74.

Bourdieu, Pierre (1982): Die feinen Unterschiede. Kritik der gesellschaftlichen Urteilskraft, Frankfurt/M.

Bourdieu, Pierre (1985): Sozialer Raum und 'Klassen'. Leçon sur la leçon, Frankfurt/M.

Bourdieu, Pierre (1989): La noblesse d'état. Grandes écoles et esprit de corps, Paris.

Bourdieu, Pierre (1991): Das Feld der Macht und die technokratische Herrschaft, in: Pierre Bourdieu, Die Intellektuellen und die Macht, Hamburg, S. 67-100.

Bourdieu, Pierre (1998): Sozialer Raum, symbolischer Raum, in: Pierre Bourdieu, Praktische Vernunft. Zur Theorie des Handelns, Frankfurt/M., S. 15-32.

Bourdieu, Pierre (2000): Das religiöse Feld. Texte zur Ökonomie des Heilsgeschehens, Konstanz.

Bourdieu, Pierre (2001): Die Regeln der Kunst. Genese und Struktur des literarischen Feldes, Frankfurt/M.

Brooks, David (2000): Bobos in Paradise. The New Upper Class and How They Got There, New York.

Bürklin, Wilhelm / Hilke Rebenstorf u.a. (1997): Eliten in Deutschland. Rekrutierung und Integration, Opladen.

Dreitzel, Hans Peter (1962): Elitebegriff und Sozialstruktur. Eine soziologische Begriffsanalyse, Stuttgart.

Dumont, Louis (1991): Individualismus. Zur Ideologie der Moderne, Frankfurt/M./ New York.

Durkheim, Emile / Marcel Mauss (1987): Über einige primitive Formen von Klassifikation, in: Emile Durkheim, Schriften zur Soziologie der Erkenntnis, Frankfurt/M., S. 169-256.

Elias, Norbert (1989): Studien über die Deutschen. Machtkämpfe und Habitusentwicklung im 19. und 20. Jahrhundert, Frankfurt/M.

Friedeburg, Ludwig von (1987): Über Eliten in Deutschland, in: Leviathan, Jg. 15, H. 2, S. 193-207.

Gebauer, Gunter (2001): Die Besten und die Tüchtigsten. Nationale Repräsentation durch Sporteliten in Deutschland und Frankreich, in: Beate Krais (Hrsg.), An der Spitze. Von Eliten und herrschenden Klassen, Konstanz, S. 63-111.

Geißler, Rainer (1996): Die Sozialstruktur Deutschlands. Zur gesellschaftlichen Entwicklung mit einer Zwischenbilanz zur Vereinigung, Opladen.

Hartmann, Michael (1999): Auf dem Weg zur transnationalen Bourgeoisie?, in: Leviathan, Jg. 27, H. 1, S. 113-141.

Herbert, Ulrich (1999): Deutsche Eliten nach Hitler, in: Mittelweg 36, Jg. 8, H. 3, S. 66-82.

Herkommer, Sebastian (2000): Macht und Lebensstil. Von der „Power Elite" zur neuen Klasse der „Bourgeois Bohemians", in: Sozialismus, Jg. 2000, Supplement H. 10, S. 1-26.

Krais, Beate (1989): Soziales Feld, Macht und kulturelle Praxis. Die Untersuchungen

Bourdieus über die verschiedenen Fraktionen der „herrschenden Klasse“ in Frankreich, in: Klaus Eder (Hrsg.), Klassenlage, Lebensstil und kulturelle Praxis. Theoretische und empirische Beiträge zur Auseinandersetzung mit Pierre Bourdieus Klassentheorie, Frankfurt/M., S. 47-70.

Krais, Beate (2000): Die Wissenschaftselite, in: Kursbuch H. 139, S. 137-146.

Krais, Beate (2001): Die Spitzen der Gesellschaft. Theoretische Überlegungen, in: Beate Krais (Hrsg.), An der Spitze. Von Eliten und herrschenden Klassen, Konstanz, S. 7-62.

Lenk, Kurt (1982): „Elite“ – Begriff oder Phänomen?, in: Aus Politik und Zeitgeschichte, Beilage zur Wochenzeitung Das Parlament, B42/32, S. 27-37.

Maase, Kaspar (1997): Grenzenloses Vergnügen. Der Aufstieg der Massenkultur 1850-1970, Frankfurt/M.

Marx, Karl (1852): Der achtzehnte Brumaire des Louis Bonaparte, in: MEW 8, S.111-207.

Marx, Karl (1871): Der Bürgerkrieg in Frankreich, in: MEW 17, S. 313-365.

Marx, Karl (1890-1894): Das Kapital. Kritik der Politischen Ökonomie, 3 Bde., MEW 23, 24, 25.

Marx, Karl (1953): Grundrisse der Kritik der Politischen Ökonomie (Rohentwurf), Berlin (DDR).

Michels, Robert (1911): Zur Soziologie des Parteiwesens in der modernen Demokratie. Untersuchungen über die oligarchischen Tendenzen des Gruppenlebens, Leipzig.

Mills, C. Wright (1956): The Power Elite, Oxford/London/New York.

Mosca, Gaetano (1884): Sulla teoria dei governi e sul governo parlamentare. Studia storici e sociali, Turin 1950 (dt. Die herrschende Klasse, Bern 1950).

Ortega y Gasset, José. (1930): La rebelión de las masas, Madrid (dt.: Der Aufstand der Massen, Reinbek 1956).

Pareto, Vilfredo (1916): Trattato di Sociologia generale, Florenz (dt.: Vilfredo Paretos System der allgemeinen Soziologie, hrsg. von Gottfried Eisermann, Stuttgart 1962).

Spohn, Wilfried / Y. Michal Bodemann (1989): Federal Republic of Germany, in: Tom Bottomore und Robert J. Brym (Eds.), The Capitalist Class. An International Study, New York u.a., S. 73-108.

Autorität – Führung – Elite
Eine Abgrenzung

Rainer Paris

Vorweg eine kleine Bemerkung zur Methodologie: Autorität, Führung, Elite – dies sind gewiss benachbarte Begriffe, aber verschiedene Gegenstände. Insofern könnte man mir vielleicht vorwerfen, hier würden Äpfel mit Birnen verglichen. Und in der Tat: Hier werden Äpfel mit Birnen verglichen, gerade das ist meine Absicht. Um die Apfelhaftigkeit des Apfels zu erforschen, *muss* man ihn mit Birnen vergleichen; ein Vergleich von Äpfeln mit Äpfeln machte dafür gar keinen Sinn (wohl aber für die Bestimmung von Apfelsorten). Analytische Vergleiche setzen Unterschiede *und* Konvergenzen, Vergleichbarkeit und differenzielle Besonderung des Verglichenen voraus; ohne ein solches Zugleich von Teilübereinstimmung und Kontrast ist das Verfahren sinnlos. Von daher liegt der Vergleich von Äpfeln und Birnen (oder anderem Obst) sachlich natürlich näher und erscheint uns kognitiv ertragreicher als etwa ein Vergleich von Äpfeln und – sagen wir – Traktoren.[1]

Meine Argumentation gliedert sich in zwei Abschnitte. Der erste Teil widmet sich der Differenzbestimmung der Begriffe und Sachverhalte mit dem Ziel einer soziologischen Neukonturierung der Elitekategorie; im zweiten Schritt werden dann diverse Querverbindungen und Interferenzen zwischen den Phänomenen erörtert, aus denen ein Vorschlag zu einer formalen Typologie von Eliten und Eliteprozessen abgeleitet wird.

---

1 Lichtenberg vertrat übrigens eine andere Ansicht. Er meinte, es könne unter Umständen sehr erkenntnisträchtig sein, auch weit entfernt liegende und scheinbar völlig verschiedene Dinge und Sachverhalte miteinander zu vergleichen. Seine Devise war, „Relationen und Ähnlichkeiten zwischen Dingen zu finden, die sonst niemand sieht" (Lichtenberg 1992: 228). Und tatsächlich könnte es zum Beispiel für eine Untersuchung des Begriffs der Oberfläche vielleicht gar nicht so abwegig sein, einen systematischen Vergleich von Äpfeln und Traktoren anzustellen.

1. Dimensionen der Ungleichheit

Das semantische Feld, in dem die Begriffe „Autorität“, „Führung“ und „Elite“ angesiedelt sind, ist nicht sonderlich klar umrissen. Es sind im weitesten Sinne Kategorien von Macht, Herrschaft, Ungleichheit. Die erste Teilüberlappung der Bedeutungen ist die Konstruktion eines spezifischen *sozialen Gefälles,* eines Oben und Unten: Autoritäten werden von Autoritätsgläubigen anerkannt, Führer führen Folgende, Eliten stehen Massen von Nicht-Eliten und Durchschnittsbürgern gegenüber. Ohne diese Dualitäten und vorausgesetzten Kontrastfolien sind die Begriffe sinnlos. Unbeschadet aller weiteren Differenzen verweisen sie auf die (Vor-)Gegebenheit vertikaler Prinzipien, nach denen die Menschen ihre Verhältnisse kognitiv strukturieren und die soziale Ordnung ordnen.

Dabei werden die Unterschiede gerade nicht als Kontinuum, sondern als scharfe Zäsur stilisiert. Einmal etabliert, erscheint die Kluft kaum überbrückbar. Wohl kann es personellen Austausch und Wechsel und sicher auch Schwankungen in der Intensität der Zuschreibungen geben, aber keine grundsätzliche Änderung der Struktur. Nichtanerkannte Autoritäten hören auf, Autorität zu sein; Führer, denen niemand mehr folgt, sind lächerlich; Avantgarden, die in der Masse „aufgehen“, haben ihren (beanspruchten) Elitestatus verloren. Jede Verwischung oder Verwässerung der gezogenen Grenzen entqualifiziert den Begriff.

Trotz dieser Dichotomie handelt es sich stets um eine *figurative Konstellation.* Autoritäten überragen mehrere; die besondere Hervorhebung des einen ist zugleich eine indirekte Verortung der vielen als Durchschnitt und meinesgleichen. Der Führer führt in der Regel eine Gruppe oder, nach einer älteren Bezeichnung, eine „Samtschaft“ (Geiger 1928: 12), die sich jenseits der grundsätzlich egalitären Gemeinschaft der Anhänger wiederum nach internen Zwischenrängen staffelt und differenziert. Und auch die Zugehörigkeit zur Elite schließt sowohl das Bewusstsein der Auserwähltheit im Umgang mit Gleichrangigen und die Betonung der unüberbrückbaren Distanz gegenüber der Masse als auch den immer schon mitlaufenden Vergleich zu anderen – ranghöheren oder -niederen – Mitgliedern derselben oder anderen, ähnlich lokalisierten Gruppierungen ein. In allen drei Fällen geht es nicht einfach nur um Erfahrungskategorien von Distanz und Ungleichheit, sondern, parallel und darin vorausgesetzt, stets auch um solche sozialer Gleichheit und Verbundenheit. Gleichheit und Ungleichheit, Differenzierung und Nivellierung, Rivalität und Solidarität sind vielfach miteinander legiert und bedingen sich wechselseitig.

Allerdings sind die Akzente höchst unterschiedlich gesetzt. Im Zentrum des Autoritätsbegriffs steht das Merkmal der *Anerkennung*. Autorität ist jemand dann, wenn er geachtet und anerkannt ist, wenn andere ihm aus freien Stücken eine persönliche Überlegenheit attestieren, an die sie selbst nicht heranreichen.[2] Häufig eifern sie der Autorität nach und versuchen, es ihr gleichzutun: Autoritäten sind Vorbilder. Sie repräsentieren allgemein anerkannte Werte, denen die Autoritätsgläubigen auch selbst zustreben und die sie in ihnen verkörpert sehen. Dennoch sind die Beziehungstypen Vorbild und Autorität nicht ganz deckungsgleich. Kennzeichnend für das Vorbild-Nachbildungsverhältnis ist, wie Scheler (1957: 259) herausgearbeitet hat, vor allem der Aspekt der Idealität und die Chance raumzeitlicher Situationsenthobenheit: Vorbild kann für uns auch jemand sein, der nichts davon weiß und zu dem wir keinerlei direkte Beziehung unterhalten, sogar historische Gestalten oder literarische Kunstfiguren, etwa Cäsar oder Lord Jim, können uns als Vorbilder dienen. Ideale Vorbilder und reale Autoritäten sind also zu unterscheiden. Obwohl Zuschreibungen von Autorität häufig mit phantasierten Stärkebildern und Idealisierungen einhergehen, von denen sich Abhängige oftmals nur schwer und äußerst konfliktreich lösen können (vgl. Sennett 1985), ist die analytische Differenzierung der verschiedenen Formen der Anerkennung unerläßlich.

Die unterschiedliche Dynamik der Beziehungstypen zeigt sich spätestens dann, wenn die als Autorität respektierte Person die ihr zufließende Anerkennung strategisch als Ressource verwendet, also *autoritative Macht* ausübt. Wo Vorbilder stumm bleiben, können intakte Autoritäten das Verhalten der Autoritätsgläubigen in weitem Umfang durch das Geben oder Verweigern von Anerkennungen steuern und nachhaltig beeinflussen. Hierin liegt der Kern der Popitz'schen Autoritätsanalyse als gleichzeitig asymmetrischer *und* reziproker Anerkennungsbeziehung: „Wir wollen von denen, die wir besonders anerkennen, besonders anerkannt werden." (Popitz 1992: 115)[3] Deshalb kann die Autorität auf den Einsatz grober Machtmittel, Dohungen oder Sanktionen, normalerweise verzichten, obwohl sie im Einzelfall, etwa wenn die durch sie

---

2 Ich schließe hier an eine frühere Argumentation zur Struktur und Dynamik von Autoritätsbeziehungen an. Vgl. Sofsky/Paris (1994: 22ff).

3 In abgeschwächter Form gilt dies übrigens auch umgekehrt: Häufig erkennen wir diejenigen besonders an, die uns besonders anerkennen. Das Lob schmeichelt und verführt, und zwar mitunter auch zur Revision unserer Maßstäbe. Zwar wollen wir von Würstchen eigentlich nicht gelobt werden, aber wenn sie uns loben, erscheinen sie uns manchmal etwas weniger würstchenhaft.

repräsentierte Ordnung und Wertordnung auf dem Spiel steht und akut gefährdet erscheint, auch rigide und autoritär durchgreifen muss, um das Ansehen ihrer Anhänger nicht zu verlieren.

Menschen haben in der Regel kein Problem damit, sich jemandem zu fügen, den sie als Autorität, als Persönlichkeit, achten und anerkennen; problematisch und konfliktträchtig wird es immer dann, wenn wir jemandem gehorchen müssen, den wir persönlich geringschätzen oder gar verachten.

Führung nun verschiebt den Akzent von der Zuschreibung auf das Handeln. Autorität ist primär ein Verhältnis, Führen ein Tun, das freilich sofort eine starke beziehungsdefinitorische Kraft entfaltet. Wo Autoritätsgläubige im anderen eine ihnen selbst unerreichbare Überlegenheit erblicken, Autorität also wesentlich von unten entsteht, ergreift der Führer die Initiative und stellt die anderen vor die Wahl, ob sie ihm folgen wollen oder nicht. Der Führer ist immer eine reale Person, die unmittelbar im Hier und Jetzt agiert und für sich und andere Wirklichkeit *setzt* (vgl. Scheler 1957: 259f.). Während Autoritäten oft gar nicht bemerken, dass sie für andere Autoritätsgeltung gewinnen, muss sich der Führer *entschließen:* Führen kann nur derjenige, der auch führen will, wer, selbst wenn er dazu gedrängt wird, an einem bestimmten Punkt der Entwicklung die Situation offensiv in die Hand nimmt und sich das Risiko und die Verantwortung aufbürdet, anderen den Weg zu weisen.

Dennoch bestimmen darüber, ob er tatsächlich führt, letztlich jene, die sich ihm anschließen. Führen und Folgen gehören zusammen, ohne Folgende und Gefolgschaft kein Führer. Allerdings ist im Verhältnis zur Analyse des Führens die Erforschung des Folgens immer noch stark unterentwickelt: Das Folgen erscheint lediglich als eine abgeleitete Residualkategorie, gleichsam als Test erfolgreicher Führung.[4] Dass auch Folgende sich entschließen, wortwörtlich: einen Ruck geben müssen, wenn sie sich in die Gefolgschaft einreihen, dass auch Folgen ein Tun ist, dem bestimmte Motive und Antriebserfordernisse, zurechenbare Verantwortlichkeiten, Kosten-Nutzen-Kalküle und Investitionsrechnungen[5] zugrunde liegen, dass es ferner höchst unterschiedliche Arten und Typen des Folgens geben kann: vom zögernden über das unreflektierte, quasi-automatische Mitlaufen bis zum begeisterten Marschtritt und

---

4 Dies gilt letztlich auch für die kleine Schrift von Geiger (1928).

5 So wäre z.B. zwischen dem Beginn und der Fortsetzung des Folgens unter diesem Gesichtspunkt zu unterscheiden: Nicht selten folgen Folgende auch dann noch, wenn ihnen das Ziel längst schal oder der Führer unglaubwürdig geworden ist, um ihre bisherigen Investitionen oder die ihrer Kampfgenossen nicht zu entwerten. Aus diesem Grunde werden bereits verlorene Kriege häufig bis zum letzten Atemzug weitergekämpft, weil die vielen bereits Gefallenen und aller in die Bewegung eingeflossener Idealismus um keinen Preis umsonst gewesen sein dürfen.

Antreiben anderer Folgender – all diese Aspekte und Facetten des Folgens werden in der gängigen (soziologischen oder betriebswirtschaftlichen) Führungsliteratur wenn überhaupt nur am Rande behandelt.

Die Fokussierung auf das Führen ist zugleich die auf den Führer. Weil Führung immer persönliche Führung, und damit zugleich: Führung durch Persönlichkeit ist, wird häufig als Eigenschaft mißverstanden, was in Wirklichkeit Handlungs- und Beziehungsqualitäten sind. Nach wie vor ist heftig umstritten, ob Führen als individuelle Kompetenz und Verhaltenstechnik erworben und gelernt werden kann; ich meine ja, aber nur *by doing*. Charakteristisch für erfolgreiches Führen ist eine eigentümliche Mischung und Spannungsbalance von unbeirrter Sach- und sensibler Personenorientierung, ein prekäres Zugleich von Entschlossenheit und Rücksichtnahme, rationalem Kalkül und empathischem Anschluss, Eigensinnigkeit und Takt. Plessner (1981: 107) nennt als wichtigstes Symptom des Taktes die Zartheit, die feinsinnige Bereitschaft, auf untergründige Vibrationen der Situation anzusprechen und andere nach ihrem Maßstab und nicht nur dem eigenen zu beurteilen. Dennoch kann sich der Führer die in der Vorstellung des Taktvollen gemeinhin mitgedachte Dezenz und Zurückhaltung gerade nicht leisten: Er muss grundsätzlich aktiv und eingriffsbereit sein und darf den angestrebten Erfolg zu keiner Zeit aus den Augen verlieren. Führen heißt, andere auf einem bestimmten, ihnen selbst nicht zugänglichen Weg zuverlässig an ein Ziel zu bringen; es vermittelt und integriert die Relevanzen des Ziels *und* der Folgenden.[6] Es ist somit stets eine Gratwanderung zwischen einer Vielzahl widerstreitender Vorgaben und Erfordernisse, die unterschiedlichste Ansprüche und Rollenerwartungen miteinander versöhnen und auffangen muss, sich dabei gleichzeitig aber immer schon als ein Handeln „aus einem Guss“ zu bewähren hat.[7]

Erst einmal initiiert, gewinnt das Führungs-Gefolgschaftsverhältnis rasch den Charakter einer Machtbeziehung. Führung muß *durchgesetzt* werden. Sowenig Führungsbedarf auf Dauer unabgedeckt bleiben kann, sosehr entbehrt der Führer der Freiheit zum Machtverzicht: „Der Zwang zur Führung ist die Pflicht zur Macht“ (Plessner 1981: 121). Andererseits bleibt das Verhält-

6 Dass dabei die Staffelung und die Gewichtungen der Aufmerksamkeit, auch die Zu- oder Abgewandtheit des Führers gegenüber den Geführten je nach Sachtypus der Führung (Dirigent, Lehrer, Bergführer usw.) höchst unterschiedlich ausfallen können, versteht sich von selbst. Vgl. in diesem Zusammenhang etwa die von Spittler (1990) vorgelegte brillante Fallstudie über den *madugu*.

7 Vgl. hierzu ausführlich die von Neuberger (1990: 90ff.) unterschiedenen Rollendilemmata der Führung. Als exemplarische Analyse *eines* Handlungsmusters unter diesem Aspekt vgl. auch meine kleine Studie über das Machtwort (Paris 1998).

nis trotz aller naturwüchsigen Verfestigung der Rollenasymmetrie eigentümlich labil und für allerlei Schwankungen anfällig: Ebenso wie die Anerkennung einer Autorität nach und nach „ausleiern“ oder im Falle antiautoritärer Ablehnungsbindungen sogar urplötzlich in ihre Verdammung umschlagen kann, können Führungskraft oder Folgebereitschaft nachlassen und schließlich ganz versiegen, sich unter Umständen aber auch regenerieren und neue Erfolge erzielen. Autorität und Führung sind in hohem Maße interpersonell determinierte Prozesse und daher in besonderer Weise der dafür typischen, häufig irrationalen Konfliktdynamik unterworfen.

Der Begriff der Elite überwindet demgegenüber die konstitutive Personengebundenheit von Führung und Autorität. Elite ist primär eine Gruppierungskategorie, ein Einordnungs- und Sammelbegriff für all jene, die innerhalb einer gegebenen Ordnung die ranghöchsten Statuspositionen einnehmen und die Entwicklung des Gemeinwesens entscheidend steuern und beeinflussen. Wer zur Elite gehört und wer nicht, ist wesentlich *positional* bestimmt und definiert. Es sind nicht einfach herausragende Talente und Leistungen, sondern deren offizielle – positionale oder symbolische – *Beglaubigung*, die den Aufstieg in eine Elite markieren: Filmstar ist, wer den Oskar erhält, zur nationalen Sportelite zählt, wer zu den Olympischen Spielen delegiert wird, und auch der namhafte Wissenschaftler gilt erst dann als selbstverständlicher Teil der Elite seines Fachs, wenn er auf einen renommierten Lehrstuhl berufen oder in die Akademie der Wissenschaften aufgenommen worden ist. Kurzum: Ohne diese scharfe positionale Zäsur, eine ratifizierte Abgrenzung von Innen und Außen, gibt es keine Elite; sosehr man sich auch anstrengen und engagieren mag, es sind letztendlich andere, vorzugsweise die Mitglieder der bereits bestehenden Elite, die über Aufnahme und Zugehörigkeit entscheiden.

Allerdings ist der Typus von Gruppe, der die Elite charakterisiert, nicht einfach zu fixieren. Obschon klar identifizierbar, ist sie weder homogen noch kompakt. Scheidet man die Beschränkung auf eine extern konstruierte Zurechnungskategorie, also die Auffassung von Elite als einer „künstlichen“ Gruppe, die lediglich nach sozialstatistischen Indikatoren und Grenzziehungen gebildet wird, als soziologisch unzureichende Gegenstandsbestimmung aus, so bleibt die Untersuchung der empirischen Gruppenstrukturen und -verflechtungen der Elite dennoch eine prekäre, auch methodisch höchst diffizile Aufgabe. Tatsächlich umfaßt der Oberbegriff der Elite (konkret: das Feld der Eliten) eine Vielzahl ganz unterschiedlicher, mehr oder minder heterogener sozialer Gebilde, die ihrerseits sehr verschiedene Organisationsniveaus und Gruppierungsgrade (vgl. Neidhardt 1983: 15) aufweisen, gleichzeitig aber in spezifischer Weise aufeinander bezogen und *vernetzt* sind. Informellen Zusammenschlüssen und Cliquen von Geschäftsfreunden, die zugleich Geschäfts*freunde* sind, stehen halböffentliche Areale (Szenen, Luxushotels, Kurorte) und schließlich formale Organisationen, exklusive Clubs, Bildungsinstitutionen, Spitzenfirmen, Honoratiorenvereinigungen usw. gegenüber, die allesamt nach Prestigestufen gestaffelt und entsprechend ihrer Zugangschancen reglementiert sind. Eliten sind Gruppenfigurationen, in denen die Relevanzen und Selbstverortungen der Akteure grundsätzlich nach Zentrum und Peripherie aufgegliedert sind. In welchen Gesellungsformen auch immer sich die Elite darstellt und reproduziert, stets müssen die Fragen der Mitgliedschaft und Zugehörigkeit in einer Vielzahl systematisch ineinandergreifender informeller und offizieller Prozeduren sozial organisiert sein und zuverlässig gehandhabt werden.

Trotz ihrer Vielschichtigkeit und Verschlungenheit lassen sich diese Prozesse in zwei zentralen Dimensionen bündeln und zusammenfassen: Es geht stets um *Selektion* und *Separierung.* Schon die Etymologie des Elitebegriffs, der sich ja allgemein von eligere = auslesen herleitet, gibt hier einen entsprechenden Hinweis: Bevor es später auf herausgehobene soziale Gruppen, etwa speziell qualifizierte militärische Einheiten oder die oberen Ränge des Adels ausgedehnt wurde, bezeichnete das Wort *élite* im 17. Jahrhundert eine bestimmte Kategorie von Waren, die sich durch eine ungewöhnlich erlesene Qualität auszeichneten und insofern nur an ein besonders zahlungskräftiges Kaufpublikum richteten.[8] In dieser Bedeutung sind *in nuce* auch schon die zentralen sozialen und politischen Fragen benannt, die der auf die Gesellschaft oder ihre Teilsysteme transponierte Elitebegriff aufwirft. Zunächst das Wichtigste: Keine Elite ohne Auswahl und Wahl, und das heißt zugleich: ohne Auswählende, Kriterien der Auswahl und deren zuverlässige Überwachung.[9] Die Elite wird von oben *rekrutiert,* sie wird nicht, wie die Autorität und letztlich auch der Führer, von unten gemacht. Wo immer wir von Elite sprechen, ist dieser gesamte Komplex von ausdrücklich gewollter, an verbindlichen Maßstäben orientierter und in klaren institutionalisierten Bahnen abgewickelter Selektion unumgänglich vorausgesetzt. Aus einer großen Menge werden immer kleinere Teilmengen ausgesondert, bis am Ende ein Rest bleibt, der höchsten Ansprüchen genügt. Nur die streng kontrollierte Auswahl der Produkte (und die fortlaufende Kontrolle der Kontrolle) sichert ihre herausragende Qualität und damit den Distinktionswert für die Benutzer.

8 Vgl. Bottomore 1966: 7. Zur ausführlichen Diskussion der außerordentlich verzweigten, auch in den theoretisch verengten Fassungen immer schon mitschwingenden Alltagsbedeutungen des Elitebegriffs vgl. Dreitzel (1962: 9ff.).

9 Hinzu kommt, dass nur gewählt werden kann, wer zuvor zur Wahl *vorgeschlagen* worden ist. Vgl. hierzu systematisch Sternberger (1986).

Ferner: die Elite als extreme Minorität. Exzellenz ist selten, und nur das Rare kann exzellent sein. Wenn das Hervorragende normal wird, ragt es nicht mehr hervor. Das Grundgesetz der Elite ist das der Unterscheidung; was sich wodurch wovon im einzelnen unterscheidet, ist demgegenüber sekundär. Unterscheidungen werden *getroffen:* Sie müssen definitiv entschieden und unmißverständlich durchsetzt werden. Hierin ähnelt die eindeutige Grenzziehung der Elite dem Entschlußcharakter der Führung. Gleichzeitig jedoch gewinnen die festgestellten Unterschiede fortan übersituative Geltung: Als *institutionalisierte* Abspaltung vom Heer der Durchschnittlichen und Normalen beansprucht die Elite eine Dignität ihrer Sonderstellung und der darin verbürgten Herausgehobenheit, die sie von allen Unwägbarkeiten und Kontingenzen des Führungserfolgs zunächst weitgehend entlastet.

Und auch das zweite Strukturproblem, die Notwendigkeit der Separierung, kann das Warenbeispiel verdeutlichen. Aufmerksamkeit erfordert Sichtbarkeit, und Sichtbarkeit verlangt Ausstellung. Ohne abgesonderten Ort, ohne eine besondere *Sphäre der Präsentation,* gibt es keine Elite. Vermischung, Unübersichtlichkeit, Pluralismus der Maßstäbe sind die Feinde jeder Elitebildung. Um die Behauptung herausragender Qualität zu befestigen, müssen die als erlesen geltenden, weil ausgelesenen Waren[10] an exklusiven, nicht jedermann zugänglichen Orten zum Kauf angeboten werden, ganz so wie auch die soziale Elite die räumliche Absonderung braucht, um sich in ihrem Distanzbewusstsein gegenüber der Masse als Elite *zu fühlen.*

Elite – das sind immer wenige, ja sehr wenige, die gleichzeitig dafür sorgen müssen, dass sie sehr wenige bleiben. Die Anzahl der zu vergebenden Plätze ist limitiert und darf unter keinen Umständen ausgedehnt werden. Die Grenzen des inneren Kreises müssen geschlossen bleiben, jede unkontrollierte Ausweitung schwächt den Elitestatus und hebt ihn im Extremfall ganz auf. Nur wenn die Hürden hoch gehalten werden, zählt der Erfolg, nach dem die Kandidaten sich verzehren. Umgekehrt weiß sich jeder, der es schließlich geschafft hat, nun als Mitglied der Gruppe und partizipiert am Wir-Gefühl der Aristokratie. Die zuvor so bedrückend empfundene Abhängigkeit verwandelt sich nach der Wahl in potenzierte Freiheit; Status, Stolz und Autonomie sind im Gefühl der Zugehörigkeit untrennbar amalgamiert. Man zählt fortan zu den Wenigen: Gerade die Kleinheit und Überschaubarkeit der Gruppe ermöglicht, im Fremd- wie im Selbstbild, die Aufrechterhaltung des Nimbus der Überlegenheit. Die andere „Seinsregion“, in der Autoritätsgläubige die von

10 Dass Erlesenheit (als Charakteristikum hochgeschätzten Wertranges) und Ausgelesenheit (als Resultat eines Auswahlprozesses) nicht immer zusammenfallen müssen, betont Plessner (1985: 139).

ihnen bewunderte Autorität mitunter verorten (vgl. Popitz 1992: 110f.), ist hier ein empirischer Ort; an die Stelle des einzelnen Führers, der eine Gefolgschaft von Anhängern um sich schart, tritt die Gemeinschaft der Auserwählten in unüberbrückbarer Distanz zur amorphen Masse.

Trotzdem bedeutet die Zugehörigkeit zur Elite keine Nivellierung der Einzelnen. Während die Masse grundsätzlich anonym ist, bleibt die Elite *individualisiert.* Eliten sind Figurationen von Gruppen jeweils konturierter Einzelner. Dies wird bereits durch die Praxis der Rekrutierung sichergestellt: Die Auswahl beschränkt sich von vornherein auf diejenigen, die sich als Person, als herausgehobene Individuen, im Vorfeld profiliert und auf sich aufmerksam gemacht haben. Nur wer durch besondere, individuell zurechenbare Leistungen und Taten hervorgetreten ist und insofern schon ein entsprechendes Ansehen mitbringt, kann auf Zugang und Aufnahme in die „besseren Kreise" hoffen. Der Modus des Erwerbs der Mitgliedschaft ist typischerweise die *Kooptation:* Nach intensiver Beratung faßt die Gruppe den formellen Beschluss, den Neuen aufgrund seiner nachgewiesenen Fähigkeiten und Verdienste in ihre Reihen aufzunehmen.

In dieser grundsätzlich unterstellten Leistungsreferenz der Mitgliedschaft liegt ein Kernelement des modernen Elitebegriffs. Er ist normativ stets als *Leistungselite* gedacht, der die Konstitution sozialer Ungleichheit von ständischen Herkunftsmerkmalen, aber auch von ökonomischen Bestimmungen der Klassengliederung ablöst und sie statt dessen in letzter Instanz auf eine – wie immer institutionell vermittelte – Leistungskonkurrenz von Gruppen und Individuen zurückführt (vgl. Dreitzel 1962: 66f.). Hierin lag ja der zentrale polemische Impetus, mit dem die Kategorie der Elite bei Mosca und Pareto in die gesellschaftstheoretische Diskussion eingeführt und seitdem in einer Vielzahl von Facetten als Grundfigur der politischen Rhetorik und Kampfbegriff[11] verwendet worden ist: Gegen die bloße Herrschaft der Tradition insistiert er auf der Notwendigkeit der Herrschaft durch die zum Herrschen am besten Befähigten – und bestreitet damit zugleich, etwa in Robert Michels „ehernem Gesetz der Oligarchie", offensiv jede Chance der Minimierung oder gar Abschaffung von Herrschaft durch die egalitären Massenbewegungen. Er betont, dass auch in der als Parteiensystem organisierten parlamentarischen Demokratie aus situativ unabweisbarer Führung dauerhafte Herrschaft erwachse und deshalb den Prozessen der Auslese und Rekrutierung besonders geeigneter Persönlichkeiten eine vorrangige Bedeutung zukomme.

---

11 Zu den theoretischen und politischen Frontstellungen auch im neueren Kontext vgl. Bluhm (2000).

Das Konzept der Elite erfüllt so in mehrfacher Hinsicht eine *implizite Legitimierungsfunktion:* Es behauptet die Universalität von Herrschaft bei gleichzeitiger Akzentuierung der Austauschbarkeit des Personals und bindet die Befähigung zur Einnahme von Führungspositionen an herausragende Persönlichkeitsmerkmale und Qualifikationen, die durch Leistungen beglaubigt sind. Damit verankert es die Statusgliederung einer Gesellschaft indirekt in den unhintergehbaren Differenzen individueller Talente und Anstrengungen, die die Menschen von Natur aus charakterisieren und sie auch unter den Bedingungen gleicher Chancen zu unterschiedlichen Erfolgen und Positionsgewinnen führen (vgl. Bottomore 1966: 16). Verschiedenheit wird auf diese Weise in Ungleichheit transformiert und als gesellschaftliche Konstruktion der Wirklichkeit festgeschrieben.

Mit dieser gesellschaftstheoretischen Lokalisierung des Elitebegriffs ist, neben allerlei politisch-ideologischem Sprengstoff, gleichzeitig eine systematische Engführung der Fragestellung verbunden. Sie fixiert die Elite als sozialstrukturelle Basiskategorie vorrangig in ihren funktionalen Bezügen und Reproduktionsleistungen im System gesellschaftlicher Herrschaft und Ungleichheit. Gegenüber der Bedeutung von Eliten im Gesellschaftsprozess geraten somit die *interaktiven Eliteprozesse* selbst, die Dynamik der Gruppenstrukturen und -verflechtungen, die Modalitäten von Vorauswahl, Auswahl und Ratifizierung, die Aushandlungsprozeduren der Territorien und Grenzen, Kontingenzen und Diskontinuitäten von Auf- und Abstieg usw. weitgehend aus dem Blick. Um dieses Defizit etwas auszugleichen und der Eliteforschung über ihr traditionelles Analysespektrum hinaus verstärkt auch eine meso- und mikrosoziologische Perspektive zu eröffnen, möchte ich im Folgenden einen theoretisch angeleiteten typologisch-konzeptionellen Vorschlag unterbreiten.

2. Eine formale Typologie von Eliten

Es ist einer der wichtigsten Grundsätze der allgemeinen soziologischen Theorie, dass begriffliche Differenzierungen gerade nicht als empirische Trennungen aufzufassen sind, also mit fließenden Übergängen, Vermischungen und Überlagerungen immer und selbstverständlich zu rechnen ist. Dies gilt naturgemäß umso mehr, wenn die Begriffe benachbart sind und die Sachverhalte einander bedingen und ineinander greifen.

Auffällig ist bereits die *Verzahnung von Elite und Autorität.* Wo immer wir von Elite sprechen, ist die Autoritätsgeltung derjenigen, die ihr angehören, von vornherein unterstellt. Von den wenigen ausgewählt wird nur, wer sich schon zuvor bestimmte Meriten erworben hat und die generelle Wertschätzung vieler genießt. Gewiss erhöht der Akt der Rekrutierung das Ansehen des Erwählten bei der breiten Masse enorm, aber die Grundlage seiner Autorität muss lange vorher gelegt worden sein. Zur Elite steigt auf, wer in gewissem Umfang bereits als Autorität anerkannt ist; das ihm attestierte Prestige ist gleichsam die Mitgift, die er in den neuen Kreis mitbringt und dem Fundus der Gruppe zuführt.

Wichtig ist freilich, dass die Autoritätsgeltung auch nach der Berufung stets der Person anhaftet und nicht auf die Gruppe insgesamt übertragen wird. Die Persönlichkeitskonturiertheit der Anerkennung bleibt ungebrochen. Ebenso wie im antiken Rom die *auctoritas senatus* ausschließlich an die individuelle Autorität der Senatoren gebunden war (vgl. Bleicken 1995: 208f.), steht und fällt auch die Autorität moderner Eliten mit der Intaktheit des Ansehens und der Glaubwürdigkeit ihrer Mitglieder. Jeder Einzelne von ihnen *repräsentiert* die Gruppe, ist aber dadurch keineswegs vor Achtungsverlust gefeit. Umgekehrt zieht jeder Kurssturz einer Person in beträchtlichem Ausmaß eine allgemeine Prestigeminderung der Elite nach sich: Sie „haftet" gewissermaßen für ihre Wahl. Auf diese Weise ist auch die Elite indirekt all jenen Schwankungen, Unwägbarkeiten und möglicherweise eskalierenden Konfliktrisiken ausgesetzt, die persönliche Autoritätsverhältnisse kennzeichnen und gegen die sie sich auch bei sorgfältigster Kandidatenauslese nie vollständig wappnen kann.

Autoritätsgeltung erwirbt und regeneriert man durch Leistung, durch außergewöhnliche Anstrengungen und Taten, die anderen Respekt einflößen und von ihnen bewundert werden. Auch die Leistungslegitimierung der Elite ist somit in der mitgebrachten Autorität ihrer Mitglieder schon vorweggenommen. Gleichzeitig ist in diesem Zusammenhang jedoch zu beachten, dass „Leistung" in verschiedenen sozialen Feldern und Gesellschaftsbereichen natürlich höchst Unterschiedliches bedeuten kann, sodass auch die darauf bezogene Achtung und Anerkennung zunächst auf diese Areale beschränkt bleibt. Unter den Bedingungen funktional ausdifferenzierter moderner Gesellschaften kann es deshalb im strengen Sinne immer nur *teilsystemische Eliten* geben, in denen die als herausragend bewertete Leistung an Kriterien des jeweiligen Codes gemessen wird, der für dieses Teilsystem gilt. Wirtschaftselite, politische Elite, Wissenschafts- und Kulturelite – sie alle konstituieren sich zuerst separat, bevor sie sich später mischen und miteinander vernetzen. Gewiss gibt es oftmals vor allem durch Herkunftsmilieus vermittelte privilegierte Zugangschancen und Querverbindungen, die den Auf- oder Seiteneinstieg auch in einem anderen Metier erleichtern; sofern sich die Zugehörigkeit zur Elite jedoch primär an – wie immer dehnbar zu interpretierenden – Leistungsindikatoren festmacht, bleiben die teilsystemischen Anerkennungsmuster und Rekrutierungsprozeduren meist weitgehend in Kraft.

Die Möglichkeiten eines Anerkennungstransfers über Systemgrenzen hinweg sind somit beschränkt. Dennoch finden solche Übertragungen nicht selten statt und können, wenn sie erfolgreich sind, die Autoritätsgeltung auch im engeren Referenzsystem beträchtlich erhöhen. Allerdings bergen sie mitunter ein nicht unerhebliches Risiko: Wenn der anerkannte Wissenschaftler sich in Presse und Fernsehen allzu häufig zu Wort meldet und die laufenden Ereignisse kommentiert, gerät er bei seinen Kollegen rasch in Verdacht, nur seine persönliche Eitelkeit zu befriedigen und die Standards des Faches zu verletzen. Er bezahlt, zumindest in Deutschland, massenmediale Bekanntheit häufig mit einem Verlust an Reputation. Andererseits regiert auch in den Teilsystemen eine „Ökonomie der Aufmerksamkeit" (Franck 1998), derzufolge ja immer nur diejenigen Leistungen als herausragend anerkannt und prämiert werden können, die zuvor als solche überhaupt wahrgenommen worden sind. Ohne Leistung keine Anerkennung, doch häufig: trotz Leistung – auch keine Anerkennung. Nicht nur die Leistung an sich, sondern auch das Geschick der Präsentation entscheidet über den Erfolg. Autorität und Elite bedürfen der Öffentlichkeit als Medium der Regeneration und Spiegel der eigenen Bedeutsamkeit. Hierin liegt ein Grundproblem moderner Elitebildung und -reproduktion, das durch den enormen Bedeutungszuwachs der Massenmedien in den letzten Jahrzehnten erheblich an Brisanz gewonnen hat: Um den beanspruchten Elitestatus für sich und andere zu dokumentieren, muss die Elite sichtbar sein und für ihre eigene Sichtbarkeit sorgen; gleichzeitig aber darf sie keinesfalls den Eindruck erwecken, dass sie von solchen Inszenierungen und dem Beifall des Publikums abhängig sei.[12]

Dennoch hängt die Funktionsfähigkeit der Elite nicht nur vom Ausmaß der Achtung und Wertschätzung ab, das ihr die breite Masse entgegenbringt. Um weiterhin als Elite zu gelten, das Ansehen zu erneuern und den Status der Herausgehobenheit zu behaupten, muss sie auch die ihr zugewiesene *Füh-*

---

12 Prominenz und Popularität sind für Eliten deshalb ein zweischneidiges Schwert: Bei aller kurzfristigen Resonanz nähren sie immer auch den Verdacht, hier werde der durch Beharrlichkeit und Leistung anzustrebende Erfolg den massenmedialen Gratifikationen der Bekanntheit und öffentlichen Wirksamkeit untergeordnet und letztlich geopfert. Die Tendenz einer Verschiebung und Entqualifizierung des Elitebegriffs in Richtung Prominenz hat Plessner (1985: 146) bereits in den fünfziger Jahren diagnostiziert; vgl. zu dieser Problematik auch Dreitzel (1962: 106f.).

rungsrolle und -verantwortung offensiv aufnehmen und erfüllen. Eliten müssen führen, eben darin besteht ihre eigentliche Leistung für das Gemeinwesen, die gleichzeitig ihre Privilegien legitimiert. Deshalb wird ein Verhalten, das lediglich die distinktiven Aspekte der Separierung und Absetzung von der Normalität betont, ohne durch besondere Leistungen und nachgewiesene Führungsqualitäten gedeckt zu sein, aus der Perspektive der Unterlegenen abschätzig als „elitär" bezeichnet. Die Verletzung der modernen Religion der Gleichheit wird nur hingenommen, wenn die Gleichen durch den Gewinn von Führungskraft entschädigt werden. Ebenso wie die anerkannte Autorität im Normalfall gerade nicht autoritär auftritt und ein entsprechendes Gebaren eher als Mangel an Souveränität und Selbstbewusstsein interpretiert wird, kann auch die intakte Elite auf das offensive Hervorkehren und die Akzentuierung der Ungleichheit im Alltag weitgehend verzichten. Die Kluft ist ohnehin unüberwindlich und braucht deshalb nicht eigens demonstriert zu werden. Nur diejenige Elite, die tatsächlich führt, kann von der Masse Akzeptanz und Gehorsam erwarten.

Andererseits unterliegt auch das Führen vielfältigen Ambivalenzen, Enttäuschungs- und Konfliktrisiken. Führungskraft kann erlahmen, sich unter Umständen aber auch neu aufrichten, Folgebereitschaft schwinden oder unversehens aufgekündigt werden. Persönliche Kompetenzen und Qualitäten, die in einer Situation erfolgreich waren, können unter veränderten Umständen plötzlich obsolet oder sogar hinderlich sein.[13] Hinzu kommen mögliche und nicht eben seltene Diskrepanzen zwischen Rolle und Person, Aufgabenstellung und Handeln: Inhaber von Führungspositionen, die nicht führen, überlegene Untergebene, inerter Widerstand von Mittelrängen bei verbaler Zustimmung gegenüber den Direktiven der hierarchischen Spitze – in all diesen Fällen und Konstellationen sind ein vergiftetes Betriebsklima, Mobbing, Ärger und Unmut vorprogrammiert, erweist sich die Gratwanderung der Führung als überaus gefährliche Unternehmung, die jederzeit mit dem Absturz enden kann. Ähnlich den Schwankungen und Kontingenzen der Autoritätsgeltung operiert die von der Elite erwartete Führung stets auf glattem Parkett und kann sich auch bei noch so vielen Meriten ihres Erfolgs niemals sicher sein.

Kurzum: Autorität und Führung sind konstitutive Elemente der Funktionsfähigkeit von Eliten. Von einer Elite im vollen Sinne können wir nur sprechen, wenn die ihr zugerechneten Mitglieder autoritative Anerkennung genie-

13 Ein Beispiel wäre hier das Schicksal der Bürgerbewegungen nach dem Sturz des DDR-Regimes: Als Wortführer des Protests waren sie vor allem auf die Delegitimierung und moralische Diskreditierung der Herrschenden ausgerichtet und damit nach dem Erfolg für die nun anstehende Aufgabe politischer und ökonomischer Sachführerschaft gerade nicht gerüstet.

ßen und der ihnen auferlegten Führungsverantwortung auch tatsächlich nachkommen. Die Elite muss anerkannt sein *und* führen. Doch was geschieht, wenn diese Bedingungen ganz oder teilweise nicht mehr erfüllt sind, die Elemente nicht länger konvergieren und auseinander treten? Aus dieser einfachen Überlegung läßt sich durch logisches Kombinieren eine formale Typologie unterschiedlich funktionstüchtiger Eliten ableiten, die schematisch folgendermaßen dargestellt werden kann:

	Autoritätsgeltung	Führung
Intakte Elite	+	+
Prekäre Elite (I)	+	–
Prekäre Elite (II)	–	+
Pseudo-Elite	–	–

Die *intakte Elite* zeichnet sich, wie bereits ausgeführt, dadurch aus, dass die Zuschreibung ihrer herausragenden Qualitäten und Fähigkeiten und der Glaube an ihre Führungskraft ungebrochen sind. Sie ist als unbefragte Elite keinerlei Anfechtungen ausgesetzt. Man vertraut sich ihr an, weil man ihr vertraut und weil sie das ihr entgegengebrachte Vertrauen bisher ohne Abstriche gerechtfertigt hat. Sie ist selbstverständlicher Bestandteil der sozialen Ordnung, die sie garantiert und in der man sich wohl fühlt. Die Elite repräsentiert die Werte, die man auch selber bejaht und denen man zustrebt. Und sie setzt diese Werte rigoros durch, wenn sie von Seiten Dritter oder gelegentlich auch von einem selbst mißachtet und verletzt werden. Ihr Machtgebrauch ist, selbst wenn er hart und brutal ist, von vornherein legitim, weil es ja die Elite ist, die diese Macht ausübt. Man folgt ihr: in seinen Meinungen, Haltungen, seinem Tun.

Hiervon sind nun zwei Varianten *prekärer Eliten* zu unterscheiden. Die erste ist in ihrem Ansehen ungefährdet, bleibt aber ihren Führungsauftrag schuldig. Worin auch immer die Ursachen des Misslingens der Führung liegen mögen: in der verschobenen Situation, der Auszehrung der eigenen Kräfte, der Abwendung oder Ablenkung ehedem Folgender – stets bedeutet die aufgebrochene Diskrepanz zwischen den beiden Regenerationsquellen der Elite eine gravierende Einschränkung ihrer Handlungsmöglichkeiten und Perspektiven. Freilich setzen solche Prozesse häufig an unterschiedlichen Akzentuierungen und strukturell vorgegebenen Dilemmata der Berufsrolle an. Ein gutes Beispiel ist etwa die Rolle des Hochschullehrers: Weil sein wissenschaftliches Renommee und die Wertschätzung in der Fachgemeinschaft vor allem von seinen Forschungsleistungen abhängen, neigt er, zumal unter den Arbeitsbedingungen der heutigen Universität, oftmals dazu, die Verpflichtungen der akademischen Lehre vor Ort, also seine originäre Führungsaufgabe[14] gegenüber den Studenten, nachrangig zu behandeln. Der Ruf in der Disziplin ist ihm wichtiger als der Lernerfolg der Studenten. Obwohl sein privilegierter Status und die nachgewiesene Sachautorität nicht zur Debatte stehen, sind die unproblematische Folgebereitschaft und das generelle Vertrauen, die ihm aufgrund seiner Zugehörigkeit zur Elite normalerweise entgegengebracht werden, bereits deutlich geschwächt.

Anders ist die Situation, wenn eine nach wie vor wahrgenommene Führungsverantwortung nicht länger auf einer ungebrochenen Autoritätszuschreibung aufbauen kann. Den zweiten Typ einer prekären Elite kennzeichnet eine merkwürdige Gleichzeitigkeit von Prestigenivellierung und Engagement, Achtungsverlust und Leistungsorientierung. Der Ordnungswille der Elite ist unverändert stark und die Fügsamkeit der Abhängigen keineswegs aufgekündigt, doch die unbefragte Wertrepräsentanz und Vorbildfunktion sind geschwunden. Man folgt der Elite nicht aufgrund ihres Ansehens und ihrer Legitimität, sondern weil es keine Alternative zu ihr gibt. Entsprechend eingeschränkt sind auch ihre Möglichkeiten, die Stabilität des sozialen Gefüges durch „weiche“ Methoden der Machtausübung, durch normative Appelle und die Kontrolle der Ströme der Anerkennung, wirksam zu steuern und zu beeinflussen. Jede offene Provokation stellt die Elite rasch vor die Alternative von Brutalität und Gesichtsverlust und steigert auf diese Weise das Risiko, die Loyalität der Folgenden noch mehr zu untergraben.

Noch einmal erheblich verschärft stellt sich die Gefahr des Zerfalls und der grundlegenden Fragmentierung der sozialen Ordnung beim letzten Typus,

14 Zu meiner Auffassung von Lehre als disziplinärer Sachführerschaft vgl. Paris (2001: 210f.).

der *Pseudo-Elite*, dar. Hierunter verstehe ich solche Gruppierungen, die, aufgrund welcher besonderen Umstände und zeitbedingter Entwicklungen auch immer, in entscheidungsrelevante Führungspositionen aufgerückt sind, ohne die dafür nötigen Qualifikationen und Persönlichkeitsressourcen mitzubringen. Obschon formal zu Elite gehörend, ist ihr herausgehobener Status kaum durch entsprechende Leistungen gedeckt. Sie mögen im Alltag oberflächlich akzeptiert sein, genießen aber in Wirklichkeit keinerlei Ansehen und Respekt. Sobald sie das Wort ergreifen, breitet sich Peinlichkeit aus. Wo sie führen wollen, erscheint dies häufig als Anmaßung; weil sie selbst nicht anerkannt sind, sind auch ihre Anerkennungen wenig wert. Dabei werden Selbsteinschätzung und Fremdbild der Akteure natürlich deutlich differieren und auseinander klaffen: Schon aus Gründen des Selbstschutzes darf die Pseudo-Elite sich das ganze Ausmaß ihres Versagens und ihrer Lächerlichkeit normalerweise gerade nicht klar machen.

Die Wege der Etablierung solcher Pseudo-Eliten können sehr verschieden sein. Manchmal werden sie von einer Besatzungsmacht als Vasallenregime installiert, sie können aber auch Resultat interner Bestandskrisen sein und daraus hervorgehen. Ehedem intakte Eliten können über einen langen Zeitraum ausgezehrt worden sein und nach einer prekären Übergangsphase plötzlich zusammenbrechen, sodass ein gesellschaftliches Vakuum entsteht, das rasch gefüllt werden muss. Pluralisierung der Werte, grundsätzlich veränderte Rahmenbedingungen und bislang unbekannte Turbulenzen der Umwelt, Permanenz der Reform bei gleichzeitiger Enthierarchisierung der Organisationsziele, eine neue „Unübersichtlichkeit" der Rekrutierungspfade und Karrieremuster – all das begünstigt den Aufstieg einer ideologischen Zeitgeist-Elite, die sich dann, wenn der Wind sich wiederum dreht, unversehens als Pseudo-Elite wiederfindet. Ihre Lage ist alles andere als angenehm: Zwar genießt sie die unverhofft leicht erworbenen Privilegien, aber ihr Ansehen von gestern ist längst Makulatur und der Führungsverantwortung heute ist sie kaum gewachsen. Ludwig Binswanger hat in einer kleinen Studie *Drei Formen mißglückten Daseins: Verstiegenheit, Verschrobenheit, Manieriertheit* (1956) unterschieden. Einschlägig ist hier die Verstiegenheit, die er schön am Beispiel des Bergsteigers demonstriert, der sich in einer Wand „verstiegen" hat: Er hat sich einfach zu viel vorgenommen und seine Kräfte überschätzt. Die Höhe der Entscheidung hat mit der Weite der Erfahrung nicht korrespondiert, seine Ambitioniertheit und sein Ehrgeiz haben ihn dazu verführt, sich auf ein Vorhaben einzulassen, das seine Fähigkeiten übersteigt. Nun, in der Wand, kann er weder vor noch zurück, aber auch nicht aufhören. Einzig durch fremde Hilfe wird er wieder „Boden unter den Füßen" gewinnen.

Manchmal findet er allerdings doch einen Ausweg. Es besteht immer die Möglichkeit, dass die formalen Typen sich empirisch transformieren, dass einer im Führen-Müssen am Ende das Führen erlernt und verlorenes Ansehen restituiert werden kann. Insofern sind die Linien des vorgeschlagenen Schemas grundsätzlich durchlässig, können also nicht nur Bewegungen von oben nach unten, sondern auch solche in umgekehrter Richtung stattfinden. Gewiss sind Vertrauen und Glaubwürdigkeit leicht zu verspielen und schwer aufgebaut, ist also die *Reproduktion* der Intaktheit einer Elite üblicherweise einfacher als ihre Regeneration, doch prinzipiell ausgeschlossen ist die andere Entwicklung keineswegs. Und auch auf der horizontalen Ebene wird es zwischen den Feldern der Typen ja stets einen unablässigen Austausch geben: Gelingende Führung stärkt offenkundig bestehende Zuschreibungen von Autorität und kann aufgebrochene Ansehensdefizite unter Umständen wieder verringern, ebenso wie eine weitgehend ungebrochene Autoritätsgeltung jenen Vertrauenskredit gewährt, der in einer desolaten und verfahrenen Situation eine erneute Initiative begünstigt. Wie also die Ströme der Anerkennung, die vielfältigen, oft parallelen und diskontinuierlichen Auf- und Abstiegsprozesse, die formellen wie informellen Rekrutierungs- und Reproduktionsmuster von Eliten im einzelnen verlaufen, ist stets eine empirische Frage. Und sicher ein weites Feld der Eliteforschung. Hierfür wollte ich jenseits und unbeschadet der traditionellen herrschafts- und demokratietheoretischen Diskussion des Eliteproblems einige Anstöße und Anregungen geben.

Literatur

Binswanger, Ludwig (1956): Drei Formen mißglückten Daseins. Verstiegenheit – Verschrobenheit – Manieriertheit, Tübingen.

Bleicken, Jochen (1995): Die Verfassung der Römischen Republik, 7. Aufl., Paderborn.

Bluhm, Harald (2000): Eliten – Ideengeschichtliche Betrachtungen zu einem rhetorisch-politischen Begriff, in: Berliner Debatte, Jg. 11, H. 1, S. 66-80.

Bottomore, T. B. (1966): Elite und Gesellschaft. Eine Übersicht über die Entwicklung des Eliteproblems, München.

Dreitzel, Hans Peter (1962): Elitebegriff und Sozialstruktur. Eine soziologische Begriffsanalyse, Stuttgart.

Franck, Georg (1998): Ökonomie der Aufmerksamkeit, München.

Geiger, Theodor (1928): Führen und Folgen, Berlin.

Lichtenberg, Georg Christoph (1992): Ein Schluck von Vernunft. Aus den Sudelbüchern, Oschersleben.

Neidhardt, Friedhelm (1983): Themen und Thesen zur Gruppensoziologie, in: ders. (Hrsg.): Gruppensoziologie. Perspektiven und Materialien, Sonderheft 25 der Kölner Zeitschrift für Soziologie und Sozialpsychologie, Opladen, S. 12-34.

Neuberger, Oswald (1990): Führen und geführt werden, Stuttgart.

Paris, Rainer (1998): Das Machtwort, in: Merkur, Jg. 53, H. 11, S. 1083-1088.

Paris, Rainer (2001): Machtfreiheit als negative Utopie. Die Hochschule als Idee und Betrieb, in: Stölting, Erhard / Schimank, Uwe (Hrsg.): Die Krise der Universitäten, Leviathan Sonderheft 20, Wiesbaden, S. 194-222.

Plessner, Helmuth (1981): Grenzen der Gemeinschaft. Eine Kritik des sozialen Radikalismus (1924), in: ders.: Gesammelte Schriften V, Frankfurt/M., S. 7-133.

Plessner, Helmuth (1985): Über Elite und Elitenbildung (1955), in: ders.: Gesammelte Schriften X, Frankfurt/M., S. 138-146.

Popitz, Heinrich (1992): Phänomene der Macht, 2. erw. Aufl., Tübingen.

Scheler, Max (1957): Vorbilder und Führer, in: ders.: Schriften aus dem Nachlaß, Bd. 1, Bern, S. 255-344.

Sennett, Richard (1985): Autorität, Frankfurt/M.

Sofsky, Wolfgang / Paris, Rainer (1994): Figurationen sozialer Macht. Autorität – Stellvertretung – Koalition, Frankfurt/M.

Spittler, Gerd (1990): Führer und Karawane in der Wüste, in: Oswald, Hans (Hrsg.): Macht und Recht. Festschrift für Heinrich Popitz zum 65. Geburtstag, Opladen, S. 175-195.

Sternberger, Dolf (1986): Vorschlag und Wahl. Umriß einer allgemeinen Theorie, in: ders.: Herrschaft und Vereinbarung, Frankfurt/M., S. 139-177.

Die Reichen und ihr Reichtum*

Irene Becker

1. Reichtum – Versuch einer Eingrenzung

Die Eliteforschung bedient sich überwiegend soziokultureller Ansätze zur Abgrenzung und Charakterisierung „gesellschaftlicher Führungsgruppen". Materieller Reichtum ist daneben aber ein wesentlicher Aspekt der Lebenswelt von Oberschichten, Eliten bzw. herrschenden Klassen – die Begriffe variieren mit dem theoretisch-konzeptionellen Zugang. Ein hohes Einkommen und ein hohes Vermögen führen zwar nicht generell zur Zugehörigkeit zu einer Elite, häufig sind sie allerdings eine von vielen Voraussetzungen zur Erlangung einer Machtposition oder – umgekehrt – eine Folge von Aufstiegen in die höchsten Ränge, z.B. im Sport oder in der Musik. Unter diesem Gesichtspunkt soll im Folgenden für Deutschland eine Bestandsaufnahme über Reichtum versucht werden, auch wenn es sich dabei keineswegs um ein klar abgegrenztes ökonomisches Konzept handelt. Die Diskussion über das, was unter Reichtum zu verstehen ist, hat gerade erst begonnen. Sie ist – ähnlich wie die Frage nach einer Armutsgrenze – durch die der Wohlfahrtsökonomie immanente Werturteilsproblematik geprägt. Während es mittlerweile eine recht umfangreiche Literatur zu Armutsdefinitionen und -maßen gibt und sich diesbezüglich zumindest einige Anhaltspunkte in Gesetzen, Richtlinien und Beschlüssen finden lassen, ist Reichtum bisher noch kaum thematisiert und – auch wegen der besonderen Erfassungsprobleme – mit einem „scheuen Wild" verglichen worden. Ein erster Ansatz findet sich in Arbeiten von Ernst-Ulrich Huster (1993, 1997), wonach Einkommensreichtum in Analogie zum Armutsbegriff relativ abgegrenzt werden sollte, also unter Bezugnahme auf das in der jeweiligen Gesellschaft insgesamt erreichte Einkommensniveau.

Die in den Arbeiten von Huster geführte Diskussion von nicht nur quantitativen, sondern auch qualitativen Kriterien für „Reich-Sein" hat allerdings verdeutlicht, dass von einer begrifflichen Symmetrie der Gegenpole Armut

* Der Beitrag entstand im Rahmen des von der Hans-Böckler-Stiftung finanzierten Projekts „Personelle Einkommensverteilung"; ich danke der Stiftung für die gewährte Unterstützung der Forschungsarbeiten.

und Reichtum nicht unbedingt auszugehen ist.[1] Beispielsweise sind auch Aspekte wie Prestige und Macht – hier zeigen sich Parallelen zur Eliteforschung – sowie subjektive Bewertungen in der Diskussion, die allerdings nur schwer zu operationalisieren sind. Ein aussagefähiges Reichtumskonzept sollte aber zumindest das Vermögen als weitere materielle Wohlstandskomponente einbeziehen. Denn erst beim Zusammentreffen eines hohen Einkommens mit hohem Vermögen kann von einer dauerhaft gehobenen materiellen Position ausgegangen werden, die durch die damit verbundene Sicherheit ein qualitatives Merkmal von „Reich-Sein" ist. Wie beim Einkommen kann auch hier eine bestimmte relative Vermögensposition als Kriterium für Reichtum herangezogen werden. Denkbar ist allerdings auch eine absolute Grenzziehung dahingehend, dass allein die Verzinsung des Vermögensbestandes zur Deckung eines mittleren oder gehobenen Lebensstandards ausreicht.

Im Vorfeld der Festlegung einer konkreten Reichtumsgrenze sind aber zunächst der relevante Einkommens- und der Vermögensbegriff zu definieren. Im Folgenden werden recht enge Begriffe zugrunde gelegt, die auf monetäre Größen beschränkt sind.[2] Das Haushaltsnettoeinkommen umfasst die Markt- und Transfereinkommen[3] aller Haushaltsmitglieder nach Abzug der direkten Steuern und der Pflichtbeiträge zur Sozialversicherung. Das Nettovermögen ergibt sich aus dem Geldvermögen[4], dem Immobilienvermögen, dem Gebrauchsvermögen sowie dem Produktivvermögen als Wert der Anteile am Unternehmenssektor[5] nach Abzug aller Verbindlichkeiten; empirische Analysen müssen sich wegen fehlender Daten allerdings meist auf das Geld- und Immobilienvermögen beschränken.

---

1 Vgl. zu neueren Überlegungen Huster/Eißel (2000).

2 Wegen weitgehend ungelöster Erfassungs- und Bewertungsprobleme bleiben also reale oder nicht-monetäre Komponenten, z. B. die Inanspruchnahme des Bildungssystems oder von Sachleistungen der gesetzlichen Krankenversicherung, Freizeit sowie auf der Vermögensseite immaterielle Rechte, das Humankapital, das Sozialvermögen (akkumulierte Ansprüche an die gesetzliche Rentenversicherung), nichtreproduzierbare Ressourcen und die Umweltqualität ausgeklammert.

3 Bruttoeinkommen aus unselbständiger Arbeit, aus selbständiger Tätigkeit und aus Vermögen (einschl. Mietwert von selbstgenutztem Wohneigentum), Einkommensübertragungen der Sozialversicherung und der Gebietskörperschaften.

4 Sichtguthaben, Termingelder, Sparbriefe, sonstige Spareinlagen, Bauspar- und Versicherungsguthaben sowie Wertpapiere (Rentenwerte, Aktien, Investmentanteile) zum Tageskurs; Bargeld und sonstige Forderungen (z.B. Ansprüche aus betrieblichen Pensionszusagen) können in empirischen Untersuchungen meist nicht berücksichtigt werden.

5 Dazu zählen nicht Aktien oder ähnliche Anteilsscheine, die dem Geldvermögen zugerechnet werden, sondern im wesentlichen Betriebe von natürlichen Personen und Personengemeinschaften/-gesellschaften sowie Betriebe in der Rechtsform der GmbH, soweit deren Anteile von natürlichen Personen gehalten werden.

Einkommens- und Vermögenskonzept beziehen sich auf Haushalte als gemeinsam wirtschaftende Einheiten; mittlerweile hat sich der individualistische Ansatz der Wohlfahrtsökonomie aber auch in der empirischen Verteilungsforschung durchgesetzt. Danach sind grundsätzlich Personen die relevanten Untersuchungseinheiten, freilich nicht ohne Bezug zum Haushalt, in dem sie leben. Da ein gegebenes Haushaltsnettoeinkommen je nach Haushaltsgröße und -struktur unterschiedliche Lebensstandards impliziert, ist es folglich in ein bedarfsgewichtetes Pro-Kopf-Einkommen umzurechnen, wobei insbesondere aus den Haushaltsgrößenersparnissen in Mehrpersonenhaushalten unter 1 liegende Bedarfsgewichte folgen und hier die sogenannte alte OECD-Skala herangezogen wird.[6] Danach erhält der Haushaltsvorstand ein Skalengewicht von 1, weitere Haushaltsmitglieder ab dem Alter von 15 Jahren werden mit 0,7 und Kinder bis einschließlich 14 Jahren mit 0,5 gewichtet.[7] Im Gegensatz zum Einkommen wird das Vermögen überwiegend nicht für die Deckung des gegenwärtigen Bedarfs eingesetzt, so dass die Gewichtung mit einer Äquivalenzskala nicht angebracht ist. Der Vermögensbildung liegen eher Sicherheits-, Vorsorge- und Vererbungsmotive zugrunde, und zum zukünftigen Zeitpunkt des Vermögensverzehrs oder der weiteren Verfügung über das angesammelte Kapital leben die Berechtigten häufig in einem veränderten Haushaltskontext. Von daher werden im folgenden die Nettovermögen pro Haushaltsmitglied für die personelle Verteilungsanalyse herangezogen. Dies ist zwar eine starke Vereinfachung, da die tatsächlichen Eigentumsstrukturen und Anspruchskonstellationen in den einzelnen Haushalten nicht berücksichtigt werden können. Der Ansatz scheint aber gegenüber der Alternative, das Haushaltsvermögen nur dem Haushaltsvorstand zuzurechnen, als realistischer.

Auf der Basis dieser Messkonzepte stellt sich die Frage nach einer sinnvollen Grenzziehung zwischen Reichtum und lediglich Wohlhabenheit also hinsichtlich des Nettoäquivalenzeinkommens und des Nettovermögens pro Haushaltsmitglied. Da bisher noch kein fundierter und operationaler Reichtumsbegriff entwickelt worden ist, kann im folgenden nur der Versuch unternommen werden, unter Verwendung alternativer Grenzwerte – die relativ

6 Die alte OECD-Skala kommt den institutionellen Gegebenheiten und Verbrauchsstrukturen in der Bundesrepublik recht nahe (vgl. Faik 1997). Zum Konzept des Äquivalenzeinkommens und zu den damit implizierten Annahmen vgl. Hauser 1996, insbesondere S. 17. Verschiedene Ansätze zur Ableitung von Äquivalenzskalen werden diskutiert in Faik 1995; vgl. auch Hauser/Faik 1998.

7 Beispielsweise ergibt sich bei einem monatlichen Haushaltsnettoeinkommen von 2700 DM für einen Alleinstehenden ein Äquivalenzeinkommen in der gleichen Höhe (2700 DM / 1), während für die Mitglieder einer Familie mit zwei Kindern unter 15 Jahren das Äquivalenzeinkommen nur 1000 DM (2700 DM / (1+0,7+0,5+0,5)) beträgt und jeder Person im Haushalt zugerechnet wird.

oder beim Vermögen auch absolut gesetzt werden – einen ungefähren Eindruck über den Bereich sehr hoher Einkommen und Vermögen zu vermitteln.

2. Probleme der empirischen Erfassung von Wohlhabenheit und Reichtum auf der Basis vorhandener Datengrundlagen

2.1 Überblick über statistische Quellen

Das skizzierte Vorhaben ist nur auf den ersten Blick ein bescheidenes, bei näherer Betrachtung der empirischen Grundlagen zeigt sich, dass selbst die konzeptionell sehr begrenzte Frage nach materiellem Reichtum in unserer Gesellschaft nur näherungsweise beantwortet werden kann. Zwar werden auf der gesamtwirtschaftlichen Ebene Einkommen und Vermögen mit den Volkswirtschaftlichen Gesamtrechnungen (VGR) und der Finanzierungsrechnung der Deutschen Bundesbank vergleichsweise gut erfasst, hinsichtlich der Verteilung dieses Ganzen gibt es aber nur recht lückenhafte statistische Grundlagen. Einige Informationen lassen sich aus der Einheitswertstatistik und aus Steuerstatistiken entnehmen; als prozessproduzierte Daten umfassen diese aber jeweils nur einen Teil der Bevölkerung sowie lediglich einzelne Einkommens- und Vermögensarten und beinhalten von ihrem Zweck her steuerrechtliche Begriffe und Bewertungen, die teilweise weit von ökonomischen Abgrenzungen entfernt sind.[8] Zudem liegen diese Daten überwiegend nur in einer – für standardisierte Tabellen – aufbereiteten Form vor, die für eine Reichtumsanalyse meist unzureichend ist. Von daher sind die anonymisierten Einzeldaten von Bevölkerungsumfragen eher geeignet. Hier ergeben sich aber wiederum Restriktionen wegen geringer Fallzahlen, die statistisch gesicherte Aussagen über den schwach besetzten oberen Rand der Verteilung

8 Beispielsweise umfasst die Einheitswertstatistik gewerblicher Betriebe nur Gewerbetreibende, bei denen der Einheitswert des betrieblichen Vermögens mehr als 120.000 DM beträgt; Freiberufler sind nicht einbezogen. Die Vermögensteuerstatistik bezieht sich nur auf einen kleinen Teil der privaten Haushalte mit teilweise zu niedrigen (steuerrechtlichen) Vermögenswerten. Die Einkommensteuerstatistik erfasst zwar einen wesentlich größeren Bevölkerungsteil als die Vermögensteuerstatistik, aber eben nur Haushalte bzw. Personen mit steuerpflichtigen Einkommen in der steuerrechtlichen, gegenüber ökonomischen Begriffen teilweise zu niedrigen Abgrenzung.

nicht zulassen, und/oder wegen unzureichender Erfassungskonzepte hinsichtlich des Einkommens und Vermögens.

Beispielsweise wäre der Mikrozensus als herausragende Erhebung der amtlichen Statistik wegen seines großen Stichprobenumfangs zwar besonders geeignet, das Haushaltsnettoeinkommen wird aber nur in klassifizierter Form, das Vermögen überhaupt nicht erhoben. Mit dem Sozio-Ökonomischen Panel (SOEP) als herausragender Umfrage der nichtamtlichen Statistik werden ebenfalls keine Vermögenswerte erfragt (Ausnahme: 1988), und zudem ist der Stichprobenumfang vergleichsweise klein.[9] Von daher sind die Einkommens- und Verbrauchsstichproben (EVS) des Statistischen Bundesamtes für eine Reichtumsanalyse am ehesten geeignet, da sie Einkommens- und Vermögensarten differenziert erheben und mit ca. 60.000 befragten Haushalten (1998) auch für eine Analyse des schwach besetzten oberen Rands der Verteilung einige Anhaltspunkte geben können.

2.2 Die Einkommens- und Verbrauchsstichprobe (EVS) als relevante Haushaltsstichprobe

Vom Erhebungskonzept stellt die EVS eine recht gute Basis für eine Verteilungs- und insbesondere Reichtumsberichterstattung dar – mit der wesentlichen Einschränkung, dass das Betriebsvermögen nicht erhoben wird (Ausnahme: EVS 1983). Darüber hinaus ergeben sich leider bei der Umsetzung des Konzepts erhebliche Schwierigkeiten, die zu einer nur begrenzten Repräsentativität der Stichprobenergebnisse führen. Zum einen werden – trotz des großen Stichprobenumfangs – die Randbereiche der Verteilung nur unzureichend erfasst, was ein allgemeines Problem der Umfrageforschung bei freiwilliger Beteiligung ist; die Teilnahmebereitschaft ist hier wesentlich geringer als in der breiten Mittelschicht.[10] Von daher ist von einer Unterschätzung des Anteils der reichen Bevölkerungsgruppen auszugehen. Zum anderen werden bestimmte Wohlstandskomponenten nicht ausreichend erfasst. Die in der EVS nachgewiesenen Summen der Einkommen aus Unternehmertätigkeit und Vermögen erreichen nur zwei Drittel bis drei Viertel des VGR-Aggregats, das

9 1998: ca. 7.700 Haushalte. Für eine Analyse von Einkommensreichtum auf Basis des SOEP vgl. Weick 2000.

10 Der dadurch bedingte „Mittelstands-Bias“ lässt sich durch das Hochrechnungsverfahren nur sehr begrenzt korrigieren, da der Hochrechnungsrahmen für die EVS aus dem Mikrozensus abgeleitet ist, der bisher nur recht grobe Einkommensinformationen enthalten hat; ab 2000 ist die Frage nach der Klasse des Haushaltsnettoeinkommens allerdings für den oberen Bereich wesentlich stärker differenziert.

nachgewiesene Geldvermögen sogar nur ungefähr die Hälfte des aus der Vermögensrechnung der Deutschen Bundesbank resultierenden Aggregats – während die Bruttoeinkommen aus unselbständiger Arbeit in der EVS zu etwa neun Zehnteln des VGR-Ergebnisses erfasst sind.[11] Die deutliche Untererfassung der Selbständigen- und Vermögenseinkommen sowie der Geldvermögen ist sicher zum Teil eine Folge der Untererfassung der obersten Einkommensschichten. Es kann aber nicht unterstellt werden, dass sämtliche in der EVS nicht erfassten Einkommens- und Vermögensarten ausschließlich der Oberschicht zufließen, vielmehr muss auch für andere Einkommensbereiche mit versehentlichen oder beabsichtigten Falschangaben gerechnet werden. Wie stark die sich aus der EVS ergebenden Verteilungsergebnisse verzerrt sind, ist bisher weitgehend ungeklärt, es ist aber davon auszugehen, dass das daraus ersichtliche Ausmaß von Reichtum lediglich einen unteren Schätzwert darstellt.[12]

2.3 Die Lohn- und Einkommensteuerstichprobe und die Vermögenssteuerstatistik als wichtigste prozessproduzierte Daten

Um zumindest einige Anhaltspunkte zu dem mit der EVS nicht abgedeckten obersten Reichtumsbereich zu erhalten, sollen im folgenden einige Ergebnisse der Einkommensteuerstichprobe und der Vermögensteuerstatistik ergänzend vorgestellt werden. Dabei kann allerdings das Konzept, Reichtum durch die simultane Berücksichtigung von Einkommen und Vermögen abzugrenzen, nicht beibehalten werden, und zudem ist nur die Bezugnahme auf Steuerpflichtige bzw. -einheiten, nicht auf Personen möglich.[13]

Daten der Einkommensteuerstichprobe liegen in aufbereiteter Form zuletzt für 1995 vor.[14] Darüber hinaus gibt es neuerdings Möglichkeiten, Son-

---

11 Ergebnisse für 1993 und 1998; eigene Berechnungen auf Basis der EVS-Datenbank der Professur für Sozialpolitik an der Goethe-Universität Frankfurt/M. (vgl. auch Bedau 1997: 55f. und Sachverständigenrat zur Begutachtung der gesamtwirtschaftlichen Entwicklung 1998: 143).

12 Eine ausführliche Beschreibung der Datenbasis unter Berücksichtigung der spezifischen Besonderheiten der Erhebung von 1998 findet sich in Hauser/Becker (2001: 46-60).

13 Darüber hinaus ist das Ausmaß der Steuerhinterziehung sicher nicht unbeträchtlich. Mit der Einkommensteuerstatistik 1992 wurden lediglich 42% des in der VGR nachgewiesenen Aggregats der Einkommen aus Unternehmertätigkeit nachgewiesen; hinsichtlich der Summe aus Bruttolohn- und Bruttogehaltssumme, Einkommen aus Unternehmertätigkeit und Vermögen lag die Nachweisquote bei 72% (Bork/Petersen 1997: 5).

14 Die Einkommensteuerstichprobe wird im Abstand von drei Jahren durchgeführt. Ergebnisse für 1998 liegen jedoch noch nicht vor.

derauswertungen beim Statistischen Bundesamt durchführen zu lassen,[15] so dass man nicht mehr auf das standardisierte Tabellenprogramm beschränkt ist, sondern der jeweiligen Fragestellung angepasste Gruppenbildungen und Abgrenzungen von Variablen vornehmen kann. Erste Auswertungen hinsichtlich hoher Einkommen und Einkommensreichtum sind mittlerweile von Prof. Dr. Joachim Merz (Universität Lüneburg) durchgeführt worden, die ergänzend zu EVS-Ergebnissen herangezogen werden können.

Die Möglichkeit zu Sonderauswertungen ist für die Vermögensteuerstatistik bisher noch nicht genutzt werden, sie bietet aber auch mit ihrem veröffentlichten Tabellenprogramm einige Analysegrundlagen. Auch hier beziehen sich die jüngsten Ergebnisse auf 1995 – dies sind allerdings auf absehbare Zeit die letzten Ergebnisse, da die Vermögensbesteuerung Anfang 1997 ausgesetzt worden ist. Die Vermögensteuerstatistik umfasst zwar infolge der hohen Freibeträge[16], aber wohl auch wegen häufig nicht erfolgter Erklärung trotz bestehender Verpflichtung nur einen kleinen Teil der privaten Haushalte – 1995 wurden nur gut 1 Mio. unbeschränkt steuerpflichtige natürliche Personen veranlagt. Bei diesen einzeln oder zusammen veranlagten Pflichtigen handelt es sich aber vermutlich zu einem erheblichen Teil um Gruppen, die in der EVS nicht erfasst sind.[17] Einschränkend ist zu berücksichtigen, dass einzelne Vermögensarten, insbesondere das Immobilienvermögen, bei der Vermögensbesteuerung mit zu niedrigen Werten (Einheitswerten) angesetzt wurden und für das Betriebsvermögen besonders hohe Freibeträge[18] gelten. Von daher verbergen sich hinter den ausgewiesenen steuerlichen Beträgen aus der ökonomischen Perspektive höhere Werte bzw. wird ein erheblicher Teil der hohen Vermögen überhaupt nicht erfasst. Dennoch kann diese Datenquelle die Spitze der Vermögenskonzentration zumindest andeuten.

---

15 Diese haben sich aus einer Änderung des Gesetzes über Steuerstatistiken ergeben, die mit dem Jahressteuergesetz 1996 erfolgte (vgl. Zwick 1998: 566).

16 70.000 DM bei allein veranlagten natürlichen Personen; bei zusammen veranlagten natürlichen Personen wurden für jeden der Beteiligten 70.000 DM als Freibetrag angesetzt (Schöffel 1997: 499).

17 Nach einer Untersuchung von Schüssler/Lang/Buslei (2000: 34f.) ergibt sich, dass die EVS 1993 nur gut drei Viertel der Vermögensteuerpflichtigen nachweist. In den oberen Vermögensklassen ergeben sich zudem noch wesentlich geringere Nachweisquoten: bei Vermögen zwischen 0,5 und 2,5 Mio. DM 62%, bei höheren Vermögen lediglich 15%.

18 Durch das Steueränderungsgesetz 1992 wurde der Freibetrag (für jedes Mitglied mit Betriebsvermögen) von 125.000 DM auf 500.000 DM erhöht (vgl. Schöffel 1997: 499).

3. Umfang und Struktur von Reichtum

3.1 Einkommens- und Vermögensreichtum nach alternativen Grenzen – ein zweidimensionaler Ansatz auf Basis der EVS 1998 (Westdeutschland)

Wie bereits erläutert, sollte eine sinnvolle Abgrenzung von materiellem Reichtum von lediglich Wohlhabenheit Einkommens- *und* Vermögenshöhe berücksichtigen. Beide Wohlstandskomponenten sind zwar insgesamt positiv korreliert, dennoch lässt sich im Einzelfall keineswegs immer von der einen auf die andere schließen. So beträgt der Korrelationskoeffizient für den Zusammenhang von Nettoäquivalenzeinkommen und Nettovermögen pro Haushaltsmitglied 1998 in Westdeutschland nur 0,56, in Ostdeutschland sogar lediglich 0,35. Von daher erscheint die alleinige Bezugnahme auf nur einen Indikator als unzureichend, so dass die Ergebnisse in Tabelle 1 auf zweidimensional definierten, alternativen Reichtumsgrenzen beruhen. Die Tabelle beschränkt sich – wie auch alle folgenden EVS-Ergebnisse – auf Westdeutschland, da Einkommens- und gleichzeitig Vermögensreichtum in Ostdeutschland bisher kaum statistisch signifikant nachweisbar ist.

Mit der ersten 200%-Definition, nach der Reichtum dann gegeben ist, wenn sowohl das Nettoäquivalenzeinkommen als auch das Nettovermögen mehr als das Doppelte des Durchschnitts betragen, wird eine „schwache" relative Grenze gezogen; die Absolutwerte liegen bei ca. 5.800 DM monatlichen Einkommens und 236.000 DM beim Nettovermögen – jeweils pro Haushaltsmitglied. Die zweite Grenze ist hinsichtlich des Einkommens identisch, beinhaltet bezüglich des Vermögens aber einen absoluten Mindestwert von 1 Mio. DM pro Haushaltsmitglied. Dieser Ansatz resultiert aus der Überlegung, dass allein eine mäßige Verzinsung – z. B. von 5% – dieses Vermögens zur Finanzierung eines mittleren Lebensstandards reicht.[19] Die beiden weiteren Reichtumsgrenzen sind analog, allerdings enger definiert, indem sie nicht das Doppelte, sondern das Dreifache der Durchschnittswerte als Reichtumskriterium unterstellen. In Absolutbeträgen entspricht dies 8.700 DM beim Nettoäquivalenzeinkommen und 354.000 DM beim Nettovermögen – wieder jeweils pro Haushaltsmitglied.

19 Vgl. in diesem Zusammenhang Huster/Eißel (2000: 20-22).

Tab. 1: Reichtum nach alternativen Grenzen[1)]– Ergebnisse der EVS 1998 für Westdeutschland

Reichtumsgrenze	Anzahl der Personen	Durchschnittliches		Anteil an (am) ... in %		
		Einkommen (in DM)	Vermögen (in DM)	Bevölkerung	Gesamt-einkommen	Gesamt-vermögen
Relative Einkommens-position > 2 und						
Relative Vermögens-Position >2	1.993.197	97.397	614.533	3,08	8,62	16,03
Nettovermögen pro Kopf > 1 Mio. DM	236.709	121.000	1.663.355	0,37	1,27	5,15
Relative Einkommens-position > 3 und						
Relative Vermögens-position > 3	412.140	142.075	950.793	0,64	2,60	5,13
Nettovermögen pro Kopf > 1 Mio. DM	117.782	155.201	1.832.055	0,18	0,81	2,82

1) Die Reichtumsgrenzen beziehen sich auf das Nettoäquivalenzeinkommen (alte OECD Skala) und das Nettovermögen pro Haushaltsmitglied. Im Bevölkerungsdurchschnitt erreichte das Nettoäquivalenzeinkommen 34.758 DM p.a. (2.897 DM p.M.), das Nettovermögen pro Haushaltsmitglied 118.000 DM.

Quelle: EVS-Datenbank der Professur für Sozialpolitik an der J. W. Goethe-Universität Frankfurt a.M.; eigene Berechnungen.

Es zeigt sich, dass das Ausmaß von Reichtum sehr stark von der gewählten Grenzziehung abhängt. Bei Unterstellung der „schwachen“ 200%-Grenze sind nahezu 2 Mio. Personen bzw. gut 3% der westdeutschen Bevölkerung als reich einzustufen; unter der Annahme des „härteren“ Kriteriums eines Nettovermögens von mindestens 1 Mio. DM gelten nur noch 12% dieser Gruppe als reich, deren Durchschnittseinkommen aber um ein Viertel, das Durchschnittsvermögen mit ca. 1,7 Mio. DM pro Haushaltsmitglied sogar um das 1,7-fache über dem Vergleichswert der größeren Gruppe liegt. Die beiden alternativen 300%-Grenzen implizieren nochmals höhere Nettoäquivalenzeinkommen und durchschnittliche Nettovermögen pro Haushaltsmitglied von fast 1 Mio. DM bzw. 1,8 Mio. DM. Soweit aus den Daten der EVS ersichtlich, handelt es sich bei den Reichen also um eine relativ kleine Gruppe, denen allerdings erhebliche Einkommens- und Vermögensanteile zuzurechnen sind. Dies wird aus den letzten drei Spalten der Tabelle 1 deutlich. Unter Bezugnahme auf die „schwächsten" Kriterien der 200%-Grenze beträgt der Gruppenanteil am Gesamteinkommen das 2,8-fache des Bevölkerungsanteils, der Anteil am Gesamtvermögen, das 5,2-fache; bei Heranziehung der „strengsten" Kriterien – also mindestens das Dreifache des durchschnittlichen Nettoäquivalenzeinkommens und mindestens 1 Mio. Nettovermögen pro Haushaltsmitglied – gelten zwar nur knapp 0,2% der Bevölkerung als reich, denen aber mit 0,8% des Gesamteinkommens und 2,8% des Gesamtvermögens das 4,5-fache bzw. 15,7-fache ihres Bevölkerungsanteils zukommen. Die Einkommenskonzentration ist also beträchtlich, wird aber von der Vermögenskonzentration um ein Vielfaches übertroffen.

Dabei handelt es sich bei der Reichtumspopulation keineswegs um eine homogene Gruppe – auch wenn beispielsweise Personen in Selbständigenhaushalten erwartungsgemäß überrepräsentiert sind. Wie aus Tabelle 2 hervorgeht, ist ihr Gruppenanteil oberhalb der „schwachen" 200%-Grenze zwar 4,5 mal so hoch wie unterhalb dieser Grenze, sie bilden aber nicht die Mehrheit unter den so definierten Reichen. Diese besteht aus Beamten-, Angestellten- und Rentner- bzw. Pensionärshaushalten, wobei letztere beiden Gruppen ungefähr entsprechend ihrem Gesamtbevölkerungsanteil repräsentiert sind. Arbeiterhaushalte sind hingegen innerhalb der Reichtumspopulation statistisch nicht nachweisbar.

Ähnliches gilt für Familien mit Kindern, wenn nach Haushaltstypen differenziert wird. Bei dieser Betrachtung erweisen sich insbesondere alleinstehende Männer und Doppelverdiener-Ehepaare ohne Kinder oberhalb der 200%-Grenze als stark überrepräsentiert, was durchaus mit verbreiteten Annahmen übereinstimmt. Diese beiden Gruppen machen freilich nur gut ein Drittel der Reichtumsbevölkerung aus, so dass sich wieder eine insgesamt recht heterogene Struktur zeigt.

Tab. 2: Soziodemografische Struktur (%) der Bevölkerung oberhalb und unterhalb der 200%-Reichtumsgrenze – EVS 1998 für Westdeutschland

	Relative Einkommens- und Vermögensposition[1)]	
	> 2	≤ 2
Soziale Stellung der Bezugsperson		
Selbständige(r) (ohne Landwirte)	27,8	6,2
Beamter(in)	10,7	6,4
Angestellte(r)	33,9	31,1
Rentner(in), Pensionär(in)	22,7	22,3
Sonstige	4,8	34,1
Haushaltstyp		
Alleinstehende Frau	12,4	10,7
Alleinstehender Mann	14,3	5,6
Ehepaar ohne Kind(er)		
- Partner erwerbstätig	22,4	6,0
- Partner nicht erwerbstätig	23,8	17,2
Ehepaar mit Kind(ern), Partner erwerbstätig	12,3	23,3
Sonstige	14,8	37,2
Alter der Bezugsperson		
bis 40 Jahre	8,9	37,2
41 bis 50 Jahre	20,9	23,5
51 bis 60 Jahre	37,8	16,9
61 bis 65 Jahre	11,4	6,5
66 bis 75 Jahre	15,2	10,3
75 Jahre und älter	5,9	5,5
Beruflicher Abschluss der Bezugsperson		
Hochschule	38,1	11,5
Fachhochschule	20,7	10,0
Fach-, Meisterschule o.ä.	15,5	16,1
Lehre o.ä.	22,3	52,6
kein Abschluss	3,3	9,8

1) Die Reichtumsgrenzen beziehen sich auf das Nettoäquivalenzeinkommen (alte OECD Skala) und das Nettovermögen pro Haushaltsmitglied. Im Bevölkerungsdurchschnitt erreichte das Nettoäquivalenzeinkommen 34.758 DM p.a. (2.897 DM p.M.), das Nettovermögen pro Haushaltsmitglied 118.000 DM.

Quelle: EVS-Datenbank der Professur für Sozialpolitik an der J. W. Goethe-Universität Frankfurt a.M.; eigene Berechnungen.

Auch die Strukturierung nach dem Alter bzw. nach dem höchsten beruflichen Abschluss der Bezugsperson bestätigt einerseits tendenziell gängige Hypothesen – in diesen Fällen der Lebenszyklus- und der Humankapitaltheorie. So sind die Personen in Haushalten mit 51- bis 60jähriger Bezugsperson bzw. von Hochschulabsolventen oberhalb der 200%-Grenze mit jeweils ca. 38% am stärksten überrepräsentiert. Dennoch bilden die anderen Alters- bzw. Absolventengruppen die Mehrheit in der Reichtumsbevölkerung. So sind auch die Personen in den Haushalten der 66- bis 75jähigen mit 15% stärker vertreten als unterhalb der 200%-Grenze, und die Gruppe mit einer Bezugsperson, die lediglich eine Lehre o.ä. abgeschlossen hat, ist zwar deutlich schwächer als unterhalb dieser Grenze repräsentiert, sie macht aber immerhin ca. ein Fünftel der Gruppe der Reichen aus. Die soziodemografischen Strukturen verschieben sich allerdings tendenziell noch mehr zu den überrepräsentierten Teilgruppen, wenn „strengere" Reichtumskriterien gewählt werden; die dann sehr geringen Fallzahlen in der EVS lassen dazu aber keine genaueren Aussagen zu.

Ein wesentlicher Aspekt für die gesellschaftspolitische Bewertung von Reichtum ist dessen Zusammensetzung und Abgabenbelastung. In Abbildung 1 sind mit den linken Balken die Einkommensstruktur bzw. die Steuer- und Beitragsquoten der Bevölkerung unterhalb der („schwachen") 200%-Grenze als Referenzsituation wiedergegeben, denen mit den weiteren Balken die entsprechenden Verhältnisse oberhalb der „schwächsten" und oberhalb der „strengsten" Reichtumsgrenze gegenübergestellt sind. Es zeigen sich erwartungsgemäß für die alternativen Reichtumsbereiche wesentlich geringere Anteile der Einkommen aus unselbständiger Arbeit am Haushaltsbruttoeinkommen als für die Referenzgruppe und eine ebenfalls vergleichsweise geringe Bedeutung der Transfereinkommen. Dem stehen die oberhalb der Reichtumsgrenzen größeren Anteile der Einkommen aus selbständiger Tätigkeit und aus Vermögen gegenüber. Dabei ist die relative Bedeutung des Mietwerts der selbstgenutzten Eigentümerwohnung in allen drei Gruppen nahezu gleich – was freilich erhebliche Unterschiede in den Absolutbeträgen impliziert –, während die Diskrepanzen bei den sonstigen Vermögenseinkommen (insbesondere Zinsen und Dividenden etc.) besonders groß sind. Bei einem Nettoäquivalenzeinkommen oberhalb der 300%-Grenze und einem Nettovermögen pro Haushaltsmitglied von mindestens 1 Mio. DM resultiert das Haushaltsbruttoeinkommen zu einem Drittel aus Vermögensanlagen, das sind im Durchschnitt jährlich gut 82.300 DM pro Haushalt bzw. – äquivalenzgewichtet – 62.200 DM pro Person.

Abbildung 1: Zusammensetzung des Einkommens sowie der Ausgaben für Steuerzahlungen und Sozialversicherungsbeiträge oberhalb und unterhalb alternativer Reichtumsgrenzen (EVS 1998, Westdeutschland)

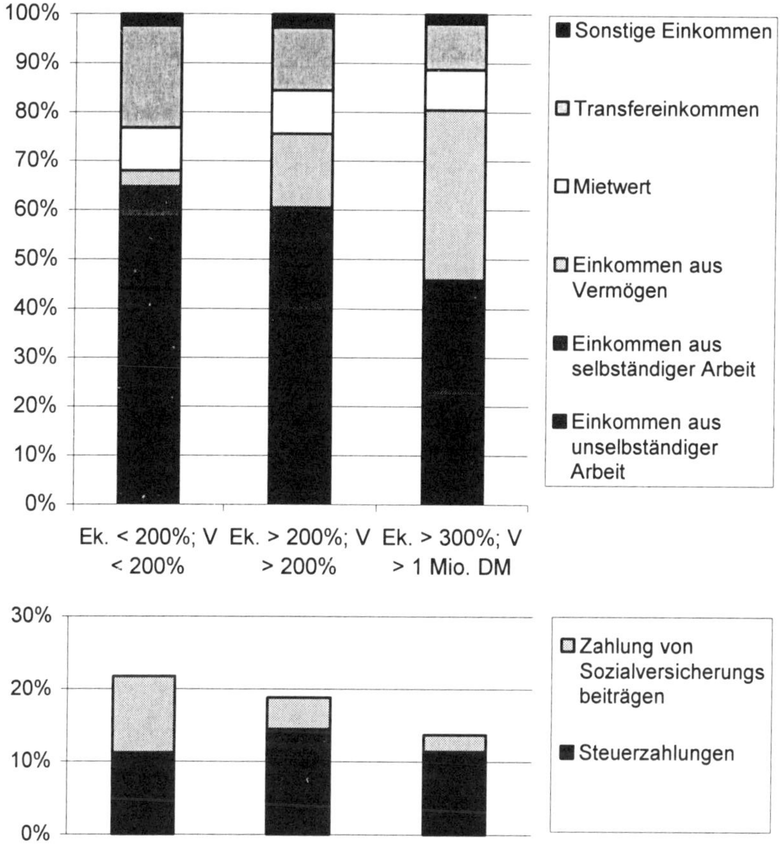

Auf der Abgabenseite ist die im Reichtumssegment vergleichsweise geringe Belastung mit Sozialversicherungsbeiträgen wegen der privat organisierten Vorsorge der meisten Selbständigen und der Wirkungsweise der Beitragsbemessungsgrenzen bei den hoch verdienenden Angestellten nicht überraschend; das Ergebnis der sehr mäßigen Belastung der hohen Einkommen mit direkten Steuern konnte aber nicht unbedingt erwartet werden. Während sich beim Vergleich der Gruppen unterhalb und oberhalb der 200%-Grenze zumindest noch ein schwacher Progressionseffekt andeutet[20], scheint sich die Belastung im obersten Bereich regressiv zu entwickeln[21]. Ähnliches konnte für 1993 noch nicht festgestellt werden – damals machten die direkten Steuern bei Haushalten mit einem Nettoäquivalenzeinkommen oberhalb der 300%-Grenze und einem Nettovermögen pro Haushaltsmitglied von mehr als 1 Mio. DM noch ca. 18% aus.[22] Diese Ergebnisse weisen auf eine sehr weitgehende, während der 90er Jahre nochmals verstärkte[23] Aushöhlung der Steuerbemessungsgrundlage hin.[24]

3.2 Ergänzende Ergebnisse der Einkommensteuerstichprobe 1995 – Einkommensreichtum nach alternativen Grenzen

Als Zwischenfazit lässt sich festhalten, dass trotz aller Schwächen der EVS und trotz der fehlenden Berücksichtigung des Betriebsvermögens ein enormer Reichtum eines kleinen Teils der Bevölkerung nachweisbar ist. Ergänzende Informationen lassen sich aus der Einkommensteuerstichprobe 1995 ableiten, wobei hier allerdings der Vermögensaspekt vernachlässigt ist und auf – einzeln oder gemeinsam veranlagte – Steuerpflichtige Bezug genommen wird; die Ergebnisse sind also nicht unmittelbar mit dem Vorhergehenden vergleichbar. Aus Tabelle 3 geht hervor, dass die obersten 5% der Steuerpflichtigen mit der Gruppe oberhalb der 200%-Grenze ungefähr identisch sind und ihr Nettoeinkommensanteil das 3,6-fache ihres Bevölkerungsanteils ausmacht. Die „strengste" hier berücksichtigte Reichtumsgrenze liegt bei einem Jahres-

---

20 Die Belastungsquoten betragen 11,2% bzw. 14,5%.

21 Die Belastungsquote beträgt nur 11,4%.

22 Wegen einer 1993 gegenüber 1998 geringeren Fallzahl ist das Ergebnis für 1993 allerdings mit einem größeren Fehlerspielraum behaftet.

23 Die Belastungsquoten sind nicht als exakte Werte, sondern lediglich im Sinne von ungefähren Größenordnungen zu interpretieren, da das Erhebungskonzept der EVS 1998 zu methodischen Besonderheiten gegenüber früheren Befragungen geführt hat (Hauser/Becker 2001: 50-53).

24 Dieses Ergebnis steht in Einklang mit der aus den Volkswirtschaftlichen Gesamtrechnungen (VGR) abgeleiteten durchschnittlichen Belastung der Einkommen aus Unternehmertätigkeit und Vermögen mit direkten Steuern (Schäfer 1999: 736 und Schäfer 2000: 747). Ebenfalls in Übereinstimmung mit der hier festgestellten Entwicklung ergibt sich aus einer nach sozialen Gruppen differenzierenden Analyse des Statistischen Bundesamtes, die mit der VGR abgestimmt ist, für die 90er Jahre ein drastischer Rückgang der Belastung der Selbständigenhaushalte mit direkten Steuern; vgl. Hauser/Becker 2001: 72f., insbes. Abbildung 5.3, und die dort angegebene Literatur.

nettoeinkommen von 1 Mio. DM, das zwar lediglich von 0,02 % der Steuerpflichtigen überschritten wird, deren Einkommensanteil mit gut 2% aber das 100fache des Steuerpflichtigenanteils erreicht.

Tab. 3: Einkommensreichtum nach alternativen Grenzen – Ergebnisse der Einkommenssteuerstichprobe 1995

Reichtumsgrenze	absolut		relativ (%)	
	Anzahl	Mittelwert (in DM)	Anzahl	Einkommen
Oberste 5%	708.368	103.576	5,00	17,93
Nettoeinkommen[1)] > 200% des Mittelwertes	714.964	103.154	5,05	18,02
Nettoeinkommen[1)] > 1 Million DM	2.942	3.149.323	0,02	2,26

1) Generiertes Nettoeinkommen (ökonomischer Einkommensbegriff); Bezugseinheiten: Steuerpflichtige.
Quelle: Merz, J. (2001): S. 57f.

Dieser oberste Bereich der Verteilung, der mit Umfragedaten nicht mehr abgebildet werden kann, kann mit den Daten der Einkommensteuerstichprobe nochmals untergliedert werden. In Tabelle 4 wird die Verteilung innerhalb der alternativ abgegrenzten Reichtumspopulationen anhand von Dezilanteilen dargestellt. Dazu werden die Steuerpflichtigen nach der Höhe ihres Nettoeinkommens aufsteigend angeordnet und dann in zehn Gruppen gleicher Größe eingeteilt, für die dann die jeweiligen Einkommensanteile berechnet werden. Bei hypothetischer Gleichverteilung der Einkommen im Reichtumssegment müsste jedem Dezil genau 10% des Gesamteinkommens der Reichen zufließen. Davon ist die Realität aber sehr weit entfernt. Sowohl hinsichtlich der 200%- als auch bezüglich der 1 Mio. DM-Grenze liegen die Einkommensanteile bis zum achten Dezil unterhalb des 10%igen Anteils an den jeweiligen reichen Steuerpflichtigen, während der Einkommensanteil des obersten Dezils ein Drittel bzw. sogar annähernd die Hälfte beträgt. Es zeigt sich also innerhalb der Reichtumspopulation eine nochmals gravierende Einkommenskonzentration, welche die Ungleichheit der Einkommensverteilung insgesamt bei weitem übersteigt.[25]

Tabelle 5 zeigt schließlich, dass der aus der Steuerstichprobe ermittelte Einkommensreichtum sich in Westdeutschland konzentriert. Zudem sind Frauen in beiden alternativ abgegrenzten Oberschichten deutlich unterrepräsentiert, wobei allerdings zu berücksichtigen ist, dass die Ehefrauen der zusammenveranlagten Steuerpflichtigen in dieser Darstellung nicht sichtbar werden. Die Differenzierung nach der sozialen Stellung bestätigt die aus der EVS ermittelte Überrepräsentation der Selbständigen, oberhalb der 200%-Grenze dominieren aber auch unter den Steuerpflichtigen die unselbständig Beschäftigten.[26] Unter den Einkommensmillionären haben die Selbständigen allerdings eine Dreiviertelmehrheit – hier zeigt sich also eine homogenere soziale Struktur als bei anderen Reichtumsgrenzen bei allerdings wesentlich größerer gruppeninterner Ungleichheit der Verteilung, wie aus Tabelle 4 hervorgegangen ist.

3.3 Ergänzende Ergebnisse der Vermögensteuerstatistik 1995

Eine weitere Ergänzung der EVS-Ergebnisse lässt sich aus der Vermögensteuerstatistik ableiten. Dabei ist einschränkend zu berücksichtigen, dass nur ein kleiner Teil der Bevölkerung mit Vermögen zu den Pflichtigen gehört und seiner Deklarationspflicht nachgekommen ist und die bewertungsrechtlichen Ansätze zum Teil zu unter dem Markt- bzw. Verkehrswert liegenden Beträgen führen. Dennoch gibt die Verteilung der Pflichtigen bzw. ihrer Vermögen nach Vermögensgrößenklassen einen Eindruck über das Ausmaß der Konzentration am obersten Rand. In Abbildung 2 geben die grauen Balken die Anteile der Vermögensteuerpflichtigen der jeweiligen Größenklasse an allen Pflichtigen wieder, die schwarzen Balken die entsprechenden Anteile am gesamten zu versteuernden Vermögen, das nach Abzug der Schulden definiert ist. Da die Breite der Vermögensklassen nicht einheitlich ist, sind nicht die Flächen der Verteilungen, sondern lediglich die Höhe der einzelnen Balken

25 So ergibt sich auf Basis der EVS 1998 ein Einkommensanteil des obersten Dezils der personellen Verteilung der Nettoäquivalenzeinkommen von ca. 22% (Hauser/Becker 2001: 105, Tabelle 6.2.7).

26 Ihr Anteil an allen Steuerpflichtigen oberhalb der 200%-Grenze ist mit 71% sogar wesentlich größer als nach Ergebnissen der EVS. Dies ist nicht nur ein Effekt der anders definierten Bezugseinheiten – Steuerpflichtige versus Personen in privaten Haushalten –, sondern auch auf die unterschiedlichen Grundgesamtheiten zurückzuführen; in der Einkommensteuerstatistik sind große Teile der nichterwerbstätigen Bevölkerung, die keine steuerpflichtigen Einkommen haben, nicht erfasst.

Tab. 4: Verteilung der Einkommen in der Gruppe der reichen Erwerbstätigen
Ergebnisse der Einkommensteuerstichprobe 1995

	Nettoeinkommen > 200% des Mittelwertes			Nettoeinkommen > 1 Million DM		
	Alle	Selbständige	Abhäng. Besch.	Alle	Selbständige	Abhäng. Besch.
Steuerpflichtigenanteil (%) [1]	100,0	23,0	77,0	100,0	80,9	19,1
Einkommensanteil (%) [1]	100,0	37,5	62,5	100,0	86,4	13,6
Mittelwert	156.632	254.938	127.224	2.885.385	3.081.190	2.057.979
Median	110.755	144.217	105.961	1.569.030	1.626.649	1.383.327
Gini-Verteilungsmaß	0,32610	0,48124	0,20727	0,48203	0,49905	0,35553
Anteil 1. Dezil (in %)	5,54	3,49	6,80	3,58	3,36	4,97
Anteil 2. Dezil (in %)	5,78	3,85	7,05	3,83	3,64	5,22
Anteil 3. Dezil (in %)	6,07	4,26	7,34	4,18	3,96	5,60
Anteil 4. Dezil (in %)	6,41	4,75	7,68	4,57	4,38	5,96
Anteil 5. Dezil (in %)	6,83	5,33	8,10	5,10	4,94	6,46
Anteil 6. Dezil (in %)	7,36	6,06	8,60	5,85	5,70	7,07
Anteil 7. Dezil (in %)	8,09	7,07	9,26	6,93	6,80	8,08
Anteil 8. Dezil (in %)	9,23	8,66	10,21	8,83	8,80	9,73
Anteil 9. Dezil (in %)	11,55	11,81	11,95	12,87	12,89	13,11
Anteil 10. Dezil (in %)	33,14	44,71	23,00	44,25	45,53	33,80
90/10 Relation [2]	6,00	12,80	3,40	12,40	13,60	6,80

1) Bezug: alle erwerbstätige Steuerpflichtige oberhalb der jeweiligen Reichtumsgrenze; 2) Verhältnis der Anteile bzw. Durchschnittseinkommen; Quelle: Merz 2001: 76f.

Tab. 5: Soziodemografische Struktur oberhalb und unterhalb alternativer Reichtumsgrenzen – Ergebnisse der Einkommenssteuerstichprobe 1995

	Nettoeinkommen > 1 Mio. DM		Nettoeinkommen > 200%	
	Reich	Nicht reich	Reich	Nicht reich
Geschlecht				
Frauen	24,7	45,4	29,1	45,6
Männer	75,3	54,6	70,9	54,4
Berufliche Stellung				
Arbeiter, Angestellte	7,9	66,5	53,1	67,4
Beamte	3,2	7,5	17,9	6,7
Unternehmer	68,4	6,6	14,2	6,1
Freiberufler	5,6	1,4	6,0	1,1
Sonstige	14,9	18,0	8,8	18,7
Haushaltstyp				
Alleinveranlagt	18,1	42,5	8,1	45,0
AV mit einem Kind	3,5	4,7	1,5	5,0
AV mit mehr als einem Kind	1,5	0,9	0,6	0,9
Zusammenveranlagt ohne Kinder	33,0	22,3	31,4	21,6
ZV mit einem Kind	16,0	12,8	21,9	12,2
ZV mit zwei Kindern	17,7	12,5	27,5	11,4
ZV mit mehr als zwei Kindern	10,1	4,2	9,0	3,8
Region				
Westdeutschland	98,2	85,7	92,9	85,1
Ostdeutschland	1,8	14,3	7,1	14,9

Quelle: Merz, J. (2001): S. 85f.

zu interpretieren. Es zeigt sich, dass bis zu einem Nettovermögen von 1 Mio. DM die Anteile am Gesamtvermögen in den einzelnen Gruppen deutlich hinter den entsprechenden Anteilen an allen Pflichtigen zurückbleiben, oberhalb der Grenze ist es umgekehrt. Beispielsweise haben ca. 15% der Vermögensteuerpflichtigen ein Nettogesamtvermögen zwischen 300.000 DM und 400.000 DM, ihr Anteil am gesamten zu versteuernden Vermögen beläuft sich aber nur auf ungefähr 5%. Demgegenüber beträgt bei nur 5% der Pflichtigen das Vermögen 2,5 Mio. DM oder mehr, sie besitzen aber mit 46% kaum weniger als die Hälfte des gesamten deklarierten Vermögens. Wie aus der Einkommensteuerstichprobe ergibt sich also auch hinsichtlich des Vermögens innerhalb der Oberschicht nochmals eine besonders starke Reichtumskonzentration.

Dieser auf wenige Personen konzentrierte oberste Vermögensbereich ist durch eine strukturelle Abweichung gegenüber dem darunter liegenden Segment gekennzeichnet, wie aus Abbildung 3 hervorgeht. Zwar dominiert sowohl unterhalb als auch oberhalb des Grenzwerts von 1 Mio. DM das sonstige Vermögen mit ca. 70% des Rohvermögens (vor Abzug der Schulden), wobei es sich im Wesentlichen um Geldvermögen handelt. Während aber im unteren Bereich das Betriebsvermögen mit nur 3% recht unbedeutend ist, macht es bei (Netto-)Vermögen ab 1 Mio. DM immerhin ein Fünftel (des Rohvermögens vor Abzug der Schulden) aus. Dementsprechend ist die anteilmäßige Bedeutung des Grundvermögens im obersten Verteilungsbereich vergleichsweise gering, was aber nicht heißt, dass die absoluten Durchschnittsbeträge geringer wären.

4. Zusammenfassung und Ausblick

Zusammenfassend kann festgestellt werden, dass Ausmaß und Struktur von Reichtum in Abhängigkeit von der konkreten Eingrenzung dieser Oberschicht deutliche Unterschiede aufweisen. Je nachdem, wie hoch die „Latte" bei den Kriterien des Einkommens und des Vermögens gelegt wird, sind nach Ergebnissen der Einkommens- und Verbrauchsstichprobe 1998 zwischen 3,1% und 0,2% der westdeutschen Bevölkerung als reich einzustufen. Dies entspricht ungefähr 2 Mio. Personen in 1,2 Mio. Haushalten bzw. nur 118.000 Personen in 82.000 Haushalten. Wenn hingegen nur Einkommensmillionäre als reich definiert werden, waren nach Ergebnissen der Einkommensteuerstichprobe 1995 lediglich knapp 3.000 Pflichtige bezüglich ihres Nettoeinkommens (ökonomische Begriffsabgrenzung) reich[27], während immerhin ca. 177.000 Vermögensteuerpflichtige mit ihrem (fiktiven) Gesamtvermögen – d. h. nach Abzug der Schulden – Vermögensmillionäre waren. Bei den verschieden

27 Bei diesem „strengen" Reichtumskriterium zeigt sich auch eine größere Gruppenhomogenität; drei Viertel dieser Einkommensmillionäre waren Selbständige.

abgegrenzten „Reichen" handelt es sich keineswegs um homogene Gruppen und vermutlich nur zu einem geringen Teil um Eliten im soziologischen Sinn.

Abbildung 2: Verteilung der VermSt-Pflichtigen und deren Vermögen[1)] auf Größenklassen 1995 in Westdeutschland

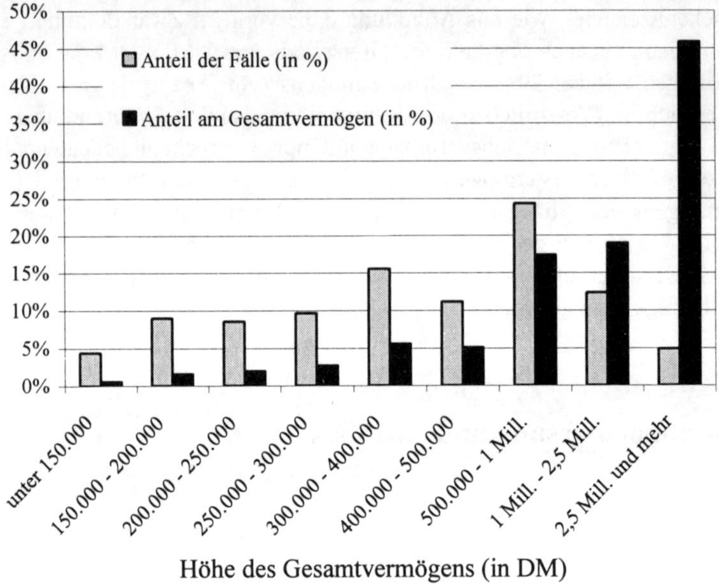

1) Fiktives Rohvermögen (positives Betriebsvermögen mit einem Wert vor der Begünstigung gemäß § 117 a BewG) abzüglich Schulden.
Quelle: Statistisches Bundesamt (1999), Fachserie 14: Finanzen und Steuern, Reihe 7.4 Vermögenssteuer, Hauptveranlagung 1995, Tab. 1.4; eigene Berechnungen.

Die hier präsentierten Ergebnisse sind allerdings nur erste Anhaltspunkte über materiellen Reichtum in Deutschland, da die Forschung hier noch am Anfang steht. Zum einen sind Ansätze zur Ableitung eines adäquaten Reichtumsbegriffs weiterzuentwickeln, wobei zwar keine objektiv „richtige" und allgemeingültige Abgrenzung möglich ist, die notwendigen Werturteile aber offen gelegt und begründet werden sollten. Hier ist nicht nur eine Festlegung von

Abbildung 3: Zusammensetzung des Rohvermögens[1)] von Vermögenssteuerpflichtigen mit einem Vermögen von bis zu einer 1 Million / über 1 Million DM in Westdeutschland 1995

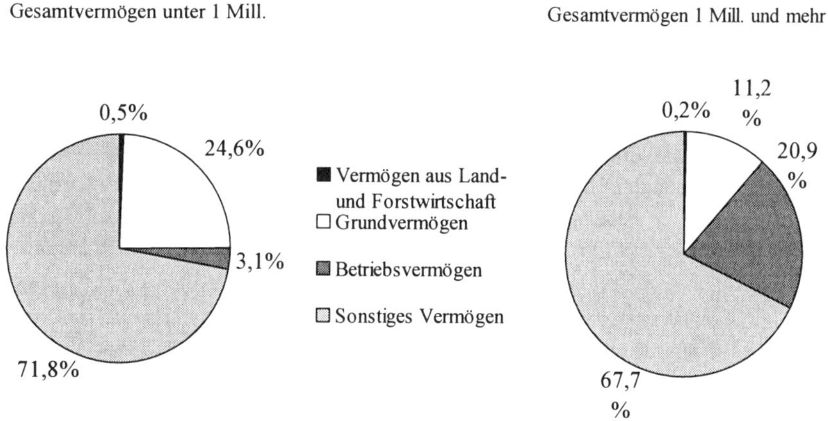

1) Beim fiktiven Rohvermögen wurde das positive Betriebsvermögen mit seinem Wert vor der Begünstigung gem. §117 a BewG angesetzt.
Quelle Statistisches Bundesamt (1999), Fachserie 14: Finanzen und Steuern, Reihe 7.4 Vermögenssteuer, Hauptveranlagung 1995, Tab. 1.4; eigene Berechnungen

sinnvollen (alternativen) Grenzwerten erforderlich[28], sondern vorab eine Überarbeitung der gängigen Einkommens- und Vermögensbegriffe. Beispielsweise ist die Nettoeinkommensdefinition im Hinblick auf die bisher fehlende Berücksichtigung der Vorsorgeaufwendungen der nicht in der Sozialversicherung Pflichtversicherten zu modifizieren[29]; dies gilt analog auf der

28 Es erscheint zunächst sinnvoll, Einkommens- und Vermögensreichtum relativ zu definieren, da die mit dem Reichtumsbegriff assoziierten Absolutbeträge im Zeitablauf veränderlich sind. Darüber hinaus kann es zweckmäßig sein, oberhalb einer relativen Reichtumsgrenze nochmals nach Absolutbeträgen zu differenzieren, da Reichtum ab einer zu definierenden Schwelle nicht nur gehobenen Konsum und freiere Lebensgestaltung bedeutet, sondern durch Investitionen und Vermögensbildung die Schaffung neuer Einkommensquellen und die Ausübung von Macht ermöglicht (Huster 1997: 14).

29 Um die Wohlstandsposition von Arbeitnehmern und Selbständigen besser vergleichen zu können, sollten bei letzteren Beiträge an Lebensversicherungen bis zu einem Maximalbetrag vom Einkommen abgezogen werden; ein vollständiger Abzug wäre aber wohl unzweckmäßig, da bei dieser Einkommensverwendung die Grenze zwischen Vorsorge und Ersparnis fließend ist.

Vermögensseite für die diesen Aufwendungen gegenüberstehenden Rechtsansprüche[30]. Zum anderen ist die bisher noch recht „dünne“ statistische Basis der Reichtumsforschung zu verbessern. Wegen der Unzulänglichkeit vorhandener Daten von Bevölkerungsumfragen bei der Abbildung des oberen Rands der Verteilung sollte eine Ergänzung dieser empirischen Quellen durch auf administrativem Weg gewonnene Daten erfolgen. Insbesondere sollte versucht werden, die EVS und die Einkommensteuerstichprobe zu einem Integrierten Mikrodatenfile (IMDAF) zu verknüpfen. Für beide Forschungsgebiete – das theoretisch-konzeptionelle wie das empirisch-statistische – sind vom ersten Armuts- und Reichtumsbericht der Bundesregierung einige Impulse ausgegangen, indem entsprechende Expertisen in Auftrag gegeben und erstellt worden sind[31]. Diese werden hoffentlich zu weiteren Forschungsbemühungen und -förderungen führen.

Literatur

Bach, Stefan / Bernd Bartholmai (1996): Zur Neuregelung der Vermögen- und Erbschaftsteuer, in: DIW-Wochenbericht, 63. Jg., Heft 30/96, S. 497-506.

Bartholmai, Bernd / Stefan Bach (1998): Immobilienvermögen privater Haushalte in Deutschland 1995. Erhebungen nach § 7 BStatG. Projektbericht, hrsg. v. Statistischen Bundesamt, Wiesbaden.

Becker, Irene (1999a): Zur Verteilungsentwicklung in den 80er und 90er Jahren. Gibt es Anzeichen einer Polarisierung in der Bundesrepublik Deutschland? Teil 1: Veränderungen der personellen Einkommensverteilung, in: WSI-Mitteilungen, 52. Jg., Heft 3/1999, S. 205-214. Teil 2: Zum Ausmaß der Vermögenskonzentration, in: WSI-Mitteilungen, 52. Jg., Heft 5/1999, S. 331-337.

Becker, Irene (1999b): Messung von Vermögensverteilung und Kapitalerträgen. Empirische Grundlagen und ausgewählte Ergebnisse für Deutschland, in: EUROSTAT (CEIES; Hrsg.), Unterlagen des siebenten Seminars, Einkommensverteilung und Einkommensquellen, Luxemburg, S. 205-215.

Bedau, Klaus-Dietrich (1997): Auswertung von Statistiken über die Vermögensverteilung in Deutschland. Gutachten des Deutschen Instituts für Wirtschaftsforschung im Auftrag der Friedrich-Ebert-Stiftung, Berlin.

Bork, Christhart / Hans-Georg Petersen (1997): Ein Vergleich möglicher Datensätze zur Eignung für steuerpolitische Simulationsrechnungen. Universität Potsdam, Wirtschafts- und Sozialwissenschaftliche Fakultät, Finanzwissenschaftliche Diskussionsbeiträge, Diskussionsbeitrag Nr. 20, Potsdam.

30 So gelten die Guthaben bei Lebensversicherungen als Geldvermögen, während Ansprüche an die gesetzliche Rentenversicherung nicht als Aktiva auf der Vermögensseite eingehen.

31 Vgl. Huster/Eißel (2000) und Merz (2001).

Deutsche Bundesbank (1993): Zur Vermögenssituation der privaten Haushalte in Deutschland, in: Monatsbericht 10/1993, S. 19-31.

Deutsche Bundesbank (1999): Zur Entwicklung der privaten Vermögenssituation seit Beginn der neunziger Jahre, in: Monatsbericht 1/1999, S. 33-50.

Deutsche Bundesbank (2000): Die gesamtwirtschaftlichen Finanzierungsströme im Jahr 1999, in: Monatsbericht 6/2000, S. 15-43.

Faik, Jürgen (1995): Äquivalenzskalen. Theoretische Erörterung, empirische Ermittlung und verteilungsbezogene Anwendung für die Bundesrepublik Deutschland, Berlin.

Faik, Jürgen (1997): Institutionelle Äquivalenzskalen als Basis von Verteilungsanalysen – Eine Modifizierung der Sozialhilfeskala, in: Irene Becker / Richard Hauser (Hrsg.), Einkommensverteilung und Armut. Deutschland auf dem Weg zur Vierfünftel-Gesellschaft?, Frankfurt/M., New York, S. 13-42.

Hauser, Richard (1996): Zur Messung individueller Wohlfahrt und ihrer Verteilung. In: Statistisches Bundesamt (Hrsg.), Wohlfahrtsmessung – Aufgabe der Statistik im gesellschaftlichen Wandel, Band 29 der Schriftenreihe Forum der Bundesstatistik, Stuttgart, S. 13-38.

Hauser, Richard (1998): Einkommen und Vermögen, in: Bernhard Schäfers / Wolfgang Zapf (Hrsg.), Handwörterbuch zur Gesellschaft Deutschlands, Opladen, S. 154-166.

Hauser, Richard / Irene Becker / Jürgen Faik / Johannes Schwarze (1997): Entwicklung und Verteilung von Einkommen und Vermögen der privaten Haushalte in Deutschland 1969 bis 1995. Gutachten im Auftrag der Kommission für Zukunftsfragen der Freistaaten Bayern und Sachsen, in: Kommission für Zukunftsfragen der Freistaaten Bayern und Sachsen (1998) (Hrsg.), Erwerbstätigkeit und Arbeitslosigkeit in Deutschland. Entwicklung, Ursachen und Maßnahmen, Anlageband, Band 1, S. 321-547.

Hauser, Richard / Jürgen Faik (1998): Untersuchung der notwendigen Ausgaben größerer Haushaltsgemeinschaften, Gutachten im Auftrag des Bundesministeriums für Gesundheit, Frankfurt/M.

Hauser, Richard / Irene Becker (1999): Wird unsere Einkommensverteilung immer ungleicher? Einige Forschungsergebnisse, in: Diether Döring (Hrsg.), Sozialstaat in der Globalisierung, Frankfurt/M., S. 89-116.

Hauser, Richard / Irene Becker (2000): Changes in the Distribution of Pre-government and Post-government Income in Germany 1973 - 1993, in: Richard Hauser / Irene Becker (Hrsg.), The Personal Distribution of Income in an International Perspective, Heidelberg, S. 72-98.

Hauser Richard / Irene Becker (2001): Einkommensverteilung im Querschnitt und im Zeitverlauf 1973 bis 1998. Studie im Auftrag des Bundesministeriums für Arbeit und Sozialordnung, Schriftenreihe, Bonn.

Hauser, Richard / Werner Hübinger / Holger Stein (1999): Große Vermögen, kleine Vermögen und überhaupt kein Vermögen – Zur Vermögensverteilung in Deutschland, in: Gegenwartskunde, Heft 4/1999, S. 405-419.

Hauser, Richard / Holger Stein (1999): Das Immobilienvermögen privater Haushalte in der Bundesrepublik Deutschland. Eine mikroökonomische Analyse für Ost- und Westdeutschland auf der Basis der Einkommens- und Verbrauchsstichprobe 1993. Schriftenreihe der Stiftung Der Private Haushalt, Düsseldorf.

Hauser, Richard / Holger Stein (2001): Die Vermögensverteilung im vereinigten Deutschland, Frankfurt/M., New York.

Hertel, Jürgen (1997): Einnahmen und Ausgaben der privaten Haushalte 1993. Ergebnis der Einkommens- und Verbrauchsstichprobe, in: Wirtschaft und Statistik, Heft 1/1997, S. 45-58.

Huster, Ernst-Ulrich (1993): Reichtum in Deutschland. Der diskrete Charme der sozialen Distanz, Frankfurt/M., New York.

Huster, Ernst-Ulrich (1997): Enttabuisierung der sozialen Distanz: Reichtum in Deutschland, in: ders. (Hrsg.), Reichtum in Deutschland. Die Gewinner in der sozialen Polarisierung, Frankfurt/M., New York, S. 7-31.

Huster, Ernst-Ulrich / Dieter Eißel (2000): Reichtumsgrenzen für empirische Analysen der Vermögensverteilung, Instrumente für den staatlichen Umgang mit großen Vermögen, ökonomische, soziologische und ethische Beurteilung großer Vermögen. 2. Zwischenbericht, erarbeitet im Auftrag des Bundesministeriums für Arbeit und Sozialordnung, o. O.

Kaiser, Joachim (1997): Wirtschaftliche und soziale Lage von Niedrigeinkommensbeziehern, in: Wirtschaft und Statistik, Heft 9/1997, S. 653-662.

Krause, Peter / Roland Habich (2000): Einkommensverteilung und Armut, in: Statistisches Bundesamt (Hrsg.), Datenreport 1999, Zahlen und Fakten über die Bundesrepublik Deutschland, Bonn, S. 581-591.

Krause, Peter / Gert Wagner (1997): Einkommens-Reichtum und Einkommens-Armut in Deutschland. Ergebnisse des Sozioökonomischen Panels, in: Ernst-Ulrich Huster (Hrsg.), Reichtum in Deutschland. Die Gewinner in der sozialen Polarisierung, Frankfurt/M., New York, S. 65-88.

Merz, Joachim (2000): The Distribution of Income of Self-employed, Entrepreneurs and Professions as Revealed from Micro Income Tax Statistics in Germany, in: Richard Hauser / Irene Becker (Hrsg.), The Personal Distribution of Income in an International Perspective, Heidelberg, S. 99-128.

Merz, Joachim (2001): Hohe Einkommen, ihre Struktur und Verteilung – Mikroanalyse auf der Basis der Einkommensteuerstatistik. Studie im Auftrag des Bundesministeriums für Arbeit und Sozialordnung, Schriftenreihe, Bonn.

Münnich, Margot (1999): Haus- und Grundbesitz sowie Wohnverhältnisse privater Haushalte in Deutschland. Ergebnisse der Einkommens- und Verbrauchsstichprobe 1998, in: Wirtschaft und Statistik, Heft 3/1999, S. 210-220.

Münnich, Margot / Monika Illgen (2000): Einkommen und Einnahmen privater Haushalte in Deutschland. Ergebnisse der Einkommens- und Verbrauchsstichprobe für das erste Halbjahr 1998, in: Wirtschaft und Statistik, Heft 2/2000, S. 125-137.

Plug, Erik J. S. / Peter Krause / Bernard M. S. Van Praag / Gert G. Wagner (1997): Measurement of Poverty – Examplified by the German Case, in : Notburga Ott / Gert G. Wagner (Hrsg), Income Inequality and Poverty in Eastern and Western Europe, Heidelberg, S. 69-89.

Sachverständigenrat zur Begutachtung der gesamtwirtschaftlichen Entwicklung (1998): Jahresgutachten 1998/99. Bundestagsdrucksache 14/73, Bonn.

Schäfer, Claus (1999): Umverteilung ist die Zukunftsaufgabe – Zur Verteilungsentwicklung 1998 und den Vorjahren, in: WSI-Mitteilungen, Heft 11, S. 733-751.

Schäfer, Claus (2000): Privater Reichtum um den Preis öffentlicher und privater Armut? – Die Verteilungsentwicklung in 1999 und den Vorjahren, in: WSI-Mitteilungen, Heft 11, S. 744-764.

Schlomann, Heinrich (1992): Vermögensverteilung und private Altersvorsorge, Frankfurt/M., New York.

Schlomann, Heinrich / Jürgen Faik (1997): Die Entwicklung der Vermögensverteilung in Deutschland, in: Ernst-Ulrich Huster (Hrsg.), Reichtum in Deutschland. Die Gewinner in der sozialen Polarisierung, Frankfurt/M., New York, S. 89-126.

Schöffel, Roland (1997): Vermögen und seine Besteuerung 1993, in: Wirtschaft und Statistik, Heft 7/1997, S. 497-503.

Schüssler, Reinhard / Oliver Lang, Hermann Buslei (2000): Wohlstandsverteilung in Deutschland 1978 – 1993. Edition der Hans-Böckler-Stiftung 34, Düsseldorf.

Statistisches Bundesamt (1999): Fachserie 14, Finanzen und Steuern, Reihe 7.4, Vermögensteuer, Hauptveranlagung 1995, Stuttgart.

Thiele, Silke (1998): Das Vermögen privater Haushalte und dessen Einfluss auf die soziale Lage. Studien zur Haushaltsökonomie, Bd. 17, Frankfurt/M.

Weick, Stefan (2000): Wer zählt zu den „Reichen" in Deutschland? In: Informationsdienst Soziale Indikatoren, Ausgabe 24 (ISI 24), S. 1-4.

Zwick, Markus (1998): Einzeldatenmaterial in Stichproben innerhalb der Steuerstatistiken, in: Wirtschaft und Statistik, Heft 7/1998, S. 566-573.

Diskussionsforum: Stärken, Reichweite, und Defizite zentraler Paradigmen der Elitenforschung

Einführende Bemerkungen

Die konzeptionellen Grundlagen sozialwissenschaftlicher Elitenforschung waren und sind bis heute hochgradig umstritten. Es existieren sehr unterschiedliche Paradigmen zur Beschreibung und Erklärung mit heterogenen wissenschaftshistorischen Wurzeln. Die einzelnen Ansätze werden unter anderem in Bezug auf inhaltliche Aussagen, Erkenntniswert, methodisches Vorgehen und politische Implikationen kontrovers diskutiert.

Die Debatten beginnen bereits bei der angemessenen begrifflichen Fassung des zu beschreibenden Phänomens: Eliten, Oberschichten oder Herrschende Klasse? Offene Machtorganisation oder geschlossener Herrschaftsverband? Homogene organisatorische Einheit oder mehr oder minder stark segregierte Teil- bzw. Bereichseliten?

Im folgenden werden fünf zentrale Zugänge zur Elitenforschung auf ihre Reichweite, Stärken und Schwächen hin befragt. Im Einzelnen geht es dabei um einen an *Bourdieu* orientierten gesellschaftstheoretischen Ansatz, den *pluralistischen Ansatz* der Elitenforschung, den *Ungleichheitsansatz* zur Erfassung von Eliten, den Zugang der *Kritischen Theorie* sowie einen im engeren Sinne *milieutheoretischen Ansatz*.

Die fünf Autorinnen und Autoren des folgenden Diskussionsforums gelten als ausgewiesene Vertreter jeweils einer dieser Konzeptionen. Ihnen war die Aufgabe gestellt,

- erstens die je spezifische Fassung des Elitenproblems in ihrem Ansatz mitsamt der theoretischen Bezüge und historischen Grundlagen knapp darzustellen,
- zweitens die zentralen Charakteristika und Besonderheiten des Ansatzes in Bezug auf die Eliten zu erläutern,
- drittens auf die Reichweite ihres Ansatzes gerade auch in kritischer Auseinandersetzung mit konkurrierenden Paradigmen der Elitenforschung einzugehen,
- viertens die Stärken des jeweiligen Ansatzes hinsichtlich möglicher Erkenntnisgewinne herauszustellen,

– fünftens aber auch die Schwachpunkte, möglichen Defizite und blinden Flecke ihres Ansatzes zu reflektieren.

Auf der Mainzer Sektionstagung, auf die dieser Band insgesamt zurückgeht, wurden die einzelnen Statements im Rahmen einer Podiumsdiskussion gehalten. Für die Drucklegung wurden die Beiträge gründlich überarbeitet, ohne ihren ursprünglichen Charakter als Diskussionsanstöße jedoch zur Gänze zu verlieren.

Die Spitzen der Gesellschaft und die modernen Formen der Herrschaft

Beate Krais

1. Eine Kritik am Elitenbegriff

Ausgangspunkt meiner Überlegungen ist eine Kritik am Elitenbegriff, der in der öffentlichen Diskussion gegenwärtig am gebräuchlichsten ist, wenn es um die „Spitzen der Gesellschaft" geht. Er ist in meinen Augen ungeeignet für die soziologische Analyse, auch wenn wichtige Arbeiten mit diesem Begriff operieren, so etwa die Untersuchung von C. W. Mills zur *power elite* der USA (1956) oder die umfangreiche Studie von Bürklin u.a. zu Eliten in der Bundesrepublik (1997). Die problematischen Aspekte dieses Konzepts habe ich andernorts im einzelnen erläutert (vgl. Krais 2000, 2001 und in diesem Band); ich will nur den zentralen Punkt meiner Kritik kurz resümieren: Das Elitenkonzept blendet den gesellschaftlichen Zusammenhang aus, in dem eine Betrachtung der Spitzen der Gesellschaft erst von Interesse sein könnte. In den Horizont der Analyse geraten nur Positionen und Personen bzw. Personengruppen, die – nach welchen Kriterien auch immer – zu einer „Elite" gehören. Es ist kein Zufall, dass die große Mehrheit der Bevölkerung nur als Restkategorie auftaucht, als undifferenzierte, amorphe „Masse". Die Beziehungen zwischen „Eliten" und dem Rest der Bevölkerung bleiben im Dunkeln; es ist wie in Hölderlins Gedicht: Die Götter wandeln „droben im Licht / auf weichem Boden, selige Genien!", während für uns unten gilt:„es schwinden, es fallen /die leidenden Menschen / blindlings von einer / Stunde zur andern, / wie Wasser von Klippe / zu Klippe geworfen, / jahrlang ins Ungewisse hinab."

Dass einige droben im Licht wandeln, dass es also einigen wenigen besser geht als den vielen anderen, kann jedoch kein Problem sein, das die Mühen und Kosten einer soziologischen Untersuchung wert wäre, auch wenn man vielleicht als Ergebnis einer solchen Untersuchung einige praktische Hinweise zum Thema „Wie werde ich reich und glücklich" geben und damit möglicherweise selbst reich und glücklich werden könnte. Ein Problem für die soziologische Analyse können die, die droben im Licht wandeln, nur sein, wenn ihre Lebensverhältnisse etwas mit den Lebensverhältnissen derer zu tun haben, die im Dunkeln bleiben, wenn also der Reichtum der einen etwas mit der Armut der anderen, wenn Macht und Einfluss der einen mit dem Sich-Fügen in die Verhältnisse, dem Sich-Ducken und Sich-Durchschlagen der anderen etwas zu tun haben. Mit der Verweigerung einer relationalen Betrachtung, mit der Ausblendung des gesellschaftlichen Reproduktionszusammenhangs bleibt das Elitenkonzept blind für Prozesse der Strukturierung sozialer Ungleichheit, oder, um es schärfer zu formulieren, es *macht* blind für Phänomene von Herrschaft und Unterdrückung.

Es geht also zunächst darum, eine theoretisch fundierte Vorstellung, und sei es in Form einer groben Skizze, von Gesellschaft als einem Funktions- und Reproduktionszusammenhang zu entwickeln, in dem die „Eliten" ebenso wie die „breite Masse" ihren sozialen Ort haben und zueinander in Beziehung stehen. Zu den bis heute grundlegenden theoretischen Entwürfen eines solchen Funktionszusammenhangs gehört die Marxsche Vorstellung vom materiellen Reproduktionsprozess der Gesellschaft, die beansprucht, zugleich „den Menschen selbst in seinen gesellschaftlichen Beziehungen" zu beschreiben. An den Anfang meiner Überlegungen setze ich daher diese Vorstellung vom gesellschaftlichen Reproduktionsprozess, um auszuloten, wie weit man damit kommt und an welchen Punkten man das theoretische Instrumentarium erweitern und modifizieren muss. Dabei wird sich zeigen, dass der analytische Blick durch Rückgriff auf Bourdieus Theorie der sozialen Welt entscheidend erweitert und geschärft wird.

2. Marx: Der gesellschaftliche Reproduktionsprozess und die herrschende Klasse

Die „gesellschaftlichen Beziehungen", in denen die Menschen in der modernen, von der kapitalistischen Produktionsweise geprägten Gesellschaft stehen, charakterisiert Marx als die einer Klassengesellschaft; und was wir umgangssprachlich als die „Spitzen der Gesellschaft" bezeichnen, ist bei ihm die herrschende Klasse. Diese ist zwar nach Marx' Verständnis in sich differenziert, sie ist jedoch anhand des Kriteriums der Stellung im gesellschaftlichen Reproduktionsprozess eindeutig identifizierbar: Es handelt sich um die Bourgeoisie, um die Kapitaleigner. Die Bourgeoisie steht zur Klasse der lohnabhängigen Mehrheit der Bevölkerung nicht nur in einem antagonistischen, sondern auch in einem komplementären Verhältnis: Ohne die lohnabhängige, produktive und daher auszubeutende Klasse gibt es auch keinen Mehrwert, den sich das Bürgertum zum eigenen Nutzen aneignen kann. Schon seit langem besteht diese Klasse keineswegs nur aus den Arbeiterinnen und Arbeitern der industriellen Produktion, sondern bezieht weite Bereiche hoch qualifizierter und hoch dotierter *white collar*-Beschäftigter mit ein. Gleichwohl bleibt mit dieser Konzeption einer an die Grundstruktur des Wirtschaftsprozesses gebundenen Klassengliederung die Idee des institutionalisierten gesellschaftlichen Konflikts, der ständigen Auseinandersetzung um die Aneignung und Verwendung des gesellschaftlich produzierten Reichtums, erhalten. Und man muss kein Marxist sein, um zu sehen, dass der Antagonismus von Arbeit und Kapital in unserer Gesellschaft nach wie vor zu den zentralen Konfliktlinien gehört.

Marx geht weiterhin davon aus, dass Herrschaft in der bürgerlichen Gesellschaft ein arbeitsteiliges Geschäft ist: Die Bourgeoisie bedarf zur Aufrechterhaltung der bürgerlichen Ordnung einer modernen „Staatsmaschinerie“ und ebenso der „Großwürdenträger der Universität, der Kirche, des Barreaus, der Akademie und der Presse“. Wenn man Marx’ polemische Formulierungen aus den Frankreich-Schriften überträgt in modernes Soziologen-Deutsch, dann sind mit der Bourgeoisie die Spitzen der Gesellschaft keineswegs erschöpfend beschrieben, vielmehr sind in die Untersuchung der Staat und die „politische Klasse“, d.h. die entwickelte und relativ autonome Sphäre des Politischen, mit einzubeziehen, aber auch der ausdifferenzierte, komplexe kulturelle Sektor der modernen Gesellschaft.

Die historischen Veränderungen gegenüber den Verhältnissen, die Marx im Auge hatte – die wechselvolle politische und gesellschaftliche Entwicklung Frankreichs im 19. Jahrhundert – sind nun allerdings unübersehbar: In den modernen westlichen Demokratien lassen sich heute weder die Sphäre des Politischen noch der kulturelle Sektor umstandslos als die „Tribüne und die Presse der Bourgeoisie“ begreifen. Vor die Beantwortung der Frage, wer denn nun die Spitzen der Gesellschaft sind, die wir jetzt als die herrschenden Klassen identifiziert haben, und über welche gesellschaftlichen Prozesse sich diese herausbilden, schiebt sich damit eine andere Frage: Wie funktioniert die Aufrechterhaltung der bürgerlichen Ordnung, mit dem Privateigentum an den Produktionsmitteln als ihrem harten Kern, unter den Bedingungen moderner, demokratisch verfasster und hoch differenzierter Gesellschaften? Und welche sozialen Positionen, welche Personen sind damit befasst?

3. Bourdieu: Die symbolischen Dimensionen der Herrschaft

Mit diesen Fragen hat sich von den zeitgenössischen Soziologen kaum einer so intensiv beschäftigt wie Pierre Bourdieu. Im Hinblick auf die hier interessierende Thematik der herrschenden Klassen sind die drei theoretischen Konzepte wichtig, für die Bourdieu vor allem steht: der soziale Raum, der Habitus und das soziale Feld.

Soziale Felder sind Kräftefelder, die geprägt sind von der Konkurrenz unter den Akteuren, die in ihrem Feld um Macht und Einfluss und damit zugleich um Anerkennung ihrer Person wie ihrer Position kämpfen. Mit diesem Konzept trägt Bourdieu der arbeitsteiligen Organisation moderner Gesellschaften Rechnung, die eine Beziehung der relativen Autonomie der verschiedenen ausdifferenzierten Sektoren impliziert. Diese spezifische Vorstellung von der relativen Autonomie der verschiedenen Sektoren gesellschaftlicher Arbeit ist von besonderer Bedeutung für die kulturelle Produktion; Bourdieu hat das Konzept des sozialen Feldes denn auch zunächst für diese entwickelt, bevor er es für die Bereiche der Ökonomie und der Politik verwandte. Damit lässt sich die kulturelle Produktion als etwas Soziales begreifen, ohne dieses Soziale an der Kultur auf den bloßen Einfluss von Macht und Geld zu reduzieren.

Im Zentrum der Überlegungen zum *sozialen Raum* steht die Beziehung zwischen Klassenlage, Lebensstil und Habitus. Die Unterschiede in der Klassenlage, in Bourdieus Formulierung: die Distanzen zwischen den Positionen im sozialen Raum, schlagen sich in Unterschieden der Lebensführung nieder, d.h. in Unterschieden des Geschmacks, der Sichtweisen der sozialen Welt und vor allem in einer sozialen Praxis, die Unterscheidungen (*distinctions*) vornimmt, Unterschiede bewertet und ihnen damit erst ihren sozialen Sinn gibt.

Die Vermittlung zwischen Klassenlage und Lebensführung leistet der *Habitus*, ein generativer, im Individuum inkorporierter Operator: Der Habitus bringt von der Klassenlage bestimmte Praxen der Lebensführung hervor. Damit schiebt sich, vermittelt über den Habitus, die Kultur mit ihren symbolischen Ordnungen, mit ihren Klassifikationen und Unterscheidungsprinzipien, Bewertungs- und Denkschemata zwischen die Klassenlage und die soziale Praxis des Individuums. Der Habitus ist aber auch ein sozialer Operator, der den Körper „nutzt". Er ist ein Konstrukt, das etwas soziologisch fassbar macht, was der soziologischen Analyse bislang entging: dass das Soziale in der körperlichen Interaktion wahrnehmbar, erfahrbar wird, nämlich mit den Sinnen (vgl. dazu Gebauer/Wulf 1998). Wir nehmen die sozialen Unterschiede, die kleineren und größeren Zeichen der Klassenzugehörigkeit, mit unseren Sinnen wahr, wir sehen, riechen, hören, tasten, schmecken sie.

Im Hinblick auf die hier interessierende Thematik der herrschenden Klassen scheinen mir vor allem zwei Aspekte dieses Zusammenhangs von Klassenlage, Lebensstil und Habitus wichtig: Erstens die Bedeutung symbolischer Herrschaft und damit der Felder kultureller Produktion in der modernen Gesellschaft und zweitens die sinnliche Wahrnehmung des Sozialen über die körperliche Dimension des Habitus und die Rolle der *celebrities*.

In Bezug auf den ersten Punkt, sieht Bourdieu in dem, was er *symbolische Gewalt* nennt, den wirksamsten und mächtigsten Modus der Ausübung von Herrschaft in der modernen Gesellschaft. Er bezeichnet die symbolische Gewalt auch als „sanfte" Gewalt, denn es ist eine Gewalt, die als solche nicht erkannt wird; sie ist ein subtiler, unsichtbarer, wie mit dem Weichzeichner geschönter Modus der Herrschaftsausübung, eine verdeckte Form der Gewalt. Sie ist nichts anderes als die Realisierung einer Sicht der Welt oder einer sozialen Ordnung, die zugleich im Habitus der Herrschenden wie der Beherrschten verankert ist. Damit geraten jene sozialen Felder ins Blickfeld, in denen die symbolischen Ordnungen, die Sichtweisen der Welt mit ihren Klassifikationen und spezifischen Erwartungshorizonten ausgearbeitet, in Worte gefasst, in Bilder umgesetzt, variiert, geordnet, kritisiert und bestritten werden: die Felder der kulturellen Produktion.

Wenn man im 19. Jahrhundert mit der Kirche und mit der Schule schon die wesentlichen Hüter der symbolischen Ordnungen benannt hatte, die das Weltverständnis, die Moralvorstellungen und den sozialen Erwartungshorizont in breiten Bevölkerungsschichten prägten, so hat sich im 20. Jahrhundert der Bereich der Kultur enorm erweitert und ausdifferenziert. Will man wissen, wie diese „sanfte" Gewalt funktioniert, die über Bilder, Musik, Mythen, Diskurse in das Denken, Urteilen und Empfinden der Menschen eingreift, muss man sich den Feldern der kulturellen Produktion zuwenden; man muss beispielsweise, wie Bourdieu dies für die neoliberale Weltvorstellung forderte, untersuchen, wie sie erzeugt und als selbstverständlich durchgesetzt werden konnte (vgl. Bourdieu 1998). So erschließen sich wesentliche Aspekte von Herrschaft in der modernen Gesellschaft erst, wenn man die Felder der kulturellen Produktion mit einbezieht – ebenso wie übrigens auch den politischen Raum, auf den ich an dieser Stelle nicht weiter eingehen will.

Was bedeutet jedoch dieser Blick auf die Strukturen und Beziehungen innerhalb eines bestimmten Feldes kultureller Produktion für unsere auf die Sozialstruktur gerichtete Frage nach den Spitzen der Gesellschaft? Zunächst einmal wird man nicht mehr von *der* herrschenden Klasse, sondern mit Bourdieu von *den* herrschenden Klassen im Plural bzw. von verschiedenen Fraktionen der herrschenden Klasse sprechen müssen: Auch in den Feldern der kulturellen Produktion findet sich zu jedem Zeitpunkt eine differenzierte Konfiguration von dominierenden und weniger relevanten Positionen, von Personen im Zentrum der Macht, von solchen, die den Zugang zu einflussreichen Positionen und zu Geldströmen kontrollieren, und anderen, die mit den Mächtigen mitlaufen, eine Gegenposition verfechten oder eher am Rande stehen. Nicht zuletzt interessieren dabei ökonomische Verflechtungen und Abhängigkeiten, politische Verbindungen und Einflussnahmen. Zur Bourgeoisie im engeren Sinn zählen dann in den Feldern der kulturellen Produktion die Kultur-Unternehmer an der Spitze der Verlage, der Filmstudios, der Musikproduktion usw. Davon zu unterscheiden wäre eine andere Fraktion der kulturell herrschenden Klasse in formell lohnabhängiger oder auch freiberuflicher Position, also vor allem die „Großwürdenträger" der öffentlich getragenen Kulturbereiche, die einflussreichen Produzenten und Vermittler von Kultur in den verschiedenen Sektoren.

In Bezug auf den zweiten Punkt ist zu sagen, dass symbolische Ordnungen, im Sinne von herrschenden Modellen der Lebensführung, gültigen Handlungsmustern und Werten zunächst und vor allem in der unmittelbaren Interaktion verbreitet, bestärkt, variiert werden, dann aber auch über Predigten, moralische Traktate, Bilder (z.B. in der Werbung), d.h. über Kommunikationsmedien der unterschiedlichsten Art. Ein weiterer Vermittlungsmodus ist die medial vermittelte Interaktion mit Personen im öffentlichen Raum – Norbert Elias (1989) hat darauf in seinen Untersuchungen über die „gute Gesellschaft" des deutschen Kaiserreichs aufmerksam gemacht, als er die Rolle der Hofberichterstattung für die Gestaltung des Lebensstils der „guten Gesellschaft" hervorhob. In seiner Untersuchung über die *power elite* der USA geht C.W. Mills auf die *celebrities* ein, die im Rampenlicht stehende Prominenz aus Sport, Entertainment, Fernsehen und gesellschaftlichen „Events". Die *celebrities* machen Lebensstile, Haltungen, Werte, Verhaltensweisen, Ideale der körperlichen Präsentation, kurz: einen spezifischen Habitus sichtbar und intuitiv erfassbar. Dabei ist die „Sichtbarkeit" im öffentlichen Raum wörtlich zu nehmen: Im Unterschied etwa zur Hofberichterstattung in den Gazetten des 19. Jahrhunderts beschreiben die modernen Medien die Spitzen der Gesellschaft nicht nur mit Worten, sie liefern uns vielmehr Bilder, Fotos, Fernsehaufnahmen, Werbeclips usw. Die Bildlichkeit der modernen Medien eröffnet der öffentlichen Inszenierung und Selbst-Inszenierung der Spitzen der Gesellschaft ungeahnte Möglichkeiten. Die *celebrities* haben dabei in dem arbeitsteiligen Geschäft der Durchsetzung der sozialen Ordnung eine besondere Rolle: Sie erlauben es jenen Angehörigen der herrschenden Klasse, die auf Diskretion Wert legen, ihre persönlichen Lebensverhältnisse gegenüber der Öffentlichkeit abzuschotten. Ihre Existenz macht es aber auch möglich, bestimmte einzelne Aspekte besonders zu betonen; so werden Ideale weiblicher Schönheit durch Filmstars oder Models verkörpert, besondere Ausprägungen von Tüchtigkeit und Leistung beispielsweise durch Spitzensportler. Gerade in der differenzierten modernen Gesellschaft mit ihren divergierenden Lebenswelten ist diese praktizierte, gelebte Form der Vermittlung von Werten, Wünschen und Idealen durch das „charakteristische Sosein“ der Personen, die im Rampenlicht stehen, ein zentraler Aspekt der Reproduktion und Modifikation der sozialen Ordnung.

4. Reichweite und problematische Punkte des skizzierten analytischen Zugangs

Wenn man einmal betrachtet, wer gegenwärtig als „Elite“ gehandelt wird, so erhält man eine recht heterogene Ansammlung von Personen: Die Vorstandsvorsitzenden der Deutschen Bank und anderer großer Unternehmen werden ebenso dazu gerechnet wie Vorsitzende von Gewerkschaften, politischen Parteien, der Bundeskanzler und sein Kabinett, schnelle Schwimmerinnen und Rennfahrer, Nobelpreisträger der Physik und anderer Wissenschaften, Stardirigenten, Super-Models, Bischöfe, korrupte Müll-Unternehmer usw.. Vor dem Elitenkonzept sind diese Personengruppen alle gleich; sie sind alle gleichermaßen „Elite“, jede Gruppe in ihrer Sparte. Es liegt jedoch auf der Hand, dass der gesellschaftliche Einfluss all dieser Personen und Personengruppen sehr unterschiedlich zu bewerten ist. Auf dieses Problem richtet sich das hier vorgetragene Analyse-Konzept. Seine Stärken lassen sich in drei Punkten zusammenfassen:

Zum einen stellt es über den Bezug auf den gesamten gesellschaftlichen Reproduktionsprozess und die darin eingewobenen Herrschaftsbeziehungen einen systematischen Zusammenhang zwischen den Spitzen der Gesellschaft – den „herrschenden Klassen“ – und den anderen Personen und Positionen im sozialen Raum her. Damit wird eine relationale Betrachtungsweise zugrunde gelegt.

Zum zweiten können die Spitzen der Gesellschaft in ihrer Differenziertheit betrachtet werden, nämlich gegliedert nach verschiedenen sozialen Feldern. Damit wird ein Desiderat der Untersuchung moderner Gesellschaften eingelöst: nämlich der Eigendynamik der unterschiedlichen Bereiche Rechnung zu tragen.

Zum dritten wird der Blick auf Kultur, auf die symbolischen Ordnungen und auf symbolische Herrschaft gelenkt. Dies sind zweifellos Phänomene, die in der modernen Gesellschaft von besonderer Bedeutung sind.

Gerade wenn man auf der Bedeutung der kulturellen Dimensionen von Herrschaft insistiert, muss man der Eigendynamik des politischen Raums und der kulturellen Felder Rechnung tragen. Die symbolischen Ordnungen der Moderne sind nicht mehr von einer Spitze her festzusetzen und durchzusetzen – etwa nach dem Modell der „Gleichschaltung", der Reichschrifttumskammern u.ä. des faschistischen Deutschland –, sie sind Gegenstand von Auseinandersetzungen. Die verschiedenen sozialen Formationen, Gruppen und Milieus, die sich in einem differenzierten gesellschaftlichen Reproduktionsprozess mehr oder weniger scharf abgegrenzt konstituieren, bringen in das soziale Mit- und Gegeneinander nicht nur ihre Interessen und Erfahrungen, sondern auch spezifische Sichtweisen, Wünsche und Mythen ein. Die komplexen sozialen Ordnungen differenzierter moderner Gesellschaften und die darauf bezogenen symbolischen Ordnungen sind daher zu jedem Zeitpunkt als Ergebnis sozialer Auseinandersetzungen, sich durchkreuzender, sich überlagernder, gegenseitig beeinflussender Strömungen des Denkens und Handelns einer Vielzahl sozialer Akteure zu begreifen. Die hier vertretene Position ist, soweit ich sehe, die einzige, die diese Dynamik berücksichtigt.

Der analytische Zugang zu den Spitzen der Gesellschaft, wie er hier skizziert wurde, ist zwar durchaus in der Auseinandersetzung mit der Empirie entwickelt worden, bewegt sich jedoch immer noch im Vorfeld einer konkreten empirischen Untersuchung. Wichtige methodische Schritte sind also noch nicht vollzogen, so fehlt z.B. ein klares Kriterium für die Grenzziehung zwischen den herrschenden Klassen und den mittleren Soziallagen. Dies ist allerdings kein spezifisches Problem dieses Ansatzes, sondern eines, das in jeder empirischen Untersuchung gelöst werden muss, gleichgültig, ob man nun mit dem Elitenkonzept, mit einem Schichtungsansatz oder mit einer Klassengliederung arbeitet. Allerdings gibt Bourdieus Vorstellung vom sozialen Raum mit seinen klassenspezifischen Lebensstilen und der sozialen Praxis der Distinktion hierbei wichtige Hilfen. Auch die Frage nach Konnubium und Kommensalität, d.h. die Frage danach, wie die Verkehrskreise und die Heiratsbeziehungen der verschiedenen Klassen an der Spitze aussehen, d.h. wer mit wem gewöhnlich zu Tisch sitzt, sich in Clubs und „Gesprächskreisen" trifft, wer sich wem verpflichtet fühlt usw., ist in diesem Zusammenhang zu stellen. Ob, wie es C.W. Mills für die USA der fünfziger Jahre des

20. Jahrhunderts beschrieben hat, die verschiedenen Klassen an der Spitze sich zu einer *power elite* zusammengefügt haben, ist für die gesellschaftliche und politische Entwicklung eines Landes durchaus bedeutsam. Auch dies ist jedoch eine Frage, die nur eine empirische Untersuchung beantworten kann.

Befremdlich erscheint nun gerade dann, wenn man den Aspekt der ständigen Auseinandersetzung um die soziale Ordnung und damit die Möglichkeit der Veränderung in den Kräftekonstellationen so betont, wie es mit den Konzepten von der Klassengesellschaft, vom sozialen Raum und von den verschiedenen sozialen Feldern geschieht, die Rede von den „herrschenden Klassen". Das gilt insbesondere für die Bereiche der Politik und der Kultur, die ja ihre eigene Dynamik erst auf der Basis einer relativen Autonomie entfalten können. Die Frage, ob denn z.B. eine aufgrund ihrer kritischen und fundierten Berichterstattung angesehene, einflussreiche und hoch bezahlte Fernsehjournalistin, ein in der Kunst-Szene hoch gehandelter Video-Künstler oder ein Soziologieprofessor wie Bourdieu zur herrschenden Klasse gehören, wird durchaus zu Recht gestellt. Dazu ist zunächst zu sagen, mit der Zuordnung zu einer herrschenden Klasse kein moralisches Problem aufgeworfen, sondern eine sozialstrukturelle Verortung vorgenommen wird. Zum andern aber lässt sich diese Frage nur empirisch beantworten: Gibt es jemanden, der die kritische Fernsehjournalistin entlassen kann, wenn sie allzu sehr von der „herrschenden Meinung" abweicht – z.B. in ihrer Interpretation der Geschehnisse vom 11. September 2001? Oder: Wie stark sind beispielsweise die von Bourdieu, einem Soziologen von internationalem, mit einer Position am Collège de France auch institutionell getragenen Renommee, entwickelten soziologischen Positionen im soziologischen Feld?

Bourdieu sieht die kulturelle Fraktion der herschenden Klasse nicht als gleichrangig mit der Klasse der Eigentümer ökonomischen Kapitals an, er bezeichnet sie als eine *fraction dominée* der *classe dominante.* Die Formulierung von der „kulturell herrschenden Klasse" verweist allerdings darauf, dass die kulturelle Produktion, auch die einer pluralistisch differenzierten, demokratisch verfassten Gesellschaft, nicht „unschuldig" ist, sondern einbezogen in die sozialen Auseinandersetzungen. Sie verweist damit auch auf einen Punkt, der Bourdieu immer wichtig war: die Verantwortung der Intellektuellen für Aufklärung, für das Vordringen der Vernunft in der Gesellschaft.

Literatur

Bourdieu, Pierre (1989): Der Mythos „Globalisierung" und der europäische Sozialstaat. In Pierrre Bourdieu, Gegenfeuer. Wortmeldungen im Dienste des Widerstands gegen die neoliberale Invasion. Konstanz.

Bürklin, Wilhelm / Hilke Rebenstorf u.a. (1997): Eliten in Deutschland. Rekrutierung und Integration. Opladen.

Elias, Norbert (1989): Studien über die Deutschen: Machtkämpfe und Habitusentwicklung im 19. und 20. Jahrhundert. Frankfurt a. M.

Gebauer, Gunter / Christoph Wulf (1998): Spiel – Ritual – Geste. Das Mimetische in der sozialen Welt. Reinbek.

Krais, Beate (2000): Die Wissenschaftselite, in: Kursbuch 139. S. 137-146.

Krais, Beate (2001): Die Spitzen der Gesellschaft. Theoretische Überlegungen. In Beate Krais (Hrsg.), An der Spitze. Von Eliten und herrschenden Klassen. Konstanz.

Mills, C. Wright (1956): The Power Elite. Oxford/London/New York.

Das pluralistische Paradigma der Elitenforschung

Ursula Hoffmann-Lange

1. Gesellschaftliche und politische Voraussetzungen des Elitenpluralismus

Das pluralistische Paradigma der Eliteforschung basiert auf der Annahme, dass gesellschaftliche Modernisierung eine Ausdifferenzierung unterschiedlicher gesellschaftlicher Sektoren und damit auch verschiedener sektoraler Eliten mit sich bringt, die über ein hohes Maß an Autonomie bei der Personalrekrutierung und der Verfolgung ihrer Organisationsinteressen verfügen. Diese Theorie setzt sich bewusst von den klassischen Elitetheorien Paretos und Moscas ab. Deren primäres Anliegen hatte im Nachweis der Universalität sozialer und politischer Ungleichheit gelegen, was die Annahme einer Elite-Masse-Dichotomie und gleichzeitig die Existenz einer kohäsiven Elite impliziert. Zwar schlossen Pareto und Mosca Konflikte zwischen rivalisierenden Eliten nicht aus. Pareto hielt solche Konflikte sogar für ein wesentliches Ferment gesellschaftlichen Wandels. Auch Mosca konzedierte ein gewisses Maß an Heterogenität der herrschenden Klasse, schrieb ihr aber eine inhärente Tendenz zur sozialen Kohäsion und zur Interessenhomogenität zu, die sich aus ihrem Minderheitenstatus und dem daraus resultierenden Organisationsvorsprung ergibt. Für beide Klassiker sind Differenzierungen innerhalb der Elite jedoch auf innerelitäre Machtkonflikte beschränkt, die als weitgehend unabhängig von der Gesellschaftsstruktur verstanden werden.

Anders als die klassischen Elitetheorien, die zu Beginn des 20. Jahrhunderts entwickelt wurden, stammt die Theorie des Elitenpluralismus aus den fünfziger Jahren des 20. Jahrhunderts. Sie ist eng mit den Namen von Raymond Aron (1950), Robert Dahl (1971) und Suzanne Keller (1991, Erstausgabe 1963) verbunden und versuchte, der gegenüber dem ausgehenden 19. Jahrhundert gewandelten gesellschaftlichen Realität in den entwickelten demokratischen Industriegesellschaften Rechnung zu tragen.

Suzanne Keller führte die Entwicklung von einer homogenen Elite zum Pluralismus *strategischer Eliten* auf vier gesellschaftliche Differenzierungsprozesse zurück: Bevölkerungswachstum, gesellschaftliche Arbeitsteilung, die Herausbildung gesellschaftlicher Großorganisationen sowie die Pluralisierung der Werte (*growth of moral diversity*). Während sie sich auf die Analyse der gesellschaftlichen Voraussetzungen und Konsequenzen einer pluralistischen Elitestruktur beschränkte, ging es Aron in erster Linie um den Zusammenhang zwischen Elitestruktur und politischer Ordnung. Er hielt Elitenpluralismus für ein zentrales Merkmal von Demokratien und kontrastierte diese mit totalitären Systemen, denen er eine monistische Elitestruktur zuschrieb. Modernisierung ist für Aron daher nur eine notwendige, nicht aber hinreichende Bedingung für Elitenpluralismus.

Dahl schließlich entwickelte eine empirisch fundierte Theorie der *Polyarchie* als der für demokratische Gesellschaften charakteristischen Elitestruktur, die durch Machtbegrenzung und Elitenpluralismus gekennzeichnet ist. Seine Theorie weist eine enge Verwandtschaft mit Schumpeters Theorie der Demokratie als Wettbewerb um politische Herrschaftspositionen auf (1993; Erstausgabe: 1942), die selbst wiederum auf der klassischen Theorie von der freiheitssichernden Rolle der Gewaltenteilung basiert. Bei allen drei Theoretikern ist die Annahme des Elitenpluralismus eng mit der Annahme verbunden, dass die verschiedenen Elitegruppen die Heterogenität der gesellschaftlichen Interessen einer differenzierten Gesellschaft repräsentieren und Konflikte zwischen ihnen dementsprechend die Konflikte zwischen verschiedenen gesellschaftlichen Gruppen widerspiegeln.

2. Definition sektoraler Eliten: Elitenpluralismus impliziert die Differenzierung von Machtressourcen

Leider sind die Ausführungen der genannten Theoretiker im Hinblick auf die Frage, welches denn die konstitutiven Gruppen sind, aus denen sich eine pluralistische Elite zusammensetzt, relativ vage. Keller rekurrierte dabei auf das Parsonsche AGIL-Schema. Sie unterschied eine große Zahl von Elitegruppen, die sie jeweils einer der vier Grundfunktionen des AGIL-Schemas zuordnete (1991: 96ff.):

- Politik (G)
- Wirtschaft, Militär, Diplomatie, Wissenschaft (A)
- Kirche, Philosophie, Bildung, ‚*first families*' (I)
- intellektuelle Elite, Journalisten, Künstler, Stars, Sportler (L)

Die abstrakte Natur des AGIL-Schemas impliziert allerdings ein hohes Maß an Beliebigkeit bei der Bestimmung der relevanten Elitegruppen, und so ist die Ableitung dieser Liste theoretisch nicht stringent.[1] Dementsprechend finden sich bei anderen Autoren abweichende sektorale Unterteilungen (vgl. Zapf 1965: 36).

Aron gab sich gar nicht erst die Mühe, seine Liste der wichtigsten sektoralen Eliten theoretisch zu begründen. Er unterschied die folgenden fünf Bereiche:

- Politik (*political leaders*)
- öffentliche Verwaltung (*government administrators*)
- Wirtschaft (*economic directors*)
- freiwillige Vereinigungen (*leaders of the masses*)
- Militär (*military chiefs*)

Diese Unterteilung ist noch stark an der Struktur der kontinentaleuropäischen Gesellschaften im Zeitalter der Industrialisierung orientiert, als Verwaltung und Militär der Kontrolle der Monarchen unterstanden, während sich andererseits bereits ein eigenständiger politischer Sektor mit Parteien und Parlamenten ausdifferenziert hatte.

Für entwickelte demokratische Gesellschaften ist die Elitenklassifikation Arons zweifellos nicht mehr sinnvoll. Das Militär ist heute nur noch eingeschränkt als bedeutsamer Sektor zu betrachten, während andererseits Medien, Justiz und Wissenschaft eine wesentlich wichtigere Rolle spielen. Die öffentliche Verwaltung ist allerdings weiterhin als eigenständiger gesellschaftlicher Sektor von Bedeutung, auch wenn sie formal der Kontrolle durch die politische Elite untersteht. Denn einmal gelten hier andere Kriterien für den Aufstieg in Spitzenpositionen als in der Politik. Zum anderen handelt es sich dabei auch um einen quantitativ umfangreichen gesellschaftlichen Sektor, der schon aufgrund der Fachqualifikation seiner Beschäftigten und seines Personalumfangs nur bedingt von außen kontrollierbar ist.

Die empirische Eliteforschung geht bei der Bestimmung der relevanten Elitesektoren meist pragmatisch vor. Auf eine theoretisch fundierte Klassifikation relevanter Sektoren wird weitgehend verzichtet. Bestenfalls erfolgt der Verweis auf die unterschiedlichen gesellschaftlichen Funktionen der berück-

1 Im Vorwort zum Neudruck ihres Buches geht Keller auf die von verschiedenen Rezensenten gerügte Beliebigkeit ihrer Liste ein und konzediert, dass diese Kritik berechtigt ist. Dem hält sie jedoch entgegen, dass das AGIL-Schema zumindest einen Ansatzpunkt für eine theoretisch begründete Ableitung liefert: "The Parsonian framework permitted me, provisionally at least, to locate elites in a distinctive sociocultural space and to begin to speculate about their proliferation around core problems of system continuity and survival." (1991: xiv)

sichtigten Sektoren sowie den unterschiedlichen Charakter ihrer Machtressourcen. In der Regel werden die folgenden Sektoren unterschieden:

- Politik: Gesetzgebungskompetenz und Kontrolle über die nachgeordneten Bereiche der Verwaltung und des Militärs
- Verwaltung, Justiz: Vorbereitung und Implementation politischer Entscheidungen
- Wirtschaft: Kontrolle über Kapital
- Verbände, soziale Bewegungen: Repräsentation gesellschaftlicher Interessen
- Medien: Informationsfunktion
- Wissenschaft: Expertenwissen
- Kultureliten: ‚expressive' Funktion[2]

Dabei orientiert sich die Auswahl in erster Linie am perzipierten Einfluss dieser Sektoren auf den politischen Willensbildungsprozess. Insofern berücksichtigen empirische Elitestudien zwar einerseits ein breites Spektrum von Eliten, blenden aber andererseits politisch weniger bedeutsame Sektoren aus.

In den meisten empirischen Elitestudien – jedenfalls solchen, die Eliten auf gesamtgesellschaftlicher Ebene untersuchen – wird für die Identifikation von Eliten die sog. *Positionsmethode* verwendet. Diese impliziert ein mehrstufiges Verfahren. Ausgehend von einer Liste relevanter Sektoren erfolgt in einem zweiten Schritt pro Sektor die Auswahl der Organisationen nach sektorspezifischen Relevanzkriterien. In einem dritten Schritt werden schließlich innerhalb jeder Organisation die wichtigsten Führungspositionen ausgewählt. Es liegt auf der Hand, dass dieses Vorgehen es zwar ermöglicht, ein Universum wichtiger Elitepositionen zu bestimmen, dass es jedoch nur bedingt Aussagen über hierarchische Beziehungen innerhalb der so definierten Elitenpopulation erlaubt, da eine direkte Vergleichbarkeit der mit den verschiedenen Spitzenpositionen verbundenen Machtressourcen lediglich innerhalb von Organisationen, jedoch nicht über Organisations- und Sektorgrenzen hinweg gegeben ist. Darüber hinaus ist die Abgrenzung der so definierten ‚Elite' nach unten willkürlich.

Hieraus ergibt sich, dass die mittels der Positionsmethode ausgewählten Positionsinhaber in der Analyse gleich gewichtet werden. Dementsprechend beeinflusst die numerische Repräsentation der verschiedenen Sektoren bzw. Organisationen die in Elitestudien gefundenen Randverteilungen, z.B. für die Altersstruktur, die soziale Herkunft oder die politischen Einstellungen der

2 Der Begriff „expressive elites" wurde von Keller eingeführt (1991: xxi).

untersuchten Eliten. Von daher ist es nur bedingt möglich, empirisch begründete Aussagen über ‚die Elite' zu machen. Die Verwendung der Positionsmethode erlaubt vor allem die Deskription eines Kollektivs der Inhaber gesamtgesellschaftlich bedeutsamer Führungspositionen in verschiedenen Sektoren. Dies ist einerseits durchaus konsistent mit der Annahme, dass keine eindeutige und über verschiedene Politikfelder hinweg invariante Hierarchie zwischen prinzipiell als autonom verstandenen Organisationen existiert, berücksichtigt aber andererseits nicht die Möglichkeit etwaiger struktureller Einflussunterschiede zwischen Organisationen. Damit basiert dieser Ansatz letztlich auf der Annahme einer pluralistischen Elitenstruktur, die durch die Methode selbst nicht falsifiziert werden kann. Zwar ist es prinzipiell möglich, durch den Einsatz netzwerkanalytischer Techniken bzw. über Fragen nach Einflussreputation eine Gewichtung nach dem empirisch ermittelten Einfluss der untersuchten Positionsinhaber vorzunehmen. Meist begnügt man sich jedoch mit der vergleichenden Analyse der verschiedenen sektoralen Eliten.

2. Elitenpluralismus impliziert die Notwendigkeit eines Konsenses über Spielregeln kollektiver Entscheidungsfindung

Die Rekrutierung für Elitepositionen erfolgt in pluralistischen Gesellschaften aufgrund sektor- und organisationsspezifisch unterschiedlicher Kriterien. Zwar haben sich inzwischen praktisch überall meritokratische Kriterien für die Elitenrekrutierung durchgesetzt. Diese werden aber von den einzelnen Organisationen autonom bestimmt und orientieren sich am jeweiligen Organisationsziel. Sie sehen bei Delegationseliten, die durch Wahl (auch durch organisationsinterne Wahl) legitimiert werden, anders aus als bei den Karriereeliten in der Verwaltung, und bei diesen wiederum anders als bei den Medieneliten und den Wirtschaftseliten, bei denen eine Erfolgskontrolle anhand messbarer Außenkriterien (Auflagenhöhe, Einschaltquoten, Umsatz) möglich ist.

Während andere Elitetheorien in erster Linie die Frage des Machtgefälles zwischen Elite und Nicht-Elite und damit die Frage nach der *Legitimationsbasis der Elite* bzw. nach der *vertikalen gesellschaftlichen Integration* thematisieren, lenkt die Theorie des Elitenpluralismus den Blick auf eine ganz andere Problematik, nämlich auf die der *Elitenintegration*. Diese betrifft die auf

Elitenebene existierenden Konflikte bzw. die Kooperationsfähigkeit zwischen den *Teileliten* verschiedener Sektoren und Organisationen (*horizontale gesellschaftliche Integration*). Bei einer pluralistischen Elitenstruktur kann nämlich nicht mehr automatisch von einer hohen Kohäsion und Handlungsfähigkeit der Elite ausgegangen werden. Die Arbeitsteilung zwischen verschiedenen Organisationen erfordert vielmehr eine Kooperation zwischen heterogenen und prinzipiell autonomen Elitegruppen. Diese Problematik lässt sich theoretisch nur durch das Postulat eines Wertkonsens' über die Prinzipien kollektiver Entscheidungsfindung lösen. "In one way or another there must be unity of opinion and action on essential points in the élite." (Aron 1966: 78) Ein solch grundlegender, kurzfristige Interessenstandpunkte transzendierender Wertkonsens ist erforderlich, um sicherzustellen, dass trotz der in der Gesellschaft vorhandenen Interessenkonflikte kollektiv bindende Entscheidungen getroffen werden können.

Da andererseits davon ausgegangen werden muss, dass ein hohes Maß an Elitenkonsens über Organisationsgrenzen hinweg die Rückbindung der Eliten an die eigenen Organisationsziele beeinträchtigt, ergibt sich bei Elitenpluralismus ein grundsätzliches Dilemma zwischen der Kooperationsfähigkeit der Eliten einerseits und ihrer Kontrolle durch die Nicht-Eliten andererseits. Auf diese historisch neuartige Problematik hat bereits Suzanne Keller hingewiesen: “To the various social ills that have periodically afflicted the social order a new one has been added: the problem of social cohesion among strategic elites no longer united by ties of blood, social status, and wealth, but by functional interdependence. How to preserve and maintain their unity without stifling their diversity is a serious, and as yet, unsolved, problem.” (Keller 1991: 149)

Eine pluralistische Elitestruktur setzt also einerseits die Anerkennung fundamentaler demokratischer Rechte voraus, zu denen in erster Linie die Akzeptanz der Existenz von Interessendivergenzen und das Recht zur Interessenartikulation gehören, andererseits erfordert sie jedoch, dass die Austragung von Konflikten im Rahmen allgemein akzeptierter Regeln der Entscheidungsfindung erfolgt. Von daher stehen bei den Vertretern des pluralistischen Paradigmas der Eliteforschung Fragen nach dem Verhältnis von Konsens und Konflikt zwischen den Elitegruppen und nach den vorherrschenden Konfliktregelungsmechanismen im Zentrum der Analyse.

3. Reichweite, Stärken und Grenzen des pluralistischen Paradigmas der Elitenforschung

Das pluralistische Paradigma der Eliteforschung verweist auf die differenzierte Natur moderner Gesellschaften, die auch eine Differenzierung der Eliten impliziert. Damit überwindet es die von den elitetheoretischen Klassikern postulierte Elite-Masse-Dichotomie. Es legt den Vergleich der Herkunfts- und Karrieremuster verschiedener Elitegruppen und die Analyse der zwischen ihnen existierenden Konflikte nahe. Sein theoretischer Fokus ist dabei auf die Problematik kollektiver Entscheidungsfindung und die Kooperationsfähigkeit von Eliten gerichtet. Es ist empirisch orientiert und liegt den meisten empirischen Elitestudien zu Grunde. Fragen nach dem Grad der Elitenkohäsion, nach dem Ausmaß der Konflikte auf Elitenebene und nach den vorherrschenden Mechanismen der Konfliktregulierung, die eher konsens- oder eher konfliktdemokratisch sein können (vgl. Lijphart 1999), stehen im Vordergrund der empirischen Analyse, wobei davon ausgegangen wird, dass diese zwischen Gesellschaften variieren und daher vergleichend erforscht werden können.

Die Kehrseite der genannten Vorzüge des Paradigmas ist ebenso offenkundig. Studien, die auf der Positionsmethode der Elitenidentifikation basieren, gehen von der Formalstruktur gesamtgesellschaftlich bedeutsamer Organisationen aus. Damit blenden sie strukturell nicht verfestigte sowie illegale Macht aus. Von daher ist diese Methode letztlich nur in demokratisch verfassten Gesellschaften anwendbar, für die die Annahme einer engen Korrespondenz zwischen formalen und tatsächlichen Machtstrukturen realistisch ist. Zudem eignet sich diese Methode in erster Linie als Basis für eine differenzierte Analyse verschiedener Elitegruppen, ist jedoch zur Aufdeckung von Machtdifferentialen zwischen Organisationen und Personen weniger gut geeignet. Schließlich ist sie wie jede Strukturbeschreibung statisch, d.h. sie erlaubt lediglich die Analyse des Ist-Zustandes und kann keine Hinweise auf Veränderungspotenziale in den Machtverhältnissen zwischen Organisationen geben. Andererseits eröffnet sie aber den einzig gangbaren Weg zur empirischen Erforschung gesellschaftlicher Eliten.

Literatur

Aron, Raymond (1950): Social Structure and the Ruling Class, in: British Journal of Sociology, Jg. 1, S. 1-17, 126-144 (Wiederabdruck in: Lewis A. Coser (Ed.) (1966): Political Sociology, New York, S. 49-100).
Dahl, Robert A. (1971): Polyarchy. Participation and Opposition, New Haven.
Keller, Suzanne (1963): Beyond the Ruling Class. Strategic Elites in Modern Society, New York (Neuausgabe: New Brunswick 1991).
Lijphart, Arend (1999): Patterns of Democracy, New Haven.
Michels, Robert (1970): Zur Soziologie des Parteiwesens in der modernen Demokratie, 2. Aufl., Stuttgart.
Schumpeter, Joseph A. (1993): Kapitalismus, Sozialismus und Demokratie, 7. Aufl., Tübingen.
Zapf, Wolfgang (1965): Wandlungen der deutschen Elite, München.

Der Ungleichheitsansatz in der Elitenforschung

Rainer Geißler

Ich möchte an dieser Stelle die Vorteile des „Schichtungs- und Ungleichheitsansatzes" der Elitenforschung pointiert herauszustellen. Das Konzept, das ich vorstellen will, nenne ich – auch wenn wahrscheinlich nicht alle damit einverstanden sind – den Ungleichheitsansatz der Elitenforschung aus der Perspektive der Schicht- und Klassenanalyse. Ich werde den Ansatz insbesondere am Beispiel von drei prominenten und weithin bekannten „klassischen" Vertretern erläutern: Theodor Geiger, Ralf Dahrendorf und Pierre Bourdieu.

Der Ansatz zeichnet sich zunächst durch *sechs Charakteristika* aus:
Seine erste Besonderheit ist die gesamtgesellschaftliche Perspektive. Der Ungleichheitsansatz versucht, die gesamte Gesellschaft (Bevölkerung) nach Schichten bzw. Klassen zu gliedern. Eliten werden stets in Relation zu anderen Schichten bzw. Klassen betrachtet.

Zweitens geht es in erster Linie um soziale Ungleichheit, um Privilegien und Benachteiligungen – und zwar um Privilegien und Benachteiligungen auf der vertikalen Dimension des sozialen Ungleichheitsgefüge, im Oben und Unten der Gesellschaft. „Eliten" bilden dabei die Spitze dieser Hierarchie. Nicht alle Vertreter des Ungleichheitsansatzes benutzen das Etikett „Eliten". Geiger spricht – je nachdem welche Spitzengruppen er im Auge hat – von „Kapitalisten" oder „kapitalistischer Schicht" (z.B. Geiger 1932: 84) oder von „Intelligenz" (Geiger 1949a), und Bourdieu (1979) benutzt den Begriff der „herrschenden Klasse" („classe dominante").

Drittens geht es stets um den Zusammenhang zwischen drei analytischen Ebenen. In der Sprache Bourdieus sind dies der „soziale Raum", der „Habitus" und die „Lebensstile" („Praxis"). Etwa fünfzig Jahre vor Bourdieu geht Theodor Geiger in seinem Klassiker „Die soziale Schichtung des deutschen Volkes" ganz ähnlich den Zusammenhängen von „sozialer Lage", „Mentalitäten" und „Lebensduktus" nach. Erkenntnisleitend ist dabei die Frage nach den „Distinktionen" bzw. nach der Ungleichheit der Lebenschancen.

Das vierte Charakteristikum – ein besonders wichtiges – ist die Vorstellung von der Mehrdimensionalität der „objektiven" Struktur (der „Ressourcenstruktur"). Die drei zentralen Dimensionen sind ökonomische Ressourcen (Kapitalbesitz, Reichtum bzw. ökonomisches Kapital); kulturelle Ressourcen

(Bildung bzw. kulturelles Kapital); politische Ressourcen (Macht bzw. politisches Kapital). Bourdieu fügt eine vierte zentrale Dimension hinzu: die Netzwerke von Beziehungen bzw. soziales Kapital.

Eine fünfte Besonderheit ist seine dynamische Perspektive („Mobilitätsperspektive"). Er fragt nach der sozialen Offenheit bzw. Schließung der Eliten: Aus welchen Klassen und Schichten rekrutieren sie sich? Wo bleiben ihre Kinder?

Last but not least ist die „kritische Perspektive" ein konstitutives Merkmal des Ungleichheitsansatzes. Das Problem einer möglichen und notwendigen Kontrolle der Eliten gehört zu seinen Fragestellungen. So wird z.B. danach gefragt, ob die Kulturelite als mögliche Kontrollinstanz eine herrschaftskritische Funktion wahrnimmt.

Das Ungleichheitsparadigma ist für die Analyse des „Oben" relativ offen und flexibel und lässt verschiedene konkrete Lösungen zu – sowohl im Hinblick auf die Akzentsetzung bei der Ressourcenanalyse als auch im Hinblick auf den Umfang und die Strukturmerkmale der Gruppen, die das „Oben" ausmachen.

Theodor Geiger ist bei seinen Schichtungsanalysen noch stark von Karl Marx beeinflusst: Die obersten Ränge in seinem Modell sind von der kleinen Gruppe der großen Kapitaleigentümer, zunehmend auch von ihren Managern besetzt. Später (1949a) nimmt er darüber hinaus die „Intelligenz" als Gegenspielerin der ökonomisch-politischen Macht im kulturellen Bereich ins Visier – Künstler und Schriftsteller, Natur-, Geistes- und insbesondere Sozialwissenschaftler. „Die Intelligenz ist eine Elite" – so lautet eine Kapitelüberschrift in seiner Studie „Aufgaben und Stellung der Intelligenz in der Gesellschaft".

Ralf Dahrendorf sieht das Oben der Gesellschaft weniger ökonomie- und kulturzentriert, sondern stärker politiksoziologisch: An der Spitze stehen die Machteliten in Form konkurrierender Funktionseliten mit unterschiedlichem politischen Gewicht und Einfluss – die Wirtschaftseliten gehören dabei ins Zentrum der Macht, besetzen es aber keineswegs allein. Die Dahrendorfsche Lösung ist heute noch in den gängigen Überblicken und Lehrbüchern zur deutschen Sozialstruktur gegenwärtig (z.B. bei Schäfers 1998, Hradil 1999, Geißler 1996).

Pierre Bourdieu fasst die „herrschende Klasse" erheblich weiter als Geiger und Dahrendorf, ohne sie allerdings genau abzugrenzen; auch größere Unternehmer, Freiberufler, *cadres superieurs* (höhere Dienstleister) im privaten und öffentlichen Bereich, Hochschullehrer, Teile der Lehrer und Künstler gehören dazu. Bourdieu stellt insbesondere die Konkurrenz- und Distinktionskämpfe zwischen den dominanten ökonomischen und den dominierten kulturellen Führungsgruppen ins Zentrum.

Gemeinsam ist allen drei Vertretern, dass sie – jeder auf seine besondere Art – das Verhältnis von „Geist und Macht“, das Gegeneinander von kulturellen und anderen Eliten zum Thema machen.

Der Ungleichheitsansatz bietet mehrere Vorteile; vier davon möchte ich besonders hervorheben:

Erstens fragt er nach dem Habitus, den Mentalitäten und der Handlungspraxis der Eliten – und dies immer im Vergleich zu Habitus, Mentalitäten und Handlungspraxis von anderen Schichten und Klassen.

Zweitens analysiert er die soziale Rekrutierung und Zirkulation, die soziale Öffnung bzw. Schließung der Eliten für die verschiedenen Klassen und Schichten der Gesellschaft sowie die Einflüsse auf Habitus, Mentalitäten und Handlungspraxis, die von diesen Bewegungen in der vertikalen Sozialstruktur ausgehen.

Drittens ist ein weiterer Vorteil seine Offenheit für die Mehrdimensionalität der relevanten Ressourcen, die prägenden Einfluss auf die Gesellschaft ermöglichen. Er ist weder „ökonomiefixiert“ noch „politikfixiert“, sondern offen für das Ringen um Einfluss von sozialen Gruppen mit unterschiedlichen Ressourcen – politischen, ökonomischen oder kulturellen – um die drei wichtigsten zu nennen.

Sein vierter Vorteil ist von besonderer Bedeutung: seine kritische Perspektive, z.B. der nachdrückliche Hinweis auf die notwendige Machtkritik durch die kulturellen Eliten. Zu dieser wichtigen Funktion – gerade auch der Sozialwissenschaften – möchte ich zum Schluss nochmals Theodor Geiger (1949a: 71) zu Wort kommen lassen: „Die Intelligenz kann nicht das politische Handeln normieren und damit den gesellschaftlichen Geschehensverlauf steuern.“ Aber: „Die Intelligenz darf nicht innerhalb ihres beruflichen Wirkungskreises sich den Forderungen der politischen Macht fügen, weil sie damit gegen die Gesetze des Geistigen verstieße und ihren Beruf verriete ... Aufgabe der Intelligenz ist es ..., die unermüdliche Kritikerin der Macht zu sein und so zu verhindern, dass die Bäume der Macht in den Himmel wachsen.“

Literatur

Bourdieu, Pierre (1979): La Distinction. Critique sociale du jugement, Paris.
Dahrendorf, Ralf (1965): Gesellschaft und Demokratie in Deutschland, München.
Geiger, Theodor (1949): Die Klassengesellschaft im Schmelztiegel, Köln und Hagen.
Geiger, Theodor (1932): Die soziale Schichtung des deutschen Volkes. Soziographischer Versuch auf statistischer Grundlage, Stuttgart.
Geiger, Theodor (1949a): Aufgaben und Stellung der Intelligenz in der Gesellschaft, Stuttgart.
Geißler, Rainer (1996): Die Sozialstruktur Deutschlands, 2. Aufl., Opladen.
Hradil, Stefan (1999): Soziale Ungleichheit in Deutschland, 7. Aufl., Opladen.
Schäfers, Bernhard (1998): Sozialstruktur und sozialer Wandel in Deutschland, 7. Aufl., Stuttgart.

Elite – einige Vorbehalte aus der Perspektive kritischer Gesellschaftstheorie

Alex Demirovic

1. Kritik am Elitebegriff

Nicht zuletzt durch die ältere Kritische Theorie war die marxistische Diskussion geprägt von der Annahme eines quasi naturgesetzlich ablaufenden sozialen Prozesses. Kapitalismus ist bestimmt durch die Logik des sich selbst verwertenden Werts, durch die Dynamik der Gewinnmaximierung und der Akkumulation von Kapital. Solchen zu Systemimperativen geronnenen sozialen Regelmäßigkeiten müssen die Träger oder „Charaktermasken" des Kapitals gehorchen. Manchen empört eine solche Redeweise aus moralischen Gründen, da sie zunächst enthumanisiert klingt und die Freiheit des Individuums ignoriert. Doch das ist gerade der Gegenstand einer verdinglichungstheoretisch argumentierenden Kapitalismuskritik: Die sozialen Verhältnisse unter fortgeschrittenen kapitalistischen Entwicklungen determinieren die Individuen so sehr, dass sie aus dem Status von Handelnden hinausgedrängt werden. Der Prozess der kapitalistischen Akkumulation ist anonym geworden – dass sich die Subjekte als autonom Handelnde sehen, ist Ideologie, da er unabhängig von den Motiven und Handlungsweisen einzelner zu funktionieren scheint: Jede und jeder ist ersetzbar, und weil dies so ist, kann man sich auch einfügen, um möglichst unersetzbar zu sein.

Eine solche Pointe der Kapitalismusanalyse ist aber auf Dauer nicht plausibel, denn es ist wenig wahrscheinlich, dass sämtliche Unternehmer und Manager nur Zyniker sind. Schon an diesem Punkt könnte man sich fragen, was mit denjenigen passiert, die sich derart zu bloßen Vollstreckern objektiver Gesetzmäßigkeiten machen: sind sie ganz und gar identifiziert, fühlen sie sich als Mächtige, als Befehlende wohl, sind sie zynisch, ordnen sie sich unter, kommt es zu Abweichungen, sind sie reformerisch, eskapistisch oder schwelt die Dissidenz und kommt es zu Sabotage der Alltagsanforderung? Wird der Kapitalismus als einer ohne Klassen begriffen, treten solche Fragen zwar nicht logischerweise in den Hintergrund, können aber leichter zur Seite geschoben werden. Anders hingegen, wenn die Kapitalismuskritik sich auf ein handlungstheoretisches Verständnis der gesellschaftlichen Reproduktion stützt. In diesem Fall kann es nicht anders sein – es müssen auch diejenigen, die die Akkumulation organisieren, politische Entscheidungen treffen, publizistisch oder pädagogisch Konsens organisieren, in den Blick genommen werden. Sie tragen aktiv zur Reproduktion der Verhältnisse bei. In der Geschichte des Marxismus hat es, soweit ich weiß, jedoch nicht sehr viele Autoren gegeben, die eine empirische Analyse des Bürgertums – und nicht nur des Wirtschaftsbürgertums, sondern auch der Manager, Militärs, Politiker, Wissenschaftler und Publizisten – wissenschaftlich für wert erachteten. Es finden sich, wie in den Aufsätzen Max Horkheimers, viele Bemerkungen eher typisierender Art über das liberale Bürgertum, zum Alltag und zur Lebensweise, zu familiären und beruflichen Widersprüchen, seiner Art von Bildung, Entscheidungsfindung, Männlichkeit. Zeitgleich hat Antonio Gramsci im Rahmen seiner Theorie der Zivilgesellschaft eine Reihe von Beobachtungen zu bürgerlichen Herrschaftspraktiken notiert. Beiden Autoren ist die mit der Veränderung der Kapitalverhältnisse einhergehende Transformation des Bürgertums in den zwanziger Jahren nicht entgangen. Doch zu einer detaillierten Analyse der bürgerlichen Klasse hat dies nicht geführt. Hat man nicht selbst die entsprechenden familiären Erfahrungen und Kontakte, wie das aufgrund ihrer Herkunft bei einem Teil der marxistischen Autoren der Fall war und ist, so war und ist man, um Anschauungsmaterial zum Innenleben des Bürgertums zu erhalten, auf mehr oder weniger genaue literarische oder filmische Darstellungen angewiesen, die Balzacs, Heinrich Manns, Claude Chabrols oder der Fernsehserie »Dallas«.

Dieses Defizit ist kein Privileg der Forschung im Rahmen der kritischen Gesellschaftstheorie. Auch in anderen Traditionen der Soziologie blieb es bei geistesgeschichtlichen Abhandlungen (vgl. Sombart 1913). Keine Frage, der Elitebegriff – obwohl häufig ungenau und gleichbedeutend mit bürgerlicher oder herrschender Klasse verwendet – hat in den vergangenen Jahrzehnten zu einer Reihe von Untersuchungen der Handlungsweisen und Entscheidungspraktiken von Herrschenden geführt und damit sein enormes Anregungspotential für die Forschung erwiesen (vgl. Mills 1956). Es scheint nun so, dass wenigstens drei der Defizite mit der Verwendung des Elitebegriff vermieden werden können. Zum einen erscheint Elite als ein handlungstheoretischer Begriff, während 'Klasse' als logische Klassifizierung zweideutig bleibt. Zweitens wird Klasse häufig nur als ökonomischer Begriff verwendet – derart eingeschränkt geht es dann um Interessen, und deren utilitaristische Logik gilt im Prinzip als immer schon erkannt. Dagegen hat bereits Domhoff (1967) in den Klassenbegriff (*upper class*) auch das Heiratsverhalten und die sozialen Beziehungen mit aufgenommen. Zu einer definitiven Veränderung des Klassenbegriffs haben schließlich die Studien von Bourdieu beigetragen, der mit seiner Untersuchung des Verhältnisses von herrschender und beherrschter Fraktion der herrschenden Klasse viele der oben angesprochenen Defizite hinsichtlich der Alltagskultur und der Dispositionen der Herrschenden ausgeräumt hat. Bei ihm bleiben allerdings einige zentrale gesellschaftstheoretische Fragen offen: Nicht immer kann er den Utilitarismus vermeiden, und ebenso bleibt unklar, warum es zu historischen Transformationen des Bürgertums überhaupt kommt. Elite hatte gegenüber einem ökonomistisch missverstandenen Klassenbegriff zunächst eine vorwiegend politische Bedeutung, konnte sich davon aber frei machen. Denn drittens scheint der Elitebegriff die Annahme eines einheitlichen Handlungssubjekts zu vermeiden und eine differenziertere Auffassung der unterschiedlichen Handlungslogiken zu ermöglichen, die das Bürgertum bestimmen. Damit meine ich die Besonderheiten, die sich aus der gesellschaftlichen Arbeitsteilung oder, soziologischer gesprochen, aus der sozialen Differenzierung ergeben: also die Erfüllung von Aufgaben in den Funktionssystemen der Wirtschaft, der Politik, des Rechts, der Wissenschaft oder der Medien. Betrachtet man die Eliteforschung näher, dann rekonstruiert sie allerdings die Praktiken dieser Gruppen doch eher in einer formalen Weise. Es geht um Elitewandel, Mobilität, Rekrutierungsmuster, Kompetenzkriterien, neuerdings um demokratische Einstellungen, Kontaktmuster und Netzwerkbildungen (vgl. Hoffmann-Lange 1992; Bürklin/Rebenstorf u.a. 1997). Doch die Alltagspraktiken, die Lebensweisen, die Entscheidungskriterien, die ethischen und moralischen Maßstäbe, das intellektuell-kognitive Niveau, die Kommunikationsmuster und -zusammenhänge (siehe Sauer/Schnapp 1997), die realen persönlichen und beruflichen Kompetenzen, das Sexualverhalten und die Geschlechterverhältnisse (siehe Böhnisch 1999) – all das, was nötig ist, um „Elite“ zu sein und Herrschaft, Gewalt und Führung, auszuüben, wird gleichfalls nicht oder kaum untersucht und bleibt den Pressenotizen in der Rubrik „Vermischtes“ und den ästhetischen Medien wie Film und Werbung überlassen (Politiker, die alkoholabhängig sind, mit Prostituierten ihre Freizeit verbringen; Unternehmer, die zum Wochenende in New York shoppen, in Schottland angeln, auf der Hochseeyacht segeln; beide Gruppen, die sich zum Essen treffen, gemeinsam Golf spielen, im Rotary Club miteinander diskutieren oder den Abend in der Oper verbringen, also alle die Vertraulichkeiten pflegen, die gemeinsame Entscheidungen im Namen des Allgemeinwohls dann so selbstverständlich und reibungslos sich vollziehen lassen). Seit einigen Jahren gibt es wohl eine historische Bürgertumsforschung, die soziologische ist immer noch wenig entwickelt.

Meine Vermutung ist, dass beide Begriffe, Elite und bürgerliche Klasse, sich solchen Forschungen nicht prinzipiell sperren. Zunächst handelt es sich eher um forschungspragmatische und -politische Schwierigkeiten. Es gibt eine grundsätzliche, gesellschaftstheoretische Differenz zwischen den Begriffen Elite und bürgerliche Klasse, die in diesem Zusammenhang anzusprechen ist und zunächst auf die kritische Distanz zum Konzept der sozialen Differenzierung verweist. Die Eliteforschung unterstellt, dass soziale Differenzierung evolutionär stattgefunden hat. Demgegenüber betont die Tradition kritischer Gesellschaftstheorie die konstitutive Praxis von sozialen Kollektiven, die die sozialen Verhältnisse durch ihre Handlungen – wenn auch nicht unter frei gewählten Bedingungen – erzeugen. Theoretische Annahmen zur funktionalen Differenzierung unterstellen, dass formal gesehen Funktionssysteme gleichrangig sind. Genau besehen machen selbst Theoretiker wie Niklas Luhmann so erhebliche Einschränkungen an diesen Annahmen, dass durchaus von einer besonderen Bedeutung der Ökonomie gesprochen werden kann. Doch im Anschluss an Marx stellt sich das Problem komplexer – es geht nicht allein um ein Primat der Ökonomie. Soziale Klassen sind das Ergebnis von Klassenkampf (E.P. Thompson: „Class struggle preceeds class"). Das gilt folglich auch für das Bürgertum und seine spezifischen Lebensverhältnisse, also die Ökonomie selbst. Die Herausbildung seiner Existenz und Existenzgrundlagen ist nur durch eine systematische Praxis der Aneignung unbezahlter Mehrarbeit anderer möglich, die zu der Abgabe dieser Arbeitsleistung gezwungen oder überzeugt werden müssen. Das Bürgertum muss die Fähigkeit besitzen, die von ihm vorgefundenen gesellschaftlichen Verhältnisse zu verändern und die für seine eigene Existenz notwendigen Bedingungen zu erzeugen, auf Dauer zu stellen und dabei auch ständig von Neuem zu verändern. Dazu bedarf es einer Vielzahl von besonderen Einrichtungen und eines entsprechenden Personals. Anders gesagt, das Bürgertum muss zunächst eine besondere, vom Staat selbst getrennte Sphäre schaffen; über die enge korporativ-wirtschaftliche Tätigkeit hinaus muss es sich in einem erheblichen Maße erweitern und zahlreiche Funktionen, die mit der eigenen unmittelbaren Tätigkeit nicht mehr zu erfüllen sind, an ein dafür gewonnenes und geeignetes Personal delegieren, bis es schließlich sogar die Funktion der Organisation der Arbeit und der Produktion selbst noch delegiert. Es handelt sich um Führungspersonal, das wohl über erhebliche Ressourcen an Macht, Geld, Bildung und sozialen Beziehungen verfügen mag, das jedoch abhängig bleibt. Dieses Personal, das innerhalb der gesellschaftlichen Arbeitsteilung täglich die Funktion der Führung, Anleitung, Organisation und Überzeugung zu erfüllen hat, erweitert den Kreis des Bürgertums, verändert und rationalisiert auch dessen sozialen Charakter, so dass in der Tat aufgrund der historischen Selbstveränderung dieser sozialen Klasse sie eine in vielerlei Hinsicht andere Form angenommen hat: In einem langen und konfliktreichen Prozess erzeugt das Bürgertum die ihm gemäße Gesellschaftsform, mit ihren Aufgabenteilungen und einer entsprechenden Verteilung der Bevölkerung auf diese Aufgaben. Die Gesamtformation wird, in wie komplexen Zusammenhängen auch immer, die Grundaufgaben der stetigen Erweiterung der Kapitalakkumulation (vulgo Wirtschaftswachstum) erfüllen müssen. Und noch immer hat das Führungspersonal diesen zentralen Aspekt seiner raison d'être anerkannt. Vor dem Hintergrund solcher Überlegungen zur Abhängigkeit dieses Personals hat Antonio Gramsci Moscas Vorfassung des Elitebegriffs, den der politischen Klasse, verworfen und diese Gruppe als Intellektuelle bezeichnet.

Zwischen diesen Gruppen von Intellektuellen und dem Bürgertum im engeren Sinn kann es allerdings immer wieder zu ernsthaften Konflikten kommen. Wie Marx einmal anmerkte, können sich Intellektuelle einbilden, sie könnten ganz selbständig handeln. Gerade eine solche Selbständigkeit wird vom Elitebegriff nahegelegt. Die Eliteforschung konzentriert sich insbesondere auf Rekrutierung und Wandel entlang den Grenzen der funktionalen Differenzierung und den übergreifenden Kontaktmustern. Daraus können funktionsspezifische Störungen, Unstimmigkeiten und Abstimmungsschwierigkeiten entstehen. Die marxistische Forschung hat hier ein ähnliches Interesse, nämlich Widersprüche und Konfliktkonstellationen zu thematisieren, allerdings thematisiert sie andersartige Konfliktlinien. Sie zielt auf die verschiedenen Interessenlagen innerhalb der bürgerlichen Klasse und unterscheidet zwischen verschiedenen Kapitalfraktionen: die der Industrie, des Handels, des Finanzsektors, des Grundbesitzes. Innerhalb der Kapitalfraktionen kann es wiederum zu erheblichen Konflikten je nach Kapitalgröße und Eingliederung eines Unternehmens in die Arbeitsteilung kommen (Wettbewerbsfähigkeit, verschärft durch korporatistische Kompromisse, die insbesondere Großunternehmen begünstigen). Hinzu kommen noch Unterscheidungen, die sich auf den Aspekt der Internationalisierung der Kapitalverhältnisse beziehen: also die nationale Bourgeoisie; die Kompradorenbourgeoisie, die nur imperialistische Interessen in der heimischen Gesellschaft verfolgt; die interne Bourgeoisie, die Interessen einer heimischen Akkumulation externen Kapitals repräsentiert; und schließlich neuerdings die transnationale Bourgeoisie. Alle diese Gruppen haben sich verschiebende Identitäten, ihre Interessenlagen sind keineswegs stabil, sie können zu Kompromissen und Allianzen, aber auch zu scharfen Konflikten führen.

Es wird in der kritisch-materialistischen Tradition durchaus bedacht, dass es eine Reihe von staatlichen Apparaten gibt, in denen sich gleichfalls besondere Interessen ausbilden können: so im Militär und in der Polizei, der Verwaltung, den Parteien, dem Parlament, den Schulen und Hochschulen, den Kirchen. In solchen Fällen kommt es zu sich überschneidenden Interessenkonflikten folgender Art: a) Der Apparat erfüllt bestimmte, von allen seinen Angehörigen geteilte Ziele, die mit dem apparatinternen Selbstverständnis der Funktionsträger verbunden sind. Daraus können sich partikularistisch-korporative Interessen ableiten, etwa das geschulter Verwaltungskader an allgemein geltenden Gesetzen, da sie die Voraussetzung einer einheitlichen staatlichen Bürokratie und mithin ihrer Karriere sind. b) Die Apparate sind hierarchisch gegliedert, die Spitzen solcher

Apparate sind Teil der bürgerlichen Klasse, etwa im Sinne der Entscheidungsfindung, des Einkommens, der familiären und sozialen Beziehungen, der schulischen Sozialisation, des Rekrutierungskreislaufs, doch in ihren Funktionen bleiben sie der Tendenz nach vom primären Kreislauf der Profitmaximierung abhängig. c) Diese Apparate sind mehr oder weniger repräsentativ, das heißt in ihnen verdichten sich durch Kontakte und Koalitionsbildungen auch die Interessen anderer gesellschaftlicher Gruppen. So kann etwa die Militärführung die Rolle einer Gewährleistungsinstanz für die politische Stabilität eines Landes übernehmen und selbst politische Partei werden (wie etwa die Generalität in der Türkei). Der Ort der Macht ist nicht notwendigerweise identisch mit dem Ort, an dem Entscheidungen als allgemeinverbindliche ratifiziert werden, nämlich dem Parlament.

Solche Betrachtungen lassen sich zu der methodischen Überlegung zusammenfassen, dass der Elitebegriff, der sich auf die Spitzen einzelner Funktionsbereiche konzentriert, erstens dazu tendiert, die besondere ökonomische Machtkonzentration bei kleinen Gruppen des Bürgertums außer Acht zu lassen, also denen, die über Unternehmen, die produktive Grundlage der gesamten Klasse, verfügen und entscheiden; zweitens unberücksichtigt lässt, dass diese Kernfunktion selbst nur durch eine Vielzahl von weiteren Lenkungstätigkeiten in den Bereichen des Militärs, der Politik, der Wissenschaft etc. reproduziert werden kann und genau darin das Gemeinsame dieser "Eliten" besteht, die auf die Reproduktion genau dieser Lebensverhältnisse angewiesen sind.

2. Kritik am Elitedenken und am Elitestatus

In der Tradition kritischer Gesellschaftstheorie waren die Vorbehalte gegen den Elitebegriff groß. Der einzige mir bekannte ausdrückliche Versuch, innerhalb der marxistischen Diskussion mit dem Begriff der Elite eine Untersuchung des Bürgertums durchzuführen, ist das von dem linkssozialistischen Theoretiker Leo Kofler 1960 veröffentlichte Buch „Staat, Gesellschaft und Elite zwischen Humanismus und Nihilismus“. Aber auch diese Studie ist ideengeschichtlich-geschichtsphilosophisch orientiert und versucht, zu einer Einschätzung der Eliten in den verschiedenen Phasen der kapitalistischen Entwicklung zu gelangen. Zu eng war der Begriff der Elite mit Strömungen des antidemokratischen Denkens verbunden, zu sehr zog er seine Plausibilität aus dem Gegensatz zur Masse. Dieses konnotative Feld mag zwar in ernsthaften soziologischen Studien unterlaufen werden, im Alltagsverständnis lässt es sich leicht feststellen. Im

Rahmen einer Studie zu politischen Einstellungen unter Studierenden, die ich mit Kollegen durchgeführt habe, wurde folgende offene Frage gestellt: „Man hört öfter die Ansicht, dass zu einer funktionierenden Demokratie eine starke Führungselite gehört. Was ist Ihre Meinung dazu?" 1.197 Studierende geben darauf 1.460 Antworten. 37 Prozent der Antworten richten sich gegen Elite. Sie wird abgelehnt, weil sie zu Machtmissbrauch tendiere und die Nichtinformiertheit der Bürger fördere. Befürwortend sind 17 Prozent der Antworten, die Eliten als demokratisch, offen, repräsentativ und sachkompetent darstellen. In weiteren 25 Prozent der Antworten werden Eliten im positiven Sinne als eine Naturtatsache dargestellt. Die Menschen wollten Führung, nur Eliten könnten schnelle und unpopuläre Entscheidungen treffen, und nur die Besten, die Intelligentesten, die Uneigennützigsten sollten führen. Von diesen Antwortgebern strebt der größte Teil auch für sich eine hohe Position und Führungsfähigkeit an (vgl. Demirovic/Paul 1996: 153f.). In dieser Sichtweise sind Elite nicht einfach die, die oben sind, sondern Elite verbindet sich mit der Vorstellung der Verantwortung und dem Sinn fürs Ganze, der besonderen Kompetenz, einer aristokratischen Tugendhaftigkeit. Es gibt nicht deshalb nur wenige solcher Menschen, weil die Gesellschaft so organisiert ist, dass eine Kommandohöhe existiert, auf der zwangsläufig nur wenige Platz haben, sondern umgekehrt, weil es nur wenige gibt, die als Elite betrachtet werden können, muss die Gesellschaft entsprechend als eine nach oben sich verengende Leistungshierarchie organisiert sein, die nur die Besten zu erklimmen in der Lage sind. Die meisten wollen und können das nicht, sie sind die Masse, die eigentlich geführt werden will.

Zwei Argumente möchte ich dazu vorbringen. Das demokratietheoretische Argument, das auf repräsentative Verteilung der Elitezusammensetzung zielt, trägt nur bedingt (vgl. Demirovic 1997: 131ff.). Zwar lässt sich beobachten, dass auch Funktionseliten eine hohe Selbstrekrutierung aufweisen. Aber selbst dort, wo dies in geringerem Maße der Fall ist – etwa im Parlament –, sind keineswegs alle Bevölkerungsgruppen gleichmäßig vertreten. Doch ist gar nicht anzunehmen, dass politische Entscheidungen nur allein deswegen demokratischer ausfallen würden, wenn Abgeordnete oder Minister aus anderen als den höheren Klassen kämen. Mit der hierarchischen Selektion von Personal kommt es zwangsläufig zur Auswahl derjenigen, welche die Prämissen der Auswahl teilen und sich mithin bereit erklären, durch ihr Handeln bestehende Verhältnisse zu reproduzieren. Das kritische Argument geht deshalb auch in eine andere Richtung: Die Gegensätze von Elite und Masse, von Führung und Geführten selbst sind in einer versöhnten Gesellschaft überflüssig. Die Organisation einer Gesellschaft, die eine Form der Pastoralmacht entwickelt, also einige wenige Stellen der Lenkung der Herde und der Verantwortung für sie schafft, ist das demokratische Problem. Letztlich zielt die Kritik also darauf, die Führung über Menschen zu erübrigen.

Nun wird bekanntlich kaum noch mit starken Elitekonzeptionen in der Tradition von Arnold Gehlen argumentiert. Der Begriff wird abgeschwächt im Sinne einer funktionalen Elite verwendet, durchaus angemessen einer Gesellschaft, in der die Entscheidungen so häufig in Kompromissrunden der Vertreter sozialer Klassen und Interessengruppen gefunden werden müssen und elitäre Attitüden nur abschrecken würden (vgl. Papcke 2001). Eliteangehörige werden gewählt oder müssen sich als kompetent erweisen, wenn sie eine entsprechende Funktion einnehmen wollen. Niemand, so scheint es, kommt in eine Führungsposition, wenn er oder sie dafür nicht geeignet ist. Doch auch dies meint häufig immer noch, dass es sich um eine Gruppe von besonders Kompetenten handelt. Diesbezüglich sei nur auf die deutsche bildungs- und wissenschaftspolitische Diskussion verwiesen, in der so vieles auf Hochbegabung und Exzellenz zielt.

Nach wie vor haben sich allerdings alle naturalisierenden Vorgänge zur Aneignung sozialer Verhaltensmuster im Sinne einer für legitim erachteten Kompetenz nicht erledigt. Individuen können sich für kompetent halten und exzellent, weil andere, die über Macht verfügen, sie für kompetent halten und alles andere herunter reden. Was als kompetent gilt und für welchen Bereich, wird naturalisiert und mit der Evidenz von Kompetenz überzogen. Selten wird Kompetenz zum Gegenstand offener Konflikte – zu häufig setzt sich eine anhaltende Strategie der Entmutigung vom Kindergarten über Grundschule, Schule und Hochschule bis in die Berufsausbildung fort. Tatsächlich ist eine der verbreiteten beruflichen Erfahrungen die Inkompetenz der Vorgesetzten, die Wahrnehmung, dass falsche Personen befördert werden, dass die Leistungen bestimmter Personen von den hierarchisch Übergeordneten angeeignet werden, dass übergeordnete unverhältnismäßig viel mehr verdienen und sich zahlreiche materielle Vorteile sichern können, die allein mit ihrer Position, nicht mit ihren Fähigkeiten verbunden sind. Keine Frage, man sollte differentiell alle Fähigkeiten fördern. Im Regelfall wollen aber gerade diejenigen, die besondere Förderung reklamieren, nicht die differentielle Förderung aller Fähigkeiten, sondern die Hierarchiebildung zugunsten einiger weniger für legitim gehaltener Bereiche, an deren Kriterien dann alle gemessen werden. Das sind bestimmte mathematische und technische Begabungen oder bestimmte männliche Dominanzdispositionen. Aus einer besonderen mathematischen oder volkswirtschaftlichen oder organisatorischen Begabung ist jedoch nicht abzuleiten, dass jemand damit anderen in allen Belangen ihres Lebens die Prämissen ihres Handelns vorgeben soll. Das würden wir für musische oder reflexive Kompetenzen auch nicht akzeptieren. Es kommt also zu einer systematisch strukturierten Anerkennung bestimmter habitueller Muster, die sich jeweils weiter verstärken. Wenn es gelingt, kann jemand dadurch, dass er für kompetent gehalten wird, wirklich kompetenter werden. Und es gelingt in der Tendenz, denn die Gesellschaft würde sich nicht reproduzieren, wenn ihr Herrschafts- und Führungspersonal im Durchschnitt seiner Tätigkeiten inkompetent wäre. Die Anstrengungen der anderen geraten jedoch damit aus dem Blick, so dass es um so schlimmer für die wird, die eine solche Förderung nicht erfahren, sondern die Situation nur als Ungerechtigkeit erleben. Der Privilegierte kann dann viele gesellschaftlichen Kompetenzen mit seinem Namen verbinden und sich kollektive Leistungen als private Reputation aneignen. Auch das wäre eine Leistung. Aber häufiger noch entspricht dem nicht einmal eine Führungs- und Aneignungsleistung. Denn nüchtern betrachtet kommt es häufig nur darauf an, den Eindruck zu erwecken als ob. Denn sind erst einmal knappe Berufspositionen der Führung geschaffen – und die Schaffung von Aufstiegskanälen ist ja selbst ein Herrschaftsmittel –, dann werden viele sie auch mit anderen Mitteln als denen objektiver Leistung zu erreichen versuchen: Herkunft, soziale Beziehungen, Habitus. Elitepositionen fördern zwangsläufig immer auch Inkompetenz, Korruption, Bluff, Arroganz, Befehlshaltung, Distanz zu allen, die unten stehen oder durch ein solches Verhalten nach unten gedrängt werden sollen. Die, die oben stehen, müssen durch den Naturalisierungsakt als exzellent und mithin unentbehrlich gelten – ein knappes Gut. Damit setzen sie Maßstäbe für alle anderen und lenken die Gesellschaft prinzipiell in eine problematische Richtung. Denn sie werden wohl kaum Verhaltensmuster stärken, die zur Abschaffung ihrer privilegierten Position führen.

Nun wird man sagen können, dass es sich bei den Inhabern von funktionalen Spitzenpositionen um Verantwortungs- und Leistungsträger handelt. Damit ist jedoch zunächst etwas wesentliches zugestanden. Bei Elite handelt es sich um besondere Hierarchie- und Lenkungspositionen, denn man wird nicht von der Elite der Krankenschwestern, der Müllentsorger, der Sekretärinnen sprechen, wenn man Kompetenz und Leistung vor Augen hat. Es geht gar nicht um Kompetenz als solche, sondern um Kompetenz innerhalb der gesellschaftlichen Hierarchie. Damit stellt sich allerdings die inhaltliche Frage nach Verantwortung und Leistung. Je nach Maßstab könnte die Arbeit einer Krankenschwester leistungsintensiver sein als die eines Managers oder Unternehmers, die einer Kindergärtnerin verantwortungsvoller als die eines Parlamentariers oder Generalstäblers. Mit Elite verbindet sich also eine bestimmte, nicht-egalitäre Gliederung der Gesellschaft und besondere Legitimitätsmaßstäbe für die Struktur der Arbeitsteilung. Dies widerspricht jedoch dem Prinzip der Mündigkeit aller.

Literatur

Böhnisch, Tomke (1999): Gattinnen. Die Frauen der Elite, Münster.

Bürklin, Wilhelm / Rebenstorf, Hilke u.a. (1997): Eliten in Deutschland, Opladen.

Demirovic, Alex (1997): Demokratie und Herrschaft. Aspekte kritischer Gesellschaftstheorie, Münster.

Demirovic, Alex / Paul, Gerd (1996): Demokratisches Selbstverständnis und die Herausforderung von rechts. Student und Politik in den neunziger Jahren, Frankfurt/M., New York.

Domhoff, G. William (1967): Who Rules America?, Englewood Cliffs.

Hoffmann-Lange, Ursula (1992): Eliten, Macht und Konflikt in der Bundesrepublik, Opladen.

Kofler, Leo (1960): Staat, Gesellschaft und Elite zwischen Humanismus und Nihilismus, Ulm.

Mills, C. Wright (1956): The Power Elite, Oxford.

Papcke, Sven (2001): Gesellschaft der Eliten. Zur Reproduktion und Problematik sozialer Distanz, Münster.

Sauer, Martina / Schnapp, Kai-Uwe (1997): Elitenintegration durch Kommunikation? Eine Analyse der Kontaktmuster der Positionseliten; in: Bürklin, Wilhelm / Rebenstorf, Hilke, u.a., Eliten in Deutschland, Opladen, S. 239-283.

Sombart, Werner (1913): Der Bourgeois, München, Leipzig.

Die Bedeutung milieutheoretischer Ansätze für die Elitenforschung

Michael Vester

Das heuristische Verfahren, gesellschaftliche Gruppen im sozialen Raum Bourdieus zu positionieren, führt immer wieder zur Erkenntnis von Unstimmigkeiten und Forschungslücken, die zu theoretischen und empirischen Weiterentwicklungen auffordern. Hier interessiert vor allem die Frage, wie weit die oberen Milieus mit dem zusammenhängen, was als Elite bezeichnet wird. Mein Beitrag geht von Durkheims Konzept des Milieus aus, nach dem es von der spezifischen historischen Konstellation abhängt, ob ein Milieu als Klasse, Stand oder Elite angesehen werden kann. Zunächst setzt der Beitrag sich kritisch mit Ansätzen der Milieu- und Elitenforschung auseinander, die als Indikatoren zur Bestimmung von Milieus oder Eliten äußere Statusmerkmale benutzen – und nicht soziales Beziehungshandeln, wie es im Habitus- und Kapitalkonzept von Bourdieu verstanden wird. Sodann wird an einer Clusteranalyse von repräsentativen Daten eine Skizze der Struktur und der Reproduktionsmuster der fünf oberen Milieus in Westdeutschland entwickelt. Die Ergebnisse erlauben schließlich Hypothesen und Fragestellungen für eine Untersuchung der Gesamtstruktur und Dynamik der oberen Milieus, mit der auch geklärt werden könnte, wieweit ihre Beziehungen denen von Klassen, Ständen oder Eliten entsprechen.

1. Eine Kritik milieutheoretischer Vereinfachungen

Zu den oberen Milieus rechnen wir diejenigen sozialen Gruppen, die sich durch einen „distinktiven Habitus" im Sinne Bourdieus (1982: 405-499) von den übrigen Milieus abgrenzen. Der Habitus ist kein indirekter Indikator, sondern er kennzeichnet aus sich selbst die sozialen Beziehungen in und zwischen den Milieus. Er umfasst insbesondere das Ethos der sozialen Praxis, das für die alltägliche Lebensführung innerhalb des Milieus und damit gleichzeitig für den Modus, sich von anderen Milieus abzugrenzen, maßgeblich ist. Der distinktive

Habitus der oberen Milieus verkörpert den Anspruch, dass die eigene Lebensweise der der anderen Milieus überlegen sei: Er impliziert den feineren Geschmack, die größere Reflexivität, den besseren Überblick, die bessere Leistung, das professionellere Unterscheidungs- und Entscheidungsvermögen. Derart oben auf einer Exzellenzskala würde sich auch eine „Elite" positionieren. Wie weit es sich dabei um grundsätzliche und nicht nur um graduelle Unterschiede zu den anderen Milieus handelt, lässt sich besonders an den sozialen Reproduktions-, Schließungs- und Mobilitätsstrategien der Milieus ablesen.

Um dies zu klären, müssen wir unseren Blick zunächst auf die äußere soziale Stellung richten, um deren Sicherung es bei diesen Strategien nicht zuletzt geht. Indikatoren der äußeren Stellung sind, nach Bourdieu, vor allem die berufliche Position, das Vermögen und Einkommen, die Bildungsabschlüsse und die Ressourcen an sozialen Beziehungen. Bourdieu (1992) fasst sie in den Konzepten des ökonomischen, kulturellen und sozialen Kapitals zusammen.

Diese Ressourcen gehören, mit der (nicht unwesentlichen) Ausnahme des sozialen Kapitals, auch zu den üblichen Indikatoren der Schichtungssoziologie. Der Bourdieusche soziale Raum wird daher oft als ein um die horizontale Achse erweitertes Schichtungskonzept verstanden. Danach würde sich die vertikale Position einer Person nach der Gesamtmenge der Ressourcen richten. Die horizontale Position richtete sich nach der Art oder Struktur der Ressourcen: Sie befände sich mehr rechts, wenn die soziale Stellung mehr auf ökonomischem Kapital beruhte, und mehr links, wenn sie mehr auf kulturellem Kapital beruhte. Die Position im sozialen Raum, der eine Person zugeordnet wird, erscheint aufgrund der rechnerischen Indikatorwerte als statisch. Aus dieser scheinbar statischen Position wird dann nicht selten auf die Interessen oder gar die Klassenzugehörigkeit der Person geschlossen. Als handlungsleitendes Interesse gilt dann die Sicherung oder Vermehrung der Ressourcen, also einer Art ökonomischer Optimierung.

Damit wäre die Erklärung des sozialen Handelns unversehens bei einer Variante des ökonomischen Determinismus angekommen und das Bild des sozialen Raums statisch geworden. Denn die Indikatoren zeigen uns nur die Produkte der sozialen Praxis zu einem bestimmten Zeitpunkt – und nicht den Prozess ihres Zustandekommens. Welches aber ist diese Bewegung, die durch die Momentaufnahme des sozialen Raums zum Stillstand gekommen scheint?

Bourdieu nennt die Indikatoren der sozialen Stellung, die eine Person einnimmt, nicht zufällig ökonomisches Kapital, kulturelles Kapital und soziales Kapital. Daran ist zweierlei bemerkenswert. An den Adjektiven wird deutlich, dass der Begriff des Kapitals von seiner ökonomischen Einengung befreit und praktisch auf alle möglichen Ressourcen, die den Menschen etwas wert sind und um die sie miteinander ringen, ausgedehnt wird. Das Substantiv „Kapital" verdeutlicht, dass es nicht um eine statische Position, sondern um Kraft und Bewegung im sozialen Raum geht. Denn das Konzept des „Kapitals“ soll ausdrücken, dass es sich um Ressourcen handelt, die über längere Zeit, zuweilen über Generationen, erworben und angesammelt werden müssen und die Arbeit und Energie kosten. Dies setzt wiederum bestimmte Strategien voraus, mittels derer solches „Kapital“ erworben oder verloren, aufgewertet oder abgewertet, bewahrt oder umgewandelt, weitergegeben oder vererbt werden kann. „Kapital“ in diesem Sinne ist, wie Bourdieu (1992: 49) in Anlehnung an die Relativitätstheorie formuliert, akkumulierte Arbeit oder „soziale Energie“. Dies hat wiederum zwei Implikationen, die einerseits die Zeit und andererseits das Zusammenwirken der Individuen betreffen.

Zum einen ist der soziale Raum in Wirklichkeit nicht nur ein topologischer Raum, ein Raum der Orte, sondern auch ein homologischer Raum, ein Raum der Wege, die die Individuen (oder Gruppen von Individuen) in ihrer Lebenszeit zurücklegen, indem sie ihre Ressourcen (etwa Eigentum oder Bildung) anhäufen oder sich auch auf andere Ressourcen (etwa von Eigentum auf Bildung) umstellen. Dass die Individuen auf ihren Bildungs- und Berufswegen biographisch unterwegs sind und dass große Gruppen aus traditionellen Branchen (wie der Landwirtschaft und der Industrie alten Typs) in moderne Branchen (Dienstleistungen und modernisierte Industrien) wandern, bringt es mit sich, dass nicht alle Individuen eines Milieus zur gleichen Zeit am gleichen Platz sein können. Ein Milieu kann daher nicht durch das Vorhandensein messbarer homogener Indikatoren „bewiesen“ werden. Sein Zusammenhang besteht weniger in den sichtbaren Indikatoren als in den unsichtbaren Beziehungen. Eine Soziologie, die nur von den äußeren Merkmalen ausgeht, kann auch keine Gruppen finden, die nach Merkmalen homogen sind, und dies als Beweis dafür nehmen, dass Klassen oder Milieus sich „heterogenisiert“ oder „aufgelöst“ hätten.

Damit sind wir bei der zweiten Implikation. Die Arbeit des Lebenswegs ist, als „soziale Energie“, nicht individualisiert einsetzbar, sondern bedingt und geregelt durch die Arrangements der sozialen Beziehungen. Der Erwerb der Ressourcen Bildung, Einkommen, Vermögen usw. beginnt nicht erst im Erwerbsleben, sondern bereits in den Vergemeinschaftungen der Familien und Milieus, die sich durch mannigfache Vorkehrungen darum mühen, ihre relative soziale Stellung für die Gegenwart oder für kommende Generationen zu sichern oder zu verbessern. Ein Milieu oder eine Klasse ist also wesentlich ein soziokultureller Vergemeinschaftungszusammenhang, und zwar nicht nur bei manifester Kohäsion oder Vernetzung unter Verwandten, Arbeitskollegen oder Nachbarn, sondern auch wenn das Handeln nur, wie Parsons es ausdrückt, durch gemeinsame soziokulturelle Wertmuster koordiniert ist. Aus diesem Grunde ist der Habitus (Bourdieu 1982) oder die Alltagskultur (Schumpeter 1953, Williams 1972) als

Indikator für eine Klassen- oder Milieuzugehörigkeit besonders geeignet. Er ist allerdings nicht problemlos, da er empirisch über Kombinationen oder „Syndrome“ von Einstellungen ermittelt werden muss. Diese Ermittlung muss grundsätzlich den gleichen methodologischen Vorsichtsmaßregeln unterliegen wie jede Einstellungsuntersuchung, da die Darstellungen der eigenen Praktiken und Werte meist durch Selbstidealisierung oder Interviewer-Effekte verzerrt ist.

Die Clusterung und Subclusterung der oberen sozialen Milieus lässt es als lohnend erscheinen, diese, wie es Pierre Bourdieu (1982: 405-499) für das Frankreich der siebziger Jahre getan hat, als Gesamtgruppe näher zu untersuchen. Unsere Clusteranalysen (Wiebke, in: Vögele u.a. 2002: 275-409) können, als makrosoziologische Sozialstrukturanalyse, dies nicht ersetzen, aber doch einige Hinweise geben. Sie lassen zwei große Traditionslinien erkennen, die sich in fünf Untergruppen differenzieren. Diese unterscheiden sich sowohl nach dem Habitus wie nach ihrer berufs- und bildungsgeschichtlichen Genealogie, die bis zur Generation der Großeltern erhoben wurde. Diese Genealogie liefert wichtige Hinweise darauf, welche Wege der Umstellung und der Akkumulation der verschiedenen Kapitalsorten die Milieus hinter sich gebracht haben.

Damit ist auch die Frage berührt, wie weit die alten „herrschenden Klassen“ sich aufgelöst oder durch den Zugang von Aufsteigern (vertikale Milieu-Mobilität) gewandelt oder durch die Umstellung auf homologe Berufe und Lagen (horizontale Mobilität) modernisiert haben. Diese Alternativen können auf verschiedene, inzwischen „klassische“ Debatten und ihre Thesen bezogen werden.

So hat die These der „Managerial Revolution“ von James Burnham (1941) und anderen unterstellt, dass an die Stelle der auf das Privateigentum an den Produktionsmitteln gegründete kapitalistische Bourgeoisie die neue und ganz andere Machtgruppe der „Manager“ getreten sei, die selbst nicht mehr Eigentümer, also eine nachkapitalistische Elite seien. Dem hat Helge Pross (1965) ihre Aufarbeitung der Forschung zum Feld der Manager und Aktionäre entgegengesetzt. Diese und andere Untersuchungen liefen darauf hinaus, dass die Manager Herrschaftspositionen innehaben, die denen der geschrumpften Privateigentümer homolog sind, und dass die Kapitalverwertung der Aktiengesellschaften nach wie vor kapitalistischen Gesetzmäßigkeiten, wenn auch in veränderter Form, folge.

Dem stand in den sechziger Jahren noch die These der „Power Elite“ von C. Wright Mills (1956) gegenüber, die sich an Max Webers Diagnose der Bürokratisierung anlehnt. Danach folge die Interessenverflechtung der großen Kapitalgesellschaften, des Staates und des militärischen Aparates einer immanenten, durch den kalten Krieg verstärkten Selbstvermehrung der Machtmittel bürokratischer Herrschaft.

Die heute einflussreiche These der postindustriellen Dienstleistungs- und Wissensgesellschaft (Bell 1985) ist denen Burnhams und Mills' entgegengesetzt. Sie behauptet keine Machtverschiebung, sondern eine tendenzielle (und nicht konfliktfreie) Machtauflösung, d.h. die Ersetzung der Herrschaft der Kapitalisten durch die quasi herrschaftsfreien Leitungsfunktionen einer Elite der Sachkompetenz und des Wissens.

2. Struktur und Reproduktionsmuster der oberen Milieus

Unsere Untersuchung beruhte auf einer repräsentativen Befragung der deutschsprachigen westdeutschen Bevölkerung im Jahre 1991 (Vester u.a. 2001: 221-250; Vögele u.a. 2002: 267-409). Sie wurde zugrundgelegt, weil sie bisher das einzige Datenmaterial bereitstellt, das nach den vielfältigen Dimensionen des sozialen Raums und der typenbildenden Mentalitätsanalyse erhoben und ausgewertet werden konnte. Durch die von Gisela Wiebke durchgeführten Auswertung (Vögele u.a. 2002: 275-409) wurde zunächst deutlich, dass die oberen Milieus sich in modernisierter Form immer noch nach dem Gegensatz von Bildung und Besitz bzw. Geist und Macht in zwei Hauptgruppen teilen. Von der übrigen Bevölkerung unterscheiden sich die etwa 22% bis 26% der oberen Milieus schon auf ersten Blick durch höhere und leitende Berufspositionen, durch ihr Bildungskapital und durch ihre Residenz in urbanen Metropolen.

Die fünf oberen Einzelmilieus leben zu 42% bis 54% in Großstädten ab 500.000 Einwohnern (Befragungsdurchschnitt: 16%). Dem entsprechen Berufspositionen und soziale Beziehungsnetze mit besonderem Einfluss. Die beruflichen Schwerpunkte der Milieus unterscheiden sich untereinander zugleich in der Art einer Arbeitsteilung oder Fraktionierung.

Die erste Großgruppe, mit etwa 10%, lässt sich im rechten oberen Raum positionieren. Denn sie vereint in sich das Gros der *wirtschaftlichen und hoheitlichen Funktionseliten*, die die Traditionslinie der Besitzbürger und Staatsbürokraten fortsetzen. Sie sind zugleich die konservativsten und bestsituierten Teile der Führungsberufe. Dem hierarchie- und machtbewussten Habitus entspricht eine Haltung der Exklusivität (u.a. gegenüber Neuzugängen und Einheiraten), aber auch ein verbindlicher und paternalistischer Stil gegenüber Niedrigergestellten. Wandel erfolgt nicht durch Neuaufsteiger, sondern durch den Wechsel zu jüngeren Generationen von Führungseliten mit flexibleren technokratischen Stilen. Die Großgruppe speist sich aus zwei parallelen Herkunftslinien, deren jede eine hohe Kontinuität der Generationen ausdrückt.

Die dominante Herkunftslinie, die einem *„gebildeten Konservatismus"* folgt, ist eher *großbürgerlich.* Sie besteht schon in mindestens der dritten Generation aus hohen Managern und leitenden Angestellten der privatwirtschaftlichen und öffentlichen Verwaltung, gehobenen selbständigen Unternehmern und Freiberuflern (vor allem Ärzten und Juristen). Sie hat, wie schon die Eltern, den höchsten Anteil hohen kulturellen Kapitals, und zwar zu 37% die Hochschulreife und zu 31% einen Hochschulabschluss (Befragungsdurchschnitt: 15% und 8%).

Die dominierte Herkunftslinie, die einem *„strengen Konservatismus"* folgt, ist eher *kleinbürgerlich.* Ihr Bildungskapital liegt eher im Durchschnitt. Die meisten haben direkt nach Abitur oder mittlerer Reife ihren beruflichen Aufstieg in gehobene wirtschaftliche und staatliche Verwaltungsfunktionen begonnen. Dies entspricht der familialen Mitgift. Schon die Eltern hatten eher nur durchschnittliche Bildungsabschlüsse und waren, wie die Großeltern, mittlere Beamte und Selbständige bzw. Landwirte.

Die zweite Großgruppe, ebenfalls um 10%, vereinigt die Milieus der *humanistischen und dienstleistenden Funktionseliten* am intellektuellen Pol des sozialen Raums. Sie besteht aus den 'aufgeklärten' und gutsituierten Teilen der höheren Berufe, die als leitende und höhere Angestellte oder Beamte sowie als Freiberufler tätig sind. In Abgrenzung von den konservativen Milieus der hoheitlichen und wirtschaftlichen Funktionseliten betont sie heute das kritische Engagement für politische Gleichstellung und karitative Ziele. Sie setzt sich aus zwei Teilmilieus verschiedener sozialer Herkunft zusammen, von denen eines sich als Erbe einer historischen Kontinuität erweist, während das andere den seltenen Fall eines sozialen Aufstiegs darstellt.

Die erste Herkunftslinie, die einen progressiv gewendeten Bildungshumanismus vertritt, ist die des *gehobenen alten Bildungsbürgertums.* Sie ist aufgrund einer hohen Mitgift an vor allem kulturellem Kapital dominant. Ihr elitärer Progressismus verbindet ein asketisches Leistungsethos mit dem Sinn für Hochkultur, individuelle Selbstverwirklichung und unkonventionelle Wege. Die Gruppe gehört in mindestens der dritten Generation zur hochgebildeten Oberschicht von Freiberuflern, Selbständigen und höheren Beamten. Sie umfasst den größten Teil der wissenschaftlichen Intelligenz in Berufen der Natur-, Ingenieur-, Sozial- und Geisteswissenschaften, des Buchhandels- und Verlagswesens, der Werbung und der Medien sowie der pädagogischen, psychologischen und therapeutischen Dienstleistungen. Sie hat, wie schon die Eltern, einen hohen Anteil hohen kulturellen Kapitals, und zwar zu 41% die Hochschulreife und zu 23% einen Hochschulabschluss.

Die dominierte Herkunftslinie ist die der *modernen Dienstleistungselite.* Sie konzentriert sich in Berufen der mittleren und höheren Verwaltung (nicht selten auch im Zusammenhang mit neuesten Datentechnologien), und zwar insbesondere im öffentlichen Dienst, im kaufmännischen Bereich und im Verlagswesen, bei Frauen außerdem besonders in beratenden, medizinisch-technischen und pädagogischen Tätigkeiten. Das kulturelle Kapital (Abitur und Hochschulabschluss) liegt mit 27% und 11% über dem Durchschnitt, ohne an das der dominierenden Fraktion heranzureichen. Der Aufstieg in verantwortliche Positionen erfolgte häufig aus bildungsnahen Familien von Vor- und Facharbeitern und qualifizierten Angestellten bzw. kleinen Selbständigen. Diese Aufstiegsmobilität ist teilweise im Zusammenhang mit der Expansion neuer höherqualifizierter Berufe nach 1950 zu verstehen.

Eine Sonderrolle, als *kulturelle Avantgarde*, spielen kleine und jüngere Milieus am linken Rand der oberen Milieus (um 5%), bestehend aus hoffnungsvollen Aufsteigern von unten und mehr noch aus Außenseitern der Nachbarmilieus. Nach Enttäuschung der Erwartungen kehren sie oft wieder in die Bahnen der Herkunftsmilieus zurück. Die Avantgardemilieus haben sich lange vorwiegend moralisch artikuliert, in den idealistischen Lebens- und Politikentwürfen des ab 1968 entstandenen und heute geschwundenen „Alternativen Milieus". (Dieses Milieu war besonders in den Kultur-, Bildungs-, Sozial-, Therapie- und Gesundheitsberufen verankert, besaß relativ hohes Bildungskapital, mit 28% Abitur und – jugendbedingt weniger – 15% Universitätsabschlüssen. Es stammte zu einem großen Teil aus Familien von höheren Humandienstleistenden, Beamten, Selbständigen und Freiberuflern.) Inzwischen wird die Avantgarderolle ästhetisch, in den schönen Künsten und neuen Lebensstilen, vom heutigen „Postmodernen Milieu" beansprucht, dessen Blütenträume seit der Krise der „new economy" auch wieder welk geworden sind.

3. Schlussfolgerungen zur Bedeutung oberer Milieus für die Elitenforschung

Insgesamt lassen sich aus dieser kurzen Zusammenfassung einer differenzierteren Datenauswertung auf der Makroebene verschiedene Schlussfolgerungen ziehen. Zunächst erweist sich die Annahme innerer „Heterogenität" der Milieus als sinnvoll. Würden wir die Befragten nach Positionsmerkmalen, d.h. nach Berufsstellungen und kulturellem Kapital sortieren, so würden die per Habitus zusammengehörigen Milieus in statistische Artefakte ohne Handlungskoordination zertrennt. Von den beiden dominanten Milieufraktionen (mit dem höchsten kulturellen Kapital und Erfolg in Spitzenberufen) würden möglicherweise nur die 31% bzw. 23% mit Hochschulabschluss übrigbleiben, um dann mit den Hochschulabsolventen anderer Milieus (denen der Weg in berufliche Spitzenpositionen verwehrt war) zusammengruppiert zu werden.

Es ist sinnvoller, die 31% oder 23% Hochschulabschlüsse gewissermaßen als „Gruppenkapital“ zu verstehen, dessen Vorteile die Angehörigen der jeweiligen dominanten Milieufraktion gemeinsam genießen und durch das sie sich von dem Bevölkerungsdurchschnitt von 8% abgrenzen können. Wer berufliche Spitzenpositionen hat oder gar zu den hohen Positionseliten zählt, übt diese Funktionen in aller Regel im Zusammenhang der Milieus, zu denen er oder sie gehört, aus. Wilhelm Bürklin (1997) hat festgestellt, dass die enge berufsständische Selbstrekrutierung der Spitzeneliten (etwa Militärs oder Spitzenmanager aus Familien von Militärs und Spitzenmanagern) sich in der Geschichte der Bundesrepublik relativiert hat. Die Rekrutierung erfolgt in aller Regel aus dem etwas breiteren Umfeld, d.h. aus den oberen Milieus insgesamt.

Die einzige Ausnahme bilden, bei Bürklin, die aus der Facharbeiterschaft aufgestiegenen Gewerkschafts- und Parteipolitiker. Diese Ausnahme des Aufstiegs aus den Milieus der praktischen Intelligenz bestätigen auch die klassische Analyse von C. Wright Mills (1949) über die amerikanischen Gewerkschaftseliten und unsere Daten zur „modernen Dienstleistungselite“ (Wiebke, in: Vögele u.a. 2002: 282-286). Die von Rainer Geißler (1996: 235-239) interpretierten Daten der Berufsmobilität bestätigen, dass im „oberen Viertel“ nur die modernen höheren Dienstleistungen relativ offen für Zu- und Abgänge sind, während die Freien Berufe und die Unternehmer ab zehn Mitarbeitern den Charakter von relativ geschlossenen Ständen bzw. Besitzklassen gewahrt haben.

Wie es zu dem relativ hohen Maß an Selbstrekrutierung der meisten oberen Milieus kommt, ist an deren oben dargestellten Genealogien deutlich geworden. Es gibt verschiedene Typen von Familientraditionen. Die beiden dominanten Herkunftslinien können ihre Spitzenpositionen von Generation zu Generation weitergeben, indem sie den Bildungserwerb verbinden mit den Wirkungen des Erbes an inkorporiertem kulturellem Kapital und an sozialem Kapital. Die beiden dominierten Herkunftslinien haben dagegen auf eher mittleres kulturelles Kapital und einen daran anschließenden innerberuflichen Aufstieg gesetzt, d.h. auf einen stärkeren Akzent auf der Vermehrung des ökonomischen Kapitals mittels des Sozialkapitals.

Zu ähnlichen Folgerungen kommt auch Thomas A. Herz (1990) in seiner Analyse der westdeutschen Dienstklasse. Von der Berufsstatistik ausgehend, ordnet er der „Dienstklasse“, die er nach dem vertikalen Erwerbsklassenmodell von Goldthorpe (1980) definiert, etwa die gleichen Berufsgruppen zu, die wir bei den oberen Milieus gefunden haben. Ebenso wird eine hohe Konzentration von Bildungskapital, Privilegien, Generationenkontinuität und gemeinsamer kultureller Identität konstatiert (Herz 1990: 235). Auch der Umfang ist sehr ähnlich, zwischen 20% und 23%, und es wird eine vertikale Schichtung nach Kompetenzniveaus in eine „obere Dienstklasse“ (6%-7%) und eine „untere Dienstklasse“ (14%-16%) festgestellt (ebd.: 234). In unseren Clusterungen, die nach Habitustypen vorgenommen worden ist, sind die Proportionen etwas anders: Die beiden dominanten Submilieus umfassen nicht ein knappes Drittel, sondern etwa die Hälfte der oberen Milieus. Der Milieuansatz erlaubt eine genauere Quantifizierung der Habitustypen und vor allem eine feinere horizontale Unterteilung, so dass ein mehrdimensionales räumliches Feld erkennbar wird.

Nachdem inzwischen verschiedene hervorragende Einzelstudien über Teilgruppen der oberen Milieus vorliegen (u.a. von Michael Hartmann und Tomke Böhnisch), wird ein neuer Forschungsbedarf immer spürbarer. Es fehlt eine detaillierte Analyse des räumlichen Gesamtfeldes der oberen Berufsgruppen und Milieufraktionen, mit ihren jeweiligen Strategien, Kämpfen und Umstellungen auf neue wirtschaftliche und soziale Herausforderungen, wie sie Bourdieu (1982: 405-499) für das Frankreich der 1970er Jahre erarbeitet hat. Unsere Makrodaten haben erkennen lassen, dass auch in Deutschland die oberen Milieus fein unterteilt sind: durch horizontale Funktionsteilungen nach Berufsgruppen und durch vertikale Machtstufungen zwischen den selbstrekrutierten höheren Elitemilieus und den dominierten Fraktionen mit kleinbürgerlicher oder fachberuflicher Färbung.

Diese Teilungen sind in Bewegung gekommen durch die zeitlichen Brüche, die die Positionskonkurrenz zwischen etablierten neu aufsteigenden Milieufraktionen, zwischen älteren und jüngeren Generationen mit sich bringt. Die Herausforderer verweisen auf die neuen Zwänge der Revolution der Technologien und der internationalen Marktstrukturen und entwickeln ehrgeizige Strategien des eigenen Bedeutungsgewinns, die – wie im Falle des neuen Spekulationskapitals – auch scheitern können. Zu diesen Herausforderungen gehört auch der Druck aus den übrigen gesellschaftlichen Milieus, der, im Zuge des Wertewandels, nicht mehr nur allein auf Umverteilungen der Einkommen und materiellen Risiken, sondern auch auf mehr aktive Teilhabe an Bildungs- und Berufschancen, auf bessere Lebensqualität und mehr Mitbestimmung im politischen, lebensweltlichen und arbeitsweltlichen Alltag zielt.

In diesen neuen Konstellationen sind auch die institutionellen Arrangements und Aushandlungssysteme zwischen den sozialen Gruppen unter Druck gekommen. Insbesondere das „korporative Dreieck“ (Kreckel 1992) von Kapital, Arbeit und Staat steht in der Spannung zwischen denen, die den Arbeitsmarkt, das Bildungssystem und das Sozialversicherungssystem deregulieren oder anders organisieren wollen, und denen, die dies nicht wollen. Für die oberen Milieus geht es um die Hegemoniekonkurrenz ihrer Teilgruppen und um die

Schließung gegenüber nachdrängenden sozialen Gruppen. Wenn das „Mobilitätsregime" der ganzen Gesellschaft (Esping-Andersen 1993), d.h. die Steuerung sozialer Chancen durch Bildungs-, Sozial-, Rechts- und auch Zuwanderungspolitik, zur Debatte steht und die Fronten ideologisch verwirrt sind, bedarf es einer klärenden sozialwissenschaftlichen Sicht auf die realen Konstellationen zwischen den Milieus und den Interessen. Diese fehlt bisher weitgehend.

Um scholastische Debatten zu vermeiden, bin ich bisher der Frage aus dem Weg gegangen, ob es sich bei den heutigen gesellschaftlichen Teilungen um Klassen, Stände, Schichten oder frei konstituierte Milieus handelt. Ich habe hauptsächlich nur die Diagnose vertreten, dass die heutigen gesellschaftlichen Milieus die historischen Nachfahren jener früheren Formationen seien. Der Begriff des „Milieus" ist schon bei Émile Durkheim so konzipiert, dass von den gesamtgesellschaftlichen Konstellationen abhängt, was es ist. Von sich aus ist ein Milieu zunächst eine durch Beziehungen der Arbeitsteilung, der räumlichen Nachbarschaft oder der Verwandtschaft abgegrenzte soziale Gruppe, die diese Abgrenzung auch symbolisch, durch einen „Korpus moralischer Regeln" und einen entsprechenden „moralischen Habitus", verdeutlicht (Durkheim 1988: 44, 53-56, 245). Erst wenn Milieus sich als Herrschende und Beherrschte im Konflikt gegenüberstehen, sind sie „Klassen" (Durkheim 1988: 443-445). Auf dieselbe Weise argumentiert Edward Thompson (1980: 264-268), der „Klasse" als einen „Sonderfall" von Milieu ansieht, der nur durch polarisierende Kämpfe und bei Deregulierung der sozialstaatlichen Abfederungen entsteht.

Entsprechend lässt der Begriff „obere Milieus" offen, ob es sich um eine herrschende Klasse oder einen Teil von ihr oder eine Elite bzw. Gruppe mit spezialisierten Kompetenzen handelt. Was eine „Elite" ist, hängt, wie dies schon Mills (1956: 365-367) in seiner Kombination verschiedener Definitionen (institutionelle Position, Werte, Kohäsion, Mentalitätstypus) im Begriff der „Machtelite" reflektiert, ebenfalls vom historisch spezifischen Kontext ab. In den oben skizzierten fünf Submilieus, insbesondere den beiden dominierenden Submilieus, vereint sich die Zugehörigkeit zu hochqualifizierten Berufsgruppen mit spezifischen bevorzugten und ständisch gesicherten sozialen Positionen und Lagen. Nach Machtpositionen sind die oberen Milieus in sich offensichtlich stark hierarchisiert; nach den Berufsangaben bilden die niederen und höheren Funktionseliten die beiden großen unteren Stufen dieser Pyramide, während die engere Machtelite auf deutlich weniger als ein Zehntel der oberen Milieus geschätzt werden muss.

Wahrscheinlich hat der anhaltende Umbruch der Lebensweisen, der Produktionsweisen und der politischen Regulationsweisen die hybride Struktur der Gesellschaft, in der alte und neue Formen miteinander koexistieren und sich nach Möglichkeit arrangieren, noch verstärkt. Theodor Geiger (1949: 44-47, 152-156) hat zu Recht darauf hingewiesen, dass eine solche Gleichzeitigkeit der historisch Ungleichzeitigen der historische Normalfall ist.

Die in meinem Beitrag skizzierte Konstellation von Milieus zeigt eine spezifische Kombination von ständischen Abschließungen, durchlässigen Schichtungen, klassenmäßigen Interessengegensätzen und Indienstnahmen politischer Regulierungsregime. Ohne Zweifel aber stehen gegenwärtig wieder so gut wie alle Milieus der Gesellschaft in Herrschaftskonflikten und Modernisierungskonflikten. In diesen Kämpfen geht es darum, die bisherige Balance der Milieus zu verändern, um dem einen oder dem anderen Element mehr Wirkung zu verleihen. Erst am Ausgang dieser Kämpfe wird zu sehen sein, ob – durch eine weitgehende Deregulierung – wieder Klassenfronten entstanden sein werden oder ob es zu einer neuen ständischen Hierarchisierung kommt oder ob eine behutsame politische Regulierung, mit viel Partizipation von unten, eine offene Chancengleichheit mit Abbau von Herrschaft voranbringen kann.

Literatur

Bell, Daniel (1985): Die nachindustrielle Gesellschaft, Frankfurt/M.

Bourdieu, Pierre (1982): Die feinen Unterschiede, Frankfurt/M.

Bourdieu, Pierre (1992): Ökonomisches Kapital – Kulturelles Kapital – Soziales Kapital, in: ders., Die verborgenen Mechanismen der Macht, Hamburg.

Bürklin, Wilhelm / Rebenstorf, Hilke u.a. (1997): Eliten in Deutschland. Rekrutierung und Integration, Opladen.

Burnham, James (1941): The Managerial Revolution, New York.

Dahrendorf, Ralf (1957): Soziale Klassen und Klassenkonflikt in der industriellen Gesellschaft, Stuttgart.

Durkheim, Émile (1988): Über soziale Arbeitsteilung, Frankfurt/M.

Esping-Andersen, Gösta (1993): Changing Classes. Stratification and Mobility in Post-Industrial Societies, London.

Geiger, Theodor (1949): Die Klassengesellschaft im Schmelztiegel, Köln, Hagen.

Geißler, Rainer (1996): Die Sozialstruktur Deutschlands, 2. Aufl., Opladen.

Goldthorpe, John (1980): Social Mobility and Class Structure in Modern Britain, Oxford.

Herz, Thomas A. (1990), Die Dienstklasse. Eine empirische Analyse ihrer demographischen, kulturellen und politischen Identität, in: Berger, Peter A. / Hradil, Stefan (Hrsg.), Lebenslagen, Lebensläufe, Lebensstile, Göttingen, S. 231-252.

Kreckel, Reinhard (1992): Politische Soziologie sozialer Ungleichheit, Frankfurt/M., New York.

Mills, C. Wright (1949): The New Men of Power – America's Labor Leaders, New York.

Mills, C. Wright (1956): The Power Elite, New York.

Pross, Helge (1965): Manager und Aktionäre, Frankfurt/M.

Schumpeter, Joseph A. (1953): Die sozialen Klassen im ethnisch homogenen Milieu, in: ders., Aufsätze zur Soziologie, Tübingen, S. 147-213.

Thompson, Edward P. (1980): Die englische Gesellschaft im 18. Jahrhundert: Klassenkampf ohne Klasse?, in: ders., Plebejische Kultur und moralische Ökonomie, Berlin, S. 247-289.

Vester, Michael / von Oertzen, Peter / Geiling, Heiko / Hermann, Thomas / Müller, Dagmar (2001): Soziale Milieus im gesellschaftlichen Strukturwandel. Zwischen Integration und Ausgrenzung, 2. Aufl., Frankfurt/M.

Vögele, Wolfgang / Bremer, Helmut / Vester, Michael (Hrsg.) (2002): Soziale Milieus und Kirche, Würzburg.

Williams, Raymond (1972): Gesellschaftsgeschichte als Begriffsgeschichte. Studien zur historischen Semantik von „Kultur“, München.

III. Soziokulturelle Aspekte

Eliten-Konfigurationen in Deutschland

Erwin K. Scheuch

1. Elitenformationen im gesellschaftlichen Wandel: Vom Kaiserreich zum Nationalsozialismus

Zuletzt hatte Deutschland im Kaiserreich ein Establishment bzw. eine Oberschicht im Sinne eines einheitlich vorbildlichen Milieus. Aus diesem heraus wurden die für das Gesamtsystem wichtigsten Streitfragen entschieden. Seither gibt es Milieus der Eliten in verschiedenen Sektoren der Gesellschaft. Die für das Verständnis des Landes und vor allem auch der politisch-wirtschaftlichen Abläufe wichtige Frage ist dabei die nach der Art, wie diese Subsysteme miteinander vernetzt sind. Inzwischen mehren sich allerdings auch Hinweise, dass sich nach der Vereinigung des Landes wieder ein Establishment im oben erwähnten Sinn ausbilden könnte, mit Vorbildcharakter und Entscheidungsfähigkeiten gegenüber den weiter bestehenden Eliten der einzelnen Gesellschaftssektoren.

Im Kaiserreich war der grundbesitzende Adel eine Elite mit Vorbildcharakter. Der Adel war zwar in Deutschland durchaus mehrgestaltig, aber tonangebend wurde nach der Reichseinigung der ostelbische Adel (Berghahn 1987). Aus ihm rekrutierten sich insbesondere die höhere Beamtenschaft und die oberen Ränge des Militärs (Derlien 1986). Mit der rasanten wirtschaftlichen Entwicklung seit der Reichsgründung gab es dann eine wohlhabende wirtschaftliche Elite, die aber im Gegensatz zu Frankreich im Deutschen Reich vornehmlich nur ein abgeleitetes Selbstbewusstsein entwickelte – nämlich gemäß der Anerkennung durch das vom grundbesitzenden Adel geprägte Establishment.

So verwies Max Weber auf die „Selbstfeudalisierung“ der neuen wirtschaftlichen Eliten (Weber 1892). Beispielsweise kauften sich Angehörige dieser Elite der aufsteigenden Industriegesellschaft insbesondere in den Bereichen Montan und Finanz Rittergüter, um damit dem Lebensstil des grundbesitzenden Adels Ostelbiens nachzueifern (Weber 1952). Zu den höchsten Lebenszielen gehörten für viele in der aufsteigenden Wirtschaftselite Titel wie Kommerzrat und insbesondere die Nobilitierung. Diese waren für das Regime des Kaiserreichs ein Mittel – wie übrigens ebenso in England –, eine aufstrebende Elite zu integrieren. Ein Beispiel ist die Verleihung des Adelstitels an Werner und Georg von Siemens.

Mit dem Ende des Kaiserreiches verblich auch der Vorbildcharakter des grundbesitzenden Adels für andere Eliten. Mit dem Gebietsverlusts nach 1918 verlor er zum erheblichen Teil seine wirtschaftlichen Grundlagen und durch die militärische Niederlage seine Legitimation. Als Aufsteiger wurden Eliten zweier politischer Milieus mitbestimmend für die Politik, die im Kaiserreich als feindlich für das System behandelt wurden: die Eliten des katholischen Milieus und die weitgehend durch Eigenstudium gebildete Führungsschicht der Sozialdemokratie (Sheehan 1976). Die höhere Beamtenschaft blieb von dem Regimewechsel in Weimar weitgehend unberührt, und ein stark wirtschaftlich bestimmtes Verbandswesen wurde mit seinen Eliten zu einem wichtigen Faktor der neuen Republik. Damit entstand in Weimar ein Nebeneinander verschiedener Teileliten. Weil korporatistische Strukturen im Kaiserreich nebeneinander weiter existiert haben, konnte sich diese Struktur rasch durchsetzen.

Nicht einmal der Nationalsozialismus konnte dieses Nebeneinander von Teileliten beseitigen. Einmal orientierte sich der Nationalsozialismus – sofern er überhaupt eine Gesellschaftskonzeption hatte – an den Modellen berufsständischer Ordnung. Zudem gehörte es zur Politik der NS-Führung, die existierenden Eliten nicht allgemein im revolutionären Handstreich zu beseitigen, sondern nach Möglichkeit mit eigenen Anhängern zu durchdringen, sie zur Kollaboration anzuhalten und mit der Perspektive, sie erst später zu ersetzen (Hentschel 1980).

Gewiss stand am Anfang der NS-Herrschaft eine Säuberung von Personengruppen, die als feindselig galten (Jasper 1988). Das waren vor allem Juden als Teil der Elite in verschiedenen Segmenten und „Linke“. Ferner wurde in den Massenmedien null Toleranz für abweichende Meinungen angezielt, wenngleich es auch hier mindestens in den ersten drei Jahren vermieden werden sollte, andere Eliten durch Brachialgewalt zu verschrecken. So konnten sich solche Inseln wie die Frankfurter Allgemeine Zeitung noch über Jahre hinweg halten, weil sie als letztendlich unschädlich für das eingeschätzt wurde, was dem Regime am wichtigsten war: die Meinung der Bevölkerung.

Das zeigte sich an zwei Entwicklungen. Einmal ließ Goebbels ab 1938 eine Art Äquivalent zur heutigen Umfrageforschung durch den SS-Führer Ohlendorf entwickeln (Boberach 1965). Zum anderen wich das Regime sofort zurück, wenn sich eine breite Mehrheit weigerte, öffentlich sichtbares Unrecht zu bejubeln. Die Pogrome der Reichskristallnacht 1938 wurden eingestellt, als das Entsetzen darüber in der Bevölkerung offenkundig wurde, und die Tötung des „unwerten Lebens" ab 1939 wurde zunächst nur noch verdeckt weiter geführt und dann auf Hitlers Befehl eingestellt (Allen 1981).

Für die Rüstungspolitik des Reiches war es unerlässlich, die Mitarbeit der Wirtschaftseliten zu erreichen. Das sicherte bis 1936 eine keynesianische Politik des billigen Geldes und ab 1936 das Garantieren der Unternehmer-Einkünfte. Für die kleinen Selbständigen, die Landwirtschaft, den Handel und das Handwerk wurde eine Wirtschaftsordnung ohne Marktkonkurrenz eingerichtet (Petzina 1969). Die Zustimmung der kleineren und mittleren Betriebe erkauften sich die Nazis durch eine weitere Förderung der Kartelle. Und für die Industriellen stellten die Vier-Jahres-Pläne zwar eine Enteignung im Sinne eines Unternehmertums dar, aber im Gegenzug wurden die Eigentümer der Großbetriebe zu Rentiers, die für ihre Produkte in dem planwirtschaftlichen System einen Gewinn von sechs Prozent berechnen durften (Riedel 1973).

Es gab selbstverständlich auch Nationalsozialisten in der wirtschaftlichen Führung wie den SA-Fanatiker Philipp Fürchtegott Reemtsma, aber wichtiger war für die Führung, dass weitgehend ungeachtet der jeweiligen weltanschaulichen Überzeugung die Wirtschaftselite käuflich war. Das zeigte sich bei den sogenannten „Arisierungsprogrammen", durch die jüdische Eigentümer zum Verkauf ihrer Betriebe an „Arier" gezwungen wurden. Ein erheblicher Teil der Wirtschaftselite nutzte dieses Programm, um sich privat zu bereichern.

Entscheidend für die korporatistische Struktur auch bei den Eliten der Sektoren des Gesellschaftssystems ist die relative Bedeutung der Kohäsion nach innen gegenüber der Bereitschaft, sich im Sinne einer Gesamtführung zu verhalten (Schmitter/Lehmbruch 1979). Dieser Mechanismus wird im Universitätsbereich auf überschaubare Weise nachprüfbar. Es gab innerhalb der Universitäten nebeneinander Nationalsozialisten und entschiedene Gegner des Systems. Kennzeichnend war dann aber, dass die Verpflichtung zur Kollegialität durchweg den Vorrang behielt gegenüber den Forderungen des Regimes, Gegner bei den NS-Behörden zu denunzieren. Ein Beispiel ist das Arrangement in der Soziologie in Köln. Leopold von Wiese als „Altliberaler" hatte sich gegen eine Auswanderung entschieden und las fortan nur noch Dogmen-Geschichte in den Sozialwissenschaften. Es gab daneben einen NS-Privatdozenten Gierlich, der zunächst noch Soziologie anbot, aber diese Bezeichnung entschwand schon bald aus dem Vorlesungsverzeichnis. Von Wieses Forschungsinstitut für Sozial- und Verwaltungswissenschaft wurde ersetzt durch ein Institut für deutschen Sozialismus, als dessen Direktor ein hoher Nazi-Beamter bestellt wurde. Dieser wissenschaftlich völlig unbedeutende Mensch hatte aber dennoch seinen politischen Gegner von Wiese nicht bedrängt.

In den späten dreißiger Jahren begann die Reichsführung mit dem Aufbau eines Bildungs- und Erziehungssystems, aus dem eine NS-Elite hervorgehen sollte, welche die weiter existierenden jeweils ihrem Teilgebiet verpflichteten Eliten einmal ersetzen sollte. Napolas, Ordensburgen und zivile SS als Pflanzstätten existierten aber nur so kurze Zeit, dass nicht zu entscheiden ist, ob das Programm einer Verdrängung alter Eliten gelungen wäre.

2. Eliten in der Bundesrepublik Deutschland

2.1 Die unmittelbare Nachkriegszeit

Bereits vor dem Ende des Zweiten Weltkrieges hatten sich die Alliierten darauf verständigt, die deutsche Elite zu „entnazifizieren". Im Dezember 1944 wurden 52 Organisationen und Ämter für illegal erklärt und mit der Direktive JCS 1067 verkündet, dass alle aktiven Unterstützer des NS-Regimes oder des Militarismus von Einflusspositionen entfernt würden (Uta Gerhardt 1992). Dieses Programm wurde auch zunächst in allen vier Zonen umgesetzt (Plischke 1947). In 545 Spruchkammern bemühten sich 22.000 Mitarbeiter, zwölf Millionen Deutsche zu überprüfen. Sie wurden in fünf Klassen unterschiedlicher Belastung durch das NS-Regime sortiert, und zunächst verloren 1.500.000 Menschen ihre Ämter (Friedrich 1948). Große Firmenkomplexe, die für die Unterstützung des Regimes zentral waren wie IG Farben, wurden zerlegt. Besonders wichtig schien den Alliierten die Aufteilung der Großbanken, deren Vorstände wie bei der Deutschen und der Dresdner Bank als Kriegsverbrecher eingestuft waren.

Im März 1946 wurde öffentlich, dass die Einigkeit der Alliierten zerbrach. Damals hielt Churchill seine berühmte Rede, in der er den Begriff des Eisernen Vorhangs prägte. Der endgültige Bruch kam 1948 mit dem Militärputsch in der Tschechoslowakei und dem Auszug der UdSSR aus dem Kontrollrat für Deutschland, gefolgt von der Berliner Blockade im Juni des gleichen Jahres.

Bereits zuvor waren die Alliierten für ihre jeweiligen Zonen zu dem Schluss gekommen, dass sie ohne die Kooperation eines Großteils der Funktionseliten nicht in der Lage sein würden, das kriegszerstörte Land rasch auf einen Normalzustand hin zu entwickeln. Diesen zu erreichen war ihnen im Wettbewerb miteinander wichtiger als einen flächendeckenden Austausch der Eliten (Herbert 1998). Das galt auch für die UdSSR und deren Zone. Bekannten sich dort frühere Nazis zum kommunistischen Regime und erschienen sie als nützlich, so wurden sie auch dort eingegliedert. Eine eigene Partei, die National-Demokratische Partei, sollte für frühere Nazis eine neue politische Heimat werden (Kappelt 1997).

Die Nürnberger Prozesse wurden trotz des sich verschärfenden Ost-West-Gegensatzes für die 22 Hauptbelasteten noch zu Ende geführt, die Entnazifizierung dagegen nicht. So galt die Entnazifizierung den eher kritischen Beobachtern der Nachkriegsentwicklung in Deutschland als ein Fehlschlag, und als ein weitgehender Austausch von Personal war sie dies wohl auch. Immerhin bedeutete sie eine Delegitimierung der NS-Ideen und damit den Zwang überkommener Eliten, sich zumindest äußerlich als Teil eines neuen Deutschlands zu verstehen (Merritt 1995).

In der Struktur seiner Führungsgruppen war dieses Deutschland nicht gar so neu. Gewiss wurden in der Verwaltung die führenden NS-Personen entfernt, und das Ersetzen von NS-Personal ging noch sehr viel weiter im Bereich der Politik, der Kultur und der Medien. Als besonders resistent gegenüber personellen Veränderungen erwiesen sich dagegen die klassischen akademischen Berufe. Keiner der hohen NS-Juristen und führenden Mediziner wurde zunächst zur Rechenschaft gezogen. Für die Universität zu Köln berichtet von Wiese, dass es keine einzige Denunziation gegenüber den Alliierten gegeben hatte. So wie in der NS-Zeit sich die Verpflichtung zur Kollegialität stärker erwies als eine Ergebenheit zur neuen Führung, so galt dies nun auch nach 1947 (Scheuch/Scheuch 2001: 137). Der korporatistische Charakter bei den Führungsgruppen wurde durch das Zerbrechen des Deutschen Reiches in der Zeit des Interregnums eher noch verstärkt, bis dann 1953 eine neue Staatlichkeit entstand. So wie sich in der Mangelzeit 1945 bis 1948 die Bindung der Menschen an ihre lokale Gemeinde in diesem föderalistischen Land noch intensivierte, so auch die Bedeutung der Korporation als Raum der Abstützung für Individuen.

2.2 Die Situation in der frühen Bundesrepublik

Während der ersten 25 Jahre der neuen Bundesrepublik war die Möglichkeit zur Mobilität in die Führungsschicht hinein besonders groß. Viel Raum gab es schon wegen der Kriegsverluste durch das weitgehende Verschwinden der Aristokratie. Ihr war nicht nur die wirtschaftliche Grundlage mit der Abtrennung der Ostgebiete für die meisten Familienclans entfallen, sondern hier war auch der Blutzoll in zwei Weltkriegen und zuletzt noch durch den Widerstand besonders hoch. Neben und mit dem weitgehenden Verschwinden der

Aristokratie war auch das Militär, welches während der Weimarer Republik nicht zuletzt für die Außenpolitik maßgeblich war, als Element des Nebeneinanders von Eliten bedeutungslos geworden. Dagegen war die Einfluss der Spitzen von Verwaltungen noch gestiegen. Verwaltungen waren immer in Deutschland mit Beginn der Industrialisierung sehr einflussreich, weil in diese Veränderungsprozesse in Deutschland fortwährend der Staat eingriff. Das galt auch und in verstärktem Maße für die Zeit des Wiederaufbaus (Zapf 1965). Der Einfluss dieser Teileliten wurde ferner durch die Bürokratisierung des Alltags und die Homogenität aufgrund der Einheitlichkeit des Studiums erhöht. Erst 1953 fiel das Juristen-Monopol als Voraussetzung für eine Leitungsfunktion in der Verwaltung.

Wie in Weimar war auch in der Wiederaufbauphase der Bundesrepublik die Elite der Wirtschaft bei politischen Entscheidungen aktiv (Pritzkoleit 1959). Zu Beginn war dies noch weitgehend gleichbedeutend mit der Leitung der Montanindustrie neben den Finanzinstitutionen. Das ergab sich schon aus der Wichtigkeit dieser beiden Wirtschaftsbereiche für den Wiederaufbau. Aber schon bald ging die Bedeutung der Schwerindustrie zurück, und die Finanzwirtschaft erlangte eine Schlüsselstellung für die gesamte Wirtschaft. Das ergab sich zunächst aus der Knappheit an Kapital nach den Verwüstungen und der inflationären Finanzierung des Krieges.

Der Wiederaufbau eines Parteiensystems gelang überraschend schnell (Scheuch 1966). Bei der Sozialdemokratie gab es eine gewisse Kontinuität aufgrund der Wirksamkeit der Emigrantenorganisationen speziell in London. Ein Beispiel hierfür ist der Kreis, der sich „Freiheitliche Sozialisten" nannte, dem Inhalte nach aber eine Art sozialistische Erziehungsdiktatur bedeutet hätte. Sehr stark waren auch zunächst marxistische Gruppen. Der Wunsch nach einer Vereinigung zwischen Kommunisten und Sozialdemokraten zerbrach nicht zuletzt durch den Zwang, der von Osten her auf die SPD ausgeübt wurde, aber es gab in der SPD über die Ausrichtung der Partei noch lange schwierige Gruppenkämpfe. Das stabilisierende Element waren hier sicherlich die sich ebenfalls überraschend schnell neu gründenden Gewerkschaften.

Im Gegensatz zu Weimar setzte sich hier nicht zuletzt unter dem Einfluss von Amerikanern statt der überkommenen Fachgewerkschaften das Prinzip der Industriegewerkschaften durch. Sozialdemokraten und Gewerkschaften scheiterten mit ihrem Wunsch nach Sozialisierung der Grundstoffindustrien und begnügten sich mit der paritätischen Mitbestimmung, die bereits Naphtali in Weimar als Alternative zur Verstaatlichung empfohlen hatte. Eine Ausdehnung dieser Art von Mitbestimmung auf die Wirtschaft insgesamt scheiterte aber an der politischen Vorherrschaft der CDU. Immerhin gewährte das

Betriebsverfassungsgesetz den Spitzen der Gewerkschaften einen bis heute nachhaltigen Einfluss auf die Großwirtschaft.

Eine Vereinigung gelang dagegen im bürgerlichen Lager zwischen den überlebenden Zentrumsführern und den Repräsentanten des protestantischen Milieus. An drei Stellen gleichzeitig wurde die CDU gegründet, die zunächst auch ein wirtschaftlich eher linkes Programm vertrat. Mit dem Handstreich der Währungsreform sowie dem weiteren Handstreich einer Aufhebung der Rationierung und der Preisbindung wurde dann allerdings die Grundlage für die sich ausbildende Ordnung der Marktwirtschaft gelegt.

In der ersten Wahl 1949 wirkte die Parteienvielfalt zu Ende von Weimar noch weiter. Insbesondere der Mittelstand war parteipolitisch vielfach zerklüftet, aber die Spitzen dieser kleineren Parteien blieben für die Ordnung des Wiederaufbaus belanglos. Mit der Wahl 1953 erfolgte dann die Konsolidierung des Parteiensystems, in dem als eine dritte Säule eine liberal-nationale Partei heran wuchs. Im Gegensatz zum Kaiserreich und zu Weimar konnten in diesem Lager bis heute die vielfachen Spaltungen und Wiedervereinigungen vermieden werden (Scheuch und Wildenmann 1965). Da zudem die Bundesrepublik durchweg von Koalitionen regiert wird und in diesen die FDP in der Regel – mit nur zwei Ausnahmen – der Königsmacher war, haben die Führungsgruppen dieser Partei innerhalb des politischen Systems durchweg ein größeres Gewicht gehabt, als es ihrem Stimmenanteil entsprach.

Es machte sich auch stärker bemerkbar, dass in Deutschland das Bildungssystem nicht die Filterinstitutionen von Elite-Universitäten aufwies, wie dies für Frankreich, England, die USA und Japan der Fall ist. Die Studentenverbindungen, die einmal im Kaiserreich als funktionelles Äquivalent für Elite-Universitäten wirkten, hatten ihre Bedeutung weitgehend verloren. Die weiter existierende Elite aus der Zeit vor 1945 vermischte sich mit der hinzu kommenden aus der Zeit danach, und dieses Amalgan war der sozialen Herkunft nach weit davon entfernt, ein Establishment zu sein. Dies motivierte Ralf Dahrendorf zu der Diagnose, Deutschland habe keine Elite – was im Vergleich zu England im Sinne einer sozial homogenen Kaste mit übereinstimmenden Ansichten über Verhaltensstile in der Tat zutraf (Scheuch 1988: 54-77).

Ein weiterer wichtiger Faktor, der zur Offenheit des Systems in der frühen Bundesrepublik beitrug, waren die Wanderungsbewegungen – zunächst zwischen 1945 und 1949 – als Ergebnis ethnischer Säuberung in den Gebieten, die jetzt tschechisch und polnisch geworden waren. Gewöhnlich spricht man von einer Wanderung in der Größenordnung von zwölf Millionen Menschen. Bis zur Errichtung der Berliner Mauer im Jahre 1961 kamen noch einmal 2,6 Millionen Migranten aus der DDR in die Bundesrepublik.

Wie in anderen westeuropäischen Ländern war bis Mitte der sechziger Jahre der Anteil von Personen mit akademischem Abschluss sehr gering – weniger als zwei Prozent eines Altersjahrgangs. Das war gleichbedeutend mit vielen Karrierechancen am Bildungssystem vorbei. Insbesondere die Karrieren in der Wirtschaft, im Journalismus, in den politischen Parteien – sehr viel weniger allerdings in der Verwaltung – waren ohne akademische Bildung möglich. Auch das war ein wichtiges Element für die Uneinheitlichkeit der sozialen Merkmale des Personals in leitenden Positionen, die Dahrendorf so tadelnswert fand.

Dennoch bestätigten immer wieder Beobachter aus anderen Ländern, dass während der Entwicklungszeit der neuen Bundesrepublik der inhaltliche Konsens in der Führungsschicht hoch war – allerdings mit einem großen Riss durch die Führungsschicht in der Politik. Hier war man gespalten hinsichtlich der Exklusivität in der Bindung an den Westen, der Möglichkeiten, hier und heute eine Politik der Vereinigung mit der Sowjetisch Besetzten Zone (SBZ) zu betreiben, und in der mit beiden verbundenen Frage einer Wiederbewaffnung. Zwischen 1957 mit der ersten und letzten Bundestagswahl, in der eine Partei eine absolute Mehrheit erreichte, und dem Godesberger Programm der Sozialdemokraten im Jahre 1961 minderte sich dieser Gegensatz zu Unterschieden in den Akzenten und nicht so sehr in den Zielen.

2.2 Zentrale Weichenstellungen durch Elitenentscheide?

Wesentliche Strukturentscheidungen in der Bundesrepublik wurden weder von den politischen Eliten noch von denen der Wirtschaft selbst definiert und gefördert. Was tatsächlich im allgemeinen Zusammenspiel von Politik und Wirtschaft entschieden wurde, war die Entwicklung eines Selbstverständnisses der Bundesrepublik als Teil eines westlichen Europas. Die Führungsschichten der Weimarer Republik waren hier ziemlich ziellos geblieben mit immerwährenden Initiativen, nicht zuletzt der Militärs, sich als Land der Mitte zu verstehen. Diese Westorientierung war einer der entscheidenden Umbrüche seit der Gründung der Bundesrepublik, die eine eindeutige Option sowohl in den Lebensstilen der Bevölkerung wie auch den Orientierungen der Eliten herbeiführte (Deutsch et al. 1967).

Dagegen wurden drei Brüche mit der deutschen Vergangenheit in den fünfziger Jahren durch Minderheiten in Politik und Wirtschaft herbeigeführt. Sie wurden handstreichartig durchgesetzt und erreichten erst viele Jahre später im nachhinein eine allgemeine Akzeptanz in Bevölkerung und Führungsgruppen. Der erste Bruch war das Bejahen einer Gesellschaft des Massenwohlstandes mit Wettbewerbsfreiheit. Das war zunächst überhaupt nicht im Sinne der Wirtschaft, die in ihrer damals führenden Zeitung – der Deutschen Zeitung – darüber klagte, das sich entwickelnde System sei „Konsumenten-Sozialismus“. Wesentlich die gleiche Koalition von Personen setzte demgegenüber das Verbot von Kartellen durch. Im Kaiserreich waren auch mit Zustimmung deutscher Wirtschaftswissenschaftler Kartelle das wesentliche Ordnungselement der Wirtschaft. In Weimar wurden Kartelle zumindest geduldet und die deutsche Wirtschaftsstruktur war so kartellfreundlich, dass hier viele internationale Kartelle ihre Hauptquartiere einrichteten. Schließlich wurden durch die Nazis noch weitere Kartelle als Ordnungselemente der Wirtschaft eingerichtet, durch welche die spätere Politik staatlich abgesprochener Preise gedieh. Der frühere Marktforscher Ludwig Erhard hatte das neue Kartellverbot im Zusammenspiel mit amerikanischen liberalen Wirtschaftlern zunächst quasi im Alleingang durchgesetzt. Dann half der Korea-Krieg, deutschen Produkten internationale Märkte zu öffnen, und das „Wirtschaftswunder“ konnte sich ab etwa 1953 entfalten. So wurde für die deutsche Wirtschaft, insbesondere unter Produzenten und flächendeckend im Kleinhandel und Handwerk, Preisbildung und Absatz unter Konkurrenzbedingungen etwas Neues, Ungewohntes (Erhard und Müller-Armack 1972).

Der zweite Bruch mit der Vergangenheit war die Durchsetzung einer neuen Wirtschafts- und Sozialordnung. Die Wirtschaftsordnung der sozialen Marktwirtschaft wurde erdacht im Widerstand gegen die Wirtschaftsordnung des NS-Staates (Blumenberg-Lampe 1986). Durch Erhard und Alfred Müller-Armack konnte die soziale Marktwirtschaft in der CDU als Ordnungsprinzip durchgesetzt werden, obwohl damals (zumindest damals) die meisten führenden Politiker nicht verstanden, was sie da befürworteten (Müller-Armack 1981). Weil diese neue Wirtschaftsordnung nicht nur mit der Vokabel „sozial“ geschmückt war, wurde hier zunächst nicht wirklich wahrgenommen, welch einen Rückzug die soziale Marktwirtschaft aus der Tradition staatlicher und politischer Intervention in das Marktgeschehen bedeutete. Dabei war es für Deutschland charakteristisch gewesen, dass die Politik – auf Wunsch oder aus eigenem Antrieb – punktuell in die Wirtschaftsabläufe intervenierte, wie etwa in unseren Tagen wieder in den Fällen Holzmann oder in der Steuergesetzgebung zugunsten der Kapitalgesellschaften.

Das Sozialsystem parallel zum Wirtschaftssystem umzubauen, gelang nur bei den Renten – hier allerdings gründlich, und das war der dritte Bruch. Bei der Altersversorgung war eine Entscheidung unerlässlich, weil die frühere Kapitaldeckung für Renten ein Opfer des Krieges geworden war. Unter den damaligen Umständen gab es gar keine Alternative als ein Umlageverfahren. Ein revolutionär neues Element war dann die Kopplung der Rentenhöhe an die Entwicklung der Einkünfte des erwerbstätigen Teils der Bevölkerung. Wilfried Schreiber, der Erfinder der dynamischen Rente, die dann von Hans Katzer politisch durchgesetzt wurde, konnte so versprechen, dass mit dieser Kopplung erstmals die Verknüpfung von Alter und Armut beseitigt würde. Diese Dynamik ist jetzt mit der Riester-Rente, ebenso wie die Parität der Finanzierung durch Arbeitnehmer und Arbeitgeber, teilweise aufgegeben worden, ohne dass dies zu einer Grundsatzdebatte geführt hätte. Als nicht reformierbar erwies sich dagegen das Gesundheitssystem – und das ist bis heute so geblieben.

Im Rückblick waren tiefgreifende Reformen dann möglich, wenn Ratlosigkeit herrschte und/oder wenn Minderheiten Verbündete bei der US-Besatzungsmacht fanden. Zur Bereitschaft, solche Traditionsbrüche hinzunehmen, wie sie in den fünfziger Jahren durchgesetzt wurden, trugen sicherlich noch zwei Umstände bei, die später verblassten. Da war einmal die Notwendigkeit, im Wettbewerb mit der kommunistischen Ordnung auf irgendeine Weise rasch ein Minimum an Massenwohlstand durchzusetzen. Und da war zweitens die existentielle Unsicherheit der Konfrontation Ost-West, für die noch kein kalkulierbares Regelsystem entwickelt war. Das galt bis zum Mauerbau und bis zur Kuba-Krise: Ab diesen beiden Konfrontationen kann man von einem antagonistischen System mit kalkulierbaren Verhaltensweisen der Supermächte sprechen. Bis dahin allerdings war der Glaube weit verbreitet, dass irgendwann der Dritte Weltkrieg ausbrechen würde. In dieser Situation bestand eine größere Bereitschaft, Veränderungen zu akzeptieren, statt den Status quo als befriedigend zu werten.

2.3 Struktur und Format der Eliten in der alten Bundesrepublik

In den achtziger Jahren gab es eine Häufung von Elitestudien. Die meisten dieser Eliteuntersuchungen benutzten das Positionsverfahren, wobei nach Umfang der befragten Personen und nach Detailliertheit der Erhebung die erste dieser Eliteuntersuchungen hervorstich, die von Rudolf Wildenmann 1981 konzipiert wurde (Hoffmann-Lange 1992). Aus verschiedenen Umständen erfolgte die Veröffentlichung der Ergebnisse allerdings erst viele Jahre später. Das tut der Studie als Beschreibung der Situation vor der Wiedervereinigung aber keinen Abbruch, da es nach anderen Untersuchungen keinen Grund gibt, während der achtziger Jahre rasche Änderungen zu vermuten. Im Gegenteil: In diesen achtziger Jahren hatte sich das System der Führungsgruppen stabilisiert.

Diese Untersuchungen schreiben einmal die Sozialstruktur der Eliten, die zunächst bei den Untersuchungen in den sechziger Jahren vor allem interessierte, zur Gegenwart hin fort. Vieles hatte sich nicht grundsätzlich verändert: 54 Prozent derjenigen Personen mit Elitestatus kommen aus der oberen Schicht oder der oberen Mittelschicht; aber nach wie vor waren die oberen Ränge für Personen aus weniger günstigen Soziallagen relativ offen (Hoffmann-Lange 1992: 245; Moore/Alba 1982).

Schaubild 1: Elitestrukturen im deutsch-amerikanischen Vergleich

	Bundesrepublik		USA	
	Eliten	Bevölkerung	Eliten	Bevölkerung
Eigentümer großer Betriebe	8,6%	1,8%	21,3 %	1,6%
Andere Selbständige	19,6	27,7	27,3	10,1
Manager-Funktionen in Betrieben unterschiedlicher Größe	50,3	18,0	35,4	37,4
Alle anderen	21,6	52,1	16,0	49,2

(Bevölkerung = Erwerbsbevölkerung über 40 Jahre)

In einer detaillierten Wiedergabe der Zusammensetzung der Eliten quer durch die verschiedenen Sektoren ergab sich, dass der umfangreichste Teil der Führungsschicht die Wirtschaftselite war. Hier hatten auch die Verbandsmanager eine wichtige Position. Fast ebenso zahlreich waren Spitzenbeamte auf den verschiedenen Ebenen des politischen Systems. Erst dann folgten Berufspolitiker.

Der wichtigste Unterschied gegenüber früheren Erhebungen war die starke Akademisierung der Führungsschicht. Die rasche Ausdehnung der Hochschulen wirkte anders als politisch erwartet worden war. Mit etwa 18

Prozent eines Altersjahrgangs in Universitäten und Fachhochschulen wurde die große Zahl der Aufsteiger über das Bildungssystem geleitet. Das wiederum bedeutete eine Verringerung des Aufstiegs aus den ungünstigeren Soziallagen, weil in Bildungseinrichtungen die Bildung des Elternhauses stärker durchschlägt als beim Aufstieg über den Beruf.

Nach wie vor herrschten Protestanten numerisch vor, war ein Großteil der Eliten außerhalb von Großstädten aufgewachsen, streute die Herkunft und Arbeitsstätte über die ganze Bundesrepublik und fehlten Frauen weitgehend. Das bedeutete nicht zuletzt, dass Makler zwischen verschiedenen Eliten unterschiedlicher Sektoren und Elitemitglieder mit Ämterhäufung bei einer solch regionalen Zersplitterung von großem Einfluss sein mussten.

Die Karrierewege waren in der Bundesrepublik verglichen mit Nachbarstaaten verhältnismäßig lang. Das hatte zur Folge, dass das Durchschnittsalter mit 52,7 Jahren bis zum Erreichen der Eliteposition verhältnismäßig hoch war. Unverändert erfolgte der Aufstieg in die Führungsposition als Norm im gleichen Sektor, in dem man begann.

Ursula Hoffmann-Lange ermittelte unter den von ihr befragten 1.744 Führungskräften in verschiedenen Sektoren einen inneren Einflussbereich von 559 Personen (Hoffmann-Lange 1987). Von diesen hatten nur 11,4 Prozent keine ausgesprochene Eliteposition inne – womit sich der Eindruck aus den sechziger Jahren eines verhältnismäßig hohen Formalisierungsgrads der Elite bestätigt (Scheuch 1966). In diesem inneren Zirkel waren 40 Prozent Politiker und weitere zwölf Prozent Bürokraten in Spitzenpositionen. Vertreter der Wirtschaftseliten fanden sich hier mit etwa 20 Prozent (Hoffmann-Lange 1986). Dies ergibt sich aus der Funktion der politischen Elite als Vermittler zwischen verschiedenen Segmenten, auch innerhalb des wirtschaftlichen Sektors zu den Gewerkschaften. Zugleich konnte ein sehr starker Anstieg der Parteimitgliedschaft bei den Eliten – selbst der Wirtschaft – beobachtet werden. Erst recht gilt dies angesichts der Allgegenwart der Ämterpatronage für die Spitzenbeamten in der Bundesrepublik.

Eine wichtige Eigenschaft eines Netzwerks ist dessen Dichte. Mit „Dichte“ wird der Anteil von Personen bezeichnet, der aus insgesamt möglichen dann tatsächliche Beziehungen miteinander unterhält. Diese Dichte beträgt in Deutschland im Vergleich zu den Vereinigten Staaten für den inneren Kreis nur ungefähr die Hälfte des Wertes für die USA. Allerdings kreuzen 77 Prozent der Beziehungen, die unter den Mitgliedern des inneren Kreises beobachtet wurden, die Grenzen von Sektoren. Damit ist unserer Deutung nach eine Inflexibilität des Systems in Deutschland korrigiert: die Seltenheit personeller Übergänge von Sektor zu Sektor. Die Verknüpfung von einflussreichen Personen aus verschiedenen Sektoren kann dann als funktionales Äquivalent für eine geringe horizontale Mobilität gedeutet werden.

In den Untersuchungen der achtziger Jahre wurde die Bedeutsamkeit von Verbänden unterschätzt. Die Bundesrepublik hat ein sehr dichtes und zugleich kompliziertes Netzwerk von Verbandsfunktionären. Das ergibt sich schon aus dem Nebeneinander zweier Prinzipien der Verbandsorganisation: zum einen der Organisation der regionalen Vielfältigkeit, zum anderen der Repräsentation der Unterschiede in der fachlichen Orientierung. In Nordrhein-Westfalen gibt es eine Landesvereinigung der lokalen Arbeitgeberverbände, die teilweise fachlich und teilweise lokal nebeneinander definiert sind. Insgesamt sind hier 87 solcher Verbände zusammengefasst. Diese Landesverbände bilden ihrerseits den Bundesband Deutscher Arbeitgeberverbände (BDA). Auf der lokalen Ebene sind die 69 Industrie- und Handelskammern der Versuch, die Interessenvielfalt der verschiedenen Branchen lokal aufeinander abzustimmen und gemeinschaftlich zu repräsentieren. Die Zusammenfassung „Deutscher Industrie- und Handelstag“ versucht bei bundespolitischen Gesetzen und Fachfragen wie Berufsbildung oder Umweltschutz Einfluss zu nehmen. Dasselbe Nebeneinander von Fachprinzipien und regionaler Präsentation findet sich auch in anderen Bereichen, in denen Verbände den Prozess der Willensbildung einzelner Mitglieder einerseits mediatisieren und andererseits repräsentieren sollen – wie im Sport, im Gesundheitswesen oder in der Kultur. Durchweg haben Landesverbände und lokale Organisationen wirkliche Mitglieder, während Bundesverbände üblicherweise Zusammenschlüsse von Verbänden sind.

Aus dieser kurzen Charakterisierung sollte deutlich werden, dass das Netz der Verbandsfunktionäre ein eigenes System der Willensbildung und Einflussnahme darstellt, das sich – wie beispielsweise im Gesundheitswesen – gegenüber den Vorstellungen der einzelnen Mitglieder, die auf Landesebene organisiert sind, stark verselbständigen kann.

Eine analoge Entwicklung ist bei der Willensbildung der Spitzenkräfte von Verwaltungen zu beobachten. Hier stehen im föderalistischen System der Bundesrepublik die jeweils für ein Sachgebiet federführenden Spitzenbeamten der 16 Länder fortwährend in Verbindung zu Bundesministerien und den Spitzen der Verbände. In einer späteren Phase der Regierung Schmidt kam ein Spitzenberater auf die Idee der Gemeinschaftsaufgaben: Der Bund nimmt bei einer Gesetzgebung die Länder „mit ins Boot“ und in einer konzertierten Aktion dann auch noch die Verbände. Das bedeutet einen hohen Aufwand an Abstimmung und bei fehlender Übereinstimmung zwischen den Akteuren eine Vergrößerung der Blockade-Möglichkeiten.

Die achtziger Jahre erscheinen im Rückblick als eine Periode des „Deutschland, weiter so" und einer weitgehenden Unfähigkeit, Neuentwicklungen in Gang zu setzen. Das wiederum regte weder inhaltlich noch strukturell den Wunsch nach tiefgreifenden Veränderungen an, weil ja alles ziemlich zufriedenstellend zu laufen schien.

3. Deutsche Eliten nach der Wiedervereinigung

3.1 Beharrung und Wandel

Die Vereinigung hätte zu einer Neustrukturierung der Prozesse von Willensbildung auf der Ebene der Eliten führen können. Sie bedeutete eine Regimeänderung, und diese ist laut Literatur durchweg mit einer Umstrukturierung des Personals und der Prozesse von Willensbildung verbunden. Das scheint sich zu Beginn eines neuen Jahrtausends anzudeuten, unterblieb aber weitgehend in den neunziger Jahren.

Auf die Wiedervereinigung waren die zentralen Eliten der Politik Westdeutschlands in keiner Weise vorbereitet. Ein weiterer Umstand zur Beurteilung unterbliebener Veränderungen ist die Ängstlichkeit insbesondere des führenden politischen Personals, ob die an sich wünschenswerten Veränderungen ohne große Konflikte zu erreichen wären. Helmut Kohl stieß innerhalb der zentralen politischen Elite mit seiner Richtlinie auf weitgehende Zustimmung: Wir sollten im Osten nur verändern, was unvermeidlich ist, und das auf eine so unauffällige Weise wie möglich. Insbesondere fürchtete man den Vorwurf aus dem Osten und von der linken Kulturelite im Westen, es gebe keinen Prozess der Wiedervereinigung, sondern nur der Kolonialisierung der DDR durch den kapitalistischen Westen.

Das drückte sich konkret in der Organisation der Umstellung der Wirtschaft aus, indem die Bundesregierung eine Institution der letzten kommunistischen Regierung Modrow übernahm, nämlich die Treuhand-Holding für alle ostdeutschen Großbetriebe. Die große Mehrheit all derjenigen, die in dieser Treuhand die Privatisierung einer Staatswirtschaft bewirken sollten, war das Personal dieser früheren kommunistischen Institution – allerdings unter der Leitung westdeutscher Manager. In vier Jahren wurden dann 50 Prozent der 8.500 Treuhandgesellschaften privatisiert – wobei bezeichnenderweise die Hälfte dieser Privatisierungen aus einem „Management-buy-out" durch frühere kommunistische Direktoren bestand (Scheuch/Scheuch 2001: 186-190).

In einigen Bereichen gab es in der Tat weitgehende Veränderungen der Elite, die aber in erster Linie die höchste Führungsebene betrafen. So wurde die Führung der politischen Parteien ausgewechselt, die Mitglieder auf Wunsch aber in die westdeutschen Parteien eingegliedert, sofern es ein Pendent gab. Zusätzlich wurde eine kommunistische Nachfolgepartei akzeptiert. Ein Beispiel dafür, dass diese Veränderungen in erster Linie die oberste Ebene betrafen, ist gerade die CDU – und nicht einmal für diese Ebene erfolgte die Veränderung flächendeckend. Immerhin war die heutige CDU-Vorsitzende Angela Merkel zu DDR-Zeiten Funktionärin einer kommunistischen Jugendorganisation und der neue DGB-Chef Sommer Funktionär des kommunistischen FDGB. Die Führungsebene der Volksarmee wurde komplett ausgewechselt, bei den Medien erfolgte dies zu einem nicht unerheblichen Teil. Bei den Universitäten betraf die „Abwicklung" in erster Linie Fächer mit weltanschaulichem Bezug.

Unter der Leitung von Wilhelm Bürklin wurde mit der „Potsdamer Elite-Studie" der Ansatz von Rudolf Wildenmann fortentwickelt. Aus dieser Untersuchung ist ersichtlich, wie stark bei der Wiedervereinigung die Integration der östlichen Elitemitglieder in das Elitesystem der Bundesrepublik war (Bürklin 1996).

Durchweg ist der Anteil des Elitepersonals aus dem Osten geringer, als es dem Anteil von Menschen aus diesem Teil der Bundesrepublik entspricht. Auffällig ist dabei die Überrepräsentanz des Ostens in den politischen Eliten. Insgesamt sind die nachfolgenden Ebenen von Veränderungen weniger betroffen, wie das bereits für die Umbrüche 1918/1920, 1933/1936 und 1946/1949 zutraf. Unsere Diagnose: Die Veränderungen in der Zusammensetzung der Bevölkerung – zum Beispiel die Abnahme des Anteils der Arbeiter hin zu einer weiter schrumpfenden Minorität – und in der Zusammensetzung der Elite insgesamt (Ersetzung der Eliten nach Geburt und Eigentum durch Eliten aufgrund ihrer Erziehung und Beruf) waren kontinuierlich und kumulativ statt abrupt. Das erklärt sich wahrscheinlich mit dem fehlenden Willen oder der fehlenden Fähigkeit des Spitzenpersonals, den Veränderungen mit Gewalt entgegenzutreten.

Schaubild 2: Eliten in der Bundesrepublik Deutschland 1995

Elitensektor	Anteil des Sektors an der Elite der BRD	Anteil im Sektor aus dem Osten	Anteil im Sektor aus dem Westen
Politik	23,9%	32,1%	67,9%
Verwaltung	16,6	2,5	97,4
Wirtschaft	16,5	0,4	99,6
Wirtschaftsverbände	8,3	8,1	91,9
Gewerkschaften	4,2	12,4	87,6
Interessenvertretungen freier Berufe	1,5	?	?
Justiz	1,8	0,0	100
Wissenschaft	5,1	7,3	92,7
Medien	11,6	11,8	88,2
Kultur	4,9	12,9	87,1
Kirchen	1,4	?	?
Militär	4,0	0	100
Andere	0,9	8,9	91.1

(Bürklin/Rebenstorf u.a.1997: 65-67)

Obgleich die Bundesrepublik jährlich fast 750 Millionen Euro in die fünf neuen Länder als Transferleistungen überweist, gibt es dort eine erhebliche Unzufriedenheit mit den Lebensbedingungen. Darauf reagiert die politische Elite mit dem Versuch, den Wünschen aus dem Osten möglichst entgegenzukommen. Beispiele hierfür sind der Umtauschkurs 1:1 bzw. 1:2 D-Mark gegenüber der Ost-Mark und die unmittelbare Einführung der DM noch vor der Wiedervereinigung. Die Wirtschaft war mit zutreffenden wirtschaftlichen

Argumenten dagegen, die Politik aber verwies auf die ungenügende Akzeptanz, die im Osten gegenüber der Integration in die Bundesrepublik zu beobachten war. Bezeichnenderweise setzten sich die politischen Eliten mit ihren Prioritäten durch – woraus zu schließen ist, dass in den neunziger Jahren der Einfluss der Eliten des Wirtschaftssektors allgemein abgenommen hatte. Das allerdings ist begleitet von einem noch zu kennzeichnenden Aufstieg der Führung der Großbetriebe.

3.2 Die Wirtschaftseliten

In den fünfziger Jahren wurde auch in Deutschland eine bis dahin nicht sehr häufige Untersuchungsrichtung der Wirtschaftssoziologie zahlreicher, die sich zunächst in den USA entwickelt hatte: die Untersuchung der gegenseitigen Durchdringung von Wirtschaftsunternehmen und Verbänden – die Häufigkeit sogenannter „interlocks". Parallel hierzu wurden die Eigentumsverhältnisse der großen Firmen analysiert. Für beide Untersuchungsfelder ergaben sich erhebliche Unterschiede zwischen den westlichen Ländern, wobei die Differenzen sich seit 1945 ausprägten.

Wir gründen unsere eigene Auszählung auf eine Aufstellung von Rüdiger Liedke für die hundert größten Gesellschaften in Deutschland (Liedke 2000). Nach unserer Auswertung änderten sich in den letzten Jahrzehnten unter den hundert wichtigsten Gesellschaften die Beherrschungsverhältnisse. Es gab entweder Änderungen im Eigentum oder in der Kontrolle der Stimmenmehrheiten; Veränderungen erfolgten auch als Folge von Fusionen, und neue Gesellschaften verdrängten bekannte Firmen aus dem Kreis der hundert wichtigsten. Im Ergebnis ergibt sich eine gewisse Nähe zur Struktur solcher Großfirmen mit der Situation in Frankreich und eine erhebliche Unterschiedlichkeit zu den USA und Großbritannien.

Für Frankreich und Deutschland ist gleichermaßen kennzeichnend, dass für die Steuerung der Wirtschaft die Börsen eine wesentlich geringere Bedeutung als in England und den USA haben. Als Richtwert kann gelten, dass amerikanische Unternehmen 80 Prozent ihres Kapitalbedarfs über Börsen decken, deutsche Firmen dagegen 80 Prozent über Kredite. Der wesentlich geringere Grad der Kapitalisierung der deutschen Unternehmen bedeutet eine erheblich größere Abhängigkeit von Finanzinstitutionen.

Schaubild 3: Die Struktur des Eigentums der 100 größten Unternehmen Deutschlands im Jahre 2000

Eigentum der öffentlichen Hand	9 Gesellschaften
Finanzinstitutionen (einschl. Fonds)	22 Gesellschaften
Andere Großunternehmen	17 Gesellschaften
Aktien-Streubesitz	16 Gesellschaften
Persönliches Großeigentum	5 Gesellschaften
Familiendynastien	27 Gesellschaften
Anderes (z.B. Stiftungen)	4 Gesellschaften

Schaubild 4: Grad der Kapitalisierung der Wirtschaft

Großbritannien	152 %
USA	122 %
Niederlande	93 %
Frankreich	38 %
Deutschland	27 %
Grad der Kapitalisierung = Prozentsatz des Aktienwerts an den Börsen insgesamt in Relation zum Bruttosozialprodukt	

(Deutsche Bundesbank: Januar 1997)

Kern der deutschen Wirtschaft sind bislang immer noch die Finanzinstitutionen. Ihre Verflechtung untereinander und mit Großunternehmen ist das, was in der Politik die „Deutschland AG" genannt wird. Bekanntlich wird in

Deutschland – im Gegensatz zu den USA und England – ein Unternehmen durch zwei nach Funktionen getrennte Gremien geleitet: den Vorstand und den Aufsichtsrat. Verflechtung wird in den empirischen Untersuchungen gemessen an der gegenseitigen Durchdringung der Aufsichtsräte und Vorstände rechtlich selbständiger Firmen. Nach dem gültigen Aktienrecht kann eine Person gleichzeitig als Vorstand einer Unternehmung tätig sein und in bis zu zehn anderen Gesellschaften Mitglied des Aufsichtsrats werden. Es ist in Deutschland erlaubt, dass eine Bank zugleich Vorstandsmitglieder in Aufsichtsräte miteinander konkurrierender Unternehmen entsendet und deren Kreditgeber ist – obwohl die Aufsichtsräte die Firmenpolitik kontrollieren und damit auch die Bonität der Kredite beeinflussen. Als die Übernahmeschlachten zwischen Thyssen und Krupp ausgetragen wurden, war bekannt geworden, dass das gleiche Vorstandsmitglied der Deutschen Bank als Kreditgeber zugleich in den jeweiligen Aufsichtsräten der einander feindlich gesonnenen Firmen Thyssen und Krupp vertreten war.

Die älteste Analyse mit Anspruch auf die Eignung zur Verallgemeinerung ist die von Rolf Ziegler auf der Grundlage eines Handbuchs der Großunternehmen (Ziegler 1984). 89 Personen von insgesamt 4.727 Positionsinhabern erwiesen sich als verantwortlich für 69 Prozent aller gegenseitigen Verflechtungen. Vier Gesellschaften dominierten dieses Netzwerk der Verflechtungen: Deutsche Bank, Dresdner Bank, Commerzbank, Allianz-Holding. Die Deutsche Bank als zentralste Einrichtung war personell mit 78 weiteren Großfirmen verflochten und über eine Zwischenperson mit weiteren 161 Firmen.

Franz Urban Pappi untersuchte die persönlichen Eigenschaften der „Verflechter" für die 325 größten Betriebe. Mehr als die Hälfte dieser Verflechter waren frühere Vorstände, die anschließend in Aufsichtsräte einzogen. Allerdings war die Hälfte der Aufsichtsratsmitglieder vordem nicht Teil der Wirtschaftselite, sondern Berufspolitiker oder Funktionäre von Verbänden (Pappi 1987).

Diese Struktur der westdeutschen Wirtschaft und der Charakter der Wirtschaftseliten wurde durch die Vereinigung nicht wesentlich beeinflusst. Nach wie vor sind zwei Drittel aller Erwerbstätigen in Deutschland in kleineren und mittleren Betrieben beschäftigt, deren Eigentümer nur einen begrenzten Einfluss ausüben können – in erster Linie auf die ihre Betriebe umgebenden lokalen Gesellschaften. Für diesen Großteil aller Arbeitgeber sind die Wirtschaftsverbände das Transportmittel für einen darüber hinaus geltend gemachten Einfluss. Lokal allerdings ist der Verbund mit dem dichten Netz freiwilliger Vereine von Bedeutung für die Arrangements zwischen den Eliten der verschiedenen Sektoren, einschließlich der Politik und der Verwaltung, dekoriert mit ein wenig kulturellem Einfluss (Scheuch/Scheuch 2000). Dieses Muster entwickelte sich nach der Vereinigung schnell auch in dem Gebiet der früheren DDR, wo es offensichtlich nicht verschwunden war, sondern lediglich geruht hatte. Wichtig sind für das Lokalsystem Sparkassen und Genossenschaftsbanken, die in Deutschland weitaus mächtiger sind als lokale Banken in den USA. In den Aufsichtsgremien dieser Banken treffen sich Lokalpolitiker und lokale Wirtschaftseliten mit den Spitzen der Verwaltung als dritte Partei bei „deals“. Das alles ist den Verhältnissen in den USA ziemlich nahe.

Für die Großfirmen ist die Struktur anders. Die 30 größten Unternehmen in Deutschland, die 53 Prozent des Kapitals aller gehandelten Wertpapiere repräsentieren, sind in dem Index DAX vertreten. 73 aller Positionen – das sind 25 Prozent – in den Aufsichtsräten dieser Flaggschiffe der deutschen Wirtschaft sind von Bankern besetzt, und in 13 dieser Aufsichtsräte sind Banker die Vorsitzenden (Adams 1997). Durch das deutsche „Depot-Stimmrecht“ kontrollieren die Banken zwischen 50 und 99,46 Prozent der 24 größten Unternehmen mit Streubesitz, mit einem Durchschnittsanteil der Stimmrechte von 84,9 Prozent. Die Macht der Banken wird noch dadurch erhöht, dass die fünf größten von ihnen die Mehrheit der Stimmrechte auf den Hauptversammlungen ihrer eigenen Gesellschaften kontrollieren (Baums/Fraune 1995).

Nach der umfangreichsten international vergleichenden Untersuchung der Netzwerkverflechtungen zwischen den größten Firmen eines Landes und deren Manager konnten Daten aus Deutschland, Frankreich, Schweiz, den Niederlanden, Großbritannien und den USA analysiert werden (Windolf/Nollert 2001). Zusätzlich wurden japanische Daten hinzugezogen. Die beiden am stärksten voneinander unterschiedenen Systeme waren das von Japan als korporatistischstes Land, und das der USA als die dezentralisierteste Wirtschaft. Die Verhältnisse in England kamen denen in den USA am nächsten, während die Schweiz und Deutschland sich als sehr viel näher dem japanischen System erwiesen. In Frankreich scheinen zwei Systeme nebeneinander zu bestehen. Großbetriebe haben einen hohen Grad an gegenseitigen Verflechtungen, während mittlere Betriebe, die sehr oft in Familienbesitz sind, für sich existieren. So sind in Frankreich 43,1 Prozent der Betriebe nicht mit anderen verbunden, während dieser Prozentsatz für Deutschland nur 9,4 Prozent beträgt (Windolf 1999). Großbetriebe sind demgegenüber nicht nur untereinander, sondern auf das engste mit den Spitzen der zentralistischen Verwaltungen verflochten.

In Deutschland werden von den 650 größten Unternehmen 51 Prozent durch Eigentümer oder Mehrheitsaktionäre kontrolliert. Die Wirtschaft der

USA ist in dieser Hinsicht völlig verschieden, weil dort inzwischen der größte Anteil der Aktien durch Pensions- und Investmentfonds kontrolliert wird. Deren Anteil an einer Gesellschaft darf fünf Prozent nicht übersteigen; in der Praxis dürften aber die Unterschiede zu den Mehrheitsverhältnissen in Deutschland sehr viel geringer sein, weil die Manager der Pensionsfonds sehr oft als Einheit handeln (Useem 1996).

Die Aufsichtsräte der großen deutschen Unternehmen sind diejenigen Gremien, in denen sich die Eliten verschiedener Sektoren begegnen. Die Vorstände selbst betreiben dies, um Interessenvertreter in anderen Sektoren zu gewinnen, während die Aufsichtsräte mit teilweise sehr hohen Vergütungen für wenig Arbeit für nicht-wirtschaftliche Eliten begehrte Belohnungspositionen sind. Diese Kombination zweier Funktionen ist wahrscheinlich verantwortlich für den großen Umfang der Aufsichtsräte – bis zu 21 Mitglieder für Großunternehmen. Als Beispiel sei auf die 16 Mitglieder des Aufsichtsrates der Linde AG (Kühlsysteme) verwiesen. Der Vorsitzende ist – wie in Deutschland weit verbreitet – der frühere Vorstandsvorsitzende. Hinzu kommen drei Manager sehr großer Finanzinstitutionen, drei Manager von anderen Großunternehmen, ein hoher Funktionär der Deutschen Schutzvereinigung für Wertpapierbesitz und als Folge der Mitbestimmung acht Vertreter der Gewerkschaften – was politisch in der Regel Sozialdemokraten bedeutet.

In einer noch unveröffentlichten Untersuchung verglich Paul Windolf Aufsichtsräte in der Bundesrepublik und in Großbritannien nicht nur hinsichtlich der direkten Verflechtungen, sondern auch der Verflechtungen über andere Multifunktionäre mit weiteren Vertretern der Wirtschaftselite (Brief 9.12.1997). Der frühere Vorstandsvorsitzende der Dresdner Bank, Wolfgang Röller, war mit 78 der überhaupt ermittelten 308 Multifunktionäre der 700 größten deutschen Gesellschaften verbunden. An nächster Stelle folgte der damalige Vorstandssprecher der Deutschen Bank, Hilmar Kopper. Die einflussreichsten 24 Mitglieder der Wirtschaftselite im Sinne ihrer Verbindung mit anderen Funktionären waren jeder mit mindestens 51 weiteren Multifunktionären verbunden. Auch Gewerkschaftler, die aufgrund der Mitbestimmung in den Aufsichtsräten vertreten sind, kommen auf 32 Verbindungen. Gewerkschaftler wie M. Hawreluik oder W. Schultze sind damit Teil des Geflechts der Einflussreichen. In England war übrigens der am stärksten mit anderen Managern verflochtene Michael R. Angus nur mit 18 solcher Verbindungen identifiziert worden.

3.3 Die politischen Eliten

Berufspolitiker sind heute die wichtigsten Makler zwischen den Teilen einer nach wie vor sehr segmentierten Elite. Dabei ist zunächst verblüffend, dass die Heterogenität in der sozialen Zusammensetzung der Berufspolitiker aller Ebenen fortwährend geringer wurde. Im Bundestag dominiert heute eindeutig die Lebenserfahrung im öffentlichen Dienst. Auf diese Weise hat die Sichtweise der Spitzenbeamten im öffentlichen Dienst eine noch größere Bedeutung, als aus der üblichen Statistik von Positionen in der Elite ersichtlich ist.

Eine dritte Bühne für Verflechtungen sind neben Aufsichtsräten und Interessengruppen freiwillige Vereinigungen. Zum Zeitpunkt der Wiedervereinigung waren 76 Prozent der Berufspolitiker und 44,3 Prozent der Spitzenbeamten (ganz überwiegend Ergebnis von Ämterpatronage) Mitglieder von Sportclubs. Die große Mehrheit aller Berufspolitiker war Mitglied in mehreren solchen freiwilligen Vereinigungen. Über die Mitglieder im Kabinett des Ministerpräsidenten von Nordrhein-Westfalen, Wolfgang Clement, ist das Land in 128 Gremien und freiwilligen Vereinigungen vertreten. Clement selbst ist Mitglied in 35 Vereinigungen – wie der Max-Planck-Gesellschaft, dem Rundfunkrat des ZDF und des „Freundeskreises der Stiepeler Dorfkirche". Sein Stellvertreter Michael Vesper hat 30 Mitgliedschaften gesammelt, zu denen neben den Aufsichtsgremien von vier Museen auch der Internationale Jugendtenniswettbewerb gehört. Werden noch leitende Beamte berücksichtigt, dann ist das Land Nordrhein-Westfalen mit seinem Personal in Spitzenpositionen in 797 Gremien und Vereinigungen vertreten.

3.4 Verflechtungen von Politik und Wirtschaft

Um die 50 Prozent des deutschen Bruttosozialprodukts wird heute in seiner Verwendung über öffentliche Kassen geleitet. Dies bedeutet eine starke Abhängigkeit privater Firmen, wogegen der unstillbare Appetit politischer Institutionen für Geld aus der Privatwirtschaft eine umgekehrte Abhängigkeit zur Folge hat. Die Abhängigkeit der Privaten ist offensichtlich besonders stark, wenn Behörden Aufträge vergeben oder Lizenzen für die eigenen Tätigkeiten erforderlich sind. In unserer eigenen Untersuchung 1995 befragten wir Wirtschaftsführer und Berufspolitiker nach Fällen, in denen sie selbst Einfluss auszuüben versuchten bzw. Gegenstand von Versuchen solcher Beeinflussungen waren (Scheuch/Scheuch 1995). Die wichtigsten Akteure bei Versuchen der Einflussnahme auf Wirtschaftseliten waren hiernach die folgenden: Bundesminister in 58% der Fälle, Ministerpräsidenten der Länder in 46%,

Bundeskanzler Kohl in 35%, Funktionäre von Wirtschaftsverbänden in 27%, Länderminister in zwölf, alle anderen in 65% der Fälle.

Bemerkenswert ist, dass sich bereits Bundeskanzler Kohl häufig für Einzelentscheidungen engagierte. Das soll bei Kanzler Schröder noch merklich häufiger der Fall sein.

Bei den Einflussversuchen geht nach unserer Erhebung die Initiative häufiger von den politischen Eliten aus als von den Wirtschaftseliten. Die Wirtschaftseliten werden besonders aktiv gegenüber Finanzinstitutionen, der Leitungsebene von Medien und dann auch noch bei den Forschungsinstituten.

Nach unseren Befragungen existieren zwei Ebenen der Verflechtung nebeneinander. Die „Schwergewichte" der Wirtschaft bevorzugen Interaktionen mit der Leitung von Ministerien und den Spitzen nationaler Vereinigungen. Die weniger exponierten Vertreter des Wirtschaftssektors sind sehr viel häufiger mit Berufspolitikern als Partner verbunden. Diese letzte Ebene ist der Teil der Realität, der im Alltag des Journalismus insbesondere im lokalen Bereich Gegenstand der Berichterstattung ist.

4. Korporatismus – Vernetzung – Informalität

Mit dem Korporatismus als Organisationsprinzip ist gut vereinbar, neben dem Parlament Arbeitskreise einzurichten, in denen die verschiedenen Segmente der Führungsebenen in Deutschland vertreten sind. Der erste bedeutende dieser Kreise war die Konzertierte Aktion des Wirtschaftsministers Karl Schiller. Besonders prominent wurde das Bündnis für Arbeit, nachdem Schröder Kohl abgelöst hatte. Bisher gab es keine konkreten Erfolge dieses Bündnisses, dafür aber eine zunehmende interne Bürokratisierung mit allerlei Untergremien – wie einem Arbeitskreis Benchmarking, einem Steering Committee und neun Expertenkreisen. Es gibt Anzeichen dafür, dass die Zahl dieser Gremien zu-, aber ihre Bedeutung abnimmt.

Mit Gerhard Schröder ist eine weitere Entwicklung zu beobachten: die Einrichtung von Beraterkreisen, die ad hoc gebildet werden und denen dann auch ad hoc das Mandat wieder geschwächt wird. Zur Durchsetzung seines Kurses in der Gentechnik richtete Schröder einen Arbeitskreis für Ethik in der Forschung ein – und als dieser seinen Wünschen nicht zu entsprechen schien, daneben einen weiteren Arbeitskreis mit einer ähnlichen Thematik. Sind bereits die Sachverständigen-Räte und die Arbeitskreise auf Dauer eine Art von De-Institutionalisierung der Politik, so ist dieser freihändige Umgang mit Ad-hoc-Arbeitskreisen als ein weiterer Abschnitt hin zu persönlichem Regiment an formellen Gremien vorbei zu deuten. Der bloße Spottvers „Wenn Schröder nicht mehr weiter weiß, erfindet er einen Arbeitskreis", wird der strukturellen Bedeutung dieser Entwicklung nicht gerecht.

Während der achtziger und neunziger Jahre, insbesondere der letzten Dekade, folgten deutsche Manager von Großunternehmen „Managermoden" aus den USA. Da gab es zunächst die Mode Diversifizierung, deren Anhänger Edzard Reuter beinahe den Ruin von Daimler-Benz bewirkt hat. Die nächste Mode war *lean management*, durch die allerdings Unternehmen extrem abhängig werden von der Qualität der sie umgebenden Infrastrukturen. Dann schließlich kam die Mode internationaler Fusionen auf, denen auch deutsche Wirtschaftsführer folgten, obgleich die Mehrzahl der internationalen Fusionen wirtschaftlich kein Erfolg war (Papendick 2002). Wegen der Möglichkeit, Verluste im Ausland gegen Gewinne im Inland steuerlich als Betriebsausgaben geltend zu machen, war allerdings das Wirtschaftsrisiko des expandierten Unternehmens nicht allzu groß. Und als Gewinn gab es die Hoffnung, zur Kaste der „global player" vorzustoßen. Auch wenn Daimler-Chrysler schon seit Jahren in Amerika Verluste einfährt, ist der Kauf von Chrysler durch Mercedes für deren Vorstandsvorsitzenden Jürgen Schrempp ein Gewinn: Er gleicht seine Bezüge den Phantasieeinkommen der amerikanischen CEO's an.

Traditionell war die Leitung von Großunternehmen in Deutschland gegenüber der Öffentlichkeit zurückhaltend. Jetzt kennen aber die meisten Deutschen Spitzenbankiers wie Rolf Breuer oder Hilmar Kopper, Leiter von Automobilfirmen wie Jürgen Schrempp oder Ferdinand Piëch oder Manager der neuen Ökonomie wie Ron Sommer. Manager dieser Gewichtigkeit werden über die Medien – insbesondere durch Fernsehauftritte – so bekannt wie Gerhard Schröder oder Joschka Fischer als Top-Politiker oder Top-Fernsehjournalisten wie Ulrich Wickert oder auch Harald Schmidt oder Sportgrößen wie Franz Beckenbauer oder Berti Vogts.

Spitzenmanager in den USA wie Jack Welsch oder Lee Iacocca gehören heute zur Unterhaltungswelt wie Hollywoodstars. Sie versuchen als Personen der Öffentlichkeit Vertrauen in eine Firma einzuflößen und damit Aktienkurse und den Umsatz günstig zu beeinflussen. Als Teil der gewinnträchtigen Unterhaltungsindustrie richten sich auch ihre Einkommen nach den Bezügen von Hollywoodstars und Bestsellerautoren. Deutsche Wirtschaftsmanager mit dem Ehrgeiz, 'globale Spieler' zu werden, hoffen, dass sich dieser Trend auch in Deutschland durchsetzt. Schrempp und Breuer sind Beispiele für das Überschwappen dieser Tendenz aus den USA in die Bundesrepublik.

Deutschland hatte keine „Society“ im Sinne von Prominenz, die sich selbst in Festen und mit unkonventionellem Verhalten zum Teil der Berichterstattung in der Unterhaltungspresse inszeniert. Das beginnt sich in den letzten Jahren zu ändern. In Illustrierten sehen wir jetzt nebeneinander bekannte Politiker, Stars der Unterhaltungsindustrie, ‘globale Spieler’ der Wirtschaft, Sportgrößen, Waffenhändler, sogar Spitzenbeamte sowie auch gelegentlich Wissenschaftler auf Bühnen, in denen sie garniert sind mit Mediengrößen des Kulturbetriebs und dem Rest dessen, was bei uns noch als Aristokratie übrig geblieben ist. Das ist nicht nur auf seltenen Gala-Bällen zu besichtigen, sondern inzwischen Gegenstand alltäglicher Berichterstattung.

Wie in den USA, so ist es auch in Deutschland üblich geworden, dass Spitzenpolitiker aus der Provinz bei Übernahme eines Bundesamtes einen Personenkreis aus dem heimatlichen Wirkungskreis mit nach Bonn bzw. nach Berlin nehmen. Das galt für Helmut Kohl und gilt noch mehr für Gerhard Schröder. Jeder dieser führenden Politiker muss heute einen öffentlich wenig bekannten Kreis von Personen haben, dem er blind vertrauen kann. Daneben werden dann Netzwerke mit bekannten Personen kultiviert. Teilweise sind dies bewusst geschaffene Zirkel mit formeller Mitgliedschaft, teilweise völlig informelle Kreise. Ein extremes Beispiel für formelle Zirkel sind die Freundeskreise, welche die Deutsche Bank eingerichtet hat. Hier wird eine Mischung von einflussreichen Personen aus verschiedenen gesellschaftlichen Bereichen nicht nur auf Bundesebene zusammengeführt, sondern auch in lokalen Kreisen. So ist die Deutsche Bank über Sektorengrenzen hinweg einflussreich bis hinunter zu den größeren Kommunen. Ein Finanzdienstleister wie die Deutsche Vermögens-AG hat einen sehr großen und finanziell gut gestellten Beraterkreis, deren Mitglieder wie Ex-Bundeskanzler Kohl oder der frühere Spitzenmanager von BMW, Teltschik, oder der vormalige Chef von Nestlé International, Maucher, auch auf öffentlichen Veranstaltungen in Erscheinung treten. Sie sollen Vertrauen beim allgemeinen Publikum und Motivation bei den Mitgliedern des Verkaufs von Policen auch von Haus zu Haus bewirken. Die Westdeutsche Landesbank unterhielt bis vor kurzem einen Investor-Club, in dem auch Journalisten kostenlos Insidertips erhalten konnten.

Wichtiger sind aber wohl informelle Kreise. Da gibt es einen „Schrempp-Kreis“, der sich im Hotel Adlon in Berlin trifft, mit CEO's, aber auch Beratern wie Roland Berger und dem Kanzler selber. Eine ganze Reihe dieser Spitzenpersönlichkeiten duzt sich inzwischen untereinander, was in Deutschland eine vertraute Beziehung voraussetzt. Der Kanzler wiederum trifft sich mit einem Kreis von ihm einzeln ausgewählter Einflusspersonen, was diese als eine besondere Ehrung empfinden sollen. Unter Topgeschäftsleuten hat sich der sogenannte Kreis der Similauner um das gemeinsame Hobby des Hochgebirgskletterns gebildet. Dieser nicht ungefährliche Sport soll den Mut der daran beteiligten internationalen „globalen Spieler“ ausdrücken. Ein Machogehabe gehört bei vielen Personen dieses inneren Kreises der Einflussreichen zur Art des Auftretens. In der Wirtschaft haben sich diese inneren Zirkel gelöst von der großen Zahl von Managern und Eigentümern der Unternehmen, die nicht den Anspruch der Weltgeltung haben, und in der Politik von den Gremien auch an den Spitzen der Parteien.

Zu der Amerikanisierung, die sich in dieser Entwicklung ausdrückt, gehört auch der spektakuläre Eingriff von Spitzenpolitikern in wirtschaftliche Einzelabläufe. Für die Medien war besonders die Intervention von Gerhard Schröder bei der drohenden Insolvenz des Bauriesen Philipp Holzmann auffällig. Jetzt schaltet sich Schröder bei der Übernahme der Ruhrgas durch Eon ein. Das Kartellamt hatte diese Übernahme untersagt, aber das deutsche Kartellrecht erlaubt Spitzenpolitikern, eine solche Entscheidung aufzuheben. Schröder hat angekündigt, er werde sich persönlich dieses Vorgangs annehmen. Vordem hatte bereits Kanzler Kohl bei einer Maßnahme der EU-Kommission, die dem Medienunternehmer Leo Kirch schadete, öffentlich dem zuständigen Kommissar „Krieg“ erklärt. Schröder hatte erreicht, dass die Brüsseler Richtlinie zur Regelung von feindlichen Übernahmen im Sinne von Volkswagen verändert wurde, und ihm persönlich wird zugeschrieben, dass beim Verkauf von Unternehmens-Beteiligungen die Veräußerungsgewinne steuerfrei bleiben – falls es Kapitalgesellschaften sind, die verkaufen.

Wahrscheinlich wird der deutsche Korporatismus in nicht allzu weiter Ferne durch die Amerikanisierung eines inneren Zirkels der Eliten überlagert, der ein Geflecht von Großunternehmern, Spitzen-Politikern, politischen Topbeamten und einigen Gewerkschaftlern sein würde.

Literatur

Allen, William Sheridan (1981): Die deutsche Öffentlichkeit und die Reichskristallnacht, in: Detlev Peukert / Jürgen Reulecke (Hrsg.): Die Reihen fest geschlossen, Wuppertal.

Baums / Fraune (1995): Institutionelle Anleger und Publikumsgesellschaft, in: Die Aktiengesellschaft, Jg. 3, S. 106.

Berghahn, Volker R. (1987): Modern Germany, Cambridge.

Christine Blumenberg-Lampe (Hrsg.) (1986): Der Weg in die soziale Marktwirtschaft, Stuttgart.

Boberach, Heinz (Hrsg.) (1965): Meldungen aus dem Reich, Neuwied.

Bürklin, Wilhelm / Hilke Rebenstorf u.a. (1997): Eliten in Deutschland, Opladen.
Derlien, Hans-Ulrich (1986): Soziale Herkunft und Parteibindung der Beamtenschaft, in: Der Bürger im Staat, Jg. 36, S. 39-44.
Deutsch, Karl W. u.a. (1967): France, Germany, and the Western Alliance, New York.
Erhard, Ludwig / Alfred Müller-Armack (1972): Soziale Marktwirtschaft, Frankfurt/M.
Friedrich, Carl J. (1948): Denazification 1944-1946, in: Carl J. Friedrich et al. (Eds.): American Experiences in Military Government in World War II, New York, S. 253-275.
Gerhardt, Uta (1992): Re-Demokratisierung nach 1945, in: Uta Gerhardt / Ekkehard Mochmann (Hrsg.): Gesellschaftlicher Umbruch 1945-1990, München, S. 28 f.
Hentschel, Volker (1980): So kam Hitler, Düsseldorf.
Herbert, Ulrich (1998): NS-Eliten in der Bundesrepublik, in: Wilfried Loth / Bernhard A. Rusinek (Hrsg.): Verwandlungspolitik. Eliten in der westdeutschen Nachkriegsgesellschaft, Frankfurt/M., S. 93-115.
Hoffmann-Lange, Ursula (1986): Eliten und Demokratie in der Bundesrepublik, in: Max Kaase (Hrsg.): Politische Wissenschaft und politische Ordnung, Opladen.
Hoffmann-Lange, Ursula (1987): Surveying National Elites in the Federal Republic of Germany, in: George Moyser / Margaret Wagstaffe (Eds.): Research Methods for Elite Studies, London.
Hoffmann-Lange, Ursula (1992): Eliten, Macht und Konflikt in der Bundesrepublik, Opladen.
Jasper, Gotthard (1988): Die gescheiterte Zähmung. Wege zur Machtergreifung Hitlers 1930-1934, Frankfurt/M.
Kappelt, Olaf (1997): Die Entnazifizierung in der SBZ sowie die Rolle und der Einfluss ehemaliger Nationalsozialisten in der DDR als ein soziologisches Phänomen, Hamburg.
Merritt, Richard L. (1995): Democracy Impose, New Haven, S. 180-181.
Moore, Gwen / Richard D. Alba (1982): Class and Prestige Origins in the American Elite, in: Peter V. Marsden / Nan Lin (Eds.): Social Structure and Network Analysis, Beverly Hills, S. 39-60.
Müller-Armack, Alfred (1981): Genealogie der Sozialen Marktwirtschaft, Bern.
Papendick, Ulrich (2002): Mut zur Tücke, in: Manager Magazin, Heft 4, S. 169-191.
Pappi, Franz Urban et al. (1987): Die Struktur der Unternehmensverflechtungen in der Bundesrepublik, in: Kölner Zeitschrift für Soziologie und Sozialpsychologie, Jg. 39.
Petzina, Dieter (1969): Autarkiepolitik im Dritten Reich, Stuttgart.
Plischke, Elmar (1947): Denazification Law and Procedure, in: American Journal of International Law, Vol. 41, S. 807-827.
Pritzkoleit, Kurt (1959): Das kommandierte Wunder, München.
Riedel, Mathias (1973): Eisen und Stahl für das Dritte Reich, Göttingen.
Scheuch, Erwin K. (1966): Führungsgruppen und Demokratie in Deutschland, in: Die Neue Gesellschaft, Jg. 13, S. 356-370.
Scheuch, Erwin K. (1988): Continuity and Change in German Social Structure, in: Historische Sozialforschung, Sonderheft, Jg. 13, S. 31-121.
Scheuch, Erwin K. / Ute Scheuch (1995): Bürokraten auf den Chefetagen, Reinbek.

Scheuch, Erwin K. / Ute Scheuch (2000): Die Spendenkrise. Parteien außer Kontrolle, Reinbek.

Scheuch, Erwin K. / Ute Scheuch (2001): Deutsche Pleiten. Manager im Größenwahn. Der irrationale Faktor, Berlin.

Scheuch, Erwin K. / Rudolf Wildenmann (Hrsg.) (1965): Soziologie der Wahl, Opladen.

Schmitter, Philippe C. / Gerhard Lehmbruch (Eds.) (1979): Trends Towards Corporatist Intermediation, Beverly Hills.

Sheehan, James J. (1976): Imperial Germany, New York.

Useem, Michael (1996): Investor Capitalism. How Money Managers Are Changing the Face of Corporate America, New York.

Weber, Max (1892): Die Verhältnisse der Landarbeiter im ostelbischen Deutschland, Leipzig.

Weber, Max (1952): Kapitalismus und Agrarverfassung, in: Zeitschrift für die gesamte Staatswissenschaft, Jg. 108, S. 431-452.

Windolf, Paul (1999): L´evolution du capitalisme moderne. La France dans une perspective comparative, in: Revue Francaise de Sociologie, Jg. 40, S. 501-530.

Windolf, Paul / Michael Nollert (2001): Institutionen, Interessen, Netzwerke. Vervielfältigter Forschungsbericht, Trier, Zürich.

Zapf, Wolfgang (1965): Wandlungen der deutschen Elite, München.

Ziegler, Rolf (1984): Das Netz der Personen- und Kapitalverflechtungen Deutscher und Österreichischer Wirtschaftsunternehmen, in: Kölner Zeitschrift für Soziologie und Sozialpsychologie, Jg. 36.

Gruppenbild ohne Damen? Aspekte der Selbstkonstitution einer gesellschaftlichen Elite[1]

Tomke Böhnisch

1. Einführung

Der Begriff der Elite ist als soziologische Kategorie im Kontext unterschiedlicher Theorieansätze operationalisiert worden. Bei aller Divergenz der theoretischen Annahmen ist die Eliteforschung jedoch von der Diskussion über Machtinhaber in modernen komplexen Gesellschaften mit demokratischer Verfassung geprägt. Verkürzt gesagt, geht es um die Frage, ob demokratische Prinzipien vor dem Hintergrund einer Machtkonzentration in einer Gesellschaft verwirklicht werden können, oder ob vielmehr die Elitenbildung verstärkt werden muss, um eine sich zunehmend pluralisierende Gesellschaft zusammen zu halten. Der Fokus der empirischen Elitenforschung liegt dabei auf der Berufswelt und den Inhabern hoher Positionen. Untersucht wird vorrangig, wie und aufgrund welcher Bedingungen Individuen in modernen komplexen Gesellschaften in machtvolle Spitzenpositionen gelangen (Hartmann/Kopp 2001, Bürklin u.a. 1999), welche politischen Einstellungen und Funktionen dieser Positionsinhaber haben und welche Formen der Kohäsion unter den verschiedenen Eliten bestehen (z.B. Hoffmann-Lange 1992). Da diese Berufswelt nach wie vor stark von Männern dominiert wird, entwirft die Elitenforschung ein „Gruppenbild ohne Damen“.

Erst wenn man das soziokulturelle Leben von Eliten in den Blick nimmt, erscheinen sie nicht länger homosozial. Denn die meisten Inhaber von hohen Positionen in Wirtschaft, Politik und Militär leben nicht alleine, sondern sind verheiratet. Zentrales strukturelles Merkmal von Eliten ist die geschlechtsspezifische Arbeitsteilung. Am stärksten trifft das wohl für das Militär und die Wirtschaft zu. Einer Untersuchung von Scheuch/Scheuch (1995) zufolge sind 96 Prozent aller Topmanager verheiratet und nur 22 Prozent ihrer Frauen gehen einem Beruf nach. In diesen Kreisen gilt die Ehe als gesellschaftliche

[1] Dieser Text basiert auf einer von mir unter dem Titel „Gattinnen. Die Frauen der Elite“ (1999) veröffentlichten Studie. Dort finden sich Erläuterungen zum methodischen Vorgehen.

Konvention, die etwas über die Seriosität des Managers aussagt. Sie ist der Indikator für eine disziplinierte Lebensweise (vgl. Eberwein/Tholen 1990).

Diesem Aspekt der sozialen Struktur von Eliten wird bislang keine Bedeutung beigemessen. Bereits in den 70er Jahren wurde in einer prominenten Untersuchung leitender Angestellter festgestellt, dass von den Frauen „keine gesellschaftlich relevanten Einflüsse" ausgehen (Pross/Boetticher 1971: 27). An dieser Einschätzung scheint sich in den letzten 20 Jahren nicht viel geändert zu haben, denn in den aktuellen Elitestudien tauchen die familialen Situationen der Beforschten nicht auf. Ich gehe hingegen davon aus, dass die soziale Struktur von Eliten und ihr lebensweltliches Milieu maßgeblichen Aufschluss über Mechanismen und Zusammenhänge gibt, in denen sich sowohl individuelles Selbstverständnis und das Bewusstsein gemeinsamer Interessen der Elitenangehörigen als auch soziale Ungleichheitsbeziehungen zu anderen sozialen Schichten konstituieren und erhalten (vgl. Mills 1962; Steinert 1989).

Die geschlechtsspezifische Arbeitsteilung wurde in der Frauenforschung als zentraler Aspekt der sozialen Ungleichheit zwischen Männern und Frauen beschrieben (Gerhard 1994). Die strukturelle Benachteiligung von Frauen beruhe auf der Trennung von marktvermittelter und „privat" organisierter Arbeit bzw. auf der Zuweisung der nicht entlohnten Hausarbeit an Frauen. *Alle* Frauen erfahren demnach aufgrund ihrer Zugehörigkeit zum weiblichen Geschlecht spezifische Formen der Ausbeutung, Unterdrückung und Abhängigkeit. Die Gemeinsamkeit aller Frauen wurde auch ein zentrales Mittel in politischen Auseinandersetzungen zwischen den Geschlechtern. Differenzen und Machtverhältnisse, die zwischen Frauen unterschiedlicher Schichten bestehen, wurden in der deutschen Debatte bislang eher selten beleuchtet (vgl. zu diesem Problem Hooks 1984; Rich 1977; Spelman 1990).

Ich möchte diesen zuletzt genannten Aspekt in den Mittelpunkt stellen und zeigen, wie in der geschlechtsspezifischen Arbeitsteilung die vertikale soziale Ungleichheit zwischen Schichten aufrecht erhalten wird. Die nicht berufstätigen Ehefrauen, so die hier vertretene These, haben wesentlichen Anteil an der Selbstkonstitution einer gesellschaftlichen Gruppe als Elite. Der hohe gesellschaftliche Status eines Haushalts ist eng mit einer bestimmten Lebensweise verbunden, an deren Herstellung die nicht erwerbstätigen Frauen maßgeblich beteiligt sind. Die Frauen leisten eine für den Erhalt der sozialen Position wichtige Status-Arbeit, für die das Geld, das die Männer verdienen, nur Voraussetzung ist. Um dies zu zeigen, greife ich im folgenden auf eine Reihe von qualitativen Interviews zurück, die ich zwischen 1994 und 1995 mit 20 Ehefrauen von Topmanagern geführt habe (vgl. Böhnisch 1999).

2. Die Aneignung von Selbstbewusstsein

Die Männer der von mir interviewten Frauen arbeiten als Geschäftsführer oder Vorstandsmitglieder im Dienstleistungssektor und in der Industrie. Sie haben nach dem Krieg ihre Berufslaufbahn begonnen und vor einigen Jahren die Spitze ihrer Karriere erreicht. Einige stehen bereits kurz vor der Pensionierung. Abgesehen von zwei Interviewpartnerinnen, die die zweite bzw. dritte Ehefrau ihres Mannes sind, sowie einer Frau, die bereits seit einigen Jahren geschieden ist, sind die Frauen schon lange mit ihren Männern verheiratet. Die Frauen haben zwar alle einen Beruf erlernt oder ein Studium abgeschlossen, spätestens seit der Geburt ihres ersten Kindes sind sie aber nicht mehr berufstätig. Kurz gesagt: Sie sind Hausfrauen. Auch wenn einige der Frauen über das Vermögen ihrer Herkunftsfamilie verfügen, so gehören sie dennoch vor allem aufgrund der beruflichen Position ihres Mannes zu einer gesellschaftlichen Elite.

Obwohl eine solche Elite-Position und die zugehörigen Privilegien nicht unter besonderem Rechtfertigungsdruck stehen, nimmt die Legitimation ihrer Position in den Interviews einen prominenten Platz ein. Ohne dass ich die Frauen danach gefragt habe, begründen sie im Rahmen ihrer lebensgeschichtlichen Erzählung, warum ihre Männer hohe berufliche Positionen erreicht haben. Das geschieht auf zweierlei Weise: Die eine Gruppe Frauen legitimiert die Position ihrer Männer mit deren herausragenden Leistungen. Rückblickend betrachtet haben sich ihre Ehemänner die von ihnen eingenommenen Machtpositionen erarbeitet und können deshalb zu einer Leistungselite gezählt werden. Sie bilden zusammen mit ihren Männern eine Elite im Interesse der Allgemeinheit und mit der Verpflichtung, sich für das Gemeinwohl anzustrengen. Die andere Gruppe Frauen legitimiert die Position ihrer Männer, indem sie annimmt, jede Gesellschaft würde natürlicher Weise eine Führungsschicht brauchen. Die hierarchisch gegliederte Gesellschaft erscheint in diesen Interviews als Naturgegebenheit. Es ist für diese Frauen selbstverständlich, auf der Seite der tonangebenden Minderheit zu stehen. Besondere soziale Verpflichtungen entstehen daraus nicht.

Das Verdienst der gesellschaftlichen Position vermittelt sich den Frauen aber auch aufgrund ihrer eigenen Tätigkeiten. Zentral ist hierfür das Management des soziokulturellen Milieus. Von Topmanagern wird erwartet, dass sie repräsentative Funktionen jenseits der regulären Arbeitszeiten erfüllen und informell soziale Kontakte pflegen. In der einschlägigen Forschung über Manager finden sich keine Beschreibungen dieser Beziehungspflege. Eher in

Interviews mit Topmanagerinnen wird die Bedeutung sozialer Netzwerke als auch der zeitliche Aufwand deutlich, der mit der Pflege dieser Beziehungen verbunden ist. In einer von Nerge/Stahmann (1991) durchgeführten Befragung von Managerinnen aus dem Wirtschaftssektor (Handel, Dienstleistung, Industrie) sagt eine der interviewten Frauen: „Die Männer, nicht nur aus unserer Firma, laden sich gegenseitig nach Hause ein. Das wirklich Wichtige wird dort vorbesprochen, nicht manipuliert aber vordiskutiert, so dass es dann hier nur noch eine Formsache ist und man sich wundert, wie die bei einer so wichtigen Entscheidung so schnell einer Meinung sind. Zu solchen Abendterminen werden Frauen nicht eingeladen … Mein damaliger Chef erzählte mir mal, wie viele Dinge auf dem Golfplatz entschieden würden. Das ist kein Klischee. Ganz sicher.“ (Nerge/Stahmann 1991: 128)

Aus der Perspektive der Ausgeschlossenen ist klar, womit die Männer ihre Zeit verbringen. Sie knüpfen soziale Netzwerke und pflegen freundschaftliche Beziehungen. Das dahinter liegende Motiv muss nicht derart instrumentell sein, wie es die hier zitierte Managerin suggeriert. Aber vorstellbar ist, dass sich gemeinsame Interessen vor dem Hintergrund dieser Beziehungen leichter vertreten lassen. Da die überwiegende Mehrzahl der Managerinnen nicht verheiratet ist bzw. ihre Lebenspartner sich nicht an der Organisation und Pflege von Geschäftsbeziehungen beteiligen, ist es für sie aus zeitlichen Gründen nicht möglich, informelle Kontakte in der Art und Weise herzustellen, wie es in diesen Kreisen üblich ist – nämlich über die private Einladung. Es sind die Ehefrauen von Topmanagern, die für das Milieu sorgen, in dem die Männer ihre informellen Beziehungen pflegen können. Das auf diese Weise entstehende soziale Netz der Beziehungen reicht meistens weit über das konkrete Unternehmen oder den Konzern hinaus. Was nicht heißen soll, dass die Frauen bei allen informellen Treffen ihrer Männer eine Rolle spielen. Im Gegenteil treffen sich Topmanager häufig (zum Beispiel bei Arbeitsessen oder in Clubs) ohne ihre Ehefrauen, oder ohne auf deren infrastrukturelle Mithilfe zurückzugreifen. Diese Situationen, in denen die Frauen keine Rolle spielen oder von denen sie sogar ausgeschlossen werden, sind nicht weniger von Bedeutung für das spezifische soziokulturelle Milieu, aber sie stellen eben nur einen Aspekt dar.

In den von mir geführten Interviews wird die Arbeit transparent, die mit der Ausrichtung von privaten Einladungen für die Frauen verbunden ist und es zeigt sich, wie diese Verpflichtungen ihren Alltag neben anderen Aufgaben strukturieren. Eine Frau sagt: „Ich muss also ständig, immer parat sein, wenn mein Mann sagt, heute Abend bringe ich Gäste mit, dann muss ich also lossausen und muss noch irgendwas organisieren. Dann muss ja auch alles aufgeräumt sein.“ Da die Bank in vielen Städten Dependancen habe, müsse sie häufig Kollegen bewirten, die beim Hauptsitz zu tun haben. Es ist für sie interessant, auf diese Weise viele Menschen kennen zu lernen, aber sie sieht auch, dass diese Vorteile nur um den Preis von viel Arbeit zu haben sind. Sie könne die verschiedenen Ereignisse (Empfänge, Geschäftsreisen) erst genießen, nachdem der Stress der Vorbereitungen überstanden sei. Schließlich müsse der „ganze Apparat“ ja auch laufen. Diese Aspekte des Lebens als Ehefrau ordnet die Interviewte nicht als „eigenes Leben“ ein. So wie sie ihren Mann auf Geschäftsreisen begleiten muss, muss sie auch Geschäftspartner bewirten. Einem Sohn legt sie rückblickend eine Aussage in den Mund, die das Problem auf den Punkt bringt: „Mami, du solltest jetzt mal was tun, was dir auch alleine Spaß macht.“ Zu dem Zeitpunkt habe sie „immer etwas gestöhnt unter den Einladungen und der ganzen Kocherei, die ich dann machen musste. Und das muss ja immer so tadellos dann auch sein.“ In dieser Formulierung erscheinen die repräsentativen Verpflichtungen nicht nur als Arbeitsbelastung, sondern darüber hinaus als unhintergehbare gesellschaftliche Konvention. Die Interviewte fühlt sich und ihre Arbeit an einem Maßstab der Einladungspraxis gemessen. Auf Nachfrage stellt sich heraus, dass die Maßstäbe von den Ehefrauen der Kollegen ihres Mannes gesetzt werden, die einen hohen Aufwand bei der Vorbereitung des Empfangs und der Zubereitung der Speisen betreiben.

Diese Ergebnisse meiner Untersuchung verwundern nicht weiter. Sie lassen sich auf die populäre Formulierung bringen: Hinter jedem erfolgreichen Mann steht eine Frau. Der interessante Punkt ist, dass die Frauen *wissen*, dass ihre Männer auf sie angewiesen sind. Klar und selbstverständlich gehen sie davon aus, dass sie eine wichtige Funktion haben, gerade *weil* sie nicht berufstätig sind. Im Gespräch mit mir weisen sie immer wieder auf Aspekte hin, die ohne ihre Arbeit als nicht berufstätige Ehefrau/Mutter/Hausfrau nicht möglich wären. Dabei geht es nicht nur um die Karriere ihrer Männer, sondern auch um die Pflege einer distinguierenden soziokulturellen Lebenswelt sowie um die Ausbildung des Nachwuchses und die Einbindung der gesamten Familie in die „gute Gesellschaft“. In diesen Aufgaben ist die Funktion klar, die die Frauen haben. Die Ehen erscheinen in den Beschreibungen der Frauen häufig wie ein Apparat, der funktioniert, weil die Aufgaben klar verteilt sind. Eine Interviewte sagt, man habe gegenseitig kaum eine Chance gehabt, dem anderen reinzureden. Das, was die Frauen tun, ist für die Männer von instrumenteller Bedeutung und umgekehrt. Dabei geht es darum, sich gegenseitig etwas zu ermöglichen.

„Es ist eigentlich in der Regel so: Mein Mann geht morgens weg und kommt abends um neun, halb zehn nach Hause. Und ich hab dann gar nicht Lust, stundenlang noch zu fragen, was da so gewesen ist. Also, das ist mir dann irgendwie zu, nein ich bin oft gar nicht so daran interessiert. Nun hab ich natürlich auch angefangen, etwas zu machen. Dann denk ich, dann tauschen wir schon aus ... Und ich weiß, wenn man also müde und ausgelaugt nach Hause kommt, ist es natürlich wunderbar, wenn man dann nicht noch Rede und Antwort stehen muss, was man am Tag gemacht hat. Wo man weiß, das erzählt man viel besser jemand anders, wo das sofort alles auf den richtigen Boden fällt, wie so 'ner Frau, der man noch erzählen muss, die immer nachfragt und so. Es ist dann einfach ganz himmlisch, am Fernseher zu sitzen. Und weiß ich was, Krimi zu sehen oder irgendwas."

In dieser Passage wird besonders deutlich, dass die Frauen und ihre Ehemänner in segregierten Sphären leben und grundsätzlich verschiedene Dinge tun. Für die Frauen ist klar, dass sie *als Frauen* für die Reproduktion der Männer, die Erziehung der Kinder sowie für die Pflege der Hochkultur zuständig sind. Um diese Aufgaben erfüllen zu können, auch das wird in dem Zitat deutlich, müssen Frauen über bestimmte Eigenschaften verfügen, die als „weibliches Arbeitsvermögen" bezeichnet werden können: Frauen müssen auf die Wünsche ihrer Ehemänner eingehen, verständnisvoll sein und warten können. Im Interview entsteht aufgrund der Betonung dieses geschlechtsspezifischen Vermögens, das Bild einer instrumentellen Beziehungsstruktur. Die betrachteten Ehen gehen selbstverständlich nicht in ihrem zweckmäßigen Charakter auf. Aber für die Entwicklung eines Selbstverständnisses als Eliteangehörige ist es nützlich, die eigenen Funktionen herauszustellen. Auf diese Weise können sich die Frauen als *weiblicher Teil einer gesellschaftlichen Elite* begreifen. Auch wenn die berufliche Position ihrer Männer Bedingung für die Zugehörigkeit zu einer Elite ist, so entwickeln die Frauen ein Selbstverständnis, das sich nicht einfach von ihren Männern ableiten läßt. Sie definieren sich und ihren gesellschaftlichen Status als Ergebnis einer komplementären Beziehung.

3. Das „weibliche Arbeitsvermögen" als distinktive Ressource

Teil der Selbstdarstellung dieser Frauen ist es, auf ihr gutes Leben zu verweisen. In beinahe allen Interviews sagen die Frauen, sie seien froh, nicht arbeiten zu müssen. Aus einer Perspektive, die davon ausgeht, weibliche Emanzipation entstünde über eigene Lohnarbeit und erfolgreiche Konkurrenz mit

Männern, ist das irritierend, unglaubwürdig oder auch provokant. In meinen Fragen habe ich deshalb wohl immer wieder versucht, ihr Leben als Hausfrau und ihre finanzielle Abhängigkeit zu problematisieren. Aber die Frauen setzen diesen Problemen durchgehend die positiven Aspekte ihrer sozialen Position entgegen.

Dieses positive Selbstverständnis als Ehefrau/Hausfrau/Mutter lässt sich mit den klassenspezifischen Reproduktionsleistungen und Lebensbedingungen erklären. Während nicht berufstätige Frauen anderer Schichten auf Anerkennung ihrer Arbeit durch die Familienmitglieder angewiesen sind (vgl. Kontos/Walser 1979), genießen die von mir befragten Frauen als Ehefrauen von Topmanagern öffentliches Prestige. Sowohl die von ihnen arrangierten gesellschaftlichen Ereignisse als auch ihre Arbeit in Kunstvereinen und Stiftungen oder ihr soziales Engagement bringen ihnen Anerkennung von außen (vgl. Collins 1992). Im Unterschied zu anderen Hausfrauen müssen sie sich den Zugang zu autonomen Bereichen jenseits der Familie nicht mühsam erkämpfen. Es wird von ihnen vielmehr erwartet, dass sie sich in der Öffentlichkeit bewegen. Da sie einen großen Teil der materiellen Hausarbeit an Personal delegieren könne, haben sie außerdem Zeit für Tätigkeiten, die nichts mit der Familie zu tun haben. Ich werde weiter unten auf diese Praxen näher eingehen. Auch bei der Kindererziehung gibt es materielle Entlastungen, aber die Frauen bleiben für deren Bildung und Habitus zuständig. Die Vermittlung von Selbstbewusstsein ist ein wesentlicher Teil davon. Die Frauen bereiten ihre Kinder auf gesellschaftliche Führungspositionen vor. Diese schichtspezifische Erziehung und Versorgung der Kinder ist im hohen Maße identifikationsfähig. Vor allem die von den Frauen übernommene Bildung der Kinder und die Bereitung des sozialen Milieus stellen sich in den Interviews als befriedigende Aufgabengebiete da. Was nicht heißt, dass es keine Probleme gibt. Immer wieder taucht zum Beispiel die Klage über Kinder auf, die nicht begreifen wollen, dass sie ihre soziale Position und ihr Geld selbst erarbeiten müssen. Die von den Frauen im Interview entworfene Vorstellung von Leistungseliten, die im Sinne der Allgemeinheit hohe soziale Positionen bekleiden, ist den Kindern häufig schwer beizubringen. Schließlich ist das Aufwachsen in einem exklusiven und abgehobenem Milieu keine Garantie für ein angepasstes Leben und eine entsprechende zukünftige Lebensweise der Kinder. Eine von mir interviewte Frau bringt das auf den Punkt, wenn sie sagt, sie würden zwar „ein bisschen unter der Glasglocke“ leben, aber die Privatschulen seien keine Garantie für eine „heile Welt“. Auch dort gäbe es solche und solche, und Rauschgift würde eine Rolle spielen. Doch ihre Kinder sind ihrer Darstellung zufolge nie mit Rauschgift in Berührung gekommen. Ohne dass sie es verboten habe, hätten ihre Kinder nie Interesse an diesen Dingen gehabt. „Das war immer eine sehr geschlossene Sache, und von daher habe ich nie Probleme gehabt.“ Offensichtlich ist es nicht nötig, die exklusiven Lebensräume gänzlich gegen andere Schichten abzuschließen oder durch Mauern physisch abzusichern. Das Verhältnis der Kinder der hier betrachteten Frauen zu den Kindern anderer Schichten spiegelt das gesellschaftliche Verhältnis der Schichten zueinander wider. Zwischen ihnen besteht eine Distanz, die sich in den unterschiedlichen Möglichkeiten niederschlägt, die Dinge abzulehnen oder zu überwinden, die für die Realisierung einer bürgerlichen Existenz kontraproduktiv wären. Zusammenfassend kann festgehalten werden: Auch wenn die Frauen wie andere Frauen *als Frauen* für die Hausarbeit zuständig sind, *so besteht diese Gemeinsamkeit im Kontext klassenspezifischer Differenzen.*

Die Aussage der Frauen, sie seien froh, nicht arbeiten zu müssen, kann auf einer anderen Ebene auch als Teil ihrer Selbstdarstellung begriffen werden. Es geht bei dieser Aussage nicht nur um ihr Selbstverständnis als Ehefrau/Mutter/Hausfrau, sondern auch um ihre soziale Position als nicht berufstätige Ehefrau eines Topmanagers. Der positive Bezug auf ihren Status als Elitenangehörige ist eine Ressource, die Selbstbewusstsein und soziale Distanzen hervorbringt. Die Frauen nehmen diese Unterscheidung im Gespräch aktiv vor. Sie haben Interesse daran, anders zu sein als andere Hausfrauen. In die Bemühung, mir die Vorteile ihrer Position zu schildern, ist eine Distinktion eingelassen. Das wird in den Passagen deutlich, in denen es um die materielle Hausarbeit geht. Die Frauen betonen nicht nur, dass sie froh sind, von diesen Arbeiten befreit zu sein. Sie werten diese Arbeiten als banale, wenig sinnvolle ab.

Auf meine Frage, ob sie sich als Hausfrau bezeichnen würde, sagt eine Interviewte: „Ja, ich würde mich als Hausfrau bezeichnen, aber doch mit einer starken Einschränkung. Also ich meine man muss vielleicht den Beruf einer Hausfrau wohl anders definieren, wenn Sie es in Hinsicht auf Hausmütterchen sehen, dann sicher nicht. *Was wäre ein Hausmütterchen?* Na ja, ich will mal sagen, das ist jemand, der sich also nur um die Versorgung kümmert, dass also immer alles schön sauber ist und dass alles schön gekocht ist und eingekauft und geputzt ist. Sauber sagte ich schon. Ich will mal sagen, das würde ich so sehen, ohne dieses wirklich wichtige geistige Niveau. Was bei uns immer eine große Rolle gespielt hat. Da war immer viel Zeit für Gespräche mit den Kindern. Dass auch Schulstunden erzählt wurden. Also ich denke noch an diese enormen Gespräche über Sozialkunde und Deutsch ... Solche Dinge hat es sehr viel gegeben. Und wir haben über diese Dinge ganz grundlegend diskutiert. Das kostet sehr viel Zeit.“

In Abgrenzung zu Frauen, die neben der materiellen Hausarbeit wenig Zeit für andere Dinge haben, entsteht das Bild der „bürgerlichen Frau“, die eine besondere Verantwortung für die Erziehung ihrer Kinder hat. In anderen Interviews weisen die Frauen darauf hin, dass sie die ihnen zur Verfügung stehende Zeit nutzen, um sich selbst zu erfüllen.

„Wem geht es schon so gut, dass er sich all diese Annehmlichkeiten des Lebens, die ihm Spaß machen, die ihm Anregung geben, die ihn interessieren, dem man nachgehen kann, wenn man sich nur selber, also ein bisschen seine Zeit einteilt ... Wenn ich hier nun den ganzen Tag putzen und schrubben müsste, dann würde ich vielleicht, dann hätte ich keine Zeit dazu.“

Im Laufe des Gesprächs hebt diese Frau eine Tätigkeit besonders hervor: Sie nutzt ihre Zeit, indem sie philosophische Schriften liest. Aus diesem Interesse, das sie in einem Frauenclub unter Anleitung einer Philosophin pflegt, habe sie zwar keinen Beruf gemacht, aber das bilde sie trotzdem.

„Es wird sicherlich nur angetippt, aber irgendwann kommt man auch von diesem Antippen weg. Ich weiß nicht wie es Ihnen geht? Sie haben es ja nun auch hinter sich gebracht. Man hat irgendwie die Chance, zu sagen, da könntest du ja doch noch mal nachhaken. Oder da haben die dir so viel erzählt und da weißt du eigentlich nichts, nun fang doch mal an.“

Die Interviewte setzt ihr Interesse an philosophischen Schriften mit meinem Studium gleich. Aus ihrer Perspektive macht es keinen Unterschied, ob eine Frau als Wissenschaftlerin arbeitet oder sich in der frei zur Verfügung stehenden Zeit mit philosophischen Schriften beschäftigt. Der Vergleichsmaßstab ist das angeeignete Bildungswissen und die für die Aneignung aufgebrachte Zeit – nicht die Berufstätigkeit. Während für eine Wissenschaftlerin mit der Aneignung von Wissen die Ausübung eines Berufes verbunden ist, geht es für diese Frau neben einer guten Unterhaltung vor allem um ihren sozialen Status.

Die Frauen lassen sich im Interview nicht auf einen allgemeinen Hausfrauenstatus festlegen, sondern definieren einen klassenspezifischen Status als nicht berufstätige Ehefrau. Sie haben Interesse daran, ihre Position als nicht berufstätige Ehefrau und das damit zusammenhängende Prestige sowie die Vorteile zu schützen, die sie mit ihren Männern teilen (vgl. Meulenbelt 1993: 115). In dem Gespräch zwischen zwei Frauen (Wissenschaftlerin und Ehefrau) tritt deshalb das gemeinsame Merkmal „Frau“ hinter das trennende Merkmal „Klasse“ zurück. Die klassenspezifischen Erfahrungen und die damit verbundenen Interessen überlagern die gemeinsame Geschlechtszugehörigkeit und die damit verbundenen Ungleichheiten.

4. Statuserzeugende und prestigeträchtige Praxen

Zugehörigkeit zu einer gesellschaftlichen Elite und soziales Prestige mögen selbstverständlich sein, sie erfordern aber auch Arbeit. Eine besondere Rolle spielen dabei Geselligkeitstechniken, zu denen ich Praxen zähle, die die Frauen tun, weil sie ihnen Spaß machen und frei von einem Nutzen sind: Die Frauen gehen exklusiven Sportarten nach, treffen sich in Lesezirkeln oder nehmen an hochkulturellen Ereignissen teil. Alle diese Praxen eignen sich, um Distanz zu anderen sozialen Schichten herzustellen oder zu erhalten. Das ist im Interesse aller Mitglieder der Elite. Aber diese Praxen bieten auch ein Terrain, auf dem sich die Frauen unabhängig von ihren Männern in die Eliten der Gesellschaft hinein definieren können.

Diese verschiedenen Bedeutungen von Geselligkeitstechniken werden zum Beispiel in dem Interview mit einer Frau deutlich, die viel Zeit in eine Stiftung investiert, die Stipendien an junge Literaten, Musiker und Künstler vergibt. Die Interviewte bereitet in dieser Stiftung die Zusammensetzung der Auswahlkommissionen vor und organisiert rings um die Geförderten hochkulturelle Ereignisse. Neben Konzerten, Lesungen und Ausstellungen, bei denen die Mitglieder die Werke „ihrer" Stipendiaten kennen lernen, ist die Jahresversammlung zu organisieren, die mit der Besichtigung einer Stadt verbunden ist und ein ganzes Wochenende dauert. Am liebsten kümmere sie sich aber um die Künstler. „Das mache ich mit großer Freude", sagt sie, „weil ich einfach gerne mit Künstlern umgehe." Dieser Umgang bereichere schließlich auch das Leben ihres Mannes.

„Ich schaue, dass es denen gut geht, dass der Aufbau der Ausstellung oder die Proben klappen und wie ihre Laune ist und ob ich was für sie tun kann. Ich mache jetzt sehr viel mehr. Ich mach eigentlich sehr viel, sagen wir mal so, in Anführungszeichen Politik. Ich überlege, wer mit in den Vorstand soll und wie wir das machen können und was wir an Geld noch und ob. Also ich, viele sagen, ich mache alles. Aber es hält sich völlig in Grenzen. Ich, also ein bisschen ist das, dass man den Verein auch in Verbindung mit meinem Namen bringt. So in aller Bescheidenheit gesagt. Das ist ja auch ganz (Pause) unbedeutend."

Bei der Förderung junger Künstler geht es zwar auch um die Pflege der klassischen Hochkultur. Die interviewte Frau verfügt über ein breites bildungsbürgerliches Wissen. Aber in der Darstellung ihres Interesses an den Künstlern stehen diese Aspekte nicht im Vordergrund. Sie betont vielmehr die Begegnung mit den Künstlern und ihresgleichen. Von Bedeutung und Gewicht sind die in diesem Rahmen hergestellten Zugehörigkeiten. Man braucht sie und das genießt sie, daraus zieht sie Selbstbewusstsein. Dabei wird sie nicht von irgendwem gebraucht, sondern von Vorständen und Aufsichtsratsvorsitzenden, die einflussreich sind und die vor allem jeder kennt. Die Stiftung habe eine „reiche Tradition“ und seit Beginn seien unter den Mitgliedern sehr prominente Männer aus der Wirtschaft. Aus ihrer Sicht beleben diese Herren, die „über allem thronen“, den Betrieb der „Guten Gesellschaft“. Bei diesen Ereignissen ist sie nicht nur die Ehefrau eines einflussreichen Topmanagers. Die Manager und Unternehmer in der Stiftung werden zu direkten Bekannten. In der Verbindlichkeit zu diesen Herren entsteht das Gefühl, selbst besonders zu sein und die Gewissheit, einer gehobenen Gesellschaftsschicht anzugehören. Der selbstverständliche Umgang mit hochkulturellen Produkten mag Überlegenheit erzeugen (vgl. Bourdieu 1982), aber im Gespräch mit einer Wissenschaftlerin wird nicht das hochkulturelle Wissen als distinktive Ressource eingesetzt, sondern die Zugehörigkeit zu exklusiven Zirkeln, in denen die an hochkulturelles Bildungswissen gekoppelten Praxen stattfinden.

Wie labil diese Zugehörigkeit ist, zeigt sich vor allem in dem Interview mit einer Frau, die über die Heirat sozial aufgestiegen ist und sich vor einigen Jahren scheiden ließ. Sie erzählt, wie schwierig es für sie seit der Scheidung sei, eigene Bezüge zur „guten Gesellschaft“ herzustellen und von dieser akzeptiert zu werden. Während sie als Ehefrau eines Topmanagers mit ihrem Bildungswissen und ihrem sportlichen Können viele Möglichkeiten hatte, bei gesellschaftlichen Ereignissen und in Clubs Beziehungen ohne ihren Mann zu knüpfen, sind diese Ressourcen ohne den Status einer Ehefrau nicht mehr wirksam. Ihre Ressourcen unterliegen plötzlich einer anderen Wertigkeit. Vereinzelt wird sie aufgrund ihres Wissens und ihrer sportlichen Fähigkeiten bewundert, doch die Beschäftigung mit Musik und das Segeln sind an sich nicht distinguierend und Zeichen von Zugehörigkeit. Nur im Kontext der geschlechtsspezifischen Normalität stehen der vertraute Umgang mit Hochkultur und exklusive Sportarten für das Prestige der Frau. In diesem Interview zeigt sich auch, dass das Geschlechterverhältnis nach einer Scheidung anders erfahren wird. Männer garantieren nicht länger die eigene Existenz, sondern sind als Vater ihrer Kinder, Vorgesetzte im Berufsalltag und Mitglieder im Sportclub doorkeeper einer geschlechtsspezifisch strukturierten beziehungsweise von Männern dominierten Lebenswelt.

Die von mir als Geselligkeitstechniken bezeichneten Praxen sind dadurch charakterisiert, dass sie unnachahmbar sind, weil sie Ressourcen (Zeit und Geld) voraussetzen, über die nicht alle Menschen verfügen. Im Unterschied dazu ist die ehrenamtliche Arbeit keine exklusive Tätigkeit – nicht nur Frauen, die mit einflussreichen Männern verheiratet sind, tun dies. Erst in der Art des Verhältnisses, das diese Frauen zu den Insassen der Institutionen oder den verschiedenen Randgruppen haben, stellt sich Distinktion und Überlegenheit her. Während Frauen anderer Schichten in ihrem eigenen Milieu arbeiten (zum Beispiel bei der ehrenamtlichen Vereinsarbeit) und solidarische Momente (zum Beispiel bei der Nachbarschaftshilfe), also gemeinsame Interessen und eine gemeinsame Lebensweise eine Rolle spielen, lassen sich die interviewten Frauen im Rahmen dieser Tätigkeiten auf Angehörige von Schichten herab, die weit unter ihnen angesiedelt sind. Sie wollen Not lindern und die Folgen sozialer Ungleichheiten verringern. Entsprechend ihrer Vorstellung, gesellschaftliche Positionen seien verdient, wollen sie den Menschen helfen, die ihre Notlagen nicht selbst verschuldet haben. Diese Bedingung erfüllen zum Beispiel eher Multiple-Sklerose- und Krebskranke als Aidspatienten; Flüchtlinge aus Kriegsgebieten eher als Menschen, die politisch verfolgt werden. Diese Menschen müssen dankbar sein, dass ihnen von den Reichen geholfen wird. An dem Beispiel eines Kochkurses, den eine Interviewte für die Frauen eines Wohnheims gibt, zeigt sich, dass neben der materiellen Unterstützung die bürgerliche Vorstellung von ordentlichen proletarischen Lebensformen (zum Beispiel sind Arbeiter arm, aber durch geschicktes Managen des Mangels ehrlich) eine Rolle spielt. Auf diese Weise konstituieren die Frauen ein hierarchisches Verhältnis zu den Menschen, mit denen sie jeweils zu tun haben. Nach dem Motto: „Wir hier oben kümmern uns um euch da unten und sagen euch, wie ihr als ordentliche Mittel- und Unterschichtangehörige leben solltet".

Für die Aufrechterhaltung der hierarchisch gegliederten Gesellschaft ist es außerdem nützlich, wenn die Menschen, die in der Hierarchie unten stehen, keinen Grund haben, unzufrieden zu sein. Man könnte auch sagen, die ehrenamtlichen Tätigkeiten haben „reinigende" Funktion, wie das Stiften von Geldsummen für wohltätige oder hochkulturelle Zwecke (vgl. Grasskamp 1991): Indem die Frauen der Gesellschaft ihre überschüssige Zeit zur Verfügung stellen, reinigen sie sich von der Belastung, einfach nur in einer privilegierten Situation zu leben. Mit diesen „uneigennützigen" Tätigkeiten übernehmen sie Verantwortung für die Gesellschaft und verhalten sich im Sinne des Vorbilds, das Eliten sein sollen. Manche Frauen stellen ihre Funktion für das Sozialsystem heraus, das ihren Darstellungen zufolge zusammenbrechen würde, wenn sie und ihresgleichen nicht ehrenamtlich arbeiteten. Die Forderung von Feministinnen, diese Arbeit zu entlohnen, sei völlig verkehrt: einerseits, weil dies keine wertschaffende Arbeit sei, und andererseits, weil die Sorge um soziale Randgruppen zwar notwendig, aber auf Dauer nicht finanzierbar sei. Diese Arbeit können diejenigen machen, die „Lust, Kraft und Zeit übrig haben", so eine Interviewte.

In der Öffentlichkeit erfährt man nur selten etwas über die karitativen Tätigkeiten der Frauen. Allenfalls in der eigenen Presse, wie dem „Rotarier“, wird über die erbrachten Spenden oder Aktionen berichtet. Insofern scheinen die Frauen kein besonderes Interesse an der öffentlichen Selbstdarstellung und dem damit verbundenen Prestige zu haben. Wichtiger ist, von den eigenen Kreisen als karitativ arbeitende Frau anerkannt zu werden.

5. Die Gefährdung der Anerkennung als weiblicher Teil einer Elite

Wenn die Frauen sagen, sie seien froh, nicht arbeiten zu müssen, geht es dabei vor allem um ihren gesellschaftlichen Status als Angehörige einer gesellschaftlichen Elite. Aber ihr Selbstverständnis und Selbstbewusstsein steht auf einer labilen Grundlage. Es beruht auf der Anerkennung geschlechtsspezifischer Arbeitsteilung. Zwar dominiert in diesen gesellschaftlichen Kreisen die Arbeitsteilung das Geschlechterverhältnis, doch mittlerweile gibt es (einige wenige) Frauen, die aufgrund einer eigenen Berufslaufbahn in die Topetagen der Wirtschaft aufsteigen. Auf dem Heiratsmarkt sind diese sog. Karrierefrauen keine Konkurrentinnen für die von mir interviewten Frauen. Denn da Topmanager nicht auf das zusätzliche Einkommen ihrer Frauen angewiesen sind, ist die Berufstätigkeit kein ausschlaggebendes Kriterium für eine Heirat. Gefährdet ist vielmehr das Ansehen der Frauen als weiblicher Teil einer Elite.

Es gibt nicht viele Gelegenheiten, bei denen diese Frauen miteinander in Kontakt kommen. In meinen Interviews ist jedoch ein gesellschaftlichen Ort aufgetaucht, an dem diese Frauen um ihre jeweilige Position ringen. Das sind die traditionellen Gesellschaftsclubs. Im Rotary Club konnten beispielsweise bis vor kurzem nur Männer Vollmitglieder werden. Lediglich deren Ehefrauen hatten die Möglichkeit, sich vermittelt über ihre Männer im Inner Wheel Club zu organisieren. Doch aufgrund einer Satzungsänderung können seit einiger Zeit auch erfolgreiche berufstätige Frauen eine Mitgliedschaft beantragen. Die von mir interviewten Frauen stehen dieser Veränderung durchaus ambivalent gegenüber. Eine Interviewte erklärt mir, diese Frauen würden aufgenommen, wenn sie – wie die Männer – in einer „verantwortungsbewussten und verantwortungsvollen Tätigkeit“ arbeiten. Aufgenommen worden sei die Verwaltungsdirektorin des Universitätsklinikums, die neue Leiterin des botanischen Gartens, die Leiterin eines Theaters und eine Oberstaatsanwältin. Die Interviewte befürwortet diese Entwicklung des Rotary Clubs. Sie habe sowohl gegenüber dem Gründungspräsidenten als auch gegenüber den Frauen des Inner Wheel Clubs „sehr dafür plädiert“, Frauen als Vollmitglieder aufzunehmen, denn einen gesellschaftlichen Fortschritt solle man niemals aufhalten. In ihren Augen sollten Frauen die gleichen Berufschancen haben wie Männer. Aber diese Entwicklung hat für die im Inner Wheel Club organisierten Ehefrauen eine Kehrseite. Diese Frauen, die „fabelhafte Berufe haben“ und „außerordentlich tüchtig sind“, „sind bis jetzt leider nicht tolerant genug, um nicht berufstätige Frauen als zumindest zweitrangig zu sehen. Ja das finde ich, zeichnet sie nicht besonders aus, aber sie tun es … Da heißt es dann, das ist dieser Hausfrauenclub. Und da sage ich, erstens Mal ist eine sehr starke Unterbewertung bis zur Diskriminierung, das in dieser Form so zu sagen. Dann sollen diese Leute nun erst mal dieses Engagement bringen, was wir über die letzten zehn, zwölf Jahre gebracht haben. Denn sie haben ja auch die Verpflichtung, soziales Engagement zu bringen. Und das müssen sie erst mal nachmachen. Denn das, was an sozialem Engagement über Inner Wheel gelaufen ist, ist immens.“ Diese Frau wirft den weiblichen Vollmitgliedern des Rotary Clubs vor, dass sie sich nicht mit den Ehefrauen solidarisieren und ihre Leistungen anerkennen. Dabei ist nicht ganz klar, ob sie konkrete Erfahrungen dieser Art mit den beruflich erfolgreichen Frauen gemacht hat. Vielleicht bringt sie auf diese Weise auch nur ihre Befürchtung zum Ausdruck, die Aufnahme der berufstätigen Frauen in den Club könnte negative Auswirkungen auf die Anerkennung ihrer Tätigkeiten als Ehefrau/Mutter/Hausfrau haben. Die geschlechtsspezifische Arbeitsteilung war bislang die Voraussetzung für den gesellschaftlichen Status, den sie im Rahmen ihres Milieus genießt. Dabei waren die Clubaktivitäten gerade geeignet, um in der „Guten Gesellschaft“ nicht auf die Funktion des Mannes reduziert zu werden.

„Viele Männer sagen auch heute noch, unsere Frauen haben das doch gar nicht nötig, denn unsere Frauen sind bei uns so fest eingebunden und bei uns jeder Zeit willkommen, die brauchen keinen eigenen Club. Ich sage dann jedes Mal, ob ich Sitz und Stimme habe in einem Club oder ob ich nur Gast bin, ist ja ein Unterschied. Und aus dem Grunde sind wir ja für Inner Wheel jetzt sehr zu haben. Wir machen niemandem Konkurrenz, wir nehmen auch Rotary nichts weg, sondern wir möchten unsere eigene Vereinigung, die uns wichtig ist und in der wir unsere Arbeit tun können.“

Diese Frau hinterfragt die Ansicht der Männer, dass Frauen damit zufrieden sein sollen, über ihre Ehemänner in den Club einbezogen zu sein. Die Männer begründen dies mit der Anerkennung, die die Frauen aufgrund ihrer Position als Ehefrau und aufgrund ihrer sozialen Leistungen bekommen. Die

Interviewte formuliert jedoch einen weitergehenden Anspruch: Sie will einen eigenen Club. Der Inner Wheel Club ist nicht nur von Bedeutung, um die ehrenamtliche Sozialarbeit und karitative Aktionen zu organisieren. In diesem Rahmen erproben und erlangen die Frauen ein Selbstverständnis als nicht berufstätige Ehefrau, dem der Zusatz des schmückenden Beiwerks genommen ist. Dabei geht es nicht darum, die geschlechtsspezifische Arbeitsteilung oder die patriarchalen Beziehungsstrukturen in Frage zu stellen. Die Interviewte will nicht berufstätig sein. Aber sie will im Rahmen der gegebenen Struktur selbst definieren, was sie wie und warum tut. Für sie ist die Erweiterung des eigenen Clubs und die Herstellung einer eigenen Öffentlichkeit gleichbedeutend mit einer Form der Emanzipation: „Die Ehefrauen, die nicht in Inner Wheel sind, die unterliegen noch sehr häufig diesen Macho-Allüren der Männer: ‚Das will mein Mann nicht', das sind Dinge, die sie heute immer noch hören. Oder: ‚Mein Mann sagt dies oder jenes.' Ich sage dann sehr häufig: ‚Was sagen *Sie*?' Aber das begreifen die dann nicht. Das heißt, da sind also sehr starke Abhängigkeiten, und nun kommt Inner Wheel."

Die berufliche Position des Mannes ist zwar notwendige Voraussetzung dafür, sich im Rahmen des Inner Wheel Clubs einen Platz in der „Guten Gesellschaft" erarbeiten zu können, aber im weiteren nutzt die Interviewte den Raum, um ein eigenständiges Netzwerk aufzubauen. Der auf diese Weise angestoßene Emanzipationsprozess steht jedoch auf tönernen Füßen. Zumindest scheint das derart hergestellte häusliche Gleichgewicht leicht zu gefährden – und zwar durch die Karrierefrauen, die „in gewisser Weise auf einen Podest gehoben wurden", wie eine Interviewte sagt. „Da kommt der Mann vielleicht völlig harmlos nach Hause abends und sagt: ‚Ich war heute bei Rotary und da habe ich neben Frau XY gesessen. Mensch du, das ist eine ganz tolle Person, das musst du mal hören, was die alles macht und was sie schon geleistet hat und so weiter. Und wie die in den Posten gekommen ist.' Ich will mal sagen, das trägt die Unzufriedenheit in die Familien."

Der Mann hat die Möglichkeit, seine Frau mit den Tätigkeiten und Fähigkeiten seiner Kolleginnen eifersüchtig zu machen. In dem Maße, wie er die Arbeit seiner Kolleginnen anerkennt und Karrierefrauen achtet, muss seine Frau um die Abqualifizierung ihrer Tätigkeiten fürchten. Eine Frau, die lediglich unbezahlten Tätigkeiten nachgeht, muss Mann nicht achten. Wenn die Männer den erfolgreichen Frauen im Rahmen der Cluböffentlichkeit Raum zusprechen, besteht für die Ehefrauen die Gefahr, auf den Status des Anhangs festgelegt zu werden. Die beschriebene Öffentlichkeit der Inner-Wheelerinnen ist aufgrund dieser Entwicklung gefährdet. Aus Gesprächen mit „Clubschwestern" weiß die Interviewte zu berichten, dass sich eine ganze Reihe von ihnen „hinten angestellt" fühlen. Es sei eine neue Klassifizierung entstanden, die es nötig macht, an das Selbstbewusstsein der Ehefrauen zu appellieren.

Auch eine andere Interviewte spricht zunächst von dem Verhältnis zwischen Karrierefrauen und nicht berufstätigen Frauen als einem „Problemfeld", um dann das eigentliche Problem zu benennen: Das ist das Verhältnis zu ihrem Mann. Sie selbst habe kaum Erfahrung mit Karrierefrauen gemacht, weil ihr Mann (1934 geboren) einer Generation von Managern angehöre, die sich nicht mit einer weiblichen Konkurrenz auseinandersetzen mussten. Frauen würden „auf einem anderen Niveau" arbeiten als ihr Mann. „Aber er kommt oft mal nach Hause und sagt: ‚Weißt du, da hab ich in China eine Frau kennen gelernt, die ist Chefin einer Börsenabteilung', und erzählt was darüber und sagt, das ist ja unglaublich, das ist ja sagenhaft. Oder so. Und solche Bemerkungen, aber da ich. Oder ja doch. Es gibt schon so Bemerkungen, da sagt er, Mensch und da hab ich dies Gespräch geführt und da war eine ganz gescheite Anwältin, die müsstest du mal kennen lernen. Und so weiter. Also er nimmt sie wahr, er hat irgendwie Respekt. Muss ja wohl so sein, wenn es bemerkenswert ist. Es gibt sie zunehmend. Das lässt hoffen. Die Frauen lassen sich da nicht mehr ausbooten."

Will man die in unserer Gesellschaft nach wie vor bestehenden geschlechtsspezifischen Ungleichheiten nicht hinnehmen, so ist die Entwicklung auf dem Arbeitsmarkt zu befürworten. Die Interviewte findet es toll, „wenn Frauen sich so richtig verwirklichen können in ihrem Beruf". Es gäbe Frauen, die wären dazu in der Lage, neben der Familie einen Beruf auszuüben und im öffentlichen Leben zu stehen. Das findet sie „phantastisch". Aber aus ihrer Perspektive verschiebt sich mit dieser Entwicklung auch die Sicht ihres Mannes auf sie selbst. Zumindest besteht die Gefahr, dass er vor ihr keinen Respekt mehr haben wird.

An der Entwicklung des Rotary Clubs zeigt sich: Solange die Männer einen exklusiven Anspruch an ihre beruflichen Positionen erheben, ist die Position und das gesellschaftliche Ansehen der Ehefrauen sicher. Sie werden aufgrund ihrer Tätigkeiten anerkannt und geachtet. Im Rahmen dieser Sicherheit lassen sich Räume erobern, die ermöglichen, aus dem Schattendasein und aus der „Intimität der Familie" herauszutreten. Der Club gewährleistet eine Öffentlichkeit und ein eigenes soziales Netzwerk. Dabei wollen die Frauen nicht den gleichen Status wie ihre Männer erlangen oder etwa das gleiche tun (nämlich berufstätig sein), sondern Raum für Tätigkeiten bekommen, die nichts mit ihren Aufgaben als Ehefrau/Mutter/Hausfrau zu tun haben. In diesen Tätigkeiten steht ihre Zugehörigkeit zu einer gesellschaftlichen Elite im Mittelpunkt. In dem Maße, wie die Männer einigen wenigen Frauen im Rahmen einer beruflichen Karriere Platz in ihrem Club einräumen, besteht für die Ehefrauen die Gefahr, auf die familiären Räume festgelegt und nicht länger von ihren Männern geachtet zu werden. Auf dem Spiel steht die Anerkennung, weiblicher Teil einer gesellschaftlichen Elite zu sein. Frauen, die aufgrund ihrer eigenen Berufstätigkeit zur wirtschaftlichen Elite gehören, werden zu Konkurrentinnen für die nicht berufstätigen Ehefrauen.

Insofern ist die geschlechtsspezifische Arbeitsteilung nicht nur Voraussetzung für die Dominanz von Männern in bestimmten Berufsfeldern. Aus der Sicht der untersuchten Frauen ist diese Arbeitsteilung Voraussetzung für ihren gesellschaftlichen Status. Aus der Sicht der Männer geht es auch um die Herstellung und Sicherung einer distinguierenden Lebensweise. Das ist gerade in einer Gesellschaft von Bedeutung, in der sich Klassen ausdifferenzieren und soziale Grenzen durchlässiger werden. Die nicht berufstätigen Ehefrauen haben in diesem Kontext eine zentrale Funktion. Sie bewachen und verteidigen die Grenzen und die Homogenität ihres sozialen Milieus. In der Arbeitsteilung wird also nicht nur das hegemoniale Geschlechterverhältnis reproduziert, sondern auch ein historisch spezifisches Klassenverhältnis. Privilegien unterschiedlichster Art werden erhalten, indem Arbeit geschlechtsspezifisch geteilt wird.

Literatur

Böhnisch, Tomke (1999): Gattinnen. Die Frauen der Elite, Münster.

Bourdieu, Pierre (1982): Die feinen Unterschiede. Kritik der gesellschaftlichen Urteilskraft, Frankfurt/M.

Bürklin, Wilhelm u.a. (1999): Eliten in Deutschland. Rekrutierung und Integration, Opladen.

Collins, Randall (1992): Women and the Production of Status Cultures, in: Michèle Lamont / Marcel Fournier (Hrsg.), Cultivating Differences, Chicago; London, S. 213-231.

Eberwein, Wilhelm / Tholen, Jochen (1990): Managermentalität. Industrielle Unternehmensleitung als Beruf und Politik, Frankfurt/M.

Gerhard, Ute (1994): Changes in Perspective: Feminist Research in the Social Sciences, in: Soziologie, Special Edition 3, S. 201-215.

Grasskamp, Walter (1991): Der Mäzen als Skandal, in: Merkur, Jg. 45, H. 9, S. 788-800.

Hartmann, Michael / Kopp, Johannes (2001): Elitenselektion durch Bildung oder durch Herkunft? Der Zugang zu Führungspositionen in der deutschen Wirtschaft, in: Kölner Zeitschrift für Soziologie und Sozialpsychologie, 53. Jg., H. 3, S. 436-466.

Hoffmann-Lange, Ursula (1992): Eliten, Macht und Konflikt in der Bundesrepublik, Opladen.

Hooks, Bell (1984): Feminist Theory. From the Margin to the Center, Boston.
Kontos, Silvia / Walser, Karin (1979): Weil nur zählt, was Geld einbringt. Probleme der Hausfrauenarbeit, Gelnhausen; Berlin.
Meulenbelt, Anja (1993): Scheidelinien. Über Sexismus, Rassismus und Klassismus, Reinbek.
Mills, C. Wright (1962): Die Macht-Elite, Hamburg.
Nerge, Sonja / Stahmann, Marina (1991): Mit Seidentuch und ohne Schlips. Frauen im Management. Eine empirische Untersuchung ihrer Lebens- und Arbeitsbedingungen, Frankfurt/M., Bern, New York, Paris.
Pross, Helge / Boetticher, Karl W. (1971): Manager des Kapitalismus, Frankfurt/M.
Rich, Adrienne (1977): Of Woman Born. Motherhood as Experience and Institution, London.
Scheuch, Erwin K. / Scheuch, Ute (1995): Bürokraten in den Chefetagen. Deutsche Karrieren. Spitzenmanager und Politiker heute, Reinbek.
Spelman, Elizabeth V. (1990): Inessential Woman. Problems of Exclusion in Feminist Thought, London.
Steinert, Heinz (1989): Subkultur und gesellschaftliche Differenzierung, in: Max Haller u.a. (Hrsg.), Kultur und Gesellschaft, Verhandlungen des 24. Deutschen Soziologentags, des 11. Österreichischen Soziologentags und des 8. Kongresses der Schweizerischen Gesellschaft für Soziologie in Zürich 1988, Frankfurt/M., New York, S. 614-626.

Aushängeschilder und Identifikationsfiguren: Sporteliten

Gunter Gebauer

Erfolgreiche Sportler repräsentieren ihre Nation; in ihnen, so sagt man, kann sich ein nationales Publikum wiedererkennen. In den Aufführungen der großen Sportveranstaltungen stellen sie besondere Eigenschaften, die einen Symbolwert für die ganze Nation besitzen, beispielhaft dar. Ihre darstellerische Funktion unterscheidet die Spitzensportler[1] von allen anderen Eliten. Mit ihren Zuschauern verbindet sie ein starkes, geradezu existentielles Band, das eine Gemeinsamkeit erzeugt, die weit über ein symbolisches Repräsentationsverhältnis hinausgeht. Sie machen bestimmte Eigenschaften körperlich sichtbar, die das Publikum auf sich selbst beziehen kann. Dabei empfinden sich die Zuschauer aber nicht als Einzelpersonen, sondern als Mitglieder ihrer Nation. Im Sport kommt also nicht etwas Individuelles, sondern etwas Gemeinschaftliches zur Aufführung. Unter diesem Aspekt gesehen, kann die Sportelite nicht mehr, wie es üblicherweise geschieht, als eine marginale soziale Gruppe angesehen werden, die sich durch virtuoses, aber gesellschaftlich nutzloses Können auszeichnet[2], sondern als Präsentator von exemplarischen Handlungsstilen, die als typisch für die Nation gelten und die körperlich einem weltweiten Publikum vorgeführt werden. Den Aktionen von Theaterspielen sind diese insofern überlegen, als ihre Helden wirklich und vergleichbarer Herkunft sind wie ihre Zuschauer.

---

1 Zur sprachlichen Vereinfachung verwenden wir nur die maskuline Form, wenn eigentlich beide Geschlechter gemeint sind.

2 Sportliche Fähigkeiten sind keine Indikatoren für andere Leistungen als sportliche. Sie zeigen nur jene Kräfteverhältnisse an, die im Sport bestehen. Eine Niederlage der deutschen Nationalmannschaft gegen die kroatische ist kein Hinweis auf ökonomische oder politische Unterlegenheit, sondern auf einen innovationsfeindlichen, arroganten und zugleich etwas ängstlichen Wettkampfstil.

1. Verkörperung nationaler Eigenschaften im Sport

Mit dem Begriff der Repräsentation wird die enge Verbindung zwischen dem Spitzensport und den anderen sozialen Feldern, in denen sowohl Zuschauer als auch Athleten handeln, verdeckt. „Repräsentation" bezeichnet eher eine symbolische Relation als ein soziales Verhältnis. Bei der Bildung von Symbolen spielen Willkür (das „Arbiträre") und soziale Konventionen eine Rolle. Wenn wir hingegen von einer Verkörperung gemeinsamer Handlungsstile sprechen, heben wir das Gemeinsame hervor, das die alltäglichen sozialen Praktiken mit den herausragenden Leistungen im Spitzensport zusammenschließt.

In Deutschland kann, wie in vielen anderen Ländern, das Spiel der Nationalmannschaft im Fußball als eine solche Verkörperung angesehen werden. Von einer deutschen Nationalmannschaft erwartet man Opferbereitschaft, Diszipliniertheit, Fleiß, Kampf bis zum Schlusspfiff. Andere Nationalteams dürfen sich mit Eigenschaften wie Eleganz, Spielwitz, Kreativität etc. schmücken. Sportfachleute pflegen die Merkmale von Spielweisen mit Nationalbezeichnungen zu verknüpfen: Eine artistisch spielende Mannschaft ist „brasilianisch"; das biedere, harte, fleißige und erfolgreiche Spiel gilt als „deutsch", eine genialische, im Endeffekt aber erfolglose Spielweise als „österreichisch", eine elegante und kreative als „französisch" etc. Die einmal festgelegte Verteilung nationalistischer Prädikate wird selbst dann nicht aufgegeben, wenn die Mannschaften inzwischen ganz andere Stile entwickelt haben.[3] In einer analytischen Perspektive ist dagegen gerade der Wandel der Stile interessant, insbesondere wenn er gemeinsam mit kulturellen Veränderungen auftritt. Eine Gesellschaft wie die deutsche will in ihrem Lieblingsspiel die Vorstellung erkennen, die sie sich von sich selber macht – eine Erwartung, die sich weit über den Kreis der Fußball-Liebhaber hinaus, auch in anderen Ländern, verbreitet hat. Am Spiel der eigenen Vertretung gegen die internationale Konkurrenz will das nationale Publikum erkennen, wie die Nation beschaffen ist. Dieses Interesse bildet die engste Verbindung zwischen Sport und Politik. Die großen Leidenschaften im Fußball sind an die nationalen Mythen gebunden und werden durch Personen vermittelt, die in den Rang von Nationalhelden gerückt werden.

---

3 So gehört es zu den tiefen Kränkungen des deutschen Fußballfans, dass ausgerechnet Österreich – die „Schmach von Cordoba"! – Deutschland bei der Fußball-WM in Argentinien aus dem Turnier warf. Und völlig unbegreiflich wird es ihm bleiben, dass Frankreich das letzte Weltturnier gewann, während Deutschland nicht einmal das Halbfinale erreichte.

Ein Spiel ist nur dann fähig, nationale Handlungsstile zu verkörpern, wenn es zu den Leidenschaften der großen Mehrheit der Bevölkerung (allerdings ihres männlichen Teils) gehört *und* wenn es zugleich von den Eliten des Landes akzeptiert wird. Nehmen wir das Gegenteil: Wenn sich für ein Spiel ausschließlich eine einzige soziale Schicht interessieren würde, egal, ob die obere, mittlere oder untere, gilt es nur als typisch für Teile der Nation; es hat immer einen gewissen Klassengeschmack. Wenn es, umgekehrt, *nicht* von den Eliten angenommen wird, gilt es als eine mehr oder weniger primitive, wertlose oder veraltete Körperpraxis. Erst die Akzeptanz eines Spiels durch die nationalen Eliten spricht diesem einen Wert zu, so dass es mehr verkörpert als nur die Handlungsstile einzelner Gruppen oder Schichten.[4] Soziologisch gesehen, sind es die Eliten, die darüber entscheiden, welche Praktiken zur „legitimen Kultur“ (vgl. Bourdieu 1982) gehören, dadurch dass sie es durch ihr Interesse für wertvoll erklären und es auf diese Weise nobilitieren.

Die letzten Überlegungen machen deutlich, warum mit dem allgemeinen Interesse am Fußball eine Gegenbewegung gegen die alte Monopolstellung der Oper, des Konzerts und der Sprechbühne eingesetzt hat. Im Unterschied zum klassischen Bürgerzeitalter werden heute solche kulturellen Phänomene als typisch für die Nation aufgefasst, an denen sich die mittleren und unteren Schichten beteiligen. Dennoch hat sich der Aufführungscharakter des Fußballs nicht vollständig vom klassischen Kultursystem losgelöst, insofern es die nationalen Führungsschichten sind, die sich auf den Ehrentribünen der Stadien zeigen. Bei Fernsehübertragungen wird das Geschehen immer wieder durch Einblendungen unterbrochen, die alle möglichen Persönlichkeiten zum Rätselraten zeigen, beliebte Filmschauspieler, Minister mit umgelegten Vereinsschal, Ex-Minister als Klubpräsidenten, Ex-Freundinnen von Berühmtheiten, Tennisspieler oder ihre Eltern. Sie alle sind bereit, ihre schöne Kleidung gegen ein stadion-geeignetes Outfit einzutauschen und würden ihren

4 Diese Akzeptanz ist eine notwendige, aber nicht hinreichende Bedingung für die allgemeine Anerkennung der nationale Repräsentation durch Sport. So erhob die Zustimmung der deutschen Eliten zum (früher akademisch beherrschten) Rudersport den sog. „Deutschland-Achter“ zu einer nationalen Repräsentation. Eine solche Anerkennung erhielt der von den unteren sozialen Klassen betriebene Kanusport, der international ungleich erfolgreicher ist als das Rudern, schon deswegen nicht, weil er von den deutschen Eliten nicht zur Kenntnis genommen wurde. Umgekehrt gelang es, jedenfalls in jener Zeit, in der Henry Maske aktiv war, dem Boxsport nationale Aufmerksamkeit zu sichern (vgl. Junghanns 1995). Dies war nur möglich, weil sich die deutschen Eliten der Politik und Unterhaltung für diese Kämpfe interessierten.

VIP-Sitz beim FC Bayern nicht mehr für eine Loge auf dem Wiener Opernball hergeben.[5]

Wie ist die Verkörperung typischer Handlungsweisen durch die Sportelite möglich? In der Soziologie Pierre Bourdieus, die wir unseren Arbeiten zugrunde gelegt haben, findet man den Begriff der „Homologie der sozialen Felder", der sich hier für eine Beschreibung anbietet. Wenn man den Sport als ein soziales Feld ansieht, ist es durch eine Homologiebeziehung mit anderen Feldern verbunden, d.h. bestimmte Handlungsweisen, die soziale Subjekte in einem Feld kennzeichnen, können in anderen Feldern wieder hervortreten, freilich nicht als die gleichen, sondern nur als *analoge* Handlungsweisen. Dies liegt daran, dass jedes soziale Feld eigene Feldgesetzmäßigkeiten besitzt, die sich dem individuellen Handeln aufprägen. Nach Bourdieus Annahme werden die Strukturen des Sports, die jenen in anderen sozialen Feldern homolog sind, durch den Habitus der Handelnden hergestellt. Ich will hier noch einen weiteren Weg verfolgen und die Konstruktionsprinzipien betrachten, nach denen der Spitzensport und andere soziale Felder, die mit diesem in Beziehung stehen, aufgebaut werden. In dieser Sichtweise können über-individuelle, über die einzelnen Habitus hinausreichende Prinzipien angegeben werden, die an der Konstruktion sowohl des Feld des Sports als auch anderer Felder wesentlich beteiligt sind. Diese Prinzipien bilden, was man „Tiefenstrukturen" nennen kann. Für die folgenden Ausführungen verwende ich die Ergebnisse einer komparativen Studie des Spitzensports, die ich gemeinsam mit Charles Suaud und Jean-Michel Faure von der Universität Nantes organisiert habe.[6] Wenn man sich ansieht, wie das Feld des nationalen Spitzensports konstruiert ist, kann man vier Arten konstruktiver Prinzipien erkennen, die auch in anderen sozialen Feldern eine Tiefenstruktur bilden:

---

5 In Ländern mit einer unterschiedlichen Repräsentationskultur tritt die Verkörperung im Sport unter ganz andere Bedingungen auf als in Deutschland, insbesondere im katholisch geprägten Süden Europas (Italien und Spanien) und in den ibero-amerikanischen Ländern (Argentinien, Mexiko, Brasilien). Das Fußballspektakel wird hier auf dem Untergrund religiöser Aufführungspraxen und lokaler Traditionen erzeugt; es integriert problemlos Prozessionen, Heiligenverehrung, Pilgermärsche, Ornamente, Weihrauchgerüche, Chöre und Verkleidungen aller Art in Sportereignisse. Es gehört zu den äußerst populären, von allen Bevölkerungsschichten hervorgebrachten Festen, an denen sich die nationalen Eliten wie selbstverständlich beteiligen. Daher haben diese Länder kein Problem damit, den Fußball als kulturelles Phänomen anzuerkennen. In den protestantischen Ländern, in denen die Eliten lange Zeit Distanz zu volkstümlichen, körperlichen Veranstaltungen hielten, war es ungleich schwieriger und langwieriger, diesen Abstand zu überbrücken.

6 An der empirischen Arbeit wirkte außerdem Sebastian Braun mit, der insbesondere die empirischen Daten in Deutschland erhob und auswertete. Die Ergebnisse der Studie wurden veröffentlicht in Gebauer/Braun/Suaud/Faure (1999). Eine zusammenfassende Deutung gibt der Verfasser in Krais (2001: 63-111). Für den vorliegenden Aufsatz habe ich einige Teile aus dieser Arbeit verwendet.

a) Die staatliche Intervention im Feld des Spitzensports;
b) die Handlungsprofite, die eine Sportkarriere während und vor allem nach dem Ende der sportlichen Laufbahn erbringt;
c) die Spielräume, die das Bildungssystems den jungen Athleten zur Verfügung stellt;
d) die Werte, die einer erfolgreichen Sportkarriere zuerteilt werden.

2. Die staatliche Intervention im Feld des Spitzensports

Jeder Staat hat, wenn er den Spitzensport fördert, ein besonderes Interesse. Es geht ihm darum, die nationale Repräsentation im Sport, ebenso wie in anderen Bereichen, zu kontrollieren. In Frankreich ist dies eine erklärte Absicht des staatlichen Handelns. Entsprechend unverdeckt und entschieden ist das Eintreten des französischen Staats in allen Belangen der Symbolpolitik, wie die gesetzliche Regelung des Gebrauchs der französischen Sprache im Verhältnis zu Fremdsprachen mit aller Deutlichkeit zeigt.[7]

In Frankreich ist der Spitzensport eine ureigene Angelegenheit des Staates. An der Spitze des Sportsystems steht der *Ministre de la jeunesse et des sports* (Minister für Jugend und Sport). Er trifft im Prinzip alle Entscheidungen, die die Ausübung von Spitzensport regulieren. So ernennt er die Trainer, vom Nationaltrainer bis zum regionalen oder sogar lokalen Sportausbilder; er kann Verbandspräsidenten zur Rechenschaft ziehen, Einblick in ihre Buchführung verlangen, sie sogar absetzen; er ist schließlich Anführer im Kampf gegen das Doping[8] (vgl. im Überblick Thill/Thomas/Caja 1989).

Eine solche politische Verantwortung für den Spitzensport gibt es in Deutschland nicht. Dieser ist Sache des vom Staat im Prinzip unabhängigen Deutschen Sportbundes und seiner Fachverbände, während der Staat nur subsidiäre Hilfe gibt, Hilfe zur Selbsthilfe. Freilich besteht die Unabhängigkeit des Sports vom Staat vor allem in Festreden – tatsächlich ist auch hier der wesentliche Financier des Spitzensports der Staat, insbesondere der Bundesinnenminister. Auf dem Wege der Finanzierung und Kontrolle über die verwendeten Mittel übt dieser einen beträchtlichen Einfluss auf das deutsche Sportsystem aus.

7 Vgl. den Beitrag von Seidl (1997) über die *„Grands Travaux"* Mitterands als Kunst der Politik und Politik der Kunst in Frankreich.
8 Seit der Tour de France 1998 weiß man, wie wirkungsvoll die Sportministerin einschreiten kann, wenn sie die Unterstützung der Polizei und der Justiz hat.

Der französische Staat hat sich eine Reihe politischer Instrumente der Förderung, vor allem aber der Steuerung des Sports geschaffen. So sind die französischen Spitzensportler sind, bis auf wenige Ausnahmen, im INSEP (Institut National du Sport et de l`Éducation Physique, Nationales Institut für Sport und Leibeserziehung) in Paris konzentriert. Diese Superinstitution des französischen Sportsystems ist sowohl Trainingszentrum als auch Ausbildungsstätte für Athleten, Sportlehrer und Trainer; sie ist also Sportschule, Leistungszentrum, Universität, Lehrer- und Trainerakademie in eins. Außerdem ist es der wichtigste Ort sportwissenschaftlicher Forschung in Frankreich, insbesondere mit dem Ziel der Leistungsoptimierung. Mit dem INSEP macht der französische Staat seinen Spitzensportlern das Angebot, in ein und derselben Institution zu trainieren, zu wohnen und, vorausgesetzt, sie schaffen die Aufnahmeprüfung, zu studieren. Diese haben dort die Möglichkeit, Diplome, auch in nicht-sportbezogenen Studienfächern, zu erwerben und einen Beruf im Sportsystem zu erhalten. Als staatliche Förderung der französischen Spitzensportler ist weiterhin der Schulzweig der *section sport-études* (sportbetonte Schulen) zu nennen, die ähnlich wie die Kinder- und Jugendsportschulen der DDR Training und Unterricht miteinander verbindet. Nach beendeter Ausbildung wird den Spitzensportlern die berufliche Eingliederung und Ausbildung durch eine Reihe von Maßnahmen erleichtert. In Deutschland gibt es nicht nur keine vergleichbare Institution, sondern sie würde, nach den Voraussetzungen des (west)deutschen Sportsystems, auch allgemein abgelehnt werden. Allerdings gab es im DDR-Sport mit der Sporthochschule Leipzig und den ihr angeschlossenen Trainings- und Forschungszentren eine ähnliche Institution, die ursprünglich das Vorbild des INSEP war.

3. Die Handlungsprofite von Sportkarrieren

Im Feld des Spitzensports erhalten die jungen Athleten und Sportlerinnen eine Fülle von Gelegenheiten, ihre individuellen Voraussetzungen zu verwirklichen. Der Spitzensports kann geradezu als ein institutionalisiertes Angebot an die interessierten Personen betrachtet werden, ihre Wünsche und Leidenschaften, ihre körperlichen und psychischen Dispositionen mit Hilfe einer bestimmten, durch strenge Planung geprägte Lebensführung auf eine sozial anerkannte Weise zu entfalten. Ob sie in diesem Feld Profite erzielen können, die ihnen in ihrem weiteren Leben Vorteile bringen können, lässt sich nur beurteilen, wenn man die Beziehung des Sports zu den verschiedenen Feldern, auf die es hier ankommt, in den Blick nimmt: die Beziehung zwischen dem Spitzensport und den Feldern der Schul- und Berufsausbildung, der Berufskarriere, der Hochschulen.[9]

Sportliches Handeln findet in einem spezifischen sozialen Kontext statt, der eigene Gesetzmäßigkeiten besitzt. Es hat eine besondere Handlungsstruktur, die auf keinen unmittelbaren Nutzen zielt, die Logik des Überbietens, das Anstreben symbolischer Güter, wie Meistertitel und Auszeichnungen, die Bedeutung traditioneller Werte wie Ehre und Reputation. Im Feld des Sports verfolgen die meisten Spitzensportler besondere Strategien, die ihnen attraktive Lebensperspektiven auch über die Sportkarrieren hinaus eröffnen sollen. Die meisten von ihnen streben danach, während ihrer Laufbahn kulturelles und soziales Kapital, wenn es möglich ist, auch ökonomisches, anzusammeln, das ihnen, zusammen mit dem während der sportlichen Karriere ausgeprägten agonalen Habitus, eine berufliche Situation verschaffen kann. Um diese Strategien einzuschätzen, ist ein Blick auf die soziale Herkunft der Spitzensportler in beiden Ländern nützlich.

Unsere Ergebnisse zeigen, dass sich die soziale Herkunft der französischen und deutschen Athleten, die dieselbe Sportart ausüben, erheblich unterscheidet. Allgemein fällt auf, dass die deutschen Spitzensportler im Durchschnitt eine höhere Klassenzugehörigkeit haben als die französischen. Dabei liegt der Anteil der Sportler, die aus den höheren sozialen Klassen stammen, in beiden Ländern nicht sehr weit auseinander (in Frankreich 42%, in Deutschland 47%).[10] Die Differenz entsteht insbesondere aus der im Vergleich zu den deutschen Spitzensportlern deutlich höheren Beteiligung der unteren sozialen Klassen an der französischen Sportelite: In Frankreich gehören rund ein Drittel der Väter und 44% der Mütter der Spitzensportler diesen Klassen an, während in der deutschen Untersuchungsgruppe nur 16 % der Väter und rund ein Drittel der Mütter den unteren Klassen zuzuordnen sind. Die französischen Athleten kommen vor allem aus den höheren und unteren sozialen Klassen, während der Anteil aus den mittleren Klassen deutlich geringer ist. Hingegen ist die Klassenherkunft der deutschen Athleten durch eine linear aufsteigende Verteilung von den unteren zu den höheren sozialen Klassen charakterisiert. In der deutschen Sportelite findet man kaum Kinder

9 Wir haben in unserer Untersuchung aus systematischen Gründen ausschließlich sog. Amateursportarten betrachtet. Der professionelle Sport wurzelt in den meisten Disziplinen (im Kindes- und Jugendalter) in Amateurstrukturen.

10 Diese Angaben beziehen sich auf die Klassenzugehörigkeit des Vaters. Bei den Müttern der französischen und deutschen Sportlern sind die Unterschiede weitaus größer. Während über ein Drittel der deutschen Mütter den höheren Klassen angehören, gehört lediglich rund ein Fünftel der französischen Mütter diesen Klassen an.

aus Arbeiterfamilien, jedenfalls nicht in den von uns untersuchten Sportarten. Lediglich 3% der Väter der deutschen Spitzensportler sind Arbeiter.

Dieses Ergebnis zeigt zum einen die Attraktivität, die der Spitzensport für die bürgerlichen Klassen in Deutschland besitzt. Dieser wird offensichtlich als ein Handlungsfeld angesehen, in das Jugendliche und junge Erwachsene während einer gewissen Lebensperiode legitimer Weise Interesse, Zeit und Energie investieren können. Andererseits bedeutet die außerordentlich geringe Teilnahme von Angehörigen der unteren Sozialklassen, dass diese kein ausreichendes Interesse am Leistungssport, jedenfalls in den von uns untersuchten Sportarten, haben oder nicht genügend Unterstützung erhalten. Die institutionellen Angebote, die der (nicht professionelle) Spitzensport in Deutschland an mögliche Interessierte macht, sind so beschaffen, dass er in erster Linie Personen mit höherer schulischer und beruflicher Bildung und mit höherer sozialer Herkunft anzieht.

Im Vergleich mit Frankreich kann man vermuten, dass die dort staatlich angebotenen Berufskarrieren, die den Athleten und Spitzensportlerinnen relativ früh, teilweise schon zu Karrierebeginn angeboten oder in Aussicht gestellt werden, den unteren Klassen den Zugang zum Spitzensport erleichtern. Mehr noch: Für diese bietet das vom Staat eingerichtete Sportsystem die Möglichkeit des sozialen Aufstiegs, die in beachtlichem Maße realisiert wird. Bei den Sportlern aus den *unteren* Sozialklassen lassen sich auffällige Aufstiegsprozesse erkennen. 29% von ihnen stiegen in die mittleren Klassen auf, von denen allerdings zwei Drittel in der bescheidenen Position eines *moniteur de sport* (z.B. als Ski- oder Segellehrer im Freizeitsport) arbeiten. Weitere 16,1% der Athleten aus unteren Sozialklassen stiegen in die höheren Klassen auf, von denen aber wiederum ein Fünftel im Sportbereich, in diesem Fall als *professeurs EPS* (Sportlehrer) im Schuldienst, tätig ist. Eine deutliche Sprache sprechen aber auch die rund 55% der Athleten, die trotz der beruflichen Möglichkeiten, die eine Spitzensportkarriere in Frankreich bietet, in ihrer Klasse verbleiben.

Ebenso deutlich ist der Zusammenhang zwischen Auf- und Abstiegsprozessen auf der einen und den Sportberufen auf der anderen Seite bei den Athleten aus den mittleren und höheren Klassen zu erkennen. Allerdings verändern sich bei ihnen die „Vorzeichen“. Denn besonders auffällig ist bei diesen beiden Herkunftsgruppen der jeweils hohe Anteil an Sportlern, der sozial absteigt. Richtet man den Blick zunächst auf die Spitzensportler aus den *mittleren* Sozialklassen, erkennt man einen sozialen Aufstieg in die höheren Klassen bei 18,8% der Sportler, wobei auch hier wieder der Sportlehrererberuf das bei weitem wichtigste Vehikel ist (rund zwei Drittel aller Fälle). Rund ein Drittel der Sportler aus den mittleren Klassen konnte darüber hinaus die soziale Position der Herkunftsfamilie erhalten; sie sind aber wiederum zu 60% im Sportsektor als *moniteurs de sport* beschäftigt. Besonders bemerkenswert ist aber der Befund, dass die Hälfte der Athleten aus den mittleren Klassen in die unteren Klassen abstieg und als einfache Angestellte beschäftigt ist. Ein ähnliches, noch schärferes Bild ergibt sich, wenn man abschließend einen Blick auf die Sportler aus den *höheren* Sozialklassen wirft: Zwar blieben 38,5% von ihnen in ihrer sozialen Herkunftsklasse, aber auch in diesem Fall wird deutlich, dass der Statuserhalt zur Hälfte über den Sportlehrerberuf gelang. Alle anderen steigen sozial ab, darunter über ein Fünftel in die mittleren Klassen – von denen wiederum rund 43 % als *moniteurs de sport* tätig sind – und über ein Drittel sogar in die unteren sozialen Klassen.[11]

4. Die Spielräume des Bildungssystems

Die Anforderungen und rigiden Zwänge des Bildungssystems in Frankreich macht es den Schülern und Studenten schwer, ein anspruchsvolles Berufsprojekt mit der Sportkarriere zu vereinbaren. Vor die Wahl gestellt, entweder ihre Sportkarriere oder ihr Berufsprojekt aufzugeben, entschieden sich die befragten Athleten für ihre Sportlaufbahn – mit der Folge, dass sie ihre beruflichen Ambitionen gegenüber den ursprünglichen Erwartungen minderten und in leichtere und kürzere Ausbildungsgänge überwechselten. Am INSEP gibt es solche leichteren, auf die zeitlichen Anforderungen des Trainings im Leistungssport zugeschnittenen besonderen Studiengänge. Sie haben nur den Nachteil, dass sie auf dem Arbeitsmarkt wenig Anerkennung finden.

Während das französische Modell im Jugend- und frühen Erwachsenenalter unter scharfe Zeitzwänge gestellt ist, öffnet das Studium in Deutschland, selbst in stark verschulten Studiengängen, gewisse Spielräume, die von den Athleten konsequent genutzt werden. So werden Zwischenprüfungen, wichtige „Scheine" und obligatorische Vorlesungen in die wettkampffreie Zeit oder

11 Wirft man zusätzlich einen Blick auf die Bildungsabschlüsse, die die Sportler aus den höheren Klassen erworben haben, und vergleicht diese mit denen, die ihre Väter noch vor der Expansion des französischen Bildungswesens machten, ist zu erkennen, dass die Athleten durchschnittlich niedrigere Abschlüsse erworben haben als ihre Väter. So haben sie beispielsweise deutlich seltener ein Studium erfolgreich abgeschlossen (56%) als ihre Väter (70%). Im Zuge der „Inflation" gerade auch der höheren Bildungsabschlüsse in Frankreich und der gestiegenen Konkurrenz um diese Bildungszertifikate wird es kaum überraschen, dass sehr viele der Athleten aus den höheren Klassen die soziale Position ihrer Väter nicht erhalten können.

in ein Jahr ohne internationale Meisterschaft verschoben. Neben der langen Schulzeit ist dies die hauptsächliche Zeitreserve, aus der die meisten interviewten Spitzensportler schöpfen. Das deutsche Bildungssystem, das individuelle Zeitplanung zulässt und ein manchmal virtuos anmutendes Zeitmanagement begünstigt, schafft damit wichtige Voraussetzungen für eine Karriere im Spitzensport. Die interviewten Bundestrainer zeigten sich durchweg kompromissbereit, wenn es darum ging, die Anforderungen von Sport und Schule oder Studium in Einklang zu bringen.

5. Die Werte, die einer erfolgreichen Sportkarriere zuerteilt werden

Die grundsätzlich positive Einschätzung des Spitzensports in Deutschland ist darin begründet, dass er klassische bürgerliche Werte verwirklicht. Er wird als ein Handlungsfeld gesehen, in dem sich junge Menschen durch Leistungen auszeichnen können. Der Begriff der Leistung ist auf das engste an die Konzeption des autonomen Individuums gebunden: als Gedanke eines unverwechselbaren, auf Anstrengung, Willen und Können beruhenden, selbst gesetzte Ziele anstrebenden Beitrags einer Person zu einem gesellschaftlichen Leistungsgeschehen (in das tatsächlich aber viele Personen involviert sind). Es gehört zu dieser Auffassung, dass die „Eigenleistung" (Lenk 1983) ausschließlich den Athleten zuzuschreiben ist, und dass diese nur subsidiäre, unverzichtbare Hilfen von dritter Seite (Staat, Verbände) erwarten, vor allem sich aber Einmischungen verbitten.

Aus fast allen unseren Interviews geht hervor, wie sehr sich die deutsche Sportelite von der offiziellen Politik unabhängig fühlt. Während sie es ablehnt, dass sie dem Staat und dem Sportsystem etwas verdanke, fasst sie sich, überspitzt gesprochen, als Produzenten ihrer selbst auf, als Individuen, die sich in eigener Tätigkeit entfalten. Man erkennt in dieser Einstellung deutliche Spuren der vom deutschen Idealismus geprägten Konzeption des Verhältnisses von Individuum und Staat. Ausgangspunkt dieses Denkens sind die autonomen Subjekte, die in einem Prozess, der von unten ausgeht, kraft eigener Handlung gesellschaftliche Verbände, Zusammenschlüsse, Institutionen bilden. Einen von staatlicher Fürsorge geschaffener Status „des Spitzensportlers" gibt es in Deutschland nicht. Offensichtlich haben viele von ihnen ein Interesse daran, ihre Lebensweise selbst zu bestimmen und nach eigenen

Wünschen auszugestalten. Alle haben ein Bewusstsein davon, dass diese Art der Existenz irgendwann einmal vorbei sein und die Innenwelt des Sports verlassen wird.

In Frankreich sind die Athleten Objekte staatlicher Fürsorge. Der ihnen zugeschriebene soziale Status „des Spitzensportlers" wird in das Gefüge von Positionen, Ämtern, Titeln des Staates eingefügt, durch einen Akt der Verleihung einer staatlich geschaffenen Identität, gestützt auf eine normative juristische Bezeichnung und mit den Garantien[12] von Gesetzestexten versehen. Hinter dieser Anerkennung steht eine Bürokratie, die gemäß ihrer eigenen Logik handelt, insofern es ihr um die Erfüllung von Gesetzestexten, Dekreten, ministeriellen Anordnungen und Vorschriften geht – sie nimmt die Spitzensportler in ihre Obhut, ist aber gegenüber ihren speziellen Lebensproblemen und Wünschen nicht offen. Von den Athleten wird verlangt, dass sie sich dem Staat zur Verfügung stellen. Der Staat sichert der Sportelite „die Mittel für die Perfektionierung seiner Sportart zu und wacht über seine berufliche Eingliederung" (Donzel 1993: 34). Dies ist die Sprache des „fürsorglichen Staats" (Foucault). Nach dem Bilde des sorgenden Vaters behält er, neben den Anstrengungen des Trainings und den zu erwartenden Leistungen, auch die zukünftige berufliche Aktivität des Athleten im Auge. Es gehört zu seiner Aufgabe, die Athleten zur Verantwortung zu erziehen. Das staatlich-administrative Werkzeug dafür ist ein Vertrag zwischen Sportler, Verband, Trainern und dem staatlichen Sportausbildungsinstitut INSEP. In ihm werden „die Ziele des Trainings und der beruflichen Ausbildung ebenso festgelegt wie die Mittel, die aufzuwenden sind, um diese zu erreichen" (ebd.).

Man findet hier in exemplarischer Form die für die französische Gesellschaft charakteristische Vorstellung von der Konstitution des Individuums wieder. Sie lässt sich als eine juristische Konstruktion von oben, vom Staat aus, bezeichnen. Dem Individuum wird Identität, Status, Kontinuität und Stellung in der Gesellschaft vom Staat verliehen. In Frankreich werden die Elite-Angehörigen mit allen ihren hervorragenden Zügen als exemplarische *citoyens* an einem vorgegebenen Ort im Staatskörper eingefügt. Der vom Staat bewirkte Übergang in den Zustand des *citoyen* wird als „*insertion*" bezeichnet, als eine Eingliederung in die Gesellschaft.

Allerdings hat diese Fürsorge eine problematische Seite: Einerseits werden die Athleten auf diese Weise von der sozialen Fürsorge des Staates abhängig; andererseits führt die Reduzierung der Ansprüche an einen zukünftigen Beruf bei der Verfolgung einer Spitzensportkarriere dazu, dass der Spit-

12 Freilich haben wir Beispiele gefunden, die zeigen, dass diese Garantien – beispielsweise bei Regierungswechseln – brüchig werden.

zensport bei den höheren sozialen Klassen ein relativ schlechtes Image hat, was sich dann wiederum auf die Rekrutierung von Spitzensportlern auswirkt. Auf diese Weise führt die französische Sportpolitik zu einer Absonderung der Spitzensportler von anderen sozialen Feldern und damit zu einer Unterschätzung, sogar zu einer Stigmatisierung sportlicher Höchstleistung, insofern die Sportler auf das Merkmal der *körperlichen* Exzellenz festgelegt werden, das im französischen Bildungssystem im Vergleich zu intellektuellen Fähigkeiten traditionell ein deutlich geringeres Ansehen genießt (vgl. Antoine 1985; Brauns 1998).

6. Abschließende Überlegungen

Die nationale Sporteliten in Deutschland und Frankreich besitzen eine je spezifische „Physiognomie", die sie deutlich voneinander unterscheidet. Ihre Beschaffenheit ist keineswegs zufällig, sondern entsteht dadurch, dass die Tiefenstrukturen, die das Feld des Spitzensports aufbauen und organisieren, die gleichen sind wie jene, die auch wichtige andere soziale Felder konstituieren. Aufgrund der besonderen Beschaffenheit des Felds des Sports kommt es zur Auswahl geeigneter, „passender" Personen; dies geschieht zum einen in Selektionsprozessen des Feldes (durch Eignungsprüfungen, Fördermechanismen, Wahl durch Trainer), zum anderen dadurch, dass von den Angeboten, die das Feld den potentielle Interessierten macht, nur bestimmte soziale Gruppen angesprochen werden (z.B. von den offerierten Verdienst- und Berufschancen, Ausbildungsmöglichkeiten u.a.). Auf diese Weise wird eine solche Auswahl von Personen getroffen, die am besten zu den nationalen Vorstellungen über Eliten in den jeweiligen sozialen Feldern passen. Zu den Erwartungen, die gegenüber den Spitzensportlern bestehen, gehört wesentlich, dass diese in ihren Handlungen eine bestimmte Einstellung zu ihrem Spiel, eine besondere „Berufsauffassung", erkennen lassen. Daher gelten in Deutschland Fußballer wie Uwe Seeler, Franz Beckenbauer oder Lothar Matthäus als typisch, nicht hingegen rebellische, filigrane und launische Athleten und auch nicht solche Spieler, wie man sie in Frankreich für typisch hält (Platini, Rochefort, Zidane).

Die nationale Sportelite konstituiert sich in einer Wechselwirkung zwischen interessierten Individuen und dem Sportsystem, das bestimmte Handlungs- und Förderungsmöglichkeiten anbietet. Wer vom Spitzensport angezogen ist und für diese Aufgabe von den Vertretern der Institutionen ausgewählt wird, muss über eine Reihe von Eigenschaften verfügen, zu denen neben der sportlichen Leistungsfähigkeit auch andere Qualitäten gehören, insbesondere solche der öffentlichen Darstellung, spezifische Dispositionen, Verhaltensweisen und Fähigkeiten, die von den Institutionen des Spitzensports einer Nation systematisch gefördert werden. Umgekehrt werden alle jene Athleten, die nicht über die geforderten Merkmale verfügen, vom Sportsystem benachteiligt (z.B. durch Nicht-Nominierung selbst bei höchsten Leistungen), wenn sie denn überhaupt die Bereitschaft haben, sich in dieses einzuordnen. Sportliche Leistungsfähigkeit ist eine notwendige Bedingung dafür, dass ein Sportler zu dem Kreis der Elite*kandidaten* gehört; aber sie ist nicht allein ausschlaggebend für ihre tatsächliche Aufnahme.

In unserer Untersuchung haben wir gezeigt, dass sich die deutsche und die französische Sportelite in denselben Sportarten deutlich unterscheiden. Die Differenzen zwischen beiden Ländern interpretieren wir als einen Ausdruck der unterschiedlichen Konstitution nicht nur der Sportelite, sondern von nationalen Eliten allgemein. In Deutschland hat der Staat nicht die Möglichkeit, über das Instrument des Bildungssystems Eliten zu bilden, sie hierarchisch anzuordnen, Individuen in Ranglisten einzuordnen und auf diese Weise einen streng gegliederten, übersichtlichen Gesellschaftskörper zu schaffen. In Deutschland gibt es nicht nur keine Hierarchie der Eliten, sondern überhaupt keine irgendwie verbindlichen Ranglisten von Eliten. In Frankreich gibt es hingegen eine sehr klar ausgeprägte und fraglos anerkannte Hierarchie der Eliten. In dieser Rangordnung nehmen die Spitzensportler die von allen Eliten niedrigste Stufe ein.

Obwohl der Spitzensport als eine Welt für sich mit spezifischen Mentalitäten, Bedeutungen, Werten angesehen werden kann, befindet er sich in Übereinstimmung mit den Werten und Überzeugungen, von denen die Nation und ihre Kultur geprägt sind. Dieses Zusammenstimmen kommt dadurch zustande, dass er nach den gleichen Bauprinzipien aufgebaut ist wie die anderen sozialen Felder, in denen nationale Eliten gebildet werden. Am Spitzensport wird öffentlich und spektakulär veräußerlicht, was die nationale Welt in ihrem Innersten zusammenhält.

Literatur

Antoine, G. (1985): Massenunterricht und Elitebildung, in: Dokumente Nr. 3, S. 6-15.
Anweiler, O. (1996): Deutschland, in: Anweiler, O. u.a., S. 31-55.
Anweiler, O. u.a. (1996[4]): Bildungssysteme in Europa. Weinheim/Basel.

Arbeitsgruppe Bildungsbericht am Max-Planck-Institut für Bildungsforschung (1994): Das Bildungswesen in der Bundesrepublik Deutschland. Reinbek.

Bobin, R. (1986): Le mouvement sportif, in: Revue Education Physique et Sport 36 (1986) 200-201, S. 125-128.

Bourdieu, P. (1976): Entwurf einer Theorie der Praxis auf der Grundlage der kabylischen Gesellschaft, Frankfurt/M.

Bourdieu, P. (1987): Sozialer Sinn. Kritik der theoretischen Vernunft, Frankfurt/M.

Bourdieu, P. (1982): Die feinen Unterschiede. Kritik der gesellschaftlichen Urteilskraft, Frankfurt/M.

Bourdieu, P. / Boltanski, L. / de Saint Martin, M. / Malidier, P. (1981): Titel und Stelle. Über die Reproduktion sozialer Macht, Frankfurt/M.

Bournazel, E. (Ed.) (1994): Droit du sport, Paris.

Brauns, H. (1998): Bildung in Frankreich, Opladen.

Frankreich-Jahrbuch 1994 (hrsg. v. Deutsch-Französischen Institut in Verbindung mit L. Albertin u.a.), Opladen.

Frankreich-Jahrbuch 1996 (hrsg. v. Deutsch-Französischen Institut in Verbindung mit L. Albertin u.a.), Opladen.

Friedrich, E. / Holz, P. (1988): Spitzensportlerinnen und Spitzensportler der Bundesrepublik Deutschland 1986/87. Ihre soziale Situation, Probleme, Motive und Einstellungen. Hamburg, Frankfurt/M., Zürich (verv. Manuskr.).

Gebauer, G. (1988): Zwischen Besitz und Gemeinschaft – Individualismus und Holismus im Sport, in: Gebauer, G. (Hrsg.) (1988): Körper- und Einbildungskraft. Inszenierungen des Helden im Sport, Berlin.

Gebauer, G. / Braun, S. / Suaud, C. / Faure, J.-M. (1998): Die soziale Umwelt von Spitzensportlern – eine Vergleichsstudie zwischen Deutschland und Frankreich, Schorndorf.

Gebauer, G. (unter Mitwirkung von S. Braun) (2001): Die Besten und die Tüchtigsten. Nationale Repräsentation durch Sporteliten in Deutschland und Frankreich, in: Krais, Beate (Hrsg.): An der Spitze. Von Eliten und herrschenden Klassen, Konstanz, S. 63-111.

Hébard, A. (1992): Les formations universitaires en sciences et techniques des activités physiques et sportives, in: Revue Education Physique et Sport 42 (1992) 233, S. 10-15.

Heinemann, K. / Schubert, M. (1994): Der Sportverein. Ergebnisse einer repräsentativen Untersuchung, Schorndorf.

INSEE (1994a): Annuaire statistique de la France 1994, Paris.

Jansen, M. (1995): Die Grandes Ecoles im Kreuzfeuer von Gesellschaftskritik und internationalem Konkurrenzdruck, in: Frankreich-Jahrbuch 1994, S. 107-118.

Junghanns, W.-D. (1995): Henry Maske als Symbol deutscher Einheit. Ein Bericht aus der Kampfpause, in: Berliner Debatte INITIAL 4/5 (1995), S. 101-118.

Lehnertz, K. (1979): Berufliche Entwicklung der Amateurspitzensportler, Schorndorf.

Lenk, H. (1983): Eigenleistung. Plädoyer für eine positive Leistungskultur, Zürich / Osnabrück.

Schlagenhauf, K. (1977): Sportvereine in der Bundesrepublik Deutschland. Teil I: Strukturelemente und Verhaltensdeterminanten im organisierten Freizeitbereich, Schorndorf.

Schröder, H. (1989): Der Deutsche Sportbund im politischen System der Bundesrepublik Deutschland, Münster.

Seidl, E. (1997): Grands Travaux – Grande Nation? Mitterrands Kunst der Politik war seine Politik der Kunst, in: Frankreich-Jahrbuch 1996, S. 192-215.
Statistisches Bundesamt (Hrsg.) (1994a): Statistisches Jahrbuch 1994 für die Bundesrepublik Deutschland, Wiesbaden.
Statistisches Bundesamt (Hrsg.) (1994b): Datenreport 1994, Bonn.
Suleiman, E.N. (1979): Les élites en France. Grands Corps et Grandes Ecoles, Paris.
Suleiman, E. N. / Mendras, H. (1995; Hg.): Le recrutement des élites en Europe, Paris.
Thibault, J. (1992): De l`école nationale à l`école normale supérieure d`éducation physique et sportive, in: Revue Education Physique et Sport 42 (1992) 234, S. 9-14.
Thill, E. / Thomas, R. / Caya, J. (1994): Manuel de l`éducateur sportif, Paris.
Thomas, R. (1975): La réussite sportive, Paris.
Treutlein, G. / Pigeassou, C. (1997): Informationen zu Bildungswesen, Sport, Sportunterricht und Sportwissenschaft, in: Treutlein, G. / Pigeassou, C. (Hrsg.): Sportwissenschaft in Deutschland und Frankreich, Hamburg, S. 211-230.
Vasconcellos, M. (1993): Le système éducatif, Paris.

Muster der intergenerationalen Statusreproduktion in der Oberschicht – Der Beitrag von emotionalen Ressourcen bei der Transformation des Familienkapitals

Rüdiger Preißer

1. Einleitung

Die Untersuchung der Elite in der Gesellschaft gehörte lange Zeit – zumal in Deutschland – nicht gerade zu den bevorzugten Themen in der sozialwissenschaftlichen Forschung. Selbst unter einem sozialstrukturellen Gesichtspunkt der Reproduktion sozialer Ungleichheit hat sich die wissenschaftliche Aufmerksamkeit eher auf die Mittelschichten und deren Ausdifferenzierung oder auf die unterprivilegierten Teile der Gesellschaft konzentriert und sich deren Aufstiegsmöglichkeiten und -ambitionen oder umgekehrt den institutionellen und personellen Hindernissen daran gewidmet. Demgegenüber war die Beschäftigung mit Eliten höchstens aus einer funktionalistischen Perspektive der gesellschaftlichen Auslese und Führung interessant und wurde überwiegend auf einer makrosozialen Ebene behandelt. Dagegen werden mikrosoziologische Fragen nach ihrer inneren Beschaffenheit, den eingesetzten Strategien der Verteidigung ihrer sozialen Position, ihren Privilegien sowie ihrer Macht oder aber ihren Rekrutierungsstrategien selbst in der in jüngster Zeit aufgeflammten Beschäftigung mit Eliten nur ausnahmsweise behandelt (vgl. etwa Böhnisch 1999). Dies liegt zumindest teilweise an der Unzugänglichkeit und sozialen Abgeschlossenheit der Eliten, die eine empirische Erforschung ihres Binnenzustands erschwert.

Das Interesse dieses Beitrages richtet sich vor diesem Hintergrund auf die Selbstrekrutierung der oberen Ränge der Gesellschaft, wobei nicht klar zwischen „Elite", „Oberschicht", „herrschender Klasse" oder „oberen sozialen Klassen" unterschieden wird, sondern diese Bezeichnungen parallel verwendet werden sollen. Denn viele sozialstatistische Merkmale gelten für die oberen sozialen Schichten in der Gesellschaft und die gesellschaftlichen Eliten gleichermaßen, und es steht außer Frage, dass es darüber hinaus zahlreiche Gemeinsamkeiten zwischen Oberschicht und Elite gibt. Insbesondere kann mit gutem Grund angenommen werden, dass sich die Art und Weise des

Statuserhalts nicht wesentlich zwischen beiden unterscheidet, da weitgehende Übereinstimmung über die selektive soziale Rekrutierung der Eliten sowie darüber besteht, dass sie sich vorwiegend aus der Oberschicht rekrutieren (vgl. Dahrendorf 1962; Hoffmann-Lange 1991).

Das Ziel des vorliegenden Beitrags besteht in der Klärung der Frage, auf welche Weise Familien der Oberschicht ihre soziale Position nicht nur in der Gegenwart, sondern in der Generationenfolge erhalten und reproduzieren. Das Herausfordernde an dieser Frage ist, dass dabei eine makrosoziale Analyseebene mit einer mikrosozialen Betrachtung verknüpft werden muss, ohne den Theorierahmen zu wechseln. Theoriestrategisch muss also gezeigt werden, auf welche Weise gesellschaftliche Statusdimensionen mit individuellen Handlungsstrategien und Persönlichkeitsstrukturen verknüpft sind. Nachdem zunächst einige sozialstatistische Befunde zur Elitenrekrutierung in Erinnerung gerufen werden, soll anschließend unter Bezugnahme auf die kulturelle Reproduktionstheorie von Bourdieu, den grundlagentheoretischen Entwurf einer Theorie der Strukturierung von Giddens sowie auf Überlegungen aus der systemischen Familientherapie der Heidelberger Schule von Stierlin eine solche Verknüpfung entworfen werden. Sie soll schließlich anhand von zwei Fallbeispielen zur familialen Sozialisation und anschließenden Studienfachwahl empirisch belegt werden, womit typische Muster der intergenerationalen Statusreproduktion in der Oberschicht illustriert werden können.

2. Sozialstatistische Befunde zur Elitenrekrutierung

Als eines der Charakteristika der sozialen Oberschicht, ebenso wie der Eliten, wird häufig ihre soziale Abschottung und Undurchlässigkeit gegenüber anderen Sozialschichten genannt, was Scheuch sogar von einem „defensiven Korpsgeist" der Eliten (vgl. Scheuch 1966) sprechen ließ. Damit ist ein Aspekt der Bewahrung und Verteidigung ihrer sozialen Position in der Gegenwart angesprochen, der die Frage nach den Strategien aufwirft, mit denen diese Abschottung praktiziert wird. Ein damit verwandtes Merkmal besteht in der hohen Selbstrekrutierungsrate von Eliten wie auch der Oberschicht (Zapf 1964: 8), gewissermaßen die zukunftsgerichtete Verteidigung ihrer sozialen Position. Empirisch zeigt sich dies daran, dass 42% der Inhaber von Führungspositionen in der Gesellschaft aus jenen drei obersten Berufsgruppen stammen, die insgesamt nur etwa 4% der männlichen Bevölkerung des entsprechenden Alters ausmachen (vgl. Geißler 1996: 93). Statistisch präsentiert sich diese „disproportionale Rekrutierung“ von Oberschicht ebenso wie gesellschaftlichen Eliten als linearer Zusammenhang zwischen der sozialen Herkunftsgruppe und der Proportionalität des Anteils der jeweiligen Gruppe an den Eliten (vgl. Schnapp 1997: 78f.). Dieser „nicht-meritokratische“, eigenständige Einfluss der sozialen Herkunft auf die Chance zur Besetzung einer Eliteposition kann Schnapp zufolge als Ergebnis einer unterschiedlichen Ausstattung mit sozialem Kapital angesehen werden (ebd.: 83).

Neben der sozialen Herkunft spielt Bildung als ein weiteres Merkmal eine überragende Rolle für die Rekrutierungschancen zu Elitepositionen. Denn selbst die herkömmlichen Oberschichten müssen sich bemühen, ihren überkommenen Status in einen erworbenen Status zu verwandeln. In einer meritokratischen Gesellschaft muss eine privilegierte gesellschaftliche Stellung durch eine Form von Leistungsqualifikation legitimiert werden, die in der Regel durch Besitz von Bildungswissen und -zertifikaten symbolisiert wird. Wenn die soziale Herkunft, der Bildungsabschluss und das Erreichen einer Führungsposition statistisch miteinander in Beziehung gesetzt werden, so verwundert es deshalb nicht, dass die Chancen, eine solche Position zu erringen, „stark über die Wirkungskette von sozialer Herkunft auf die Bildungschancen bestimmt“ wird (Schnapp 1997: 83ff.; vgl. Hoffmann-Lange 1992: 125-132). Dass diese unterschiedlichen Bildungschancen auch zu entsprechenden Bildungsresultaten führen, wird gewöhnlich dadurch erklärt, dass eine privilegierte finanzielle Situation sowie die höhere Bildung einen höheren Anregungsgehalt des Familienmilieus und ein günstigeres kommunikatives und erzieherisches Klima bedingt, die wiederum die Entwicklung von kognitiven und sprachlichen Fähigkeiten sowie eine hohe Leistungsmotivation und den Glauben an den Erfolg individueller Anstrengungen fördern, die schließlich den Schul- und Studienerfolg der Kinder begünstigen (vgl. Steinkamp 1991).

Nach einer anderen Untersuchung über den Zugang zu Spitzenpositionen in der Wirtschaft sind jedoch selbst bei gleich hohem Bildungsabschluss – Bezugspunkt ist die Promotion – die Karrierechancen für die Besetzung von Spitzenpositionen in der Industrie bei Kindern aus dem gehobenen oder Großbürgertum um durchschnittlich 50 bis 100 Prozent besser als jene aus der Arbeiterklasse oder den Mittelschichten (Hartmann/Kopp 2001: 458). „Unabhängig von allen Effekten, die auf die unterschiedliche Bildungsbeteiligung der verschiedenen Klassen und Schichten zurückzuführen sind, beeinflusst die soziale Herkunft ganz entscheidend die Chance, eine hohe Führungsposition in einem großen Unternehmen zu erreichen und damit in die deutsche Wirtschaftselite im weiteren wie im engeren Sinne aufzusteigen.“ (ebd.: 451)

Diese Resultate können auf den ersten Blick als eine empirische Bestätigung des von Bourdieu (1983) im Rahmen seiner kulturellen Reproduktionstheorie beschriebenen Transformationsprozesses von ökonomischem in kulturelles Kapital angesehen werden, nach der unterschiedliche Bildungschancen sowie Bildungserfolge auf Unterschiede in der Ausstattung der Familien mit ökonomischem, sozialem und kulturellem Kapital aufgrund ihrer sozialen Position im gesellschaftlichen Raum zurückzuführen sind. Damit ist jedoch noch nicht die Frage beantwortet, auf welche Weise diese Transformation genau geschieht. Um sie zu beantworten, müssen wir von der makrosozialen Ebene der sozialen Aggregate und kollektiven Akteure, auf die sich Bourdieu in seiner Analyse weitgehend beschränkt, auf die mikrosoziale Ebene der Familien hinabsteigen. Dort muss empirisch gezeigt werden, durch welche Handlungsstrategien die vorhandenen Ressourcen einer Familie den Kindern zum Zweck der zukünftigen Erringung einer hohen Position zur Verfügung gestellt werden. Dabei wird allerdings deutlich, dass die bloße Existenz eines großen Kapitalvolumens in der Familie allein keineswegs genügt, damit die Kinder kulturelles Kapital in Form von Bildung selbst erwerben und akkumulieren wollen und darüber hinaus es auch einzusetzen bereit sind, um es wiederum in ökonomisches Kapital einzutauschen und die hohen Positionen ihrer Eltern anzustreben. Tatsächlich verläuft die Statusübertragung häufig durchaus nicht reibungslos, ja sie ist einer der prekärsten Aspekte des Erhalts einer sozialen Klasse.

Die gute Ausstattung einer Familie mit kulturellem Kapital schafft zwar die intellektuellen Voraussetzungen für die erfolgreiche Nutzung von Bildungsmöglichkeiten für die Kinder und eine hohe Ausstattung mit ökonomischem Kapital Freiräume, um sie wahrzunehmen. Jedoch ob sie in Anspruch genommen werden, hängt auch von den Handlungsplänen der Kinder ab, die aufgrund ihrer eigenen Entwicklungsdynamik vielleicht abweichende Interessen von den Eltern verfolgen. Damit Statusreproduktion in der Generationenfolge also erfolgreich funktioniert, müssen bestimmte Voraussetzungen erfüllt sein, die jenseits des Vorhandenseins von ökonomischen, sozialen und kulturellen Ressourcen der Familie liegen. Insofern kommt den sozialisationswirksamen Interaktionsprozessen in der Familie eine hohe Bedeutung zu. Sie müssen so organisiert werden, dass nicht nur günstige Rahmenbedingungen dafür bereitstehen, dass die Heranwachsenden Bildungskapital akkumulieren können, sondern dass sie dies auch wollen. Dazu müssen die Eltern insbesondere dafür sorgen, dass ihre Kinder entsprechende Normen verinnerlichen und anders geartete Wünsche dieser Zielsetzung auf jeden Fall unterordnen.

Bourdieus theoretischer Entwurf weist auf dieser Mikroebene der handelnden Akteure einige Lücken auf, da er sich nicht auf die mit diesen Fragen angesprochene Ebene der Subjektivität einlässt. Daran vermag auch sein Argument der Habitualisierung und Inkorporierung von Strukturen nichts zu ändern, da sie ausschließlich als ein passives „geprägt werden" konzipiert sind. Im Ergebnis wird das Individuum – das sowieso nur als Vertreter seiner sozialen Klasse betrachtet wird – häufig mit dem Habitus, den es inkorporiert hat, gleichgesetzt und geht so vollständig in ihm auf, dass er zu seiner zweiten Natur wird und nahegelegt wird, dass nicht das Subjekt, sondern die Struktur selbst handelt.

3. Der sozialisatorische Interaktionsprozess als Medium der intergenerationellen Statusreproduktion

Um den Prozess der Statusreproduktion in der Generationenfolge genauer zu verstehen, benötigt man also einen Erklärungsansatz, der deutlicher als Bourdieu die mikrosozialen Handlungsstrategien der Familienmitglieder berücksichtigt und deren Subjektcharakter ernst nimmt, ohne dabei jedoch die Strukturbedingungen zu vernachlässigen, die dem individuellen Handeln vorausgesetzt sind. Ein solcher Ansatz liegt mit Giddens' grundlagentheoretischem Entwurf einer „structuration theory" (Giddens 1988) vor, die den Anspruch verfolgt, den Dualismus von Struktur und Handlung zugunsten einer Dualität von beiden zu überwinden. Mit Dualität von Struktur bezeichnet Giddens die doppelte Bedeutung von Strukturen als Medium und zugleich als Resultat von Handlungspraktiken. Folglich existieren die Strukturmomente sozialer Systeme nicht außerhalb des Handelns, sondern sind fortwährend in dessen Produktion und Reproduktion einbezogen. Andererseits können sie nicht mit Bezug auf individuelle Eigenschaften beschrieben werden, sondern sind dem individuellem Handeln vorausgesetzt und überdauern es.

Beschreibt man in Anlehnung an eine solche Konzeption von Struktur Familie als ein soziales System, das durch eine rekursiv organisierte Menge von Regeln und Ressourcen definiert ist, wird ihre Anschlussfähigkeit an eine Gesellschaftsanalyse eröffnet. Damit können innerfamiliale Prozesse mit derselben Begrifflichkeit wie gesellschaftliche untersucht und in ihrem Wechselverhältnis bestimmt werden. Eine solche Konzeption erfüllt auch die Forderung nach „Brückenkonzepten" (Steinkamp/Stief 1978), die die Vermittlung der Sozialstruktur durch die familiale Sozialisation in das Handeln der Individuen thematisieren (Steinkamp 1985: 155). Konstitutiv für die Familie als soziales System sind demzufolge ihre internen Regeln sowie ihre Ressourcen. Hinsichtlich der Ressourcen kann man Bourdieus kultureller Reproduktionstheorie folgen, der zufolge die soziale Position der Klassen im gesellschaftlichen Feld durch ihr „Kapitalvermögen" sowie dessen Zusammensetzung, den „Kapitalsorten" – materiellen, sozialen und kulturellen Ressourcen – definiert ist. Diese Ressourcen bilden aber keine statische Handlungsgrundlage, sondern ihr Einsatz wird durch die „Entwicklung von Umfang und Struktur ihres Kapitals" – dem „Laufbahneffekt" (Bourdieu 1982: 190) – bestimmt.

Eine weitere Ressource, die für die Interaktion innerhalb der Familie geradezu typisch ist und ihrem Wesen als partikularistischem, diffus-affektivem und kollektiv-solidarischem System (Parsons 1964: 454) entspricht, besteht in der wechselseitigen emotionalen Zuwendung, Anerkennung und Bestätigung der Familienmitglieder, die, wenn sie nicht gewährleistet wird, als Ablehnung, Entwertung oder Beschämung empfunden wird und bei den Kindern, aufgrund ihres besonderen Liebes- und Anerkennungsbedürfnisses, als Mangel an Geborgenheit erlebt wird. Angesichts dieser Komplementarität in der Beziehung zwischen Eltern und Kindern ist es nicht auszuschließen, dass die Eltern die Übertragung der materiellen Ressourcen der Familie und insbesondere die Zuwendung von emotionaler Unterstützung an die Heranwachsenden von der Erfüllung ihrer Anforderungen durch sie abhängig machen.

Die Regeln als weitere Bestandteile sozialer Systeme sind Giddens zufolge normativer und interpretativer Art (Giddens 1988: 45). Demzufolge kann man in der sozialisatorischen Interaktion in der Familie – allerdings nur analytisch – allgemein kulturabhängige sowie milieuspezifische Normen, Rollenerwartungen und Wertvorstellungen – als normative, präskriptive Regeln des Sollens alles Gebote des Handelns – von Interaktions- und Beziehungsregeln als sinnhaften Handlungskriterien und Verfahrensweisen der sozialen Interaktion unterscheiden. Die Beziehungsregeln liegen als soziale Regeln dem Prozess der typischerweise stark routinisierten Handlungs- und Interaktionsabläufe des familialen Alltags zugrunde. Sie haben sich zwischen den Familienmitgliedern zu Beziehungsmustern verdichtet, auf die ihr individuelles Handeln wiederum Bezug nimmt. Dem jeweiligen familialen Beziehungsgefüge liegt also ein soziales Regelsystem in Form von kognitiven und affektiven Strukturen zugrunde, das sich weniger in expliziten Rollenanforderungen oder Regelnormen, sondern als eine Menge „praktischer Prinzipien" (Bourdieu 1976: 190) äußert. Im Gegensatz zu Bourdieu muss hier betont werden, dass die Anwendung dieser Regeln im Interaktionsprozess der

Familie zugleich auch ihre Auslegung und Interpretation einschließt. Aus diesem Grund sind die Interaktionen in der Familie auch keineswegs durch ihre gesellschaftliche Position oder die Verfügung über Ressourcen determiniert, sondern entfalten eine eigenständige Dynamik und besitzen, wenn man so will, eine „relative Autonomie".

Zugleich mit den normativen Regeln und Anforderungen weisen die Eltern „dem Kind die Erfüllung einer bestimmten Funktion" (Richter 1969) im familialen Beziehungsgefüge zu. An dieser Stelle ist es nützlich, die soziologische Betrachtung durch eine psychologische zu ergänzen, denn ein großer Teil der durch die Eltern verkörperten normativen Regeln, Erwartungen und Anforderungen bleiben subtil und unausgesprochen und werden den Kindern sogar als „unbewusste Rolleninduktionen" in Form von Übertragungen und narzisstischen Projektionen zugewiesen, etwa zur Kompensation der eigenen Unzulänglichkeiten oder zur Bestätigung des idealisierten Selbst, wie dies Richter in seiner „Psychoanalyse der kindlichen Rolle" (Richter 1969) beschrieben hat. Sie beruhen auf den eigenen unbewussten Bedürfnissen, Ängsten und Hoffnungen der Eltern, die letztlich auf unbewältigte Erfahrungen während ihrer eigenen Biographie zurückgehen. Sie wurden vielleicht schon lange verdrängt, werden aber durch die eigenen Kinder wieder zum Leben erweckt und in Prozessen biographischer Bilanzierungen (vgl. Kohli 1986) aktualisiert. Denn gerade bei Zukunftsfragen der Familie und der eigenen Kinder steht immer auch die eigene Vergangenheit Pate, häufig als idealisiertes Vorbild oder aber als abschreckendes Beispiel. Dies betrifft insbesondere die Frage der für die Kinder gehegten Statusaspirationen, für die die eigene Sozialbiographie mit allen ihren möglichen Niederlagen, Kränkungen, aber auch Erfolgen die Folie bildet, auf der die statusbezogenen Präferenzen geordnet werden. Denn gerade die Weitergabe der sozialen Position der Familie ist ja immer die während der eigenen Statusbiographie erkämpfte, erreichte oder infolge eines Scheiterns zugewiesene individuelle soziale Position. Vor diesem Hintergrund können sich die Bedürfnisse der Eltern nach „Systemerhalt" der Familie durch Weitergabe des Familienstatus und die Bedürfnisse der Jugendlichen nach Autonomie und Ablösung ausgerechnet in der Phase, in der die Statusübertragung aktuell wird, widersprechen.

Das Resultat des familialen Sozialisationsprozesses als etwas, das als bestimmte Konfiguration von „Persönlichkeitsmerkmalen" erscheint, besteht demnach im Grunde genommen aus „ritualisierten Interaktionssequenzen", denn der Erwerb und die Beherrschung spezifischer Einstellungen, Kompetenzen und Rollen geht „auf Beziehungssequenzen und Interaktionsmuster zurück, in denen sie teilweise zugeschrieben, teilweise als erfolgreiche Interaktionsstrategien eingesetzt und verinnerlicht wurden." (Kreppner 1982: 418)

Stierlin, der die familiale Interaktionsstruktur als eine komplexe Machtstruktur auffasst, hat solche elterlichen Übertragungen mit der Absicht genauer untersucht, ihre Auswirkungen auf die Sozialisationsresultat der Familie aufzuzeigen (Stierlin 1978). Dabei rückt er als typische Interaktionsmodi unter anderem die zu starke Bindung der Kinder an das Familiensystem sowie die Delegation der Kinder durch die Eltern – beides unbewusste Rollenübertragungen im Sinne Richters – in den Mittelpunkt.

Der Interaktionsmodus der Delegation, der sich vor allem während der Phase des jugendlichen Ablösungsprozesses entfaltet, bedeutet „sowohl Hinaussenden, als auch mit einer Mission, einem Auftrag betrauen“ (Stierlin 1978), wobei Eltern und Kinder durch eine „vertragsartige, ethische Dimension“ miteinander verbunden sind. Dabei dürfen die Kinder nur so weit autonom werden, dass sie die Missionen ihrer Eltern erfüllen können, was sie allerdings auf Kosten ihrer eigenen Entwicklung und Ablösung von ihnen tun. Beim Bindungsmodus „okkupieren“ die Eltern die Jugendlichen mit ihren eigenen Sorgen, Bedürfnissen oder Projektionen. Aufgrund der dadurch resultierenden zu engen Bindung bleiben die Grenzen zu den Eltern zu schwach und durchlässig, als dass sich Individualität richtig entwickeln kann, so dass die Jugendlichen im Familienghetto gefangen bleiben und sich ihre Ablösung verzögert. Eine negative Bindung resultiert aus starken unbereinigten Konflikten, die die Kinder bis zu ihrer Lösung an die Eltern binden.

4. Zur Empirie der Statusreproduktion in der Oberschicht

Auf der Grundlage der hier entwickelten Strukturmerkmale sozialisatorischer Interaktion in der Familie sollen im folgenden zwei Fallbeispiele aus Familien der Oberschicht dargestellt werden, die ihre soziale Position an die nachfolgende Generation weiterzugeben versuchen. Sie sind Teil einer empirischen Untersuchung, die an zwei Universitäten in Berlin durchgeführt wurde und die die Zusammenhänge zwischen sozialer Herkunft und Studienstrategien beleuchtete (vgl. Preißer 1989, 1990, 1992).

Das eine Fallbeispiel zeigt die Strategien einer adligen Familie, ihre soziale Position in den obersten Rängen der Gesellschaft auch in der Generation ihrer Tochter Kriemhild zu erhalten. Ihre Eltern hatten mit dem Verlust ihres Grundbesitzes im Osten des früheren Deutschen Reiches infolge des Zweiten Weltkriegs ihre ökonomische Basis und nicht zuletzt dadurch auch ihre Stellung als Teil der angestammten Führungselite verloren. Das andere Fallbeispiel steht für den Statustransfer einer großbürgerlichen Familie aus der Oberschicht an ihren Sohn Paul. Sie stammt mütterlicherseits ebenfalls aus dem Adel und bildet eine regelrechte Zahnärztedynastie, da die meisten Familienmitglieder beider Herkunftsfamilien bis in die Generation der Großväter Zahnärzte waren.

In beiden Fällen erfolgt eine systematische Übertragung der familialen Ressourcen auf die Kinder und beide – Kriemhild und Paul – erfüllen mit der Entscheidung für Jura als ihrem Studienfach auf den ersten Blick die Statusaspirationen ihrer Eltern, denn diesem Fach kommt, wie Geißler bemerkt, eine Sonderstellung bei der Elitensozialisation zu, da von den studierten Inhabern einer beruflichen Spitzenposition jeder zweite Jurist ist (Geißler 1996: 95). Dennoch sind sie von unterschiedlichem Erfolg gekrönt und führen zu unterschiedlichen Resultaten.

4.1 „Dieses Spannungsfeld, nicht wahr, zwischen Konvention und wirklich nur innerem Antrieb“

Kriemhilds Eltern stammen beide aus dem Landadel im Osten des früheren Deutschen Reiches und flüchteten nach dem Krieg nach Westdeutschland. Ihr Vater knüpfte in gewisser Weise an diese Tradition an, indem er nach dem Abitur eine landwirtschaftliche Lehre absolvierte, anschließend Agrarökonomie studierte und promovierte. Während dieser Zeit lernte er Kriemhilds Mutter kennen, die in den USA, in Frankreich und schließlich in Deutschland Sprachen studierte, dies aber zugunsten der Karriere ihres Mannes abbrach und zu arbeiten begann, um die Familie zu ernähren. Denn noch während seiner Promotion wurde Kriemhild als älteste Tochter geboren, ein Jahr danach ihr Bruder. Ein weiteres Jahr später erhielt ihr Vater seine erste Anstellung in einem Dritte-Welt-Land, wo nach drei Jahren Kriemhilds jüngste Schwester geboren wurde. Als Kriemhild neun Jahre alt war, zog ihre Familie in die USA, wo ihr Vater seitdem bei einer internationalen Organisation arbeitet. Kriemhild ging auf eine deutsche Schule und siedelte erst zum Zweck ihres Studiums nach Deutschland über, das sie an einer juristischen Fakultät begann, aber bereits im ersten Semester abbrach und zu Germanistik überwechselte. Nach der Zwischenprüfung und einer Anstellung als studentische Hilfskraft geriet sie in eine tiefe persönliche Krise und arbeitete lange Zeit nicht mehr für ihr Studium.

Kriemhilds Kindheit und Jugend waren geprägt von einer systematisch betriebenen Reproduktion des sozialen und kulturellen Kapitals der Familie, was sich in der Pflege eines kultivierten Lebensstils und der umfangreichen gesellschaftlichen Beziehungen der Familie ausdrückte. Damit verkörpert sie in geradezu klassischer Weise die Merkmale der Erziehung einer Tochter „aus gutem Haus“, die ein integraler Bestandteil dieser systematischen Reproduktion bildete. Während sich Kriemhilds Vater ausschließlich um die Sicherung des Familieneinkommens kümmerte und in der Familie praktisch gar nicht präsent war, führte ihre Mutter, unter der Mithilfe von Bediensteten, das Haus und war aufgrund einer „Grundsatzentscheidung“ der Eltern allein für die Erziehung der Kinder zuständig.

Kriemhilds Eltern legten großen Wert auf die adlige Herkunft der Familie, was unter anderem darin zum Ausdruck kam, dass die Kinder in den Sommerferien regelmäßig zu sogenannten Ritterfreizeiten nach Europa geschickt wurden, wo sie ausschließlich mit adligen Kindern zusammen waren. Insbesondere Kriemhilds Mutter betonte häufig die Herkunft der Familie aus „besseren Kreisen“ und vermittelte dies schon frühzeitig den Kindern, etwa indem sie ihnen auf ihre Frage, was denn überhaupt adlig sei, antwortete: „Denkt dran, ihr seid einfach ein Stück besser als die anderen“. Darüber hinaus griff sie auch direkt in die Freundschaftsbeziehungen ihrer Tochter ein, falls sie ihren kulturellen Anforderungen nicht entsprachen. So musste unter anderem ein schwarzer Freund von ihr an der Auffahrt zu ihrem Elternhaus warten, weil ihn ihre Eltern nicht akzeptierten. In einem anderen Fall wurde Kriemhilds Jugendfreundin, die die Wohnung von Kriemhilds Eltern als schön kommentierte, von ihrer Mutter vergrätzt.

„Eh ja, Schwarze sind, Schwarze, die an der Haustür klingeln sind bei uns eigentlich immer die Müllmänner gewesen. Ehm und das könnte also ganz dumm – würd ich nicht wollen, das würd ich demjenigen, der klingelt, nicht antun wollen.“

„Mami schluckte und war entsetzt über diesen Fauxpas, das macht man nicht ... Meine Mutter versteht auch nicht, warum ich sie gerne mag, und da merkte ich schon, vorbei, und da dachte ich wie schade. Was, was für ein, wie ärgerlich nicht wahr, ehm – da wird kein Zugang so schnell mehr zu finden sein ... Ich hab das dann nicht fortgesetzt eh ehm, ... dann war sie einfach in der Kiste und die Kiste war dann zu und da gab's auch kein Entrinnen.“

Zur Reproduktion des Familienkapitals gehörte vor allem die Pflege der gesellschaftlichen Beziehungen der Familie mit mehr als sechshundert Übernachtungsgästen im Jahr, in deren Betreuung sowie in die Pflichten einer Gastgeberin Kriemhild als Mädchen und als älteste in der Geschwisterreihe bereits früh eingebunden wurde.

„Ich musste schon da bleiben, nicht wahr, wenn man so viele Gäste hat, dann muss einer da sein oder muss – aber es ist gut, wenn jemand da ist, der hilft, irgendwie die Leute zu amüsieren und Englisch zu reden mit ihnen und eh ans Schwimmbad zu gehen, in die Stadt zu fahren, damit sie ins Museum können."

Auf diese Weise wurde sie in das System der Reproduktion des Familienstatus aktiv einbezogen und zu seinem Bestandteil gemacht, so dass sie direkt an den gesellschaftlichen Beziehungen ihrer Eltern Teil hatte und über sie, gewissermaßen als Stellvertreterin ihrer Eltern, verfügen lernte. Beiläufig erwarb sie dabei auch jene wichtigen Persönlichkeitsmerkmale, die in der Oberschicht als entscheidende Kennzeichen der Zugehörigkeit gelten, um als Gleiche und gleichwertig erkannt und akzeptiert zu werden und die Hartmann und Kopp (2001) zufolge die entscheidenden Wiedererkennungs- und Auswahlkriterien auch für die Besetzung von Spitzenpositionen sind. Dazu gehören beispielsweise die Bereitschaft gegenüber Ranghöheren, zu dienen und dennoch eine Ungezwungenheit, Selbstverständlichkeit und zugleich Souveränität des Auftretens zu bewahren, die das eigene Licht nicht unter den Scheffel stellt. „Man weiß, sich zu benehmen", wie Kriemhild selbst dazu bemerkt. Indem sie als Jugendliche frühzeitig und zunächst gewissermaßen noch außer Konkurrenz und unter der Obhut und der sozialen Kontrolle ihrer Eltern „auf das Parkett" geschickt wurde, konnte sie diese Persönlichkeitsmerkmale nicht nur beiläufig erwerben, sondern auch einüben und damit jene Selbstverständlichkeit des richtigen Benehmens erzielen, die – wie Hartmann und Kopp (2001) dazu bemerken – nur durch die in der Kindheit und Jugend im Rahmen der Sozialisation unmerklich vor sich gehende Vermittlung von Verhaltensweisen und Einstellungen erreicht wird, die man sich später nicht mehr aneignen kann. Als Kriemhild in Deutschland zu studieren anfing, profitierte sie deshalb von dem dichten sozialen Netzwerk ihrer Familie, das ausschließlich aus Angehörigen der eigenen sozialen Klasse bestand.

„Ich kannte da jemand, also eh der Weg wurde mir geebnet, man eh es wurde mir vorgeschlagen und war richtig doof eigentlich, mir wurde alles vorgeschlagen und ich füllte dann die Bögen aus ..."; „Ja na klar, ich kannte jemanden, war oder war wieder verwandt mit eh ich bin verwandt mit dem eh – ja wie sagt man, eh Firmeninhaber ehm und habe auch bei dem gewohnt und bei ihm gearbeitet."

Dass sie ihre Lektionen in der Benutzung des ihr übertragenen sozialen Kapitals gelernt hat, wird durch die Beschreibung ihrer Vertrautheit mit diesem Milieu verdeutlicht, das sie als ihr eigenes wiedererkennt: „Hm, man kennt dieselben Leute, man sagt ich bin Kriemhild <Nachname> aus Washington und alles sagt, ach du bist <Nachnames> Tochter, wenn man auf ein größeres Fest geht, ... ehm – da ist schon was da, dann berichtet man sich so, ein gegenseitiges Wohlwollen ... Das waren Menschen eh, ja das ist ehm – es war so angenehm, Menschen zu treffen, die in vielen Dingen ähnlich dachten, was sehr bequem war, und die die selben Dinge schön finden, nicht wahr, Silberleuchter – nicht wahr, also erstmal äußeres, dann die häufig dieselben Dinge gelesen haben, es gibt so Dinge, die werden – och eh Balzac in der Originalsprache eh-eh – nicht nicht zu sehr, ne, man ist nicht blaustrümpfig, vernahm ich dann selbst zu meinem Erstaunen, aber so in ein gewisses, eh eine – Nachformung von Kultiviertheit, nicht wahr, ohne Penetranz soweit ... Dass man auch Menschen traf, die einem eben automatisch wohlgesonnen waren. Ehm – man, es war so ein gemeinsamer Nenner da nicht wahr und eben diese äußerlichen Sachen eh verbanden schon, oder auch die Weltläufigkeit, nicht wahr, viele waren verreist oder waren auch mal mit den Eltern irgendwo drei Jahre gewesen und ehm – es waren einfach ähnliche Menschen vom – äußeren Zuschnitt, so kann man sagen, ähnlich behütet aufgewachsen. Ja, und diese äußeren Dinge, die haben dann auch zu dem inneren, den Weg zu dem inneren zur inneren Verbindung geebnet, geebnet, man war sich schneller nahe."

Neben der Weitergabe des sozialen Familienkapitals wurde Kriemhild auch durch vielfältige kulturelle Anregungen (Unterricht in Musikinstrumenten; Abonnements für mehrere Theater, regelmäßige Oper- und Konzertbesuche) gefördert („Es war fast eine schöne Selbstverständlichkeit"). Dies war keineswegs nur ein Akt der Übertragung des kulturellen Kapitals der Familie auf die Kinder, sondern auch die Manifestation eines historisch angestammten und der adligen Herkunft angemessenen Lebensstils des „guten Tons" und der kultivierten Geselligkeit, mit dem wenigstens der Nimbus eines exklusiven gesellschaftlichen Ranges aufrechterhalten wurde, wenn schon die materielle Grundlage dafür nicht mehr vorhanden war.

Die Bewahrung dieses kultivierten und exklusiven Stils bestimmte auch die Anforderungen von Kriemhilds Mutter an das Benehmen sowie die äußere Erscheinung ihrer Tochter („Meine Mutter, also das muss man dann auch verstehen, die sagte mir früher immer, sei gut gekämmt, wenn du einen Mann findest, nicht wahr, Männer mögen gut gekämmte Frauen."). Ein wichtiger Bestandteil des von ihr eingeforderten Benimm-Codes bestand in einer strikten Affektkontrolle, die auf eine instrumentell-strategische Beherrschung des Verhaltens zielte, wozu Kriemhild zahlreiche Beispiele von Auseinandersetzungen mit ihrer Mutter gibt („das darf man nicht so sagen"; „wie schlecht ich mich benehmen würde"; „weil du dich ja immer wieder gehen lässt"). Dies entspricht ganz dem für die oberen sozialen Klassen typischen Muster der Tabuisierung aller körperlichen Äußerungen, einem „unmittelbaren", körpersprachlichen Ausdruck von Affekten sowie der stilisierenden Selbstgestaltung in Form von „Haltung", Raffinement", „natürlicher Eleganz" (vgl. Bourdieu 1982: 317). Kriemhild ist, wie auch ihr Sprachstil eindringlich illustriert, davon geprägt, direkte und emotionale Äußerungen durch vielfältige Distanzierungstechniken, Modularisierungen und ironische Brechungen zu beherrschen und zurückzudrängen.

„Und ich, ich platzte, ich dachte, ihr spinnt. Ich glaube, ich hab's auch wirklich so formuliert. Hm nein, ich hab's bestimmt nicht so formuliert, aber habe meine Zweifel an dieser These doch vorgetragen“; „Ich guckte sie entgeistert an und sagte, bist du sicher, dass du das so möchtest“; „Und dann hab ich das auch befolgt weil – ich das dann – das hätte zu sehr emotiven Reaktionen geführt und dazu hatte ich keine Lust.“

Die Anforderungen von Kriemhilds Mutter betrafen jedoch nicht nur allgemeine Regeln des Benehmens, sondern manifestierten sich insbesondere in hohen schulischen Leistungserwartungen: „Das war dramatisch, es gab schon Leistungsdruck bei uns. Und ich weiß, als ich meine erste drei in Latein hatte, eijeijei. Da wurde gebohrt, wie das denn hätte kommen können.“; „Mein Bruder und ich standen immer in einem sehr starken Konkurrenzverhältnis und das war nichts, das war nicht so nett.“ Sie führten zu einer „scharfen Konkurrenz“ zwischen den Geschwistern, die sich unter anderem darin äußerte, dass Gespräche über Schulleistungen und Benotungen, wie Kriemhild betont, zu „den bevorzugten Themen“ in ihrer Familie gehörten. Unter anderem verwandte Kriemhilds Mutter viel Zeit darauf, ihren Kindern bei den Hausaufgaben zu helfen, sie darüber hinaus aber auch zu „überwachen“ und zu „kontrollieren“, wie Kriemhild einräumt. Sie tippte sogar mitunter bis nachts ihre Schularbeiten („und dann bis morgens um fünf gesessen – eh ich diktiert und sie schrieb“) und verbesserte auch schon mal ungefragt ihre Schulaufsätze.

In Kriemhilds Erziehung lassen sich also alle Elemente einer großzügigen Ausstattung und Unterstützung auf der Grundlage des vorhandenen materiellen, sozialen und kulturellen Familienkapitals finden. Dies war aber nur eine Seite der Medaille, deren Kehrseite in hohen Leistungsanforderungen und einer darauf bezogenen strikten Verhaltenskontrolle bestand. Ausstattung und Unterstützung sowie Forderung und Kontrolle waren aufeinander bezogene Elemente der Sozialisation, deren Ziel die Reproduktion des sozialen Status der Familie war.

Nach ihrem Abitur in den USA zog Kriemhild nach Deutschland und fing an einer traditionellen juristischen Fakultät mit dem Studium an, wobei Jura zu den selbstverständlichen Studienfächern in ihrer sozialen Klasse gehörte. „Ich kann das gar nicht so sagen, es, es – ich glaube es war so, ich vermute es war einfach so eingeschliffen, man studiert Jura. Und wenn man hörte, die Tochter von <adlige Familie> und die <adlige Familie->Söhne und blablabla – alle machten sie Jura oder Betriebswirtschaft. Und Betriebswirtschaft, das wollte ich nun wirklich nicht, also nahm man Jura, es war irgendwie so das ... Ich bin da wirklich mehr oder minder reingeschlittert ... Ich hatte keine Ahnung, ich hatte keine Ahnung."

Bereits während des ersten Semesters brach sie das Jurastudium jedoch wieder ab und wechselte zu Germanistik (Mittelhochdeutsch), Russisch und mittelalterlicher Geschichte, womit sie zweifelsohne die Statusaspirationen ihrer Eltern enttäuschte. Wie ist dieser Bruch zu erklären, wo doch ihre Sozialisation alle Merkmale einer typisch statuskonformen Erziehung der Oberschicht enthielt?

In Kriemhilds Familie herrschte nicht die für Familien typische intime, affektive und ganzheitliche Kommunikationsweise vor, die für die „geborgene" Entwicklung der Kinder existentiell ist. Ihre Interaktionsstruktur war vielmehr von einer „kultivierten" Atmosphäre des „guten Tons" geprägt, deren nach außen, auf die Öffentlichkeit gerichtete Symbolik immer zugleich den exklusiven sozialen Rang der Familie repräsentieren sollte und insofern an universalistischen und instrumentellen Maßstäben orientiert war. Typisch dafür sind die zahlreichen Übernachtungsgäste, mit denen die Familienmitglieder nicht freundschaftlich intim verkehrten, sondern Konversation betrieben und dabei öffentliche Rollen ausübten, indem sie sich und das Haus als Ausdruck ihres Standes repräsentierten. Aber auch wenn die Familie unter sich war, sorgten die strikten Benimm-Regeln, die von den Kindern eingefordert wurden und an denen auch ihre Freunde gemessen wurden, für eine öffentliche Kommunikationsweise, die der Repräsentation der adligen Herkunft diente. Die Folge für die Kinder bestand in einem eklatanten Mangel an Wärme, Akzeptanz und Geborgenheit („es fehlte die Wärme"; „ich fühlte mich verlassen"; „die ungeheure wirklich ehm Gefühllosigkeit").

„Die Weltoffenheit, die meine Eltern uns eigentlich zum ganz großen Teil auch mitgegeben haben, nicht, wir haben viel Reisen gemacht, viel erlebt, wir sind viel ins Theater und Konzerte geschickt worden, in ganz wesentlichen Dingen nicht gelebt wurde und zwar in zwischenmenschlichem Bereich." „Es fehlte die Wärme, ich vermute, davon hätte ich gehöriges Stück gebraucht, ehm, also es war ne ungute Situation und ich fühlte mich verlassen, kann man sagen."

Einen weiteren Grund für Kriemhilds Ausbruch aus ihrer Normalbiographie muss man in der Tatsache vermuten, dass Kriemhild als Tochter und als älteste in der Geschwisterreihe ein besonders prekäres Verhältnis zu ihrer Mutter hatte. Anzeichen dafür können darin gesehen werden, dass die Mutter sie als ihr „Lieblingskind" und sogar als ihr „Meisterwerk" bezeichnete und sie in ihrem eigenen Sinne „formen wollte", wie Kriemhild berichtet. Fragt man weiter, nach welchem Ideal sie denn geformt werden sollte, bietet sich als Erklärung die Sozialbiographie ihrer Mutter an. Es sei daran erinnert, dass sie keinen Hochschulabschluss hatte – was sie nach Kriemhilds Aussage selbst als „Makel" empfand –, sondern ihr Studium zugunsten der Promotion ihres Ehemannes abbrach, um die junge Familie zu ernähren. Es ist nicht von der Hand zu weisen, dass dieser von ihr entrichtete Preis vielleicht zu hoch gewesen war und sie unerfüllte Wünsche an ihre älteste Tochter delegierte und sie – im Sinne Stierlins – mit der „Mission" betraute, ihre eigene abgebrochene Karriere zu vollenden und damit ihrem eigenen idealen Selbst – dem Ideal der kultivierten, gebildeten, adligen Dame – zu entsprechen, letztlich also ihre egoistischen Wünsche und Ambitionen zu erfüllen. Bei Kriemhilds Mutter handelt es sich um eine Verquickung von narzisstischen Motiven und statusbezogenen Aspirationen auf der Grundlage der eigenen Sozialbiographie, da die Idealisierung der eigenen sozialen Klasse durch ihr ausgeprägtes Distinktionsverhalten auch eine symbolische Selbstidealisierung bedeutete.

Kriemhild wurde zwar mit einer solchen „Mission" betraut, erhielt dafür aber nicht die nötigen emotionalen Ressourcen in Form von Anerkennung und Ermutigung, denn ihre Mutter bestrafte sie umso heftiger mit der Verweigerung von Liebe und mit emotionaler Kälte, je deutlicher sich Kriemhild von dieser Idealität unterschied. Die Idealität der Selbstprojektion ihrer Mutter, die durch die Rigidität und Unabdingbarkeit ihrer Forderungen nur unterstrichen wurde, setzte aber einen so grandiosen Maßstab, dass Kriemhild an ihm nur scheitern konnte. Die paradoxe Botschaft ihrer Mutter lautete also: Erfülle meine Forderungen möglichst perfekt, aber so gut wie ich wirst du dennoch nie sein. Kriemhild war also in einem Handlungsdilemma, da sie einerseits versuchen musste, sich den Forderungen ihrer Mutter zu entziehen, um nicht mit Kälte und Ablehnung bestraft zu werden, da sie sie nie zur Genüge erfüllen würde. Andererseits blieb sie jedoch darauf angewiesen, ihre Anerkennung und Liebe zu erwerben und versuchte deshalb immer wieder ihre Forderungen zu erfüllen. Diese „negative Bindung" (Stierlin 1978) zu ihrer Mutter trieb Kriemhild in einen aufs äußerste zugespitzten Konflikt, der sich als schwere persönliche Krisen auswirkte. Er kommt metaphorisch in der Beschreibung dessen zum Ausdruck, was Kriemhild an ihrem Studienfach der mittelhochdeutschen Literatur fasziniert.

„Ich glaube also grade in der mittelhochdeutschen Literatur – es gibt so em – eh ehm ein klar umrissenes – <lautes Atmen> hm – ja – es ist schwierig eh zu sagen, weil das was ich ansetze, das trifft nicht zu eigentlich. Hm es gibt unter der der formellen Sphäre, die beschrieben wird in der Literatur, eine ganz urwüchsige Kraft, also das merkt man im Nibelungenlied – also ich werde das jetzt nicht im einzelnen ausführen, aber es gibt im – in den Mechanismen, den Mechanismen, die beschrieben werden, soziale Mechanismen – ich wage es kaum mich auf diesem Gebiet eh mich auf diesem Gebiet zu bewegen – ehm, die sind sehr formalisiert, es gibt ne gewisse Form zu knicksen und man legt hier die Hand und dort den Fuß – eh einen Steigbügel zu halten ist dieses und eine Frau zu lange anzusehen ist das andere, ehm und darunter eh – unter dieser Tünche, nicht wahr, schwelt es und grummelt es, und und eh gibt es also nicht wahr – Kriemhild ist eine höfische Dame und sie ist ganz comme il faut und dann wenn sie auf's Äußerste gedrängt wird, ist sie imstande, ihre gesamte Verwandtschaft umzubringen, eh eh und eh – das sind so Dinge, dieses Spannungsfeld nicht wahr, zwischen Konvention und wirklich nur innerem Antrieb."

Man könnte meinen, dass sie mit dieser Schilderung ihren eigenen Konflikt als Spannungsbogen zwischen ihrer emotionalen Befindlichkeit und der Gefangenschaft in den klassenspezifischen Konventionen beschreibt. Dies verdeutlicht, dass ihr Studienfachwechsel aufs Engste mit dem Beziehungsmuster zu ihrer Mutter verknüpft war, denn er vereinigte zwei gegensätzliche Motive, mit denen sie zugleich die Statusaspirationen ihrer Eltern und ihre eigenen Bestrebungen befriedigte. Zum einen erfüllte sie damit die Erwartungen ihrer Mutter nach „etwas Herausgehobenem", Besonderem, was sie von anderen unterschied und stellte damit ihre Distinktionswünsche zufrieden. Andererseits besetzte Kriemhild gleich mehrfach die Hoch-Zeit ihrer sozialen Herkunftsklasse. Mit Russisch als Nebenfach knüpfte sie an die historische Vergangenheit ihrer Familie an, indem sie, wie sie selbst bemerkte, die „Sprache ihrer Väter" erlernte, mit Mittelhochdeutsch und mittelalterlicher Geschichte an ihre adlige Herkunft. Darin kann der Versuch einer sozialen, kulturellen und persönlichen Selbstvergewisserung und Selbstfindung gesehen werden, die zunächst ihre kulturellen Wurzeln und ihre soziale Identität umfasste und sich anschließend auf ihre eigene Person bezog und Teil eines lange andauernden Prozesses der Ablösung und Emanzipation von ihrer Mutter war, der von zahlreichen Krisen unterbrochen wurde.

Man darf vermuten, dass gerade der Entscheidung für Geisteswissenschaften jenseits der oberflächlich bekundeten „Neigung" für das Studienfach häufig ein ähnlicher Konflikt als Studienfachmotiv zugrunde liegt, bei dem die Studierenden die Ansprüche ihrer Eltern weder richtig erfüllen, noch vollständig ablehnen, sich psychologisch also in einem verlängertem Moratorium befinden, das nichts entscheidet. Dabei muss natürlich bedacht werden, dass die Desorganisation der meisten dieser Studiengänge einer solchen – wahrscheinlich unbewussten – Strategie entgegenkommt.

4.2 „Ich bin da so hängen geblieben, ich hatte da glaub ich Glück. Das war wirklich so ne zufällige Sache"

Paul stammt aus einer Familie, die man zu Recht als Zahnärztedynastie bezeichnen kann, da alle Familienmitglieder und Verwandte einschließlich der Großväter Zahnärzte waren. Ob Zahnärzte zur gesellschaftlichen Elite gehören, mag bezweifelt werden, obwohl zumindest im Mittelalter die Doctores ein Teil der Aristokratie waren. Vielleicht wird man sie eher der oberen Mittelschicht zuordnen, obwohl Zahnärzte 1986 ein durchschnittliches Bruttoeinkommen von 238.000 DM versteuerten und damit in dieser Hinsicht sicherlich zur Elite unter den Verdienern gehörten (Geißler 1996: 96). Die Familie von Pauls Mutter gehörte vor dem Zweiten Weltkrieg im Osten des früheren Deutschen Reiches zum Landadel, während sein Vater aus einer wohlhabenden, „gutbürgerlichen" Familie aus dieser Region stammt. Seine Eltern siedelten Anfang der 50er Jahre als Jugendliche aus der DDR in eine Großstadt in die Bundesrepublik über.

Paul hat eine zwei Jahre ältere Schwester und einen drei Jahre jüngeren Bruder, die beide Künstler geworden sind. Direkt nach dem Abitur ging er ein Jahr lang nach Frankreich, um französisch zu lernen, was ihm seine Eltern finanzierten. Nach seiner Rückkehr zog er von zu Hause aus, fing aber in seiner Heimatstadt an, Jura zu studieren. Nach vier Semestern wechselte er für ein Jahr an eine renommierte Hochschule im Ausland und fing direkt nach seiner Rückkehr mit den Examensvorbereitungen an. Zum Zeitpunkt des Interviews befand er sich in seinen Abschlussprüfungen, plante aber bereits zu promovieren.

Paul wurde während seines gesamten Studiums finanziell großzügig von seinen Eltern unterstützt, was sie auch während seiner geplanten Promotion weiterführen wollten. Diese Finanzierung war nicht an die Erfüllung irgendwelcher Forderungen gebunden, sondern seine Eltern wollten dadurch einen Rahmen schaffen, in dem sich Paul ohne Sorgen bewegen konnte und sich, wie er angibt, „wohl fühle".

Seine Sozialisation war in seiner Wahrnehmung von sozial-idealistischen Werten wie Empathie, Rücksichtnahme und Hilfsbereitschaft geprägt, zu denen die Kinder von den Eltern aktiv aufgefordert wurden und die sie in ihrer eigenen Ehe auch vorlebten. Vor diesem Hintergrund beschreibt er seine Familie als eine „heile Familie", in der ein geselliges Zusammenleben wichtig war, das er als ungemein harmonisch, sozial verträglich und rücksichtsvoll erlebte.

„Meine Eltern haben mir gezeigt, wie wichtig ein familiärer Zusammenhalt ist. Dann haben auch, meine Eltern sind auch so ne harmonische Ehe würd ich sagen, ne harmonische Ehe und haben mir gezeigt auch, dass sowas wichtig ist." „Naja ehm, daß wir so untereinander dazu erzogen worden sind, uns gegenseitig zu helfen also uns Geschwistern und ehm aufeinander Rücksicht zu nehmen und so." „Und ich glaube, sie haben uns so sozial ganz also, mich, aber auch meine Geschwister, sozial ganz verträglich gemacht, sie haben uns auch so erzogen auf andere Rücksicht zu nehmen."

Die kulturellen Praktiken in der Familie reihten sich – außer Museumsbesuchen im Urlaub – in das gesellige Zusammenleben ein („so diese Beschäftigung mit Kunst oder so entspricht glaub ich auch so einem Harmonie- und Ruhebedürfnis, einem Bedürfnis nach schönen Sachen"). Sie dienten offensichtlich nicht der Distinktion im Sinne einer Erlangung zusätzlicher symbolischer Statusgewinne, sondern der Erholung vom sonstigen – vielleicht beruflichen – Leben, das durch diese Tätigkeit zugleich Bestätigung erfuhr, da es durch bloße Regeneration erhalten werden sollte. Pauls Gleichsetzung des Bedürfnisses nach Harmonie, Ruhe und Kunst in Form von schönen Sachen, weist auf eine gewisse Saturiertheit hin, die nichts entdecken und nichts infrage stellen, sondern das Erreichte bestätigen will.

Darüber hinaus „gab es so ein bisschen Programm" einer kulturellen Förderung für die Kinder, das vorwiegend von Pauls Mutter angeregt wurde, indem sie in museumspädagogische Kurse für Kinder geschickt wurden und überdies alle ein Instrument zu spielen lernten, Paul selbst allerdings ohne Spaß und „mit schrecklichem Erfolg". „Das wollte meine Mutter, dass wir irgendwie ein Instrument lernen, aber ich weiß nicht warum. Die denkt da immer, das soll einem auch sowas geben wovon man mal zehren könnte oder so." „So ne Sache glaub ich, wo ich zumindest was machen musste, was mir nicht so recht Spaß gemacht hat," „so was, wo meine Mutter gedrängt hat, üben."

Im Unterschied zu ihm selbst, der sich von den Ambitionen seiner Mutter vorsichtig distanziert, wurden seine Geschwister von diesen kulturellen Anregungen offenbar stärker beeinflusst, da beide inzwischen Künstler geworden sind. Damit deutet sich an, dass sich Pauls Position im familialen Beziehungsgefüge und insbesondere im Verhältnis zu seinen Eltern von der seiner Geschwister deutlich unterschied, womit auch seine nachdrückliche Betonung des Zusammenhalts, der gegenseitigen Rücksichtnahme und Hilfsbereitschaft in der Familie relativiert werden müssen. „Ich hatte son Einverständnis mit meinen Eltern ein bisschen. Ich hab auch – immer nur so durchsetzbare Sachen eigentlich vorgeschlagen oder gefordert oder so. Meine Geschwister hatten schon teilweise Konflikte mit meinen Eltern, was dann so Reisen anging oder so oder mit lange wegbleiben, wobei da eigentlich meine Eltern sehr großzügig waren."

Paul macht deutlich, dass er eine weitgehende Übereinstimmung mit seinen Eltern hatte, die darauf beruhte, dass er es im Gegensatz zu seinen Geschwistern verstand, ihren Erwartungen und unausgesprochenen Wünschen durch eine vorweggenommene Anpassung („nur so durchsetzbare Sachen") entgegenzukommen, so dass Konflikte gar nicht erst entstehen konnten. Bezeichnenderweise verteidigt Paul die Position seiner Eltern („sehr großzügig"), anstatt seine Geschwister argumentativ bei ihren Konflikten mit ihnen zu unterstützen, und bringt damit zum Ausdruck, dass er sie für unberechtigt hält. Konflikte mit den Eltern hatten in seiner Erinnerung deshalb auch nur seine Geschwister, vor allem seine Schwester, die, wie er einräumen muss, „litt ... glaub ich auch noch am meisten unter elterlichen Restriktionen und war dann auch noch das Mädchen".

Das Beziehungsgefüge in Pauls Familie sah demnach ihn selbst in einem harmonischen Verhältnis zu seinen Eltern auf der einen Seite und seine Geschwister im Gegensatz zu ihnen auf der anderen. Diese Konstellation darf nicht vergessen werden, wenn die Frage der Statusreproduktion in der Generationenfolge untersucht wird, denn die diesbezüglichen Ambitionen und Aktivitäten der Eltern konzentrieren sich nicht auf alle Kinder in der gleichen Weise. Durch Pauls wiederholte Betonung, wie stark er mit seinen Eltern überein stimme („mein Wertesystem ist stark durch meine Eltern geprägt"), präsentiert er sich – im Gegensatz zu seinen Geschwistern – als ein „familienorientierter Handlungstypus" (vgl. Lenz 1988). Das dazu passende Handlungsmuster beruht auf einer hierarchischen, aber dennoch konfliktlosen Interaktionsstruktur, in der die typischerweise dominanten und kontrollorientierten Eltern versuchen, die Jugendlichen möglichst intensiv und lange an die Familie zu binden. Es wird durch das Interaktionsmuster der „Bindung" erzeugt, die Stierlin (1978) als eine „Okkupation" der Jugendlichen durch die elterlichen Bedürfnisse, Ängste oder Hoffnungen in Form von Übertragungen und narzisstischen Projektionen, die ihre Ablösung von den Eltern verzögert, beschreibt. Die Jugendlichen ihrerseits machen die Werte, Ideale und Bewertungskriterien ihrer Eltern im Sinne eines Vorbildcharakters zum Bezugspunkt des eigenen Verhaltens, wobei die eigene „Normalität" und „Vernunft" betont werden, die auf der Gewissheit gründen, in Übereinstimmung mit der Erwachsenenwelt zu stehen. Sie zeichnen sich durch eine hohe „Elternorientierung", eine antizipative Anpassung an die elterlichen Wünsche und Vorgaben sowie ein großes Verständnis für sie aus, was eine explizite Formulierung von Vorschriften durch die Eltern überflüssig macht. Deshalb wird die Beziehung zu den Eltern, die einer deutlichen Abgrenzung von in irgendeiner Weise „auffälligen" Gleichaltrigen gegenüber steht, von ihnen als harmonisch und konfliktfrei erlebt.

Pauls elternorientiertes Handlungsmuster wird geradezu paradigmatisch durch seine Strategie am Beispiel schlechter Noten verdeutlicht, die er schon sehr früh entwickelt hatte: „Die kamen vor aber – die haben da nie so, die haben eigentlich immer ganz gelassen drauf reagiert, auch glaub ich, weil ich das immer erklären konnte, ich konnte immer so sagen, macht euch mal keine Sorgen – und so, und ich hab auch ne gewisse Zeit eh schlechte Noten ganz einfach unterschlagen können, ich konnte da auch meinen Eltern was vormachen teilweise.“

Entgegen seiner Behauptung erklärte Paul seinen Eltern nichts, sondern normalisierte nur die Situation, indem er seine Eltern beruhigte („macht euch mal keine Sorgen“), und, wenn das nicht mehr weiter half, sie ein bisschen hinterging. Damit kehrte er die „natürliche“ Ordnung in der Interaktionsstruktur der Familie um, in der eher die Eltern ihre Kinder beruhigen und trösten, wenn sie schlechte Noten haben. Dies war also nicht gerade der Ausdruck eines Vertrauensverhältnisses zwischen ihm und seinen Eltern, wie er es immer wieder betont, sondern ein Vertrauensbruch, der überdies den von ihm beschriebenen „sozial idealistischen“ Wertvorstellungen, die das Familienleben prägten, erheblich widersprach. Es zeigt das große Bemühen von Paul, es seinen Eltern unter allen Umständen recht zu machen, indem er einen guten Eindruck erweckte und Konflikte vermied, auch wenn dabei Lügen in Kauf genommen werden mussten. Paul hatte demnach die „stillschweigende“ elterliche Norm, die Harmonie in der Familie nicht zu gefährden, indem die Besorgnis der Eltern erregt wurde, so gut verinnerlicht, dass er sie selbst gegen seine Eltern exekutierte.

Pauls auf Konfliktvermeidung ausgerichtetes Handlungsmuster, das durch die antizipierte Anpassung an die Erwartungen seiner Eltern oder aber durch ihr Unterlaufen erkauft wurde, zeigt sich auch an der Art und Weise, wie Paul sich mit dem Wunsch seiner Eltern auseinander setzte, Zahnmedizin zu studieren. „Und dann – das ist noch so ne Sache, dass meine Eltern beide Zahnärzte sind und meine Großväter waren auch beide Zahnärzte und ich komm aus so ner Medizinerfamilie eigentlich, wo alle Onkels und Tanten und das war eigentlich immer so – eh so ne Möglichkeit sagen wer, oder sowas womit man sich beschäftigen musste ob man das machen will oder nicht. Und – damit musste ich mich eben auch auseinandersetzen.“ „Eh – ich glaube, das muss in der Situation nicht so explizit vorgeschlagen werden, sondern das schwebt eben einfach bei jedem, jedem Kind, wenn es so ein einigermaßen vererbbarer Beruf ist, was ja ne Zahnarztpraxis einfach ist, dann schwebt das über jedem Kind so, ob das ausgesprochen wird oder nicht, ob's das nun macht oder nicht. Und – also – eh meine Eltern haben mir eigentlich nie so –

man hat nie von uns erwartet ... Aber es war schon – ich glaube meine Eltern hätten's auch ganz gern gesehen."

In Pauls Schilderung haben die Ansprüche seiner Eltern geradezu die Form einer allgemeingültigen Gesetzmäßigkeit in Zahnarztfamilien, was empirisch in der Tat mit der hohen Selbstrekrutierungsrate bei Zahnärzten (vgl. Bochnick 1974) übereinstimmt. Dieses „Gesetz" ist für ihn so sehr ein Teil der Normalität, dass er es gleichsam als eine biologische Naturgesetzlichkeit („vererbbare Berufe") empfindet. Damit leugnet er sowohl den zu Grunde liegenden sozialen Mechanismus, als auch mögliche Statusaspirationen seiner Eltern, die möglicherweise zu einem Konflikt mit ihnen geführt hätten. Seine Normanpassung als Ausdruck eines elternorientierten Handlungsmusters beruht demzufolge psychologisch auf ihrer Idealisierung, da er sich weigert, ihnen eigene, auch egoistische Interessen zuzubilligen.

Vor diesem Hintergrund war Pauls Entscheidung für Jura genau genommen eine Nicht-Entscheidung, denn er ist zufällig „da so hängen geblieben", ohne mehr darüber zu wissen. So bezeichnet er selbst seine Studienfachwahl als „ne zufällige Sache" und im gleichen Atemzug als „Glück". „Ohne da jetzt übertreiben zu wollen, aber – und ich glaube, da gehört einfach ne Portion Glück dazu, weil man das ehm als Abiturient gar nicht so gut beurteilen kann zu diesem Zeitpunkt ... Ich hatte da glaub ich Glück. Das war wirklich so ne zufällige Sache."

Zufall muss durchaus nicht immer zu Glück führen. Obwohl beide eine „Verleugnung des Sozialen" sind, weist die Übereinstimmung von Glück und Zufall in Pauls Leben auf eine soziale Logik hin, die seiner „Nicht-Entscheidung" zugrunde lag. Denn sein „zufälliges Glück" war nicht voraussetzungslos, sondern beruhte auf den durch die soziale Position seiner Familie bedingten günstigen Ausgangsbedingungen „glücklicher" Verhältnisse, in denen er lebte, wie er selbst sagt: „Ich glaube, dass ich so aus glücklichen Verhältnissen komme". Unter der Voraussetzung dieser glücklichen sozialen Verhältnisse führte sein Handlungsmuster der elternorientierten Anpassung und Konformität, das für die Einfügung in diese „heilen" Bedingungen sorgte, wiederum zu „Glück". Darin besteht auch tatsächlich Pauls eigenes Lebensziel, selbst in der gleichen Weise glücklich zu werden wie seine Eltern und selbst einmal eine „heile Familie" und ein „glückliches Familienleben" zu bekommen: „Naja ich glaub, ich hab eben gute Voraussetzungen und ich hab so gesehen in meinem Leben bisher, dass es so ein glückliches Zusammenleben gibt und ich kann eben hoffen, dass ich das eh, für mich verwenden kann, und dass ich selber sowas finde." „ ... das wichtigste für mich ist, dass ich ne so ne heile Familie hab. Und das ist auch das, was ich in meinem Leben vor allem haben will."

Die auf dem Interaktionsmodus der Bindung beruhende Elternorientierung ist in seinem Fall also ein – in der Oberschicht vermutlich häufig anzutreffendes – Muster der Statusreproduktion, da er bloß in die Fußstapfen seiner Eltern zu treten brauchte und nichts falsch machte, solange er nur Konflikte vermied. Dies gestattete es ihm überhaupt erst, seine Studienfachwahl dem „Zufall" zu überlassen. Insofern war gerade Pauls Nicht-Entscheidung der Ausdruck einer statusadäquaten Reproduktion, was auch durch die große Anzahl von Akademikerkindern in diesem Studienfach und damit die hohe statistische Wahrscheinlichkeit verdeutlicht wird, mit der sich Jugendliche aus Pauls sozialer Klasse für Jura entscheiden.

Beispielhaft für das familiale Interaktionsmuster der Bindung und Pauls elternorientiertes Handlungsmuster ist dessen einziger Konflikt mit seinen Eltern, der sich bezeichnenderweise nicht auf die Berufswahl, sondern die Partnerwahl bezog, die die andere zentrale Handlungsanforderung für den biographischen Verselbständigungsprozess von Jugendlichen (vgl. Havighurst 1948) bildet. Bei diesem Konflikt handelte es sich um die mangelnde Akzeptanz seiner Eltern gegenüber einer Freundin, mit der er zur Zeit seines Abiturs eine Beziehung hatte. „Ich glaube meine zweite Freundin, das war so ne Sache, wo man auch was von meinen Eltern sagen kann, die passte meinen Eltern nicht so ganz, die hab ich so kennen-, also war ich mit der zusammen, als ich grade Abitur machte und die war grade durchgefallen und so und war irgendwie so ein bisschen – ja, es passte meinen Eltern irgendwie nicht so ganz, ich weiß jetzt nicht warum. Ich weiß nicht, die war auch so ein bisschen so ein schwieriger, ein schwieriger Charakter, die war durchs Abitur durchgefallen, hatte da eben einfach so Schwierigkeiten und so. Und die hat sich dann da auch so ein bisschen an mich geklammert. Irgendwie – das ist so ne komische Sache, also irgendwie passte die meinen Eltern nicht so ganz richtig, wobei meine Eltern das immer nie so ausdrücklich gesagt haben und – wir waren auch oft bei mir zuhause, also meine Eltern waren auch immer nett zu der, aber irgendwie war das nicht so – positiv, und das ging ja auch schnell dann auseinander, ich ging ja dann nach {STADT IN FRANKREICH}, aber ich glaube – ich seh das bei meiner jetzigen Freundin, so diese Akzeptanz der Freundin durch die Eltern ist sehr wichtig für mich. Meine jetzige Freundin ist so von meinen Eltern völlig akzeptiert, die geht auch immer mit mir mit, nach Hause und so und lebt da fast schon wie n, wie n eigenes Kind von meinen Eltern. Und ehm – das ist für mich sehr wichtig, daran zerbrach die Sache mit der zweiten Freundin irgendwie, dass ich die als so nicht als akzeptiert empfand."

Paul schildert diese Episode vollständig in der Perspektive seiner Eltern. So betont er allein die negativen Seiten seiner ehemaligen Freundin, ohne die guten Gründe für ihre gemeinsame Freundschaft auch nur zu erwähnen. Er zog auch nicht in Erwägung, für seine Freundschaftsbeziehung bei seinen Eltern einzustehen und vielleicht für sie zu werben. Er deutet auch in keiner Weise an, dass er versucht hatte, sie zu unterstützen oder ihr zu helfen, wie das seiner angeblich auf Hilfsbereitschaft und Rücksichtnahme ausgerichteten Erziehung entsprochen hätte. Und obwohl seine Eltern „nett“ zu „der“ waren, wie er sich in etwas abfälliger Weise ausdrückt, und es offenbar nie zu einem Gespräch über sie kam, wusste er dennoch, dass „die“ ihnen „also irgendwie“ nicht „passte“. Pauls Eltern müssen ihrem Sohn demnach gar nicht ausdrücklich sagen, was ihnen „passt“ und was nicht. Er weiß es dennoch und richtet sich auch danach. Der tiefere Grund für diese vollständige Übernahme nicht nur der Perspektive, sondern auch der Wünsche seiner Eltern ist darin zu suchen, dass er alles der Akzeptanz durch seine Eltern unterordnet („diese Akzeptanz der Freundin durch die Eltern ist sehr wichtig für mich“) .

Pauls Eltern pflegten eine freundliche – „nette“ – Sprachlosigkeit, die auf Konfliktvermeidung, konventionalistischer Normanpassung und Konformität ausgerichtet war. Wie stark dieses Interaktionsmuster von Paul verinnerlicht wurde, macht seine diminutive und an Modalpartikeln reiche Ausdrucksweise deutlich („ein bisschen“, „eigentlich“, „oder so“, „schon teilweise“, „irgendwie“), die Sachverhaltsdarstellungen und Bewertungen harmonisierend abmildert und für seinen Sprachstil charakteristisch ist.

Seine „Bindung“ an das Familiensystem geschah nicht durch explizite Handlungsanweisungen, die sich auf propositionale Sachverhalte richteten, sondern dadurch, dass er die Befindlichkeit seiner Eltern zum Maßstab seines Handelns machte. Er wurde also auf der Beziehungsebene gegenüber seinen Eltern verpflichtet, nämlich dazu, ihnen gewissermaßen einen Gefallen zu tun. Diese Art von Verhaltenslenkung durch „emotional work“ mittels Emotionsregeln (vgl. Hochschild 1983) hatte zur Folge, dass er nicht nur sein Handeln, sondern seine eigenen Gefühle von der Akzeptanz seiner Eltern abhängig und diese Akzeptanz zum Maßstab seines eigenen Handelns machte. Ein solches Interaktionsmuster der Bindung gewährleistet zwar eine reibungslose Übertragung der Wünsche und Erwartungen der Eltern in Form einer „unbewussten Rolleninduktion“ (vgl. Richter 1969) sowie ihre subkutane Verinnerlichung durch die Kinder, erschwert jedoch die Entwicklung ihrer eigenständigen Persönlichkeit nachhaltig, weil eine Auseinandersetzung über ihre eigenen Wünsche und Erwartungen weitgehend verhindert wird. Wenn Partnerwahl in diesem Sinne eine Station des inneren Ablösungsprozesses vom Elternhaus und der Erringung von Eigenständigkeit ist, muss man zu dem Schluss kommen, dass dies bei Paul nicht erfolgt ist. Denn anstatt sich abzulösen, hat er umgekehrt seine jetzige Freundin in die Familie hinein geholt, was er besonders pointiert durch die Formulierung zum Ausdruck bringt, dass sie „da fast schon wie 'n eigenes Kind von meinen Eltern“ lebe. Damit erhält sie den Status seiner Schwester, so dass er nun keine „schwierige“ Freundin mehr hatte, sondern – im Gegensatz zu seiner ebenfalls „schwierigen“ leiblichen Schwester – eine problemlose „Schwester“.

Wenn man sich darüber hinaus vergegenwärtigt, dass seine jetzige Freundin Medizin studierte, könnte man fast meinen, dass sich seine Eltern ihren Wunsch, dass eines ihrer Kinder Medizin studiert, doch noch erfüllt haben. In gewisser Weise wird durch ihre Integration in Pauls Familie sein einziges „Vergehen“ gegenüber seinen Eltern, nicht Medizin studiert zu haben, „geheilt“. Indem sie seine „schwierige“ Freundin, die durch das Abitur gefallen war, nicht akzeptierten, sondern die andere in die Familie aufnahmen, die Medizin studierte, reproduzierten sie auch den sozialen Status der Familie. Dies macht deutlich, dass es sich bei Pauls Konflikt mit seinen Eltern auch um einen Prozess der sozialen Schließung handelte, durch den der Familienstatus gewahrt blieb.

5. Resümee

Der vorliegende Beitrag verfolgte zwei Ziele. Zum einen sollten typische Reproduktionsstrategien in der Oberschicht dargestellt werden, zum anderen ein theoretisches Konzept, das solche Reproduktionsmuster in einem einheitlichen Theorierahmen mit einer Gesellschaftsanalyse zu verknüpfen mag. Dass eine makrostrukturelle Analyse ohne ihre systematisch-begriffliche Verknüpfung mit einer mikrosoziologischen Analyse immer Gefahr läuft, steril, mechanistisch, auf alle Fälle aber subjektlos zu bleiben, haben beide Fallbeispiele verdeutlicht. Selbst wenn sich die sozialen Verhältnisse einer Familie gemäß ihrer höchsten statistischen Wahrscheinlichkeit reproduzieren – wie in Pauls Oberschichtfamilie also der Familienstatus reibungslos auf den Sohn transferiert wird –, ist dies keine Bestätigung dafür, dass die subjektiven Gestaltungspotenziale der Individuen vernachlässigt werden können. Vielmehr bleibt erklärungsbedürftig, aus welchen Gründen sie ihre Subjektivität nicht aktualisieren, sondern sich nur gemäß dem statistisch wahrscheinlichsten Normalfall verhalten. In Pauls Fall bestanden die Ursachen der Entsubjektivierung psychologisch darin, dass er durch die „unbewusst induzierte“ Bestätigung des erreichten Familienstatus an das Familiensystem „gebunden“ und folglich in seiner Individuation behindert wurde. Die Mechanismen bestanden darin, dass er „elternorientiert“ in die Fußstapfen der Eltern trat, ohne selbst Entscheidungen zu treffen. Daraus kann man verallgemeinernd auch schließen, dass elternorientierte Handlungstypen wahrscheinlich seltener in der Unterschicht als in der Oberschicht zu finden sind.

Es kann aber auch – statistisch weniger wahrscheinlich – sein, dass die Statusreproduktion nicht gelingt. Handelt es sich dabei statistisch um eine Ausnahme oder ist auch dies systematisch zu erklären? In beiden dargestellten Fallbeispielen gab es unausgesprochene elterliche Erwartungen, den Familienstatus zu bewahren, und Kriemhilds Familie stellte ebenfalls alle Ressourcen ihres Familienkapitals ausreichend zur Verfügung, aber in ihrem Fall verlief der Statustransfer keineswegs reibungslos. Der entscheidende Unterschied zwischen Kriemhild und Paul lag in den emotionalen Ressourcen, als die die elterliche Wertschätzung und Zuwendung interpretiert werden können und die Kriemhild vorenthalten wurden. Falls die Kinder nicht mit ihnen „ausgestattet“ werden, ist die Gefahr groß, dass auch das Familienkapital entweder nicht angenommen werden kann oder nicht auf fruchtbaren Boden fällt. In gewissen Grenzen hängen diese emotionalen, „internen“ Ressourcen auch von den „äußeren“, gesellschaftlich bedingten ab, denn die mit ihrer gesellschaftlichen Position einhergehende soziale Anerkennung der Familie beeinflusst auch das mögliche Potenzial an emotionalen Gratifikationen und Zuwendungen der Eltern gegenüber den Kindern in der Familie (vgl. McKinley 1964). Sie bilden aber dennoch einen eigenständigen und entscheidenden Beitrag, denn sie bilden die Ressourcen, um die Kinder an die Wünsche und Anforderungen der Eltern zu binden.

Dies weist auf die sozialen Regeln der Interaktion in der Familie hin, die sinnhaften Handlungskriterien, mit denen die vorhandenen Ressourcen eingesetzt und organisiert werden und die sich im sozialen Binnenraum der Familie etabliert und zu spezifischen Beziehungsmustern zwischen Eltern und Kindern verdichtet haben. Entscheidenden Einfluss auf sie hat die Sozialbiographie der Eltern, auf die die Kinder bestätigend oder komplettierend verpflichtet werden. Die nur selten explizit ausgesprochenen Statusambitionen, die die Eltern für ihre Kinder hegen, können nicht ohne die Berücksichtigung ihrer biographischen Erfahrungssedimente verstanden werden. Am Beispiel von Kriemhilds Mutter wurde dies deutlich, da sie ihre Tochter nicht nur an das Familiensystem band, sondern sie mit einer Mission betraute, ihre eigene abgebrochene Sozialbiographie zu komplettieren und damit die Idealitätsprojektion ihrer – in diesem Fall untergegangenen – sozialen Klasse zu bestätigen. Auch hier liegt eher ein Phänomen der Oberschicht vor, denn ein solches Muster würde man kaum in der Unterschicht vermuten.

Die hier illustrierten Muster der Weitergabe des Familienstatus zwischen den Generationen zeigen, wie das makrosoziale Phänomen der Statusreproduktion sich, vermittelt durch die Sozialbiographie der Eltern, in affektiv besetzte Erwartungen an ihre Kinder niederschlägt, in denen sich ihre Hoffnungen, Wünsche, Ängste ausdrücken, die die Kinder bewältigen sollen.

Literatur

Bochnik, Hans Joachim u.a. (1974): Numerus Clausus in der Medizin, Frankfurt/M.

Böhnisch, Tomke (1999): Gattinnen. Die Frauen der Elite, Münster.

Bourdieu, Pierre (1983): Ökonomisches Kapital, kulturelles Kapital, soziales Kapital, in: Reinhard Kreckel (Hrsg.), Soziale Ungleichheiten, Göttingen, S. 183-198.

Bourdieu, Pierre (1982): Die feinen Unterschiede. Kritik der gesellschaftlichen Urteilskraft, Frankfurt/M.

Bourdieu, Pierre (1976): Entwurf einer Theorie der Praxis, Frankfurt/M.

Dahrendorf, Ralf (1962): Eine neue deutsche Oberschicht?, in: Die neue Gesellschaft, 9. Jg., S. 18-31.

Geißler, Rainer (1996): Die Sozialstruktur Deutschlands, Opladen.

Giddens, Anthony (1988): Die Konstitution der Gesellschaft. Grundzüge einer Theorie der Strukturierung, Frankfurt/M.

Hartmann, Michael / Kopp, Johannes (2001): Elitenselektion durch Bildung oder durch Herkunft? Der Zugang zu Führungspositionen in der deutschen Wirtschaft, in: KZSS, 53. Jg, H. 3, S. 436-466.

Havighurst, Robert J. (1948): Developmental Tasks and Education, New York.

Hochschild, Arlie R. (1983): The Managed Heart. Commercialization of Human Feeling, Berkeley.

Hoffmann-Lange, Ursula (1992): Eliten, Macht und Konflikt in der Bundesrepublik, Opladen.

Kohli, Martin (1986): Antizipation, Bilanzierung, Irreversibilität. Dimensionen der Auseinandersetzung mit beruflichen Problemen im mittleren Erwachsenenalter, in: Klaus Hurrelmann (Hrsg.), Lebenslage, Lebensalter, Lebenszeit, Weinheim, S. 123-136.

Kreppner, Klaus (1982): Sozialisation in der Familie. In: Klaus Hurrelmann / Dieter Ulich (Hrsg.), Handbuch der Sozialisationsforschung, Weinheim, S. 395-422.

Lenz, Karl (1988): Die vielen Gesichter der Jugend. Jugendliche Handlungstypen in biographischen Portraits, Frankfurt/M.

McKinley, Dennis G. (1964): Social Class and Familiy Life, New York.

Parsons, Talcott (1964): The Social System, London.

Preißer, Rüdiger (1992): Endbericht zum Forschungsinitiativ-Projekt „Bildungsbiographien als soziale Voraussetzungen des Studienverhaltens“, (Bericht an die Kommission für Forschung der Technischen Universität Berlin), Berlin.

Preißer, Rüdiger (1989): Die soziale Herkunft der Studierenden und das soziale Feld der Studienfächer, in: Hochschulausbildung Jg. 7, H. 3, S. 155-179.

Preißer, Rüdiger (1990): Studienmotive oder Klassenhabitus? Strukturelle Beziehungen zwischen sozialer Herkunft und Studienfachwahl, in: ZSE, Jg. 10, H. 1, S. 53-71.

Richter, Hans-Eberhard (1969): Eltern, Kind und Neurose. Die Rolle des Kindes in der Familie, Hamburg.

Scheuch, Erwin K. (1966): Führungsgruppen und Demokratie in Deutschland, in: Die Neue Gesellschaft, Jg. 13, S. 356-370.

Schnapp, Kai-Uwe (1997): Soziale Zusammensetzung von Elite und Bevölkerung – Verteilung von Aufstiegschancen in die Elite im Zeitvergleich, in: Wilhelm Bürklin / Hilke Rebenstorf u.a.: Eliten in Deutschland. Rekrutierung und Integration, Opladen, S. 69-99.

Steinkamp, Günther (1985): Sozialstruktur und familiale Sozialisation: Probleme einer konzeptuellen Verknüpfung makro- und mikrosozialer Analyseebenen, in: Franz, Hans-Werner (Hrsg.), 22. Deutscher Soziologentag 1984, Opladen, S. 155-157.

Steinkamp, Günther (1991): Sozialstruktur und Sozialisation, in: Klaus Hurrelmann / Dieter Ulich (Hrsg.), Neues Handbuch der Sozialisationsforschung, Weinheim, S. 251-277.

Steinkamp, Günther / Stief, W. H. (1978): Lebensbedingungen und Sozialisation. Die Abhängigkeit von Sozialisationsprozessen in den Familien von ihrer Stellung im Verteilungssystem ökonomischer, sozialer und kultureller Ressourcen und Partizipationschancen, Opladen.

Stierlin, Helm (1978): Delegation und Familie. Beiträge zum Heidelberger familiendynamischen Konzept, Frankfurt/M.

Zapf, Wolfgang (1964): Führungsgruppen in West- und Ostdeutschland, in: ders. (Hrsg.), Beiträge zur Analyse der deutschen Oberschicht, Tübingen, S. 3-32.

Die Krise der politischen Repräsentation: Spannungsfelder und Brüche zwischen politischen Eliten, oberen Milieus und Volksmilieus

Michael Vester

Die politische Vertrauenskrise, deren Ursachen hier untersucht werden, erinnert an eine ähnliche Entwicklung zu Beginn des 20. Jahrhunderts. Auch damals veränderte ein großer Schub der Modernisierung die Wirtschaftsweise und die Lebensstile und mündete schließlich 1929 in eine lange Wirtschaftskrise. Auch damals stellte diese Dynamik die Institutionen und Regelungen des nationalen und transnationalen Zusammenhalts in Frage. Die bis dahin führenden politischen und weltanschaulichen Eliten und ihre Konzepte verloren an Akzeptanz in den sozialen Milieus. Durch neue Wählermehrheiten oder durch gewaltsame Machtergreifungen kamen fast überall andere Eliten mit anderen Konzepten der Regulierung des Sozialsystems an die Macht. Es war der große Kampf zwischen faschistischen und kommunistischen, sozialdemokratischen oder bürgerlich-revolutionären Alternativen. Erst nach langen Konflikten und schließlich dem Zweiten Weltkrieg hat sich dann in den hochentwickelten Ländern das neue, breit akzeptierte Modell des Wohlfahrtsstaates – in seinen konservativen, liberalen und sozialdemokratischen Varianten – durchgesetzt.

Dieses Regulierungsmodell ist seit einiger Zeit selbst wieder infragegestellt. In Wirtschaft und Gesellschaft stehen seine Institutionen, Autoritäten und Leitbilder auf dem Prüfstand. Alte und neue Elitemilieus konkurrieren mit ihren Sozialmodellen um die Führungsrolle.

Wodurch haben sich die Bindungen der großen Volksmilieus an die verantwortlichen Eliten, die großen Institutionen und deren Leit- und Weltbilder in den letzten Jahrzehnten gelockert? Hierzu gibt es widerstreitende Antworten. Nach der These der „Individualisierung" sind die alten Klassenmilieus in zahllose Einzelmenschen zerfallen, die ihre Lebensstile und Milieus nun selber schaffen und wählen. Manche sprechen von der „politischen Verdrossenheit" wie von einer geheimnisvollen Krankheit, die Gemeinsinn und soziales Engagement auflöst. Andere halten dem entgegen, dass ja gerade der „Wertewandel" fort vom materiellen Habenwollen und hin zu einem erweiterten sozialen und politischen Interesse geführt habe. Die wachsende Unzufriedenheit sei eher eine Folge gestiegener Ansprüche der Bürgerinnen und Bürger an die Politik, einer

Tendenz zur „Bürgergesellschaft" oder „Zivilgesellschaft". Wieder andere erklären die große Unzufriedenheit aus einer Tendenz neuer sozialer Schieflagen und Ausschließungen, von „Prekarität" und „Exklusion". Sie seien die Folge der globalen Deregulierung sozialer Sicherungssysteme.

Die These dieses Aufsatzes liegt quer zu diesen Annahmen. Die soziale Welt ist keineswegs von solchen eindimensionalen und anonymen „Trends" beherrscht, denen die vereinzelten Individuen wie Marionetten ausgeliefert sind. Vielmehr kombinieren sich die Trends in komplexen und wechselhaften Szenarien. Die soziale Welt gleicht eher einem großen Kräftefeld, das von den gesellschaftlichen Akteuren und Gruppen gestaltet wird. Dieses Kräftefeld, seine Konflikte und Spielregeln sind heute sicherlich unübersichtlicher geworden. Aber es ist dennoch möglich, dieses Kräftefeld, in dem sich die Zukunft entscheidet, als zusammenhängendes Konfiguration, als Gesamtbild in den Blick zu nehmen.

1. Milieus und Politik: Zwischen Bewegung und Erstarrung

Bei näherem Hinsehen bilden die sozialen Milieus keine strukturlose Vielfalt. Zwar sind die äußeren Lebensformen und politischen Verhaltensweisen der Individuen vielfältig. Aber sie sind, wie breitere empirische Untersuchungen bestätigen (Vester u.a. 2001; Vögele u.a. 2002), nicht in kleine Fragmente zerfallen. In der sozialen Welt lassen sich vielmehr drei hauptsächliche Gliederungsprinzipien erkennen, nach denen die Milieus sich unterscheiden und miteinander ein relativ geordnetes, aber auch spannungsreiches und bewegtes Feld bilden:

1. die relative Kontinuität der fünf großen, allerdings in sich vielfach aufgefächerten *Traditionslinien der Milieus*;
2. der Fortbestand einer *Gliederung der Gesellschaft* in obere und untere, traditionellere und modernere Milieus;
3. die Einteilung des *politischen Feldes* in etwa sechs große weltanschauliche bzw. gesellschaftspolitische Lager, die sich nur langfristig historisch verändern.

Die äußeren Lebensstile sind sehr vielfältig. Dennoch lassen sie sich, wie unsere Abbildungen zeigen (Abb. 1 und 2), zehn Milieutypen zuordnen. Die Milieus unterscheiden sich voneinander vor allem durch ihre Mentalität, d.h. die Art ihrer praktischen Lebensführung im Alltag („Alltagsethiken") bzw. ihre Grundhaltung („Habitus"). Dem entspricht auch, dass die Angehörigen des Milieus sich üblicherweise in einem bestimmten, wenn auch wandelbaren Spektrum typischer Berufs- und Bildungswege konzentrieren.

Die einzelnen Milieus und ihre Alltagsethiken lassen sich wiederum fünf hauptsächlichen Traditionslinien oder „Familienstammbäumen" zuordnen. Die jüngeren Milieus sind oft Varianten der älteren. Aufgrund neuer Lebenserfahrungen und Umstellungen auf neue Lebenslagen werden die überlieferten Alltagsethiken immer wieder abgewandelt. So sind die Unterschiede der Milieus oft Unterschiede der Generationen. Langfristig erweisen sich die heutigen Milieus als Nachfahren der historischen Stände, Klassen und Schichten. Kontinuität und Wandel schließen einander nicht aus.

Wenn die fünf Traditionslinien nach Größe und Grundprinzipien relativ beständig sind, hängt das auch damit zusammen, dass sie durcheinander bedingt sind. Jedes Milieu hat einen bestimmten über- oder untergeordneten, traditionelleren oder moderneren Platz im sozialen Raum. Die Platzverteilung beruht offensichtlich auf einer sozialen *Arbeitsteilung*, in der von jedem Milieu bestimmte Rollen oder Kompetenzen erwartet werden. (Diese Unterschiede der Kompetenzen, wie sie in Habitus und Mentalität angelegt sind, werden unten näher beschrieben.) Die Platzverteilung lässt sich in Landkarten des „sozialen Raumes" abbilden. Die beigefügte Landkarte der westdeutschen Gesellschaft, die dies in stark vereinfachter Form abbildet (Abb. 2), unterscheidet sich dabei nur wenig von denen der anderen hochentwickelten Gesellschaften (vgl. Vester u.a. 2001: 33-55). Die Kompetenzteilungen bzw. Gesellschaftsstrukturen sind sich offenbar sehr ähnlich.

Allerdings bildet diese Platzverteilung keine starre Struktur und kein ruhendes Gleichgewicht. Sie steht unter Spannung. Diese Spannung wurde früher vornehmlich als ein relativ statischer Gegensatz zwischen oben und unten, also auf einer vertikalen Achse, verstanden. Die alten Hierarchien des Wissens und der Macht sind aber heute durch die Kompetenzrevolution (vgl. Dalton 1984) der sog. Wissensgesellschaft (Bell 1985), insbesondere die große Bildungsexpansion, herausgefordert. An der Zunahme der Bildung nehmen auch die mittleren und teilweise die unteren Milieus teil, unabhängig von der vertikalen Stellung im sozialen Raum. Dies stellt die alten Wissensmonopole der höheren Milieus in Frage.

Pierre Bourdieu (1982: 212f.) hat für die Zunahme des Bildungskapitals zusätzlich eine unabhängige horizontale Raumachse eingeführt. Damit können auch feinere Differenzierungen der Bildung und der Milieus in die räumliche Landkarte eingeordnet werden.

Die Einführung der horizontalen Achse ermöglicht eine neue Sicht auf die heutige Revolution der Technologie und des Wissens. Die horizontale Differenzierung nimmt, wie die Berufsstatistik zeigt (Vester u.a. 2001: 373-426), seit den 1950er Jahren immer schneller zu. Die beruflichen und technischen Spezialisierungen und Kompetenzen wachsen. Berufsgruppen der körperlichen Arbeit, die wenig Bildungskapital erfordern, schrumpfen. Damit schrumpft auch die Beschäftigung (und nicht unbedingt die Produktion) in Landwirtschaft und Industrie. Die Folgen dieses Wegs in die „nachindustrielle Dienstleistungs- und Wissensgesellschaft" (Bell ebd.) sind zwiespältig. Denn durch die zunehmende Produktivität werden Arbeitskräfte überflüssig. Nicht alle finden neue Beschäftigung im wachsenden Dienstleistungssektor; seit 1971 wächst stufenweise auch der Sockel der Arbeitslosigkeit.

Die horizontale Drift zum linken Pol des sozialen Raumes lässt sich nicht nur für die Arbeitswelt, sondern parallel auch für die Lebenswelt nachweisen. Die Lebensstile differenzieren sich immer mehr. Hinter der äußeren Vielfalt steht, als gemeinsamer Nenner, die Zunahme an Selbstbestimmung und an Bildungskapital. Die große Dynamik zu mehr Bildung und Selbstbestimmung setzt die Eliten und Institutionen unter Druck. Aber der Bildungsaufstieg in die oberen Milieus ist, wie die statistische Analyse zeigt (Vögele u.a. 2002: 282-287), nur sehr kleinen Gruppen von weniger als 5%, vor allem in der „modernen Dienstleistungselite" (vgl. Abschnitt 5.1.) gelungen. Die Bildungsdynamik setzt sich eher in horizontale Wanderungen in andere Berufe um. Die vertikalen Unterschiede der Gesellschaft haben sich dagegen wenig verändert. Per Saldo liegen die Größenverhältnisse zwischen den oberen, mittleren und unterprivilegierten Milieus unverändert bei etwa 20:70:10. Der Widerspruch zwischen horizontaler Dynamik (also „Öffnung" sozialer Chancen) und vertikaler Statik (also „Schließung" sozialer Chancen) bildet, wie später in diesem Aufsatz nachgewiesen wird, den Kern des gegenwärtigen sozialen Konfliktstoffs.

Allerdings setzen sich diese Konfliktlinien der Alltagswelt auf der politischen Ebene nicht direkt in einen Konflikt zwischen oberen und unteren Milieus um. Die „Konfliktlinien" (Rokkan 1965) zwischen den *politischen Lagern* verlaufen oft quer zu den vertikalen Ungleichheiten in der Gesellschaft. Denn der politische Konflikt wird häufig auch horizontal, zwischen verschiedenen Fraktionen bzw. Eliten aus den oberen Milieus ausgetragen, die für diesen Kampf ihrerseits verschiedene „Klientele" aus den mittleren und unteren Milieus repräsentieren und mobilisieren können. (Eine bedeutende Ausnahme bilden die aus der Facharbeiterschaft, also der modernen Mitte der Gesellschaft, hervorgegangenen Eliten.) Solche Bündnisse zwischen oberen und unteren Milieus gehen oft auf historische Kämpfe und Traditionen zurück. Dies gilt für das konservative Lager und das liberale Lager, für das sozialdemokratische und das christliche Lager wie für das neue grün-radikaldemokratische Lager. Sie alle sind aus Kampfkoalitionen in großen politischen Auseinandersetzungen hervor gegangen und damit auch bedingt durch regionale, konfessionelle und machtpolitische Konstellationen (Lepsius 1973).

Die repräsentative Untersuchung der gesellschaftspolitischen Grundeinstellungen hat bestätigt, dass das Machtfeld der Politik auch heute noch in solche „Lager" mit je eigenen gesellschaftspolitischen oder auch weltanschaulichen Ordnungsvorstellungen gegliedert ist (Vester u.a. 2001: 58-64, 444-472). Die Landkarte der Lager zeigt außerdem, dass die meisten Lager immer noch aus Allianzen zwischen Eliten und Klientelen, die die Milieugrenzen überschreiten, bestehen (Abb. 4). Insbesondere die Lager der konservativen und der sozialdemokratischen Volksparteien bestehen aus Stammwählern aus den Volksmilieus, die überwiegend von Fraktionen der oberen und der aufgestiegenen Milieus politisch repräsentiert werden. Zwischen Repräsentierenden und Repräsentierten kann es zu erheblichen Spannungen kommen, wenn die Lagen, Lebensstile und Mentalitäten der Milieus sich wandeln, während die Orientierungen der Eliten eher erstarren.

Was sind die Ursachen des heutigen Verlustes der Bindungen an die Parteien und andere große, oft bürokratische Institutionen? Die Untersuchung des Gesellungsverhaltens der Bevölkerung zeigt, dass gerade die jüngeren Generationen der Milieus sich nicht in egoistische Einzelmenschen aufgesplittert haben. Diese sind vielmehr horizontal gut vernetzt und im näheren Umkreis auch sozial engagiert (Vester u.a. 2001: 472-502). Der Bindungsverlust liegt darin, dass Stil und Inhalt der höheren institutionellen Politik den Lebensweise und den praktischen Gerechtigkeitsvorstellungen der Milieus nicht mehr entsprechen. Das Vertrauen ist instabil: Es wird nur auf Widerruf gewährt. Die Diagnose lautet daher nicht *Krise der Milieus*, sondern *Krise der politischen Repräsentation.*

Wenn es gleichsam um „Familienzerwürfnisse" zwischen den politischen Eliten und ihren Stammklientelen geht, dann sind alle Erklärungen zweifelhaft, die die „Schuld" kulturpessimistisch nur bei einer Seite suchen: in der Fragmentierung, Individualisierung oder Bindungslosigkeit 'des modernen Menschen' oder in der Unverantwortlichkeit oder Selbstbedienungsmentalität 'der Politiker'. Es geht nicht um moralische Eigenschaften, sondern um *politische Beziehungen*, d.h. um die Integrationskraft der Gesellschaftspolitik.

Abb. 1 Traditionslinien sozialer Milieus und ihre Veränderung in Westdeutschland (1982-2000) und in Ostdeutschland (1991-2000)

Die vertikalen Milieustufen und ihre horizontale Differenzierung nach Traditionslinien	Differenzierung der Traditionslinien nach Untergruppen (-) bzw. Generationen (a,b,c) in Westdeutschland (1982 - 2000)	Differenzierung der Traditionslinien nach Untergruppen (-) bzw. Generationen (a,b,c) in Ostdeutschland (1991 – 2000)
1. Obere Milieus (22%-26%)		
1.1. Traditionslinie von **Macht und Besitz**: Milieus der wirtschaftlichen und hoheitlichen Funktionseliten (10%)	Konservativ-technokratisches Milieu (9%-10%)	- Rationalistisch-technokratisches Milieu (6%-0%) - DDR-verwurzeltes Milieu (0%-7%)
1.2. Traditionslinie der **Akademischen Intelligenz:** Milieus der humanistischen u. dienstleistenden Funktionseliten (10%)	Liberal-intellektuelles Milieu (9%-10%), mit zwei Teilgruppen: - Progressive Bildungselite (ca. 5%) - Moderne Dienstleistungselite (ca. 4%)	Bürgerlich-humanistisches Milieu (10%-8%)
1.3. Kulturelle **Avantgarde** (6%)	- Alternatives Milieu (bis 5%) - Postmodernes Milieu (bis 6%)	Linksintellektuell-alternatives Milieu (ca. 7%)
2. „Respektable" Volks- und Arbeitnehmermilieus (64%-69%)		
2.1. Traditionslinie der **Facharbeit und der praktischen Intelligenz** (27%-30%)	a) Traditionelles Arbeitermilieu (10%-4%) b) Leistungsorientiertes Arbeitnehmermilieu (20%-18%) c) Modernes Arbeitnehmermilieu (0%-8%)	a) Traditionsverwurzeltes Arbeiter- und Bauernmilieu (27%-13%) ba) Aufstiegsorientiertes Pioniermilieu (0% bis 7%) bb) Modernes Arbeitnehmermilieu (0% bis 9%)
2.2. **Ständisch-kleinbürgerliche** Traditionslinie (32%-22%)	a) Kleinbürgerliches Arbeitnehmermilieu (28%-14%) b) Modernes bürgerliches Milieu (0%-8%)	a) Kleinbürgerliches Milieu (23%-14%) ba) Status- und karriereorientiertes Milieu (9%) bb) Modernes bürgerliches Milieu (0% bis 8%)
2.3 Avantgarde der Jugendkultur (10%)	* Hedonistisches Milieu (10%-2%)	- Subkulturelles Milieu (5%-0%) - Hedonistisches Milieu (0% bis 9%)
3. Traditionslinie(n) der **unterprivilegierten Volks- und Arbeitnehmermilieus** (8%-13%)	Traditionsloses Arbeitnehmermilieu, mit drei Teilgruppen: - Statusorientierte (3%) - Resignierte (6%) - Unangepasste (2%)	- Traditionsloses Arbeitnehmermilieu (8%-12%) - Hedonistisches Arbeitermilieu (5%-0%)

(Quelle: Vester u.a. 2001: 34-35)

Zur Beachtung: Die Prozentzahlen in der linken Spalte geben die *Bandbreite* der Milieugrößen an. Die Prozentzahlen in der zweiten und dritten Spalte geben an, wie sich die Milieugrößen zum Jahr 2000 verändert haben.

Abb. 2 Die sozialen Milieus in Westdeutschland 2000

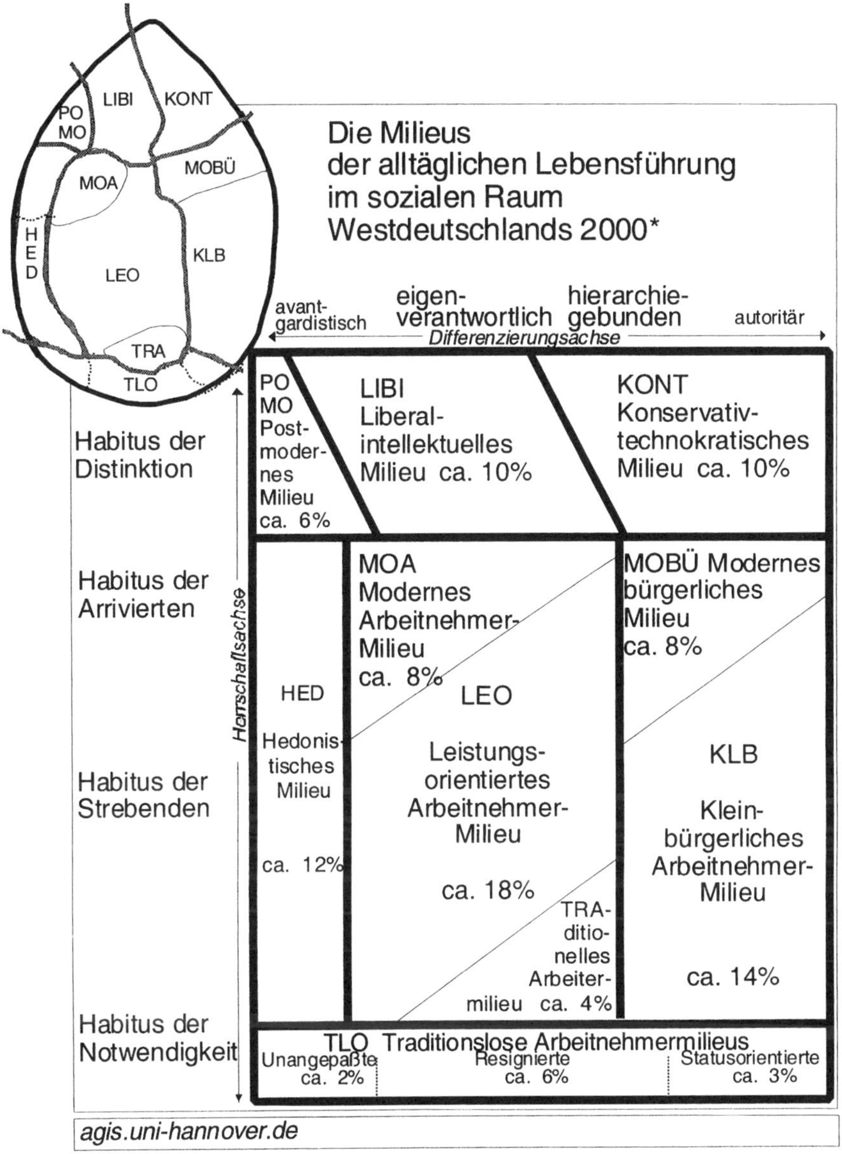

2. Das historische Sozialmodell der BRD: Vom Konflikt zur Integration

Die Integrationskraft der gesellschaftspolitischen Ordnungskonzepte hängt in hochentwickelten Gesellschaften besonders davon ob, wie weit sie die sozialen Verwerfungen, die durch die Modernisierung aller Wirtschaftsbranchen entstehen, regulierend flankieren können. Der Modernisierungsprozess selbst kann dabei wesentlich auf die horizontale Dynamik zunehmender Arbeitsteilung, Spezialisierung und Technisierung der Produktivkräfte, die durch die internationale Konkurrenz beschleunigt wird, zurückgeführt werden. Durch sie erwirbt ein Wirtschaftszweig nach dem anderen eine höhere Arbeitsproduktivität und nötigt somit immer mehr Menschen, sich auf alternative Erwerbsmöglichkeiten umzustellen.

Jedes Milieu entwickelt, seinem Habitus und seiner Tradition entsprechend, zur Bewältigung des Wandels ganz eigene „Strategien der Umstellung“ (Bourdieu 1982), indem es seine Kräfte in die Anhäufung von Besitz, Bildung oder Macht, in Konkurrenzkämpfe oder solidarische Hilfsnetze, in Ortsfestigkeit oder Wanderungen investiert. Oft reichen diese Strategien zur Erhaltung oder Verbesserung der sozialen Stellung nicht aus. Wenn die drohenden Statusverluste nicht durch staatliche Flankierung begrenzt werden, kann dies – wie 1933 – zu einem starken Machtzuwachs extremistischer Parteien führen.

Die Erfahrung der Weltwirtschaftskrise der 1930er Jahre hatte die Eliten der Nachkriegszeit überzeugt, dass der moderne Kapitalismus immer weniger aufgrund der inneren Eigendynamik der Marktmechanismen zu einem Gleichgewicht bei Vollbeschäftigung finden konnte. Der Ordoliberalismus der sozialen Marktwirtschaft ebenso wie der Keynesianismus der Sozialdemokratie betonten daher die Unverzichtbarkeit der wirtschafts- und sozialpolitischen Flankierung solcher Umstellungen.

Parallel zu diesen theoretischen Einsichten wurde nach 1945 ein Konflikt- und Aushandlungsmodell erkämpft und erprobt, das in dem Grundsatz „Leistung gegen Teilhabe“ zusammengefasst werden kann. Entgegen der Behauptung der neoliberalen Politik handelte es sich nicht um ein protektionistisches Modell, das die Faulen vor Leistungsanforderungen schützte, sondern um einen entwicklungsfähigen, auf dem Prinzip der Gegenseitigkeit aufbauenden historischen Kompromiss. So konnten in der Geschichte der Bundesrepublik verschiedene gesellschaftspolitische Integrationsmodelle, die stufenförmig aufeinander aufbauten, einander ablösen. Dieser Prozess ist seit der Rückkehr der Massenarbeitslosigkeit ab 1973 zunehmend in Blockierungen geraten. Gleichwohl repräsentiert er immer noch den spezifischen „Pfad" des westdeutschen regulierten Kapitalismus und der westdeutschen regulierten Klassengesellschaft.

Die konservativen Regierungen Konrad Adenauers entwickelten nicht nur die Kompromissfähigkeit zwischen den bürgerlichen Parteien, sondern auch mit der Arbeiterbewegung. Neben der Mittelstandspolitik entstand eine konservative Arbeitnehmerpolitik. In den 1950er und 1960er Jahren konnten sich die Arbeitnehmer die Teilhabe am „Wirtschaftswunder" durch Arbeitszeitverkürzungen sowie höhere Lohn-, Konsum-, Sozial- und Bildungsstandards erkämpfen.

Im Zuge der horizontaler Strukturverschiebungen schrumpften die traditionellen Agrar- und Industrieberufe der körperlichen Arbeit radikal und wuchs die Mitte der Facharbeiter und qualifizierten Angestellten. Die Klassengesellschaft *„enttraditionalisierte"* sich:

- Von 1950 bis zum Ende der neunziger Jahre schrumpfte der konservativständische *alte Mittelstand* der kleinen Landwirte, Kaufleute und Handwerker von etwa 25% auf weniger als 5% der Bevölkerung.
- Zugleich wuchs der *neue Mittelstand* der Angestellten von 20% auf fast 60%, zu einer großen Arbeitnehmergruppe, die den alten ständischen Dünkel nach und nach aufgab und sich an die industrielle Arbeiterschaft annäherte.
- Für die Mehrheit der *Arbeiter* schwanden die alten Merkmale der sog. „Proletarität", d.h. die unsichere Beschäftigung, die soziale Rechtlosigkeit und die eher geringe Fachqualifikation (Geiger 1949, Mooser 1984). Durch erkämpfte Rechte, hohes Fachkönnen und relative soziale Sicherheit erlangten sie ihrerseits Standards der sozialen „Mitte".

Nicht nur die ständisch-kleinbürgerlichen Strukturen, sondern auch die schroffen Klassenspaltungen aus der Zeit der Industrialisierung bauten sich ab. Das Modell der regulierten Klassengesellschaft lag jenseits der alten Alternative zwischen ständischer Harmonie und schroffen Klassengegensätzen. Einerseits waren die Klassengegensätze jetzt eindeutiger, weil die ständischen Zwischenschichten dahinschwanden. Andererseits waren sie durch das *Aushandlungsmodell des „institutionalisierten Klassenkonfliktes"* (Geiger 1949, Dahrendorf 1957), das die Chance zum Kompromiss bot, entschärft. Das Modell war relativ unabhängig von direkter staatlicher Intervention. Das „korporatistische Dreieck" (Kreckel 1992) von Staat, Unternehmern und Gewerkschaften sicherte zwar nicht eine gleiche, aber doch eine bedeutsame Teilhabe der Arbeitnehmer an der Gesellschaft.

Die „Entproletarisierung" war jedoch nicht rückwärts, auf eine 'kleinbürgerliche' oder 'mittelständische' Einordnung gerichtet, sondern auf ein modernes, 'meritokratisches' (Young 1961) Bewusstsein – wie es das Prinzip *„Leistung gegen Teilhabe"* darstellt: Für die Bereitschaft zu hoher Arbeitsleistung wurde eine umfassende Teilhabe an den sozialen Chancen verlangt.

Die Voraussagen einer Verbürgerlichung oder blinden Konsumhörigkeit der Arbeiter erfüllten sich also nicht. Vielmehr verloren die erodierenden bürgerlichen und kleinbürgerlichen Gruppen viel von ihrer Bedeutung als Leitmilieus. Dadurch verlor auch die CDU/CSU in den sechziger Jahren zum ersten Mal ihre kulturelle und politische Hegemonie an die SPD.

Der westdeutsche Pfad unterscheidet sich in wichtigen Zügen von dem Pfad der *DDR-Gesellschaft*, insbesondere von deren Modernisierungshemmnissen, die in der Übernahme des altindustriellen Stahlmodells von der Sowjetunion und in der staatsbürokratischen Blockierung der Produktivkräfte begründet lagen. Andererseits gibt es hier trotz allem etwas Gemeinsames: die DDR war, wie Wolfgang Engler (1999: 173) es nennt, eine *„arbeiterliche Gesellschaft"*. In beiden Gesellschaften war, wenn auch unter verschiedenen politischen Regulierungsformen, die Arbeiterklasse in die Mitte aufgerückt, deren sichere soziale Standards zuvor dem alten Mittelstand (den kleinen Eigentümern) und dem neuen Mittelstand (den „besseren" Angestellten) vorbehalten gewesen waren.

Die Regierung Willy Brandts, die 1969 von modernisierten Arbeitnehmer-, Bildungs- und Jugendmilieus an die Macht gebracht wurde, konnte das westdeutsche Sozialmodell wesentlich erweitern und auch durch die Versöhnung mit dem Osten außenpolitisch absichern. Nach seinem großen Wahlsieg von 1972 sprach Willy Brandt vom Modell der *„Arbeitnehmergesellschaft"* (Lepsius 1973: 308), mit den mobilisierten Bildungsschichten als Partner. Dieses Modell symbolisierte einerseits die Verminderung sozialer Ausgrenzung, Rechtlosigkeit und Not und andererseits die Vermehrung der Teilhabe (fast) aller am Zuwachs der Einkommen, an Mitbestimmungsrechten, an der Bildungsexpansion und an der Sicherung bei Krankheit, Arbeitslosigkeit und Alter. Die Mobilisierung der Bildungsschichten symbolisierte eine tolerantere, kulturell vielfältigere Politik, die in der Außenpolitik Verständigung suchte und die nach innen mehr Teilhabe der Frauen, der Ausländer und sozialer Minderheiten sowie mehr Mitwirkung aller Bürger versprach – also das, was heute „Bürgergesellschaft" oder „Zivilgesellschaft" genannt wird.

Brandts Nachfolger, Helmut Schmidt, konnte vor allem den ersten Teil dieses Programms unter dem Namen „Modell Deutschland" bis 1982 einigermaßen durch die seit 1973 die Vollbeschäftigung und den Staatshaushalt einschränkende Wirtschaftskrise steuern. Die modernen Bildungsschichten dagegen konnte die SPD jetzt nur noch teilweise binden. Aus den Protesten gegen Atomkraft, Raketenrüstung und manche Arroganz der Mächtigen entstand der Rückenwind für die neue Partei der Grünen.

Schmidts Nachfolger, Helmut Kohl, gewann seine Mehrheit 1982 zwar nur durch den Seitenwechsel der FDP, die den Konsens mit der „Arbeitnehmergesellschaft" im Interesse der liberalen Modernisierungsgewinner aufkündigte. Gleichwohl konnte auch Kohl die großen Wählerpotentiale der Union dauerhaft nur halten, solange er, trotz mancher Abstriche, die Grundsubstanz des „rheinischen Kapitalismus" nicht zu sehr antastete. Hierzu gehörten nicht zuletzt die bereits unter Adenauer vor allem von der Metall- und Bergarbeiterschaft erstreikten und ausgehandelten Rechte der Mitbestimmung, der Betriebsräte, der Arbeitszeit und der Lohnfortzahlung für Kranke. Jahrzehntelang hatte diese konservative Spielart der „Arbeitnehmergesellschaft" die Abwanderung der konservativeren Arbeitnehmer von der Union zur SPD gebremst. 1998 aber verlor die Union so viele dieser Wähler, dass sie keine Mehrheitskoalition mehr bilden konnte. Der von Kohl ins Abseits gestellte CDU-Modernisierer Heiner Geißler hatte Recht, wenn er diese herbe Niederlage damit erklärte, dass die Union den rheinischen Kapitalismus immer mehr durch neoliberale Experimente in Frage gestellt hatte – nicht zuletzt durch den Angriff auf die Lohnfortzahlung im Krankheitsfall im Herbst 1996.

Der rotgrüne Wahlsieg von 1998 gab einer anderen Variante des westdeutschen Sozialmodells ihre Chance. Doch wie diese aussehen sollte, war umstritten. Die Stärke des korporativen Modells – die Repräsentation durch starke Interessenverbände – war auch zu seiner Schwäche geworden. Intern ermöglichte die institutionelle Bürokratie häufig zu wenig Beweglichkeit, Partizipation und Elitewechsel. Extern verlor sie an Repräsentativität, insbesondere für Frauen, Ausländer, gering Qualifizierte, Jugendliche und Rentner. Das Sozialmodell hatte darin seine Grenzen, aber es war doch modernisierungs- und konfliktfähiger als das staatsbürokratische Modell, das nach 1945 mit Hilfe der Sowjetunion in Ostdeutschland installiert worden war. Nachdem jenes aber 1989 zusammengebrochen war, blieb das westdeutsche Modell nur noch mit seinen eigenen Mängeln konfrontiert.

Die jetzige Blockierung einer Weiterentwicklung des Sozialmodells beruht nicht zuletzt auf einem politischen Patt. Einerseits wurden die Mängel des alten Modells nicht behoben und können daher insbesondere durch die neu entstandenen neoliberalen Fraktionen innerhalb der neuen (und der alten) Regierungsparteien ausgenutzt werden. Andererseits hat die neoliberale Politik bei mehr als 90% der Deutschen keine Akzeptanz. Gefordert und konsensfähig wäre, wie am Ende dieses Aufsatzes dargelegt wird, ein durch mehr aktive Beteiligung der Bürger modernisierter Wohlfahrtsstaat.

3. Das Paradox der Sparpolitik: Stagnation der Wertschöpfung trotz Wachstums der Produktivität

Die Umstände, auf die die Milieus sich seit den 1970er Jahren zunehmend umstellen müssen, liegen in einer Kombination der horizontaler und vertikaler Strukturverschiebungen unter den Bedingungen eines wachsenden Sockels der Arbeitslosigkeit. Während in den goldenen Jahren des „Wirtschaftswunders" die horizontalen Umstellungen meist in bessere Beschäftigungen führten, wurden die sozialen Flankierungen der Umstellungen jetzt brüchig. Es kam zu verschiedenen Entwertungen der Arbeitsqualifikation: höhere Belastungen, unsicheren Arbeits- und Einkommensverhältnissen und oft auch Arbeitslosigkeit. Von den Entwertungen besonders betroffen waren die klassischen diskriminierten Gruppen: Frauen, Zuwanderer, unterprivilegierte Milieus und Einwohner geringer entwickelter Regionen.

Mit der Ölkrise von 1973 wurde das Paradox der Grenzen des Wirtschaftswachstums sichtbar. Die beschleunigte technologische Revolution, die die wirtschaftliche Produktivität erhöhte, war keineswegs mit einem beschleunigten Wachstum des Wohlstands verbunden. Vielmehr begann eine heute noch anhaltende langfristige *Stagnation*, eine anhaltende Nachfrage- und Wachstumsschwächung bei steigendem „Arbeitslosensockel" (Zinn 1998: 55, 75). Die Ursachen lagen, wie die keynesianische Theorie es erklärt, gerade im gewachsenen Wohlstand. Er ermöglichte es den „besserverdienenden" Gruppen, große Teile ihrer Einkommen nicht mehr in die Nachfrage nach Waren, sondern in Anlagekapital bzw. Aktienspekulation investieren. So stiegen z.B. von 1980 bis 1997 die Nettogewinne um 119%, die Nettolöhne aber nur um 20%. Die fehlende Nachfrage verursachte eine krisenverschärfende Spirale der Kostendämpfung durch die Unternehmer, den Staat und das Maastrichter Abkommen der Europäischen Gemeinschaft, das die staatliche Kreditaufnahme bremste. Der Export konnte dies nur begrenzt ausgleichen, da sich die Nachfrage aus den gleichen Gründen auch in den anderen hochentwickelten Ländern abgeschwächt hatte. Die Exportbranchen versuchten zunehmend, ihre relative Position durch kosten- und arbeitssparende neue Rationalisierungen und Hochtechnologien zu verbessern. Zugleich wurde gering qualifizierte Arbeit zunehmend in Schwellenländer mit niedrigen Lohnniveaus ausgelagert.

Zusammengenommen bilden die mit dieser Entwicklung Unzufriedenen etwa 60% der Gesellschaft. Sie sollen im weiteren Verlauf dieses Aufsatzes näher dargestellt werden als eine nach Lagen und Milieus heterogene Gruppe, die ihre Unzufriedenheit auch politisch verschieden äußert. Dennoch hat die

Unzufriedenheit auch einen gemeinsamen Nenner. Alle beklagen die Verletzung des Grundkonsenses des historischen Sozialmodells der Bundesrepublik: „Leistungsgerechtigkeit" und Hilfe bei „unverschuldeter Not".

Die in Medien und Politik vorherrschende Argumentation sieht das ganz anders. Die von den neoliberalen Kräften durchgesetzten Sparzwänge des Maastrichter Abkommens begünstigten die neue Philosophie des Mangels und des Sparens. Aus ihrer Perspektive liegt die Ursache der knappen Mittel im geringen Arbeits- und Bildungseifer der Bevölkerung.

Die Diffusität der Unzufriedenheit hängt damit zusammen, dass die wirtschaftlichen Laien diesem hegemonialen Diskurs der politischen und medialen Experten keinen intellektuellen Diskurs entgegenhalten können, sondern nur ihr Ethos, das ihnen sagt, dass sie ja genug leisten und dafür zu wenig Teilhabe erhalten. So bleibt nur ein „Gefühl", die Verdrossenheit. Das Gerechtigkeitsempfinden ist nicht nur verletzt, wenn es um krasse materielle Not geht. Es geht ihm nicht nur um materielle Einkommenshöhen, sondern um die Qualität der „Lebensweise als ganzer" (Thompson 1987). Jedes Milieu hat seine eigene Vorstellung und Praxis des guten oder richtigen Lebens. Ob eine Lebensweise angemessen, würdig und zumutbar ist, richtet sich vor allem nach dem Vergleich mit anderen Milieus und anderen Zeiten. Dieser Vergleich wird nicht zuletzt in moralischen und symbolischen Kategorien formuliert. Für die Mehrheit geht es dabei um eine kontinuierliche und geachtete Arbeit, um die Belohnung aufgewandter Mühen durch Erfolg, um die Freiheit von Zukunftsangst, um die Achtung und Anerkennung anderer, um die Kredit- und Glaubwürdigkeit.

In seiner großen Untersuchung über die heutigen Modernisierungsverlierer, „La misère du monde", kritisiert auch Pierre Bourdieu nicht das *materielle* Elend, sondern das, was die heutige Modernisierung in den *sozialen Beziehungen* derer anrichtet, die als Facharbeiter überflüssig, als Jugendliche chancenlos, als Landwirte ohne Erben, als Händler ohne Markt, als Frauen dem Chef ausgeliefert sind oder die sich als Lehrer, Sozialarbeiter, Therapeuten, Polizisten oder Richter vergeblich mit unmotivierten Jugendlichen oder sozialen Brennpunkten mühen (Bourdieu u.a. 1996). Damit wird auch der melodramatische Elendsbegriff vermieden, der das Mitleid mit unabwendbar schicksalhaften Katastrophen anspricht. Vielmehr werden in der Krise sozialer Beziehungen auch die Kräfte sozialer Selbsthilfe, der Gegenwehr und der erfolgreichen Bewältigung mobilisiert.

Durch das Fehlen bzw. die Neutralisierung eines intellektuellen Gegendiskurses bleiben die eigentliche Ursachen des Problems in der veröffentlichten Meinung weitgehend verdeckt. Der finanzielle Mangel ist gerade nicht die Folge einer zu geringen Produktivität der Arbeit. Es ist vielmehr das enorme

Wachstum der Arbeitsproduktivität, mit dem die Gesellschaft nicht umgehen kann (vgl. Zinn 1998).

Unter der neoliberalen Sparpolitik wird dieser Überfluss in Überflüssigkeit verwandelt. Es kommt zu einer scheinbaren „Überproduktion" von Bildungskapital. Zum einen braucht die Gesellschaft immer mehr Berufe, die eine hohe Fachbildung, Eigenverantwortung und kommunikativer Fähigkeit verlangen. Ihr Anteil ist seit 1950 von etwa 5% auf mehr als 30% gewachsen (vgl. Vester u.a. 2001: 407-426). Zum anderen wirkt die Sparpolitik dahin, diese hochproduktive Arbeit unter ihrem Wert zu bezahlen oder die Arbeitsplätze im Wissenschafts-, Bildungs-, Gesundheits- und Sozialsystem abzubauen. Ein Beispiel ist die derzeitige Befristung der Arbeitsverträge der jetzigen Generation des wissenschaftlichen Nachwuchses der Universitäten. Ein Sprecher des Bundesforschungsministeriums nannte sie zutreffend „Verschrottung": hochwertiges investiertes Bildungskapital wird nutzlos.

In der Logik der Sparpolitik, die das Wirtschaftswachstum bremst, ist dies folgerichtig. In der Logik der Wirtschaftsentwicklung ist es keineswegs notwendig. Denn das Wachstum der Produktivität ist potentiell hoch genug, um eine anhaltende Vermehrung von Wohlstand, Sozialausgaben und Arbeitszeitverkürzung finanzieren zu können. Selbst ein moderates Wirtschaftswachstum von 2,5% führt rechnerisch in 28 Jahren zu einer Verdoppelung des Sozialprodukts. Davon wären die steigenden Kosten „des demographischen Problems" (wachsende Renten), „der Jugend" (Bildungsausgaben) und „des Sozialmissbrauchs" (Sozial- und Gesundheitsausgaben) durchaus finanzierbar. Die Produktivität ist so hoch, dass auch die Erhöhung dieser strukturnotwendigen Ausgaben heute nicht mehr zur Vollbeschäftigung führen würde (vgl. Zinn 1998). Vielmehr ist es wahrscheinlich, dass sich weiterhin nach jeder Zwischenkonjunktur eine zusätzlich Erhöhung des Arbeitslosensockels einspielt. Dieser könnte nur noch dann abgebaut werden, wenn in der Tat eine tiefgreifende Arbeitszeitverkürzung mit Einkommensausgleich durchgesetzt würde.

4. Von der Integration zu sozialen Schieflagen: Diskriminierung – Abwertung – Prekarisierung – Exklusion

Welcher Entwicklungstendenz folgen die sozialen Schieflagen? Auf den ersten Blick scheint es, dass die materiellen Standards zunehmend und linear sinken. So waren z.B. 1984 bis 1989 durchschnittlich nur 2,7% einkommensarm (Berger 1996). Für die frühen neunziger Jahre verzeichnet die Studie der Caritas (Hübinger 1996) bereits 10% Armut und weiteren 50% in knappen oder prekären Lebenslagen. Aus ihren Daten ergab sich folgende Stufung sozialer Lagen:

- Etwa 40% lebten in *sicheren* Verhältnissen.
- Etwa 20-25% waren durch eine Lebensweise der *Knappheit* verunsichert.
- Weitere 25-30% waren Menschen in sozialen Schieflagen oder *Prekarität.*
- 10% lebten in dauerhafter Armut, d.h. in *Exklusion* vom Wohlstand.

Diese Stufung erscheint als eine schiefe Ebene, deren unterer Teil immer weniger Halt gibt, während sich die Lage der reichen oberen Gruppen – wie bei einer Wippe – immer mehr hebt. Danach wären immer mehr Menschen von der naturgesetzlich eintretenden Katastrophe einer neuen „Proletarisierung" und „Verelendung" bedroht.

Bei genauerem Hinsehen ergibt sich eher das Bild eines Eisbergs mit mehreren, qualitativ durchaus verschiedenen Stufen, die nicht rasch und automatisch ineinander gleiten. Die sichtbare Spitze des Eisbergs bilden diejenigen, die relativ umfassend und dauerhaft sozial ausgeschlossen sind. Diese Exklusion erfährt z.B. etwa die Hälfte der seit 1973 stufenweise auf etwa 10% angewachsenen registrierten Arbeitslosen, und zwar vor allem Arbeitnehmer mit niedrigen Ausbildungsstandards. Die andere Hälfte besteht aus vorübergehend Arbeitslosen mit eher besseren Berufsqualifikationen. Ihre Erfahrung ist nicht die Exklusion, sondern oft die Abwertungskarriere, d.h. die Umstellung auf ein neues Arbeitsverhältnis mit weniger Sicherheit und Einkommen und mehr Belastungen und Risiken. Sie sehen ihre Arbeitskraft durch die Modernisierung abgewertet. Wieder andere Gründe hat die Unterbewertung der Arbeit der klassischen benachteiligten Gruppen der Frauen, Ausländer, Alten und Jugendlichen. Wieder andere sehen sich, durch den Abbau sozialstaatlicher Leistungen, zunehmend privat durch Sozial- und Bildungskosten belastet. Auch ihr Einkommen wird knapp.

Die vielfältigen Erfahrungen der sozialer Ungleichheit und der Abwertung der Arbeitskraft zeigen, dass seit den siebziger Jahren zunehmend auch Gruppen der gut ausgebildeten soziale Mitte betroffen sind. Sie lassen sich in vier spezifische Konstellationen sortieren, deren Größenordnungen hier nach der Caritas-Studie (Hübinger 1996) geschätzt sind:

1. *Diskriminierung* aufgrund der *Zugehörigkeit* nach Geschlecht, Herkunftsland, Altersgruppe usw.;
2. *Entwertung des Arbeitsvermögens* gut qualifizierter Arbeitskräfte durch Umstellungen und diskontinuierliche Berufswege für etwa 25-30%;
3. *Prekarisierung*, d.h. Absinken in ungesicherte Arbeitsverhältnisse bzw. Schieflagen mit Armutsrisiko bei etwa 25-30%;
4. *Exklusion*, d.h. dauerhafte Ausschließung aus dem Arbeitsmarkt bzw. in benachteiligten Wohnvierteln für etwa 10%.

Die soziale Diskriminierung wird seit den siebziger Jahren verstärkt unter dem Namen „neue soziale Frage" (Geißler 1976) oder „neue soziale Ungleichheiten" (Hradil 1987) diskutiert. Frauen, Alte, Jugendliche, Zuwanderer und auch Neuaufsteiger aus bildungsfernen Milieus waren von Stellenkürzungen und Einkommensdämpfungen stärker betroffen, solange sie im sozialen Aushandlungssystem schlechter durch Interessenverbände und Rechtsgarantien vertreten waren. Die Frauen steigerten zwar ihre Teilnahme am Bildungssystem und an der Erwerbstätigkeit erheblich, wurden aber trotz verbesserter Interessenpolitik dort weithin auf ungünstige Positionen abgedrängt. Durch diese Erfahrung sehen sich viele Angehörige mittlerer und gehobener Milieus von Chancengleichheit und Leistungsgerechtigkeit ausgeschlossen.

Seit den achtziger Jahren dehnt sich die Entwertung des Arbeitsvermögens auch auf die männlichen Arbeitnehmer mit guter Fachqualifikation und Interessenvertretung aus. Die Krise erreichte vermehrt die Trägerbranchen des früheren Wirtschaftswunders. Die Unternehmen senkten die Kosten mit Rationalisierungen und vermehrt mit neuen arbeitssparenden Technologien. Das höhere Angebot an guten Fachkräften veränderte die betriebliche Beschäftigungspolitik (Sopp/Konietzka 1998). Qualifizierte Stammbelegschaften wurden durch „down-sizing" verschlankt, da bei Bedarf genügend qualifizierte Kräfte extern angeworben werden konnten. Die statistischen Durchschnittswerte täuschen über das Ausmaß der Diskontinuität sozialer Lagen (Berger 1996). So lag 1977 bis 1988 die Arbeitslosigkeit zwar „nur" um zwei Millionen. Aber in der gleichen Zeit machten 13 Millionen Menschen, annähernd jede zweite Erwerbsperson, die Erfahrung einer vorübergehenden Arbeitslosigkeit. Die Betroffenen fanden aufgrund guter Qualifikation zwar wieder Beschäftigung, jedoch oft um den Preis geringerem Einkommen und erhöhten Belastungen an Flexibilität, Pendlerwegen, Mehrarbeit und Abwesenheiten von der Familie.

Die Schließung der Chancen traf zunehmend auch die Neuzugänge des Arbeitsmarktes. Neben die sichere Normalbiographie der Industriegesellschaft traten immer mehr diskontinuierliche Lebensläufe, in denen Ausbildungen, Prekarität und Erwerbslosigkeit einander abwechselten (Berger/Hradil 1990; Berger 1996). Viele investierten immer wieder in Weiterbildungen, Arbeitsbeschaffungsmaßnahmen und Stellenvertretungen, um sich nach und nach in feste Beschäftigungen „hineinzuschrauben" – ohne aber sicher sein zu können, dass der Stein, den sie empor wälzten, nicht wieder zurückrollte.

Angehörige der sozialen Mitte sind seit den neunziger Jahren, als die internationale Konkurrenz sich weiter verschärfte, auch stärker durch den Wohlstand auf Widerruf oder „prekären Wohlstand" (Hübinger 1996) betroffen. Für gut 25% wurden einzelnen Standards der sozialen Lage (Berufsstellung, Einkommen, Wohnweise, Familien- und Gesundheitssituation usw.) so instabil, dass ein alltäglicher Schicksalsschlag mindestens vorübergehend unter die Armutsgrenze führen konnte. Dies traf bestimmte „Risikogruppen" (insbesondere Rentner, Alleinerziehende, Kinderreiche, Scheinselbständige, Kranke und Behinderte), die wenig soziale Netze oder „soziales Kapital" (Bourdieu) besitzen.

Die vierte Form neuer Ungleichheit, die Deklassierung durch dauerhafte Armut oder Arbeitslosigkeit, unterscheidet sich zwar von der historischen Gestalt einer flächendeckenden Proletarisierung der ungelernten Arbeiter. Sie hat bisher eine insulare Struktur von verarmten und sozialmoralisch ausgegrenzten Einzelnen, die sich allerdings in bestimmten Wohnvierteln der Großstädte, den sog. „sozialen Brennpunkten", und in Formen der Anomie und der Jugendgewalt gegen Fremde verdichten. Die zunehmende Abwälzung der Sparpolitik auf die Sozialpolitik der Gemeinden und Kreise verschärft diese Situation.

5. Die Erfahrung der Milieus: Die Verschiedenheit der Bewältigungsstrategien

Die Individuen erfahren und verarbeiten die neuen sozialen Belastungen und Zumutungen nicht gleich. Jedes Milieus ist mit „typischen" sozialen Lagen konfrontiert, für deren Bewältigung es seiner Tradition nach spezifische „Strategien entwickelt. Insgesamt sind drei in sich weiter differenzierte Grundmuster zu beobachten (vgl. Vester u.a. 2001: 88-100).

5.1 Obere Milieus: Konkurrenz um Hegemonie und Schließung nach unten

Die oberen Milieus sind weniger von äußerer Not betroffen, aber der soziale Wandel bringt häufig relative Verluste an Status und Einfluss mit sich, auf die die Milieus sehr empfindlich und mit vermehrten Konkurrenzkämpfen um soziale Vorteile, symbolische Geltung und politische Hegemonie reagieren. Dabei unterscheiden sich die beiden klassischen Traditionslinien, die sich nach dem alten Gegensatz von Bildung und Besitz bzw. Geist und Macht gegenüberstehen.

In beiden steht erneut eine Verschiebung der Gewichte zu jüngeren und moderneren Milieufraktionen an. Nach 1945 waren die alten Eliten des Obrigkeitsstaats, des Militärs und des autoritären Unternehmertums nach und nach durch technokratische Elitemilieus und schließlich neue Bildungsmilieus zurückgedrängt. worden. Seit den neunziger Jahren hat sich der Kampf zwischen den Individuen und zwischen den Teilgruppen dieser Milieus wieder verschärft.

In der Traditionslinie von *Besitz und hoheitlicher Macht* (ca. 10%) herrscht ein exklusiver Stil und ein klares Elitebewusstsein vor, gemildert durch eine herrschaftsgeübte Kultur der patriarchalischen Verantwortung und der verbindlichen Formen gegenüber den untergeordneten Milieus. Das Milieu regeneriert sich nicht durch Aufsteiger von unten, sondern über den Generationenwechsel. Diese Grundsätze verteidigt es auch gegen einen derzeit aus anderen Milieus aufsteigenden Managertypus und dessen parvenuhaften „Rambo-Stil“. Der neue Typus wird gebraucht, um unpopuläre Konflikte, Prekarisierungen, Entlassungen usw. durchzusetzen, und später wieder neutralisiert. Ein zweites Konfliktfeld ist die Bildungspolitik. Die Bildungschancen der Nachkommen sollen vor der Konkurrenz neuer Bildungsmilieus, die aus den Milieus der Facharbeit nachdrängen, geschützt werden. Hierzu dienen Politiken der Privilegierung exklusiver Schul- und Hochschulausbildungen und Modelle privater Bildungsfinanzierung.

Die Traditionslinie der *akademischen Intelligenz* (ca. 10%), die ihre Schwerpunkte in den humanistischen und dienstleistenden Funktionseliten hat, hat nach 1945 viel von dem politischen Konservatismus des früheren Bildungsbürgertums abgelegt und auch die Ergänzung durch Aufsteiger aus den Milieus der Facharbeit akzeptiert. Die neue Konkurrenz um die Hegemonie treibt sie teilweise wieder in die entgegengesetzte Richtung. Dabei unterscheiden sich die beiden Teilgruppen des Milieus nur bedingt.

Die historische Kerngruppe des Milieus, die die bildungshumanistische Familientraditionen und ein karitatives Ethos pflegt, hatte ihre Überzeugung, eine idealistischen Aufklärungsmission gegenüber den anderen Milieus erfüllen zu müssen, zunächst progressiv gewendet. Ein Teil diese „progressiven Bildungselite" (ca. 5%) verstärkt heute wieder ihr karitatives Ethos. Ein anderer Teil kehrt zu einem asketischen Elitismus zurück und befürwortet einer stärkeren Auslese beim Bildungsaufstieg sowie einen Abbau der „leistungswidrigen" Hilfen für sozial Schwache.

Das zweite Teilmilieu, die „moderne Dienstleistungselite" (knapp 5%), trägt noch Spuren seiner Herkunftsmilieus, aus denen es nach 1945 in die Berufe des Wohlfahrtsstaates aufgestiegen ist. Den distinktiv hochkulturellen Stil der „progressiven Bildungselite" hält es für eine Art Luxus. Dem gegenüber betont es sein technokratisch-rationales Leistungsethos und seine höhere gesellschaftliche Nützlichkeit. Auf dieser Grundlage tritt ein Teil des Submilieus für mehr Leistungsauslese, ein anderer Teil, der Herkunft aus bescheidenen Verhältnissen gedenkend, aber auch für die Verteidigung des Sozialstaates ein. Die *kulturellen Avantgardemilieus* (ca. 5%) fordern die anderen oberen Milieus vor allem durch Konkurrenzkämpfe um kulturelle Führungsrollen heraus. Sie bilden keine eigene Traditionslinie, sondern setzen sich aus Außenseitern der Nachbarmilieus und hoffnungsvollen Aufsteigern von unten zusammen. Nach Enttäuschung der Erwartungen kehren sie oft wieder in die Bahnen der Herkunftsmilieus zurück. Die Avantgardemilieus haben sich lange vorwiegend moralisch artikuliert, in den idealistischen Lebens- und Politikentwürfen des ab 1968 entstandenen und heute geschwundenen „alternativen Milieus". Inzwischen beanspruchen sie die Avantgarderolle ästhetisch, in den schönen Künsten und neuen Lebensstilen, wie im heutigen „Postmodernen Milieu", dessen Blütenträume seit der Krise der „new economy" auch wieder welk geworden sind.

5.2 Die Arbeitnehmer-Mitte: Verdruss über fehlende Leistungsgerechtigkeit

Die *'respektablen' Volks- und Arbeitnehmermilieus der Mitte* (ca. 65%) zeichnen sich durch ein besonderes Pflicht- bzw. Arbeitsethos aus. Infolgedessen sind sie meist weit weniger flexibel und dadurch gerade gefährdet. Sie grenzen sich von den Unterprivilegierten seit je dadurch ab, dass sie ihr Leben auf beständige und rechtschaffene Arbeit und Lebensführung gründen. Dieses Kapital der Ehre war in den Jahren des Wirtschaftswachstums ihr Erfolgsrezept. Heute ist es ein Problem. Unbeständige und gering qualifizierte Arbeit anzunehmen, ist für sie eine Zumutung. Im einzelnen verarbeiten die Teilmilieus die neuen Zumutungen recht verschieden. Die Traditionslinie der Facharbeit betont stärker die Eigenverantwortung und fachlicher Leistung und verstärkt heute wieder die gemeindlichen und nachbarschaftlichen sozialen Netze. Die ständische Traditionslinie orientiert sich an einem Ethos von Hierarchie und Pflicht und reagiert teilweise mit autoritär-populistischen Ressentiments.

Die Traditionslinie der *Facharbeit und der praktischen Intelligenz* (ca. 30%) ist skeptisch gegenüber allen Autoritäten und großen Ideologien und betonen Eigenverantwortung und Gleichberechtigung. Erreicht werden soll dies durch gute Ausbildung und Leistung, aber auch durch gegenseitige Hilfe. Solidarität folgt dem Grundsatz der Gegenseitigkeit. Es gilt „Leistung gegen Leistung", außer wenn jemand unverschuldet in Not gerät.

Das besondere Arbeits- und Verantwortungsethos erlaubte den Milieus, sich besonders erfolgreich auf moderne Technologien, Arbeitsweisen und Lebensstile umzustellen. Daher ist das „Traditionelle Arbeitermilieu" der Großeltern, das noch an körperliche Arbeit, materiellen Mangel und Bescheidenheit gewöhnt war, fast ganz verschwunden. Die mittlere Generation, das große „leistungsorientierte Arbeitnehmermilieu" (18%), bestehend aus den modernen Facharbeitern (eher Männern) und Fachangestellten (eher Frauen), sieht sich als Leistungsträger der Volkswirtschaft und verlangt dafür auch mehr Teilhabe an Wohlstand und Bildung und mehr Mitsprache in der Politik. Die jüngste Generation, das rasch wachsende „moderne Arbeitnehmermilieu" (ca. 8%), repräsentiert die neue, hochqualifizierte Arbeitnehmerintelligenz in modernen technischen, sozialen und administrativen Berufen. Sie engagiert sich solidarisch an der Basis vor Ort und ist für unkonventionelle Formen offen. Dank hoher Qualifikationen gehört das Milieu eher zu den Gewinnern der Modernisierung und kann auch die Erfordernisse der Flexibilität, der Eigenverantwortung und des lebenslangen Umlernens gut erfüllen. Trotzdem ist es unzufrieden, und zwar vor allem mit autoritären Strukturen und unzureichender Mitbestimmung in Wirtschaft und Politik.

Durch die Erfahrungen der Wirtschaftskrise ist bei allen drei Milieus der Traditionslinie das Vertrauen in das Sozialmodell der Bundesrepublik, nach dem Leistung auch gerecht belohnt wird, nachhaltig erschüttert worden.

In der rechten Mitte finden sich die Milieus der *kleinbürgerlich-ständischen Traditionslinie* (um 25%). Väter, Chefs, Honoratioren und Politiker gelten noch als Vorbilder, aber sie haben auch eindeutige Fürsorgepflichten gegenüber ihren Untergebenen. In diesem Patron-Klient-Verhältnis gilt der Grundsatz „Treue gegen Treue". Die Sorge um Statusverluste aufgrund der wirtschaftlichen Modernisierung hat daher zu großer Enttäuschung über die Politik geführt. Vor allem das ältere „kleinbürgerliche Arbeitnehmermilieu" (ca. 14%) gehört aufgrund veralteter Fähigkeiten und bescheidener Einkommen zu den Verlierern des Strukturwandels. Die mittlere Generation im „Modernen Bürgerlichen Milieu" (ca. 8%) ist zwar durch mittlere Qualifikationen und Einkommen besser gesichert und durch modernere Lebensstile etwas toleranter. Aber auch sie sieht ihre Standards von ausländischen Zuwanderern und der modernen Jugend bedroht und sympathisiert mit einer autoritären oder populistischen Politik.

Die *Milieus der Jugendkultur* am linken Rand der Mitte bilden keine eigenständige Traditionslinie, sondern sind die Kinder der beiden vorgenannten Traditionslinien der Volksmilieus, gegen deren Leistungs- bzw. Pflichtethik sie jugendtypisch rebellieren. Ihre Orientierung an Konsum und Spontaneität entspricht auf den ersten Blick dem Bild der „Erlebnisgesellschaft“ (Schulze 1990) und dem „Zuerst komme ich“. Jedoch besteht die Mehrheit aus „Freizeithedonisten“, die sich am Abend und am Wochenende mehr Freiräume wünschen. Zudem befinden sie sich meist in der Übergangsphase zwischen 20 und 30 Jahren, mit zunehmend ungesicherten Berufs- und Zukunftsperspektiven. Aufgrund dieser Lage sind viele von der Politik enttäuscht und fordern, wie alle Milieus der Mitte, zu mehr als 80 Prozent die Erhaltung der sozialen Sicherungen der Arbeitnehmergesellschaft.

5.3 Die unterprivilegierten Milieus: Zwischen Exklusion, Prekarisierung und Selbsthilfe

Die ‘unterprivilegierten’ Volksmilieus erfahren die soziale Welt weitgehend über den Gegensatz von Macht und Ohnmacht. In unberechenbaren Lebensverhältnissen nutzt das Ethos planmäßiger Lebensführung wenig. Wichtiger sind die Fähigkeiten der flexiblen Nutzung gebotener Gelegenheiten, des raschen Dazulernens und der Anlehnung an Stärkere. Diese Milieus, für die immer ungelernte und unstetige Beschäftigungen typisch waren, hatten in der alten Bundesrepublik wie auch in der DDR erstmals dauerhafte, wenn auch körperlich belastende, Beschäftigungen als Arbeiter am Fließband und im Bergbau und als Angestellte in bestimmten Dienstleistungen finden können. Dies ermöglichte eine Anlehnung an die Lebensstrategien der ‘respektablen’ Arbeitnehmermilieus über ihnen. Heute aber werden viele dieser Arbeitsplätze in andere Länder verlagert. Als gering Qualifizierte, die auch an den Bildungsöffnungen kaum teilhatten (Geißler 1994), finden die Angehörigen des Milieus schwer neue Jobs. Viele sind Dauerarbeitslos bzw. stärker in prekären Wirtschaftszweigen aktiv. Aber nur ein Teil findet keine Alternative zu Resignation oder Anomie. Viele können auf ihre Strategien der flexiblen Gelegenheitsorientierung zurückgreifen und mobilisieren auf virtuose Art ihre Netze informeller Gelegenheitsarbeit und ihre Strategien der Anlehnung an Mächtigere.

6. Die Krise der politischen Repräsentation: Zu wenig Leistungsgerechtigkeit und Bürgerbeteiligung

„Politiker können versprechen, was sie wollen, ich glaube ihnen nicht mehr." Dieser Feststellung, Ausdruck der „politischen Verdrossenheit", stimmen seit Beginn der neunziger Jahre mehr als 60% der Bevölkerung zu. Politiker behaupten häufig, die Motive dafür lägen in einer „materialistischen" Mentalität des Habenwollens. Die Wähler seien vom Wohlfahrtsstaat verwöhnt und könnten nicht verstehen, dass sie heute mehr Eigenverantwortung und Leistungsbereitschaft zeigen müssten. Die repräsentativen Befragungen belegen dagegen, dass die Milieus sehr wohl fähig und bereit sind, sich auf das von der Modernisierung der Produktivkräfte geforderte Mehr an eigenverantwortlichem Handeln, an beruflichem Umlernen und an vernetzender Kommunikation umzustellen. Verdrossen sind sie darüber, dass diese Bereitschaft nicht gerecht und leistungsgerecht motiviert und belohnt und in ihren sozialen Risiken abgesichert wird.

Im Detail und im zeitlichen Vergleich lässt sich dies an den Ergebnissen umfassender Erhebungen aus den Jahren 2000 und 1991 darstellen.[1] Danach hat sich die politische Verdrossenheit, die um 1980 noch wenig über 10% gelegen hatte, seit 1991 nicht nur auf dem Pegel von 60% gehalten, sondern auch zu einer entschiedeneren Grundhaltung verfestigt. Dabei stellt das Misstrauen die bisherige Demokratie- und Sozialverfassung nicht grundsätzlich in Frage, sondern nur die zögerliche Haltung der politischen Klasse bei der Weiterentwicklung des Sozialmodells. Die politischen und sozialen Institutionen finden in ihrem Kern eine sehr hohe Akzeptanz, die bis zu 90% reicht. Aber die Tugenden der Verantwortung, Beweglichkeit und Vernetzung, die den Bürgern abverlangt werden, werden in der Politik vermisst.

---

1 Die Befragung „Deutschland im Wandel" wurde im November 2000 von ipos (Mannheim) durchgeführt und im Deutschland-Trendbuch dokumentiert (Korte/Weidenfeld 2001: 675-711; Vester 2001: 160-171). Befragt wurde eine repräsentative Stichprobe von 1.502 wahlberechtigten Bundesbürgern aus Westdeutschland (79,9%) und Ostdeutschland (20,1%). Die zum Vergleich herangezogene Befragung „Gesellschaftlich-politische Milieus in Westdeutschland" wurde im Juni und Juli 1991 von Marplan (Offenbach) durchgeführt und ist ausgewertet in Vester u.a. Köln 1993/Frankfurt a.M. 2001. Befragt wurde eine repräsentative Stichprobe der deutschsprachigen Wohnbevölkerung in Westdeutschland und Westberlin (n = 2.699). Die Ergebnisse sind in den Größenordnungen für Westdeutschland annähernd vergleichbar. Wenn die Ergebnissen für Ostdeutschland abweichen, wird darauf hier besonders hingewiesen.

6.1 Zufriedenheit mit dem institutionellen Modell – Zweifel an der sozialen Gerechtigkeit

So zeigt sich eine bemerkenswert große Mehrheit von 68% *„eher zufrieden" mit der „Demokratie in Deutschland"*. Jedoch bedeutet dies keine kritiklose Zustimmung: *„Besonders stolz" auf die „Errungenschaft" der „demokratischen Ordnung"* sind nur 40% der Befragten. Die übrigen 60% sind also auf die demokratische Ordnung eher weniger stolz, und zwar insbesondere Gruppen in sozialen Schieflagen oder mit unsicheren Zukunftsperspektiven: die Frauen, die einfachen und qualifizierten Arbeiter, die Ostdeutschen und die Jüngeren bis 24 Jahre.

Die Gründe dieser Skepsis liegen dabei nicht so sehr in der Sozialordnung als solcher. Diese findet vielmehr eine hohe Akzeptanz: 57% sind *„besonders stolz" auf die „Errungenschaft" des „sozialen Friedens"*. Diese breite Akzeptanz zielt nicht zuletzt auf das grundlegende Aushandlungsmodell zwischen Kapital, Arbeit und Staat. So meint eine überwältigende Mehrheit von 83%, *„dass wir heute noch Gewerkschaften ... brauchen"*. Selbst von den Selbständigen stimmen dem noch 70% zu sowie von den Sympathisanten der CDU/CSU 76%, der FDP 76%, der Grünen 81%, der SPD 89% und der PDS 91%.

Dies entspricht einem vergleichbaren Ergebnis von 1991. Hier fand das *Modell der Arbeitnehmergesellschaft bzw. der sozialen Marktwirtschaft* mit seinen Ansprüchen auf Vollbeschäftigung und sozialen Ausgleich zwischen Kapital und Arbeit eine sehr hohe allgemeine Zustimmung von 78% bis 95% in allen Milieus, außer im Konservativ-technokratischen Milieu, das aber immerhin auch mit 60% zustimmte. Der in der Geschichte der Bundesrepublik erkämpfte institutionelle Grundkonsens ist offensichtlich fest im Alltagsbewusstsein der Bevölkerung verankert.

Die Skepsis bezieht sich also insgesamt weniger auf die gesellschaftspolitische Ordnung als auf die Performanz der Politiker. Es war schon bemerkenswert, dass die von Helmut Kohl geführte konservativ-liberale Koalition die erste Regierung der Bundesrepublik war, die nicht durch den Seitenwechsel einer Partei, sondern – aufgrund sozialer Enttäuschung – von den Wählern direkt abgewählt wurde. Ebenso bemerkenswert ist es aber, dass es der seit 1998 amtierenden rot-grünen Regierung nicht gelungen ist, die Enttäuschung in eine Mobilisierung für ein reformiertes Sozialmodell umzuwandeln. Nur 20% meinten im Jahre 2000, *dass es unter der rot-grünen Bundesregierung mehr soziale Gerechtigkeit als unter Helmut Kohl* gebe. 11% meinten das Gegenteil und 61% sahen keinen Unterschied. 54% meinten, *dass es in unserer Gesellschaft eher sozial ungerecht zugeht*. Auch hier lagen die erwähnten benachteiligten Gruppen über dem Durchschnitt.

Die Gründe hierfür sind in der Sozialpolitik, in der Arbeitslosigkeit und im Problem der Leistungsgerechtigkeit zu finden. In der *Sozialpolitik* schien auf den ersten Blick keine große Unzufriedenheit zu bestehen. Den *Umfang der bisher bestehenden Sozialleistungen* fanden die meisten gerade richtig (48%), viele zu klein (28%) und nur wenige zu groß (17%). Das Bild ändert sich, wenn wir einzelne Felder der Sozialpolitik unterscheiden. Unzufrieden mit der *sozialen Absicherung bei Krankheit* waren 29%, mit der *sozialen Absicherung im Alter* 50%. Am größten war die Unzufriedenheit aber bei den *Bildungsausgaben.* 65% fanden sie zu niedrig, nur 24% gerade richtig.

Die *hohe Unzufriedenheit mit den Bildungsinvestitionen* verweist auf die schon damals vorhandene Brisanz des Bildungsthemas, die von der Politik erst seit dem Schock der PISA-Studie im Sommer 2002 erkannt worden ist. Dabei war das Bewusstsein gerade in den bildungsnahen Gruppen im Jahre 2000 schon hochentwickelt: Überdurchschnittlich hohe Unzufriedenheit mit den Bildungsausgaben äußerten die unter 25-jährigen (74%), die unter 35-jährigen mit Hochschulreife (78%), die leitenden Angestellten und Beamten (75%) und die politisch Interessierten (76%) sowie die Anhänger der liberalen und sozialprogessiven Parteien (FDP 73%, PDS 78%, Grüne 87%).

Die Sorge um die *Sicherheit der Arbeitsplätze und der Einkommen* zeigt ebenfalls eine Stufung der Betroffenheit. Die *Arbeitslosen* (etwa 10%) bildeten dabei nur die Eisbergspitze. Hinzu kamen weitere 18%, die ihren *Arbeitsplatz für gefährdet* hielten. Die Summe beider Gruppen entspricht der Zahl derjenigen, die sich in der Befragung besonders besorgt um die Arbeitslosigkeit bzw. deren soziale Absicherung zeigten (33% bzw. 28%).

Weiter, auf etwa 56% der Bevölkerung wächst der Eisberg, wenn wir die Zweifel an der *Leistungsgerechtigkeit* betrachten. Die sozialdarwinistische Behauptung *„Die meisten, die heutzutage im Leben nichts erreichen, sind selber schuld"* wurde 2000 von 54% abgelehnt, 3% mehr 1991. 56% lehnten die Behauptung ab: *„Wenn jemand genügend leistet, braucht er sich keine Sorgen um seinen Arbeitsplatz zu machen."* Damit sind wir der Zahl der Verdrossenen von etwa 60% schon sehr nahe!

Dieser *Eisbergsockel* hat sich *verfestigt.* Im Jahre 2000 waren es mit den zitierten 56% bereits 15% mehr als 1991, die die Feststellung, dass Leistung den Arbeitsplatz sichere, ablehnten. Dabei zeigte sich auch eine größere Betroffenheit der Frauen. Die Ablehnung der Männer war auf 50% (10% mehr), die der Frauen auf 62% (19% mehr) gestiegen. Der Anteil derer, die nun die Annahme, dass Leistungsgerechtigkeit gewährleistet sei, *entschieden* und nicht nur *eher* ablehnten, hatte sich sogar auf 22% verdoppelt.

Zum Eisbergsockel der Unzufriedenheit gehört schließlich das Misstrauen in Zukunftsperspektiven. 42% meinten: *„Ich fürchte, dass ich meinen heutigen*

Lebensstandard in den nächsten Jahren nicht aufrechterhalten kann." Dies waren 2% mehr als 1991, bei den Frauen sogar 5% mehr. Der Anteil derer, die dem mit Entschiedenheit zustimmten, erhöhte sich um 7% auf 19%.

Die Prozentzahlen zeigen insgesamt, dass die Sorgen sich nicht allein um die materiellen Standards, sondern um die Chancen und die Qualität des Lebens insgesamt drehen. Denn zur Angst vor Arbeitslosigkeit (28%) und sinkendem Lebensstandard (42%) kommen die Sorgen um die Alterssicherung 50%), die Leistungsgerechtigkeit (56%) und die Bildungschancen (65%) hinzu.

6.2 Kritik an der Performanz der Politiker: Für mehr Demokratie von unten

Das Misstrauen in die Politiker, das dargestellten Pegel der Unzufriedenheit so auffällig entspricht, hat sich seit 1991 von einer verdrossenen Stimmung offenbar zu einer Grundhaltung der Enttäuschung verfestigt. Zwar hat sich der Prozentsatz derer nicht erhöht, die meinten: *„Politiker können versprechen, was sie wollen, ich glaube ihnen nicht mehr."* Er liegt bei 63% (vgl. Vester 2001: 164). Aber die Zustimmung ist entschiedener geworden: Statt 23% stimmten jetzt 31% dem zitierten Satz *„voll"* und nicht nur „eher" zu. Dabei hatte die Enttäuschung der Frauen die der Männer eingeholt. Sie war um 10% (auf 31%) gestiegen (Männer: um 6% auf 30%).

Die politische Kritik richtet sich vor allem gegen undurchsichtige und undemokratische Entscheidungsprozesse. 70% finden es nicht richtig, dass *„immer häufiger politische Entscheidungen außerhalb der dafür vorgesehenen Gremien ausgehandelt"* werden. 89% bestehen darauf, dass *„politische Entscheidungen durch demokratische Verfahren zustande kommen"*. Dabei urteilen die Befragten offenbar weniger politisch-analytisch als von ihrem Ethos aus (vgl. Bourdieu 1982: 654-669), mit einer besonderen moralischen Färbung: 59% finden es richtig, *„an Politiker höhere moralische Maßstäbe anzulegen als an andere Menschen"*.

Gleichzeitig gab es eine erstaunliche, seit 1991 verstärkte Mehrheit für eine wesentlich erhöhte Partizipation, d.h. die direkte betriebliche, politische und ehrenamtliche Mitwirkung der Bürgerinnen und Bürger. Mit anderen Worten: Die Lösung der Krise der Repräsentation sahen viele darin, dass sie weniger an die Repräsentanten delegieren und mehr kraft eigener Kompetenz selbst regeln wollten.

72% (2% mehr als 1991) befürworteten die Forderung *„Das Mitspracherecht der Arbeitnehmer an ihrem Arbeitsplatz muss sehr viel größer werden."* Dabei hatte sich Anteil derer, die „voll" statt „eher" zustimmten, sogar auf 44% verdoppelt. Überdurchschnittlich sind insgesamt die Befürwortungen bei Frauen

(79%), Facharbeitern (79%), mittleren Angestellte und Beamten (77%), Arbeitslosen (85%) und Ostdeutschen (78%).

80% (11% mehr als 1991) befürworteten die direkte Bürgerpolitik: *„Wenn man heute als Bürger politisch etwas erreichen will, muss man die Dinge selbst in die Hand nehmen."* Der Feststellung stimmten „voll" zu von allen 49% (30% mehr als 1991), von den Männern 45% (25% mehr) und von den Frauen 53% (35% mehr). Ähnlich tendierten die Antworten zu der Frage *„Sollten in dieser Gesellschaft an wichtigen politischen Entscheidungen die Bürger direkt beteiligt werden, oder sollten dafür die gewählten Politiker verantwortlich sein?"* 66% befürworteten die Bürgerbeteiligung, überdurchschnittlich vor allem Befragte unter 40 Jahren.

Bezeichnend ist auch, dass trotz der sog. Verdrossenheit das *politische Desinteresse* abgenommen hat. Statt 66%, wie 1991, meinten nur noch 52%: *„Für mich gibt es wichtigere Dinge zu tun, als sich um Politik zu kümmern."* Der Anteil derer, die Politik eher für wichtig halten, ist um 13% auf 47% gestiegen.

28% geben an, eine *unentgeltliche soziale oder karitative Tätigkeit* auszuüben, und zwar Männer und Frauen praktisch gleich. Eine *andere ehrenamtliche Tätigkeit, z.B. in einem Verein oder einer Partei,* geben 29% an, und zwar 38% der Männer und 21% der Frauen.

Insgesamt bestätigen die repräsentativen Daten *das hohe Gewicht der Unzufriedenheit mit qualitativ-partizipatorischen Standards im Vergleich zur Unzufriedenheit mit quantitativ-materiellen Standards der Lebensweise.* Die Zweifel an der Verteilungs- und Leistungsgerechtigkeit sind dabei überdurchschnittlich hoch bei den Frauen, bei den einfachen Arbeitern und Facharbeitern, bei den Befragten ohne (oder ohne sicheren) Arbeitsplatz und bei den Ostdeutschen, teilweise auch bei der jüngeren Generation.

Es ist nun von Interesse, genauer zu sehen, wie diese sozialstatistisch festgemachte Unzufriedenheit sich in politische Optionen umsetzt und wie sie in der Gesamtlandkarte der Milieus verortet werden kann.

7. Gesellschaftspolitische Lager und Sozialmodelle

Im Dezember 2000 berichtete „Die Zeit" über eine Studie, die vor allem die autoritäre und ausländerfeindliche Verarbeitung der sozialen Unsicherheiten betont. Dies signalisierte schon der Titel: „Starke Hand gesucht. Eine Studie der Friedrich-Ebert-Stiftung belegt: Autoritäre Einstellungen und Angst vor den

Fremden steckt auch in den Köpfen der bürgerlichen Mitte". Die Studie, so hieß es, „untermauert die Annahme, dass in der Bundesrepublik nach wie vor eine stark autoritäre Mentalität zu Hause ist – im Osten wie im Westen, in Unter-, Mittel- und Oberschichten." (Hofmann 2000)

Auch unsere Befragung verwies auf ein nicht geringes autoritäres Potential. Jedoch ließ sich dieses genauer in bestimmten sozialen Milieus und gesellschaftspolitischen Lagern lokalisieren. Demnach sind die bedrohlichen autoritären Potentiale nicht überall, wie suggeriert wird, sondern in ganz bestimmten Milieus am rechten und unteren Rand der sozialen Landkarte zu finden: im sog. „Enttäuscht-autoritären Lager" mit doch immerhin 27% der Bevölkerung (vgl. Abb. 3 und 4). Dieses Potential flottiert auch nicht frei, beliebig von rechten Demagogen mobilisierbar, sondern es ist mehrheitlich noch von den großen Volksparteien gebunden. Aber diese Bindung ist, wie zu zeigen sein wird, nicht mehr sicher, vor allem solange die Politik die Modernisierungsverlierer vernachlässigt.

In der rot-grünen Koalition, die seit 1998 regiert, scheint sich in verdichteter Form ein Prozess zu wiederholen, der auch die Entwicklung bis zu den neunziger Jahren gekennzeichnet hat. Auf eine Phase der Mobilisierung neuer Kräfte ist schon 1999 eine Phase der politischen Verdrossenheit und Skepsis gegenüber der Fähigkeit der Politik, die anstehende Probleme neu zu regulieren, gefolgt.

Eine nähere Erklärung für die Art dieser Unzufriedenheit findet sich in der veränderten Dynamik der *gesellschaftspolitischen Lager*. Es wurde schon darauf hingewiesen, dass sich die Milieus auf der Basis der *gleichen Alltagsethik* nach *verschiedenen* weltanschaulichen, religiösen oder politischen *Lagern*, die meist eine lange historische Tradition haben, *aufteilen*. Hinzu kommt, dass vor allem die großen Parteien, als Volksparteien, ihre Anhänger jeweils aus mehreren Lagern schöpfen müssen, wenn auch mit gewissen Schwerpunkten. So kann z.B. die CDU/CSU die Arbeitnehmer aus den konservativeren Milieus und Lagern mobilisieren, aber, über den modernen CDU-Flügel, auch einen Teil der moderneren Arbeitnehmer. Spiegelbildlich kann die SPD vor allem Arbeitnehmer aus moderneren Milieus und Lagern mobilisieren, aber, über den rechten SPD-Flügel, auch einen Teil der konservativen Arbeitnehmer. Hier liegen auch die Soll-Bruchstellen der Parteienlandschaft. Die neue Dynamik der Lager wird deutlich, wenn wir sie in die Landkarte der Milieus eintragen (Abb. 4, vgl. Vester u.a. 2001). Die Verortungen drücken den Spagat aus, den die politischen Parteien bewältigen müssen, wenn sie ihre Klientele aus den verschiedenen Milieus und Lagern mobilisieren und repräsentieren wollen.

Abb. 3 Gesellschaftspolitische Lager und soziale Ordnungsmodelle in der Bundesrepublik Deutschland	
Elitemodelle (ca. 25%)	
(1) Radikaldemokratisches Lager (RAD): progressiv-liberales Elitemodell	ca. 11%
(2) Traditionell-konservatives Lager (TKO): konservatives Fürsorgemodell	ca. 14%
Solidaritätsmodelle (ca. 49%)	
(3) Gemäßigt-konservatives Lager (GKO): konservatives Solidaritätsmodell	ca. 18%
(4) Sozialintegratives Lager (SOZ): progressiv-solidarisches Modell	ca. 13%
(5) Skeptisch-distanziertes Lager (SKED): Modell der Gegenseitigkeit	ca. 18%
Protektionistische Modelle (ca. 27%)	
(6) Enttäuscht-autoritäres Lager (EA): populistisches Anspruchsmodell	ca. 27%
Repräsentativbefragung „Gesellschaftlich-politische Milieus in Westdeutschland" 1991: n = 2.684; deutschsprachige Wohnbevölkerung ab 14 Jahren in Privathaushalten; Cluster- und Faktorenanalyse (Vester u.a. 2001, Kap. 12)	

Drei der Lager (TKO, RAD und SOZ) vertreten einigermaßen umfassende Konzepte der Gesellschaftspolitik, verbunden mit dem Anspruch auf Führungsrollen. Nur drei der Lager (TKO, GKO und RAD, senkrecht schraffiert) sind derzeit zufrieden, die drei anderen (SOZ, SKED und EA, waagerecht schraffiert) sind auf verschiedene Weise über die derzeit dominante Politik verdrossen. Die nachlassende Integrationskraft der oberen Milieus – die Krise der politischen Repräsentation – drückt sich in vier Tendenzen aus.

Abb. 4: Die gesellschaftspolitischen Lager im sozialen Raum

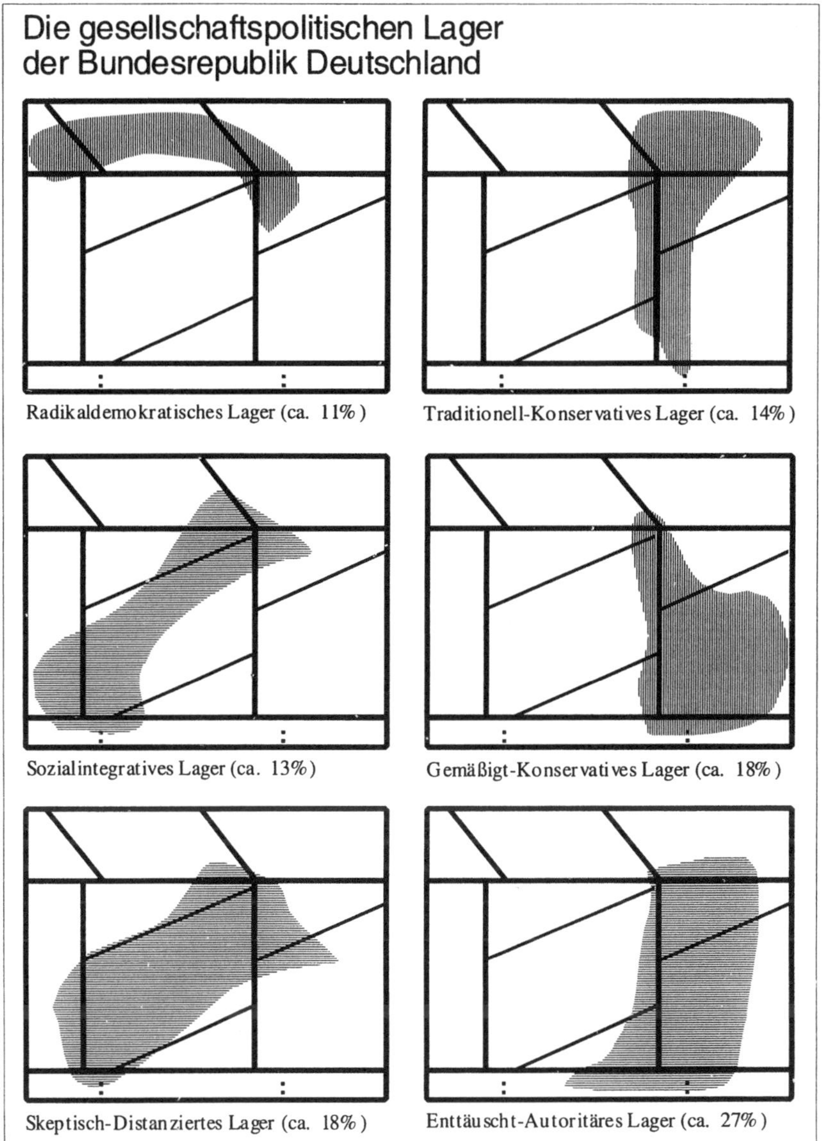

agis.uni-hannover.de

Die konservativen Kernlager erreichen mit gut 30% zwar noch weitgehend die konservativen Arbeitnehmermilieus, erodieren aber deutlich infolge modernerer Bildung und Lebensstile.

Das *Traditionell-Konservative Lager (TKO)*, mit ca. 14%, vertritt die klassische konservativ-hierarchische Gesellschaftsordnung aus der Perspektive des „Patrons", der gegenüber seinen „Klienten" Vorrechte hat, aber auch zur Fürsorge verpflichtet ist. Die Bindekraft des Lagers wirkt daher noch erheblich nach unten, in den rechten, kleinbürgerlichen Teil des sozialen Raums hinein. Die politische Sympathie gilt ganz überwiegend der CDU/CSU und FDP, teilweise aber auch dem rechten SPD-Flügel.

Das Lager der *Gemäßigt-Konservativen (GKO)* vertritt das hierarchische Sozialmodell aus der Perspektive des „Klienten", der dem Patron zur Treue verpflichtet ist, aber auch Fürsorge für die Arbeitnehmer und kleinen Leute erwartet. Mit etwa 18% bindet es noch einen großen Teil des konservativen Randes der mittleren und unteren Milieus, die überdurchschnittlich zur CDU/CSU und durchschnittlich zum rechten SPD-Flügel neigen. Allerdings hat ein gutes Drittel des Lagers modernere Bildung und Lebensstile und erwartet eine Öffnung zu toleranteren und weniger autoritären Formen. Bei etwa 7% lockern sich die konservativen politischen Bindungen.

Das ökologisch und zivilgesellschaftlich orientierte Radikaldemokratische Lager hat infolge elitärer und teilweise neoliberaler Orientierungen nur Bindekraft für gut 10%, in den oberen Milieus.

Das *Radikaldemokratische Lager (RAD)* vertritt ein progressiv-elitäres bzw. liberales Sozialmodell. Das Progressive liegt in den Werten der „Zivilgesellschaft": mehr Rechte für die Bürger, die Frauen, die Ausländer, die Umwelt usw. Das Elitäre liegt in der Ideologie des Leistungsaufstiegs. Diese rechtfertigt, dass man selbst höhere Positionen einnimmt, während die „Masse" die geringeren Positionen, die sie einnimmt, aufgrund geringerer Leistung auch verdient. Aufgrund dieses wirtschaftsliberalen Zuges kann das Lager keine Milieus unterhalb der oberen und der gehoben kleinbürgerliche Milieus binden. Die überwiegenden Sympathien des Lagers für SPD, Grüne und FDP beziehen sich auf die Aufstiegsperspektiven, die diese Parteien bieten.

Die beiden Lager der solidarischen Sozialmodelle sind mit mehr als 30% gut in den großen moderneren Arbeitnehmermilieus verankert, aber vom Abbau sozialer Sicherungen und vom gesellschaftspolitischen Kurs der politischen Eliten tief enttäuscht.

Das *Sozialintegrative Lager (SOZ)* vertritt ein progressiv-solidarisches Sozialmodell, d.h. die Werte der Zivilgesellschaft und zusätzlich universalistische Werte partizipatorischen Demokratie und der sozialen Integration und Gleichstellung sämtlicher benachteiligter Gruppen. Zentrale Werte sind die persönliche *Autonomie* und die *Solidarität* aufgrund gegenseitiger Leistung und für sozial Benachteiligte. Das Lager bindet, mit ca. 13%, überwiegend Teile der gesellschaftskritischen modernen Mitte, die überdurchschnittlich der SPD und den Grünen zuneigen. Von der großen Politik zunehmend enttäuscht, engagieren sie sich vor allem in Basispolitik.

Zum Lager der *Skeptisch-Distanzierten (SKED)*, mit ca. 18%, gehören große Teile der Milieus der moderneren Arbeitnehmermitte. Sie sehen das Sozialmodell auf Gegenseitigkeit, das hohe Leistung durch soziale Teilhabe an Wohlstand und Sicherheit belohnt, durch die Wirtschaftskrise und die Politik der wirtschaftlich und politisch Mächtigen gefährdet. Auch ihre überdurchschnittliche Neigung zur SPD ist nachhaltig enttäuscht. Ihre Desillusionierung verarbeiten sie mehrheitlich mit skeptischer, aber nicht undemokratischer Distanz gegenüber der Parteipolitik.

Für mehr als ein Viertel der Westdeutschen besteht die Bindekraft der großen Parteien nur noch äußerlich. Sie sie sehen ihre Ansprüche gegenüber dem Staat enttäuscht und fühlen sich von den Modernisierern im Stich gelassen. Sie verarbeiten dies mit autoritären Ressentiments und rechtspopulistischen Sympathien.

Die Lager der *Enttäuscht-Autoritären (EA)*, 1991 bereits ca. 27%, sammeln sich aus Milieus mit geringen und unmodernen Ausbildungen und schwachen sozialen Netzen. Es sind meist Ältere, aber auch Jugendliche ohne Perspektiven. Sie sehen sich als Modernisierungsverlierer, die von der übrigen Gesellschaft zunehmend aufgegeben werden. Sie verarbeiten dies mit Ressentiments gegen Ausländer, alles Moderne und die Politiker, die ihre Schutzpflicht verletzen. Obwohl sie mehrheitlich noch die großen Volksparteien wählen, sympathisieren sie mit einem autoritären Populismus.

Die erwähnte Neigung zu einer „starken Hand" muss im Lichte dieser Lager-Konfiguration als Pauschalformel verstanden werden, hinter der sich verschiedene Grundauffassungen verbergen. In der Repräsentativbefragung vom November 2000 stimmten 54% *voll* und 28% *eher* der Feststellung zu: *„Demokratie ist auf Dauer nur möglich, wenn wir eine starke politische Führung haben."* Dies ist mit einem Befragungsergebnis von 1991 vergleichbar. Damals stimmten 59% teils voll (trifft ganz genau zu: 21%) und teils bedingt (trifft eher zu: 38%) der allerdings noch pointierteren Feststellung zu: „Heutzutage brauchen wir in der Politik harte Männer." Für die damalige Frage ließen sich die dahinter stehenden politischen Motive aufschlüsseln. Einen autoritären Hintergrund fanden wir bei einem guten Drittel derer, die der Feststellung zustimmten. Im einzelnen kamen 37,3% der positiven Amtworten vom Lager-Typus der Enttäuscht-Autoritären, weitere 37,3% von den beiden konservativen

Typen, die restlichen 25,4% von den drei sozialreformerisch orientierten Lagertypen (im linken Teil der Abbildung).

Es wünschten also, vereinfacht ausgedrückt, 37% eine starke *autoritäre* Führung, weitere 37% eine starke *konservative Führung* und 25% eine starke *sozialreformerische* Führung. Dabei überwog bei den letztgenannten beiden Gruppen erwartungsgemäß die gemäßigte Zustimmung („trifft eher zu") zu der Feststellung.

Insgesamt bleibt also das Ergebnis eines Lager-Spagats. Dieses beruht auf der Seite der popularen Milieus in einer verfestigten Skepsis gegenüber der Fähigkeit der Eliten, den gesellschaftspolitischen Umbau als eine Kombination von marktgerechter Flexibilität und sozial gerechter Risikosicherung zielsicher anzupacken. Die Eliten sind unter der Kanzlerschaft Gerhard Schröders zwar responsiver geworden, sie reagieren stärker auf Unzufriedenheit. Aber ihnen fehlen Perspektiven, die neoliberale Sparpolitik von Maastricht zu beenden und die verschiedenen Ansprüche und Sozialmodelle der sechs Lager zu integrieren.

Möglich wäre dies durchaus. Die Befragungsdaten zeigen nicht nur, dass die sozialen Milieus das sozialstaatliche Modell der Bundesrepublik immer noch zu gut 80% gutheißen. Sie zeigen auch, dass die verschiedenen sozialen Ordnungskonzepte der Lager (Abb. 3) einen gemeinsamen Nenner haben. Die Solidaritätsmodelle überwiegen mit 49%. Es sind solche Modelle, für die Solidarität und Eigenverantwortung zusammengehören und nicht – wie in neoliberalen oder protektionistischen Sozialmodellen – gegeneinander ausgespielt werden dürfen. Beide Elemente – Solidarität und Eigenverantwortung – könnten entweder unter konservativem oder unter sozialdemokratischem Vorzeichen in dem Integrationskonzept eines *„partizipatorischen Wohlfahrtsstaats"* zusammengefasst werden (Vester 2001: 172-180). Die große Minderheitsgruppe der Modernisierungsverlierer von 27%, die ein protektionistisches Modell gutheißen, könnten durch eine Politik sozialer Mindestgarantien ins Boot geholt und dem Rechtspopulismus abspenstig gemacht werden. Die kleine Minderheitsgruppe der Radikaldemokraten (11%) ist sozial so gut gestellt, dass ihnen keine exzessiven Konzessionen gemacht werden müssen, zumal sie eine partizipatorische Gestaltung des Wohlfahrtsstaates attraktiv finden würden.

Stattdessen üben die Regierenden hartnäckig Druck auf das korporative Aushandlungssystem und die Parlamente aus, um ihre beiden seit 1999 verfolgten Hauptprojekte Schritt für Schritt voranzubringen: die Institutionalisierung eines präkeren Sektors am unteren Rand des Arbeitsmarktes, die die Arbeitslosen und Arbeitsunwilligen mobilisieren soll, und Reformen des Bildungssystems, von denen immer noch nicht klar ist, ob sie auf eine selektive Förderung der bisher bevorzugten Bildungsschichten oder auf eine breite Förderung der benötigten Bildungsreserven – wie sie die meisten anderen Länder betreiben, hinauslaufen soll.

Diese Doppeldeutigkeit entspricht dem Spagat zwischen den Teilen der Elitemilieus, die neoliberalen Projekten der Risikoverlagerung nach unten zuneigen, und den großen Volksmilieus, für die Eigenverantwortung und Solidarität zusammengehören. Diese Elitemilieus können die Volksmilieus weder hinreichend politisch repräsentieren noch hinreichend zur Wahl mobilisieren. Sie verfehlen die Möglichkeit eines neuen historischen Kompromisses. Italien ist jetzt schon in Europa kein Einzelfall mehr: Wenn die demokratischen Volksparteien versagen, kommt die Stunde des autoritären Populismus.

Literatur

Becker, Ulrich / Becker, Horst / Ruhland, Walter (1992): Zwischen Angst und Aufbruch. Das Lebensgefühl der Deutschen in Ost und West nach der Wiedervereinigung, Düsseldorf.

Bell, Daniel (1985): Die nachindustrielle Gesellschaft, Frankfurt/M.

Berger, Peter A. (1996): Individualisierung. Statusunsicherheit und Erfahrungsvielfalt, Opladen.

Bourdieu, Pierre (1982): Die feinen Unterschiede, Frankfurt/M.

Bourdieu, Pierre u.a. (1997): Das Elend der Welt. Zeugnisse und Diagnosen des alltäglichen Leidens an der Gesellschaft, Konstanz.

Dahrendorf, Ralf (1957): Soziale Klassen und Klassenkonflikt in der industriellen Gesellschaft, Stuttgart.

Dalton, Russel J. (1984): Cognitive Mobilization and Partisan Alignment in Advanced Industrial Democracies, in: Journal of Politics, Jg. 46, H. 2, S. 264-284.

Engler, Wolfgang (1999): Die Ostdeutschen. Kunde von einem verlorenen Land, Berlin.

Flaig, Berthold Bodo / Meyer, Thomas / Ueltzhöffer, Jörg (1993): Alltagsästhetik und politische Kultur, Bonn.

Geiger, Theodor (1949): Die Klassengesellschaft im Schmelztiegel, Köln, Hagen.

Geißler, Heiner (1976): Die neue soziale Frage, Freiburg im Br.

Geißler, Rainer (Hrsg.) (1994): Soziale Schichtung und Lebenschancen in Deutschland, Stuttgart.

Hradil, Stefan (1987): Sozialstrukturanalyse in einer fortgeschrittenen Gesellschaft. Von Klassen und Schichten zu Lagen und Milieus, Opladen.

Hübinger, Werner (1996): Prekärer Wohlstand. Neue Befunde zu Armut und sozialer Ungleichheit, Freiburg i.Br.

Korte, Karl-Rudolf / Weidenfeld, Werner (Hrsg.) (2001): Deutschland-TrendBuch, Opladen, S. 136-183.

Lepsius, M. Rainer (1973a): Parteiensystem und Sozialstruktur: Zum Problem der Demokratisierung der deutschen Gesellschaft, in: Gerhard A. Ritter (Hrsg.), Deutsche Parteien vor 1918, Köln.

Lepsius, M. Rainer (1973b): Wahlverhalten, Parteien und politische Spannungen, in: Politische Vierteljahresschrift 1973, S. 295-313.

Schulze, Gerhard (1990): Die Erlebnisgesellschaft. Kultursoziologie der Gegenwart, Frankfurt/M., New York.

Sopp, Peter / Konietzka, Dirk (1998): Gespaltener Arbeitsmarkt – Ausgeschlossene Individuen, (Vortrag Ms.).

SPD (1984): Planungsdaten für die Mehrheitsfähigkeit der SPD. Ein Forschungsprojekt des Vorstandes der SPD, Bonn.

Spiegel Verlag / manager magazin (Hrsg.) (1996): Spiegel-Dokumentation Soll und Haben 4, Hamburg.

Der Stern (2000): MarktProfile, Hamburg.

Thompson, Edward P. (1987): Die Entstehung der englischen Arbeiterklasse, 2 Bde., Frankfurt/M.

Vester, Michael (2001): Milieus und soziale Gerechtigkeit, in: Karl-Rudolf Korte / Werner Weidenfeld (Hrsg.), Deutschland-TrendBuch, Opladen 2001, S. 136-183.

Vester, Michael / von Oertzen, Peter / Geiling, Heiko / Hermann, Thomas / Müller, Dagmar (2001): Soziale Milieus im gesellschaftlichen Strukturwandel. Zwischen Integration und Ausgrenzung, 2. Aufl., Frankfurt/M.

Vögele, Wolfgang / Bremer, Helmut / Vester, Michael (Hrsg.) (2002): Soziale Milieus und Kirche, Würzburg.

Young, Michael (1958): The Rise of the Meritocracy 1870-2033, Harmondsworth.

Zinn, Karl Georg (1998): Wie Reichtum Armut schafft, Köln.

IV. Internationale Aspekte

Nationale oder transnationale Eliten? Europäische Eliten im Vergleich

Michael Hartmann

1. Einleitung

Frankreichs Notenbankpräsident Jean-Claude Trichet prognostizierte Ende März 2001 in der „ZEIT“: „In etwa fünf Jahren wird kein einziger Absolvent der (staatlichen Kaderschmiede) Inspection des Finances mehr an der Spitze einer großen französischen Bank sitzen.“ Die Globalisierung der Wirtschaft wird seiner Meinung nach mit dem spezifisch französischen Karrieremodell Schluss machen, das an die Spitze der bedeutenden Finanzinstitute fast immer ehemalige Mitglieder der staatlichen Inspection des Finances führt, die zuvor in der Regel die Elitehochschulen Sciences Po und ENA (École Nationale d'Administration) absolviert haben. Diese Aussage wiegt umso schwerer, als sie von einem Mann getroffen wird, der all diese Stationen selbst durchlaufen hat. Trichet hat Mitte der 60er Jahre die Sciences Po abgeschlossen, danach die ENA besucht und ist 1971 „Inspecteur des Finances“ geworden, Angehöriger des wohl einflussreichsten aller Grands Corps.[1]

Äußerungen, die im Tenor der von Trichet gleichen, sind in den letzten Jahren immer wieder zu hören gewesen. Das Ende der nationalen Eliten (vor allem in der Wirtschaft) zugunsten transnationaler Eliten wurde und wird nicht nur in Frankreich, sondern ebenso in Deutschland oder Italien verkündet, und zwar sowohl in öffentlichen Verlautbarungen führender Manager, Politiker oder Wissenschaftler als auch in der innerwissenschaftliche Diskussion. In den Sozialwissenschaften sind Rosabeth Moss Kanter, ehemalige Präsidentin der Harvard Business School, und Leslie Sklair von der London School of Economics and Political Science Protagonisten dieser Sichtweise.

---

1 Die Grands Corps sind Eliteeinrichtungen der französischen Verwaltung. Die wichtigsten und renommiertesten sind der Conseil d'Etat, die Inspection des Finances und der Cour des Comptes für Finanzen und Verwaltung sowie das Corps des Mines und das Corps des Ponts et Chaussées für den technischen Sektor. Sie umfassen stets max. einige hundert Personen. Mit ca. 150 Angehörigen ist die Inspection des Finances, die für die Überwachung der staatlichen Finanzen inkl. der staatlichen Unternehmen zuständig ist, das kleinste und exklusivste Grand Corps. Zu diesen fünf Grands Corps kommen dann noch der auswärtige Dienst und die Präfektoralverwaltung.

Kanter nennt ihr 1995 erschienenes Buch programmatisch „World Class“ (Kanter 1995), Sklair sein neues Werk noch eindeutiger „The Transnational Capitalist Class“ (Sklair 2001). Kanter beschreibt in ihrem Opus die Bildung einer neuen Weltklasse von Managern und Unternehmern, deren Mitglieder „nicht nur kosmopolitisch ausgerichtet“, sondern „auch sehr eng miteinander verbunden“ seien (Kanter 1996: 99) und an deren Spitze eine globale Elite von Spitzenmanagern stehe. Sklair, dessen Argumentation vor allem auf der Internationalisierung wirtschaftlicher Abläufe und Interessen basiert, geht gleich zu Beginn seiner Ausführungen auf die Frage ein, ob eine solche transnationale Klasse auch eine soziale und nicht nur eine soziologisch konstruierte Realität aufweise. Er argumentiert dabei vor allem mit der globalen Orientierung der wirtschaftlichen, politischen und professionellen Eliten und einem gemeinsamen Lebensstil, der „besonders auf gleichen Mustern der Hochschulausbildung (zunehmend in Business Schools) und der Konsumtion von Luxusgütern und -dienstleistungen“ (Sklair 2001: 20; eigene Übersetzung) beruhe.

Die Betonung der Business Schools ist charakteristisch für die Mehrzahl jener Aussagen, die das Ende nationaler Eliten in der Wirtschaft feststellen oder vorhersagen. So wird in dem schon erwähnten ZEIT-Artikel u.a. davon gesprochen, die Enarques, wie sich die Ehemaligen der ENA bezeichnen, wüssten, dass sie gegen „Spezialisten mit Abschluss an einer Business-Hochschule“ an Boden verlieren. Die Business Schools scheinen die Ausbildungsstätten der neuen transnationalen Wirtschaftselite zu sein. Mit der Dominanz der traditionellen Institutionen wie etwa der ENA scheint es dementsprechend zu Ende zu gehen und folglich auch mit den nationalen Mustern der Elitenrekrutierung. Nationale Eliten, so die Schlussfolgerung vieler Beobachter, sind ein Auslaufmodell, gerade auch in Europa mit seinen besonders hartnäckigen Traditionen.

2. Elitebildung – national oder transnational?

Betrachtet man die Entwicklung der in Europa angebotenen MBA-Programme, so deutet ihr rasantes Wachstum auf den ersten Blick tatsächlich auf einen globalen Erfolg und damit auch die Internationalisierung des angelsächsischen Modells der Managementausbildung hin. Allein zwischen November 1998 und Februar 2000 hat sich die Zahl der in Europa angebotenen MBA-Programme drastisch von 448 auf 665, d.h. um 50 Prozent erhöht

(Byrkjeflot 2001: 25). Ein zweiter Blick lässt allerdings schon wieder etwas Skepsis aufkommen; denn die Hälfte all dieser MBAs wird in nur einem einzigen Land angeboten. Es ist – nicht sonderlich überraschend – Großbritannien.

Noch vorsichtiger wird man, richtet man sein Augenmerk auf die bisherigen Karriereerfolge der Absolventen von Business Schools in Europa. Sie begrenzen sich in erster Linie auf die Unternehmensberatungsgesellschaften wie McKinsey, Boston Consulting, Arthur D. Little oder Roland Berger. In den großen Industrie- und Finanzkonzernen spielen MBAs in den Topetagen bislang allenfalls eine Nebenrolle. Von den ca. 300 Chairmen, PDG (Présidents-Directeurs Généraux) und Vorstandsvorsitzenden der 100 größten britischen, französischen und deutschen Unternehmen wiesen 1995 gerade einmal 21 einen MBA auf, 12 davon allein in den britischen, sieben in den französischen und nur zwei in den deutschen Konzernen. Außerdem war der MBA nur in einem Fall, dem des Chairmans von Kingfisher, der einzige hochwertige Bildungstitel. In allen anderen Fällen diente er nur der nachträglichen „Veredelung" nationaler Eliteabschlüsse. Elf der zwölf britischen Topmanager verfügten zuvor schon über einen Abschluss einer der beiden britischen Eliteuniversitäten Oxford oder Cambridge und alle französischen über einen der drei dominierenden französischen Elitehochschulen ENA, Ecole Polytechnique und HEC (École des Hautes Études Commerciales). Schließlich zeigt der Trend eher nach unten. Mit Ausnahme der beiden deutschen Spitzenmanager ist niemand unter den MBA-Inhabern, der zu der jüngeren, nach 1940 geborenen Generation zählt (Hartmann 1999: 120f., 131). Dieser Eindruck bestätigt sich auch bei den 1994 neu berufenen 1571 französischen PDG, Verwaltungsratsvorsitzenden und Vizepräsidenten. Von ihnen kamen gerade einmal 59 vom INSEAD in Fontainebleau, der immerhin angesehensten Business School Frankreichs und zugleich Europas (Byrkjeflot 2001: 152).

Wie groß die Dominanz der jeweiligen nationalen Ausbildungswege und -stätten in den drei europäischen Kernländern Deutschland, Frankreich und Großbritannien tatsächlich immer noch ist, zeigt ein genauerer Blick auf ihre Bildungsabschlüsse. Eine umfangreiche Erhebung von Bauer und Bertin-Mourot über die Spitzen der 200 größten britischen, französischen und deutschen Unternehmen der Jahre 1992 (Großbritannien), 1985, 1989 und 1993 (Frankreich) bzw. 1989 und 1994 (Deutschland) gelangt zu einem eindeutigen Resultat: „Der doppelte diachrone und synchrone Vergleich der Topmanager der drei Länder zeigt, wie weit entfernt man von einem europäischen Modell eines Unternehmensführers ist" (Bauer/Bertin-Mourot 1996: 142; eigene Übersetzung), wie stabil die nationalen Rekrutierungsmuster noch sind.

Für Frankreich und (in geringerem Maße) Großbritannien haben die traditionellen Eliteeinrichtungen des nationalen Bildungssystems ihre vorherrschende Rolle behaupten können. Über die Hälfte der PDG haben an den drei berühmtesten Grandes Écoles, der ENA, der École Polytechnique und der HEC, studiert. Die Tendenz ist zudem deutlich ansteigend, von 45 Prozent im Jahre 1985 über 53 Prozent vier Jahre später bis hin zu 57 Prozent im Jahre 1993. Die von der Pariser Handelskammer getragene und wirtschaftswissenschaftlich ausgerichtete HEC rangiert dabei mit 7 bis 8 Prozent ganz erheblich hinter den beiden anderen, in Frankreich angeseheneren staatlichen Eliteinstitutionen, die es auf jeweils ungefähr 25 Prozent bringen. ENA und Polytechnique stellen mit ihren gerade einmal ca. 500 Absolventen jährlich, d.h. 0,6 Promille eines Jahrgangs, jeden zweiten Spitzenmanager. Noch deutlicher wird die extrem schmale Rekrutierungsbasis französischer Spitzenmanager, wenn man als zusätzliche Aufstiegsvoraussetzung die Mitgliedschaft in einem der fünf führenden Grands Corps berücksichtigt, die Jahr für Jahr die besten 80 Absolventen der ENA und der École Polytechnique, d.h. 0,1 Promille einer Alterskohorte, aufnehmen. Aus den Angehörigen dieser fünf Grands Corps, die zuvor schon eine der beiden exklusivsten Grandes Écoles besucht haben, rekrutiert sich mit 36 Prozent mehr als ein Drittel der 200 PDG (Bauer/Bertin-Mourot 1996: 48ff.).

In Großbritannien sind die traditionellen Elitebildungseinrichtungen, die bekannten Public Schools und die Universitäten Oxford und Cambridge, zwar nicht so dominierend, eine zentrale Rolle spielen sie aber dennoch ganz zweifellos. Mit 36 Prozent hat mehr als jeder dritte Topmanager seinen Schulabschluss an einer der 20 renommiertesten Public Schools mit ihren jährlich nur insgesamt 2.500 erfolgreichen Schulabgängern gemacht. Ein Diplom von Oxford oder Cambridge weisen mit 32 Prozent fast ebenso viele auf, wobei zwei Drittel der Oxbridge-Absolventen[2] zuvor auf einer dieser 20 Public Schools waren (Bauer/Bertin-Mourot 1996: 101ff.).

Deutschland kennt Elitebildungsstätten wie die Grandes Écoles oder die Public Schools nicht. Ein Hochschulabschluss ist zwar wesentliche Voraussetzung für die Besetzung einer Position im Topmanagement einer großen Firma – von den Vorstandsvorsitzenden der 200 größten Unternehmen weisen ihn 72 Prozent auf –, ihm fehlt im Vergleich mit den beiden anderen Ländern aber eine wirkliche Auslesequalität. Allenfalls der Doktorgrad, den immerhin 45 Prozent dieser Spitzenmanager ihr Eigen nennen können (Bauer/Bertin-Mourot 1996: 80ff.), ist quantitativ ähnlich selektiv, betrachtet man

2 Die beiden Eliteuniversitäten Oxford und Cambridge werden in Großbritannien in der Regel zu Oxbridge zusammengefasst, wenn es um ihre gesellschaftliche Bedeutung geht.

nur die für die Wirtschaft relevanten Fachdisziplinen Ingenieurwissenschaften, Jura und Wirtschaftswissenschaften. Sie brachten es von Mitte der 50er bis Mitte der 80er Jahre auf etwa 1.500 bis 2.000 Promotionen jährlich. Seither hat sich die Zahl allerdings sehr schnell auf mittlerweile 4.500 erhöht, ist dieser höchste deutsche Bildungsabschluss (im Unterschied zu den Abschlüssen der Grandes Écoles, der berühmten Public Schools oder Oxbridge) mit einer leichten Verzögerung auch von der Bildungsexpansion erfasst worden. Außerdem litt die Exklusivität des Doktortitels auch früher schon darunter, dass seine Gesamtzahl unter Einschluss der anderen Fächer mit 7.000 bis 14.000 weit höher lag als die der exklusiven französischen oder britischen Bildungsabschlüsse, das gesellschaftliche Renommee folglich niedriger war.

Zieht man den Kreis der Topmanager noch enger und berücksichtigt nur die 100 größten Unternehmen dieser drei Länder, werden die jeweiligen nationalen Rekrutierungsmuster noch deutlicher (Hartmann 1997a, 1997b, 1999, 2001). Von den PDG der 100 größten französischen Unternehmen des Jahres 1995 haben schon über zwei Drittel an der École Polytechnique, der ENA oder der HEC studiert. Die klassischen staatlichen Elitehochschulen Polytechnique und ENA liegen dabei mit jeweils ungefähr 30 Absolventen wiederum weit vor der privaten HEC mit nur 10.[3] Die Enarques beherrschen in erster Linie den Finanzsektor, wo sie 13 der 20 größten Unternehmen leiten, die Polytechniciens mit 21 von 50 PDG die Industrie. In den zehn führenden Großkonzernen des industriellen Bereichs müssen die Polytechniciens den Enarques allerdings den Vortritt lassen. Der Prozentsatz der Absolventen von Polytechnique, ENA und HEC, die danach noch in einem der berühmten Grands Corps gewesen sind, liegt mit fast zwei Dritteln, d.h. insgesamt ungefähr 40 Prozent, ebenfalls höher als in der Untersuchung von Bauer und Bertin-Mourot. Typisch für solche Karrieren ist der berufliche Weg von Henri de Castries, dem 2000 berufenen Nachfolger von Claude Bébéar an der Spitze des AXA-Konzerns. Er hat nach der HEC die ENA besucht und ist danach in die Inspection des Finances gewechselt, wo er längere Zeit mit seinen ENA-Kameraden Philippe Jaffrè, dem späteren PDG von Elf-Aquitaine, und Jean-Marie Messier, dem Chef von Vivendi, zusammen gearbeitet hat.

Von den Chairmen der 100 größten britischen Firmen desselben Jahres haben über drei Viertel eine der 27 angesehensten Public Schools besucht, 11 allein die berühmteste aller Public Schools, Eton, und weitere 14 eine der (neben Eton) anderen acht sog. Clarendon Schools wie Harrow, Westminster

3 Drei Absolventen der École Polytechnique und der HEC haben danach noch die ENA besucht. Alle anderen „Enarques“ waren zuvor auf einem IEP, zu 90% der Sciences Po in Paris.

oder Winchester.[4] In Oxford oder Cambridge studiert hat mit 45 immerhin knapp jeder zweite von ihnen. Die Hochburg sowohl der ehemaligen Schüler der Public Schools als auch der Absolventen von Oxford und Cambridge liegt dabei eindeutig im Finanzsektor, wo knapp 90 Prozent aller Chairmen eine Public School besucht haben, ein knappes Drittel allein Eton, und fast zwei Drittel einen Abschluss aus Oxford oder Cambridge aufweisen.[5] Alles in allem fällt die Konzentration auf die exklusiven Bildungsinstitutionen (wie schon in Frankreich) wesentlich stärker aus als bei dem doppelt so großen Kreis der 200 größten Unternehmen.

In Deutschland spielt die Größe der Unternehmen dagegen eine geringere Rolle. Zwar liegt der Anteil der Universitätsabsolventen unter den Vorstandsvorsitzenden der 100 größten Konzerne mit 93 Prozent um über ein Viertel höher als in dem doppelt so großen Sample von Bauer und Bertin-Mourot, die Promotionsquote ist mit 47 Prozent aber weitgehend stabil geblieben.[6] Auch das ist im Übrigen ein Hinweis auf die (in Relation zu den elitären Bildungsabschlüssen Frankreichs und Großbritanniens) schwächer ausgeprägte Selektions- und Distinktionsfunktion des Doktortitels.

Die enorme Bedeutung, die die exklusiven Bildungsstätten Frankreichs und Großbritanniens für die Rekrutierung der jeweiligen nationalen Eliten[7] besitzen, wird noch deutlicher, wenn man neben der Wirtschaft auch noch andere zentrale gesellschaftliche Bereiche wie die Politik, die staatliche Verwaltung, die Justiz oder das Militär betrachtet. In Frankreich sind die Absolventen der berühmten Grandes Écoles wie der führenden Grands Corps auch in den Spitzen von Politik und Verwaltung außerordentlich stark vertreten. Von den drei Staatspräsidenten der nachgaullistischen Zeit seit 1974 hat nur einer, Francois Mitterand, keine der führenden Grandes Écoles besucht. Die beiden anderen, Giscard d'Estaing und Chirac, waren nicht nur auf der ENA und zuvor sogar noch auf demselben Lycee in Paris, Louis le Grand, sondern auch Mitglied eines Grand Corps. Bei den zehn Premierministern dieses Zeitraums sieht es ähnlich aus. Nur Pierre Mauroy und Pierre Bérégovoy haben keine Grande École besucht. Raymond Barre war auf der Sciences Po, wo er dann auch als Professor tätig war, und Edith Cresson auf der für Frauen (im

4 Die neun Clarendon Schools wurden 1861 von einer staatlichen Kommission als erste Public Schools staatlich anerkannt.

5 Drei weitere Chairmen haben nach dem Abschluss in Eton eine Offizierslaufbahn bei den Eliteregimentern der Guards absolviert.

6 Bei Nichtberücksichtigung der Personen ohne Angaben steigt der Prozentsatz zwar auf 52 Prozent, einen entscheidenden Unterschied macht aber auch das nicht aus.

7 Zur Problematik einer unreflektierten Verwendung des Elitenbegriffs siehe Krais (2001).

Vergleich zu ENA und Polytechnique) erheblich zugänglicheren HEC.[8] Die anderen sechs haben alle einen Abschluss der ENA. Fünf gehörten anschließend auch noch einem der fünf entscheidenden Grand Corps an. Rechnet man Lionel Jospin aufgrund seiner Tätigkeit im diplomatischen Corps noch dazu, haben fast zwei Drittel eine Grand-Corps-Vergangenheit.[9]

Auf der Ebene darunter, in den „Cabinets ministeriell", d.h. den persönlichen Mitarbeiterstäben der Minister, bietet sich ein ähnliches Bild. Unter dem sozialistischen Premier Rocard (1988-1991) kam mit 18,8 Prozent fast jedes fünfte, unter seinem konservativen Nachfolger Balladur (1993-1995) im ersten Jahr mit 23 Prozent sogar fast jedes vierte Mitglied der „Cabinets" allein von der ENA (Suleiman 1997: 39). In den folgenden Jahren erhöhte sich der Anteil der Enarques dann noch einmal deutlich auf 36 Prozent unter Balladur und auf 38 Prozent unter Juppé (Chevallier 1997: 92). Bei den Ministerialdirektoren, die an der Spitze der Stäbe stehen, ist der Einfluss der ENA-Absolventen noch wesentlich stärker. In den Regierungen von Barre und Chirac zwischen 1978 und 1986 hatten 37 Prozent dieser Direktoren die ENA besucht, in den folgenden Regierungen von Bérégovoy und Juppé sogar fast doppelt so viele, um die 70 Prozent (Kesler 1997: 27).[10] Insgesamt kommen mittlerweile jeder zweite Direktor in einem Ministerium und jeder zweite Botschafter sowie zwei von drei Präfekten aus den Reihen der Enarques.

Auch gravierende politische Wechsel haben an der dominierenden Funktion der ENA-Absolventen nicht viel geändert. Die Machtübernahme der Sozialisten Anfang der 80er Jahre ging mit einer enormen Konstanz in der Rekrutierung der hohen Beamten einher. In einer Untersuchung von 150 politischen Direktoren in der zentralen Verwaltung der Ministerien kamen 1983 von den neu berufenen Direktoren 76,4 Prozent aus einem Grand Corps, kaum weniger als die 80,5 Prozent bei den schon vor 1981 amtierenden Mitgliedern. Die Absolventen der ENA konnten sogar leicht zulegen, von 42 auf

---

8 Die leichtere Zugänglichkeit für Frauen – sie stellen inzwischen fast die Hälfte der Studierenden an der HEC, während ihr Anteil an ENA und Polytechnique seit Jahren unter der Marke von 20 Prozent verharrt –, geht einher mit dem oben skizzierten Bedeutungsverlust der HEC in den Topetagen der Wirtschaft gegenüber ENA und Polytechnique. Die Attraktivität der männlichen HEC-Absolventen wird in den Augen der Spitzenmanager offensichtlich von der hohen Frauenquote an ihrer Ausbildungsstätte negativ beeinflusst.

9 Der sozialistische Premierminister Lionel Jospin saß im Übrigen im Außenministerium drei Jahre lang in einem Zimmer mit Ernest-Antoine de Seillière, dem Erben und PDG des Wendel-Konzerns und heutigen Vorsitzenden des Unternehmerverbandes, mit dem er auch schon zusammen auf der ENA war. Dies zeigt, wie eng die Verbindungen zwischen den Eliten der verschiedenen gesellschaftlichen Bereiche in Frankreich durch den Besuch der Elitebildungsinstitutionen werden können.

10 Allein aus den Grands Corps stammte Anfang bis Mitte der 90er Jahre jeder achte bis zehnte Direktor (Rouban 1999: 70).

43,7 Prozent. In den „Cabinets“ saßen damals mit 48 Prozent zu knapp der Hälfte Enarques oder Absolventen einer ingenieurwissenschaftlichen Grande École (Bock 1999: 390).

In der Verwaltung insgesamt sind die Absolventen der ENA ebenfalls außerordentlich stark repräsentiert. Von den Angehörigen der drei nichttechnischen Grands Corps (Conseil d'État, Cour des Comptes und Inspection des Finances) haben zwischen 66 und 80 Prozent ihren Abschluss an dieser Eliteinstitution gemacht. Selbst im diplomatischen Corps ist es noch ein Drittel. Im nicht zu den Grands Corps zählenden Corps des Administrateurs Civils liegt ihr Anteil bei 69 Prozent und unter allen 545 Inspecteurs Généraux immerhin noch bei 19 Prozent (Kesler 1997: 25f.). Selbst in der hohen Justiz sind Enarques zu finden. So stellen sie nicht nur vier von fünf Angehörigen des „Conseil d'Etat“, des Staatsrats, der neben seiner beratenden Funktion für die Regierung zugleich oberstes französisches Verwaltungsgericht ist (Bock 1999: 394), sondern auch ein gutes Viertel aller Mitglieder der höheren Verwaltungsgerichtsbarkeit (Kesler 1997: 25).

In Großbritannien fällt der Einfluss der exklusiven Bildungseinrichtungen nicht ganz so deutlich aus, ist aber immer noch beachtlich. Bei den Regierungschefs ist kaum ein Unterschied zu Frankreich auszumachen. Drei Viertel der 12 Premierminister seit 1945 haben in Oxford oder Cambridge studiert. Rechnet man Churchill, der in Sandhurst eine Offiziersausbildung genoss, nicht mit, bleiben mit Callaghan und Major jeweils ein konservativer und ein Labour-Premier ohne einen Abschluss einer dieser beiden Universitäten. Obwohl Major selbst eine der beiden Ausnahmen darstellt, besaßen von den 23 Mitgliedern seines Kabinetts Ende 1995 ebenfalls 18 einen solchen Abschluss, von den 18 Permanent Secretaries (Staatssekretären) immer noch 12 (Adonis/Pollard 1997: 47f., 59). Der Prozentsatz der Oxbridge-Absolventen unter den Regierungsmitgliedern lag in den konservativen Nachkriegskabinetten stets zwischen 70 und 80 Prozent. In Labour-Regierungen hat er allerdings erst seit 1970 die 50 Prozent Marke überschritten (Mougel 1990: 86f.). Unter den Staatssekretären ist ihr Anteil seit 1945 weitgehend stabil geblieben. Betrug er unter den zumeist konservativen Regierungen zwischen 1945 und 1964 bei 61 Prozent, so stieg er unter den in der Regel der Labour-Party angehörenden Premiers der Jahre 1965 bis 1979 sogar auf 69 Prozent, um dann im Zeitraum bis 1994 auf durchschnittlich 56 Prozent zu sinken (Barberis 1996: 99). Wie der Wert von zwei Dritteln für das letzte Jahr der Regierung Major zeigt, wurde dieser Rückgang zuletzt aber wieder wett gemacht.

Was den Schulbesuch betrifft, so ändert sich das Bild kaum. Von den Ministern John Majors hatten über drei Viertel eine Public School besucht. In den vorherigen konservativen Kabinetten seit 1945 waren es sogar durchweg über vier Fünftel, in den Labour-Regierungen dagegen nur zwischen einem Fünftel und einem Drittel (Mougel 1990: 86f.). Die Differenz zwischen den Torys und Labour fällt hinsichtlich der Public Schools also wesentlich stärker aus als bezüglich Oxbridge. Für die Staatssekretäre gilt das jedoch nicht. Hier liegt der Anteil der Absolventen dieser Schulen seit 1945 kontinuierlich über 60 Prozent und erreicht mit 66 Prozent für die Jahre 1979 bis 1994 den höchsten Wert. Allein auf einer der „Clarendon Nine“ war jeder fünfte bis siebte Staatssekretär. Fast jeder vierte der Permanent Secretaries der Regierung Major war sogar in Eton. Für die Top 20 der Public Schools erreicht man Werte zwischen 20 und 28 Prozent (Adonis/Pollard 1997: 48, 125; Barberis 1996: 105). Erweitert man den Kreis der Spitzenbeamten des Senior Civil Service, so bleibt das Bild im Wesentlichen dasselbe. 1994 hatten von den 143 Angehörigen der beiden höchsten Stufen Grade 1 (Permanent Secretary) und Grade 2 (Deputy Secretary) ebenfalls über 60 Prozent einen Abschluss von Oxford oder Cambridge in der Tasche. Von den 447 Beamten des Grade 3 (Under-Secretary) galt das immerhin noch für 45 Prozent. Auf einer Public School war fast jeder zweite der insgesamt 590 Spitzenbeamten (Dargie/Locke 1999: 192).[11]

In der Armee und der hohen Justiz sieht es nicht anders aus. Die 45 höchsten Richter des Jahres 1987 hatten zu 55 Prozent eine Public School und zu knapp 62 Prozent Oxford oder Cambridge besucht. Für die 214 Angehörigen der Generalität und Admiralität desselben Jahres lautet der Wert hinsichtlich der Public Schools sogar 63 Prozent (Mougel 1990: 343).[12] Statt danach in Oxbridge zu studieren – das tat nur jeder sechste –, gingen sie in ihrer Mehrzahl direkt nach Sandhurst, um dort eine Offiziersausbildung zu genießen. Dass sich in der Armee seither nicht viel geändert hat, zeigt die Tatsache, dass von den 180 neuen Offizieren, die Sandhurst 1995 verließen, mit 120 genau zwei Drittel ihren Schulabschluss auf einer Public School gemacht hatten, ein Viertel dabei auf einer von nur 15 Top-Schulen (Adonis/Pollard 1996).

Wie schon bei den Topmanagern gesehen, fehlen in Deutschland den Grandes Écoles, den Public Schools oder Oxbridge vergleichbare Elitebildungseinrichtungen. Das zeigt sich auch bei den Spitzen von Politik und Verwaltung. Weder unter den Kanzlern und Ministern der verschiedenen Bundesregierungen noch unter den Staatssekretären oder Abteilungsleitern in

---

11 Von den konservativen Abgeordneten des britischen Unterhauses hatten 1992 sogar über 60 Prozent eine Public School besucht, 10 Prozent allein Eton (Adonis/Pollard 1997: 125; Norris/Lovenduski 1995: 100).

12 Von den Generälen des Heeres war sogar fast jeder vierte in Eton (Mougel 1990: 161).

den Ministerien lässt sich eine Konzentration auf einzelne Bildungsinstitutionen feststellen. Derlien spricht hinsichtlich der hohen Ministerialbeamten zu Recht davon, dass „die Kanonisierung der Rechtswissenschaft als dominantem Studienfach die Rekrutierung der Beamtenelite von einer Vielzahl von Universitäten erlaubt“ (Derlien/Pippig 1990: 103). Auch die juristischen Fakultäten in ihrer Gesamtheit stellen, anders als Dahrendorf (1965: 264) in den 60ern meinte, aber kein Äquivalent zu den Public Schools oder den Grandes Écoles dar. Zwar dominieren die Juristen (trotz eines spürbaren Rückgangs um ein Siebtel) mit ungefähr 60 Prozent bei den hohen Beamten immer noch deutlich (Derlien 1997: 77f.; Derlien/Pippig 1990: 103f.; Rebenstorf 1997: 187), einen Einfluss und Corpsgeist, der dem der Enarques, Polytechniciens oder Etonians auch nur annähend vergleichbar wäre, weisen sie aufgrund der Vielzahl an besuchten Universitäten und der ungleich größeren Zahl an Studierenden dieses Fachs aber nicht auf.

3. Die soziale Rekrutierung der Eliten

Die großen Differenzen, die zwischen den drei Ländern in puncto Elitebildungseinrichtungen bestehen, werfen die Frage auf, ob bei der sozialen Rekrutierung der nationalen Eliten ähnliche Unterschiede zu beobachten sind. Für eine solche Annahme spricht auf den ersten Blick die soziale Herkunft der Staatschefs. In Frankreich stammen nur drei der zehn letzten Premierminister aus der breiten Bevölkerung. Mauroy und Jospin hatten einen Lehrer, Bérégovoy einen Arbeiter zum Vater. Alle anderen kommen aus dem gehobenen (Barre, Fabius und Juppe) oder sogar dem Großbürgertum (Balladur, Chirac, Cresson und Rocard). Nimmt man Giscard d'Estaing als Großbürgerkind und Mitterand, dessen Vater zunächst bei der Bahn beschäftigt war, bevor er eine Essigfabrik übernahm, noch hinzu, ergibt sich ein ganz eindeutiges Bild. Es dominieren die „gutbürgerlichen Kreise“.

In Großbritannien ist das schon deutlich weniger ausgeprägt. Nach dem Ende der konservativen Vorherrschaft zwischen 1951 und 1964 war es auch mit der absoluten Dominanz der aus der traditionellen britischen *Upper Class*, d.h. vor allem dem Adel, stammenden und durchweg in Eton erzogenen Premiers (Churchill, Eden, McMillan und Douglas-Home) vorbei. In der Folgezeit kamen mit Heath, dem Sohn eines Bauunternehmers, und Blair, dessen Vater ein erfolgreicher Anwalt war, nur noch zwei der sechs Premiers aus dem gehobenen Bürgertum, mit Callaghan und Major, den einzigen ohne

Oxbridge-Abschluss, stammten ebenso viele aber auch aus einfachen Verhältnissen. Wilson als Sohn eines Chemikers und Thatcher als Tochter eines Kolonialwarenhändlers und Bürgermeisters passen in das im Vergleich zu Frankreich deutlich uneinheitlichere Bild. Nimmt man allerdings die übrigen Regierungsmitglieder dazu, dann relativiert sich dieser erste Eindruck spürbar. Die Kabinettsmitglieder der Thatcher-Regierungen zwischen 1979 und 1987 kamen immer noch zu fast zwei Dritteln aus der *Upper Class*. Gegenüber den Regierungen von McMillan oder Douglas-Home bedeutete das nur einen Rückgang um gut 10 Prozent. Drastisch gesunken war allerdings die Bedeutung des Adels, der statt einem Drittel nur noch knapp ein Zehntel der Kabinettsmitglieder stellte (Mougel 1990: 86f.).

Deutschland schließlich bildet in Hinblick auf die soziale Rekrutierung der Regierungschefs ein Abbild der viel gepriesenen Mittelstandsgesellschaft. Seit der Gründung der Bundesrepublik dominieren die Kinder aus der Masse der breiten Bevölkerung. Einzig Helmut Schmidt ist als Sohn eines Studienrats dem gehobenen Bürgertum zuzurechnen, wenn auch nur dessen unterem Ende.[13] Im Großen und Ganzen scheint sich also zu bewahrheiten, was angesichts der unterschiedlichen Bildungssysteme zu vermuten war. Die soziale Herkunft der politischen Eliten stellt ein Abbild der unterschiedlichen nationalen Bildungswege dar. Je exklusiver die Elitebildungseinrichtungen sind, um so selektiver fällt auch die soziale Rekrutierung der Spitzenpolitiker aus. Frankreich liegt diesbezüglich eindeutig an der Spitze, gefolgt von Großbritannien, und Deutschland bildet ganz klar das Schlusslicht. Die französischen und (mit Abstrichen) auch die britischen Elitebildungsstätten wie die Grandes Écoles, die renommierten Public Schools sowie Oxford und Cambridge sind offensichtlich auch sozial hoch selektiv, während die deutschen Universitäten ein erheblich breiteres Rekrutierungsfeld aufweisen.

Ein kurzer Blick auf die französischen und britischen Elitebildungsinstitutionen bestätigt diesen Eindruck. Betrachtet man zunächst Frankreich, so kamen Ende der 60er Jahre, d.h. in der Zeit, in der die Mehrzahl der heutigen Elitemitglieder studierte, 70 bis 80 Prozent der Studierenden an den führenden Grandes Écoles aus den Familien von größeren Unternehmern, akademischen Freiberuflern, leitenden Angestellten und hohen Beamten (Bourdieu 1989: 192; Euriat/Thelot 1995: 434f.; Suleiman 1974: 58ff., 87ff.).[14] Die

13 Auch Konrad Adenauer, der als Schwager und Schwiegervater mit einer der reichsten deutschen Familien, den Wehrhahns, verbunden war, hatte nur einen mittleren Beamten zum Vater und fand erst mit 28 über die Heirat mit Emma Weyer, der Tochter einer angesehenen Kölner Familie, Zugang zum rheinischen Großbürgertum.

14 In den folgenden drei Jahrzehnten hat sich die soziale Selektion sogar noch verstärkt. Von den Studierenden der vier bekanntesten Grandes Écoles – neben den schon genannten noch

Schülerschaft der renommiertesten Public Schools setzte sich damals vergleichbar zusammen. Zwar gibt es keine genauen Angaben über die soziale Rekrutierung der Schüler der „Clarendon Nine" oder der „Rugby Group", einen deutlichen Hinweis liefern aber Daten über die Schüler der ungefähr 200 Public Schools, die traditionell in der Headmasters' Conference zusammengeschlossen sind, der sog. HMC-Schools. 1964 stammten ca. 90 Prozent dort aus der Service Class. Diese Schulen wiesen damit eine deutlich höhere Exklusivität auf als die Universitäten, deren Studentenschaft in den 50er und 60er Jahren trotz eines Anteils an den entsprechenden Jahrgängen von nicht mehr als 3,4 bis 4 Prozent „nur" zu ca. 56 Prozent aus der Service Class kam (Halsey 1972: 206; Halsey/Sheehan/Vaizey 1972: 186-190; Reid 1986: 144). Berücksichtigt man, dass Anfang der 60er Jahre sechs von zehn Schülern in Eton die Söhne von Etonians waren (Adonis/Pollard 1997: 25; Sampson 1983: 143), lässt sich erahnen, wie die soziale Rekrutierung der angesehensten 20 bis 30 Public Schools ausgesehen hat. Sie dürfte der der führenden Grandes Écoles entsprochen haben. Da ein erheblicher Teil dieser Schüler nach ihrem Abschluss nach Oxford oder Cambridge ging – so schrieben sich 1955 von den 20 renommiertesten Public Schools 23 bis 57 Prozent der Schüler dort zum Studium ein (Scott 1991: 116) – und über die Hälfte der Studierenden an diesen beiden Universitäten von einer Public School kam, beeinflusste das selbstverständlich auch die Zusammensetzung ihrer Studentenschaft.[15]

---

die ENS (École Normale Supérieur) – hatten zwischen 1966 und 1970 noch 21,2 Prozent eine „origine populaire" (Bauern, Arbeiter, normale Angestellte und Beamte, Handwerker, Kaufleute und Unternehmer). Zwischen 1989 und 1993 waren es dann nur noch 8,6 Prozent (Euriat/Thelot 1995: 434f.)

15 Die soziale Selektion durch die Public Schools und Oxbridge funktioniert bis heute im Grundsatz ebenso effektiv wie die durch die Grandes Écoles, obwohl es hier in den letzten drei Jahrzehnten anders als bei den Grandes Écoles zu keiner weiteren Verschärfung gekommen ist. Die Mechanismen der Auswahl unterscheiden sich aber zum Teil deutlich voneinander. Für den Besuch der renommierten Public Schools wie Eton, Harrow oder Winchester spielen die finanziellen Ressourcen ganz unmittelbar eine entscheidende Rolle. Unabhängig von den strengen Aufnahmeprüfungen sorgen allein die mit 5.500-16.000 £ pro Jahr, d.h. einem halben bis ganzen jährlichen Arbeitereinkommens, sehr hohen Schulgelder schon für eine soziale Schließung. 1993 wiesen die meisten Eltern von Schülern an Public Schools dementsprechend ein Jahreseinkommen von über 40.000 £ auf (Adonis/Pollard 1997: 39), während der durchschnittliche Wochenverdienst in demselben Jahr nur bei 288 £ für Männer und 182 £ für Frauen lag (The Economist 1997: 80). In Frankreich mit seinem ausgeklügelten Prüfungssystem der nationale Concours verläuft die soziale Selektion anders. Die einer Familie zur Verfügung stehenden finanziellen Mittel sind eher indirekt von Bedeutung. Das entscheidende Gewicht kommt den im familiären Rahmen vermittelten kulturellen Kompetenzen zu. Näheres zu den französischen und britischen Elitebildungseinrichtungen und ihrer Funktion im gesamten Bildungssystem dieser Länder in Hartmann 1997a, 1997b, 2001a).

Die deutschen Universitäten konnten eine solche soziale Selektivität schon in den 50er und 60er Jahren nicht aufweisen. Außerdem fehlte ihnen der enge Zusammenhalt zwischen den Studierenden und später dann Absolventen, der in Frankreich und Großbritannien aus der Konzentration auf nur einige wenige Institutionen resultierte. Dieser Punkt trifft auch auf die Promovierten der drei maßgeblichen Fächer Ingenieur-, Rechts- und Wirtschaftswissenschaften zu, die mit einem Anteil von ungefähr 60 Prozent für die Kinder des gehobenen und Großbürgertums (Hartmann/Kopp 2001: 445) von ihrer sozialen Herkunft her den Absolventen der Grandes Écoles und der führenden Public Schools noch am nächsten kommen. Auch ihnen mangelt es aufgrund der Verteilung auf zahlreiche Universitäten an dem für die Elitebildungsstätten Frankreichs und Deutschlands charakteristischen Zusammengehörigkeitsgefühl.[16]

Es sieht alles danach aus, als ob die Unterschiede zwischen den Eliten der drei Länder nicht nur deren Bildungswege, sondern auch deren soziale Rekrutierung betreffen. Dieser Schein aber trügt zumindest für den zentralen Sektor der Wirtschaft, wie ein genauerer Blick auf die Elternhäuser der Spitzenmanager zeigt. Die PDG und Vorstandsvorsitzenden der 100 größten Unternehmen weisen eine so gut wie identische soziale Herkunft auf. Nur jeweils jeder neunte von ihnen stammt aus der Arbeiterklasse oder den breiten Mittelschichten und es dominieren in beiden Ländern mit einem gleich hohen Anteil von über einem Drittel die Söhne größerer Unternehmer. Unter den 80 bis 90 Prozent der Topmanager, die dem Bürgertum kommen, hat mit ungefähr 45 Prozent ebenfalls in beiden Ländern gut die Hälfte ihre Kindheit in einem großbürgerlichen Umfeld, d.h. in den Familien von Eigentümern, Vorstandsmitgliedern oder Geschäftsführern großer Unternehmen, Spitzenbeamten, Angehörigen der Generalität, renommierten Anwälten und Medizinern oder Großgrundbesitzern verbracht (Hartmann 2001: 167, 177, 211ff.). In Großbritannien sieht die Situation ähnlich aus. Auch dort kommt knapp jeder zweite Topmanager aus dem Großbürgertum. Obwohl genauere Angaben für die Herkunft der anderen gut 50 Prozent nicht ermittelt werden konnten, spricht sehr viel dafür, dass es auch bei ihnen keine nennenswerten Differenzen zu Deutschland und Frankreich gibt. So nennt Mougel für den Zeitraum von 1975 bis 1985 sogar einen Anteil von ungefähr zwei Dritteln für den Adel und das Großbürgertum und weitere ca. 20 Prozent für die obere Mittel-

16 Typisch dafür war die Reaktion eines bekannten deutschen Privatbankiers, der dem Verfasser am Rande einer Tagung davon erzählte, dass er Jahr für Jahr an den Ehemaligentreffen der Cornell University, wo er Anfang der 50er Jahre studiert habe, teilnehme. Zur juristischen Fakultät der Universität Köln, wo er seinen Doktortitel gemacht habe, habe er demgegenüber keinerlei Kontakt, obwohl er keine 100 km von Köln entfernt wohne.

klasse, zu der er neben akademischen Freiberuflern, Richtern, höheren Lehrkräften und Offizieren allerdings auch mittlere Führungskräfte, Lehrer und kleinere Unternehmer rechnet (Mougel 1990: 45, 339). Die soziale Rekrutierung der britischen Spitzenmanager dürfte daher der ihrer französischen und deutschen Kollegen weitgehend gleichen. Die Wirtschaftseliten der drei Länder unterscheiden sich anders als die Spitzenpolitiker in ihrer sozialen Herkunft kaum.

4. Politik und Wirtschaft – zwei unterschiedliche Modelle

Während die Karrieremuster in der Wirtschaft trotz aller nationalen Besonderheiten, wie noch zu sehen sein wird, einen harten Kern enthalten, der über die Ländergrenzen hinweg für eine große soziale Homogenität sorgt, trifft Vergleichbares auf die Politik nicht zu. Die Gründe für diese Differenz sind in der Struktur des jeweiligen nationalen Parteiensystems zu suchen. In Deutschland bestimmen die großen Volksparteien CDU/CSU und SPD seit der Gründung der Bundesrepublik das Bild; in Großbritannien dominieren mit den Torys und Labour seit 1945 zwei Parteien, die inzwischen auf dem Weg von ihrer traditionellen Position als Klassenparteien zu der von Volksparteien ein ganzes Stück weit voran gekommen sind; in Frankreich dagegen zeichnet sich das Parteiensystem dadurch aus, dass es weder große Volksparteien kennt noch die in Deutschland wie Großbritannien vorherrschende Stabilität des Parteiensystems.

Die wichtigen französischen Parteien sowohl der Linken als auch der Rechten sind mit Mitgliederzahlen von maximal um die 100.000 (Lassere/Schild/Uterwedde 1997: 53ff.) nicht nur wesentlich kleiner als ihre deutschen und britischen Pendants[17], sie befinden sich (mit Ausnahme der KP) auch in ständigen Umgruppierungsprozessen. Allein die Gaullisten sind seit 1945 unter etwa zehn verschiedenen Parteibezeichnungen angetreten. Bei den anderen Parteien des bürgerlichen Spektrums sieht es nicht anders aus. Sie sind im Kern bis heute Parteien der örtlichen Notabeln geblieben. Haensch und Tümmers sprechen diesbezüglich davon, dass „in Frankreich die Honoratiorenpartei weiterhin der vorherrschende Parteientypus" sei (Haensch/Tümmers

17 So hatte die gaullistische RPR als weitaus größte Partei des bürgerlichen Lagers in den 80er Jahren max. 100.000 Mitglieder, die britischen Konservativen dagegen ca. 1,5 Millionen (Lassere/Schild/Uterwedde 1997: 61; Sturm 1991: 239).

1998: 164). Die Sozialisten sind nach verheerenden Niederlagen Ende der 60er Jahre erst 1971 neu gegründet worden, mit 30 Jahren also ungleich jünger als die deutsche Sozialdemokratie oder die Labour Party. Derartige Parteistrukturen begünstigen andere Karrierepfade als die in den großen deutschen und britischen Parteien üblichen.

In SPD und CDU/CSU verläuft die Karriere in der Regel immer noch nach dem Muster der berühmten Ochsentour, also angefangen vom Ortsverein Stufe für Stufe aufwärts. Herzog stellt als Resümee seiner umfänglichen Untersuchungen über die deutschen Politiker ganz eindeutig fest, dass „der kontinuierliche innerparteiliche Aufstieg, überwiegend begonnen in lokalen Vorstandspositionen, eine nahezu unabdingbare Voraussetzung zur Erlangung nationaler Führungspositionen darstellt" (Herzog 1990: 36). Die in den Volksparteien in sozialer Hinsicht, wenn auch nicht repräsentativ, so doch vergleichsweise breit gestreute Mitgliedschaft hat damit einen nicht unbeträchtlichen Einfluss auf den Werdegang zukünftiger Spitzenpolitiker

Diese Aussage trifft inzwischen zumindest im Kern auch auf die Konservativen und die Labour Party zu. Nach den Parteireformen der 80er und 90er Jahre haben sich beide sowohl bezüglich ihrer internen Entscheidungsprozesse als auch hinsichtlich ihrer Wählerbasis den deutschen Volksparteien angenähert (Norris/Lovenduski 1995: 34-76). Was den ersten Punkt betrifft, so ist das traditionell dominierende Gewicht der Gewerkschaften bei Labour ebenso zurückgedrängt worden wie das früher dominierende Patronagesystem bei den Torys. Gleichzeitig hat sich die Wählerbasis verändert. Aus den für Großbritannien früher typischen Klassenparteien sind zunehmend Volksparteien geworden. Dieser Prozess ist unter Thatcher für die Konservativen in wichtigen Etappen durchlaufen worden (Rohe 1994: 221)[18] und danach unter Blair für Labour. Da die Torys und Labour im Vergleich mit Deutschland dennoch nach wie vor stärker durch ihre traditionelle Klassenbindung geprägt bleiben, fällt auch die soziale Herkunft der Spitzenpolitiker weniger kleinbürgerlich aus. Der Anteil der Spitzenpolitiker aus dem gehobenen und Großbürgertum ist immer noch deutlich größer als in Deutschland, weil die konservativen Spitzenpolitiker sich weiterhin zu einem erheblichen Prozentsatz aus diesem Milieu rekrutieren. Der unter den Mitgliedern der Tory-Regierungen (von Churchill bis Major) im Vergleich mit denen der Labour-

18 Dies gilt, auch wenn Anfang der 90er immer noch zwei Drittel der Einnahmen der Torys aus Spenden der Wirtschaft stammten (Sturm 1991: 239). Es geht hier um die Wählerbasis und die parteiinternen Entscheidungsstrukturen. Dass der Einfluss des britischen Kapitals bei den Konservativen weiterhin enorm groß ist, soll damit nicht bestritten werden. Er setzt sich im Unterschied zu früher aber nicht mehr direkt über einzelne langjährige Parteiführer aus der *Upper Class* durch.

Administrationen erheblich höhere Anteil an ehemaligen Schülern von Public Schools zeigt diese soziale Differenz auch bei den Bildungsabschlüssen. Der Besuch einer angesehenen Public School ist sozial trennschärfer als der von Oxford oder Cambridge.

In Frankreich sieht es bis heute dagegen grundsätzlich anders aus. „Nicht der mühsame Aufstieg über die Hierarchieleiter einer Partei und die regelmäßige Bestätigung durch das ‚Parteivolk' führt in der Regel in die politischen Führungsetagen, sondern die Zugehörigkeit zu einer intellektuellen Elite, die in Elitehochschulen geformt wird", so die zutreffende Analyse von Haensch und Tümmers (1998: 166). Das Fehlen von breiten Volksparteien verringert nicht nur den Einfluss der Parteibasis auf die Besetzung der Führungspositionen in den Parteien spürbar, es sorgt zugleich auch noch für eine deutlich geringere Repräsentanz der Bevölkerung in der Parteimitgliedschaft. Beides zusammen erlaubt eine soziale Rekrutierung, die wesentlich exklusiver ausfällt als in Deutschland und auch noch exklusiver als in Großbritannien.

In der Wirtschaft existieren derartige Unterschiede nicht. Die Rekrutierung der Topmanager erfolgt zwar auf sehr unterschiedlichen Wegen, das Ergebnis ist in sozialer Hinsicht aber nahezu identisch. Der Nachwuchs des gehobenen und des Großbürgertums dominiert in allen drei Ländern ganz eindeutig. In Frankreich und Großbritannien sind es in erster Linie die exklusiven Elitebildungsstätten, die für die scharfe soziale Selektion auf dem Weg an die Unternehmensspitze sorgen. Sie bilden das entscheidende soziale Nadelöhr, durch das die Kinder der breiten Bevölkerung allenfalls in Ausnahmefällen zu schlüpfen vermögen. Da sich das Spitzenmanagement zum allergrößten Teil aus ihren Absolventen rekrutiert, ist allein dadurch de facto schon für den Ausschluss der Kandidaten aus den Reihen der „Normalbevölkerung" gesorgt. In Deutschland gibt es keinen vergleichbaren Mechanismus. Hier wirkt die soziale Herkunft nicht auf diesem eher indirekten Wege, sondern ganz direkt bei der Auswahl durch die Entscheider in den Unternehmen.

Wie beschränkt die Bedeutung hoher Bildungstitel für Karrieren in großen deutschen Firmen ist, zeigen die Berufsverläufe promovierter Ingenieure, Juristen und Wirtschaftswissenschaftler während der letzten Jahrzehnte. Diese drei Berufsgruppen besetzen fast alle hohen Führungspositionen in deutschen Konzernen, und ungefähr jeder zweite Vorstandsvorsitzende eines der 100 größten deutschen Unternehmen hat auch in einem dieser drei Fächer promoviert. Obwohl die Promotion als höchster deutscher Bildungstitel[19] sozial schon sehr selektiv ist – immerhin stammen je nach Jahrgang zwischen

19 Die Habilitation spielt außerhalb der Medizin und der Geisteswissenschaften kaum eine Rolle.

54 und 60 Prozent der Promovierten in diesen Disziplinen aus dem gehobenen oder dem Großbürgertum – fallen die Karriereaussichten je nach sozialer Herkunft höchst unterschiedlich aus.

Bei gleich hohem Bildungsabschluss hat ein Promovierter, dessen Elternhaus den gehobenen bürgerlichen Kreisen zuzurechnen ist, eine insgesamt um ca. 50 Prozent größere Chance, eine hohe Führungsposition in einem großen Unternehmen zu erreichen, als ein Promovierter, der aus der breiten Bevölkerung stammt. Für den Nachwuchs des Großbürgertums fallen die Karriereaussichten sogar um über 100 Prozent besser aus (siehe Schaubild 1).

Schaubild 1: Promovierte in hohen Führungspositionen großer Unternehmen nach sozialer Herkunft und Promotionsjahrgang[20]

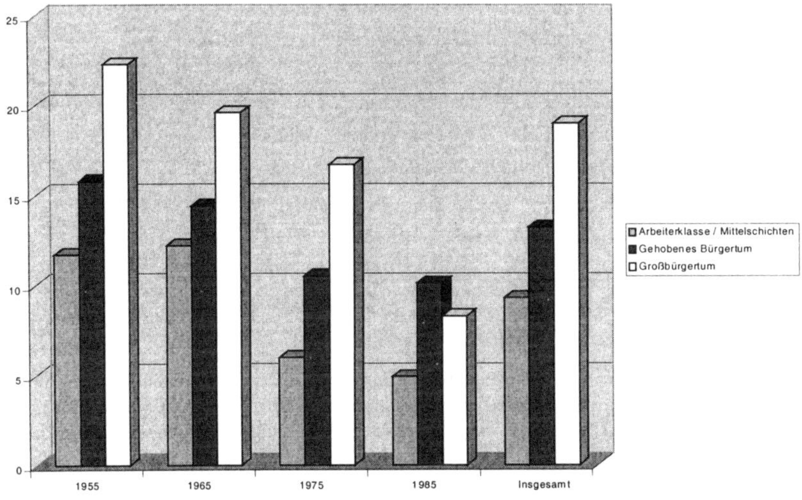

20 Der Prozentsatz für die Großbürgerkinder des Jahrgangs 1985 ist angesichts der Tatsache, dass in diesem Jahrgang insgesamt gerade noch 50 Promovierte aus dem Großbürgertum stammen und dementsprechend eine Person mehr oder weniger zu einer erheblichen Veränderung führt, allenfalls mit großer Vorsicht zu interpretieren.

In den 400 größten Firmen[21] sind die Unterschiede noch erheblich größer. Der Vorsprung der Bürgerkinder wächst dort auf das Doppelte bis Dreifache (s. Schaubild 2). Außerdem ist im Zeitverlauf eine deutliche Ausweitung der Kluft festzustellen. Sie beträgt in den großen Unternehmen maximal gut 100 Prozent für den Nachwuchs des gehobenen und knapp 180 Prozent für den des Großbürgertums. In den Spitzenunternehmen sind es sogar bis zu 160 bzw. 400 Prozent.[22] Die Chancen für die Promovierten aus dem gehobenen und (noch stärker) dem Großbürgertum sind dabei alles in allem umso besser, je schwieriger es ist, die jeweilige Führungsposition zu erreichen. In den Spitzenkonzernen lassen sie die Kommilitonen aus der „Normalbevölkerung" daher erheblich weiter hinter sich als in den restlichen Großunternehmen und in wirtschaftlich schwierigen Zeiten fällt ihr Vorsprung deutlich größer aus als in wirtschaftlich guten Zeiten.

Die enorme Wirkung der sozialen Herkunft erklärt sich in Deutschland aus der ausschlaggebenden Bedeutung, die bestimmten Persönlichkeitsmerkmalen bei der Besetzung von Spitzenpositionen zukommt. Maßgeblich sind in dieser Hinsicht die intime Kenntnis der in den Chefetagen gültigen Dress- und Benimmcodes, eine breite Allgemeinbildung, unternehmerisches Denken und vor allem Souveränität in Auftreten und Verhalten.[23] Die persönliche Souveränität ist dabei letztlich entscheidend, da sie auch alle anderen Merkmale prägt. Wer die herrschenden Regeln in Hinblick auf die Kleidung nicht zu ernst nimmt, sondern sie bei Gelegenheit auch einmal durchbricht, macht dadurch in der Regel ebenso wichtige Pluspunkte wie derjenige, der nicht sklavisch am klassischen Bildungskanon klebt, diesen vielmehr nur als Leit-

21 Sie werden im Folgenden als Spitzenunternehmen bezeichnet. Es handelt sich dabei um jene 416 Firmen, die in der jährlich erscheinenden FAZ-Liste der 100 größten deutschen Unternehmen aufgeführt werden. Diese Unternehmen bilden die Creme der deutschen Wirtschaft.

22 Der große Unterschied zu Frankreich, wo die soziale Herkunft im Wesentlichen vermittelt über die exklusiven Bildungsabschlüsse der renommierten Grandes Écoles wirksam wird, zeigt sich auch daran, dass der Zugang zu einer Cadre-Position bei Universitätsabsolventen weitgehend unabhängig von ihrer sozialen Herkunft ist. Wer ein Universitätsexamen erfolgreich abgelegt hat, der hat, wenn er aus einer Arbeiterfamilie stammt, diesbezüglich fast gleich gute Karten wie jemand, der aus der Familie eines akademischen Freiberuflers oder eines leitenden Angestellten kommt. Die Differenz beträgt ganze 12 Prozent (Galland / Rouault 1996: 4). Da im Begriff des Hochschulabschlusses die entscheidende Differenz zwischen den Universitäten und den Grandes Écoles nicht mehr erkennbar ist und die geringe Zahl der exklusiven Abschlüsse in der Masse der Normalabschlüsse untergeht, verschwinden oberflächlich auch die sozialen Unterschiede. Sie würden erst wieder zu Tage treten, wenn man nicht die formale Höhe des Abschlusses, sondern die Bildungseinrichtung, an der er erworben worden ist, als maßgebliche Kategorie einführen würde.

23 Genauere Angaben zu diesen Persönlichkeitsmerkmalen finden sich bei Hartmann (1996, 2000, 2001a, 2001b).

linie versteht, von der man stets abweichen kann, wenn der eigene Geschmack es erlaubt oder gar gebietet.

Schaubild 2: Promovierte in hohen Führungspositionen von Spitzenunternehmen nach sozialer Herkunft und Promotionsjahrgang

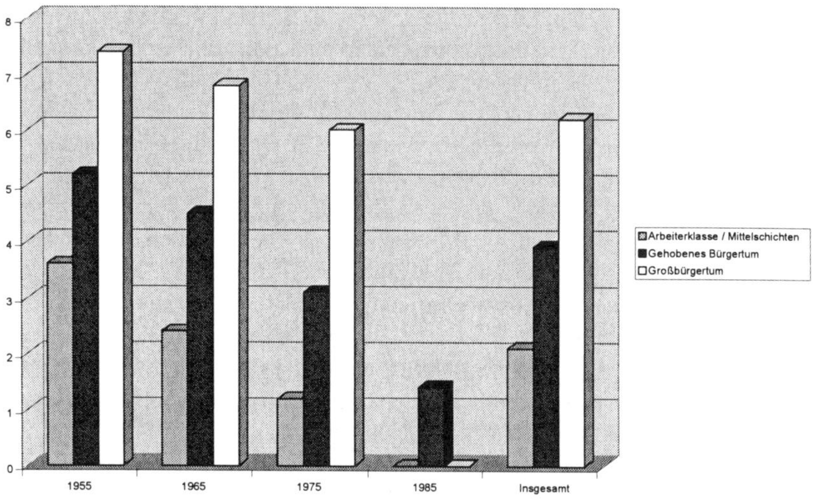

Einen erkennbar eigenen Geschmack zu zeigen, das zeugt von Selbstsicherheit, Gelassenheit und Vertrautheit mit den Verhältnissen. Darauf kommt es im Kern an. Wer auf diese Art und Weise zeigt, dass er ganz selbstverständlich dazu gehört, der wird auch als dazu gehörend akzeptiert. Er weist den „richtigen" klassenspezifischen Habitus auf. Ihm stehen die Türen zu den Toppositionen offen, weil er denen ähnelt oder gleicht, die über den Zugang zu den Chefetagen entscheiden haben; denn letztere suchen (angesichts der zunehmenden Komplexität und Unsicherheit der wirtschaftlichen und gesellschaftlichen Entwicklung heute noch stärker als früher) in der Regel Personen ihres Typus, weil sie ihnen am ehesten glauben vertrauen zu können. Vertrauen ist in diesem Sinne tatsächlich das, was der Werbespot einer bekannten Großbank verspricht: der Anfang von allem. Vertrauen schenkt man am ehesten Menschen, deren Persönlichkeitsstruktur und Verhalten der eigenen ähnelt. Das schafft eine gemeinsame Basis und schützt vor unangenehmen Überraschungen. Das steckt im Kern hinter der immer wieder als ausschlaggebend für die Entscheidung angeführten „gleichen Wellenlänge" oder der „Chemie, die stimmen muss".

Die beste Garantie für solche Übereinstimmungen bietet eine vergleichbare soziale Herkunft. Man kennt einander, auch wenn man sich zuvor noch nie begegnet ist, weil die Verhaltensmaßstäbe und -regeln dieselben sind oder einander zumindest stark ähneln. Es sind die berühmten „feinen Unterschiede" (Bourdieu 1982), auf die es hier ankommt. Sie sind Ausdruck einer langjährigen familiären Sozialisation in Kinder- und Jugendtagen und können im späteren Leben kaum noch angeeignet werden. Gerade die für den eigenen Geschmack und den souveränen Umgang mit den herrschenden Regeln entscheidenden Persönlichkeitselemente sind ein Produkt dieser frühen Zeit. Ein späterer Erwerb lässt fast immer die nicht selbstverständliche, sondern angestrengte Form des Erwerbs erkennen. Das disqualifiziert seinen Besitzer in den Augen derjenigen, die zur „besseren Gesellschaft" zählen. Man muss besitzen, ohne dass die Arbeit der Aneignung zu erkennen ist.

In Ländern, in denen es wie in Frankreich und Großbritannien exklusive Bildungseinrichtungen wie die Grandes Écoles oder die Public Schools gibt, erfährt der klassenspezifische Habitus, auf den es ankommt, durch die Abschlusszertifikate eine öffentliche Bestätigung. Wer beispielsweise auf der ENA oder in Eton war, der besitzt jenen Habitus, der in den Chefetagen der Wirtschaft erwartet und gewünscht wird. Derartige Institutionen garantieren ihn qua Tradition. Seine Grundlagen werden auch in diesen Fällen in der Familie gelegt, in den Elitebildungsstätten aber noch vervollkommnet, vereinheitlicht und vor allem schwarz auf weiß dokumentiert. In den britischen Public Schools wird dabei (im Unterschied zu Frankreich) auch ein erheblicher Teil der ansonsten im Rahmen der Familie ablaufenden Sozialisationsleistungen erbracht, da die Internatsunterbringung und der relativ frühe Zeitpunkt des Wechsels in diese Schulen – in der Regel mit 13 Jahren, unter Einbeziehung der Preparatory Schools z.T. aber auch schon mit 7 Jahren – das Gewicht der schulischen gegenüber der familiären Erziehung wesentlich erhöht. Einen Enarque, einen Etonian oder den Absolventen einer der anderen Eliteeinrichtungen erkennt man daran, dass er das Bildungsziel dieser Institutionen, die den Absolventen das sichere Gefühl vermitteln wollen, ein Bestandteil der gesellschaftlichen Elite zu sein, voll und ganz verinnerlicht hat. Er weiß, dass er zur Elite des Landes gehört, weil er es abgesehen von seiner familiären Herkunft durch das Abschlusszeugnis auch offiziell bestätigt bekommt. Da es in Deutschland an solchen exklusiven Bildungstiteln fehlt, deren Besitz die erforderlichen und gewünschten Persönlichkeitsmerkmale dokumentiert, muss die Auswahl im Wesentlichen außerhalb kumentiert, muss die Auswahl im Wesentlichen außerhalb des Bildungssystems erfolgen, das nur eine erste grobe Vorauswahl trifft. Die soziale Herkunft wirkt dementsprechend viel direkter als in Frankreich und Großbritannien und weit weniger vermittelt über Bildungswege und -titel.

Die Tatsache, dass es trotz der großen Differenzen in den Bildungssystemen keine Unterschiede in der sozialen Rekrutierung der Wirtschaftseliten dieser drei Länder gibt, demgegenüber gravierende in der ihrer politischen Führungen, hat einen entscheidenden Grund. Die Besetzung von Toppositionen in der Wirtschaft wird überall von denen bestimmt, die über die Macht in den Unternehmen verfügen, einem kleinen Kreis von Personen, die überwiegend dem Großbürgertum angehören. Sie allein entscheiden, wer zu ihnen passt. Das ist bei der Auswahl von Spitzenpolitikern anders. Dort, wo große Volksparteien dominieren, gibt es vielfältige Einflüsse der Parteibasis und damit in einem gewissen Umfang auch der breiten Bevölkerung. Der gewünschte und erforderliche Habitus ist dementsprechend weit weniger vom Bürgertum geprägt als in der Wirtschaft. Das gilt aber nur für die Volksparteien. Das zeigt sich sowohl bei den britischen Konservativen, die trotz aller Veränderungen hin zur Volkspartei immer noch deutliche Züge einer Klassenpartei aufweisen, als auch vor allem in Frankreich, wo die meisten Parteien eher den Charakter von Honoratiorenvereinigungen tragen. In beiden Fällen kommt, wenn auch unterschiedlich ausgeprägt, ein Habitus zum Tragen, der dem in der Wirtschaft deutlich stärker entspricht als in den für Deutschland typischen breiten Volksparteien. Dementsprechend fällt die soziale Rekrutierung der Spitzenpolitiker dann auch exklusiver aus.

Die Politik stellt insgesamt aber eher die Ausnahme als die Regel dar. Das jedenfalls lässt ein Vergleich der Spitzenbeamten vermuten. Anders als bei den Politikern und ähnlich wie in der Wirtschaft gibt es bei ihnen ebenfalls keine großen Unterschiede zwischen den drei Ländern. So stammen in Großbritannien ungefähr 70 Prozent der von 1945 bis Anfang der 90er Jahre amtierenden Staatssekretäre aus den Familien von Geschäftsleuten, Managern, höheren Beamten und Professionals (Barberis 1999: 115). In Deutschland ist der Prozentsatz für den Zeitraum von 1949 bis 1984 praktisch identisch (Derlien 1997: 74; Derlien/Pippig 1990: 100).[24] Für ihre französischen

24 Da diese sozialen Kategorien weder bei Barberis noch bei Derlien genauer beschrieben werden, ist anzunehmen, dass sie weniger trennscharf sind und damit einen größeren Personenkreis umfassen als die vom Verfasser unter den Begriff des gehobenen Bürgertums subsumierten Kategorien der größeren Unternehmer, leitenden Angestellten, höheren Beamten und akademischen Freiberufler. Wie stark die Differenz ausfällt, lässt sich allerdings nicht genau feststellen. Es dürfte sich bei Barberis und Derlien aber um eine ungefähr doppelt so große Bevölkerungsgruppe handeln. Dafür sprechen die Ergebnisse von Benzner (1989: 374) und Mougel (1990: 339). Sie haben für die ministeriellen Führungskräfte in

Pendants liegen zwar keine vergleichbaren Untersuchungen vor, angesichts des Übergewichts der ENA ist aber mit einem ähnlichen, wahrscheinlich sogar noch etwas höher ausfallenden Anteil der Bürgerkinder zu rechnen. Der Grund ist im Kern derselbe wie in der Wirtschaft. Das Auswahlverfahren unterliegt auch hier weit weniger Einflüssen aus der breiten Bevölkerung als in den Volksparteien.[25]

Die große Übereinstimmung in der sozialen Rekrutierung der administrativen und der Wirtschaftseliten und die zugleich tief greifenden Unterschiede in der sozialen Zusammensetzung der politischen Eliten der drei Länder lassen hinsichtlich der Ausgangsfrage eine zentrale Schlussfolgerung zu: Auch wenn der Weg zu transnationalen Eliten aufgrund der unterschiedlichen nationalen Karrierepfade noch weit sein wird, wesentlich weiter jedenfalls, als viele Beobachter meinen, so dürfte diese Entwicklung in der Wirtschaft und in geringerem Maße auch in der Verwaltung doch deutlich schneller vorankommen als in der Politik. Die gemeinsame soziale Herkunft aus dem Bürgertum wird den Prozess der Angleichung erleichtern. Je kleiner die Kreise sind, aus denen man stammt, und je höher in der gesellschaftlichen Hierarchie angesiedelt, umso einfacher fällt in der Regel die gegenseitige Verständigung. Das beste Beispiel dafür bietet der europäische Hochadel des Mittelalters. Während die Bevölkerung Europas damals in jeder Hinsicht in unendliche viele voneinander getrennte Teile zersplittert war, bildete er eine relativ homogene Einheit, die eine einheitliche Sprache pflegte und innerhalb derer auch länderübergreifend geheiratet wurde. Die Vereinheitlichung zu einer transnationalen Elite dürfte dementsprechend am ehesten für das Großbürgertum zu erwarten sein, d.h. in den Spitzen der Wirtschaft, der freien Berufe und (mit Abstrichen) auch der Verwaltung.

Deutschland und Großbritannien einen Anteil von ca. 80 bzw. ca. 90 Prozent ermittelt, der aus den oberen 20 Prozent der Bevölkerung stammt, also ebenfalls sehr ähnliche, wenn auch etwas höhere Werte.

25 Konsequenterweise fällt die soziale Rekrutierung der politischen Staatssekretäre in Deutschland, deren Karrieren denen der Politiker im Grunde gleichen, dann auch deutlich niedriger aus als bei den klassischen Laufbahnbeamten (Derlien 1997: 75).

Literatur

Adonis, Andrew / Stephen Pollard (1997): A Class Act. The Myth of Britain's Classless Society, London.

Barberis, Peter (1996): The Elite of the Elite. Permanent Secretaries in the British Higher Civil Service, Aldershot.

Bauer, Michel / Benedicte Bertin-Mourot (1996): Vers un modèle Européen de dirigeants? Comparaison Allemagne / France / Grande Bretagne, Paris, C.N.R.S. et Boyden Executive Search.

Bock, Hans Manfred (1999): Republikanischer Elitismus und technokratische Herrschaft, in: Marieluise Christadler / Henrik Utterwedde (Hrsg.), Länderbericht Frankreich, Opladen, S. 381-403.

Bourdieu, Pierre (1982): Die feinen Unterschiede. Kritik der gesellschaftlichen Urteilskraft, Frankfurt/M.

Bourdieu, Pierre (1989): La noblesse d'Etat. Grandes écoles et esprit de corps, Paris.

Byrkjeflot, Haldor (2000): Management Education and Selection of Top Managers in Europe and the United States. LOS-Senter Rapport 0103, Bergen.

Chevallier, Jacques (1997): L'élite politico-administrative, une interpénétration discutée, in: Pouvoirs. Revue Francaise d'etudes constitutionelles et politiques, Jg. 80, S. 89-100.

Dahrendorf, Ralf (1965): Gesellschaft und Demokratie in Deutschland, München.

Dargie, Charlotte / Rachel Locke (1999): The British Senior Civil Service, in: Edward C. Page / Vincent Wright (Eds.), Bureaucratic Élites in Western European States. A Comparative Analysis of Top Officials, Oxford, S. 178-204.

Derlien, Hans-Ulrich (1997): Compétence bureaucratique et allégeances politiques en Allemagne, in: Ezra Suleiman / Henri Mendras (Eds.), Le recrutement des élites en Europe, Paris, S. 91-112.

Derlien, Hans-Ulrich / Gerhard Pippig (1990): Die administrative Elite. Kontinuität und Wandel 1949 bis 1984, in: Wehling, Hans-Georg (Red.), Eliten in der Bundesrepublik Deutschland, Stuttgart, S. 98-107.

Euriat, Michel / Claude Thelot (1995): Le recrutement social de l'elite scolaire en France, in: Revue française de sociologie, Jg. 36, S. 403-438.

Galland, Olivier / Dominique Rouault (1996): Des études supérieures inégalement rentables selon les milieux sociaux, in: INSEE premiere, No. 469, Paris.

Haensch, Günther / Hans J. Tümmers (1998): Frankreich. Politik, Wirtschaft, Gesellschaft, München.

Halsey, A.H. (1972): Higher Education, in: Halsey, A.H. (Ed.), Trends in British Society since 1900, London, S. 192-226.

Halsey, A.H. / John Sheehan / John Vaizey (1972): Schools, in: Halsey, A.H. (Ed.), Trends in British Society since 1900, London, S. 148-191.

Hartmann, Michael (1996): Topmanager – Die Rekrutierung einer Elite, Frankfurt/M.

Hartmann, Michael (1997a): Die Rekrutierung von Topmanagern in Europa. Nationale Bildungssysteme und die Reproduktion der Eliten in Deutschland, Frankreich und Großbritannien, in: Archives Européennes de Sociologie, Jg. 38, S. 3-37.

Hartmann, Michael (1997b): Soziale Öffnung oder soziale Schließung. Die deutsche und die französische Wirtschaftselite zwischen 1970 und 1995, in: Zeitschrift für Soziologie, Jg. 26, S. 296-311.

Hartmann, Michael (1999): Auf dem Weg zur transnationalen Bourgeoisie? Die Internationalisierung der Wirtschaft und die Internationalität der Spitzenmanager Deutschlands, Frankreichs, Großbritanniens und der USA, in: Leviathan, Jg. 27, S. 113-141.

Hartmann, Michael (2000): Class-Specific Habitus and the Social Reproduction of the Business Elite in Germany and France, in: The Sociological Review, Jg. 48, S. 241-261.

Hartmann, Michael (2001a): Klassenspezifischer Habitus oder exklusive Bildungstitel als soziales Selektionskriterium. Die Besetzung von Spitzenpositionen in der Wirtschaft, in: Beate Krais (Hrsg.), An der Spitze. Deutsche Eliten im sozialen Wandel. Konstanz, S. 157-215.

Hartmann, Michael (2001b): Die Bildungsexpansion in der Bundesrepublik Deutschland und der Zugang zu den Spitzenpositionen in Wirtschaft, Wissenschaft, Justiz und Politik – Zum Zusammenhang zwischen sozialer Herkunft, Promotion und dem Aufstieg in die politische, juristische, wissenschaftliche und wirtschaftliche Elite, DFG-Forschungsbericht, Darmstadt.

Hartmann, Michael / Johannes Kopp (2001): Elitenselektion durch Bildung oder durch Herkunft? Promotion, soziale Herkunft und der Zugang zu Führungspositionen in der deutschen Wirtschaft, in: Kölner Zeitschrift für Soziologie und Sozialpsychologie, Jg. 53, S. 436-466.

Herzog, Dietrich (1990): Der moderne Berufspolitiker. Karrierebedingungen und Funktion in westlichen Demokratien, in: Wehling, Hans Georg (Red.), Eliten in der Bundesrepublik, Stuttgart.

Kanter, Rosabeth Moss (1995): World Class. Thriving Locally in the Global Economy, New York.

Kanter, Rosabeth Moss (1996): Weltklasse: im globalen Wettbewerb lokal triumphieren, Wien.

Kesler, Jean-Francois (1997): L'Enarchie n'existe pas, in: Pouvoirs. Revue Francaise d'etudes constitutionelles et politiques, Jg. 80, S. 23-41.

Krais, Beate (2001): Die Spitzen der Gesellschaft. Theoretische Überlegungen. in: Beate Krais (Hrsg.), An der Spitze. Deutsche Eliten im sozialen Wandel, Konstanz, S. 7-62.

Lassere, René / Joachim Schild / Henrik Uterwedde (1997): Frankreich – Politik, Wirtschaft, Gesellschaft, Opladen.

Mougel, Francois-Charles (1990): Élites et système de pouvoir en Grande-Bretagne 1945-1987, Bordeaux.

Norris, Pippa / Joni Lovenduski (1995): Political Recruitment. Gender, Race and Class in the British Parliament, Cambridge.

Rebenstorf, Hilke (1997): Karrieren und Integration – Werdegänge und Common Language, in: Wilhelm Bürklin / Hilke Rebenstorf u.a. (1999): Eliten in Deutschland. Rekrutierung und Integration, Opladen, S. 157-199.

Reid, Ivan (1986): The Sociology of School and Education, London.

Rohe, Karl (1994): Parteien und Parteiensystem, in: Hans Kastendiek / Karl Rohe / Angelika Volle (Hrsg.), Großbritannien. Geschichte – Politik – Wirtschaft – Gesellschaft, Frankfurt/M., S. 213-229.

Rouban, Luc (1999): The Senior Civil Service in France, in: Edward C. Page / Vincent Wright (Eds.), Bureaucratic Élites in Western European States. A Comparative Analysis of Top Officials, Oxford, S. 65-89.

Sampson, Anthony (1983): Thc Changing Anatomy of Britain, London.
Scott, John (1991): Who Rules Britain? Cambridge.
Sklair, Leslie (2001): The Transnational Capitalist Class, Oxford.
Sturm, Roland (1991): Großbritannien. Wirtschaft – Gesellschaft – Politik, Opladen.
Suleiman, Ezra (1974): Politics, Power and Bureaucracy in France, Princeton.
Suleiman, Ezra (1997): Les élites de l'administration et de la politique dans la France de la V. République: Homogénéité, puissance, permanence, in: Ezra Suleiman / Henri Mendras (Eds.), Le recrutement des élites en Europe, Paris, S. 19-47.

Sind Manager Unternehmer? Deutsche und britische Manager im Vergleich[1]

Paul Windolf

1. Unternehmer versus Bürokraten[2]

Während des vergangenen Jahrzehnts hat sich die Kritik an den Top-Managern der Großunternehmen verschärft. „Nieten in Nadelstreifen" (Ogger 1992) oder „Bürokraten in den Chefetagen" (Scheuch/Scheuch 1995) sind die Titel einiger Bücher, in denen den Managern die Verantwortung für ökonomische Stagnation, Mismanagement, Skandale und für den Verlust von Arbeitsplätzen gegeben wird. Manager – so der Tenor der Kritik – sind keine innovativen Unternehmer mehr, sondern nur noch sterile Bürokraten. Die Kritik bezieht sich auf das Bild des Unternehmers, wie Schumpeter es gezeichnet hat: Der Unternehmer sollte ein „charismatischer Führer" sein, der im Prozess „schöpferischer Zerstörung" einen kontinuierlichen Strom von Innovationen hervorbringt.

Sind die Manager der großen Unternehmen in diesem Sinne noch „Modernisierer" und „kreative Zerstörer", die den Horizont ökonomischer und technologischer Möglichkeiten erweitern oder sind es eher Technokraten, die die unternehmerische Funktion bürokratisiert und den Prozess der Innovation routinisiert haben? Im nächsten Abschnitt wird zunächst die Funktion des Unternehmers im Wirtschaftsprozess definiert; daran anschließend werden die Lebensläufe von deutschen und britischen Managern unter der Perspektive analysiert, ob es sich bei diesen Karrieren um „unternehmerische" oder eher um „bürokratische" Karrieren handelt. Um den Vergleich zu erweitern, werden auch Daten über Manager in Frankreich und in den USA einbezogen.

---

1 Die englische Version dieses Aufsatzes ist erschienen in: Paul Windolf, Corporate Networks in Europe and the United States, Oxford 2002: Oxford University Press (Kapitel 6). Der deutsche Abdruck erfolgt mit Genehmigung von Oxford University Press.

2 Die Erhebung wurde finanziert durch die Deutsche Forschungsgemeinschaft im Rahmen des Projektes „Unternehmensverflechtung in Westeuropa". Für Datenerhebungen und Auswertung danke ich Hanne Konz, Jordi Klingel und Christian Brandt.

2. Definition des Unternehmers

Eine klassische Definition des Unternehmers findet sich in einem Handbuchartikel Schumpeters aus dem Jahre 1928: „Im Erkennen und Durchsetzen neuer Möglichkeiten auf wirtschaftlichem Gebiet liegt das Wesen der Unternehmerfunktion." Der Unternehmer initiiert Prozesse „schöpferischer Zerstörung", indem er überholte Traditionen auflöst und durch neue Technologien und Organisationsformen ersetzt. Entsprechend dem Jargon der Zeit (1928) ist der Unternehmer für Schumpeter ein „Führer": „Die Unternehmerfunktion ist nichts anderes als [die] Führerfunktion auf dem Gebiet der Wirtschaft." Der Unternehmer ist – wie Hirschman es formuliert – ein „rebel against society", der seine Herrschaft durch Charisma legitimiert.[3]

Wenn diese Überlegungen in eine andere Sprache übersetzt werden, lässt sich argumentieren, dass der Unternehmer ein Motor des *sozialen Wandels* ist. Um Innovationen durchzusetzen, verletzen Unternehmer die Tabus der Tradition ebenso wie die Routinen der Bürokratie. Zur Legitimation berufen sie sich auf wirtschaftliche Rationalität, auf die Konkurrenz oder auf ihr „Charisma". In der Marktkonkurrenz müssen sich die Produkte „schöpferischer Zerstörung" immer wieder aufs neue „bewähren". Die Modernisierung während der vergangenen 150 Jahre lässt sich als eine ununterbrochene Kette von technischen und organisatorischen Innovationen verstehen, die – vom Wirtschaftssystem ausgehend – die gesamte Gesellschaft transformiert haben. Die Initiatoren dieser Modernisierung waren die „Unternehmer".

In seinem Buch über die „moderne Industriegesellschaft" ironisiert Galbraith (1970) den romantischen Geniekult des Unternehmers. Er weist darauf hin, dass die Prozesse schöpferischer Zerstörung – d.h. die Innovationen auf dem Gebiet von Technologie, Organisation und Verkauf – von der Managerbürokratie inkorporiert und routinisiert wurden. An die Stelle des „Führers" ist die Technokratie getreten, ein Kollektiv von Wissenschaftlern und Managern, die den Prozess der Innovation planbar und in seinen Folgen prognostizierbar machen. Die Produkte der Innovation werden nicht mehr dem Risiko ausgesetzt, am Markt zu scheitern. Die Technokratie versucht, den Gesamtprozess von der Innovation über die Produktion bis hin zum Marketing planbar und beherrsch

3 Quellen: Schumpeter (1928: 483, 482); Schumpeter (1950: 83). „[The entrepreneur´s] leadership, his willingness to assume risk, his breaking through old patterns of finance ... almost made him look like a rebel against society" (Hirschman 1958: 16). Vgl. dazu auch Redlich (1964: 46-48); Livesay (1995).

bar zu machen. „Außeralltägliche“ Innovationen sind in der Managerbürokratie zur alltäglichen Routine geworden.

Leff (1979: 47-49) definiert die Rolle der Unternehmer durch die Funktionen, die sie im ökonomischen Prozess erfüllen. Dazu zählen: „Risk-bearing, management, perceiving new economic opportunities, factor mobilization.“ Wenigstens zwei dieser Funktionen decken sich mit der von Schumpeter gegebenen Definition: „Im Erkennen (= perceiving) und Durchsetzen (= management) neuer Möglichkeiten auf wirtschaftlichem Gebiet liegt das Wesen der Unternehmerfunktion.“ Weiterhin tragen die Unternehmer das wirtschaftliche Risiko[4] ihrer Entscheidungen, und sie sind für die Mobilisierung von Ressourcen verantwortlich (z.B. Kapital und Arbeit). Die Rolle des Unternehmers wird hier also als ein Bündel ökonomischer Funktionen verstanden, die der Unternehmer selbst erfüllt oder an verschiedene Abteilungen im Unternehmen delegiert.

Die *Organisationsstrukturen*, in deren Rahmen der Unternehmer diese Funktionen erfüllt, haben sich im Zeitablauf verändert. Das Familienunternehmen, in dem der Gründer zugleich Eigentümer und Manager ist, das Risiko seiner Entscheidungen trägt und alle Ressourcen selbst mobilisiert, ist eine spezifische Organisationsform, die bis zum Ende des 19. Jahrhunderts dominant war (Pohl 1981). Das Großunternehmen, in dem diese Funktionen auf verschiedene Positionen in der Bürokratie verteilt werden, ist eine Organisationsform, die für den Managerkapitalismus typisch ist. Hier ist das Top-Management für das „Erkennen und Durchsetzen neuer Möglichkeiten“ verantwortlich (strategische Entscheidungen), während das Risiko von den Aktionären getragen wird und die „Mobilisierung“ von Produktionsfaktoren an spezialisierte Abteilungen des Unternehmens delegiert wird (z.B. Finanzabteilung, Personalmanagement).

Auch die *Begründungen* (Legitimation), auf die Unternehmer sich berufen, um ihre Entscheidungen zu legitimieren, haben sich im Zeitablauf verändert. Die spezifische Herrschaftsform, von der Schumpeter behauptet, dass sie typisch sei für *den* Unternehmer (charismatische Herrschaft), ist historisch gesehen nur ein Grenzfall: Die „robber barons“ der heroischen Phase des Kapitalismus gehören dazu (Josephson 1962). Die Herrschafts- und Kontrollstrukturen, die Galbraith beschreibt, haben nur noch wenig mit charismatischer Herrschaft

4 Die Funktion des „risk bearing“ ist von Knight (1934) betont worden (vgl. dazu Redlich 1964: 110-119). Schumpeter (1954: 555-56; 645) unterscheidet zwischen dem „Kapitalisten“ und dem „Unternehmer“. Der Kapitalist liefert die Ressource „Kapital“ und trägt das „Risiko“, während der Unternehmer gerade *kein* Risiko trägt. Die Aufgabe des Unternehmers ist die kreative Kombination und Rekombination der Produktionsfaktoren (Boden, Kapital, Arbeit, Technologie).

zu tun. Hier stehen bürokratische Rationalität, Sachzwang und Konkurrenz im Vordergrund.

Schließlich verändern sich nicht nur die Organisationsformen und die Legitimationsmuster unternehmerischer Entscheidungen, sondern auch der Inhalt dessen, was überhaupt als „*Innovation*" und „neue Möglichkeit" definiert wird. Fligstein (1990) hat untersucht, welche professionelle Spezialisierung die Top-Manager der großen amerikanischen Unternehmen haben, d.h. jene Personen, die am sichtbarsten die Unternehmerfunktion repräsentieren. Er kommt zu dem Ergebnis, dass bis in die Zwischenkriegszeit die meisten Top-Manager Produktionsingenieure oder Techniker waren; seit den dreißiger Jahren stehen überwiegend Marketing Spezialisten an der Unternehmensspitze (Marktbeherrschung) und seit den sechziger Jahren werden zunehmend Finanzspezialisten in die Position des Top-Managers berufen. Diese Veränderungen weisen darauf hin, dass das, was jeweils als „Innovation" gilt, einem historischen Wandel unterliegt. Die routinisierten Produktinnovationen der Entwicklungsabteilungen werden gegenwärtig nicht mehr als „Innovation" wahrgenommen,[5] wohl aber feindliche Übernahmen, Fusionen und Restrukturierungen, die auf „genialen" Finanztechniken beruhen.[6]

Technische Innovationen haben ihre Bedeutung nicht verloren. Aber neue Technologien werden häufig in kleinen Firmen vor-entwickelt, und diese Firmen werden dann später von den großen Unternehmen auf dem Markt für Unternehmenskontrolle aufgekauft. Die Innovations-Fähigkeit vieler Großunternehmen beruht häufig nur darauf, dass sie die „richtigen" Firmen zum „richtigen" Zeitpunkt kaufen und verkaufen.[7]

Wenn diese Überlegungen zusammengefasst werden, kommen wir zu folgendem Ergebnis: Eine Definition des Unternehmers umfasst erstens eine Aufzählung seiner ökonomischen Funktionen, die er im Wirtschaftsystem erfüllt;

---

5 3M (= Minnesota Mining and Manufacturing Corporation) galt über viele Jahre als Musterbeispiel eines innovativen Unternehmens, das immer wieder mit Produktinnovationen auf sich aufmerksam machte und fast regelmäßig auf der Liste der „most admired companies" stand. Seit Mitte der neunziger Jahre wird 3M von Wall Street als ein „langweiliges" und „phantasieloses" Unternehmen wahrgenommen – obwohl es im Jahr 1998 611 Patente (Innovationen) angemeldet hat. Hier ist der Prozess der technischen Innovation zur Routine geworden. Die Analysten der Investment- und Pensionsfonds erwarten von 3M offensichtlich andere „Innovationen". Quelle: New York Times, July 6, 1999, p. C7.

6 Die feindlichen Übernahmen, die von Kohlberg Kravis Roberts & Co. (KKR) organisiert wurden, sind ein Beispiel für diesen Typus von Innovation. Diese Innovationen beruhen auf spezifischen Transaktionen im Finanzmarkt und der Restrukturierung der übernommenen Firmen (Kauf und Verkauf auf dem Markt für Unternehmenskontrolle). Vgl. dazu Kaufman und Englander (1993).

7 Vgl. dazu die Diskussion auf der Tagung der „Strategic Management Society" und des dort diskutierten Konzepts der „deconstruction". Handelsblatt 1./2.10.99, S. 27 („Strategie der Zukunft liegt in der Kunst des Zerlegens").

zweitens eine Analyse der Organisationsformen und Institutionen, in denen diese Funktionen jeweils erfüllt werden; und drittens eine Analyse der Legitimation der Herrschaft, die der Unternehmer ausübt. In den Großunternehmen beruht das Regime des Unternehmers in der Regel auf bürokratischer Herrschaft und nur in seltenen Fällen auf dem „Charisma" der Top-Manager.[8]

3. Unternehmer im Netzwerk

Die Funktionen, die der Unternehmer im ökonomischen System erfüllt (risk-bearing, management, perceiving new opportunities, factor mobilization), wurden in den Großunternehmen ausdifferenziert, auf spezialisierte Positionen innerhalb (oder außerhalb) des Unternehmens verteilt und professionalisiert. Die Rolle des Eigentümers wird in den USA und in Großbritannen von einem professionellen Fonds-Management wahrgenommen, das die mit dem Eigentum verbundenen Risiken in diversifizierten Portfolios reduziert hat. Die Rolle der Mobilisierung von Kapital und Arbeit wurde an spezialisierte Abteilungen delegiert (oder diese Dienstleistungen werden am Markt eingekauft). Das Management wird von der „visible hand" der Großbürokratie wahrgenommen (Chandler 1977).

Die Rolle des Unternehmers ist damit reduziert auf eine Kernfunktion, die Schumpeter als das „*Erkennen und Durchsetzen neuer Möglichkeiten*" definiert. Redlich (1964: 124) beschreibt die Funktion des „Erkennens" wie folgt: „Theoretisch gibt es in jedem historischen Augenblick einen letzten geschäftlichen Horizont, der den Ausblick praktisch aller Unternehmer begrenzt, d.h. derer, die in den kapitalistischen Unternehmen ihrer Zeit die strategischen Entscheidungen treffen." Aufgabe des Unternehmers ist es, diesen Horizont zu erweitern und alle innerhalb des Horizonts verfügbaren ökonomischen Chancen zu ergreifen. „Erkennen" bedeutet hier nicht nur, dass Innovationen gesehen werden, sondern auch, dass die Chancen der Durchsetzung (Risiko) abgeschätzt werden.

Es stellt sich die Frage, welche Personen diese jetzt sehr spezifische Unternehmer-Funktion des „Erkennens und Durchsetzens" in den Großunternehmen wahrnehmen. Die naheliegende Antwort lautet, dass das Top-Management (Vorstand) für diese Funktion verantwortlich ist. Die Mitglieder des Vor-

8 Die Phase der „charismatischen" Herrschaft ist in der Regel beendet, wenn der Gründer das Unternehmen verlässt. Vgl. dazu die Unternehmen von Morgan und Stinnes, die mit dem Tode ihrer Gründer ihren Zenit überschritten hatten bzw. liquidiert wurden (Strouse 1999; Feldman 1998).

stands definieren die Ziele der Organisation und bestimmen ihre zukünftige Entwicklung. Die These, die hier vertreten wird, lautet jedoch, dass nicht einzelne Top-Manager Träger dieser sozioökonomischen Funktion sind, sondern dass die unternehmerische Funktion des „Erkennens und Durchsetzens" im *Netzwerk der untereinander verbundenen Großunternehmen* lokalisiert ist (Personalverflechtung).

Die Entscheidungen der Großunternehmen sind so interdependent, dass ein einzelner Manager die ökonomischen Chancen innerhalb seines „Horizontes" zwar wahrnehmen, in den meisten Fällen aber nicht mehr alleine durchsetzen kann. Er braucht dazu den Konsens und die Unterstützung anderer Top-Manager, auf deren Ressourcen er angewiesen ist und deren Interessen durch seine Entscheidungen berührt werden. Diese Beziehungen lassen sich als (wechselseitige) Ressourcenabhängigkeit (Pfeffer/Salancik 1978) oder als (asymmetrische) Interdependenzen (Keohane 1984) beschreiben. Das *Kollektiv* der Manager, die durch Personalverflechtung miteinander verbunden sind, kontrolliert die kognitiven, technischen und ökonomischen Ressourcen, die für das Erkennen und Durchsetzen neuer Möglichkeiten erforderlich sind.

Ein historisches Beispiel soll diese These illustrieren: Im Jahre 1898 wurde das Rheinisch-Westfälische Elektrizitätswerke (RWE) gegründet (das später der größte Elektrizitätsversorger Europas wurde). Gegründet wurde das Unternehmen durch die Elektrizitäts-Aktiengesellschaft (EAG), die von der Stadt Essen die Konzession für ein Elektrizitätswerk erhalten hatte. In den Aufsichtsrat des Unternehmens wurde der damals 28jährige Hugo Stinnes berufen. Stinnes hatte sehr früh „erkannt", dass Elektrizität veredelte Kohle ist; dass Elektrizität einfacher zu transportieren ist als Kohle; dass der Elektromotor die Dampfmaschine verdrängen wird; und schließlich dass „economies of scale" in der Stromproduktion nur erreicht werden können, wenn nicht jede Stadt ihr eigene Elektrizitätsversorgung aufbaut, sondern billiger Strom von großen monopolistischen Kraftwerksunternehmen geliefert wird. Im Aufsichtsrat von RWE sind diejenigen Interessen vertreten, die von dieser Idee betroffen sind und auf deren Konsens die Stromwirtschaft angewiesen ist: Erich Zweigert (Bürgermeister von Essen; Konzessionen), Heinrich Waldthausen (Finanzen) und Bernhard Salomon (EAG, Kraftwerksbau), August Thyssen (Kohle, Stahl) und Hugo Stinnes (Kohle). Hugo Stinnes hatte das Potential der Elektrizität zwar richtig „erkannt", aber er allein hätte diese Idee nicht verwirklichen können. Die unternehmerische Funktion wurde kollektiv im Netzwerk wahrgenommen, in dem die verschiedenen Interessen zusammengeschlossen waren und das industriezweigübergreifend organisiert war. Die innovative Idee stammt von Hugo Stinnes, die „Durchsetzung" konnte nur im Netzwerk gelingen (Feldman 1998: 41-45; Klass 1958: 102-130).[9]

Die unternehmerische Funktion des „Erkennens neuer Möglichkeiten" wurde durch den Begriff des „Horizontes" präzisiert, in dem die ökonomischen Möglichkeiten einer Gesellschaft kognitiv repräsentiert werden. Dieser „Horizont" ist im Netzwerk per definitionem ein kollektiver Horizont. Es ist zu vermuten, dass dieser kollektive Horizont (nicht immer aber) meistens weiter ist als der individuelle Horizont. Wir können also sagen, dass im Netzwerk mehr technologische und ökonomische Möglichkeiten kognitiv repräsentiert werden als dies bei einem einzelnen Unternehmer der Fall ist. Weiterhin können in einem Netzwerk die verschiedenen sozialen Gruppen, die von einer Innovation (negativ oder positiv) betroffen sind, koordiniert werden. Im Netzwerk können die unterschiedlichen Interessen aggregiert, gefiltert, verhandelt und entschädigt werden (asymmetrische Interdependenz). Schließlich können im Netzwerk jene Ressourcen zusammengeführt werden, die benötigt werden, um eine Innovation zu realisieren (wechselseitige Ressourcenabhängigkeit).

Im kollektiven Horizont des Netzwerkes sind die technologischen und ökonomischen Möglichkeiten einer Gesellschaft virtuell repräsentiert. In jedem „Horizont" gibt es aber immer mehr Möglichkeiten, als mit den gegebenen ökonomischen und kulturellen Ressourcen einer Gesellschaft realisiert werden können. Die Funktion des Netzwerkes, d.h. der im Netzwerk interagierenden Unternehmer, besteht also nicht nur im Erkennen, sondern vor allem auch im *Selektieren* neuer Möglichkeiten (Luhmann 1994).

Je umfassender das Netzwerk (industriezweigübergreifend, alle „stakeholders" einschließend), je dichter seine Verknüpfung (d.h. je intensiver die Interaktionen) und je elaborierter seine Kontrolleinrichtungen, um so eher können Innovationen kommuniziert und unternehmerische Entscheidungen korrigiert werden.

4. Die empirische Untersuchung

In einer Erhebung über die Verflechtung der 700 größten Unternehmen in Westdeutschland und der 520 größten Unternehmen in Großbritannien wurden

9 Das Automobil und das Flugzeug (die die Eisenbahn als Verkehrsmittel verdrängten) sind weitere Beispiele für unternehmerische Innovationen, an denen illustriert werden kann, dass sie nur in einem Netzwerk untereinander verbundener Unternehmen realisiert werden konnten (z.B. Infrastruktur für Auto und Flugzeug).

die Namen derjenigen Manager identifiziert, die drei oder mehr Positionen im Netz der Großunternehmen besetzen, d.h. die Vorstand in einem Unternehmen und/oder Aufsichtsrat in wenigstens zwei weiteren Unternehmen sind.[10] Für 200 deutsche und 180 britische Manager konnten mehr oder weniger vollständige Lebensläufe (Berufskarrieren) erhoben werden, die in den folgenden Abschnitten analysiert werden. Die Liste der multiplen Direktoren wurde für das Stichjahr 1995 erstellt. Aufgrund von Problemen bei der Datenerhebung über die Lebensläufe insbesondere der britischen Manager hat sich die empirische Erhebung über einen relativ langen Zeitraum erstreckt und konnte erst 1997 abgeschlossen werden.

Ziel der Erhebung war es, jene Personen zu identifizieren, die – als *Kollektiv* – im Netzwerk der verbundenen Firmen die Funktion des Unternehmers erfüllen, wie sie im letzten Abschnitt definiert wurde. Useem (1984) hat diese Manager als „big linkers" bezeichnet, und er behauptet von ihnen, dass sie nicht mehr ausschließlich betriebsegoistische Ziele verfolgen, sondern aufgrund ihrer multiplen Positionen gezwungen sind, die Interessen verschiedener Großunternehmen zu aggregieren, zu filtern und in unternehmensübergreifenden Strategien neu zu formulieren.

Es gibt bereits eine Reihe von Untersuchungen über die soziale Herkunft und die Karrierewege von Top-Managern. In diesen Studien werden in der Regel die Top-Manager der 200 oder 500 größten Unternehmen untersucht.[11] Unsere Studie konzentriert sich hingegen auf die *multiplen* Direktoren, die im Netzwerk der verbundenen Unternehmen eine zentrale Rolle spielen. Die hier untersuchte ökonomische Elite ist also eine *Teilmenge* jener Personen, die in den zitierten Studien befragt wurden.[12]

Die Berufskarrieren wurden in einem ersten Schritt aus Handbüchern und aus publizierten Lebensläufen in der Finanzpresse erhoben.[13] In einem zweiten

---

10 Aufgrund der geringeren Verflechtungsdichte in Großbritannien wurde auch ein Teil der Manager eingeschlossen, die nur 2 Positionen im Netz der Großunternehmen besetzen. Eine Analyse des Netzwerkes, in das diese Manager integriert sind, findet sich in Windolf (1997b). In dieser Analyse wurden insgesamt 308 deutsche und 303 britische Manager untersucht. Die hier untersuchten Manager sind eine Teilmenge dieser Stichprobe: Es sind diejenigen Manager, deren Lebensläufe/Berufskarrieren erhoben werden konnten.

11 Die wichtigsten Studien über Manager in Deutschland und anderen europäischen Ländern werden zusammengefasst in Hartmann (1997); für die westdeutschen Unternehmer und Manager hat Kruk (1972) eine umfassende Studie vorgelegt; vgl. auch Stahl (1973). Für Großbritannien siehe Giddens (1974); Fidler (1981); Barry (1998); Whitley (1973); Hill (1995). Für die USA siehe zusammenfassend Useem (1980); Useem (1984); Useem/Karabel (1986). Für Frankreich Bauer und Bertin-Mourot (1995, 1996, 1999); Birnbaum (1978a; 1978b).

12 Die meisten Manager in unserer Stichprobe sind Vorstand (executive director) in einem Unternehmen und sie haben zwei oder mehr Aufsichtsrats-Positionen (non-executive director) in anderen Großunternehmen.

13 Zu diesen Handbüchern gehören für Deutschland: Verlag Hoppenstedt: Leitende Männer und

Schritt wurde den deutschen Managern ein Fragebogen zugeschickt, um Datenlücken zu schließen. Häufig wurde vom Sekretariat des Top-Managers ein Standard-Lebenslauf zurückgeschickt, der für die „Öffentlichkeit" bestimmt ist. Insgesamt wurden 280 Fragebögen verschickt; 143 deutsche Manager haben entweder unseren Fragebogen ausgefüllt oder einen Standard-Lebenslauf zurückgeschickt.[14] Für Großbritannien konnten (aus finanziellen Gründen) keine Fragebögen verschickt werden. Die Datenlücken (missing values) sind daher im britischen Datensatz größer. Die Daten, die erhoben wurden, beziehen sich auf die folgenden Themen: Soziale Herkunft (Beruf der Eltern), Ausbildung (Studium, Fachrichtung), Abfolge der Berufsabschnitte von der ersten beruflichen Position bis zur gegenwärtigen Position als Top-Manager; Name der Firma (Stammwerk/Tochtergesellschaft), hierarchische Position und Dauer der einzelnen Berufsabschnitte. Da die Angaben zur sozialen Herkunft sowohl bei den deutschen als auch bei den britischen Managern sehr unvollständig sind, musste diese Variable aus der Analyse ausgeschlossen werden.

Die Darstellung der beruflichen Karrieren der multiplen Direktoren erfolgt in mehreren Schritten: Zunächst werden einige Konzepte erläutert, in deren Rahmen die Berufsverläufe analysiert werden (Ausdifferenzierung, Institutionalisierung, Selektivität). Diese Konzepte wurden von der Eliteforschung entwickelt und sie dienen hier als theoretischer Rahmen, auf den die Ergebnisse der Untersuchung bezogen werden. Daran anschließend wird das empirische Material präsentiert (Kapitel 6-11).

5. Typologie von Karrieremustern

(a) Ausdifferenzierung: Moderne Gesellschaften sind in verschiedene Subsysteme ausdifferenziert, darunter das Wirtschaftssystem, das politische System und das kulturelle System. Je stärker sich die Eliten in den sozialen Subsystemen hinsichtlich ihrer sozialen Herkunft und ihrer Bildungswege unterscheiden und je weniger sich ihre beruflichen Karrieren kreuzen, um so stärker sind die Eliten ausdifferenziert und voneinander *getrennt* (Simmel 1908). Wenn – wie z.B. in Deutschland – die Wirtschaftselite häufig eine Lehre (ergänzt durch

Frauen der Wirtschaft (Darmstadt), mehrere Jahrgänge. Archiv für publizistische Arbeit/ Munzinger Archiv: Internationales biographisches Archiv (Ravensburg). Schmidt/Römhild: Wer ist wer? – The German Who's Who? (Lübeck). Großbritannien: A & C Black: Who's Who? (London), mehrere Jahrgänge.

14 Die Umfrage wurde durchgeführt von Jordi Klingel (1995).

ein Studium der Wirtschaftswissenschaften) absolviert, die berufliche Karriere fast ausschließlich in den Großunternehmen durchläuft und nur sehr selten ins politische System überwechselt oder aus diesem System rekrutiert wird, dann sind die Eliten des ökonomischen und des politischen Systems stärker ausdifferenziert als dies in Frankreich der Fall ist, wo die Eliten der beiden Systeme häufig ein Elitegymnasium besucht haben, ein Diplom der ‚Polytechnique' oder ‚École nationale d'administration' (ENA) besitzen und während eines Teils ihrer beruflichen Karriere gemeinsam in der Staatsbürokratie beschäftigt waren (Grands Corps d'Etat). Als empirischer Indikator der Ausdifferenzierung gilt hier die Anzahl der Berufsabschnitte, die die multiplen Direktoren in anderen sozialen Subsystemen (z.B. im politischen System) verbracht haben.

(b) Integration: Von Bedeutung ist weiterhin, ob eine Elite horizontal oder vertikal integriert ist (Birnbaum 1978b; Useem 1980). Bei der *horizontalen* Integration können die Mitglieder der Elite zwischen den verschiedenen Organisationen wechseln. Diese Fluktuation kann auch als Elite-Kreislauf zwischen Führungspositionen bezeichnet werden. Ein Manager, der Vorstandsmitglied in einem Unternehmen ist, kann z.B. relativ leicht Vorstandsmitglied in einem anderen Unternehmen werden. Wir nehmen an, dass die Elite in diesem Fall eine relativ geschlossene soziale „Klasse" bildet (establishment). Die Grenze zwischen Top-Management und den unteren Hierarchie-Ebenen eines Betriebes ist wenig durchlässig. Bei der *vertikalen* Integration durchlaufen die Personen eine mehr oder weniger geregelte Karriere in der Bürokratie. Es gibt innerhalb des Unternehmens einen internen Arbeitsmarkt, der für die Rekrutierung der oberen Führungspositionen wichtig ist (vertikale Mobilität). In diesem Fall gehen wir davon aus, dass die Eliten sozial weniger geschlossen sind und dass die Grenze zwischen „oben" und „unten" im internen Arbeitsmarkt relativ durchlässig ist. Als empirischer Indikator für die vertikale Integration gilt die Anzahl der Jahre, die eine Person im Unternehmen verbracht hat, bevor sie zum Top-Manager (Vorstand, Direktor) befördert wurde.

(c) Institutionalisierung der beruflichen Karriere soll hier bedeuten, dass die Ausbildung und die Bedingungen der Berufsausübung gesetzlich und/oder korporativ geregelt sind. Der Beruf des Arztes weist in modernen Gesellschaften z.B. einen hohen Grad an Institutionalisierung auf, während die Karriere des „Künstlers" in der Regel keinen Beschränkungen unterliegt. Der Begriff der *Standardisierung* ist schwächer und bedeutet hier nur, dass *empirisch* eine hohe Gleichförmigkeit der Karrieren in einem Berufsfeld beobachtet wird, ohne dass diese Gleichförmigkeit auf gesetzlichen oder korporativen Verpflichtungen beruht. Die Karrierewege der französischen Top-Manager weisen z.B. einen hohen Grad an Standardisierung auf, die Karriere der deutschen Manager einen mittleren Grad, während die Karrierewege der britischen Manager – im

Vergleich dieser drei Länder – relativ wenig standardisiert sind. Der empirische Indikator ist die *Varianz* im Ausbildungsniveau, in den Fachrichtungen und in den Berufsabschnitten, die die Manager durchlaufen haben.

(d) Die Individualisierung der Lebensläufe ist die Gegenthese zur Institutionalisierung/Standardisierung. Vertreter dieser These behaupten, dass sich die Lebensläufe der Individuen in postmodernen Gesellschaften ausdifferenzieren und einander unähnlich werden (Beck 1983). Eine Ursache für die Individualisierung wird in den zunehmenden Wahlmöglichkeiten gesehen, die in einer Gesellschaft verfügbar sind. So nimmt z.B. die Zahl der Optionen zu, die Individuen hinsichtlich der Ausbildung haben (Welche Schule? Wie lange? Welche Fachrichtung?); hinsichtlich der Arbeitszeit (z.B. Teilzeit); und hinsichtlich der Unterbrechung der Berufskarriere (z.B. Elternurlaub). Die Wahlmöglichkeiten bewirken eine zunehmende Heterogenität, Entstandardisierung und Deinstitutionalisierung des Lebenslaufes (Mayer 1996).

Nun kann gefragt werden, ob die Individualisierung für alle sozialen Schichten nachweisbar ist, oder nur für bestimmte soziale Schichten (z.B. nur für die Mittelschicht). Die Familiensoziologie hat festgestellt, dass in fast allen Gesellschaften die Heiratsregeln der *Oberschicht* rigider und verpflichtender sind als die Heiratsregeln der Unterschicht (Rosenbaum 1982). Hier wird die These vertreten, dass die Karrierewege, die in ökonomische Elitepositionen führen (Vorstand, Aufsichtsrat), stärker standardisiert sind als Berufswege, die in rangniedrigere Positionen münden.[15]

(e) Selektivität: In jeder Gesellschaft gibt es nur wenige Elitepositionen. Der Begriff der Elite impliziert eine hohe Selektivität in den Zugangswegen. Unterschiede gibt es zwischen den Gesellschaften hinsichtlich des Zeitpunktes, zu dem die Selektion stattfindet, hinsichtlich der Institutionen, in denen die Selektion kontrolliert wird, und hinsichtlich der Selektionskriterien (z.B. praktische Bewährung im Beruf versus formale Bildungsabschlüsse). In Frankreich und zum Teil auch in Großbritannien findet die Selektion für ökonomische und politische Elitepositionen häufig in den Elite-Universitäten statt, d.h. zu einem relativ frühen Zeitpunkt der Karriere. Für die Wirtschaftselite in Deutschland lässt sich zeigen, dass die Selektion relativ spät im internen Arbeitsmarkt der Großunternehmen erfolgt.

(f) Professionalisierung soll hier bedeuten, dass die Ausbildung direkt auf die Funktion bezogen ist, die in der späteren beruflichen Position erfüllt wird. Als Beispiel kann hier wiederum der Arzt dienen, dessen Position stark

15 Diese Hypothese kann durch unsere Untersuchung nicht belegt werden, weil nur Top-Manager in unserer Stichprobe enthalten sind. Die These von der „Standardisierung“ der Elite-Lebensläufe kann nur durch Plausibilitäts-Argumente gestützt werden (z.B. die faktische Uniformität der Karrieren).

professionalisiert ist. Ein Vergleich der Wirtschaftselite zwischen Deutschland und Großbritannien wird zu dem Ergebnis führen, dass die Position des britischen Top-Managers einen geringeren Grad der Professionalisierung aufweist als die des deutschen Top-Managers.

Je ausdifferenzierter die verschiedenen Eliten in einer Gesellschaft, je stärker die Institutionalisierung/Standardisierung des Lebenslaufes, je früher die Selektion stattfindet und je professionalisierter die Karriere, um so *homogener* ist die Elite in einem sozialen Subsystem. Die Mitglieder dieser Elite kommen häufig aus derselben sozialen Schicht und/oder sie haben die gleichen Elite-Universitäten besucht.

Im nächsten Abschnitt werden die Karrieremuster der britischen und deutschen Manager genauer analysiert. Es wird gefragt, wie alt die Unternehmen sind, in denen die Manager die Führungsposition erreicht haben; in welchem Umfang die Eliten ausdifferenziert sind (Trennung zwischen politischer und ökonomischer Elite); ob die Karrierewege standardisiert sind (Varianz der Berufsverläufe); in welchem Grade sie professionalisiert sind (Ausbildungswege); und auf welcher Stufe die Selektion stattfindet.

6. Das Kartell der Großunternehmen

Für Schumpeter war der Unternehmer in erster Linie ein Firmen*gründer*, der seine innovativen Ideen in einem neu gegründeten Unternehmen zu verwirklichen suchte. Die Manager in unserer Stichprobe sind keine Firmengründer. Ein Blick auf Tabelle 1 zeigt, dass die 250 größten Unternehmen in Deutschland im Durchschnitt um 1909 gegründet wurden. Dieses hohe Alter der Großunternehmen ist nicht nur für Deutschland, sondern auch für Frankreich, Großbritannien und für die USA typisch. Zwar sind die französischen Unternehmen im Durchschnitt etwas jünger (verzögerte Industrialisierung), aber auch für sie gilt, dass sie auf eine lange Tradition zurückblicken können. Bemerkenswert ist, dass nicht die britischen, sondern die amerikanischen Großunternehmen das höchste Durchschnittsalter haben. In den USA finden wir auch den geringste Anteil an Großunternehmen, die nach 1960 gegründet wurden: Von insgesamt 250 Großunternehmen wurden nur 21 nach 1960 gegründet (vgl. Tabelle 1, letzte Zeile, letzte Spalte).[16]

16 Quellen: Deutschland: Verlag Hoppenstedt (Darmstadt): Handbuch der deutschen Aktiengesellschaften; Handbuch der Großunternehmen. USA: Harris Corporation (1996); Dun &

Tabelle 1: Durchschnittliches Gründungsjahr der Großunternehmen

Rang	D	F	GB	USA
1-50	1901 (5)	1910 (11)	1915 (10)	1898 (2)
51-100	1900 (4)	1938 (18)	1906 (6)	1899 (6)
101-150	1910 (10)	1942 (18)	1924 (15)	1906 (4)
151-200	1910 (10)	1938 (19)	1940 (19)	1898 (2)
201-250	1922 (8)	1949 (26)	1923 (11)	1906 (7)
Alle	1909 (37)	1935 (92)	1922 (61)	1901 (21)

D: Deutschland; F: Frankreich; GB: Großbritannien; USA: Vereinigte Staaten
Zahlen in den Spalten zeigen das durchschnittliche Gründungsjahr in jeder Rangklasse. Zahlen in Klammern zeigen die Anzahl der Firmen, die in jeder Rangklasse nach 1960 gegründet wurden.

Die Manager in unserer Stichprobe sind „Erben", die ein Unternehmen übernommen haben, dass bereits seit langer Zeit zu den Großunternehmen gehört. Ihre Aufgabe ist es, das Unternehmen, in dessen Führungsposition sie berufen wurden, in seinem Bestand zu sichern und an der Spitze der Rangliste zu halten. Dieses strategische Ziel – auch morgen noch zu den größten Unternehmen zu gehören – ist allen Managern unserer Stichprobe gemeinsam.

Innerhalb des Netzwerks der verbundenen Großunternehmen herrscht sowohl Konkurrenz als auch Kooperation: Einerseits konkurrieren die Unternehmen untereinander um einen möglichst hohen Rangplatz, und dies unabhängig davon, in welchem Wirtschaftssektor sie tätig sind. Andererseits können im Netzwerk die Strategien der Top-Manager koordiniert werden. Der Abstieg der traditionsreichen Unternehmen kann vermieden werden, wenn der Aufstieg neuer junger Unternehmen verhindert wird. Diese Strategie verleiht dem Netzwerk seinen kartellartigen Charakter.

Das frühe Gründungsdatum der Unternehmen, die gegenwärtig zu den 250 größten Unternehmen zählen, zeigt, dass es sich überwiegend um Unternehmen der zweiten Industrialisierung handelt (Automobil, Chemie, Maschinenbau, Versicherungen, Banken), während Unternehmen der dritten Industrialisierung

Bradstreet: D&B Million Dollar Directory. Großbritannien: Stock Exchange: Official Yearbook (Macmillan). France: Herald Tribune (Paris): French Company Handbook. Europa (einzelne Länder): Graham & Whiteside: Major Companies of Europe (France, Great Britain). Dun & Bradstreet: D & B Europe; John M. Stopford: Directory of Multinationals (Macmillan). Cambridge Market Intelligence: Directory of European Business (London: Bowker-Saur). Alle Handbücher jeweils mehrere Jahrgänge.

und der Service-Industrie bisher kaum Zutritt zum exklusiven Kreis der Großunternehmen erhalten haben (z.B. Mikroelektronik, Telekommunikation, professionelle Dienstleistungen).

Die Großunternehmen verteidigen ihre Position durch eine Reihe von Strategien, die nur indirekt etwas mit dem zu tun haben, was Schumpeter unter „kreativer Zerstörung" verstand. Dazu gehören Fusionen, Aquisitionen oder eine weitgehende „Metamorphose" des Unternehmens.[17] Die meisten Unternehmens*gründer* haben eine „Idee", aber häufig keine Ressourcen, um ihre Ideen zu verwirklichen. Bei den Top-Managern in unserer Stichprobe ist es gerade umgekehrt: Sie verfügen über enorme Ressourcen (Kriegskasse), aber sie sind auf der Suche nach einer „Idee". Meistens finden sie diese Ideen auf dem Markt für Unternehmenskontrolle, wo junge und dynamische Firmen zum Verkauf angeboten werden. Die Entscheidung, welche Firmen gekauft und welche Unternehmensteile verkauft werden, gehört zu den wichtigen unternehmerischen Entscheidungen, die von Top-Managern in Großunternehmen gefällt werden.

7. Berufsstart in den Großunternehmen

Wenn die multiplen Direktoren[18] auch nicht das Unternehmen gegründet haben, das sie leiten, so könnte man doch vermuten, dass sie zu Beginn ihrer Berufskarriere eine Firma gegründet haben und später in das Top-Management eines Großunternehmens berufen wurden. Obwohl unsere Datenbasis einige Lücken aufweist, können wir sagen, dass von den 200 deutschen Managern nur insgesamt 9 zu irgendeinem Zeitpunkt ihrer Karriere als „Selbständige" tätig waren, also weniger als 5%.[19]

Wir haben für die deutschen und britischen Manager den Karriereverlauf bis zum Erreichen der Führungsposition in einem Großunternehmen in einzelne Berufsabschnitte (job spells) zerlegt: Jeder Berufsabschnitt bezeichnet eine klar abgrenzbare berufliche Tätigkeit, die durch einen Zeitabschnitt, eine Position

17 Beispiele dafür sind Mannesmann (vom Röhrenproduzenten zur Telekommunikation) oder Höchst (von der Industrie-Chemie zur „life science").

18 Unter den 200 deutschen multiplen Direktoren gab es nur eine Frau (Ellen Roth Schneider-Lenné, Deutsche Bank). Unter den 180 britischen multiplen Direktoren gibt es drei Frauen (Louise Botting, Lady Elspeth Rosamund Morton; Yvette Monica Newbold). Es wäre also irreführend, von „Direktorinnen" zu sprechen.

19 Auch diese Selbständigen waren keine Firmengründer, sondern haben einen Betrieb der Eltern übernommen.

und ein bestimmtes Unternehmen definiert ist.[20] Insgesamt haben wir für die 200 deutschen Manager 1.262 Berufsabschnitte erfasst, für die 180 britischen Manager sind es insgesamt 1.073 Berufsabschnitte (Tabelle 2, letzte Zeile). Die Tabelle zeigt weiterhin, dass die deutschen Manager im Verlauf ihrer Karriere durchschnittlich 6,3 Berufsabschnitte durchlaufen haben (britische Manager: 6,0). Diese Berufsabschnitte hatten eine durchschnittliche Dauer von 5,6 Jahren (britische Manager: 5,8 Jahre). 69,7% aller Berufsabschnitte, die die deutschen Manager durchlaufen haben, waren in einem der 700 größten deutschen Unternehmen; bei den britischen Managern sind es 56,4% in den 520 größten britischen Unternehmen. Diese Zahlen zeigen also, dass die Top-Manager der Großunternehmen einen erheblichen Teil ihrer Karriere im Kreis jener Unternehmen verbracht haben, in dem sie später eine Führungsposition übernommen haben.

Tabelle 2: Anzahl und Dauer der Berufsabschnitte

	D	GB
φ Anzahl	6,3 (.31)	6,0 (.36)
φ Dauer	5,6 (.85)	5,8 (.81)
Anteil GU	69,7%	56,4%
Alle (N)	1.262	1.073

GU: Großunternehmen;
Dauer: Dauer des Berufsabschnittes in Jahren;
Zahlen in Klammern: Variations-Koeffizient

Dies wird auch deutlich aus Tabelle 3, die in drei Teile untergliedert ist. Der obere Teil zeigt, welcher Anteil der Manager im ersten, zweiten und dritten Berufsabschnitt (BA) jeweils in einem deutschen bzw. britischen *Groß*unternehmen tätig waren. Gleich zu Berufsbeginn (1. Berufsabschnitt) sind fast die Hälfte der deutschen Manager (49,7%) in ein Großunternehmen eingetreten; bei den britischen Managern sind es nur 33,7%. Der Anteil der Manager, die mit dem 3. Berufsabschnitt in einem Großunternehmen tätig sind, steigt bei den deutschen Managern auf 67%, bei den britischen Managern auf 56%. Diese

20 Die Informationen, die über einen Berufsabschnitt gesammelt wurden, illustriert das folgende Beispiel: Abteilungsleiter (Position); Daimler Benz (Unternehmen); 1960-65 (Zeitabschnitt); Stuttgart (Ort). Für die ersten Berufsabschnitte gibt es bei den britischen Managern einen relativ hohen Anteil an „missing values", weil eine dieser vier Informationen fehlt.

Zahlen zeigen, dass vor allem die deutschen Manager bereits sehr früh im Kreis jener Großunternehmen tätig sind, in denen sie später die Spitzenposition erreichen.

Tabelle 3: Verteilung der Berufsabschnitte über Sektoren

	D	GB
	Anteil Großunternehmen	
1. BA	49,7%	33,8%
2. BA	57,1%	47,4%
3. BA	67,0%	56,2%
	Verteilung: 1. BA	
Großunternehmen	49,7%	33,8%
Andere Unternehmen	26,5%*	37,6%
Militär	–	14,0%
Wissenschaft	16,6%	2,2%
Öffentlicher Dienst/Politik	6,1%	3,4%
	Verteilung: 2. BA	
Großunternehmen	57,1%	47,4%
Andere Unternehmen	30,2%**	39,2%
Militär	–	1,8%
Wissenschaft	3,7%	2,9%
Öffentlicher Dienst/Politik	7,4%	7,0%

BA: Berufsabschnitt
N (für Deutschland): 1. BA= 181; 2. BA= 189; 3. BA= 194
N (für Großbritannien): 1. BA= 178; 2. BA= 171; 3. BA= 169
Prozentzahlen im mittleren und unteren Feld von Tabelle 2 addieren sich nicht zu 100% weil nicht alle Tätigkeitsfelder aufgelistet werden.
* Darunter 9 deutsche Manager, die im ersten BA Selbständige waren.
** Darunter 7 deutsche Manager, die im zweiten Abschnitt Selbständige waren

Der mittlere und der untere Teil von Tabelle 3 zeigt, in welchen Sektoren die Manager während des ersten und zweiten Berufsabschnittes überhaupt tätig waren. Für den ersten Berufsabschnitt (Berufseinstieg) gilt für die deutschen Manager: 49,7% sind in ein Großunternehmen eingetreten, 26,5% sind in ein Unternehmen eingetreten, das nicht zu den 700 größten deutschen Unternehmen gehört; 16,6% waren im Wissenschaftssystem tätig (z.B. Universitätsassistent), und 6,1% in der öffentlichen Verwaltung oder in der Politik. Bei den britischen

Managern fällt der hohe Anteil auf, die ihre Berufskarriere beim Militär begonnen haben (14%). Die deutschen Manager machen darüber in ihren Lebensläufen keine Angaben. Es ist jedoch anzunehmen, dass eine nicht unerhebliche Zahl der Manager als Berufssoldaten gedient hat. Sie tendieren jedoch dazu, dies in ihren Lebensläufen nicht zu erwähnen. Dies zeigt, dass die „Konstruktion“ der Lebensläufe durch kulturelle Wertmuster beeinflusst wird.[21]

Im zweiten Berufsabschnitt ist der Anteil der späteren multiplen Direktoren, die noch nicht im Wirtschaftssystem tätig sind, bereits deutlich reduziert. Bei den deutschen Managern sind es nur noch 11,1% (Wissenschaft 3,7%; Öffentlicher Dienst 7,4%), bei den britischen Managern sind es noch 11,7%. Mit anderen Worten: Nach dem ersten Stellenwechsel sind fast 90% der deutschen und britischen Manager in einem Wirtschaftsunternehmen tätig, wobei der Anteil der deutschen Manager, die bereits in einem Großunternehmen beschäftigt sind, deutlich höher ist.

Insgesamt ist der Anteil der Berufsabschnitte, die zu irgendeinem Zeitpunkt im politischen und/oder staatlich-administrativen System verbracht wurden, in beiden Ländern relativ gering. Von den 1.262 Berufsabschnitten, die wir bei den deutschen Managern erfasst haben, wurden nur 4,1% im politischen/staatlichen System absolviert, bei den britischen Managern ist der Anteil etwas höher (6,7%).[22] Insgesamt gibt es also keine starke Interpenetration zwischen der politischen/administrativen Elite und der Wirtschaftselite. In beiden Ländern sind diese Eliten relativ stark getrennt (Ausdifferenzierung).

8. Berufsausbildung

Wenden wir uns nun der Frage zu, welchen höchsten Bildungsabschluss die Ma-

21 Lebensläufe werden „konstruiert“, weil aus der großen Fülle von lebensweltlichen Ereignissen einige mitgeteilt und andere nicht mitgeteilt werden. Das Problem liegt in der Selektion der Ereignisse, aus denen ein Lebenslauf konstruiert wird. Manager tendieren z.B. dazu, ihren Lebenslauf als eine ununterbrochene Kette von „Aufstiegen“ und „Erfolgen“ zu präsentieren. Zumindest bis Anfang der neunziger Jahre war der Dienst als (Berufs)soldat für deutsche Manager kein mitteilenswertes Ereignis. Dabei sind allerdings auch die Zeitumstände zu berücksichtigen: Die deutschen Manager in unserer Stichprobe sind im Durchschnitt im Jahre 1934 geboren, d.h. sie waren 1954 ca. 20 Jahre alt.

22 21 deutsche Manager haben insgesamt 52 Berufsabschnitte (BA) im politischen/staatlichen System verbracht, im Durchschnitt also 2,5 BA pro Person. In Großbritannien sind es 18 Manager, die insgesamt 72 BA im politischen/staatlichen System absolviert haben, im Durchschnitt 4,0 BA. Wenn britische Manager also überhaupt im politischen System tätig waren, dann haben sie dort einen längeren Zeitraum ihrer Karriere verbracht.

nager erworben haben, bevor sie ins Berufsleben eingetreten sind. In bezug auf den Bildungsabschluss ist es möglich, die deutschen und britischen multiplen Direktoren mit den Chief Executive Officers (CEOs) der 800 größten amerikanischen Unternehmen zu vergleichen.[23] Die höchsten Bildungsabschlüsse werden in Tabelle 4 aufgelistet. Allerdings sind diese Abschlüsse aufgrund der unterschiedlichen Bildungssysteme in den einzelnen Ländern nicht in allen Punkten vergleichbar. Im oberen Teil der Tabelle werden die Standard-Abschlüsse aufgelistet, im unteren Teil spezielle Diplome, die für das jeweilige Land eine besondere Bedeutung haben, also z.B. die Lehre für Deutschland, der Besuch der Universitäten Oxford und Cambridge in Großbritannien, oder der Besuch einer Elite-Universität/College in den USA (Ivy League).

Für jedes Land gibt es spezielle Bildungsdiplome, die auf dem Markt für Manager einen hohen symbolischen Wert haben: In Deutschland ist es die Lehre und die Promotion. Mehr als ein Viertel der Manager haben eine Lehre absolviert (25,9%), fast zwei Drittel (63,2%) haben eine Promotion. Während der Lehrabschluss die praktische Erfahrung zertifiziert, ist die Promotion ein symbolisches Gut: Es sieht so aus, als ob der Eintritt in die Vorstandsetagen der deutschen Großunternehmen ohne Promotion nur schwer möglich ist.

Die Bildungskarriere der britischen Manager weist eine Reihe von Besonderheiten auf: Zunächst haben 33% der Manager eine „public school“ besucht. Eine „public school“ ist eine private Eliteschule, zu der in der Regel nur die Kinder der oberen Sozialschichten Zutritt haben.[24] Weiterhin hat ein relativ hoher Anteil der Manager eine Elite-Universität besucht: 22,3% waren in Oxford oder Cambridge. Wenn die „University of London“ und die „London School of Economics“ ebenfalls als Elite-Universität gezählt werden, erhöht sich der Anteil auf 32%. Schließlich fällt auf, dass 30,9% der britischen Manager *keine* Universität besucht haben.[25] Von diesen Managern haben jedoch 42,6% eine

23 Der Datensatz wurde uns von Forbes für das Jahr 1997 zur Verfügung gestellt. Weitere Angaben zu dieser Erhebung finden sich in Forbes, May 19, 1997, S. 172-236. In dieser Publikation finden sich auch Angaben über das Einkommen der amerikanischen Top-Manager. Unter den CEO der 800 größten US-Firmen befinden sich 71 Manager (= 8,9%), die ihr Unternehmen selbst gegründet haben. Es wird daran erinnert, dass bei der US-Stichprobe ein anderes Selektionsverfahren angewandt wurde. In der britischen und deutschen Stichprobe sind nur multiple Direktoren mit vielen Positionen, in der US-Stichprobe sind die „Chief Executive Officers“ der 800 größten Unternehmen enthalten.

24 Wir haben in unsere Liste 20 „public schools“ aufgenommen, darunter Eton, Harrow, Charterhouse, Rugby. 22 britische Manager in unserer Stichprobe haben Eton besucht, 4 waren in Winchester. Vgl. dazu Bauer und Bertin-Mourot (1999), die den Anteil der britischen CEOs, die eine „public school“ besucht haben, mit 36% angeben (CEOs der 200 größten britischen Unternehmen).

25 Der hohe Anteil von britischen Managern ohne Hochschulabschluss ist kein Artefakt unserer Erhebung. Barry (1998: 6) hat die Direktoren der 100 Firmen, die im britischen Aktienindex (FTSE 100) enthalten sind, untersucht (insgesamt ca. 1000 Direktoren, die Mitglied des Board

„public school" besucht, d.h. sie haben zwar keinen Universitätsabschluss, aber sie verfügen über „schulisches Kapital". Das Bildungsprofil der britischen Manager kann also durch zwei Pole charakterisiert werden: Fast ein Drittel der Manager hat Bildungsabschlüsse mit einem hohen symbolischen Wert (Eliteuniversität) und ebenfalls fast ein Drittel der Manager verfügt über keinen Universitätsabschluss.[26]

Für die USA ist auffällig, dass nur sehr wenige Manager kein College besucht haben (6,6 %), oder anders formuliert: Deutlich mehr als 90% der Top-Manager in den amerikanischen Großunternehmen hat einen Hochschulabschluss. Ungefähr ein Viertel der Manager (24,2%) hat eine Elite-Hochschule (Ivy League) besucht. Der Besuch dieser exklusiven Hochschulen ist teuer und gilt als Aufstiegs-Garantie (Useem/Karabal 1986; Mills 1956).

Tabelle 4: Höchster Bildungsabschluss

Deutschland		Großbritannien		USA*	
Keine FHS/HS	9,1%	Keine Uni	30,9%	Kein College	6,6%
FHS	3,5%		–	Bachelor	40,5%
HS	24,2%	HS/Uni	61,9%	Master	46,3%
Promotion	63,2%	Dr.	7,2%	Ph. D.	6,6%
Σ	100,0%	Σ	100,0%	Σ	100,0%
Lehre	25,9%	Oxbridge	22,3%	Ivy League	24,2%
	–	Fellow	40,0%		–
N =	198		152		800

* Chief Executive Officers (CEOs) der größten amerikanischen Unternehmen; Ph.D.: Doctor of Philosophy; Ivy League: insgesamt 11 amerikanische Elite-Universitäten/Colleges, darunter Harvard, Princeton, Dartmouth, etc.

FHS: Fachhochschule; HS: Hochschule; Fellow: Felow of Learned Societies/Professional Associations; Oxbridge: Universitäteen Oxford und Camebridge. Die Anteile der Manager, die eine Eilte-Universität besucht haben, sind in den Prozentzahlen für die Hochschulen im oberen Teil der Tabelle enthalten.

sind). Er gibt einen Anteil von 30,5% an, die kein „degree" haben (ohne Hochschulabschluss).

26 Ca. 40% der Manager sind „Fellow" einer „learned society" (z.B. „The Royal Society of Literature") oder einer „professional association" (z.B. „Chartered Engineers"). Hochschulabsolventen sind häufiger Mitglied in diesen „learned societies" als Nicht-Hochschulabsolventen.

Tabelle 5: Die vier wichtigsten Studienfächer

	D	GB	USA
Jura	35,0%	12,4	9,1%
Wirtschaftswiss.	36,7%	20,6	38,0%
Ingenieurwiss.	18,9%	Σ* 14,4	Σ* 36,1%
Naturwiss.	8,3%		
Humanities	–	18,6	17,0%
Σ	98,9%	66,0%	83,1%
N =	180	97	743

N = Anzahl der Manager, die ein Hochschulstudium absolviert haben und für die Informationen über den Studienabschluss vorliegen. Britische Manager machen häufig keine Angaben über das Studienfach.
Σ* Für britische und US-Manager kann zwischen Ingenieurwissenschaften und Naturwissenschaften nicht getrennt werden. Die Prozentzahlen geben die Summe dieser Fächer an.
Humanities: Geisteswissenschaften (in einem weiteren Sinn).

In Tabelle 5 werden die vier Studienfächer aufgelistet, die von den Managern am häufigsten studiert wurden. Vor allem zwei Befunde sind auffällig: Es gibt erstens deutliche Unterschiede in den Studienfächern zwischen den Ländern: In Deutschland sind Juristen fast viermal häufiger in den Chef-Etagen zu finden verglichen mit den USA. In den USA sind demgegenüber die Ingenieure und Naturwissenschaftler stärker vertreten (36,1%). Das Studienfach „Humanities" ist sehr heterogen und umfasst von der Literaturwissenschaft über Sprachen bis hin zur Theaterwissenschaft alle Fächer, die im weitesten Sinne als „Geisteswissenschaften" bezeichnet werden können. Auffällig ist, dass Personen mit diesem Studienabschluss eine Chance haben, in britischen und amerikanischen Unternehmen in Top-Positionen aufzusteigen, nicht jedoch in Deutschland.

In Deutschland werden mit vier Studienfächern 98,9% aller Manager erfasst, d.h. es gibt nur eine begrenzte Zahl von Studienfächern, die als „geeignet" für eine Vorstandsposition in Deutschland angesehen werden. In Großbritannien werden mit den vier am stärksten besetzten Fächern hingegen nur 66% der Manager erfasst. Mit anderen Worten: Die Varianz der Studienfächer innerhalb der Gruppe der britischen Top-Manager ist höher als in Deutschland.[27] Wenn wir auf die Begriffe zurückgreifen, die im letzten Abschnitt erläutert wurden, können wir sagen, dass die Karriereverläufe der deutschen Manager stärker standardisiert/professionalisiert sind als die der britischen Manager. Die

27 Dabei ist zu berücksichtigen, dass in der Kategorie „Humanities" unterschiedliche Fächer zusammengefasst wurden.

amerikanischen Manager nehmen auf dieser Variablen eine mittlere Position ein: Mit den vier am stärksten besetzten Studienfächern werden 83,1% der amerikanischen Manager erfasst.

9. Interne versus externe Rekrutierung

Die Dauer, die Manager im Unternehmen gearbeitet haben, bevor sie in die Führungsposition dieses Unternehmens berufen wurden, dient hier als ein Indikator für Rekrutierungsstrategien der Organisation (Tabelle 6). Bauer und Bertin-Mourot (1995) bezeichnen Manager, die bereits kurz nach Eintritt in die Organisation zum Top-Manager berufen werden, als „Fallschirmspringer" (parachutistes). Sie kommen von „außen" und werden direkt in die Spitzenposition befördert. Wir nehmen an, dass sich Organisationen, in denen diese Rekrutierungspraxis üblich ist, durch folgende Merkmale kennzeichnen lassen:

Die Spitzenposition wird als „politische" Position definiert, in der bindende Entscheidungen zu treffen sind. Der Vergleich mit politischen Führungspositionen wird hier eingeführt, weil es auch im politischen System üblich ist, dass ein Politiker, der gestern Verteidigungsminister war, morgen Finanzminister wird. Spezifisches Fachwissen ist nicht erforderlich, ebenso wenig kommt es auf organisationsspezifische Kenntnisse an. Häufig bestehen zwischen dem Top-Management und der Belegschaft „implizite Kontrakte", an die das Management gebunden ist. Dies gilt für „Fallschirmspringer" gerade nicht, da sie „ohne Geschichte" in das Unternehmen eintreten. Weiterhin ist zu vermuten, dass die interne Identität der Organisation nur schwach ausgeprägt ist, da die wichtigste Führungsperson, die das Unternehmen nach außen repräsentiert, mit einer organisationsfremden Person besetzt wird.

Wenn die Führungspositionen typischerweise von „außen" besetzt werden, ist davon auszugehen, dass die Führungselite von der übrigen Belegschaft durch eine relativ große soziale Distanz getrennt ist. Die Führungsperson ist nicht aus der Organisation „herausgewachsen", sondern über einen externen Elite-Markt rekrutiert worden. Dieser Markt besteht dann typischerweise aus den Mitgliedern des „establishment", d.h. aus Personen, die aufgrund ihrer sozialen Herkunft (Oberschicht, Adel), ihrer Bildung (public school, Grande Ecole) und mit Hilfe ihrer sozialen Netzwerke (Clubs) Zutritt zu diesem Markt haben. Die Mitglieder des Marktes verfügen über Attribute der sozialen Distinktion (Bourdieu 1984), und es sind diese kulturellen Attribute, die den Markt gegen Angehörige der mittleren und unteren Sozialschichten abschließen.

Im umgekehrten Fall, wenn also die Manager bereits lange im Unternehmen tätig waren, bevor sie in eine Führungsposition berufen werden, gibt es im Unternehmen einen internen Arbeitsmarkt, der durch die Organisation gesteuert wird. Hier ist sozialer Aufstieg vom Pförtner bis zum Vorstand (CEO) in einer Generation möglich – ein Mobilitätsmuster, das dem „american dream" sehr nahe kommt. Die Führungsposition wird weniger als „politische" Position definiert, sondern es werden eher sektor- und unternehmensspezifische Kompetenzen verlangt. Weiterhin ist zu vermuten, dass das Identitätsgefühl der Organisation stark ausgeprägt ist. Ein Manager, der der Organisation von außen oktroyiert würde, hätte wenig Chancen, akzeptiert zu werden.

Tabelle 6: Wie lange im Unternehmen?

Jahre	D	GB	USA
0	25,3	37,9	25,8
1 – 5	16,6	19,0	15,2
6 – 10	17,8	9,4	9,4
11 – 15	16,6	16,4	8,6
15+	23,7	17,2	41,0
N= 100%	169	116	766

Angaben in Prozent; Spalten addieren sich zu 100%
0: weniger als 1 Jahr im Unternehmen (Fallschirmspringer)

Tabelle 6 zeigt, dass 37,9% der britischen Manager „Fallschirmspringer" sind, während es in Deutschland nur 25,3% und in den USA 25,8% sind. Bei den US-Managern fällt auf, dass sie zu 41% bereits 15 Jahre oder länger im Unternehmen tätig waren, bevor sie zum CEO berufen wurden. Hier hat der Aufstieg also fast ausschließlich im internen Arbeitsmarkt *eines* Unternehmens stattgefunden. Die Rekrutierungsmuster unterscheiden sich also deutlich in den verschiedenen Ländern: In Deutschland und in den USA ist die Rekrutierung über den internen Arbeitsmarkt typisch, in Großbritannien und vor allem in Frankreich sind die „Fallschirmspringer" dominant.[28]

---

28 Die Daten, die Bauer und Bertin-Mourot (1995: 64) erhoben haben, belegen, dass die PDGs (Président-Directeur-Général) der 200 größten französischen Unternehmen zu 60% „Fallschirmspringer" sind. Vor allem die Absolventen der „Polytechnique" und der „Ecole Nationale d'Administration" (ENA) gehören zu den Fallschirmspringern. Sie sind zu Beginn ihrer Karriere in den Staatsdienst eingetreten (Grands Corps) und wechseln später in die Führungsposition eines großen Unternehmens. Dieses Karrieremuster wird als „pantouflage" bezeichnet und hat eine gewisse Ähnlichkeit mit dem japanischen „amakudari". Vgl. dazu

10. Aufstiegsgeschwindigkeit

In diesem Abschnitt sollen drei Fragen diskutiert werden: Erstens, wie schnell werden Manager zum Vorstand bzw. Aufsichtsrat in einem Großunternehmen befördert, wobei die Aufstiegsgeschwindigkeit in Jahren nach Berufseintritt gemessen wird; zweitens steigen die Manager „im Gleichschritt" auf, d.h. ist die Aufstiegsgeschwindigkeit für alle Manager mehr oder weniger gleich oder gibt es Unterschiede zwischen ihnen? Sollte dies der Fall sein, stellt sich drittens die Frage, welche Merkmale der Manager diese Unterschiede in den Aufstiegsgeschwindigkeiten erklären können. Im *Durchschnitt* erreichen die Manager die Top-Position im Alter von 45-50 Jahren, die folgenden Abbildungen zeigen aber, dass sich die Statuspassage über einen breiteren Zeitkorridor erstreckt.[29]

Abbildung 1: Beförderung deutscher und britischer Manager (Dichte-Funktion)

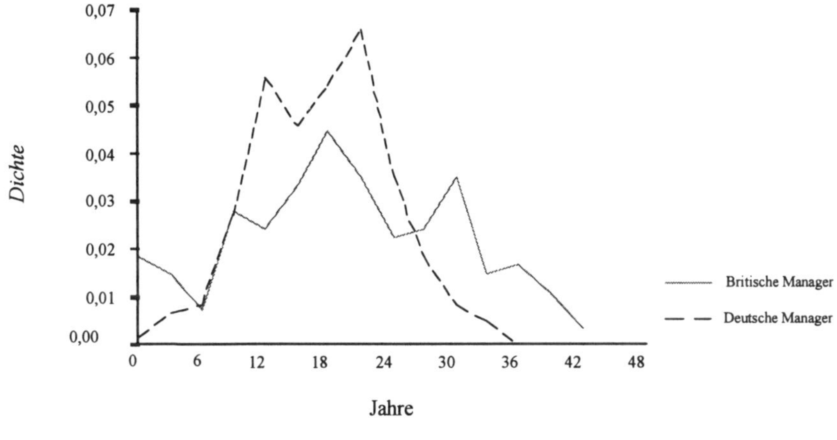

Curtis (1975: 44).

29 Vgl. dazu Kruk (1972): Tabelle 28 (Berufsalter der Vorstände, Anhang). Die meisten Vorstände wurden in den frühen siebziger Jahren zwischen 40-49 Jahren in den Vorstand berufen.

In Abbildung 1 wird die Verteilungs-Dichte für deutsche und britische Manager gezeigt. Auf der waagerechten Achse werden die Jahre seit Berufseintritt abgetragen, auf der senkrechten Achse die (empirische)[30] Wahrscheinlichkeit, dass in einem bestimmten Jahr die Beförderung zum Vorstand bzw. Aufsichtsrat erfolgt. Die Abbildung zeigt zweierlei: Erstens, die Berufung zum Vorstand erstreckt sich über einen relativen langen Zeitraum. Die ersten Ernennungen zum Vorstand erfolgen unmittelbar bei Berufseintritt, die letzten erst 42 Jahre nach Berufseintritt. Die Statuspassage vom Manager zum Vorstandsmitglied ist im Karriereverlauf also relativ wenig standardisiert. Die Abbildung zeigt aber auch, dass es ein „typisches" Alter für die Berufung gibt, nämlich ca. 21 Jahre nach Berufseintritt: Zu diesem Zeitpunkt erreicht die Verteilungs-Dichte für die deutschen Manager ihren höchsten Wert. Eine zweite Feststellung bezieht sich auf den Vergleich der deutschen mit den britischen Managern. Die Berufungen zum Direktor erstrecken sich in Großbritannien über einen längeren Zeitraum im Vergleich zu den deutschen Managern (flacher Verlauf der Dichtefunktion). Wir treffen hier auf ein Phänomen, auf das bereits hingewiesen wurde: Die Karriereverläufe der britischen Manager sind weniger standardisiert im Vergleich zu denen der deutschen Manager.

In den Abbildungen 2 bis 3 werden die kumulierten Survival-Raten für deutsche und britische Manager gezeigt, und zwar in Abhängigkeit von einigen Variablen, von denen angenommen wird, dass sie einen Einfluss auf die Aufstiegsgeschwindigkeit haben. Auf der waagerechten Achse wurde wieder die Zeitdauer nach Berufseintritt in Jahren abgetragen. Auf der senkrechten Achse steht jetzt die Survival-Rate. Sie gibt an, wieviele Manager noch *nicht* zum Vorstand/Direktor befördert wurden. Die Kurven verlaufen zu Beginn der Berufskarriere waagerecht auf der Höhe des Wertes 1, d.h. noch kein Manager ist zum Vorstand befördert worden. Nach ca. 40-50 Jahren erreicht die Kurve den Wert 0, d.h. nach Ablauf dieser Zeit sind alle Manager Vorstand und/oder Aufsichtsrat geworden. Je steiler die Kurve abfällt, um so höher ist die Aufstiegsgeschwindigkeit der Manager.[31]

---

30 Wir haben keine Annahmen über die theoretische Verteilung der Dichte- bzw. Survivorfunktionen gemacht. Es sieht so aus, als ob die zeitliche Verteilung der Statuspassagen der britischen Manager durch eine Standard-Extremwert-Verteilung approximiert werden könnte und die der deutschen Manager eher durch eine log-logistische Verteilung. Da wir für diese Unterschiede keine plausible Erklärung haben, wurde auf die Spezifizierung einer theoretischen Verteilung verzichtet. Als Regression wurden daher parameterfreie Cox-Regressionen geschätzt (siehe Anhang). Zum Verfahren vgl. Blossfeld et al. (1986), insbesondere S. 36-43.

31 Vgl. dazu den Zusammenhang von Survival-Rate, Wahrscheinlichkeitsdichte und Hazard-Rate im Anhang.

Abbildung 2a zeigt, dass deutsche Manager mit Promotion schneller aufsteigen als Manager ohne Promotion. Weiterhin gibt es einen Zusammenhang zwischen dem Studienfach und der Aufstiegsgeschwindigkeit: Manager, die Natur- oder Ingenieurwissenschaften studiert haben, steigen langsamer auf als Manager, die andere Studienfächer gewählt haben. Besonders schnell steigen Juristen auf (Abb. 2b).

Abbildung 2a: Deutsche Manager mit und ohne Promotion

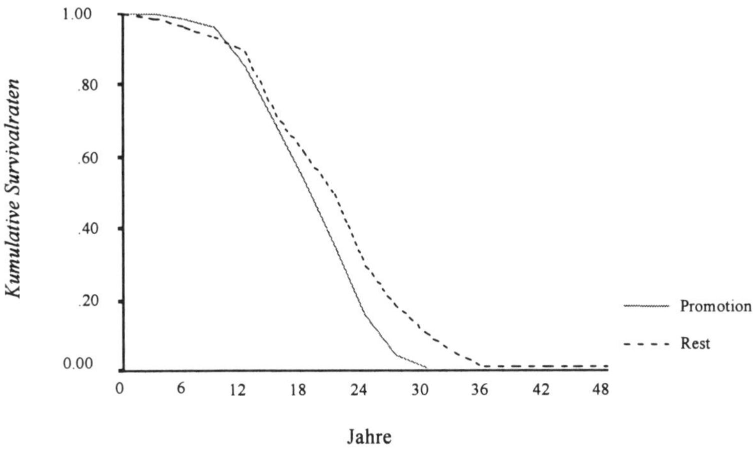

Für die britischen Manager lässt sich zeigen, dass die jüngere Kohorte schneller aufsteigt als die ältere Kohorte. Es ist also zu vermuten, dass sich die Mobilitätsbedingungen in den britischen Unternehmen im Zeitablauf verändert haben (Abb. 3a). Schwieriger ist der Zusammenhang zwischen Anzahl der Berufsabschnitte und Aufstiegsgeschwindigkeit zu erklären: Britische Manager, die relativ viele Berufsabschnitte durchlaufen haben, steigen weniger schnell auf. Dies könnte damit zusammenhängen, dass die britischen Manager relativ viele Berufsabschnitte außerhalb des Systems der Großunternehmen absolviert haben. Viele von ihnen haben mit einer militärischen Karriere begonnen, waren Funktionäre von Interessenverbänden oder anderen Institutionen. Dies scheint sich negativ auf die Aufstiegsgeschwindigkeit ausgewirkt zu haben (Abb. 3b).

Abbildung 2b: Deutsche Manager (Natur-/Ingenieurwissenschaften)

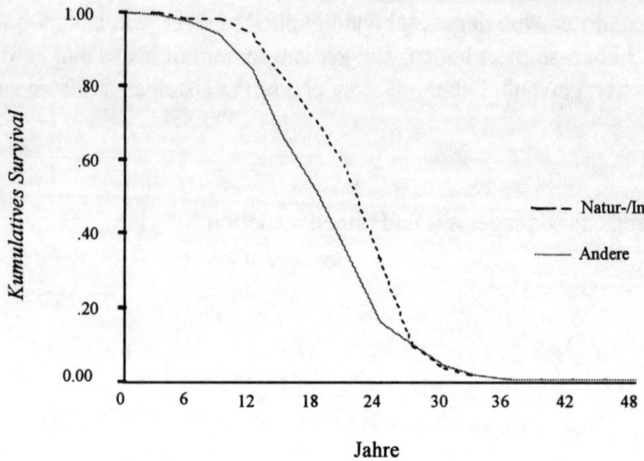

Abbildung 3a: Britische Manager (älter und jüngere Kohorte)

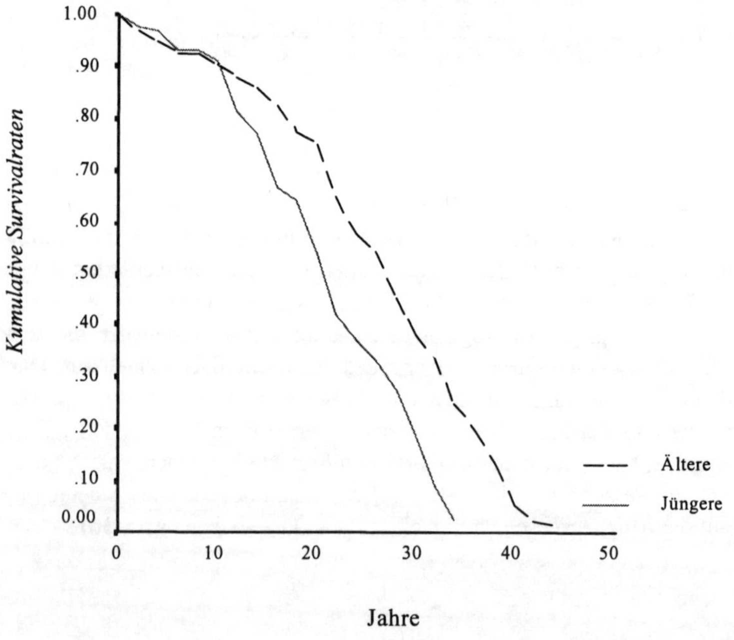

Abbildung 3b: Britische Manager (Anzahl der Berufsabschnitte)

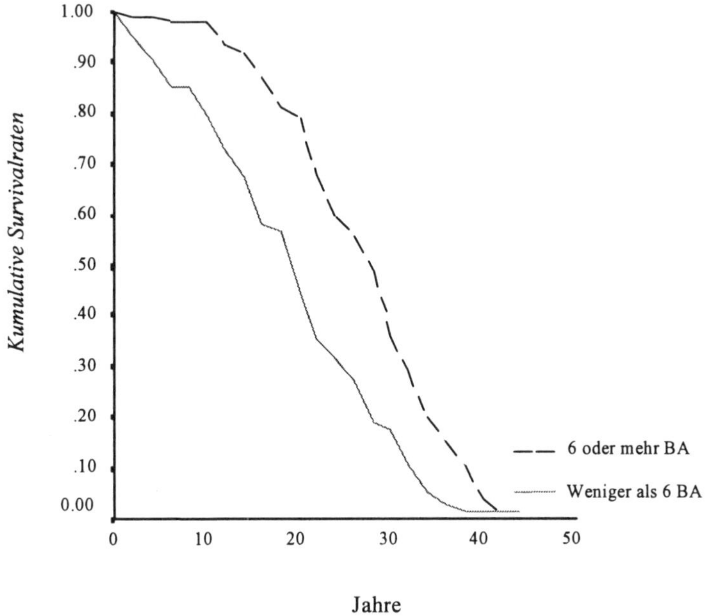

Die Ergebnisse der Cox-Regressionen bestätigen die Zusammenhänge, die in den Abbildungen sichtbar wurden (siehe Anhang). Bei den deutschen Managern sind die Variablen Bildungsabschluss und Studienfach signifikant: Je höher der Bildungsabschluss, um so schneller erreichen die Manager die höchste Position (Promotion); Manager, die Natur- oder Ingenieurwissenschaften studiert haben, steigen langsamer auf. Bei den britischen Managern sind die Variablen Alter und Anzahl der Berufsabschnitte signifikant: Jüngere Manager mit relativ wenigen Berufsabschnitten sind schneller aufgestiegen.

Obwohl die Regressionen zu unterschiedlichen Ergebnissen bei britischen deutschen Managern geführt haben, lässt sich doch eine Schlussfolgerung ziehen: Ein häufiger Job- und Unternehmenswechsel hat *keinen* positiven Einfluss auf die Aufstiegsgeschwindigkeit. Eine konsequente Verfolgung der Karriere im internen Arbeitsmarkt eines Konzerns scheint ebenso erfolgreich zu sein wie häufiger Stellenwechsel.

11. Zentralität

Die hier untersuchten deutschen bzw. britischen Manager sind untereinander durch Personalverflechtung verbunden, d.h. sie sind Vorstand in einem Unternehmen und Mitglied des Aufsichtsrates in anderen Unternehmen. Aufgrund dieser Verflechtung stehen sie mit vielen anderen Managern der Großunternehmen in Verbindung. Die Anzahl der Personen, die ein Manager in den Vorständen bzw. Aufsichtsräten trifft, wird in der Netzwerkanalyse als „degree“ bezeichnet. Je höher der „degree“, d.h. je mehr Manager ein Manager trifft, um so „zentraler“ ist er in diesem Netzwerk.[32]

Die Mitgliedschaft im Netzwerk vermittelt Einfluss- und Machtchancen: Die „zentralen“ Manager können Kontakte zu vielen anderen Unternehmen aufnehmen; sie können über diese „weak ties“ Informationen erhalten, die sie in ihrem engeren Umkreis nicht erhalten würden (Granovetter 1973); als Aufsichtsräte können sie die Entscheidungen anderer Unternehmen beeinflussen; und schließlich ist zu vermuten, dass sie in der Lage sind, Ressourcen zu mobilisieren, um ihren eigenen Strategien zum Erfolg zu verhelfen.

Mit Hilfe einer Regressionsanalyse soll versucht werden, die Einfluss*chancen* innerhalb eines Netzwerkes zu erklären, wobei wir davon ausgehen, dass die Zentralität (degree) ein Indikator für diese Einflusschancen ist. Die unabhängigen Variablen bezeichnen sowohl Merkmale der Person (z.B. Alter) als auch Merkmale des Unternehmens, in dem der Manager tätig ist (z.B. Rang des Unternehmens). Die Variablen sind jeweils auf spezifische Hypothesen bezogen, die zunächst kurz erläutert werden:

♦ Alter: Das Alter hat einen positiven Einfluss auf die Zentralität des Managers (Variable 1). Je älter der Manager, um so mehr Chancen hatte er, „soziales Kapital“ anzusammeln (Bourdieu 1980).

♦ Bildungsabschluss: Je höher der Bildungsabschluss (z.B. Promotion, Elite-Universität), um so höher ist das Prestige des Managers und um so zentraler ist er im Netzwerk. Ähnliche Überlegungen gelten für den Adelstitel (Variablen 2 und 3).[33]

♦ Ehrendoktor: Die Kausalität bei dieser Variable kann nicht eindeutig be-

32 Der „degree“ ist die Zeilen- bzw. Spaltensumme in der Verflechtungsmatrix. In diesem Fall wird die Verflechtungsmatrix durch die 200 deutschen bzw. 178 britischen Manager gebildet, die 3 oder mehr Positionen im Netzwerk haben.

33 12,4% der britischen Manager sind Baron, Earl, Viscount etc. 32,2% tragen den Titel „Sir“. In unserer Stichprobe haben nur 4,4% der deutschen Manager in ihrem Namen die Bezeichnung „von“ (Adelstitel). Vgl. dazu die Untersuchung von Kruk (1972): Von den Aufsichtsräten (N=300) waren 1971 7,7% „adlig“, von den Vorständen (N=1230) waren 3,5% „adlig“ .

stimmt werden. Einerseits kann argumentiert werden, dass ein Ehrendoktor das Prestige des Managers erhöht und damit seine Attraktivität im Netzwerk. Andererseits kann argumentiert werden, dass eine hohe Zentralität im Netzwerk (soziale Sichtbarkeit) die Ursache für die Verleihung des Ehrendoktors war. Ähnliche Überlegungen gelten für die Variable „Decorations by the Crown",[34] die nur für die britischen Manager als Variable eingeführt wird (Variablen 4 und 9).

- Anzahl der Berufsabschnitte: Wir gehen davon aus, dass Manager, die in unterschiedlichen Positionen tätig waren, über ein relativ großes Netzwerk verfügen, dass im späteren Verlauf ihrer Karriere die Chancen erhöht, in die Aufsichtsräte anderer Unternehmen berufen zu werden (Variable 5).
- Vorsitz: Manager, die Vorsitzende des Vorstandes bzw. Aufsichtsrates sind, haben aufgrund ihrer höheren Sichtbarkeit und ihres hohen Prestiges mehr Chancen, in die Aufsichtsräte anderer Unternehmen berufen zu werden. Sie treffen dort Manager, die viele Manager treffen. Ähnliche Überlegungen gelten für Manager, die im Vorstand/Aufsichtsrat eines ranghohen Unternehmens tätig sind. Zu den ranghohen Unternehmen zählen die 100 größten Unternehmen in jedem Land (Variablen 6 und 7).
- Verbandspositionen: Die Manager der Großunternehmen haben häufig Führungspositionen in mehreren Interessenverbänden, und dies gilt für deutsche ebenso wie für britische Manager.[35] Wir nehmen an, dass die erhöhte soziale Sichtbarkeit die Chancen des Managers erhöhen, in die Aufsichtsräte anderer Unternehmen berufen zu werden (Variable 8).
- Club: Bei den britischen Managern finden sich in den Lebensläufen Angaben über die Clubmitgliedschaft. Diese Variable (10) wurde zusammen mit der Variable 9 (Decorations by the Crown) in die Regression für die britischen Manager aufgenommen.[36]

---

34 Die „Decorations by the Crown" sind Auszeichnungen, deren Rangfolge durch Tradition bestimmt ist. Auf Platz 1 steht z.B. das Victoria Cross (VC), das Knight/Dame Grand Cross of the Royal Victorian Order (GCVO) steht auf Platz 10. Die Auszeichnung, die an die britischen Top-Manager am häufigsten verliehen wurde, ist der „Knight of the Thistle" (Rang 4): 54 britische Manager in unserer Stichprobe haben diese Auszeichnung erhalten. Zur Erläuterung der Auszeichnungen und der Rangordnung vgl. Debrett's Peerage Limited: Debrett's Distinguished People of Today, London 1990, S. 41.

35 46,4% der multiplen deutschen Direktoren haben eine oder mehrere Verbandspositionen; 74,4% der britischen „big linkers" haben eine oder mehrere Verbandspositionen. In Windolf und Beyer (1995: 23) wird gezeigt, dass ein hoher Anteil der Verbandsfunktionäre (Präsidenten, Geschäftsführer, Ehrenpräsidenten) des Bundesverbandes der Deutschen Industrie (BDI) und des Bundesverbandes der Deutschen Arbeitgeberverbände (BDA) aus dem Kreis der Top-Manager der Großunternehmen rekrutiert wird. Für Großbritannien hat Useem (1984) diesen Zusammenhang nachgewiesen.

36 Die Clubmitgliedschaft der Direktoren der 27 größten britischen Finanzinstitute wird analysiert in Whitley (1973: 621); für die USA vgl. Kono et al. (1998: 867).

Die Ergebnisse der Regressionsanalyse bestätigen nur wenige Hypothesen, die getestet werden sollten. Bei den deutschen und britischen Managern haben die Variablen „ranghohes Unternehmen“ und „Anzahl der Verbandspositionen“ das höchste Signifikanz-Niveau (Variablen 7 und 8). Multiple Direktoren, die eine Vorstands- oder Aufsichtsratsposition in einem der 100 größten deutschen/britischen Unternehmen haben *und* die eine hohe Zahl von Positionen in Interessenverbänden besetzen, haben den höchsten Zentralitäts-Index, d.h. sie treffen viele Manager, die viele Manager treffen.

Tabelle 7: Zentralität der Manager

Unabhängige Variablen	D		GB	
	Beta	Sign.	Beta	Sign.
1 Alter	**.121**	**.087**	.073	.384
2 Bildung	.086	.203	.034	.660
3 Adelstitel	.088	.185	.009	.905
4 Anzahl der Ehrendoktoren	.069	.342	.115	.173
5 Anzahl Berufsabschnitte	**.154**	**.025**	.028	.718
6 Vorsitz im Vorstand	.111	.106	.049	.512
7 Ranghohes Unternehmen	**.403**	**.000**	**.263**	**.000**
8 Verbandspositionen	**.162**	**.023**	**.162**	**.067**
9 Decorations by the Crown	–	–	.126	.137
10 Clubs	–	–	.109	.139
N	177		172	
R2	0.24		0.12	

Abhängige Variable: degree (Zentralität)
Ranghohes Unternehmen: 100 größte Unternehmen in Deutschland bzw. Großbritannien
Fettdruck: signifikante Variablen
Da sich die Koeffizienten (ß) in der Regression kaum verändern, wenn die beiden Variablen „Decorations by the Crown" und „Club-Mitgliedschaft" in die Gleichung aufgenommen werden, werden in Tabelle 7 die Regressionskoeffizienten nur einmal gezeigt. Im oberen Teil stehen die Koeffizienten für die Regression ohne die Variable 9 und 10; im unteren Teil werden diese Koeffizienten hinzugefügt (erweiterte Regression). Das multiple R erhöht sich nur geringfügig (von 0.11 auf 0.12).

Die Variablen Alter und Anzahl der Berufsabschnitte haben nur bei den deutschen Managern einen (positiven) Einfluss auf die Zentralität. Bei den britischen Managern haben die Variablen „Decorations by the Crown“ und „Club-Mitgliedschaft“ zwar das erwartete (positive) Vorzeichen, aber sie sind nicht signifikant. Dies weist darauf hin, dass die sozialen Netzwerke, die in Großbritannien durch Club-Mitgliedschaft geschaffen werden, keinen hohen Überlappungsgrad mit der Unternehmensverflechtung (interlocks) haben.

Die Regressionsanalyse führt damit zu folgendem Ergebnis: Zunächst müssen wir feststellen, dass die Erklärungskraft des Modells relativ gering ist, d.h. es gelingt nur unzureichend, die Zentralität und die damit verbundenen Einflusschancen der Manager zu „erklären“.[37] Weiterhin zeigt sich, dass die Variablen, die den höchsten Erklärungswert sowohl für die britischen als auch die deutschen Manager haben, nicht die Eigenschaften der Person, sondern Merkmale der Organisation beschreiben. Manager, die in den Vorstand bzw. Aufsichtsrat der *100 größten Unternehmen* berufen wurden bzw. Spitzenfunktionäre in den Interessenverbänden sind (z.B. BDI, BDA), haben die höchste Zentralität im Netzwerk. Es sieht so aus, als ob es nicht das „Charisma“ der Person, sondern das Prestige der Position ist, dass die Türen zu den Aufsichtsräten anderer Unternehmen öffnet.

12. Diskussion

In diesem Abschnitt sollen die Ergebnisse der empirischen Analyse zusammenfassend diskutiert werden, und zwar im Hinblick auf typische Strukturmuster in den Berufskarrieren und im Hinblick auf nationale Unterschiede. Dabei geht es um die folgenden Fragen: Wie stark ist die Wirtschaftselite in den zwei Ländern ausdifferenziert? Welchen Grad von Professionalisierung lassen die Karrierewege erkennen? Sind diese Manager noch „Unternehmer“?

Die ökonomische Elite – soweit sie durch die multiplen Direktoren der Großunternehmen repräsentiert wird – bildet eine ausdifferenzierte und homogene soziale Gruppe, die keine starken Beziehungen zum politischen System hat. Die Manager haben nur wenige Berufsabschnitte im politischen System (Parteien, Regierung, civil service) absolviert, und bereits mit dem zweiten Be-

37 Vgl. Tabelle 7, letzte Zeile: R2 für die deutschen Manager ist nur 0.24, R2 für die britischen Manager ist nur halb so hoch (0.12), d.h. die Regression für die britischen Manager erklärt nur 12% der Varianz.

rufsabschnitt sind mehr als 85% der Manager in einem Wirtschaftsunternehmen tätig (Tabelle 3). Zumindest auf der Ebene des Führungspersonals sind Staat und Wirtschaft relativ stark getrennt, und dies gilt sowohl für Deutschland als auch für Großbritannien. Wir können auch sagen, dass die ökonomischen und die politischen Eliten keinen hohen Grad von Interpenetration aufweisen. Dieses Karrieremuster steht im Gegensatz zu den Berufsverläufen der französischen Wirtschaftselite. Ein hoher Anteil der Top-Manager (44,5%) war meist ein Jahrzehnt oder länger in der französischen Staatsbürokratie (Grands Corps) tätig, bevor eine Führungsposition in einem Großunternehmen übernommen wurde (Bauer/Bertin-Mourot 1996: 55). Hier können wir, zumindest bis zum Beginn der neunziger Jahre, von einer Infiltration der Großunternehmen durch die staatliche Bürokratie sprechen.

Typisch für die britischen Manager ist ein „Elitenkreislauf" auf der obersten Führungsebene. Die Manager können leicht Führungspositionen in anderen Unternehmen übernehmen, ohne vorher eine „Lehre" im internen Arbeitsmarkt absolviert zu haben. Die Rekrutierung erfolgt überwiegend über einen externen Markt für Führungskräfte, auf dem die symbolischen Güter „public school", Elite-Universität und Adel einen hohen Wert haben. Es ist zu vermuten, dass die britische Wirtschaftselite eine relativ geschlossene soziale Gruppe bildet („establishment"), die für die unteren Sozialschichten nur schwer zugänglich ist. Dieses Karrieremuster ist ein Beispiel für eine eher horizontale (unternehmensübergreifende) Integration.

In Deutschland (und auch in den USA) ist die soziale Integration eher unternehmensbezogen (vertikale Integration). Die Unternehmen haben strukturierte interne Arbeitsmärkte, deren Aufstiegsleitern durch betriebliche Tradition bestimmt sind. „Außenseiter" werden nur selten akzeptiert. Besonders deutlich ist in dieser Hinsicht der Unterschied zwischen den französischen und den amerikanischen Managern: 41% der amerikanischen Manager waren 15 Jahre oder länger im Unternehmen tätig, bevor sie zum CEO befördert wurden; 60% der französischen Manager waren weniger als 1 Jahr in dem Unternehmen beschäftigt, zu dessen PDG sie ernannt wurden. Dieser Unterschied – wenn auch weniger ausgeprägt – wurde auch für die britischen im Vergleich zu den deutschen Managern nachgewiesen (Tabelle 6).

Insgesamt erreichen die Lebensläufe der Manager nicht jenen Grad von Institutionalisierung, der für andere Professionen typisch ist (z.B. Richter, Mediziner). Allerdings finden wir bei den deutschen Managern einen relativ hohen Grad an *Standardisierung*, der durch die Bildungsabschlüsse (63,5% der Manager sind promoviert), die enge Wahl der Studienfächer (71,7% der Manager haben Jura oder Wirtschaftswissenschaften studiert), und durch den frühen Eintritt in ein Großunternehmen (49,7% im 1. Berufsabschnitt) bestimmt wird. Diese

Standardisierung der Berufsverläufe gilt weniger für die britischen Manager. Viele britische Manager waren relativ lange in wirtschaftsfernen Institutionen tätig (Militär, Dienst in der königlichen Familie, Auslandsmissionen) oder haben Führungspositionen in Interessen- und Wirtschaftsverbänden ausgeübt, bevor sie schließlich in die Führungsposition eines Großunternehmens befördert wurden.

Bei der Lektüre des Lebenslaufes eines deutschen Managers gewinnt man den Eindruck, es kommt alles darauf an, eine zielgerichtete „Logik" der einzelnen Berufsabschnitte nachzuweisen: Die Karriereschritte sind auf ein „letztes" Ziel hin ausgerichtet, nämlich die Vorstandsposition in einem Großunternehmen. Bei den britischen Managern geht es hingegen eher um die Präsentation von symbolischen Gütern: Der Manager zählt die lange Liste der Board-Positionen in anderen Unternehmen oder in Interessenverbänden auf (einige haben bis zu 30 solcher Positionen). Die „Orders and Decorations conferred by the Crown", der Besuch einer „public school" (Eton oder Winchester) oder die adlige Herkunft sind viel wichtiger als ein Studienabschluss in BWL oder die Beförderung in einem internen Arbeitsmarkt.

Es kommt hier nicht darauf an, ob diese Präsentation in jeder Hinsicht den „Tatsachen" entspricht. Alle Lebensläufe sind „Konstruktionen". Das Argument bezieht sich auf die Art der Selbstdarstellung, die selbst eine soziale Tatsache ist. Mit einem David George Coke Patrick Ogilvy, 13th Earl of Airlie, der seit 1984 „Lord Chamberlain of Her Majesty´s Household" ist, 1948-49 britischer Offizier in Malaysia war, „Knight of the Thistle" and „Knight Grand Cross of the Royal Victorian Order" ist und insgesamt acht „board positions" in britischen Unternehmen besetzt, können die deutschen Manager auf dem Markt für symbolische Güter jedenfalls nicht konkurrieren.

Aber auch dieser Lebenslauf lässt sich nicht im Schema der „Individualisierung" interpretieren. Traditionen und die normativen Erwartungen der sozialen Gruppe (establishment) setzen individuellen Idiosynkrasien bei der Lebensplanung relativ enge Grenzen. Auch für britische Manager gibt es soziale Erwartungen hinsichtlich dessen, wie der Lebenslauf eines Top-Managers auszusehen hat. Allerdings gehören ein Studienabschluss in BWL und ein „langer Marsch" durch den internen Arbeitsmarkt nicht unbedingt zu diesen Erwartungen.

Ein weiteres Merkmal, das die Karrieremuster in den beiden Ländern unterscheidet, ist die Stärke und der Zeitpunkt der *Selektion*. Ein Indikator für die Stärke und zugleich für den Zeitpunkt der Selektion sind die Bildungsabschlüsse der Manager: Je höher der Anteil der Manager, die Elite-Schulen und/oder Elite-Universitäten besucht haben, um so früher hat die Selektion eingesetzt und um so stärker werden in der Regel die Angehörigen der unteren Sozialschichten ausgegrenzt. In Großbritannien haben 33% der Manager eine „public school" (Eliteschule) und 22,3% eine Elite-Universität (Oxford, Cambridge) besucht. Bei den französischen Managern ist diese Form der Selektion noch stärker ausgeprägt: 50% der PDGs der 200 größten Unternehmen haben entweder die „Polytechnique" oder die „Ecole Nationale d'Administration" (ENA) besucht.[38]

Für die deutschen Manager ist die Promotion keine vergleichbare Selektionsinstanz. Sie ist ein symbolisches Gut, das nur in Verbindung mit anderen Merkmalen einen Marktwert hat (z.B. Lehre und praktische Berufserfahrung). Für deutsche Manager ist der interne Arbeitsarbeitsmarkt eine wichtige Selektionsinstanz. Auf diesem Markt stehen potentielle Führungskräfte unter Dauerbeobachtung. Die Selektion findet aber zu einem relativ späten Zeitpunkt statt.

Eine abschließende Bemerkung bezieht sich auf den Gegensatz von Unternehmern versus Bürokraten. Die Frage, ob die hier untersuchten Manager noch „Unternehmer" oder nur noch „Bürokraten" sind, beruht auf einer falschen Voraussetzung. Die Autoren, die eingangs zitiert wurden, beziehen sich in ihrer Kritik auf das romantische Bild von Schumpeters „kreativer Zerstörung", auf den mittelständischen Firmen-Gründer oder auf den „genialen" Garagen-Unternehmer. Dies sind aber nicht die Bedingungen, unter denen Großunternehmen, die um die Jahrhundertwende gegründet wurden, überleben könnten. Diese Unternehmen sind Groß-Bürokratien und sie könnten ohne eine koordinierende Organisation nicht funktionieren (visible hand). Die Führungskräfte sind „Unternehmer" in einem spezifischen Kontext, der durch die Bestandsbedingungen traditionsreicher Großunternehmen diktiert wird. Die Strategien der Manager können insofern als „konservativ" bezeichnet werden, als es um die Bewahrung eines seit langem bestehenden Unternehmens geht. Dabei steht nicht nur das Überleben der Organisation im Vordergrund, sondern die Verteidigung des Ranges im Kreis der Großunternehmen: Daimler-Benz will auch morgen noch der größte und erste Industrie-Konzern Deutschlands sein. Dies ist das Kriterium, an dem die Führungskräfte gemessen werden. Wenn das Unternehmen dann auch noch „innovativ" ist, wird dies sicherlich begrüßt, aber nur dann, wenn durch diese Innovationen der vordere Rangplatz des Unternehmens nicht aufs Spiel gesetzt wird.

Die Großunternehmen sind durch Unternehmensverflechtung miteinander verbunden und bilden ein defensives Kartell, das nicht nur gegen gleichrangige Konkurrenten, sondern auch gegen aufstrebende neue Unternehmen gerichtet ist. Im „exklusiven" Kreis der Großunternehmen finden sich nur wenige „parvenus", und dies gilt für Deutschland ebenso wie für die anderen Länder, die hier untersucht wurden (Tabelle 1). Das Problem ist darin zu sehen, dass durch diese

38 Vgl. dazu Bauer/Berin-Mourot (1996: 48); Windolf (1997a: 120).

Form *ökonomischer Kartellbildung* und *sozialer Schließung* junge Unternehmen entweder in ihrem Wachstum behindert oder auf dem Markt für Unternehmenskontrolle einfach aufgekauft werden.

Literatur

Bauer, Michel / Bertin-Mourot, Bénédicte (1995): L´accès au sommet des grandes entreprises françaises 1985-1994, Paris.

Bauer, Michel / Bertin-Mourot, Bénédicte (1996): Vers un modèle européen de dirigeants? Comparaison Allemagne/France/Grande-Bretagne, Paris.

Bauer, Michel / Bertin-Mourot, Bénédicte (1999): National Models for Making and Legitimating Elites. A Comparative Analysis of the 200 Top Executives in France, Germany, and Great Britain, in: European Societes, Num. 1, S. 9-31.

Barry, Richard (1998): The One Thousand. The Men and Women Who Command the Heights of the UK's Economy, Warwick.

Beck, Ulrich (1983): Jenseits von Stand und Klasse?, in: Reinhard Kreckel (Hrsg.), Soziale Ungleichheiten, Göttingen, S. 34-74.

Birnbaum, Pierre et al. (1978a): La classe dirigeante française. Dissociation, interpénétration, intégration, Paris.

Birnbaum, Pierre (1978b): Institutionalisation of Power and Integration of Ruling Elites. A Comparative Analysis, in: European Journal of Political Research, Num. 6, S. 105-115.

Blossfeld, Hans-Peter et al. (1986): Ereignisanalyse, Frankfurt/M.

Bourdieu, Pierre (1980): Le capital social, in: Actes de la recherche en sciences sociales, Num. 31, S. 2-3.

Bourdieu, Pierre (1984): Die feinen Unterschiede, Frankfurt/M.

Chandler, Alfred (1977): The Visible Hand. The Managerial Revolution in American Business, Cambridge.

Curtis, Gerald (1975): Big Business and Political Influence, in: Ezra F. Vogel (Ed.), Modern Japanese Organization and Decision-Making, Berkeley, S. 33-70.

Feldman, Gerald (1998): Hugo Stinnes: Biographie eines Industriellen 1870-1924, München.

Fidler, John (1981): The British Business Elite, London.

Fligstein, Neil (1990): The Transformation of Corporate Control, Cambridge.

Galbraith, John K. (1970): Die moderne Industriegesellschaft, München.

Giddens, Anthony (1974): Elites in the British Class Strukture, in: Philip Stanworth / Anthony Giddens (Eds.), Elites and Power in British Society, Cambridge, S. 1-21.

Granovetter, Mark (1973): The Strength of Weak Ties, in: American Journal of Sociology, Vol. 78, S. 1360-1380.

Harris Corporation (1996): Founding Dates of the 1994 Fortune 500 U.S. Companies, in: Business History Review, Vol. 70, S. 69-90.

Hartmann, Michael (1997): Die Rekrutierung von Topmanagern in Europa, in: Archives Européennes de Sociologie, Vol. 38, S. 3-37.

Hill, Stephen (1995): The Social Organization of Boards of Directors, in: British Journal of Sociology, Vol. 46, S. 245-278.
Hirschman, Albert (1958): The Strategy of Economic Development, New Haven.
Josephson, Matthew (1962): The Robber Barons, San Diego.
Kaufman, Allen / Englander, Ernest (1993): Kohlberg Kravis Roberts & Co. and the Restructuring of American Capitalism, in: Business History Review, Vol. 67, S. 52-97.
Keohane, Robert (1984): After Hegemony, Princeton.
Klass, Gert von (1958): Hugo Stinnes, Tübingen.
Klingel, Jordi (1995): Topmanager in der deutschen Wirtschaft, Diplomarbeit, Universität Trier.
Knight, Frank (1934): Risk, in: Encyclopedia of the Social Sciences, Vol 13. New York, S. 392-394.
Kono, Clifford et al. (1998): Lost in Space: The Geography of Corporate Interlocking Directorates, in: American Journal of Sociology, Vol. 103, S. 863-911.
Kruk, Max (1972): Die großen Unternehmer, Frankfurt/M.
Leff, Nathaniel (1979): Entrepreneurship and Economic Development, in: Journal of Economic Literature, Vol. 17, S. 46-64.
Livesay, Harold (1995): Entrepreneurship and the Growth of Firms, Vol. I und II, Aldershot.
Luhmann, Niklas (1994): Soziale Systeme, Frankfurt/M.
Mayer, Karl Ulrich (1996): Lebensverläufe und gesellschaftlicher Wandel, in: Johann Behrens, Wolfgang Voges (Hrsg.): Kritische Übergänge: Statuspassagen und sozialpolitische Institutionalisierung, Frankfurt/M., S. 43-72.
Mills, Wright (1956): The Power Elite, Oxford.
Ogger, Günter (1992): Nieten in Nadelstreifen: Deutschlands Manager im Zwielicht, München.
Pfeffer, Jeffrey / Salancik, Gerald (1978): The External Control of Organizations. A Resource Dependence Perspective, New York.
Pohl, Hans (1981): Zur Geschichte von Organisation und Leitung deutscher Großunternehmen seit dem 19. Jahrhundert, in: Zeitschrift für Unternehmensgeschichte, Bd. 26, S. 143-178.
Redlich, Fritz (1964): Der Unternehmer, Göttingen.
Rosenbaum, Heide (1982): Formen der Familie, Frankfurt/M.
Scheuch, Erwin K. / Scheuch, Ute (1995): Bürokraten in den Chefetagen, Hamburg.
Schumpeter, Joseph (1928): Unternehmer, in: Handwörterbuch der Staatswissenschaften, Bd. 8, Jena, S. 476-487.
Schumpeter, Joseph (1950): Capitalism, Socialism, and Democracy, New York.
Schumpeter, Joseph (1954): History of Economic Analysis, New York.
Simmel, Georg (1908): Die Kreuzung sozialer Kreise, in: ders., Soziologie, Berlin, S. 305-344.
Stahl, Wilhelm (1973): Der Elitenkreislauf in der Unternehmerschaft, Frankfurt/M.
Strouse, Jean (1999): Morgan – American Financier, New York.
Useem, Michael (1980): Corporations and the Corporate Elite, in: Annual Review of Sociology Vol. 6, S. 41-77.
Useem, Michael (1984): The Inner Circle. Large Corporations and the Rise of Business Political Activity in the U.S. and U.K, New York.
Useem, Michael / Karabel, Jerome (1986): Pathways to Top Corporate Management, in: American Sociological Review, Vol. 51, S. 184-200.

Weber, Max (1988): Parlament und Regierung im neugeordneten Deutschland, in: M. Weber, Zur Politik im Weltkrieg. Schriften und Reden 1914-1918, Tübingen, S. 202-302.

Whitley, Richard (1973): Commonalities and Connections Among Directors of Large Financial Institutions, in: Sociological Review, Vol. 21, S. 613-632.

Windolf, Paul (1997a): Expansion and Structural Change – German, Japanese and American Universities 1870-1990, Boulder (Col.).

Windolf, Paul (1997b): Eigentum und Herrschaft. Elite-Netzwerke in Deutschland und Großbritannien, in: Leviathan, Bd. 25, S. 76-106.

Windolf, Paul / Beyer, Jürgen (1995): Kooperativer Kapitalismus – Unternehmensverflechtungen im internationalen Vergleich, in: Kölner Zeitschrift für Soziologie und Sozialpsychologie, Bd. 47, S. 1-36.

ANHANG

Cox-Regressionen: Deutsche und britische Manager

Unabhängige Variablen	Deutsche Manager		Britische Manager	
	Exp (B)	Sign.	Exp (B)	Sign.
Alter	1.01	.470	**.94**	.000
Bildung	**1.31**	.000	1.07	.303
1. Position (D)	.98	.883	1.25	.241
Anzahl BA	.97	.637	**.86**	.005
Anzahl UW	.97	.621	1.07	.285
Natur/Ingenieur (D)	**.57**	.002	.82	.511
N	178		167	
-2 Log Likelihood	1519		1398	
Change (-LL)	24.7		34.9	

Abhängige Variable: Dauer bis zum Erreichen der Vorstands- und/oder Aufsichtsratsposition bzw. Position im „Board of Directors".

1. Position = 1. Position in einem Großunternehmen (Berufseinstieg)

D= Dummy Variable; BA= Berufsabschnitte; UW= Unternehmenswechsel
Natur/Ingenieur= Studienabschluss in Ingenieurwissenschaften oder einem naturwissenschaftlichen Fach; Sign. = Signifikanz-Niveau (alpha-Fehler).

Fettdruck: Signifikante Variablen.

Erläuterungen: Wenn der Koeffizient Exp (B) größer ist als 1, hat die Variable einen positiven Effekt auf die Aufstiegsgeschwindigkeit (einen negativen Effekt auf die Zeitdauer bis zum Erreichen der höchsten Position), wenn Exp (B) kleiner ist als 1, hat die Variable einen negativen Effekt auf die Aufstiegsgeschwindigkeit.

Definition der Funktionen (Abbildungen 1-3):

Verteilungsfunktion: $F(t)$
Dichtefunktion: $f(t) = F'(t)$
Survivor-Funktion: $S(t)$
Hazard-Rate: $\lambda(t)$

$S(t) = 1 - F(t)$

$$\lambda(t) = \frac{f(t)}{1-F(t)}$$

Die Europäische Einigung als Elitenprozess[1]

Max Haller

> „Überlegt man sich das Vorangehende, so erkennt man überrascht und erschreckt, wie alles in Europa vereint dahin zu wirken scheint, dass die Vorrechte der Zentralgewalt sich unbegrenzt vermehren und das Einzeldasein mit jedem Tage schwächer, untergeordneter und ungeschützter wird ...
> In unserer Zeit haben alle Regierungen Europas die Kunst der Verwaltung wunderbar vervollkommnet; sie leisten mehr und tun alles geregelter, rascher und billiger; es ist, als würden sie fortwährend um das Wissen reicher, das sie den einzelnen weggenommen haben ...
> Mit jedem Tag entzieht sich die Regierung also immer mehr der Pflicht, ihren Willen und ihre Rechte durch eine andere Gewalt gutheißen zu lassen ... Der Staat begnügt sich also nicht damit, alle Angelegenheiten an sich zu ziehen, er geht außerdem so weit, sie sämtlich immer mehr ohne Überprüfung und ohne Berufung zu entscheiden ...
> Was mich angeht, so bekenne ich, dass ich dem Geist der Freiheit, der meine Zeitgenossen anscheinend beseelt, keineswegs traue; ich sehe die Unruhe der Völker unserer Tage wohl; ich erkenne sie aber nicht deutlich als freiheitlich, und ich fürchte, dass am Ende dieses Aufruhrs, der die Throne schwanken lässt, die Inhaber der Staatsgewalt mächtiger sein werden als zuvor."
> (Alexis de Tocqueville 1976: 799ff.)

1. Einleitung und Übersicht

In der Geschichte des europäischen Einigungsprozesses ist auffallend, dass dieser Prozess fast ausschließlich von den Eliten, und hierbei wieder von ganz spezifischen Subgruppen davon getragen worden ist. Nicht nur die Bevölkerung, auch große Teile der kulturellen und wissenschaftlichen Eliten

1 Ich danke den Teilnehmerinnen und Teilnehmern an der Tagung der Sektion „Sozialstruktur" der Deutschen Gesellschaft für Soziologie, Mainz, 20.-21. Juli 2001, und insbesondere den Organisatoren bzw. Herausgebern Peter Berger, Stefan Hradil und Peter Imbusch für wertvolle Kommentare.

beobachten diesen Prozess eher nüchtern, wenn nicht sogar skeptisch und kritisch (Haller 2001). Dieser Artikel möchte einen Beitrag zur Aufhellung dieses eigentümlichen Widerspruchs leisten.

Im ersten Teil wird anhand von repräsentativen Umfragen und einer Analyse der Volksabstimmungen zum Beitritt bzw. zum institutionellen Ausbau der EG bzw. EU die Kluft in den Einstellungen zur europäischen Integration dargestellt, wie sie zwischen den politischen Eliten und der Bevölkerung in den verschiedenen Ländern der Europäischen Union heute besteht. Im zweiten Teil werden einige theoretische Überlegungen zum Verständnis des Verhältnisses zwischen Eliten und Bevölkerung dargestellt. Es wird ein normativ-demokratietheoretischer und ein wirklichkeitssoziologischer Zugang unterschieden; der erste stellt die Frage, inwieweit das Handeln der Eliten *demokratisch legitimiert* ist, der letztere fragt nach ihren Interessen. In den nächsten Abschnitten wird versucht, Beiträge zum Verständnis für die Kluft zwischen Eliten und Bevölkerung zu liefern. Der Beitrag konzentriert sich dabei auf Wandlungen in Struktur und Verhalten der Eliten; die Haltungen der Bevölkerungen und ihr Wandel werden nicht weiter untersucht. Im dritten Teil des Beitrages werden die leitenden Wertorientierungen und Ziele der Eliten und einzelner Führungspersönlichkeiten untersucht, die im Laufe des Prozesses der europäischen Einigung eine zentrale Rolle gespielt haben. Im vierten und fünften Teil wird argumentiert, dass von der ersten Phase des Einigungsprozesses bis heute ein deutlicher Umschwung stattgefunden hat. In der ersten Phase – etwa von 1945 bis 1980 – stand die langfristige Sicherung des Friedens und der Aufbau enger wirtschaftlicher Austauschbeziehungen im Vordergrund; seit Mitte der 80er Jahre tritt die Idee von Europa als einem dritten wirtschaftlich-politischen „*global player*“ auf der Weltbühne in den Vordergrund. Dabei werden einige Aspekte aufgezeigt, die Licht auf die weitverbreitete Skepsis der Bürger Europas im Hinblick auf die Integration werfen: zum einen die Tatsache, dass in den zentral- und südeuropäischen „Kernländern“ der EU eine Politikergeneration an die Macht gekommen ist und die Parteiensysteme eine Entwicklung genommen haben, die alles andere als vertrauensbildend wirkt; zum anderen die Tatsache, dass das Ziel der Schaffung einer neuen „Großmacht Europa“ viele Widersprüche enthält, die von den Europapolitikern selbst nie deutlich angesprochen werden.

2. Indikatoren für die Kluft zwischen Bevölkerung und Eliten im Hinblick auf die Befürwortung der europäischen Integration

Die auffallende und erstaunliche Kluft im Hinblick auf die Befürwortung der europäischen Integration zwischen den politischen Eliten und den Bürgern Europas soll in diesem Abschnitt belegt werden erstens anhand von repräsentativen Meinungsumfragen, und zweitens anhand des Vergleiches der Resultate von Volksabstimmungen und Abstimmungen in den nationalen Parlamenten zu Fragen der europäischen Integration.

2.1 Stolz auf Europa: Die Kluft zwischen Bürgern und politischen Eliten

Hier können wir die große Studie von Schmitt, Thomassen und Mitarbeitern (1999) über *Political Representation and Legitimacy in the European Union* heranziehen. Sie beruhte auf zwei Datenquellen: auf kontinuierlichen großen Bevölkerungsumfragen über die Europawahlen von 1979 bis 1994 in allen damaligen 12 Mitgliedsstaaten der EU und auf einer Befragung aller Kandidaten und Abgeordneten der nationalen Parlamente und des Europaparlaments: Die politischen Eliten sind demnach mit Abstand häufiger stolz darauf, Europäer zu sein, als ihre Wähler. Dies gilt in besonderer Weise für die Europaabgeordneten: Hier bestehen in 12 von 15 Ländern positive Unterschiede, in 9 davon sogar sehr große. Während die Wähler im Durchschnitt zu 55% stolz darauf sind, Europäer zu sein, sind es Abgeordnete ihrer nationalen Parlamente zu zwei Dritteln (68%), Abgeordnete des Europaparlaments sogar zu drei Viertel (75%) (vgl. Schmidt/Thomassen 1999: 37).

Es zeigen sich auch signifikante Unterschiede zwischen verschiedenen Ländern und Ländergruppen. So ist die Kluft zwischen Wahlvolk und Europaparlamentarien deutlich geringer in den süd- und südwesteuropäischen Ländern als in Zentral- und Nordwesteuropa. Die Unterschiede sind am höchsten in Deutschland, den Niederlanden und Luxemburg: Im Durchschnitt sind die Eliten hier zu 31% häufiger stolz auf Europa als ihre Bürger! Das heißt, dass die Europaparlamentarier zu etwa 80 bis 100% (Luxemburg) stolz auf Europa sind, ihre Wähler dagegen nur 40-70%. In Nord- und Nordwesteuropa (Skandinavien, Großbritannien, Irland) ist die Bevölkerung im Durchschnitt am wenigsten stolz auf Europa (etwa 40-60%), allerdings sind auch die politischen Eliten hier reservierter (etwa 40-70%, mit Ausnahme Irlands); der Unterschied zwischen beiden beträgt im Durchschnitt aber immer noch 18%.

Die Autoren dieser Studie ziehen eine sehr kritische Schlussfolgerung im Hinblick auf die Legitimität der Europäischen Union in den Augen ihrer Bürger: Man könne sich fragen, ob die politischen Eliten Europas und ihre Bürger überhaupt in der derselben Welt leben; eine so tiefe Kluft wiese nicht nur auf eine ineffiziente politische Vertretung hin, sondern auch auf ein erhebliches Legitimationsdefizit (Schmitt/Thomassen 1999: 4).

2.2 Diskrepanzen zwischen parlamentarischen Abstimmungen zur EG/EU-Mitgliedschaft bzw. ihrer institutionellen Vertiefung

Mit der Durchsetzung der „vier Freiheiten" (Freizügigkeit von Arbeitskräften, Waren, Dienstleistungen und Kapital) innerhalb der Union, der Einführung der gemeinsamen Währung und der Stärkung des Europaparlaments wurden wesentliche Schritte zu einer wirtschaftlich-sozialen und politischen Gemeinschaft gemacht, die weit über einen Staatenbund hinausgeht. Werden die bereits getätigten Schritte zur gemeinsamen Außen- und Sicherheitspolitik sowie einer gemeinsamen Justiz- und Sicherheitspolitik im Innern weitergeführt und abgeschlossen, kann wohl kein Zweifel daran bestehen, dass hier eine neue politische Gemeinschaft entstanden sein wird.

Es erscheint aus demokratiepolitischer Sicht nun von höchstem Interesse, inwieweit ein so weit reichender Integrationsprozess, der die Kompetenzen und Souveränität der Nationalstaaten entscheidend reduziert hat (bereits derzeit wird festgestellt, dass zwei Drittel bis drei Viertel der Beschlüsse nationaler Parlamente nur Nachvollzüge von Entscheidungen europäischer Institutionen sind), durch die Bürger Europas mitgetragen wurde. Hier zeigt sich nun, dass dies in einer erheblichen Zahl von Ländern nur in sehr begrenzter Weise der Fall gewesen ist. In Übersicht 1 wird angeführt, in welchen Ländern Volksabstimmungen über den Beitritt zur Europäischen Union bzw. zu den wesentlichen Verträgen über ihre institutionellen Vertiefung (etwa die *Einheitliche Europäische Akte* von 1986/87 über die Schaffung des Binnenmarkts bis 1993; den *Vertrag über die Europäische Union* von Maastricht von 1991/92, sowie den Vertrag von Amsterdam von 1998/ 1999) stattgefunden haben. Es zeigt sich hier: Nur in knapp mehr als der Hälfte, in 8 der 15 EU-Mitgliedsstaaten, haben überhaupt solche Referenden stattgefunden; bezogen auf die Einwohnerzahl hatte sogar die Mehrheit, 222,6 Millionen oder knapp 61% von insgesamt 366,7 Millionen EU-Europäern, nie die Möglichkeit einer Entscheidung für oder gegen die EG bzw. EU.

In der Zusammensetzung dieser beiden Ländergruppen zeigt sich eine erstaunliche Homogenität; es lässt sich nicht übersehen, dass sie eng mit ihrer demokratischen Tradition zusammenhängt. Kein Referendum gab es unter (a) all jenen Ländern, in denen im Laufe des 20. Jahrhunderts zeitweise eine faschistische Diktatur bestand, nämlich Deutschland und Italien, sowie Spanien, Portugal und Griechenland; (b) in den drei Beneluxländern. Für die fraglose Akzeptanz der europäischen Integration in den letzteren gibt es klare Gründe: die sehr enge Verflechtung mit den großen Nachbarstaaten, die im Falle der Niederlande auch mit einer gewissen Furcht vor einer Dominanz des wirtschaftlich mächtigen Deutschland zusammenhängen mag, und die direkten Vorteile aus der Beherbergung großer EU-Behörden (im Falle von Belgien und Luxemburg).

Unter den Ländern, die ein Referendum veranstalteten, befinden sich ebenfalls zwei klar abgrenzbare Gruppen (a) die „alten" Demokratien Westeuropas, Großbritannien und Frankreich; (b) die skandinavischen Länder einschließlich Dänemarks – eine Ländergruppe, in der es zwar bis heute konstitutionelle Monarchien bestehen, in denen aber demokratische Grundrechte schon relativ früh eingeführt wurden. Hierzu kommt noch Österreich, das aufgrund seiner politischen Neutralität lange zögerte, der EG bzw. EU beizutreten.

Besonders bemerkenswert aus demokratiepolitischer Sicht erscheint die Tatsache, dass die Bevölkerung der Bundesrepublik Deutschland nie die Chance erhielt, selber über die Mitgliedschaft und die Zustimmung zur institutionellen Vertiefung von EG und EU abzustimmen. Die politischen Eliten dieses Landes fanden dies offensichtlich nicht nötig und sie mögen in gewisser Hinsicht auch gute Gründe dafür gehabt haben: „Wir brauchen die EU, um Deutschland vor sich selbst zu schützen – vor seiner Geschichte", drückte es ein deutscher Spitzenmanager bündig aus (Newhouse 1998: 115). Damit scheint dem Misstrauen der Deutschen in ihre politischen Eliten ein zumindest ebenso großes Misstrauen dieser vor ihrem Volk zu entsprechen. So fürchteten sich die deutschen Politiker wohl zu Recht vor einem möglichen negativen Ausgang eines Europa-Referendums.

So war eine Mehrheit der Deutschen (wie auch ein großer Teil ihrer Wirtschaftswissenschaftler) lange Zeit klar gegen die Aufgabe der stabilen DM, dem zentralen Symbol des deutschen Wirtschaftswunders der Nachkriegszeit, zugunsten des EURO. Nach Umfragen des Instituts für Demoskopie Allensbach seit 1994 waren damals 58% der Deutschen gegen, nur 22% für die Einführung des Euro; 1999, kurz vor seiner Einführung, stieg das

Vertrauen in die neue Währung (31% zu 40%), bis zum September 2001 aber sank es neuerlich (45% Gegner, 29% Befürworter); im März 2001 betrachteten 60% der Deutschen die Euro-Einführung als „keine gute Entscheidung", nur 23% als eine gute.[2]

So ist es auch nicht überraschend, dass der deutsche Bundesverfassungsgerichtshof (BVG) sich zweimal (1993 und 1998) mit entsprechenden Verfassungsklagen auseinandersetzen musste. In seinem ersten Urteil stellte der BVG fest, die durch den EU-Vertrag vorgesehene politische Union sei noch kein Staat, sondern nur ein „Staatenverbund", weil die Mitgliedstaaten weiterhin den Grad der Integration selbst bestimmen könnten und im Besitz maßgeblicher Souveränitätsrechte blieben (Fischer Weltalmanach 1995: 213). Ein Faktum ist jedoch, dass das Nicht-Mitmachen bei der weiteren Integration oder ein Austritt aus der EU inzwischen jedoch mit so hohen Kosten verbunden wäre, dass er irrational erscheint (Bach 1999:124). Hier scheint eine politisch-juridische Behörde durch einen amtlichen Spruch dekretiert zu haben, worüber sich Wissenschaftler bis heute nicht einig sind. Wenn man der Ansicht ist, dass die Einbindung Deutschlands in die EU dessen Verfassungsrealität bereits entscheidend verändert hat, kommt man kaum umhin, in der von den Bürgern akzeptierten Verweigerung einer Volksbefragung eine historische Kontinuität von Staatsgläubigkeit und obrigkeitshörigem Denken und Handeln zu sehen, auf die schon Karl Jaspers (1966) in seinem Buch *Wohin treibt die Bundesrepublik* in den 60er Jahren hingewiesen hat (vgl. dazu in ähnlichem Sinne Dahrendorf 1968; Greifenhagen 1979; Engelmann 1993, 1998; Haller 1999a; sowie Heinrich Mann's Roman *Der Untertan*). Das Urteil des deutschen BVG steht im übrigen in einem deutlichen Kontrast zu einem analogen Urteil des französischen *Conseil constitutionnel*, der am 9.4.1992 sehr wohl die Notwendigkeit einer Verfassungsänderung vor Inkrafttreten des Maastricht-Vertrages feststellte (Rust 1993: 60f.).

Aus Übersicht 1 ergibt sich noch ein weiterer Befund, der scharfes Licht auf die Diskrepanz zwischen Eliten und Bevölkerung im Hinblick auf die Befürwortung der europäischen Integration wirft. Es ist dies die Tatsache, dass die Volksabstimmungen in allen Fällen eine deutlich geringere Zustimmung zum EU-Beitritt bzw. zu ihrer Vertiefung erbracht haben als die entsprechenden Abstimmungen in den nationalen Parlamenten.

---

2 Vgl. Die Ergebnisse in http://www.ifd-allensbach.de/news/. Vgl. auch „Der Euro: kein Kind der Liebe", Westfälische Rundschau, 3. Nov. 2001. Diesen Befunden des Allensbacher Instituts stehen allerdings Eurobarometer-Daten gegenüber, nach denen auch die Deutschen im Herbst 2001 mehrheitlich (zu 60%) sich für den Euro deklarierten (vgl. Eurobarometer 56, Initial Findings).

Eines der spektakulärsten Ergebnisse in dieser Hinsicht war das im Jahre 1992 in Frankreich von Präsident Mitterand angesetzte Referendum über die Ratifizierung des Vertrags von Maastricht. Laut Verfassung hätte er darauf auch verzichten und stattdessen parlamentarische Abstimmungen ansetzen können. Bei diesem Referendum stimmte nur eine hauchdünne Mehrheit der Franzosen, 51%, für den Vertrag von Maastricht! Ebenso spektakulär war dann das Abstimmungsergebnis im französischen Kongress, der gemeinsamen Sitzung von Nationalversammlung und Senat: Hier stimmten satte 89% der Abgeordneten für die Vertiefung!

Ähnliche Ergebnisse sehen wir in allen anderen Fällen, in denen das Volk die Möglichkeit hatte, seine Meinung zum Integrationsprozess kundzutun. Betrachten wir etwa die Volksabstimmungen in den drei neuen Beitrittsländern 1994/95: In Österreich waren die Wähler zu 66,5% für den Beitritt, die Abgeordneten zu 80%; in Finnland waren die entsprechenden Anteile 57% zu 77%, in Schweden zeigte sich überhaupt die tiefste Kluft, 52% zu 88%! Große Diskrepanzen waren in jenen Ländern zutage getreten, wo der Beitritt zunächst abgelehnt wurde: In Norwegen waren die Abgeordneten 1992 zu zwei Dritteln für den Beitritt, die Bevölkerung lehnte ihn zu 53,5% ab; 1994 versuchte es die Regierung Brundtland nochmals, aber das Volk erteilte ihr mit 52,2% wieder eine Absage; in Dänemark wurde die Ratifizierung der EU-Verträge vom Parlament 1992 mit satten 72,6% befürwortet, vom Volk aber mit 50,7% abgelehnt (Daten nach Fischer Weltalmanach, diverse Jahrgänge).

Bezeichnend ist, dass all jene Länder, in denen Referenden negativ ausgingen, wirtschaftlich wohlhabende kleine Staaten mit gefestigter demokratischer Tradition sind. Man kann daraus schließen, dass die Ablehnung des EU-Beitritts nicht aus Angst oder eigener nationaler Schwäche erfolgte, sondern aus einer Position der Stärke, die besagt, dass es die Bürger dieser Länder weder wirtschaftlich noch politisch als nötig erachteten, der EU beizutreten bzw. eher dagegen sind, diese zu einem echten Staat weiterzuentwickeln.

Besonders interessant ist die Haltung der Schweiz, einer der ältesten Demokratien Europas, zur Mitgliedschaft in der EG bzw. EU. Obwohl die Schweiz bis heute höchsten Wert auf ihre politische Neutralität legt, ist ihre Wirtschaft auf das Engste mit der EU verflochten. Gut drei Viertel der Schweizer Importe und Exporte gehen in den EU-Raum; unter den Außenhandelspartnern der EU steht sie nach den USA an zweiter Stelle, noch vor Großstaaten wie Japan, Russland oder China (Fischer Weltalmanach 2001: 715, 1070)! Es erscheint daher wenig überraschend, dass sich in der Schweiz 1992 eine breite Politiker- und Unternehmerfront der Befürwortung des Beitritts zum Europäischen Wirtschaftsraum (EWR) bildete. Die Bürger lehnten den Beitritt jedoch zu 50%, die Kantone mehrheitlich ab.

An diesem Volkentscheid sind zwei weitere Aspekte bemerkenswert. Zum ersten zeigte sich innerhalb der Schweiz ein enormes Gefälle, ja geradezu ein für den Zusammenhalt des Staates gefährlicher Bruch: Die deutschsprachigen inner- und ostschweizerischen Kantone (mit Ausnahme von Großstädten wie Zürich) waren mehrheitlich gegen den Beitritt, die französisch- und italienischsprachigen West- und Südschweizer Kantone mit überwältigender Mehrheit dafür. Dies zeigt, dass die gesamteuropäische Kluft zwischen Befürwortern und Skeptikern der Integration sich auch innerhalb der Schweiz wiederspiegelt. Die Ablehnung des Beitritts in der Ost- und Innerschweiz zeigt aber weiterhin, dass die Ablehnung der EU nicht nur mit Traditionalismus und Angst vor Überfremdung, sondern auch mit einer – nicht unbegründeten – Sorge vor einem Verlust der Bedeutung der direkten Demokratie zusammenhing. Dass sie über eine solche verfügen, ist wohl einer der Hauptgründe dafür, dass die Schweizer unter 19 Länder heute das höchste Vertrauen in ihre politischen Institutionen haben (Dogan 1997). Der zweite, bemerkenswerte Aspekt im Abstimmungsverhalten der Schweizer war, dass die Ablehnung nicht nur als Ausdruck einer heute vielfach um sich greifenden, allgemeinen Protesthaltung von Bürgern interpretiert werden darf, die zu Neuerungen jeder Art Nein sagt. In einer Volksabstimmung von 1994 zur Frage des alpenquerenden Güterverkehrs, einer Hauptstreitfrage der Schweiz mit der EU, nahmen die Schweizer mehrheitlich eine Vorlage an, die weitreichende und für sie selber kostspielige Maßnahmen vorsah: Eine vollständige Verlagerung des Gütertransitverkehrs von der Straße auf die Schiene binnen 10 Jahren, und gewaltige Investitionen in den Ausbau des Eisenbahnverkehrs zur Realisierung dieses Ziels (Fischer Weltalmanach 1995: 551).

2.3 Zwischenresümee: Weitere Indikatoren für die Einstellungskluft zwischen Eliten und Bürgern

Es gibt zumindest zwei weitere, wichtige Indikatoren, die auf die Existenz einer deutlichen Kluft zwischen dem Integrationsenthusiasmus der Eliten und einer zwar mehrheitlich positiven, aber doch mit einer gehörigen Portion Skepsis versehenen Haltung bei den Wählern hinweisen.

Bekannt ist die hohe Diskrepanz in der Wahlbeteiligung auf nationaler Ebene und bei Europawahlen; letztere erwecken bei weitem kein so großes Interesse bei den Staatsbürgern wie Wahlen für die nationalen Parlamente. So liegt die Wahlbeteiligung bei den Europawahlen seit 1989 in fast der Hälfte der EU-Mitgliedsstaaten knapp unter oder über 50%; in Großbritannien und den Niederlanden erreicht sie überhaupt nur knapp mehr als ein Drittel. Nur in Ländern mit gesetzlicher Wahlpflicht – Belgien, Italien und Luxemburg – wählen rund 80-90% der Wahlberechtigten (Fischer Weltalmanach 1990, 1995). Demgegenüber gehen bei nationalen Wahlen – wenn die Wahlbeteiligung im Zeitverlauf auch hier abgesunken ist – immer noch drei Viertel bis 90% der Wähler zur Wahl.

Ein zweiter Indikator ist die Tatsache, dass die Befürwortung der europäischen Integration im Zeitverlauf keineswegs deutlich zugenommen hat. Dies wäre zu erwarten, wenn die Bürger der Mitgliedsstaaten glauben, aufgrund der Zugehörigkeit zur EU wirtschaftlich-sozial oder politisch heute besser dazustehen als früher. Tatsächlich zeigt sich in dieser Hinsicht eher ein Stagnieren, ja sogar ein Rückgang. Im Durchschnitt über alle EG- bzw. EU-Mitgliedsstaaten nahm das Gefühl, sich nie als Bürger Europas zu fühlen, im Laufe der 80er Jahre von 35% auf 45-50% zu; im Laufe der 90er nahm es wieder leicht ab (Schmitt/Thomassen 1999: 33). Eine dramatische Zunahme des Anteils derer, die sich nie als Europäer fühlen, war ausgerechnet in Deutschland zu verzeichnen, nämlich von 17% 1983 auf 59% 1992!

Die eingangs gestellte Frage, warum die Eliten eine deutlich positivere Haltung zur europäischen Integration zeigen als ihre Bürger, gewinnt auf dem Hintergrund dieser Befunde an Bedeutung. Es gibt unterschiedliche Interpretationsmöglichkeiten für diese Einstellungskluft: Die Bürger erkennen die wahren Vorteile der europäischen Integration (noch) nicht: die europäische Integration bewirkt jene Vorteile gar nicht, die ihr von den Eliten zugeschrieben werden, bzw. sie hat auch gravierende Nachteile; mit der Integration werden Ziele verfolgt, die die Bürger nicht wollen und die Eliten selber nicht klar aussprechen wollen. Eine vollständige und definitive Beantwortung dieser Fragen ist hier unmöglich, würde sie doch voraussetzen, dass wir über die tatsächlichen positiven und negativen Folgen der europäischen Integration objektiv und genau Bescheid wüssten. In dieser Hinsicht muss die oben skizzierte erste Position, die vor allem bei den politischen Eliten selber vorzuherrschen scheint, als „elitär" bezeichnet werden. Sie besagt ja, dass die Eliten selber sehr wohl über die „wahren" Bedürfnisse und die wahren Konsequenzen der Integration Bescheid wüssten, wohingegen das „einfache Volk" so weitreichende Entscheidungen primär nach dem Gefühl, „aus dem Bauch heraus" treffe.

Wenn wir hier nicht entscheiden können, welche Folgen die europäische Integration haben wird, können wir aber sehr wohl einiges zur Aufhellung der Kluft zwischen Eliten und Bevölkerung beitragen. Wir können uns die

Argumente von Fachleuten vergegenwärtigen und fragen, inwieweit diese von Politikern zur Kenntnis genommen werden; wir können uns fragen, ob die Argumente der Politiker in sich stimmig sind oder nicht und wir können schließlich Persönlichkeiten und das Verhalten der Eliten daraufhin untersuchen, inwieweit sie als glaub- und vertrauenswürdig erscheinen.

3. Begriff der Eliten, theoretischer Ansatz

3.1 Eliten als zentrale gesellschaftlich-politische Akteure und ihre innere Differenzierung

Eliten kann man ganz allgemein definieren als die Inhaber von zentralen Positionen der Gesellschaft oder als die Mitglieder von kleinen Gruppen, die aufgrund ihrer Herkunft, Beziehungen und Einflussmöglichkeiten überproportional viel Macht ausüben können. In Übereinstimmung mit klassischen Elitetheoretikern wie Gaetano Mosca und Vilfredo Pareto gehe ich davon aus, dass Eliten fast immer die zentralen gesellschaftlichen Akteure darstellen, wenn es um signifikante gesellschaftliche Transformationen geht. Es soll hier jedoch keine universelle Elitentheorie vertreten werden, die postuliert, dass die Geschichte ein ständiger „Kreislauf von Eliten" ist, dass immer und überall Eliten herrschen. Die Annahme, dass Eliten als relevante gesellschaftlich-politische Akteure anzusehen sind, gilt nur in einem relativen Sinne. Je nach dem historisch-institutionellen Kontext variiert die Integration und Geschlossenheit und demzufolge auch die Handlungsfähigkeit von Eliten in hohem Grade. Diese *Variationen* zu untersuchen, ist Aufgabe der sozialwissenschaftlichen Analyse. Sie impliziert auch eine Analyse der inneren Struktur und Zusammensetzung der Eliten.

In dieser Hinsicht muss man differenzieren zwischen dem Elitenkern und den darin maßgeblichen Persönlichkeiten (auch die soziologische Analyse von einzelnen Elitepersönlichkeiten erscheint aus dieser Sicht als eine wichtige Frage!), sowie den Angehörigen der Elite im weiteren Sinne, einer breiten Schicht von Bürokraten und Technikern, die man im Sinne von John Goldthorpe (1985: 187) und Karl Renner als „Dienstklasse" (der Eliten) bezeichnen könnte. Zu untersuchen ist auch die Beziehung zwischen Eliten und Bevölkerung, die vor allem aus Sicht der Demokratietheorie das zentrale Problem darstellt.

3.2 Eliten- und Demokratietheorie. Der normativ-funktionale Aspekt in der Elitenforschung

In einer wirklichkeitssoziologischen Analyse nach Weber (1964, 1973; vgl. Haller 1999) sind bei der Analyse von Eliten zwei Perspektiven notwendig: Die *normative Perspektive* stellt einen engen Bezug zur Demokratietheorie her, die *empirisch-analytische, erklärende Perspektive* thematisiert die Frage der Rekrutierung, der Interessen und des konkreten Handelns der Eliten.

Die Frage, ob sich Eliten autoritär oder demokratisch verhalten, steht im Zentrum der Demokratietheorie (Etzioni-Halevy 1993: 53ff.). Liberale Demokratietheoretiker seit Locke, Hume, Montesquieu und Madison haben argumentiert, Demokratie bestehe darin, dass die Macht zwischen verschiedenen Akteuren geteilt wird, dass die Macht der einen durch die Gegenmacht der anderen kontrolliert und damit eine despotische Machtkonzentration vermieden wird (vgl. Mills 1956; Arendt 1974). Ich gehe davon aus, dass es fünf Bereiche gibt, die für die Herausbildung und für das Handeln von Eliten aus normativ-demokratietheoretischer Sicht zentral sind (siehe Übersicht 2).

Der erste und wichtigste Aspekt betrifft die *Werte und Ziele*: Hier ist zu fragen, ob die Eliten diese ausreichend klar darlegen, und ob sie von der Bevölkerung insgesamt oder von jenen Gruppen, die sie repräsentieren, auch geteilt werden. Die Frage der *funktionalen Differenzierung* beinhaltet, ob die Eliten sich auf den ihnen jeweils zugewiesenen Funktionsbereich beschränken oder aber ob sie sich – offen oder verdeckt – Befugnisse aneignen, die über ihr Mandat hinausgehen. Eine ähnliche Thematik betrifft die *Vernetzung zwischen den Funktionseliten*: Eine Koordination, ja auch Kooperation, ist zweifellos notwendig, um das Funktionieren einer Gesellschaft sicherzustellen. Wirtschaftlich und politisch mächtige Gruppen können ihren Einfluss jedoch nutzen, um Druck auf andere Eliten auszuüben; dies ist umso problematischer, je weniger davon an die Öffentlichkeit dringt. Des weiteren wird Transparenz und eine gewisse *Offenheit der Rekrutierung* und sozialen Herkunft der Eliten wesentlich sein, vor allem für politische Eliten. Schließlich steht auch eine angemessene *Entlohnung und Anerkennung der Eliten* außer Frage. Demokratiepolitisch relevant ist jedoch die Frage der Transparenz und Verhältnismäßigkeit dieser Entlohnungen; ist diese gegeben, so wird auch viel eher eine nicht durch Neid und Missgunst inspirierte öffentliche Diskussion darüber möglich sein.

Die normative Perspektive ist keineswegs nur eine rein akademische Fragestellung oder nur moralisierende Perspektive. Sie betrifft die Haltung der Bürger zu ihren politischen Eliten, den Grad der *Legitimation* dieser wie des gesamten politischen Systems. Damit betrifft sie die Stabilität dieser Systeme und kann gefährlichen Sprengstoff in sich bergen. Studien über Revolutionen haben gezeigt, dass dabei Gefühle der Benachteiligung, Ungerechtigkeit und Frustration in der Bevölkerung eine zentrale Rolle spielen.

Dabei gilt zum ersten, dass dabei der tatsächliche Stand der sozialen und ökonomischen Entwicklung weniger bedeutsam ist als Erwartungen in bezug auf den zukünftigen Fortschritt im Vergleich zur Vergangenheit (Davis 1979: 400). Diese Problematik ist im Falle der europäischen Einigung von großer Aktualität in zweierlei Hinsicht. Die EU stellt sich immer wieder als eine Institution dar, die den wirtschaftlich-technischen Fortschritt fördern und den Wohlstand aller Europäer signifikant erhöhen wird (Katz/Wessels 1999: 6). Die „Europabegeisterten" erwarten, wie Jacques Delors schrieb, dass durch die Schaffung eines gigantischen Marktes Millionen neuer Arbeitsplätze entstehen, und das Wirtschaftswachstum in neue Rekordhöhen schnellen wird (Delors 1993: 66). Werden die durch solche Aussagen geweckten Hoffnungen und Erwartungen enttäuscht, könnte sich unter den Bürgern große Unzufriedenheit ausbreiten. Besonders im Falle der süd- und bald auch osteuropäischen Mitgliedsstaaten werden in die EU-Mitgliedschaft hohe Erwartungen vor allem im Hinblick auf eine nachhaltige Verbesserung, ja Angleichung der wirtschaftlich-sozialen Verhältnisse gestellt. Man kann hier (wie im Falle Italiens) geradezu sagen, dass die Europäische Union als eine Krücke gesehen wird, die helfen soll, einen Ausweg aus den eigenen Problemen zu finden (Haller 1999b).

Der zweite Aspekt im Hinblick auf Gefühle der Ungerechtigkeit und frustrierten Erwartungen in der Bevölkerung betrifft die Eliten selber. Die Menschen haben ein scharfes Gespür dafür, ob andere soziale Regeln einhalten oder verletzen (Moore 1982: 21). Solche Gefühle der Regelverletzung und Ungerechtigkeit betreffen vor allem das Verhalten von Autoritäten und Eliten, die Regeln und Mechanismen ihrer Rekrutierung, Entlohnung usw. Deren Verletzung kann in der Bevölkerung „Wut und Zorn" auslösen (Moore 1982: 41).

Diese Problematik der Legitimation wird inzwischen nicht nur von Sozial- und Politikwissenschaftlern, sondern auch von Politikern selber als ein zentrales Problem gesehen. In allen Demokratien zeigt sich eine starke Abnahme des Vertrauens in die politischen Institutionen und Eliten (Lipset/Schneider 1983; Döring 1990; Dogan 1994, 1997). Überall sind die Bürger, einerseits aufgrund der gestiegenen Bildung, andererseits aufgrund der zunehmenden Aufgaben und Interventionsmöglichkeiten des Staates, diesem gegenüber kritischer geworden. Diese Abnahme ist insofern verständlich, auch blieb die Legitimität der demokratischen Systeme trotzdem aufrecht. Dennoch muss sie als ein gravierendes Problem betrachtet werden, denn ein politisches System mit nur geringem Vertrauen seiner Bürger ist weniger effizient als ein solches mit hohem Vertrauen (Hetherington 1998; Katz/Wessels 1999: 245). In der Europäischen Union sind diese Probleme besonders gravierend: schon allein ihre enorme Ausdehnung, riesige Einwohnerzahl und kulturell-sprachliche Vielfalt erschwert die Pflege persönlicher Kontakte zwischen Wählern und ihren politischen Repräsentanten (Kohr 1983); auch weitere, im folgenden noch aufzuzeigende Faktoren tragen kaum zu einem tiefen Vertrauen der Bürger in die EU-Institutionen bei.

3.3 Eliten und Interessen: Die wirklichkeitssoziologisch-erklärende Perspektive

Für die empirisch-erklärende Perspektive steht die Frage im Zentrum, warum sich die Eliten tatsächlich in einer ganz bestimmten Weise verhalten. Hier ist zu fragen nach den Interessen der Eliten und ihrer Klientelgruppen, sowie nach den institutionellen Bedingungen, die es ihnen mehr oder weniger leicht gestatten, die vorhin angeführten Prinzipien zu beachten oder zu umgehen. Hier bietet der große und komplexe Kontext „Europa" den wirtschaftlichen und politischen Eliten völlig neue Handlungschancen.

Grundlegend für die Diskussion der Rolle der Eliten aus demokratietheoretischer Perspektive ist die Frage, welche Ziele mit dem europäischen Einigungsprozess verfolgt werden; die Überlegungen dieses Beitrags werden sich daher hauptsächlich mit diesem Aspekt befassen. Anschließend sollen jedoch einige der anderen Aspekte zumindest kurz angesprochen werden.

3.4 Zusammensetzung, Umfang und Entlohnung der neuen „europäischen Eliten"

Im Fall der europäischen Integration kann man als zentrale elitäre Führungspersönlichkeiten die Regierungschefs und einzelne besonders einflussreiche Minister vor allem der großen EU-Mitgliedsstaaten sowie die Präsidenten der EU-Kommission betrachten; als Elitekern die EU-Kommissare, die Europaabgeordneten, die Angehörigen der nationalen Regierungen, sowie einzelne, einflussreiche Unternehmer, Verbandsfunktionäre; als (Europa-) Elite im weiteren Sinne alle Beamten bei der EU, sowie die mit Europa-Agenden befassten Politiker, Beamten, Verbandsfunktionäre und Lobbyisten auf europäischer und nationaler Ebene. Die ausschlaggebenden elitären Führungspersönlichkeiten sind wohl an einer Hand abzuzählen; der Elitekern wird einige Tausend Persönlichkeiten umfassen, die Elite im weiteren Sinne (oder die „elitäre Dienstklasse“) jedoch über 100.000 Personen. Hier ist jedenfalls die Zahl der rund 18.000 Beamten in Brüssel (eine relative geringe Zahl im Vergleich zur Größe vieler nationaler Bürokratien, wie Integrationsbefürworter gerne betonen) mit einem Vielfachen zu multiplizieren. Denn das Grundprinzip der EU besteht ja darin, sich auf den Erlass von Gesetzen, Verordnungen und Richtlinien zu beschränken, deren Durchführung und Kontrolle aber den nationalen Regierungen und Behörden zu überlassen. So ist anzunehmen, dass etwa in jedem einzelnen der größeren EU-Mitgliedsstaaten nochmals eine so große Zahl von Beamten, Verbandsfunktionären und Unternehmens-Lobbyisten mit EU-Agenden befasst ist wie in Brüssel selber.

Besonders wichtig ist hier die Entwicklung der Ausgaben und der bürokratischen Aktivität der EU in den letzten Jahrzehnten. Hier zeigt sich: Der EG- bzw. EU-Haushalt stieg von 9,5 Milliarden DM 1970 auf rund 190 Milliarden 1998 an – eine Steigerung um das zwanzigfache! Die Zahl der Verordnungen und Richtlinien der Kommission der EG bzw. EU stieg von 1726 im Jahre 1973, auf 8996 im Jahre 1990 und 13.108 im Jahre 1996 – eine Versiebenfachung! (Bandulet 1999: 88) Ein derartig explosives Wachstum hatte wohl noch keine nationale europäische Bürokratie zu verzeichnen. Die *Regulierungsspirale* (Bach 1999: 124), die sich hier zeigt, ergibt sich aus einem geradezu selbsttätig wirkenden Mechanismus; die Regulierung in einem Bereich führt nahezu automatisch zu weiteren Regulierungen in anderen Bereichen. Dass der Zuwachs in der nächsten Zukunft signifikant sinken wird, ist – auch angesichts der bevorstehenden Erweiterung – kaum anzunehmen.

Es ist hier nicht der Platz, die Frage der Entlohnung der europäischen Eliten ausführlich zu behandeln. Einige Hinweise mögen genügen, um zu zeigen, dass diese deutlich über das hinausgeht, was bürokratischen und politischen Eliten im nationalen Maßstab üblicherweise zugestanden wird. Die Gehälter einfacher Pförtner und Portiere bei der EU-Kommission in Brüssel liegen bei netto 7000 DM im Monat; bis zu den Kommissaren steigen sie auf 30.000 Mark; auf allen Ebenen betragen die Gehälter von EU-Beamten fast das Doppelte dessen, was Beamte in der deutschen Bundesverwaltung verdienen (Bandulet 1999: 39ff.). Dazu kommen großzügige Reise- und Einrichtungsbeihilfen sowie Frühpensionierungsregelungen. Die 626 Abgeordneten des Europaparlaments verfügen im Jahr über durchschnittlich 450.000 Mark an Kostenerstattungen und sonstigen Vergütungen, zusätzlich zum Gehalt. Die von ihnen vorgelegten Kostenabrechnungen für Flüge weisen oft Preise auf, die zu 30% über den Tarifen der Business Class liegen (vgl. ebda.).

In ihrer sozialen Herkunft, Ausbildung und beruflichen Zugehörigkeit unterscheiden sich die neuen EU-Eliten nicht wesentlich von nationalen politischen Eliten. Sie kommen noch häufiger als diese aus den höchsten Bildungs- und Berufsschichten (78% haben Hochschulbildung, weniger als 5% sind Arbeiter oder einfache Angestellte (Katz/Wessels 1999: 93ff.). Auch aus dieser Sicht sind die europäische Eliten – aber auch ihre nationalen Kollegen – soziokulturell weit von der Mehrheit ihrer Wähler entfernt, wenn man auch nicht sagen kann, dass die soziale Herkunft die politischen Einstellungen der Elite wesentlich beeinflusst (Hoffmann-Lange 2001).

4. Sicherung von Frieden und wirtschaftlicher Zusammenarbeit: Herkunft und Ziele der Gründerväter der Europäischen Gemeinschaft

Meine These lautet, dass die grundlegenden Ziele des Einigungsprozesses in verschiedenen Phasen des Integrationsprozesses unterschiedliches Gewicht besaßen und von unterschiedlichen gesellschaftlichen Eliten getragen wurden. In der unmittelbaren Nachkriegszeit stand die Überwindung der historischen Spaltungen und Konflikte in Europa, die dauerhafte Sicherung des friedlichen Zusammenlebens im Vordergrund. Im Laufe der 80er Jahre hat sich jedoch eine Umorientierung vollzogen, hin zum Ziel der Schaffung einer riesigen neuen politischen Gemeinschaft, eines „global player" im Konzert der Weltmächte. Diese Zielverschiebung, so meine These, beinhaltet jedoch viele Widersprüche, die von den führenden Europapolitikern bis heute nicht klar ausgesprochen werden. Dazu kommt, dass sich in der Struktur der politischen Prozesse wie auch im Charakter der politischen Institutionen und Akteure Veränderungen vollzogen haben, die ebenfalls dahingehend wirken, dass die Skepsis der Bevölkerung im Hinblick auf den Integrationsprozess immer neue Nahrung erhält.

Nach dem Zusammenbruch des nationalsozialistischen Dritten Reiches, weithin verwüsteten Städten und Millionen von Toten stand – zumindest im westlichen Teil Europas – außer Frage, dass eine Wiederholung der Fehler der Zeit nach dem Ersten Weltkrieg nicht mehr in Frage kam. Damals hatte man Deutschland zu hohen Reparationszahlungen verpflichtet und damit den Keim gelegt zu einer schleichenden wirtschaftlichen und politischen Krise, zu tiefem wechselseitigem Misstrauen und neuem Hass (Scheff 1994; Engelmann 1998: 57ff.). Zum anderen ergab sich nun eine weltpolitisch völlig andere Konstellation: durch die neue Bipolarität zwischen den Atom-Supermächten Russland und USA waren Frankreich und Großbritannien auf den Status von mittleren Mächten abgesunken. Sie konnten in der Weltpolitik nur mehr eine zweite Geige spielen, auch wenn sie über Atomwaffen verfügten und die Illusion von Großmächten noch eine Zeitlang aufrechtzuerhalten versuchten (für Frankreich vgl. Schmale 2000: 362ff.; für Großbritannien Benz/Graml 1983: 82ff.; für Europa allgemein Friedrich 1972). Das geteilte Deutschland hatte seine diesbezüglichen Ambitionen endgültig begraben müssen. Diese Konstellation führte dazu, dass nun in Frankreich und Deutschland jene Kräfte klar die Oberhand gewannen, die auf eine entschiedene Aussöhnung zwischen den beiden Ländern, ja auf eine weitergehende friedliche Integration ganz (West-) Europas hinwirken wollten. Sie konnten hier aufbauen auf eine breite Bewegung der unmittelbaren Nachkriegszeit, in der sich in vielen Ländern – in Fortsetzung von Graf Coudenhove-Kalergi's „Paneuropäischer Union" der 20er Jahre – „zahllose lokale, regionale und nationale Gruppierungen und Organisationen [formierten], die als ihren alleinigen Daseinszweck die Arbeit für einen supranationalen Zusammenschluss Europas ansahen." (Benz/Graml 1983: 61). Einer ihrer angesehensten Unterstützer von außen war der britische Kriegspremier Winston Churchill, der in mehreren Reden die Gründung der „Vereinigten Staaten von Europa" forderte (wobei er nur Kontinentaleuropa im Auge hatte).

Für die Führungspersönlichkeiten dieser Nachkriegs-Gründergeneration der Europäischen Integration sind drei Merkmale charakteristisch: (1) Sie sind zwischen 1880 und 1890 geboren, und hatten den Terror von Nationalsozialismus und Krieg am eigenen Leibe erlebt. So wurde Adenauer, schon in seiner Jugend ein Gegner von Bismarck's „großdeutscher" Politik, von den Nationalsozialisten all seiner Ämter enthoben (er war Oberbürgermeister von Köln und Präsident des Preußischen Staatsrates gewesen) und konnte nur im Exil in der Schweiz überleben. Wie Adenauer waren auch die zwei führenden französischen Europakritiker Jean Monnet und Robert Schuman schon in der Zwischenkriegszeit für eine Aussöhnung zwischen Deutschland und Frankreich eingetreten. (2) Sie waren von ihrer gesellschaftlich-politischen Weltanschauung her durchwegs katholisch geprägt, ja, vielfach sogar sehr aktive Katholiken gewesen und haben als solche eine beachtliche Aktivität auch im Rahmen religiöser Organisationen entfaltet. Männer wie Robert Schumann und Alcide Degasperi waren darüber hinaus in ihrem Privatleben äußerst anspruchslose, religiöse Menschen gewesen. (So wurde für beide sogar ein Seligsprechungsprozess eingeleitet). (3) Obwohl im Grunde ohne Zweifel demokratisch, zeigten alle nicht selten autoritär-obrigkeitsstaatliche Züge. Dies gilt etwa für Konrad Adenauer, Alcide Degasperi und Robert Schuman, die die prägenden Begründer des europäischen Einigungsprozesses waren. Alle diese Charakteristika spielen meiner Meinung nach eine gewichtige Rolle für die Form der europäischen Einigung von damals bis heute.

Es wird häufig behauptet, die schrecklichen Erfahrungen des Nationalsozialismus und Zweiten Weltkriegs hätten die Eliten und Völker Europas „bekehrt“ und ihnen die Notwendigkeit einer Völkerverständigung deutlich gemacht. Diese These ist zumindest in Bezug auf die genannten Politikerpersönlichkeiten falsch. Sie alle hatten diese Notwendigkeit schon nach dem Ersten Weltkrieg erkannt. Angesichts der damaligen Umstände (Wirtschaftskrise, Arbeitslosigkeit, Machtergreifung des Nationalsozialismus in Deutschland 1933), kamen ihre Ideen und Bemühungen allerdings „zu früh“ (vgl. auch Friedrich 1972). Diese Akzentverschiebung im Hinblick auf die Ursprünge der Idee der friedlichen Integration Europas ist ein Beleg für die These, dass die Sicherung des Friedens in Europa nach dem Zweiten Weltkrieg nicht unbedingt auf die ökonomisch-politische Integration des Kontinents zurückgeführt werden muss.

Es ist kein Zufall, dass das katholische Südwesteuropa den Kernraum der Europäischen Gemeinschaft bildet, war doch das das „rheinisch-katholische Zentraleuropa“ schon immer der Kern Europas. Alle genannten Politiker waren zudem ihrer Herkunft und gesellschaftlich-politischen Weltanschauung nach eindeutig als Katholiken geprägt, so dass ich die These vertreten möchte, dass der religiös-konfessionelle Hintergrund eine wesentliche Grundlage auch für die Haltung zur europäischen Einigung darstellte.[3]

Von Bedeutung für die weitere Entwicklung der europäischen Integration ist schließlich ein drittes gemeinsames Merkmal zumindest jener beiden Politikerpersönlichkeiten, die in ihrem Lande in der unmittelbaren Nachkriegszeit die führende politische Stellung innehatten, Konrad Adenauer und Alcide Degasperi: Es ist dies ihre manchmal fragwürdige Einstellung zur Demokratie und demokratische politische Gesinnung.

Adenauers Neigung zu autokratischem politischem Verhalten ist wohlbekannt, seine Kritiker bezeichneten die Bundesrepublik unter seiner Führung als „Demokratur“ (Planitz (1975: 134) und erblickten hierin wesentliche Elemente einer Kontinuität des obrigkeitsstaatlichen Denkens und Verhaltens in Deutschland („Respekt vor der Regierung als solcher, wie und woher sie

3 Ein indirekter Beitrag für die Beurteilung des Katholizismus als Hintergrundideologie bei den europäischen Gründervätern ist die Tatsache, dass Adenauers Wirtschaftsminister Erhard protestantisch erzogen wurde und ein Gegner der institutionellen Integration Europas war (vgl. Hentschel 1996).

auch sei", „Bedürfnis nach Verehrung des Staates in Gestalt repräsentativer Politiker als Ersatz für Kaiser und König" etc.) (Jaspers 1966: 146).

Der italienische Nachkriegsministerpräsident Alcide Degasperi zeigte solche Züge im Aufstieg der *Democrazia Christiana* zur führenden Partei Italiens (1948 mit 48% der Stimmen) (Procacci 1983: 386ff.) oder in seiner Haltung zur Autonomiefrage von Südtirol (Widmann 1998). Zugleich wurden durch dessen Wahlkampf und die Regierungsführung von Degasperi auch viele kritisch-liberale, reformfreudige Kräfte der Mitte zum Verstummen gebracht.

5. Ziele, Argumente und Akteure in der zweiten Phase der europäischen Integration

Mitte der 80er Jahre erhielt die europäische Integration einen starken Schub; es traten nun neue Akteure und Ziele hervor. Die entscheidenden Etappen sind (vgl. Pfetsch 1987: 298ff.): 1985 Amtsantritt des dynamischen Kommissionspräsidenten Jaques Delors und Veröffentlichung des Weißbuches über die Vollendung des Binnenmarkts bis 1992; 1986/87 Einheitliche Europäische Akte (EEA); 1989/90 Vertrag über die Wirtschafts- und Währungsunion; 1991/92 Vertrag über die Europäische Union in Maastricht. Mit diesen tiefgreifenden Vertragswerken, deren letzter Teil – die Einführung der einheitlichen Europawährung EURO am 1.1.2002 – soeben in Kraft getreten ist, wurde aus einem mehr oder weniger eng kooperierenden Staaten-Verbund eindeutig eine neue wirtschaftlich-politische Gemeinschaft. Wie war es möglich, dass es zu so weitreichenden Schritten gekommen ist? Welche Eliten spielten hierbei eine zentrale Rolle und wie war ihr Verhältnis zur Bevölkerung? In diesem Zusammenhang ist es auch bedeutsam, dass insbesondere seit dem Vertrag von Maastricht die Frage der Legitimität der Europäischen Union Gegenstand einer interessierten öffentlichen Debatte geworden ist (Katz/Wessels 1999: 4).

5.1 Multinationale Konzerne und EU-Kommissare als neue Akteure

In dieser Phase traten zwei neue Gruppen von Akteuren in den Vordergrund. Es waren nun Unternehmer und Manager großer, multinationaler europäischer Konzerne auf der einen Seite, und die EU-Kommission mit ihrem Präsidenten Delors auf der anderen Seite, die zunehmend das Gesetz des Handelns bestimmten. Es ist klar belegt, dass die entscheidenden Ideen, die im Weißbuch der EG enthalten sind und dann von Delors in seinen Vorschlägen zur EEA bzw. Wirtschafts- und Währungsunion aufgegriffen wurden, in einem Arbeitskreis der führenden europäischen Großindustriellen (dem *European Round Table of Industrialists*) unter Vorsitz des Philips-Managers Wisse Dekkers ab 1983 entwickelt wurden (Middlemas 1995: 138; Bornschier 2000; Haller 2001: 7ff.). Ihr Ziel war es, einen europaweiten Markt zu schaffen, der dem einzelnen Produzenten einen ähnlich großen Binnenmarkt garantierte, wie ihn die zwei Hauptkonkurrenten USA und Japan besitzen. Als Mittel zur Propagierung dieser Ideen wurden zwei negative Szenarios konstruiert: zum einen der Begriff der „Eurosklerose“, zum anderen die Vision eines gespaltenen und stagnierenden Europa; hierzu diente der berühmte, vielbändige *Cecchini-Bericht* von 1988 über die negativen Folgen einer Nichtintegration.

Aus einer normativ-kritischen Perspektive im Hinblick auf das Verhalten der Eliten und die Wahrnehmung dieses Verhaltens durch die Bevölkerung sind zwei Aspekte relevant, die hier nur kurz angedeutet werden können.

Zum ersten kann man wohl sagen, dass die Ziele der europäischen Einigung in dieser Phase vor allem durch kleine Gruppen von Eliten und hinter verschlossenen Türen entwickelt wurde. Zum einen hatte sich inzwischen in Brüssel selbst, aber auch in den nationalen Metropolen so etwas wie eine neue europäische, transnationale bürokratische Elite herausgebildet. Sie agiert durchaus hochprofessionell, sprachgewandt und sozial versiert, zugleich aber informell, netzwerkartig und fernab demokratischer Kontrolle (Bach 1999: 31). Ein Paradebeispiel für die „Komitologie“ in Brüssel ist ein wenig bekanntes, aber politisch sehr gewichtiges Gremium, genannt COREPER (*Comité des réprésentants permanents*); es besteht aus wenigen, von den jeweiligen Regierungschefs persönlich ausgewählten hohen Diplomaten der einzelnen Länder, die sich regelmäßig treffen und die wichtigsten Entscheidungen von Rat und Kommission vorbereiten (Newhouse 1998: 95; Puntscher-Riekmann 1998: 167ff.; Bandulet 1999: 76; Neuhold 2001). Für den oben genannten Klub der Großindustriellen, Bankiers usw. wurde festgestellt, dass er in seiner ersten Phase, als er seine Beratungen noch fern in der Öffentlichkeit abhielt, mehr Einfluss hatte als später (Middlemas 1995: 137). Aber auch die führenden Politiker auf nationaler Ebene scheinen in dieser Phase immer weniger Interesse daran zu haben, die zentralen Fragen der Integration ihren Bürgern zur Diskussion vorzulegen. So wurde für den deutschen Bundeskanzler Kohl festgestellt, dass er in diesen Jahren „umstrittene

Themen zunächst hinter den Kulissen still und leise führenden Kreisen verkaufte und erst dann die Öffentlichkeit damit konfrontierte"; im Falle der Währungsunion hatte er überhaupt gezögert, diese den Bürgern vorzulegen, „weil er keine Debatte darüber entfachen wollte." (Newhouse 1998: 108).

Diese neue, weder durch gesetzliche Regelungen noch demokratische Verfahren kontrollierte expertokratisch-transnationale europäische „Fusionsbürokratie" (Bach 1999: 27) hat Sonja Puntscher-Riekmann (1998) sehr treffend mit den Kommissaren des Ancien Regime in Frankreich verglichen, die in persönlichem Auftrag des Königs landesweit strategische Informationen sammeln und Maßnahmen durchsetzen mussten. Frappierende strukturelle Ähnlichkeiten bestehen aber auch zwischen der heutigen französischen Staatsverwaltung und der EU-Bürokratie in Brüssel. So war Jacques Delors selbst seit 1962 Mitglied des *Commissariat Général au Plan*, einer zentralen staatlichen Planungsbehörde, die der Wirtschaft relativ konkrete direktive Entwicklungsvorgaben gibt (Schneider 2001; allgemein Hartmann 1984; Schmale 2000). Im Gegensatz zur Staatsverwaltung und Wirtschaftsplanung in Frankreich leidet die EU jedoch unter einem Legitimationsdefizit, da sie noch keine wohldefinierte und zielgefestigte politische Einheit darstellt. Sie muss sich daher in erster Linie durch den Nachweis der größeren Effizienz der neuen gegenüber der alten Ordnung legitimieren (vgl. Scharpf 1996). Aus dieser Sicht wird verständlich, warum die Europäische Union und ihre Mitgliedsstaaten, bei allen Fragen über Beitritt oder institutionelle Vertiefung, einen so massiven Aufwand an Information, etwa durch Unmengen an Hochglanzbroschüren, betreiben (Bandulet 1999: 89). Hier kommt ein weiteres Phänomen in den Blick, das für die Kluft zwischen Bürgern und Eliten mitverantwortlich sein mag.

5.2 Benötigt die Schaffung eines europäischen Bewusstseins Informations- oder Überredungs- und Indokrinationskampagnen?

Es ist wohl evident, dass die Informationen, die bei den diversen Abstimmungen über die Integration vermittelt wurden, sehr strategisch-selektiv und einseitig waren insofern, als nur die positiven Seiten der Integration hervorgehoben, die negativen Effekte aber tendenziell unter den Tisch gekehrt werden. In manchen Fällen muss man geradezu von Meinungsmanipulation sprechen. So wurden etwa in der österreichischen Debatte um den EU-Beitritt in den Jahren 1993/94 massive finanzielle Mittel für Informationskampagnen der Regierung ausgegeben, während oppositionelle Gruppen ohne Erfolg verlangten, auch für die Verbreitung ihrer Argumente Mittel zu erhalten. Ähnliches gilt auch von Referenden in anderen Ländern. Die Pro-Europa Strategie der österreichischen Regierung und vieler ihr nahestehenden Organisationen (Unternehmerverbände, Gewerkschaften, Pensionistenverbände usw.) ging etwa 1994 so weit, dass auf Mitglieder informeller Druck ausgeübt wurde und der damalige, sehr angesehene sozialdemokratische Bundeskanzler Franz Vranitzky an Hunderttausende von Rentnern und Pensionisten einen persönlich gehaltenen Brief versandte, in dem davor gewarnt wurde, dass bei einer negativen Ausgang des Referendums die langfristige Finanzierung der Pensionen gefährdet sei.[4]

Man müsste sich in diesem Zusammenhang die Pro- und Kontra-Argumente, die für und gegen die europäische Integration sprechen, im einzelnen ansehen und sie, auch auf Basis einschlägiger wissenschaftlicher Analysen, einer systematischen Bewertung unterziehen. Dies ist hier nicht möglich. Es kann aber schon eine bloße Aufzählung des Für und Wider verschiedenster Aspekte der Integration zeigen, dass die Fakten keineswegs nur eindeutig für die Integration sprechen (vgl. als kritische Werke in diesem Sinne u.a. Scherb/Morawetz 1988; Cutler et al. 1989; Arnold 1993; Socher 1993; Brunner 1994; Rieger 1996 und weitere Beiträge in Jachtenfuchs/Kohler-Koch 1996; Newhouse 1998). So kann man dem Argument einer Verbilligung der Preise durch Unternehmenskonzentrationen und einheitliche Währung die Verdrängung kleiner Unternehmen und Geschäfte, Reduktion der Zahl der Beschäftigten um den Gewinn zu steigern, die Standardisierung der Produkte u.a. entgegenhalten; der Möglichkeit zur Kooperation im Bereich von Umwelt und Sicherheit die Zunahme der Umweltbelastung durch steigenden Binnen-Lastverkehr, wie auch die Zunahme grenzüberschreitender Kriminalität; der Förderung von Landwirtschaft und strukturschwachen Regionen das Versickern vieler solcher Geldmittel, oder überhaupt den Misserfolg der gemeinsamen Agrarpolitik, über den allgemeiner Konsens herrscht; dem Ziel der außenpolitischen Kooperation das weitgehende Versagen dieser in Zeiten von Krisen; den handelstechnischen Vorteilen durch die Einführung des EURO dessen signifikanter Kursverfall gegenüber dem US-Dollar. Dazu kommen Bereiche, in denen die EU eindeutig neue Probleme schafft, oder zumindest bislang keinen wesentlichen Lösungsbeitrag erbringen konnte: das Demokratiedefizit, die persistent hohe Arbeitslosigkeit, die

---

4 Auf dem Hintergrund eines solchen Kampagne wird auch verständlich, warum das Abstimmungsergebnis dann mit zwei Dritteln Befürwortern so eindeutig positiv ausfiel, während Meinungsumfragen noch bis wenige Monate vorher ein Kopf-an-Kopf Rennen von Befürwortern und Gegnern des Beitritts festgestellt hatten. Auch bei der zweiten dänischen Abstimmung über Maastricht legten etwa die Großunternehmen ihren Angestellten nahe, mit Ja zu stimmen (Rust 1993: 169).

Korruption auch auf der Ebene europäischer Behörden und die zunehmende Konzentration wirtschaftlicher Macht. Als eine gemeinsame Ideologie sowohl hinter den wirtschaftlichen wie den politischen Integrationsbemühungen scheint jene der Größe zu stehen: große Unternehmen, große Märkte, Europa als politische Groß- und Weltmacht, die den anderen Machtblöcken entsprechend entgegentreten kann. Auch bezüglich dieses Arguments ist auf Autoren zu verweisen, die mit guten Gründen auf negative Effekte zunehmender Größe hingewiesen haben: steigender bürokratischer Aufwand, abnehmende wirtschaftliche Effizienz, steigende Korruption, zunehmende Konsumenten- und Bürgerferne von Unternehmen, Verwaltung und Politik (Kohr 1983; Schumacher 1977; Katz/Wessels 1999: 246).

Ein Phänomen, das im Zusammenhang mit der Skepsis der Bürger gegenüber den neuen Autoritäten in Europa bemerkenswert ist, sind die Reaktionen der Politiker, aber auch von Wissenschaftlern, auf negativ ausgegangene Referenden. Diese Reaktionen machen einmal mehr deutlich, dass die führenden Politiker Europas die Frage der weiteren Entwicklung der EU als eine Frage betrachten, die man am besten ihnen ganz allein überlassen.

Nach der Ablehnung des Maastricht-Vertrages durch Dänemark 1992 drohte etwa EU-Kommissionspräsident Delors mit einem Ausschluss Dänemarks aus der Gemeinsamen Agrarpolitik, von der es ja so stark profitiere; besonders kritische Worte fand auch Giscard d'Estaing. „Freilich, mit Drohungen konnte man Dänemark nicht beikommen", denn die Unionsgegner fühlten sich durch diese Reaktionen des Auslands in ihrer „missionarischen Rolle" noch bestätigt und die Anteile der den Vertrag Ablehnenden stiegen in der Zeit nach der Abstimmung noch an (Rust 1993: 134). Die Reaktion der EU war, dass die Außenminister in einem Treffen in Oslo beschlossen, die Umsetzung der Maastricht-Verträge auch ohne die Zustimmung Dänemarks zu vollziehen (Pfetsch 1997: 80) – ein Beschluss, der mit dem Geist des EU-Vertrags, der bei so wichtigen Fragen Einstimmigkeit vorsieht, schwerlich vereinbar ist.[5]

Herablassende Bewertungen, die von einer deutlichen Geringschätzung sowohl der politischen Kompetenz der Bürger als auch von Referenden zeugen, finden sich auch in wissenschaftlichen Arbeiten, wie etwa in einer Analyse der Europa-Kampagnen und Referenden des Jahres 1992 in der Schweiz, Frankreich und Dänemark von Rust u.a. (1993). Grundtenor und Hauptbefunde der Analyse sind zum einen, dass Abstimmungen dann negativ oder

---

5 Aber bekanntlich hat die EU dann in Verhandlungen den Dänen gewisse Zugeständnisse gemacht, so dass diese in einem zweiten Referendum im Jahr 1993 den EU-Vertrag doch ratifizierten. Ähnliches geschah später, als die Iren im Juni 2001 in einem Referendum die Ratifizierung des Vertrags von Nizza ablehnten.

nur sehr knapp positiv ausgehen, wenn sich die Eliten selber nicht einig sind; zum zweiten, dass die Bevölkerung bei ihren Abstimmungsverhalten sich viel weniger als die politischen Eliten von rationalen, dafür viel stärker von emotionalen Argumenten leiten lasse. Die Integrationsgegner werden dabei unterschwellig mit negativen Attributen assoziiert.

5.3 Die Ausbreitung von Parteienfilz und Korruption in den katholischen Ländern West- und Südeuropas und deren Überschwappen auf die Institutionen der EU

Eine gravierende Veränderung, die für das Vertrauen der Bürger in ihre politischen Repräsentanten von größter Bedeutung ist, betrifft die Tatsache, dass im Laufe der 90er Jahre in allen großen Staaten des „katholischen Mittel- und Südeuropa“ massive Parteien- und Politikerskandale aufgedeckt wurden, in die höchste politische Repräsentanten involviert waren. Eine der Folgen war sicherlich das in allen Ländern signifikant zurückgehende Vertrauen der Bevölkerung in die Politiker (Dogan 1997), eine andere die steigende Skepsis auch gegen die europäische Integration, die von diesen Politikern maßgeblich mitgestaltet wurde, deren Institutionen sich aber selbst als zunehmend anfällig gegen Korruption erwiesen. Die massivste Form von Klientelismus und Korruption trat Anfang der 90er Jahre in Italien zutage, als Justizermittlungen gegen mehrere Tausend Politiker, Manager und Richter erhoben wurden. Viele davon, darunter Ministerpräsident Craxi und weitere Minister, wurden rechtskräftig verurteilt. Als Folge lösten sich die bis dahin dominanten Parteien (DC, Sozialdemokraten, PCI) auf und es begann der Aufstieg des schillernden Medienzaren Berlusconi, gegen den bis heute offene Vorwürfe bestehen. Aber auch in Frankreich, Spanien und Deutschland traten in den 90er Jahren massive Skandale vor allem im Zusammenhang mit illegaler Parteienfinanzierung zutage. Auch hier gerieten führende Politiker, wie Präsident Chirac und Bundeskanzler Kohl, in den Verdacht, über Schiebungen und Korruption zumindest voll informiert gewesen zu sein.

Erwin und Ute Scheuch (1992) sprechen mit Bezug auf Deutschland in ihrer Studie über „*Cliquen, Klüngel und Karrieren. Über den Verfall der politischen Parteien*“ von einer „Feudalisierung des politischen Systems“, wobei ein erfolgreicher Politiker einen großen Clan von Gefolgsleuten um sich schart, denen er aus vielerlei Quellen Vergünstigungen zukommen lässt.[6] Ob

6 Als ein Paradetyp in dieser Hinsicht wird auch der deutsche Bundeskanzler Kohl von Biografen beschrieben (vgl. Leydendecker et al. 2001).

eine Partei an der Regierung ist oder nicht, wird immer unwichtiger, da in einer Proporzdemokratie auch Oppositionsparteien an den Privilegien mitnaschen können. So ist es nicht verwunderlich, dass die Parteien schon Anfang der 90er Jahre bei der Frage nach dem Vertrauen, das die Bürger in sie haben, am Ende einer Liste von 18 Institutionen standen; nur rund 40% der Deutschen haben Vertrauen in sie (Scheuch 1992: 40).

Direkt relevant für die Kluft zwischen Eliten und Bürgern im Hinblick auf die europäische Integration war jedoch ein Skandal, der die Institutionen der EU selber erfasste. Nachdem schon länger Vorwürfe wegen Vetternwirtschaft und Korruption in der EU-Kommission laut geworden waren, bestellte das Europäische Parlament im Januar 1999 unabhängige Sachverständige mit der Untersuchung der Vorwürfe. Deren Bericht deckte massive Unregelmäßigkeiten in diversen Förderungsprogrammen der EU (etwa dem *Programm Leonardo da Vinci* für die berufliche Weiterbildung) und Fälle eindeutiger Vettern- und Günstlingswirtschaft auf; außerdem wurde in intern bekannt gewordenen Fällen die Einleitung von Disziplinarverfahren unterlassen, und die involvierten Beamten mit „komfortablen Entschädigungen" aus dem Dienst verabschiedet. Das allgemeine Urteil der Sachverständigen war für die Kommission niederschmetternd, da ihre hauptsächliche Verteidigungsstrategie – sie hätten von den Missständen nichts gewusst – selbst angeprangert wurde: „Die Unwissenheitsbeteuerungen seitens der Kommissare in bezug auf Probleme, die in ihren Dienststellen, bis hinaus zu den höchsten Beamtenebenen, häufig wohlbekannt waren, sind gleichbedeutend mit einem Eingeständnis der politischen Stellen, dass sie die Kontrolle über die Verwaltung, die sie eigentlich führen müssten, verloren haben." (Bandulet 1999: 224).

Als Folge des Berichtes des Sachverständigen mussten Kommissionspräsident Santer und seine gesamte Kommission am 16.3.1999 geschlossen zurücktreten. Besonders bemerkenswert an diesem Erdbeben in der „Eurokratie" war die Tatsache, dass die involvierten Kommissare durchwegs aus mittel- und südeuropäischen katholischen Mitgliedsländern der EU kamen und kaum Schuldbewusstsein besaßen. Zum Auftreten dieser Phänomene von Patronage, Klientelismus und Korruption ist zu sagen, dass sie in historischer und internationaler Sicht durchaus nichts Neues darstellen (vgl. dazu Roniger 1994; Roniger/Günes-Ayata 1994; Scholz 1995). Dessen ungeachtet können sie in demokratischen Gesellschaften nicht als etwas Unvermeidliches angesehen werden und sie tragen zweifellos dazu bei, das Vertrauen der Bürger in die Politik und Politiker zu untergraben. Nicht zuletzt deshalb bemühen sich die Politiker mit allerlei Argumenten, die Akzeptanz für weitergehende Integrationsschritte zu erhöhen.

6. Zusammenfassung

Dieser Beitrag untersuchte die Frage, warum in der Frage der europäischen Integration heute eine so tiefe Kluft zwischen Bürgern und politischen Eliten besteht. Diese Kluft wurde zunächst belegt durch Meinungsumfragen, die zeigen, dass Europaparlamentarier weit stolzer auf Europa sind als ihre Wähler. Des weiteren wurde eine Analyse der Referenden zu Fragen des EU-Betritts bzw. der institutionellen Vertiefung der EU durchgeführt. Hier zeigte sich zum einen, dass solche Referenden überhaupt nur in knapp der Hälfte der EU-Mitgliedsstaaten stattgefunden haben, obwohl deren Verfassungen durch die Europäische Union entscheidend tangiert wurden. Zum anderen zeigte sich, dass die Abstimmungsergebnisse in aller Regel weit knapper ausfielen als die Abstimmungen in den nationalen Parlamenten; in mehreren Fällen waren die Politiker mehrheitlich für, das Volk gegen den Beitritt bzw. die Vertiefung der Union.

Die Frage der Diskrepanz zwischen Einstellungen und Verhalten der Eliten im Vergleich zu den Bürgern wurde sodann vor allem unter einer normativ-demokratietheoretischen Perspektive untersucht, die danach fragt, ob Herkunft und Verhaltensweisen der Eliten den Grundprinzipien demokratisch-offener Gesellschaften entsprechen. Hier wurde zunächst gezeigt, dass eine hohe Legitimation vor allem bei jenen Führungspersönlichkeiten gegeben war, die den Prozess der europäischen Integration der Nachkriegszeit initiierten: Adenauer, Schumann und Degasperi waren vom Faschismus verfolgte, stark katholisch verwurzelte und integre Persönlichkeiten. Allerdings zeigten sie Tendenzen, ihre Zielvorstellungen autokratisch durchzusetzen. Seit Mitte der 80er Jahre traten neue Gruppierungen als treibende Kräfte der Integration auf: Großunternehmer, die sich von einem gigantischen Markt globale Wettbewerbsvorteile versprachen, und EU-Kommissare, die nun die Europäische Union zu einem dritten, mächtigen „global player" auf der Weltbühne machen wollten. Die Art und Weise, wie die institutionelle Vertiefung und Ausweitung der Integration den Bürgern „verkauft" wurde und wird, ist allerdings geeignet, bei diesen Misstrauen zu erwecken: bei nationalen Referenden wird vielfach massive Propaganda eingesetzt, die die positiven Seiten der Integration betont, die negativen aber unter den Tisch fallen lässt; negative Referenden werden einer mangelnden Rationalität des einfachen Bürgers zugeschrieben. Darüber hinaus sorgten im Laufe der 90er Jahre massive Korruptionsskandale, in die nicht nur die höchste EU-Politiker involviert waren, sondern auch in die EU-Kommission in Brüssel selbst für berechtigtes Misstrauen zwischen Bürgern und Eliten. In der Struktur der politischen Eliten und ihrer Parteien in Europa wie auch in der Programmatik der europäischen Integration sind im Laufe des halben Jahrhunderts seit dem Zweiten Weltkrieg signifikante Veränderungen eingetreten, die mit erklären, warum die Bevölkerungen Europas diesem Integrationsprozess heute deutlich skeptischer gegenübersteht als ihre politischen Eliten.

Literatur

Alf, Sophie (1977): Leitfaden Italien. Vom antifaschistischen Kampf zum historischen Kompromiss, Berlin.

Arendt, Hannah (1974): Über die Revolution, München.

Arnold, Hans (1993): Europa am Ende? Die Auflösung von EG und NATO, München.

Bach, Maurizio (1999): Die Bürokratisierung Europas, Frankfurt/M., New York.

Bandulet, Bruno (1999): Tatort Brüssel. Das Geld, die Macht, die Bürokraten, München.

Benz, Wolfgang / Hermann Graml (Hrsg.): Europa nach dem Zweiten Weltkrieg 1945-1982. Das Zwanzigste Jahrhundert II, Fischer Weltgeschichte, Bd. 35, Frankfurt/M.

Bornschier, Volker (Hrsg.) (2000): Statebuilding in Europe. The Revitalization of Western European Integration, London.

Brunner, Manfred (Hrsg.) (1994), Kartenhaus Europa? Abkehr vom Zentralismus – Neuanfang durch Vielfalt, München, Landsberg.

Cutler, Tony et al. (1989): 1992 – The Struggle for Europe. A Critical Evaluation of the European Community, New York.

Dahrendorf, Ralf (1968): Gesellschaft und Demokratie in Deutschland, München.

Davies, J.C. (1979): Eine Theorie der Revolution, in: W. Zapf (Hrsg.), Theorien des sozialen Wandels, Königstein/Ts., S. 399-417.

Debus, Karl Heinz (Hrsg.) (1995): Robert Schuman. Lothringer, Europäer, Christ, Speyer.

Delors, Jacques (1993): Das neue Europa, München, Wien.

Dogan, Mattei (1994): The Pendulum between Theory and Substance. Testing the Concepts of Legitimacy and Trust, in: Dogan, Mattei / Kazancigil, Ali (Hrsg.), Comparing Nations. Concepts, Strategies, Substance, Oxford, Cambridge, S. 297-313.

Dogan, Mattei (1997): Erosion of Confidence in Advanced Democracies, in: Studies in Comparative International Development, Vol. 32, Num. 3.

Dogan, Mattei / Dominique Pelassy (1987): Le Moloch en Europe: Etatisation *et* Corporatisation, Paris.

Döring, Herbert (1990): Aspekte des Vertrauens in Institutionen. Westeuropa im Querschnitt der Internationalen Wertestudie 1981, in: Zeitschrift für Soziologie, Bd. 19, S. 73-89.

Elias, Norbert (1976): Über den Prozeß der Zivilisation. Soziogenetische und psychogenetische Untersuchungen, 2 Bde., Frankfurt/M.

Engelmann, Bernt (1993): Wir Untertanen. Ein deutsches Geschichtsbuch, Göttingen.

Engelmann, Bernt (1998): Einig gegen Recht und Freiheit. Ein deutsches Geschichtsbuch. Zweiter Teil, Göttingen.

Etzioni-Halevy, Eva (1993): The Elite Connection. Problems and Potential of Western Democracy, Cambridge.

Faber, Richard (1979): Abendland. Ein ‚politischer Kampfbegriff', Hildesheim.

Fischer, Fritz (1979): Griff nach der Weltmacht – Die Kriegszielpolitik des kaiserlichen Deutschland 1914/18, Königstein/Ts., Düsseldorf.

Fischer Weltalmanach, erscheint jährlich im Fischer Taschenbuch Verlag, Frankfurt/M.

Goldthorpe, John H. (1985): Soziale Mobilität und Klassenbildung. Zur Erneuerung einer Tradition soziologischer Forschung, in: Hermann Strasser / John Goldthorpe (Hrsg.), Die Analyse sozialer Ungleichheit. Kontinuität, Erneuerung, Innovation, Opladen, S. 174-204.

Greifenhagen, Martin und Sylvia (1979): Ein schwieriges Vaterland. Zur politischen Kultur Deutschlands, Frankfurt/M.

Haller, Max (1999): Soziologische Theorie im systematisch-kritischen Vergleich, Opladen.

Haller, Max (1999a): Effizienter Staat – beschämte Nation, ineffizienter Staat – stolze Nation? Befunde über nationale Identität und Nationalstolz der Deutschen und Italiener, 1981 und 1990, in: Jahrbuch für Soziologie/Annali di Sociologia (Trient), 13. Jg., 1997-I-II: Werte im Vergleich: Italien und der deutsche Kulturraum, (hrsg. von R. Gubert und H. Meulemann), S.305-344.

Haller, Max (1999b): Voiceless Submission or Deliberate Choice? European Integration and the Relation Between National and European Identity, in: H. Kriesi et al. (Eds.), Nation and National Identity. The European Experience in Perspective, Chur, Zürich, S.263-296.

Haller, Max (Hrsg.) (2001): The Making of the European Union. Contributions of the Social Sciences, Berlin, Heidelberg, New York.

Hartmann, Jürgen (1984): Politische Profile der westlichen Industriegesellschaft. Ein vergleichendes Handbuch, Frankfurt/M., New York.

Hentschel, Volker (1996): Ludwig Erhard. Ein Politikerleben, München, Landsberg.

Hetherington, Marc J. (1998): The Political Relevance of Political Trust, in: American Political Science Review, Vol. 92, S. 791-808.

Hoffmann-Lange, Ursula (2001): Elite Research in Germany, in: International Review of Sociology, Vol. 11, S. 201-216.

Jachtenfuchs, Markus / Beate Kohler-Koch (Hrsg.) (1996): Europäische Integration, Opladen.

Jaspers, Karl (1966): Wohin treibt die Bundesrepublik? Tatsachen – Gefahren – Chancen, München.

Katz, Richard S. / Bernhard Wessels (Eds.) (1999): The European Parliament, the National Parliaments, and European Integration, Oxford.

Kohr, Leopold (1983): Die überentwickelten Nationen. Rückbesinnung auf die Region, Salzburg.

Leydendecker, Hans / Michael Stiller / Heribert Prantl (2000): Helmut Kohl, die Macht und das Geld, Göttingen.

Lipset, Seymour M. / Schneider, William (1983): The Confidence Gap. Business, Labor, and Government in the Public Mind, New York, London.

Middlemas, Keith (1995): Orchestrating Europe. The Informal Politics of the European Union 1973-95, London.

Mills, C. W. (1956): The Power Elite, London, Oxford, New York.

Moore, Barrington (1982): Ungerechtigkeit. Die sozialen Ursachen von Unterordnung und Widerstand, Frankfurt/M.

Newhouse, John (1998): Sackgasse Europa. Der Euro kommt, die EU zerbricht, München.

Neuhold, Christine (2001): Much Ado About Nothing? Comitology as a Feature of EU Policy Implementation and its Effects on the Democratic Arena, Wien.

Pfetsch, Frank (1997): Die Europäische Union. Geschichte, Institutionen, Prozesse, München.

Planitz, Ulrich (1975): Konrad Adenauer. Eine Biografie in Wort und Bild, Bergisch-Gladbach.

Procacci, Giuliano (1983): Geschichte Italiens und der Italiener, München.

Puntscher-Riekmann, Sonja (1998): Die kommissarische Neuordnung Europas, Wien, New York.

Rieger, Elmar (1996): Agrarpolitik: Integration durch Gemeinschaftspolitik? in: Jachtenfuchs / Kohler-Koch, Europäische Integration, S. 401-428.

Roniger, Luis (1994): Civil society, patronage and democracy, in: International Journal of Comparative Sociology, Vol. XXXV, S. 1-14.

Roniger, Luis / Günes-Ayata, Ayse (Eds.) (1994): Democracy, Clientelism, and *Civil* Society, Boulder (Col.).

Rust, Holger (Hrsg.) (1993): Europa – Kampagnen. Dynamik öffentlicher Meinungsbildung in Dänemark, Frankreich und der Schweiz, Wien.

Scharpf, Fritz W. (1996): Negative and positive integration in the Political Economy of the European Welfare States, in: G. Marks et al. (Eds.), Governance in the European Union, London, S.15-39.

Scheff, Thomas J. (1994): Bloody Revenge. Emotions, Nationalism and War, Boulder (Col.).

Scherb, Margit / Inge Morawetz (1988): Der un-heimliche Anschluß. Österreich und die EG, Wien.

Scheuch, Erwin K. / Ute Scheuch (1992): Cliquen, Klüngel und Karrieren. Über den Verfall der politischen Parteien – eine Studie, Reinbek.

Schmale, Wolfgang (2000): Geschichte Frankreichs, Stuttgart.

Schmitt, Hermann / Jacques Thomassen (Eds.) (1999): Political Representation and Legitimacy in the European Union, Oxford.

Schumacher, E.F. (1977): Die Rückkehr zum menschlichen Maß. Alternativen für Wirtschaft und Technik „Small is Beautiful", Reinbek.

Schneider, Heinrich (2001): Jacques Delors: Mensch und Methode, Wien.

Scholz, Reiner (1995): Korruption in Deutschland. Die schmutzigen Finger der öffentlichen Hand, Reinbek.

Socher, Karl (1993): Maastricht – Die Gefährdung Europas, in: Wirtschaftspolitische Blätter, H. 4, S. 434-440.

Tocqueville, Alexis de (1976): Über die Demokratie in Amerika, München.

Weber, Max (1964): Wirtschaft und Gesellschaft. Grundriß der verstehenden Soziologie, 2 Bde, Köln, Berlin.

Weber, Max (1973): Soziologie. Universalgeschichtliche Analysen – Politik, Stuttgart.
Widmann, Franz (1998): Es stand nicht gut um Südtirol 1945 – 1972, Bozen.

Übersicht 1: Ergebnisse von Referenden und parlamentarischen Abstimmungen über den Beitritt zur Europäischen Union bzw. der Ratifizierung der EU-Verträge

Land und Thema	Jahr und Art der Abstimmung	Ergebnis
Positive Entscheidungen		
Dänemark: EG-Beitritt	2.10.1972: Referendum	Mehrheit dafür
Großbritannien: Verbleib in der EG	5.6.1975: Referendum	68,0% dafür
Irland: Ratifizierung der EEA	26.5.1987: Referendum	Mehrheit dafür
Irland: Ratifizierung des EU-Vertrags	18.6.1992: Referendum	68,7% dafür
Frankreich: Ratifizierung des EU-Vertrags	20.2.1992: Referendum 23.6.1992: Kongress	51,0% dafür 89,0% dafür
Dänemark: Ratifizierung des EU-Vertrags	18.5.1993: 2. Referendum	56,8% dafür
Österreich: EU-Beitritt	5.5.1994: Nationalrat 12.6.1994: Referendum	80,0% dafür 66,5% dafür
Finnland: EU-Beitritt	16.10.1994: Referendum 18.11.1994: Reichstag	57,0% dafür 77,0% dafür
Schweden: EU-Beitritt	13.11.1994: Referendum 15.12.1994: Reichstag	52,0% dafür 88,0% dafür
Schweiz: Vertrag mit EU	21.5.2000: Referendum	67,2% dafür
Negative Entscheidungen		
Grönland: Verbleib in der EU	Referendum (23.2.1982): Austritt aus EU	Mehrheit dagegen
Norwegen: EU-Beitritt	1992: Parlament 26.9.1992: 1.Referendum	67,0% dafür 53,5% dagegen
Dänemark: Ratifizierung des EU-Vertrags	1992: Parlament 2.6.1992: Referendum	72,6% dafür 50,7% dagegen
Schweiz: Beitritt zum EWR	1992: Stände/Nationalrat 6.12.1992: Referendum	85% / 62% dafür 50,3% dagegen
Norwegen: EU-Beitritt	27./28.11.1994: 1. Referendum	52,2% dagegen
Irland: Vertrag von Nizza	7.6.2001: Referendum	54,0% dagegen

Quelle: Pfetsch (1997: 290ff.); Fischer Weltalmanach, div. Jahrgänge; Schweiz: Rust (1993: 31)

Übersicht 2: Werte, Ziele, funktionale Voraussetzungen und Eigeninteressen der Eliten in fünf Bereichen der Herausbildung demokratischer Eliten

Bereich	Werte und Ziele im Sinne normativer Basisbedingungen	Funktionale Voraussetzungen	Interessen und Verhalten der Eliten
1. Werte und Ziele	- Grundkonsens hinsichtlich gesellschaftlicher Werte zwischen den Eliten - Ausreichende Wert- und Zielkonkordanz zwischen Eliten und Bevölkerung	- Offenlegung der zentralen Werte und Ziele der Eliten - Angemessene Entsprechung zwischen den Werten der Eliten und der von ihnen vertretenen Bevölkerungsteile	- Eigendefinition der Ziele und Werte - Opportunistische Hervorhebung populärer und Verdeckung unpopulärer Werte und Ziele
2. Funktionale Differenzierung	- Angemessene funktionale Differenzierung - Relative Autonomie der Teileliten - Offenlegung der Kompetenzen	- Zuweisung ausreichender Kompetenzen - Klare Begrenzung der Kompetenzen auf die jeweiligen Aufgabenbereiche	- Erlangung möglichst breiter Kompetenzen - Alleinverantwortung hinsichtlich der Ausübung der Kompetenzen
3. Netzwerkstruktur	- Angemessene und transparente Vernetzung mit anderen Eliteangehörigen	- Realisierbarkeit aller funktional notwendigen Vernetzungen mit anderen Eliten - Klare Offenlegung der Verflechtungen	- Aufbau effizienter Netzwerkstrukturen (soziale Schließung) - Geheimhaltung der Verflechtungen
4. Rekrutierung	- Rekrutierung nach Kritieren der Eignung und Leistung - Angemessene Rekrutierung aus allen sozialen Schichten	- Offenes Bildungssystem - Funktional adäquate und transparente Kriterien des Zugangs	- Exklusivität des soziokulturellen Zugangs - Verheimlichung extrafunktionaler Zugangsbarrieren
5. Anerkennung und Entlohnung	- Funktional und gesellschaftlich angemessene Art der Entlohnung - Angemessene Höhe der Entlohnung	- Adäquate Entlohnung entsprechend den gesellschaftlichen Standards, Leistung und Verantwortung - Offenheit der Entlohnungsarten und Entlohnungshöhe	- Aneignung möglichst vieler und hoher Formen von Belohnung - Verschleierung der Entlohnungshöhe und möglicher Privilegien

Der langfristige Wandel politischer Eliten in Europa 1867-2000: Auf dem Weg der Konvergenz?

Heinrich Best

1. Einführung

In seiner berühmten Vorhersage des Untergangs der kommunistischen Staats- und Gesellschaftsordnung im Wettbewerb der Systeme begründete Talcott Parsons die Überlegenheit der repräsentativen Demokratie mit einem im Kern elitentheoretischen Argument: „Nicht die allgemeine *Legitimierung* von Macht und Herrschaft ist die besondere Leistung demokratischer Institutionen, sondern die Vermittlung von *Konsensus über die Ausübung* von Macht und Herrschaft durch ganz bestimmte Personen und Gruppen ...; keine Institution, die sich von den demokratischen Institutionen grundlegend unterscheidet, ist zu dieser Leistung in der Lage.“ (Parsons 1979: 70; Hervorheb. i. Orig.) Sein Argument hat einen vermutlich nicht nur zufälligen Anklang an Max Webers Gedanken, dass der entscheidende Vorteil der repräsentativen Demokratie gegenüber anderen Formen der Machtorganisation ein nach rigoroser Auslese in einem Konkurrenzkampf um die Macht mit „ausgeprägten politischen Führungsqualitäten“ ausgestattetes politisches Personal sei (1972: 852). Die politische Klasse ist demnach eine marktbedingte Klasse besonderer Art (Weber 1972: 180), wobei Demokratisierung eine Marktöffnung, die Zulassung neuer Anbieter und Nachfrager im Konkurrenzkampf um die Macht bedeutet.

Wenn aber Konsensualität und Qualität der Auswahl politischer Führer die Überlegenheit demokratischer Institutionen begründen, muss es paradox erscheinen, dass die kommunistische Staats- und Gesellschaftsordnung ausgerechnet zu einer Zeit aus Europa verschwand, als die Kritik an der Deformation und Dekadenz der politischen Eliten in den westlichen Demokratien massiv zunahm. Verschiebungen im Wählerverhalten, die in mehreren westeuropäischen Staaten seit den 1980er Jahren zu Veränderungen in Parteiensystemen geführt haben, lassen sich mit guten Gründen einer Störung im Verhältnis zwischen Wählern und Gewählten zuschreiben. So ist die Kritik an der etablierten politischen Klasse ein Hauptpunkt der Agenden von Parteien der Neuen Rechten und Linken in Europa geworden. Da – um wieder auf Parsons zurückzukommen – Vertrauen zwischen ihren verschiedenen Akteursgruppen ein Hauptmerkmal und Funktionserfordernis repräsentativer Demokratien ist (1964: 71), haben wir es hier wohl mit einem ernsthaften Krisensymptom zu tun – und zwar mit einem, das die westliche Demokratie aus sich selbst hervor gebracht und sich nicht in der Auseinandersetzung mit einem mächtigen Gegner zugezogen hat.

Die Krise, die hier diagnostiziert wird, lässt sich einem Prozess zurechnen, der wie ein Schatten die Demokratisierung begleitet und in einem unauflösbaren, aber zugleich widerspruchsvollen Bedingungsverhältnis mit ihr verbunden ist. Die Rede ist von der politischen Professionalisierung, die wir in Übereinstimmung mit einer wissenschaftssoziologischen Definition als einen Prozess sozialer Schließung verstehen: „Professionalization refers to a dynamic organizational process ... which organizes a group of individuals along a set of attributes – attributes which are both inclusive and exclusive. That is, professionalization defines the rules, rights and rites of access to the group, what holds the members of the group together, and what sets them apart from other individuals in the larger society. Furthermore, professionalization structures the obligations and benefits of the group's members while defining their relationship with outsiders“ (Beaver/Rosen 1978: 66-67). Mit politischer Professionalisierung ist hier also jenes Ensemble von sozialen Prozessen und informellen Strukturen gemeint, das neben den in Verfassungen und Gesetzen formal festgeschriebenen Kriterien und Verfahrensweisen die Übernahme von politischen Wahlämtern steuert, ein insider-outsider Gefälle erzeugt und das Aggregat der Personen stabilisiert, die den Zugang einmal geschafft haben. Dabei wird ein weiterer sozialer Mechanismus wirksam, den Merton mit dem „Accumulation-of-Advantage“-Theorem beschrieben hat, der sich aber im Ansatz bereits in Michels' „Ehernem Gesetz der Oligarchie“ findet (Merton 1973; Michels 1983): „Advantage ... accumulates when certain individuals or groups repeatedly receive resources and rewards that enrich the recipients at an accelerating rate and convertly imperish (relatively) the non-recipients. Whatever the criteria for allocating resources and rewards, whether ascribed or meritocratic, the process contributes to elite formation and ultimately produces sharply graded systems of stratification.” (Zuckerman 1977: 59f.)

Demokratisierung als Prozess sozialer Öffnung des Zugangs zur Sphäre politischer Macht, politische Professionalisierung als gleichzeitiger, aber gegenläufiger Prozess sozialer Schließung sind die beiden “mastertrends”, die seit der Mitte des 19. Jahrhunderts den Gang politischer Entwicklung in den westlichen Demokratien bestimmt haben. Aus ihrem dynamischen Zusammenwirken resultiert die soziale Gestalt ihrer politischen Eliten, die wenig von den Verheißungen der Konsensualität und Qualität demokratischer Führerauswahl erkennen lassen, denen es aber dennoch gelungen ist, mit beachtlichem Anpassungsvermögen eine politische Ordnung zu stabilisieren und zu verbreiten, die in ihren elementaren Funktionszusammenhängen und Entwicklungslinien markante Widersprüche aufweist.

2. Modernisierungstheoretische Eckpunkte und Fragestellungen

Im folgenden Beitrag wird der langfristige Wandel der politischen Eliten in Westeuropa als gleichzeitiger Prozess sozialer Öffnung und Schließung rekonstruiert. Wir wollen zeigen, wie sie diesen Widerspruch „verarbeitet“ haben und warum sie sich auf lange Sicht so erfolgreich behaupten konnten. Dabei beziehen wir uns auf das Konzept der „politischen Entwicklung“, das in den ausgehenden 1960er Jahren von Samuel Huntington als eine fokussierte Übertragung der Modernisierungstheorie in die Sphäre der Politik formuliert wurde und bereits das Dilemma immanenter Widersprüchlichkeit der repräsentativen Demokratie – die gleichzeitige soziale Öffnung und Schließung des Machtzugangs – andeutet.

Nach Huntington (1968; 1973; Huntington/Dominguez 1975) ist die Ablösung ländlicher und agrarischer Eliten (oft mit einem aristokratischen Hintergrund) ein zentrales Charakteristikum politischer Modernisierung. An ihre Stelle treten politische Eliten, die aus den städtischen Mittelklassen rekrutiert werden. Das Zentrum der Machtstruktur verschiebt sich also von ländlichen hin zu städtischen Eliten und zu den Standards und Werten der Mittelklasse. Dieser Prozess wird begleitet durch eine Ausweitung der Partizipationsrechte, vor allen Dingen natürlich durch die Übertragung des aktiven und passiven Wahlrechts auf zuvor nicht berechtigte Kategorien der Bevölkerung. Die Abschaffung der Zensuskriterien und der Geschlechterbarriere für das Wahlrecht sind dabei entscheidende Schritte. Eine dritte Komponente politischer Modernisierung bildet die Differenzierung von Strukturen, die mit der Etablierung zentralisierter und funktional differenzierter Herrschaftsstrukturen in modernen Nationalstaaten assoziiert werden kann. Die Entwicklung des modernen Staates, die Teilung der Gewalten, aber auch die Entstehung der Sozialfigur des Berufspolitikers kann unter diesem Vorzeichen subsumiert werden. Schließlich nimmt Huntington die Rationalisierung der Autorität in die

Reihe der Dimensionen politischer Modernisierung auf. Unter anderem bezieht sich dies auf die Ersetzung des Gottesgnadentums durch säkulare Prinzipien der Legitimierung politischer Macht. Aber auch der Wechsel von askriptiven zu leistungsbasierten Kriterien für die Elitenrekrutierung kann hier subsumiert werden.

Solche Entwicklungen verändern die Grundlage der Machtordnungen von Politien und Gesellschaften und sollten deshalb an der Zusammensetzung der politischen Eliten ablesbar sein. Die Ausbildung spezialisierter politischer Rollen, wie etwa die des professionellen Politikers, die Abnahme der Bedeutung des Familienprestiges als ein Kriterium für die politische Rekrutierung, Verschiebungen der Vertretungsmacht ökonomischer Interessen in repräsentativen Körperschaften und die Öffnung politischer Karrieren für zuvor benachteiligte Kategorien der Bevölkerung (wie etwa Frauen) sind vermutlich unmittelbar mit diesen vier grundlegenden Linien politischer Entwicklung verbunden und können als Indikatoren für politische Modernisierung betrachtet werden (Best 1988: 11-16). Folgen diese Veränderungen den grundlegenden Annahmen der Modernisierungstheorie, ist zu erwarten, dass sie eine Konfiguration von progressiven und irreversiblen Prozessen bilden, in denen weniger entwickelte Gesellschaften und Politien die Eigenschaften stärker entwickelter annehmen. Innerhalb einer gegebenen Politie sollten weniger entwickelte Sektoren dem Veränderungsmuster weiter entwickelter folgen. Wenn wir Zeitreihen verfolgen, von denen wir annehmen, dass sie politische Entwicklung abbilden, sollten deren Verläufe monoton, progressiv und gleichgerichtet sein. Regression, Stagnation und Zyklen sollten nicht auftreten, zumindest nicht als langfristige Verlaufsmuster (Inkeles 1981; Berger 1996). Partielle Entwicklung, die ein inkohärentes Muster von Fortschritt und Stagnation erzeugt, wird dabei als eine Quelle von Konflikten und Spannungen angesehen.

Der Hauptagent und der entscheidende Kontext politischer Entwicklung ist der Nationalstaat, in dessen Rahmen sich die Schöpfung und Redistribution des Wohlstands, die Akquisition und Verteilung von Macht, die Definition und Vergewisserung kollektiver Identitäten, die Institutionalisierung von Normen in Rechtssystemen, die Ausbildung großer bürokratischer Organisationen, die Aggregation von Interessen und die Ausbildung von Plattformen für kollektives politisches Handeln, wie zum Beispiel Parteien, vollzogen hat. Wenn politische Entwicklung pfadabhängig ist, dann war es der Nationalstaat, der diese Pfade gebahnt und unterhalten hat (Rokkan 2000). Dies ist eine Aussage, die auch auf parlamentarische Rekrutierungsprozesse und ihre Ergebnisse ausgeweitet werden kann, denn die formalen Voraussetzungen für den Ämterzugang, wie etwa das passive und aktive Wahlrecht, das Angebot von und die Nachfrage nach Bewerbern um Mandate, die Zusammensetzung und die Verhaltensweisen von Selektoraten (wie etwa Honoratiorenzirkeln oder Parteien) werden durch die Grenzen von Nationalstaaten definiert, obwohl sich der tatsächliche Rekrutierungsakt zumeist auf lokaler oder regionaler Ebene vollzieht. Kein Wunder also, dass politische Eliten nach der Ansicht eines Klassikers wie Mosca die Unterschiedlichkeit von Politien und Gesellschaft verkörpern (1975: 36).

Die Frage ist hier, ob diese Annahme immer noch gilt. Konnte und kann man tatsächlich die Struktur politischer Eliten wie den Fingerabdruck eines politischen Systems betrachten? Gegenwärtig verbreitet sich die Auffassung, dass die nationalen Grenzen ihre Bedeutung verlieren, dass die relative Integrität und Selbstgenügsamkeit von Nationalstaaten mit ihrer Kapazität, die Spielregeln des politischen Handelns zu bestimmen und durchzusetzen, abnimmt (Gerhards 2000). Wenn der Prozess der Modernisierung unterschiedlichen nationalen Pfaden gefolgt ist, dann sollte sich heute diese Situation verändern und Gesellschaften und Politien einem wachsenden Einfluss transnationaler Interdependenzen unterwerfen. Den Hintergrund dieser Erwartung bildet ein zumeist unausgesprochenes Theorem der „Oikumenogenesis" (B. Nelson), demzufolge Individuen und Nationen auf vergleichbare Handlungssituationen in annähernd vergleichbarer Weise reagieren (Inkeles 1981: 21). Empirisch sollten wir in der Lage sein, die Effekte der Erosion nationaler Selbstgenügsamkeit an einem abnehmenden Grad nationaler Unterschiedlichkeit und an einem zunehmenden Grad transnationalen Austauschs zu erkennen. Da jedoch in der Sphäre der Politik Partizipation, und dies schließt den Wettbewerb um Wahlämter ein, an Bürgerrechte geknüpft ist, und da Bürgerrechte immer noch überwiegend die Staatsbürgerschaft voraussetzen, kann unsere Untersuchung nur die Frage nach der abnehmenden Unterschiedlichkeit beantworten.

In diesem Beitrag soll also zwei grundlegenden und ihrerseits wieder miteinander verknüpften Fragen nachgegangen werden: Lassen sich in den langfristigen Veränderungen der Strukturen parlamentarischer Rekrutierung in Europa langfristige Trends erkennen, die den Grundannahmen der Theorie politischer Entwicklung folgen; haben sich diese Entwicklungstrends im Laufe der rund 130 Jahre, die hier überblickt werden, synchronisiert und konvergieren sie?

Die empirische Grundlage für diesen Beitrag bilden Aggregatdaten zur Rekrutierung und den Karrieremustern von Abgeordneten europäischer Nationalparlamente vom ausgehenden 19. Jahrhundert bis in die Gegenwart. Wir haben es also mit „Delegationseliten" (Stammer 1951) oder „Repräsentationseliten" (Norton 1993: 43) zu tun, die eine Schnittmenge der sonst zugleich weiter und enger definierten politischen Eliten bilden (Putnam 1976). Dies ist eine nicht nur forschungstechnisch, d.h. durch die vergleichsweise gute Erreichbarkeit von Daten für historische und interkulturell vergleichende Untersuchungen oder die eindeutige positionelle Definition von Repräsentationseliten begründete Entscheidung (obwohl diese Gründe natürlich eine Rolle gespielt haben). Unter forschungssystematischen Gesichtspunkten richtet sich unser Interesse an Repräsentationseliten auf ihre Eigenschaft, eine Schnittstelle verschiedener Teileliten, ein *mixtum compositum* aus Vertretern konkurrierender Anspruchsgruppen und Gesinnungsgemeinschaften zu bilden, die mit weitgehenden Initiativerechten und häufig einer Vetoposition ausgestattet an Entscheidungen von nationaler Bedeutung auf sehr unterschiedlichen Politikfeldern beteiligt sind. Für den internationalen und historischen Vergleich bieten sich Repräsentationseliten deshalb in besonderer Weise an, weil sie durch einen gleichartigen (wenn auch in der formalen Ausgestaltung sehr unterschiedlichen) Akt in ihre Positionen gelangen: die Volkswahl unter Konkurrenzbedingungen (Best 1990: 28-30).

Das Forschungsprojekt, dessen Daten die Grundlage für die aggregierten Zeitreihen in diesem Beitrag bilden, wurde an anderer Stelle ausführlich vorgestellt, weshalb wir uns hier auf einige zur Interpretation der Befunde unabdingbare Mitteilungen beschränken können.[1] Der „europäische" Mittelwert wird aus den Daten für Frankreich, Großbritannien, Italien, Deutschland, die Niederlande, Norwegen und Finnland gebildet, die gegenwärtig für den gesamten Untersuchungszeitraum vorliegen. Als Anfangspunkt der Zeitreihe wurde das letzte Drittel des 19. Jahrhunderts gewählt, weil damals eine Konfiguration europäischer Politien entstand, die nach der Etablierung repräsentativer Institutionen auf nationaler Ebene und der Institutionalisierung kompetitiver Wahlen genügend Gemeinsamkeiten für einen Vergleich aufwiesen und stabil genug waren, um sie in eine Langzeituntersuchung aufnehmen zu können.[2] Allerdings mündete der scheinbar unumkehrbare Prozess der Erweiterung des Wahlrechts und die Entwicklung zur repräsentativen Demokratie seit den 1920er Jahren in einen Stillstand und Rücklauf. In den meisten kontinentaleuropäischen Ländern, die durch unsere Untersuchung abgedeckt werden, gab es Ende 1940 keine freigewählten Parlamente mehr, und es dau-

1 Das international vergleichende Forschungsprojekt „European Political Elites in Comparison: The Long Road to Convergence (EURELITE)" wird gegenwärtig als *Research Network* durch die European Science Foundation gefördert. Zur theoretischen und empirischen Anlage der Untersuchung vgl. Best/Cotta (2000, 2000a).

2 Im Jahr 1907 wurde diese Ländergruppe um durch Finnland erweitert, nachdem hier die traditionelle Ständevertretung durch ein modernes Parlament ersetzt worden war, das auf der Grundlage eines universellen Wahlrechts gebildet wurde und zum ersten Mal in Europa auch Frauen als vollberechtigte politische Subjekte einschloss (Ruostetsaari 2000).

erte bis 1949, bevor Deutschland als letztes dieser Länder wieder in die Familie der europäischen Demokratien zurückkehrte. Diese Ungleichzeitigkeiten und Diskontinuitäten der politischen Entwicklung haben natürlich interpretationsbedürftige Auswirkungen auf die Zusammensetzung der europäischen Grundgesamtheit, aus der das (ungewichtete) arithmetische Mittel und die Standardabweichungen für unsere Zeitreihen berechnet wurden.[3] Deshalb und wegen der schmalen Datenbasis, die den Aggregatwerten zugrunde liegt, wird es immer wieder erforderlich sein, zur Interpretation und Illustration auf Entwicklungen in einzelnen Ländern einzugehen und im übrigen die Darstellung auf langfristige Wandlungsprozesse und generelle Trends zu beschränken.

3. Resistente Rekrutierungsmuster trotz sozialen und ökonomischen Wandels

Am ehesten vereinbar mit den Annahmen der Theorie politischer Entwicklung sind die Verläufe jener Indikatorenreihen, die auf die Veränderung der Stadt-Land Beziehungen, die Rationalisierung der Autorität und die Ausweitung der Partizipation verweisen. In allen untersuchten Ländern ist der Anteil des Adels und der Abgeordneten, die bei ihrem Eintritt in das Parlament hauptberuflich im Agrarsektor tätig waren, von hohen Ausgangsniveaus auf einen Restwert geschrumpft, während der Anteil weiblicher Parlamentarier seit Einführung des Frauenwahlrechts zugenommen hat. Prima facie ergibt sich hier ein modernisierungstheoretisch plausibles Bild des langfristigen Elitenwandels: eine Erosion der traditionalen Macht- und Autoritätsstrukturen als Grundlagen parlamentarischer Repräsentation, eine Synchronisierung von sozioökonomischem Strukturwandel und unmittelbarer Interessenrepräsentation und eine Öffnung der politischen Eliten für vormals benachteiligte Gruppen.

3 Technisch bedeutete der dissimultane Start der Zeitreihen, dass die Aggregatwerte für europäische Parlamente auf der Grundlage unterschiedlicher Länder gebildet werden, während die Diskontinuität in den Daten so gehandhabt wird, dass der letzte valide Eintrag vor der Unterbrechung (im Fall von Deutschland waren das die Märzwahlen im Jahr 1933) bis zur nächsten kompetitiven Wahl fortgeschrieben wird. Bei der Interpretation der aggregierten Zeitreihen müssen wir also die Effekte des Wandels in der Zusammensetzung der Grundgesamtheit und der Verknüpfung von Zeitreihen zwischen validen Datenpunkten berücksichtigen. Ähnliches gilt für territoriale Veränderungen, die ja vor allem im Fall Deutschlands dramatisch waren.

Doch in der Naheinstellung zeigen sich selbst bei diesen Indikatorenreihen Verläufe, die schwer mit den Annahmen der Theorie politischer Entwicklung vereinbar sind: So nahm in vielen Ländern, für die Daten verfügbar sind, in deutlicher Abweichung vom allgemeinen gesellschaftlichen Entwicklungstrend der Anteil von Abgeordneten mit landwirtschaftlichem Hintergrund seit dem Ende des 19. Jahrhunderts zunächst zu oder blieb zumindest über Jahrzehnte konstant. Selbst in England, dem Pionierland der industriellen Revolution stellten Abgeordnete mit landwirtschaftlichem Interessenhintergrund noch bis in die 1880er Jahren mehr als ein Drittel der Mitglieder des Unterhauses und bildeten bei den Konservativen mit Abstand die stärkste Kategorie (Rush/Cromwell 2000: 475). Was sich hier beobachten lässt, ist ein Muster defensiver Interessenpräsentation, bei dem – um die Terminologie der Zeit zu variieren – zunächst nicht die „gefährlichen“, sondern die „gefährdeten Klassen“ den entstehenden Massenmarkt besetzten. Dies war, wie unsere Daten zeigen, keine auf England beschränkte Entwicklung. Es öffnete sich eine „Repräsentationslücke“, das heißt, es gab einen verzögerten Nachvollzug gesellschaftlichen Wandels auf der Elitenebene.

Vergleichbare Phänomene lassen sich bei den Anteilen weiblicher Abgeordneter beobachten. In den Ländern, in denen das Wahlrecht entsprechende Beobachtungen zulässt, wurden bereits in den zwanziger Jahren Repräsentationsniveaus erreicht, die noch 50 Jahre später die Plafonds der Wertereihen bildeten und im Bereich der Geschlechterrepräsentation erst während der vergangenen 15 Jahre nachhaltig durchbrochen wurden (Cotta/Best 2000: 518). Die etablierten Machtordnungen und Wertehierarchien trotzten hier lange der Ausweitung der Partizipationsrechte und dem Veränderungsdruck des allgemeinen Wahlrechts. Diese Erscheinung lässt sich auch im Hinblick auf den Adel beobachten, dessen politische Position selbst nach massiven Wahlrechtserweiterungen zunächst unerschüttert blieb und an den Wahlurnen eindrucksvoll bestätigt wurde. Besonders deutlich zeigt sich dies im Fall Deutschlands, wo der Adelsanteil in den nach dem allgemeinen Männerwahlrecht gewählten Vertretungen des Norddeutschen Bundes und des Kaiserreichs bis in die 1880er Jahre hinein um die 40% fluktuierte und damit ein Repräsentationsniveau erreichte, das seinem Anteil an den Offizierskorps der deutschen Armeen in diesen Jahren entsprach (Best 1988: 34-36).

Dennoch unterstützen trotz erklärungsbedürftiger Verzögerungen und episodischer Regressionen die bislang betrachteten Indikatorenreihen das Argument, dass sich in den Politien Europas auf lange Sicht doch ein Entwicklungszug in Richtung auf die Moderne durchgesetzt habe. Besonders markant verlief der Wandlungsprozess in Deutschland zwischen den 1890er und 1920er Jahren, wo sich bereits im Institutionengefüge des späten Kaiserreichs ein grundlegender Umbau der Repräsentationsmuster vollzog, der sich im Übergang zur Weimarer Republik noch einmal deutlich beschleunigte (Best/Schmitt/Hausmann 2000: 189f.). Es lässt sich zeigen, dass sich dieser Wandel – wenn auch mit unterschiedlichen Verläufen – innerhalb der großen politischen Konfliktgruppen vollzog und nicht allein durch das Hinzutreten neuer Parteien erklärt werden kann. Aus dieser Perspektive wirkt der Prozess parlamentarischer Rekrutierung wie eine Schleuse, die mit einiger Verzögerung das Entwicklungsniveau der politischen Elite auf das anderer gesellschaftlicher Bereiche hebt. Kann also der langfristige Wandel der Muster parlamentarischer Rekrutierung in Europa im Sinne eines *lead-lag*-Modells als ein Prozess verzögerter politischer Modernisierung gedeutet werden? Das Bild verschiebt sich in grundlegender Weise, wenn man das Tableau der Modernisierungsindikatoren erweitert und nun auch die Dimension der Differenzierung von Strukturen in die Betrachtung einbezieht. Dabei erweisen sich der Zyklus und die fluktuierende Beharrung als die gegenüber der Progression vorherrschenden Verlaufsformen der Indikatorenreihen.

Ein charakteristisches Beispiel für einen nichtlinearen Verlauf bietet die Wertereihe für die Zugehörigkeit zum Staatsdienst, die als ein Indikator für eine „Fusion von Funktionen“ (Birnbaum 1978), für eine Überschneidung von Bereichen der Machtorganisation interpretiert werden kann. Entsprechend dem Differenzierungstheorem der Theorie politischer Entwicklung wäre zu erwarten, dass sich hier eine Entflechtung im Sinne von Max Webers Wort von der „Scheidung der öffentlichen Funktionäre“ (1971: 519) vollzogen hat. Tatsächlich bestätigt mit der Ausnahme Frankreichs und Großbritanniens die Entwicklung bis zum zweiten Weltkrieg diese Erwartung: Von z.T. sehr hohen Ausgangswerten zu Beginn des Untersuchungszeitraums sanken die Anteile der Angehörigen des öffentlichen Dienstes an den parlamentarischen Führungsgruppen und konvergierten in den 1930er Jahren in einem relativ schmalen Wertebereich. Der Funktionswandel parlamentarischer Repräsentation von einer konfliktarmen und in der etablierten gesellschaftlichen Machtorganisation verankerten Honoratiorenvertretung zur Arena für den scharfen Positionskampf um materielle und ideelle Interessen verdrängte den durch vielerlei Rücksichtsnahmen und Loyalitätspflichten gebundenen Staatsdiener aus den parlamentarischen Vertretungen. Formale Beschränkungen politisch-oppositioneller Artikulationsmöglichkeiten für Staatsbeamte, wie etwa der in Preußen geltende „Maulkorberlass“ und der faktische Ausschluss von Sozialdemokraten aus Karrieren im Staatsdienst, verstärkten diese Entwicklung, ohne sie übrigens – wie unsere Daten zeigen – ausgelöst zu haben (Best 1988).

In Frankreich war allerdings – ohne dass wir hier näher auf nationale Spezialitäten eingehen können – die „Durchstaatlichung" der Parlamente bereits nach dem Ende der Julimonarchie deutlich zurückgegangen, und es hatte sich dort, wie in Italien, wo dieser Zug noch ausgeprägter war, ein Regime der „Übersetzung" sozialer in politische Macht etabliert, das in den Praktiken des Klientelismus und der Patronage gründete (Best/Gaxie 2000: 104, 111). In einem solchen System übernimmt der Abgeordnete die Rolle eines Intermediärs zwischen lokalen Klientelen und dem anonymen Staat, die er am besten wahrnehmen kann, wenn er in Halbdistanz zum Staatsapparat positioniert ist. Dabei werden die „Kapazitäten" der provinzialen Gesellschaft – wie etwa die Anwälte – und die Amtsträger der kommunalen Selbstverwaltung zu Leitfiguren parlamentarischer Repräsentation. Es ist bemerkenswert, dass sich auch dieses Regime lange Zeit als ausgesprochen resistent gegenüber dem Veränderungsdruck der polarisierten Massendemokratie erwies und in einigen Reservaten bis in die Gegenwart überdauert hat.

Die Jahrzehnte nach dem Zweiten Weltkrieg sind dann in allen in unsere Untersuchung einbezogenen Länder wieder durch eine „Fusion der Funktionen" (Birnbaum 1978: 111), eine zunehmende „Durchstaatlichung" der Parlamente gekennzeichnet, wobei in einigen Ländern die Anteilswerte von Mitgliedern des öffentlichen Dienstes das Niveau des 19. Jahrhunderts überschreiten (Best 1997: 24). Dieser Rückschwung im historischen Zyklus wurde durch andere Momente als die Entwicklung im 19. Jahrhundert angetrieben, als Amtsautorität, Staatsnähe und spezifische Qualifikationen die Grundlage des Beamtenparlamentarismus bildeten. Abkömmlichkeit, Versorgungssicherheit und Parteipatronage im öffentlichen Dienst sind heute die fördernden Elemente. Mit diesem Wandel der Rekrutierungsbasis war eine Veränderung der Zusammensetzung der Vertreter aus dem öffentlichen Sektor verbunden. Während im zweiten Drittel des 19. Jahrhunderts Verwaltungsbeamte und Justizangehörige dominiert hatten, wurden nach dem Zweiten Weltkrieg Abgeordnete aus dem Bildungsbereich zur wichtigsten Kategorie. Die Frage stellt sich hier, wie auch in anderen Fällen, ob die beiden Enden der Indikatorenreihe im Kern den gleichen Sachverhalt abbilden. Es gibt bei einigen Bedenken doch gute Gründe, diese Frage zu bejahen, wobei die Gemeinsamkeit über den gesamten Untersuchungszeitraum hinweg durch Staatsorientierung und Wirtschaftsferne, eine geschützte Stellung auf den Arbeitsmärkten, ein besonderes Gewicht formaler Qualifikationen und die Einbindung in Patronageverhältnisse gebildet wird, bei denen heute an die Stelle landesherrlicher Ämterpatronage die Parteipatronage getreten ist (Arnim 1991; Scheuch/Scheuch 1992). In diesem Entwicklungszug der Rekrutierung parlamentarischer Führungsgruppen setzten sich die Integrationserfordernisse des politischen Systems gegenüber einer Differenzierung von Bereichen der Machtorganisation durch, wobei die hier beobachteten Politien einen synchronen Zyklus durchlaufen.

Divergente Verläufe von Entwicklungsprozessen sind dagegen bei einer speziellen Kategorie „professioneller Politiker" zu beobachten, d.h. bei jenen Abgeordneten, die bei Mandatsantritt hauptberuflich in Parteien und Verbänden tätig sind. Der Sozialfigur des „Funktionärs", hier vor allem in der Variante des „Arbeiterbeamten", war zu Beginn des 20. Jahrhunderts von zeitgenössischen Beobachtern wie Max Weber (1971a) und Robert Michels (1987) eine große Karriere in der politischen Arena prognostiziert worden. Unsere Daten bestätigen bis zum Ende der Zwischenkriegszeit vor allem für Deutschland und – bei verhalteneren Zuwächsen – die Niederlande diese Erwartung (Cotta/Best 2000: 516f.). Nach dem Zweiten Weltkrieg folgten Finnland und Italien bis in die 1970er Jahre dem gleichen Entwicklungspfad. In diesen Ländern traten zeitweise Funktionäre die Nachfolge der Staatsbediensteten oder Anwälte als größte Herkunftsprofession parlamentarischer Repräsentation an. Die Mediatisierung der Parlamente durch Parteien und Interessengruppen vollzog sich als Abordnung des Personals intermediärer Organisationen. Im Fall Deutschland blieb dies allerdings eine auf die Weimarer Republik beschränkte Episode. Die Bundestage knüpfen hier wieder – wie ja auch im Hinblick auf die Vertretung des Staatsdienstes – an das Entwicklungsniveau des Kaiserreichs an, während in den Niederlanden, Finnland und in Italien die Zeitreihen erst Ende der 1950er bis Anfang der 1970er Jahre ihre Scheitelpunkte erreichten.

Einen vom progressiven Entwicklungsmodell abweichenden Verlauf der Indikatorenreihen beobachten wir auch im Hinblick auf die Verankerung von Abgeordneten im lokalen und regionalen Politikbereich, also dem, was man in Frankreich „cumul" zu nennen pflegt: die vertikale Ämterhäufung durch Übernahme und Beibehaltung kommunaler Wahlämter. Geht man davon aus, dass politische Modernisierung mit einer Nationalisierung der Politik, der Ablösung lokaler durch nationale Rekrutierungsagenturen, verbunden ist, wäre ein Rückgang dieses Indikators zu erwarten. Wieder zeigt sich ein deutlich abweichendes Bild: In den ersten Jahrzehnten des Untersuchungszeitraums nahmen in allen untersuchten Ländern die Anteile lokaler Amtsträger unter den Abgeordneten zu, um sich dann auf jeweils charakteristischen Niveaus relativ stabil einzupendeln. Dieses Grundmuster setzte sich nach dem Zweiten Weltkrieg bei leichten Fluktuationen fort, wobei sich auch Italien Ende der 1950er Jahre hier einordnet (Cotta/Best 2000: 498).

Resümiert man die bislang vorgestellten Ergebnisse, so weichen die Verläufe der langfristigen Veränderungen parlamentarischer Repräsentation in

Europa in vieler Hinsicht von der nach der Theorie politischer Entwicklung zu erwartenden Richtung des Wandels ab. Über Jahrzehnte hinweg blieben Rekrutierungsmuster resistent gegenüber dem Veränderungsdruck sozioökonomischen Strukturwandels und widerstanden auch der formalen Öffnung des Zugangs zum Mandat durch Wahlrechtserweiterungen oder die Gewährung von Diäten. Bei jenen Indikatoren, die auf die Integration der Bereiche staatlicher Machtorganisation und Verknüpfungen zwischen Systemebenen verweisen, blieben die Zeitreihen weitgehend stabil, folgten zyklischen Bewegungen oder fluktuierten ungerichtet. Auch lässt sich kein Muster der Diffusion von Modernität beobachten: Gerade die „Vorläufergesellschaften" der repräsentativen Demokratie – England und Frankreich – bewahrten in den Strukturen parlamentarischer Repräsentation bis in die Zwischenkriegszeit ausgeprägt traditionale Züge, während ausgerechnet der Deutsche Reichstag zwischen den 1890er und 1920er Jahren einen Strukturwandel erfuhr, der geradezu lehrbuchartig den Annahmen der Theorie politischer Entwicklung folgte. Auf lange Sicht bildete jedoch die Struktur parlamentarischer Repräsentation eher ein konservatives Element der gesellschaftlichen Machtorganisation, die deutlich verzögert auf die Veränderungen des politischen Massenmarktes im Zuge der Wahlrechtserweiterungen, die Etablierung von Massenparteien und Interessenorganisationen, neue soziale Bewegungen und massenmediale Inszenierung von Politik reagierte.

4. Konvergenz von Rekrutierungs- und Karrieremustern?

Das zweite empirische Problem, mit dem sich dieser Beitrag befasst, ist die Frage, ob und in welchem Ausmaß der Wandel von Rekrutierungs- und Karrieremustern in Europa konvergiert. Selbst wenn heute in Europa der professionelle Politiker das konsistente Ergebnis politischer Entwicklung ist, kann diese Sozialfigur unterschiedliche Formen annehmen und aus unterschiedlichen Positionen rekrutiert werden. Solche Unterschiede können beständige Besonderheiten in den Bedingungen und Mechanismen anzeigen, die im Rekrutierungsprozess wirksam werden und die Karriereverläufe bestimmen. In den einführenden Bemerkungen wurde die Vermutung geäußert, dass die europäische Integration das Ausmaß nationaler Unterschiedlichkeit in dieser Hinsicht verringert haben könnte und dass diese Verringerung ein Anzeichen für die allgemeine Abnahme der Bedeutsamkeit von Nation als einer Quelle von Variation zwischen den Stilen und Mustern parlamentarischer Rekrutierung sein könnte. Im folgenden soll das Konvergenztheorem, das in der klassischen Modernisierungstheorie wie in neueren Integrationstheorien gleichermaßen einen zentralen Platz einnimmt (Inkeles 1981; Berger 1996; Immerfall 2000), anhand der bislang vorgestellten Indikatorenreihen sowie mit Blick auf den noch nicht eingeführten Bildungsbereich, die Mitgliederfluktuation und das Mandatsalter überprüft werden.[4]

Der Durchschnitt der europäischen Abgeordneten, die eine Universitätsausbildung absolviert haben, folgt einem U-förmigen Verlauf, wobei der Wiederbeginn repräsentativer Demokratie in Kontinentaleuropa in der zweiten Hälfte der 1940er Jahre mit einem Durchschnittsniveau von etwa 40% den unteren Wendepunkt bildet. Seitdem beobachten wir einen kontinuierlichen Anstieg, der sich erst in den 1980er Jahren abflacht und in eine instabile Fluktuation übergeht. In den ausgehenden 1990er Jahren besitzt ein Durchschnitt von etwa zwei Dritteln der Abgeordneten europäischer Parlamente einen akademischen Abschluss, womit das Niveau der 1860er Jahre fast wieder erreicht wird. Im Gegensatz zu dieser Bewegung des Mittelwerts weist die Standardabweichung keinen Trend auf. Sie fluktuiert zwischen 10% und 20% und bleibt weitgehend unbeeinflusst von den Veränderungen des Mittelwertes. Eine Angleichungstendenz ist nicht zu beobachten. Tatsächlich sind die Unterschiede zwischen den europäischen Nationen in den 1990er Jahren denen der früheren 1870er Jahre sehr ähnlich, wobei sogar ein geringer Anstieg in den Abweichungen seit Mitte der 1980er Jahre beobachtet werden kann. Die entsprechenden Zeitreihen für die Abgeordneten, die nur eine Elementarbildung erhalten hatten (wobei hier auch jene aufgenommen sind, die überhaupt keine formale Ausbildung erhalten hatten), zeigt jedoch ein davon deutlich abweichendes Muster. Der Anstieg des Anteils der wenig oder nur informell gebildeten Abgeordneten (wobei sich allerdings in der letzteren Kategorie auch die privilegiertesten Mitglieder der Gesellschaft des 19. Jahrhunderts finden) seit dem Beginn des 20. Jahrhunderts bis in die 1930er Jahre ist durch einen steilen Abfall in der Standardabweichung begleitet. Die europäischen Parlamente wurden einander um so ähnlicher je ungebildeter sie waren, was vor allem durch zunehmende Rekrutierungsgelegenheiten für proletarische und plebejische Bewerber im Gefolge des

4 Innereuropäische Unterschiede manifestieren sich in den Standardabweichungen zwischen den sieben Ländern, die gegenwärtig durch unsere Untersuchung abgedeckt werden. Durch ein Vergleich der Mittelwerte mit den Standardabweichungen ist es möglich zu erkennen, ob es Entwicklungstrends gab, die zu einer größeren Gemeinsamkeit zwischen den europäischen Politien geführt haben. Ein synoptischer Blick auf Mittelwerte und Standardabweichungen ist auch deshalb erforderlich, weil sie statistisch konfundiert sind.

Aufstiegs sozialistischer, kommunistischer und faschistischer Parteien in Europa zu erklären ist. Seit dem Ende des Zweiten Weltkriegs haben sich jedoch beide Trends gewendet und die Zeitreihen nehmen gleichgerichtet seit den 50er Jahren ab. Zu Beginn der 1990er Jahre ist im europäischen Durchschnitt der Anteil der Abgeordneten mit Elementarbildung auf etwa 5% gefallen. Hier beobachten wir also zunehmende Homogenität als eine Konsequenz des Aussterbens einer bestimmten Sozialkategorie in den europäischen Parlamenten.

Ein ähnliches Muster (d.h. Homogenisierung durch Aussterben) kann auch mit Blick auf den Adel, den Landwirtschaftssektor und die Anwälte beobachtet werden, wobei wir bei allen diesen Zeitreihen Phasen beobachten können, in denen die Abnahme der Durchschnittswerte von einer konstanten oder sogar zunehmenden Variation zwischen den europäischen Nationen begleitet war. Ein Beispiel ist hier der Anteil der Abgeordneten aus dem Agrarsektor, der insgesamt seit den 1870er Jahren abnahm, während die Standardabweichung bis in die 1930er Jahre zunahm. Dies war überwiegend die Folge einer gespaltenen Entwicklung zwischen den nordischen Ländern und dem Rest Europas. Während in Nordeuropa Bauernparteien einen bedeutenden und in der ersten Hälfte des 20. Jahrhunderts sogar deutlich expandierenden Rekrutierungskanal für Abgeordnete mit einem landwirtschaftlichen Hintergrund bereitstellten (Pedersen 2000; Ruostetsaari 2000; Eliassen/Sjøvaag Marino 2000), hatten die *landed interests* in den meisten kontinentaleuropäischen Parlamenten und in Großbritannien bereits vor der Wende zum 20. Jahrhundert deutlich an Boden verloren. Obwohl am Ende der Entwicklung landwirtschaftlicher Interessenrepräsentation in den europäischen Parlamenten das Verschwinden dieser Sozialkategorie steht, hat sie in einem Zeitraum von etwa 70 Jahren markante Unterschiede zwischen den europäischen Ländern erzeugt.

Gleichgerichteter Wandel in unterschiedlichen Ländern bedeutet also nicht notwendig Konvergenz. Wenn Veränderungsraten und das *timing* der Wendepunkte variieren, kann gleichgerichteter Wandel tatsächlich mit zunehmender Divergenz einhergehen. Wir finden dieses Muster in vielen der von uns untersuchten Zeitreihen, nicht nur bei den Landwirten, sondern auch bei Anwälten, dem Adel, den Partei- und Verbandsfunktionären, den Arbeitern und am markantesten bei den Frauenanteilen. In allen Parlamenten, die wir in unserer Untersuchung aufgenommen haben, beobachten wir einen Anstieg des Frauenanteils seit der Einführung des passiven Frauenwahlrechts. Jedoch haben die unterschiedlichen Wachstumsraten des Frauenanteils und das unterschiedliche *timing* der Abhebepunkte sehr unterschiedliche Geschlechterverteilungen in den europäischen Parlamenten erzeugt. Diese Abweichungen reflektieren ältere Unterschiede zwischen den europäischen Gesellschaften, die einen indirekten Einfluss auf die Geschlechterzusammensetzung der Parlamente haben, wobei das Vorwiegen des Katholizismus, ein Mehrheitswahlrecht in Einerwahlkreisen und die späte Einführung des Frauenwahlrechts Faktoren sind, die einen frühen und starken Anstieg weiblicher Repräsentation behindert haben (Norris 1995). Die Unterschiede in der Frauenrepräsentation zwischen den europäischen Parlamenten beginnen sich erst seit den frühen 1990er Jahren zu verringern, wobei die Pionierländer Finnland, Norwegen und die Niederlande ein gewisses Sättigungsniveau erreicht haben, während Nachzügler, wie Großbritannien, aufzuholen beginnen (Cotta/Best 2000: 518f.).

Während wir hier ein paradoxes Muster gleichgerichteten Wandels beobachten, der in zunehmender Divergenz parlamentarischer Repräsentation mündet, folgen andere Zeitreihen konvergierenden Pfaden. Dies betrifft etwa die Vertretung des Öffentlichen Dienstes, die in den meisten europäischen Ländern bis in die ausgehenden 1930er Jahre abgenommen hat und dann dramatisch mit ähnlichen Wachstumsraten und weitgehend synchron zugenommen hat. Letzteres gilt vor allem für die Lehrer, die den Hauptanteil an dem rapiden Wachstum der Repräsentation des Öffentlichen Dienstes zwischen den 1960er und 1980er Jahren hatten und die die Hauptgewinner des Rückzugs anderer Berufskategorien in dieser Periode, wie etwa der Landwirte oder Anwälte, waren. Diese komplementären und konvergenten Entwicklungen zeigen an, dass wichtige Elemente der Rekrutierungsfunktion, wie etwa Abkömmlichkeit und die relativen Belohnungen für Wahlämter sowie die Kompatibilität mit den „privaten" Berufen der Abgeordneten inzwischen ähnlich vorteilhafte oder unvorteilhafte Effekte in verschiedenen europäischen Ländern haben. Die Befunde erweisen zugleich, dass die direkte oder symbolische Repräsentation ökonomischer Interessen durch Abgeordnete, die vor dem Eintritt in das Parlament unmittelbar wertschöpfend am Wirtschaftsprozess teilgenommen haben (wie etwa Arbeiter, Landwirte, Unternehmer, Manager oder Kleingewerbebetreibende), stark zurückgegangen ist. In Deutschland sind diese Sozialkategorien während der vergangenen Jahrzehnte fast völlig aus dem Bundestag verschwunden. Dieser Rückzug wurde nicht durch hauptberufliche Partei- und Verbandsfunktionäre kompensiert, die sehr ungleich in verschiedenen europäischen Ländern repräsentiert sind, und ihrerseits seit den 1970er Jahren Vertretungsanteile verloren haben.

Parlamente als Orte der ökonomischen Interessenvermittlung und -repräsentation stehen also heute diesen Interessen im Hinblick auf persönliche und professionelle Bindungen der Abgeordneten ziemlich fern. Es ist deshalb plausibel, dass der Fokus der Kritik am moralischen Fehlverhalten von Abgeordneten in den meisten europäischen Ländern von ihrer Beeinflussung durch *outside interests* zu den Verstrickungen gewechselt hat, die unmittelbar mit dem politischen Spiel verknüpft sind, wie zum Beispiel Parteipatronage und Parteifinanzen oder zu dem eher banalen Konfliktpunkt der Diäten (Landfried 1989; Arentin 1991; Scheuch/Scheuch 1992). Dieser Wechsel hat selbst Großbritannien erfasst, wo der Anteil der Abgeordneten mit einer direkten beruflichen Bindung an das Geschäftsleben immer noch im europäischen Vergleich am höchsten ist. Während hier der Skandalstoff *sleaze*, d.h. eine unangemessene Einführung von individuellen Geschäftsinteressen in den politischen Prozess, an Bedeutung verloren hat, sind es nun wie bei uns Parteipatronage, *spin-doctoring* und Parteifinanzen, die die Schlagzeilen liefern.

Konvergente Entwicklungen bei den Mustern der Interessenrepräsentation werden seit dem Ende des Zweiten Weltkrieges von einer zunehmenden Ähnlichkeit politischer Karrieremuster begleitet. Während im Durchschnitt die Involvierung von Abgeordneten in Wahlämter auf lokaler und regionaler Ebene seit dem Zweiten Weltkrieg zugenommen hat, haben Unterschiede zwischen den europäischen Ländern in dieser Hinsicht abgenommen. Das gleiche gilt für die durchschnittliche Zahl der Wahlen, in denen Abgeordnete erfolgreich kandidiert haben (die zugenommen hat) und den Durchschnittsanteil der *Newcomer* (der abgenommen hat). Alle diese Indikatoren deuten auf eine zunehmende Einbettung der Abgeordneten in die Positionen des politischen Systems hin, eine Zunahme der Stabilität ihrer Karrieren und eine Abnahme der Unterschiede zwischen den europäischen Ländern in diesen Hinsichten. Wenn Marx' Konzept von der „Klasse an sich" und der „Klasse für sich" auch auf politische Eliten angewendet werden kann, dann können wir hier einen gesamteuropäischen Prozess der Formierung einer „politischen Klasse an und für sich" beobachten, die durch Eigeninteresse und strukturelle Integration zusammengehalten wird (Borchert 1999: 9-13).

5. Professionalisierung bei geringer Linearität

Die Ergebnisse unserer Langzeituntersuchung über parlamentarische Rekrutierung in Europa haben gezeigt, dass die Trends in unseren Daten nicht einfach mit einem linearen Konzept politischer Entwicklung übereinstimmen. Selbst wenn wir im Anschluss an Jean Blondel (1997: 96f.) politische Entwicklung ganz allgemein als eine „Öffnung politischer Gemeinschaften" und eine „Erweiterung von Wahlmöglichkeiten“ definieren, sehen wir das widersprüchliche Bild einer sich parallel vollziehenden sozialen Öffnung und Schließung. Während europäische Parlamente seit langem aufgehört haben, exklusive Klubs für die Reichen und Wohlgeborenen zu sein, und während Frauen zunehmend ihren Weg in die Plenarsäle finden, wurden andere Zugangsbarrieren errichtet, die an die Stelle von sozialer Herkunft, Klasse und Geschlecht treten. Diese neuen Barrieren und Filter übersetzen nicht mehr die Statushierarchien und Wertesysteme, die in Gesellschaften allgemein existieren, in Rekrutierungschancen, sondern sie sind nun im engeren Bereich der politischen Systeme lokalisiert. Der allmähliche Ausschluss von Abgeordneten, die eigene Erfahrungen mit produktiven oder distributiven ökonomischen Aktivitäten haben (seien es nun Unternehmer, Manager, Arbeiter oder Landwirte), der zeitgleiche Anstieg von Abgeordneten aus dem Öffentlichen Dienst und (für einige Zeit) von Funktionären von Parteien und Interessenorganisationen, die zunehmende Kumulation (sequentiell und simultan) lokaler und regionaler Ämter und die immer häufigere Rekrutierung von Bewerbern auf Wahlämter aus den oberen Ebenen von Parteihierarchien, all das deutet in diese Richtung. Die Beseitigung formaler Barrieren des Zugangs zu europäischen Parlamenten wurde so zunächst ergänzt und später ersetzt durch eine informelle *Insider-Outsider*-Differenz, die durch Selektorate und Parteiorganisationen etabliert und perpetuiert wird. Heute haben diejenigen Bewerber, die im Hinblick auf ihr Zeitbudget und ihre Arbeitsplatzsicherheit für Wahlämter abkömmlich sind, deren Qualifikationen und Fertigkeiten für eine politische Karriere nützlich sind und die bereit und in der Lage sind, sich in lokalen Wahlämtern oder in Parteifunktionen zu etablieren, eine bessere Chance als andere, die Filter und Barrieren auf dem Weg zu einem parlamentarischen Mandat zu überwinden. Die Etablierung einer *Insider-Outsider* Differenz in Kombination mit einer informellen Karrierisierung des Zugangs zu einem parlamentarischen Mandat bilden die Grundlage und Essenz politischer Professionalisierung.

Jedoch weist die politische Profession, die aus diesem Prozess hervorgeht noch immer einige ungewöhnliche Züge auf. Der Eintritt in ein politisches Wahlamt mit voller Bezahlung und die Verwandlung in einen Vollzeitpolitiker vollzieht sich in einem Durchschnittsalter zwischen 40 und 45 Jahren, wobei normalerweise eine Karriere in nichtpolitischen Berufen vorausgeht. In dieser Hinsicht hat sich seit Beginn des 20. Jahrhunderts nicht viel verändert und die Rekrutierung aus „politischen“ Berufspositionen, die in Parteien und Interessenorganisationen lokalisiert sind, hat sogar zwischen der Mitte der 1970er und 1990er Jahre abgenommen (danach aber wieder leicht zugenommen). In der Regel haben jedoch professionelle Politiker ihre Karriere als politische Amateure begonnen und für eine lange Zeit fortgesetzt. Ein voll besoldetes Wahlamt ist eine späte Belohnung, dann allerdings eine recht sichere Bank, denn der Personenaustausch nach Wahlen ist seit den 1960er Jahren in aller Regel eher gering. Dieses Karrieremuster begünstigt in Verbindung mit den zuvor genannten Eintrittskriterien eindeutig Bewerber aus dem Öffentlichen Dienst, der seit dem Zweiten Weltkrieg das wichtigste Rekrutierungsfeld europäischer Parlamente bildet und dabei die Freiberufler, Bewerber in distributiven oder produktiven wirtschaftlichen Funktionen und selbst die Partei- und Verbandsfunktionäre verdrängt hat.

Der Wiederaufstieg des Öffentlichen Dienstes nach seinem ersten Höhepunkt im 19. Jahrhundert und dem Niedergang zwischen den beiden Weltkriegen als der bevorzugte Lieferant europäischer Abgeordneter kann mit der Entstehung der „Kartellpartei" in Verbindung gebracht werden, die nach Katz/Mair (1995) zunehmend ihre Ressourcen aus Subventionen, Privilegien und anderen Vorteilen bezieht, die vom Staat bereit gestellt werden. Abgeordnete mit einem Hintergrund im Öffentlichen Dienst inkarnieren die Fusion zwischen Partei und Staat, während die Ziele der Politik zunehmend selbstreferenziell werden und sie zu einem Beruf besonderer Art geworden ist. Als Arbeitgeber fördert der Staat die Bewerbung um Wahlämter durch generöse Freistellungsregelungen und er offeriert sichere Rückkehrpositionen, wenn eine politische Karriere in schwierige Gewässer gerät. Auf der anderen Seite werden diese Abgeordneten, um wieder Katz und Mair zu zitieren, eher geneigt sein, als „Agenten des Staates" in ihrer Repräsentationsrolle zu handeln. Bewerber mit einem anderen Berufshintergrund erfreuen sich dagegen nicht der gleichen Privilegien und sind deutlich größeren Risiken ausgesetzt, wenn sie ihre politische Karriere verfolgen. Hauptberufliche Partei- und Verbandsfunktionäre, die im Hinblick auf die Vereinbarkeit zwischen öffentlichen Ämtern und „privatem" Beruf eine Alternative zu den Staatsdienern bilden könnten, sind, wenn sie in den Apparaten ersetzt oder vertreten werden müssen, eine kostenintensive Option für ihre Arbeitgeber und wahrscheinlich schwieriger den Wählern zu vermitteln als Staatsdiener, die immer noch eine Aura von Überparteilichkeit und Kompetenz haben, auch wenn diese etwas verblasst sein mag. Doch gibt es neben den Nutzenkalkülen von Selektoraten und Bewerbern noch andere Gründe, die den Aufstieg des Öffentlichen Dienstes zur Hauptbasis parlamentarischer Rekrutierung in Westeuropa erklären können.

Wir schlagen vor, den Wandel der politischen Eliten Europas als eine mehr oder weniger deutliche Antwort auf wechselnde und in der zweiten Hälfte des 20. Jahrhunderts in Westeuropa zunehmend gleichgerichtete Herausforderungen an die politischen Systeme zu interpretieren, wobei wir uns auf die vor allem mit dem Werk Toynbees verbundene und von Autoren wie Verba (1973) oder Rokkan (2000: 299-316) wieder aufgegriffene Tradition historischer Analysen in den Kategorien *Challenge* und *Response* beziehen. Folgt man diesem Deutungsmuster, dann kann der Wiederaufstieg des Öffentlichen Dienstes zum Hauptreservoir parlamentarischer Rekrutierung nach dem Zweiten Weltkrieg mit einer „Konsensherausforderung" in Verbindung gebracht werden, die aus der Notwendigkeit der Vermittlung von Konflikten und der Integration von Gesellschaften in der bipolaren Welt nach dem Zweiten Weltkrieg resultierte. Die Etablierung einer konsensbestimmten Gesellschaft und politischen Ordnung wurde als wesentliche Voraussetzung für die Eindämmung des Kommunismus angesehen. Korporatistische Interessenvermittlung und die Ausweitung wohlfahrtsstaatlicher Leistungen galten als wichtigste Instrumente der Konsensbildung. „Umverteilungsspezialisten", die sich vorzugsweise im Öffentlichen Dienst befinden, waren in dieser Phase die dominante Kategorie.

Wenn wir dieses *Challenge/Response*-Modell in die Vergangenheit zurück verlängern, erkennen wir ein Muster der Veränderung parlamentarischer Führungsgruppen, das sich deutlich von den Linearitätsannahmen der Theorien politischer Entwicklung unterscheidet. So koinzidierte die erste Phase der Dominanz des Öffentlichen Dienstes im 19. Jahrhundert mit der Ära der Staats- und Nationenbildung in vielen europäischen Ländern. In dieser Phase überwogen in den Parlamenten „Symbolspezialisten" (Lasswell 1952) und „Spezialisten für Machtorganisation", die überwiegend im Öffentlichen Dienst beschäftigt waren. Die zweite Phase war eine Etappe der beschleunigten Industrialisierung und des damit verbundenen Gesellschaftsumbaus. Während dieser Periode überwogen „Spezialisten der Wertschöpfung, Appropriation und Akkumulation", wie Unternehmer und Gutsbesitzer. Die dritte Herausforderung war die Entwicklung der Massendemokratie und die Konzentration organisatorischer Macht außerhalb des Staates in Parteien und Verbänden. In dieser Phase sehen wir den Aufstieg von „Spezialisten der Massenmobilisierung und der Organisationsbildung".

Mit dieser Periodisierung können wir wieder eine Verbindung zu Katz/Mairs (1995) Parteientypologie herstellen, wobei die „Elitepartei" eine politische Arena für hohe Staatsfunktionäre und die ökonomischen Eliten (wie Unternehmer und Großgrundbesitzer) eröffnet, die „Massenpartei" Karrierechancen für Partei- und Verbandsfunktionäre des Michelschen Typs bietet, und die „Volkspartei" das Saatbett für die Umverteilungsspezialisten aus dem Öffentlichen Dienst bildet, die schließlich in der Kartellpartei zur eindeutig dominierenden Kategorie aufsteigen. Die Konvergenz parlamentarischer Rekrutierung und Karrieremuster in Westeuropa nach dem Zweiten Weltkrieg kann aus dieser Sicht einer zunehmenden Synchronisierung der Entwicklung der Parteiensysteme und der wichtigsten Politikalternativen zugerechnet werden, während der Einfluss allgemeinen sozialen Wandels oder auch des Wandels formaler Gelegenheitsstrukturen, wie der Wahlgesetze und der Regelungen für das passive Wahlrecht, an Bedeutung verloren hat. Der „Erfolg" der westeuropäischen Repräsentationseliten im Hinblick auf die Stabilisierung und Verbreitung der repräsentativen Demokratie lässt sich danach ihrer Anpassungselastizität zuschreiben, die ihnen – wenn auch gelegentlich unter Schmerzen – eine kollektive Antwort auf wechselnde Herausforderungen des politischen Systems ermöglichte.

Doch sollten diese Beobachtungen und Bemerkungen zur Elitenkonvergenz nicht ohne ein *caveat* abgeschlossen werden, denn die Indikatoren für die Vertretung des Öffentlichen Dienstes und der Lehrer, die Einbettung in lokale und regionale Politikbezüge, die Durchschnittszahl der erfolgreich absolvierten Wahlen und die Prozentsätze der Parlamentsneulinge haben alle in den 1990er Jahren ihre Wendepunkte erreicht. Wenn diese Indikatoren auf Prozesse der Formierung einer politischen „Klasse an und für sich" hindeuten, dann zeigen sie auch, dass diese politische Klasse zunehmende Schwierigkeiten hat, sich zu reproduzieren. Die wachsende Volatilität des Wahlverhaltens in den 1990er Jahren und die zunehmende Kritik an der Überflutung von Parlamenten durch Staatsdiener scheinen die Stabilität politischer Karrieren zu gefährden und eine größere Vielfalt bei der parlamentarischen Rekrutierung zu begünstigen. Weil die europäischen Politien noch immer in spezifischer Weise auf diese Herausforderungen reagieren, begünstigt dies, zumindest kurzfristig, die Erhaltung oder sogar Vergrößerung von Asynchronität und Divergenz, was zum Beispiel durch die Zunahme der Standardabweichung bei dem Anteil der *Newcomer* erkennbar wird. Dies impliziert, dass die europäische Vielfalt selbst dort noch nicht beseitigt ist, wo europäische Homogenität und Konvergenz am stärksten zu sein scheinen.

Literatur

Arnim, Hans Herbert von (1991): Die Partei, der Abgeordnete und das Geld, Mainz.

Beaver, D. / R. Rosen (1978): Studies in Scientific Collaboration. Part I: The Professional Origins of Scientific Co-Authorship, in: Scientometrics, Vol. 1, Num. 1, S. 65-84.

Berger, Johannes (1996): Was behauptet die Modernisierungstheorie wirklich – und was wird ihr bloß unterstellt? in: Leviathan, Num. 1, S. 4-31.

Best, Heinrich (1988): Politische Modernisierung und parlamentarische Führungsgruppen in Deutschland 1867-1918, in: Historical Social Research/ Historische Sozialforschung, Vol. 13, Num. 1, S. 5-74.

Best, Heinrich (1990): Die Männer von Bildung und Besitz. Struktur und Handeln parlamentarischer Führungsgruppen in Deutschland und Frankreich 1848/49, Düsseldorf.

Best, Heinrich (1997): Politische Modernisierung und Elitenwandel 1848-1997, in: Historical Social Research/Historische Sozialforschung, Vol. 22, Num. 3-4, S. 4-31.

Best, Heinrich / Maurizio Cotta (2000): Elite Transformation and Modes of Representation since the Mid-Nineteenth Century. Some Theoretical Considerations, in: dies. (Eds.): Parliamentary Representatives in Europe 1848-2000. Legislative Recruitment and Careers in Eleven European Countries, Oxford, S. 1-28.

Best, Heinrich / Maurizio Cotta (2000a): ESF Network Proposal "European Political Elites in Comparison: the Long Road to Convergence (EURELITE)", Jena and Siena.

Best, Heinrich / Daniel Gaxie (2000): Detours to Modernity. Long-Term Trends of Parliamentary Recruitment in Republican France 1848-1999, in: Heinrich Best / Maurizio Cotta (Eds.), Parliamentary Representatives in Europe 1848-2000, Oxford, S. 88-137.

Best, Heinrich / Karl Schmitt / Christopher Hausmann (2000): Challenges, Failures and Final Success. The Winding Path of German Parliamentary Leadership Groups Towards a Structurally Integrated Elite 1848-1999, in: Heinrich Best / Maurizio Cotta (Eds.): Parliamentary Representatives in Europe 1848-2000, Oxford, S. 138-195.

Cotta, Maurizio / Heinrich Best (2000): Between Professionalisation and Democratisation. A Synoptic View on the Making of the European Representative, in: Heinrich Best / Maurizio Cotta (Eds.): Parliamentary Representatives in Europe 1848-2000, Oxford, S. 493-526.

Birnbaum, Pierre (1978): Institutionalisation of Power and Integration of Political Elites, in: European Journal of Political Research, Num. 6, S. 105-115.

Blondel, Jean (1997): Political Progress. Reality or Illusion? in: Arnold Burgen / Peter McLaughlin / Jürgen Mittelstraß (Eds.): The Idea of Progress, Berlin, New York, S. 77-101.

Borchert, Jens (1999): Politik als Beruf. Die politische Klasse in westlichen Demokratien, in: ders. (Hrsg.), Politik als Beruf. Die politische Klasse in westlichen Demokratien, Opladen, S. 7-39.

Eliassen, Kjell / Marit Sjøvaag Marino (2000): Democratisation and Parliamentary Elite Recruitment in Norway 1848-1996, in: Heinrich Best / Maurizio Cotta (Eds.), Parliamentary Representatives in Europe 1848-2000, Oxford, S. 310-340.

Gerhards, Jürgen (2000): Europäisierung von Ökonomie und Politik und die Trägheit der Entstehung einer politischen Öffentlichkeit, in: Maurizio Bach (Hrsg.), Die Europäisierung nationaler Gesellschaften, Wiesbaden, S. 277-305.

Huntington, Samuel P. (1968): Political Order in Changing Societies, New Haven, London.

Huntington, Samuel P. (1973): Politische Entwicklung und politischer Verfall, in: Martin Jänike (Hrsg.): Politische Systemkrisen, Köln, S. 260-294.

Huntington, Samuel P. / Jorge Dominguez (1975): Political Development, in: Fred Greenstein / Nelson Polsby (Eds.): Handbook of Political Science, Bd. 3., Reading/Mass., S. 1-144.

Immerfall, Stefan (2000): Fragestellungen einer Soziologie der europäischen Integration, in: Maurizio Bach (Hrsg.): Die Europäisierung nationaler Gesellschaften, Wiesbaden, S. 481-503.

Inkeles, Alex (1981): Convergence and Divergence in Industrial Societies, in: Mustafa O. Attir / Burkhart Holzner / Zdenek Suda, Modernization Theory. Research and Realities, Boulder (Col.), S. 3-38.

Kaelble, Hartmut (1987): Auf dem Weg zu einer europäischen Gesellschaft. Eine Sozialgeschichte Westeuropas 1880-1980, München.

Katz, Richard S. / Peter Mair (1995): Changing Models of Party Organisation und Party Democracy. The Emergence of the Cartel Party, in: Party Politics, Num. 1, S. 5-28.

Landfried, Christine (1989): Korruption und politischer Skandal in der Geschichte des Parlamentarismus, in: Rolf Ebbinghausen / Sighard Neckel (Hrsg.): Anatomie des politischen Skandals, Frankfurt/M., S. 30-48.

Lasswell, Harold D. (1952): The Elite Concept, in: Harold D. Laswell / Daniel Lerner / Charles Rothwell (Eds.): The Comparative Study of Elites. An Introduction and Bibliography, Stanford, S. 6-21.

Merton, Robert K. (1973): The Sociology of Science. Theoretical and Empirical Investigation, Chicago, London.

Michels, Robert (1987): Die oligarchischen Tendenzen in der Gesellschaft. Ein Beitrag zum Problem der Demokratie, in: ders., Masse, Führer, Intellektuelle. Politisch-soziologische Aufsätze 1906-1933, Frankfurt/M., New York, S. 133-181.

Mosca, Gaetano (1975): Das aristokratische und das demokratische Prinzip, in: Wilfried Röhrich (Hrsg.): Demokratische Elitenherrschaft. Traditionsbestände eines sozialwissenschaftlichen Problems, Darmstadt, S. 28-46.

Norris, Pippa (1995): Womens Legislative Participation in Western Europe, in: Western European Politics, Vol. 8, S. 90-101.

Norton, Philip (1993): Does Parliament Matter? New York.

Offerlé, Michel (1999): La profession politique XIXe–XXe siècles, Paris.

Pedersen, Mogens (2000): The Incremental Transformation of the Danish Legislative Elite. The Party System as Prime Mover, in: Heinrich Best / Maurizio Cotta (Eds.): Parliamentary Representatives in Europe 1848-2000, Oxford, S. 29-49.

Putnam, Robert D. (1976): The Comparative Study of Political Elites, Englewood Cliffs N.Y.

Rokkan, Stein (2000): Staat, Nation und Demokratie in Europa, Frankfurt/M.

Ruostetsaari, Ilkka (2000): From Political Amateur to Professional Politician and Expert Representative. Parliamentary Recruitment in Finland since 1863, in: Heinrich Best / Maurizio Cotta (Eds.): Parliamentary Representatives in Europe 1848-2000, Oxford, S. 50-87.

Rush, Michael / Valerie Cromwell (2000): Continuity and Change. Legislative Recruitment in the United Kingdom, in: Heinrich Best / Maurizio Cotta (Eds.): Parliamentary Representatives in Europe 1848-2000, Oxford, S. 463-492.

Parsons, Talcott (1979): Evolutionäre Universalien der Gesellschaft, in: Wolfgang Zapf (Hrsg.): Theorien des sozialen Wandels, 4. Aufl., Königstein/Ts., S. 55-74.

Scheuch, Erwin K. / Ute Scheuch (1992): Cliquen, Klüngel und Karrieren, Reinbek.

Stammer, Otto (1951): Das Elitenproblem in der Demokratie, in: ders., Politische Soziologie und Demokratieforschung. Ausgewählte Reden und Aufsätze zur Soziologie und Politik, Berlin, S. 63-90.
Verba, Sidney (1973): Entwicklungskrisen und ihre Abfolge, in: Martin Jänicke (Hrsg.): Politische Systemkrisen, Köln, S. 295-315.
Weber, Max (1971): Politik als Beruf, in: ders., Gesammelte Politische Schriften, 3. Aufl., Tübingen, S. 505-560.
Weber, Max (1971a): Parlament und Regierung im neugeordneten Deutschland, in: ders., Gesammelte Politische Schriften, 3. Aufl., Tübingen, S. 306-443.
Weber, Max (1972): Wirtschaft und Gesellschaft (Studienausgabe), 5. Aufl., Tübingen.
Zuckerman, Harriet A. (1977): Scientific Elite. Nobel Laureates in the United States, New York.

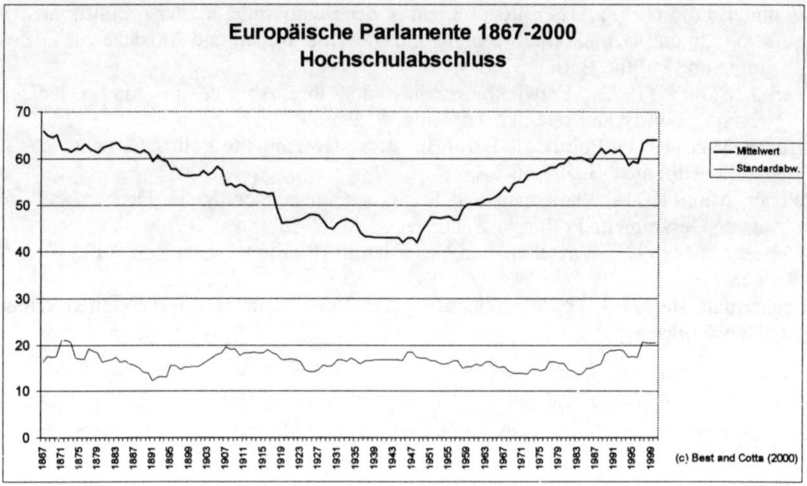
Europäische Parlamente 1867-2000
Hochschulabschluss
Mittelwert
Standardabw.
(c) Best and Cotta (2000)

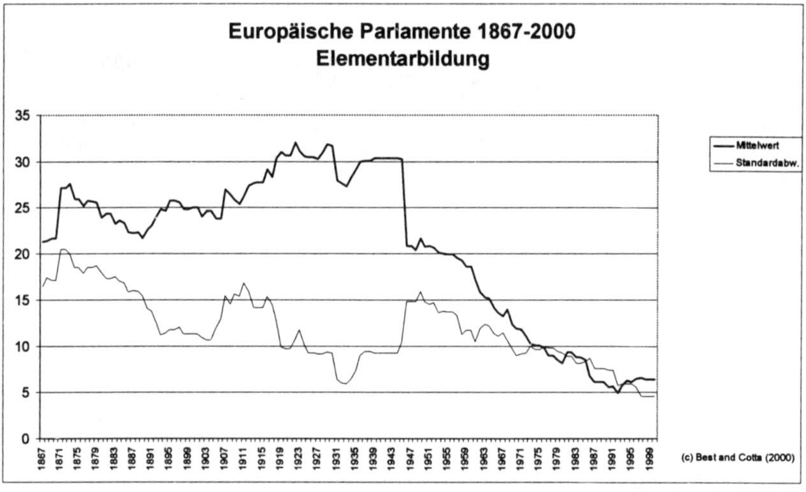
Europäische Parlamente 1867-2000
Elementarbildung
Mittelwert
Standardabw.
(c) Best and Cotta (2000)

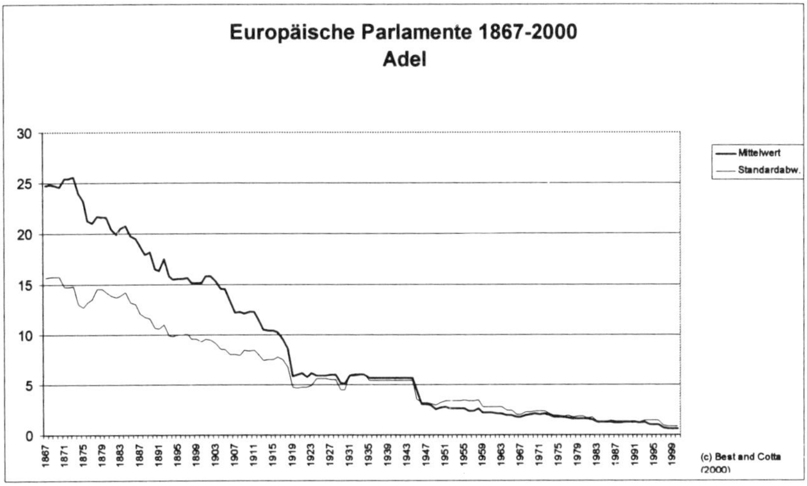
Europäische Parlamente 1867-2000
Adel
Mittelwert
Standardabw.
(c) Best and Cotta (2000)

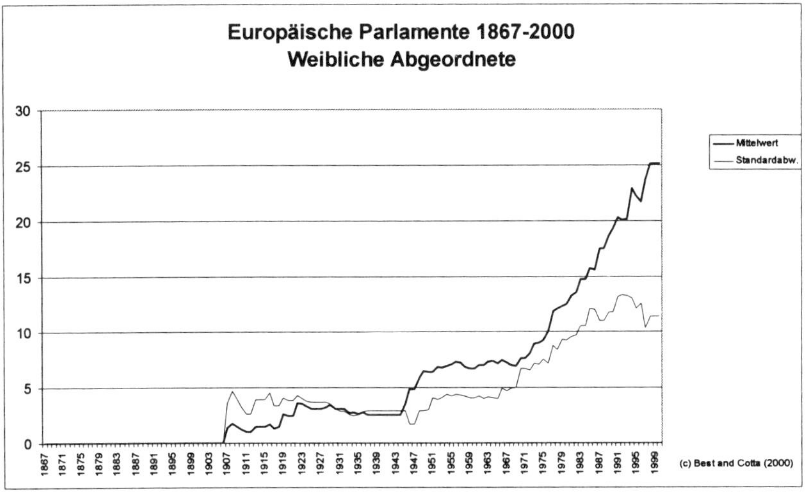
Europäische Parlamente 1867-2000
Weibliche Abgeordnete
Mittelwert
Standardabw.
(c) Best and Cotta (2000)

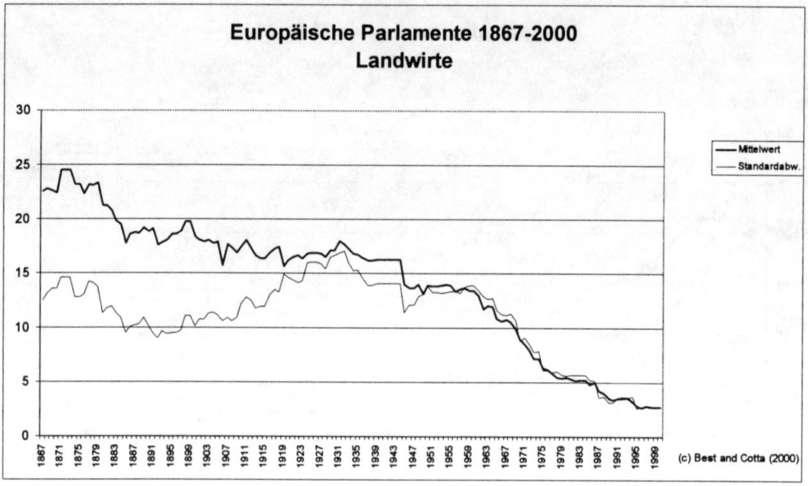
Europäische Parlamente 1867-2000
Landwirte
30
25
20
15
10
5
0
Mittelwert
Standardabw.
1867
1871
1875
1879
1883
1887
1891
1895
1899
1903
1907
1911
1915
1919
1923
1927
1931
1935
1939
1943
1947
1951
1955
1959
1963
1967
1971
1975
1979
1983
1987
1991
1995
1999
(c) Best and Cotta (2000)

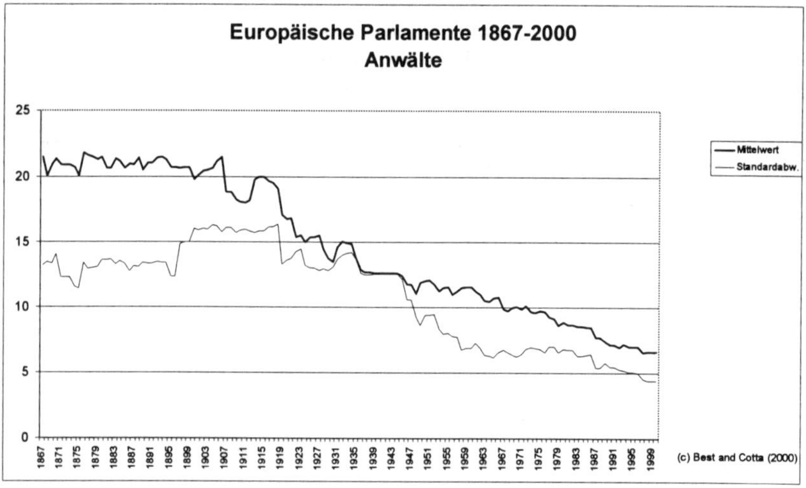
Europäische Parlamente 1867-2000
Anwälte
25
20
15
10
5
0
Mittelwert
Standardabw.
1867
1871
1875
1879
1883
1887
1891
1895
1899
1903
1907
1911
1915
1919
1923
1927
1931
1935
1939
1943
1947
1951
1955
1959
1963
1967
1971
1975
1979
1983
1987
1991
1995
1999
(c) Best and Cotta (2000)

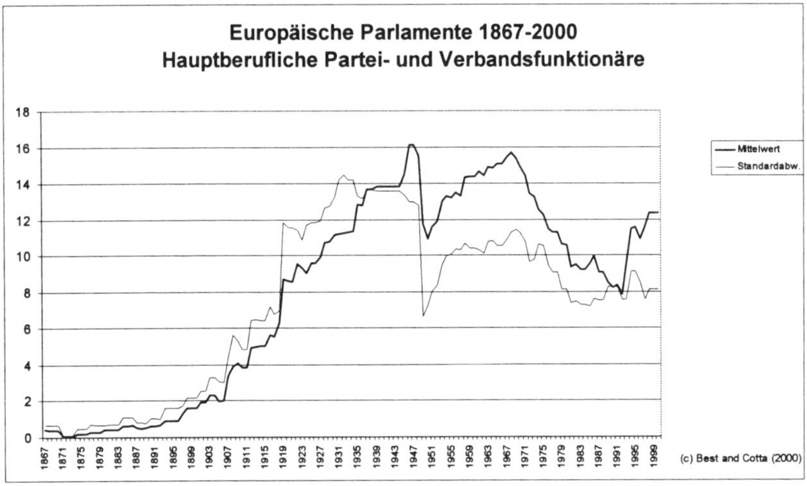
Europäische Parlamente 1867-2000
Hauptberufliche Partei- und Verbandsfunktionäre
Mittelwert
Standardabw.
(c) Best and Cotta (2000)

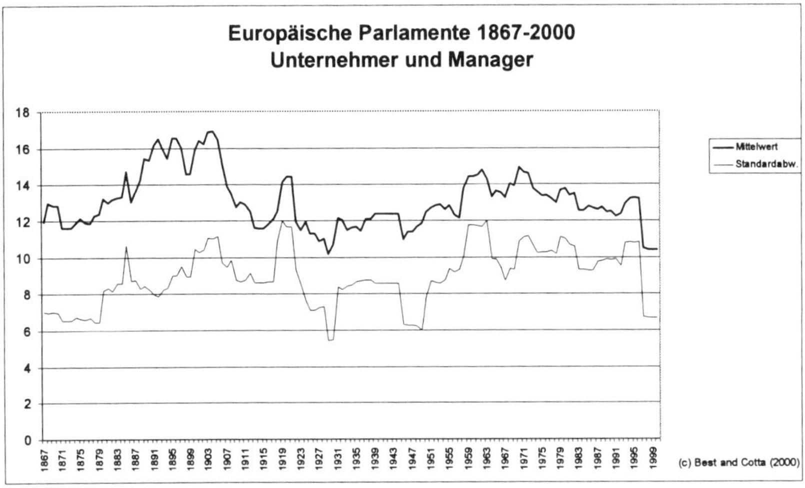
Europäische Parlamente 1867-2000
Unternehmer und Manager
Mittelwert
Standardabw.
(c) Best and Cotta (2000)

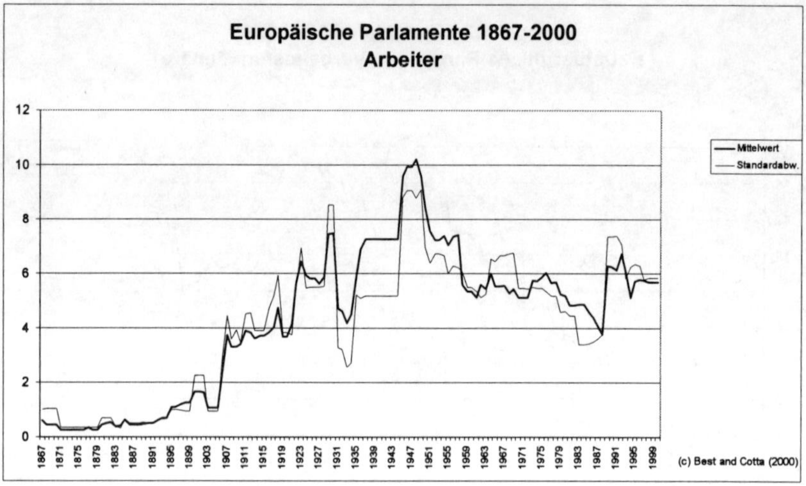
Europäische Parlamente 1867-2000
Arbeiter
Mittelwert
Standardabw.
(c) Best and Cotta (2000)

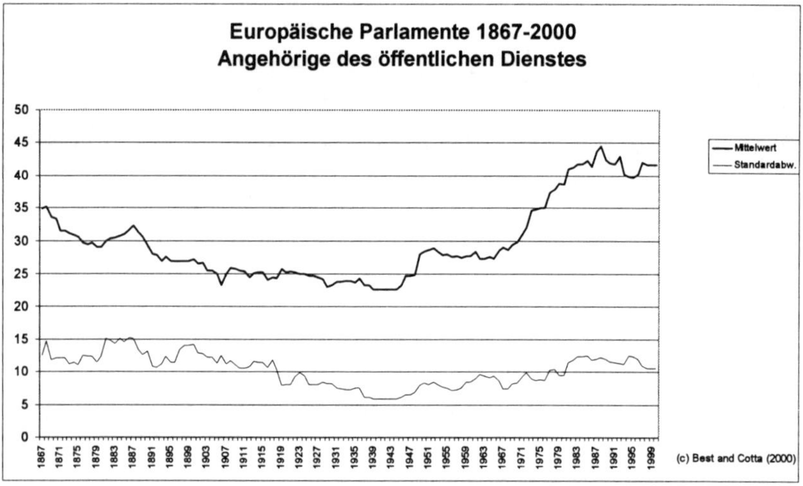
Europäische Parlamente 1867-2000
Angehörige des öffentlichen Dienstes
Mittelwert
Standardabw.
(c) Best and Cotta (2000)

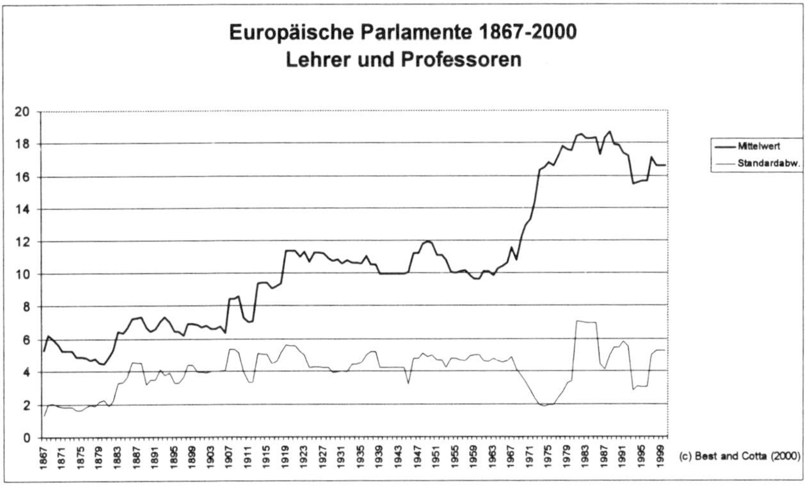
Europäische Parlamente 1867-2000
Lehrer und Professoren
Mittelwert
Standardabw.
(c) Best and Cotta (2000)

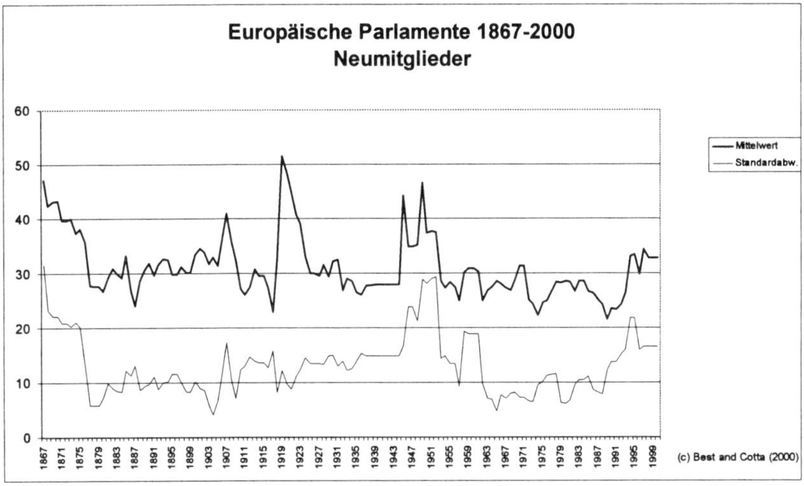
Europäische Parlamente 1867-2000
Neumitglieder
Mittelwert
Standardabw.
(c) Best and Cotta (2000)

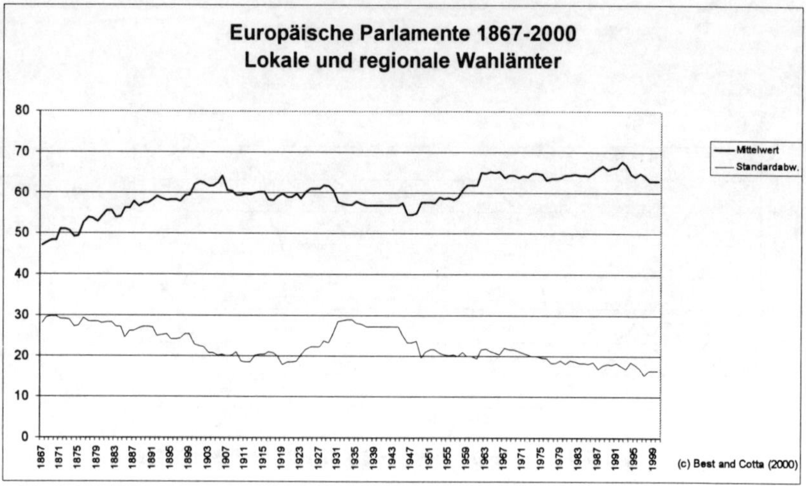

Europäische Parlamente 1867-2000
Lokale und regionale Wahlämter
Mittelwert
Standardabw.
(c) Best and Cotta (2000)

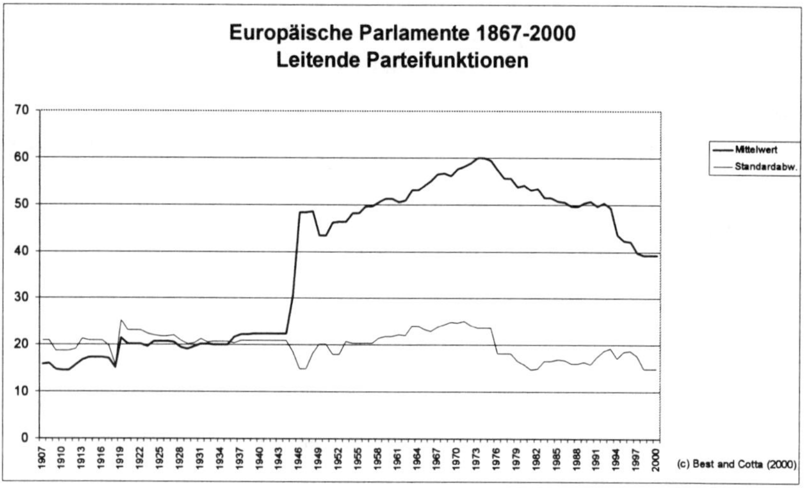

Europäische Parlamente 1867-2000
Leitende Parteifunktionen
Mittelwert
Standardabw.
(c) Best and Cotta (2000)

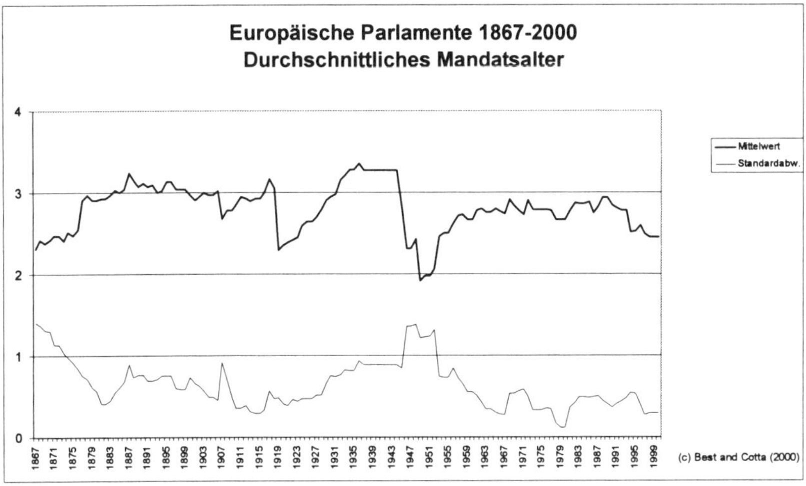
Europäische Parlamente 1867-2000
Durchschnittliches Mandatsalter
Mittelwert
Standardabw.
(c) Best and Cotta (2000)

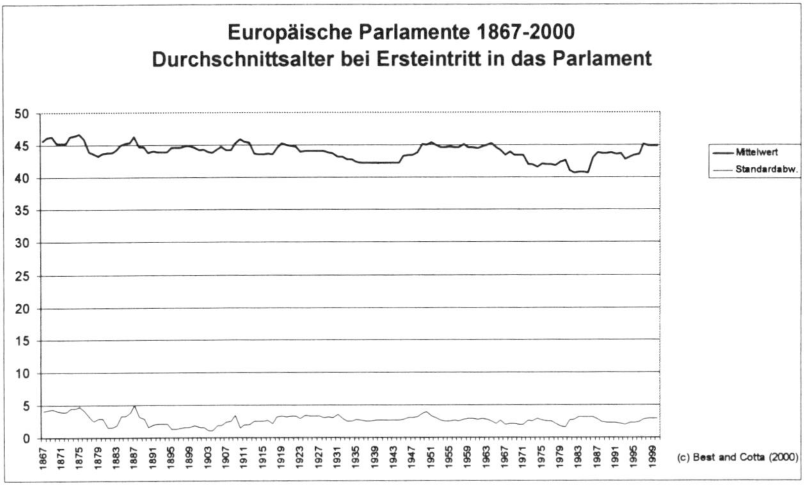
Europäische Parlamente 1867-2000
Durchschnittsalter bei Ersteintritt in das Parlament
Mittelwert
Standardabw.
(c) Best and Cotta (2000)

„Wir“ versus „Sie“ – Selbst- und Fremdbilder neuer politischer Eliten in Polen, der Tschechischen Republik und in Ostdeutschland

Helmut Fehr

1. Einleitung

Der Elitenwandel in den post-kommunistischen Gesellschaften wirft Probleme auf, die sich nicht nach dem „Elitenparadigma“ (Higley u.a.1996; Higley/Pakulski 1999; Frentzel-Zagórska/Wasilewski 2000) abhandeln lassen. Meines Erachtens eröffnet auch die Bezugnahme auf klassische Konzepte wie Wert-, Funktions- und Positionseliten (Bürklin/Rebenstorf 1997; Derlin 1998; Eberwein/Reiter 1999; Eberwein/Ecker-Ehrhardt 2001) keinen privilegierten Schlüssel zur Interpretation der Elitenbildung und Elitenkonflikte in den Umbruchgesellschaften. Grundannahmen des westeuropäischen Modells politischer Kultur, wie zum Beispiel Eliten-Pluralismus, eindeutig artikulierte Interessenpositionen und sozioökonomisch bestimmte Konfliktlinien, können nur teilweise für die Untersuchung des postkommunistischen Elitenwandels genutzt werden. Die Wiederbelebung von politischen Symbolen der Solidarität, Gerechtigkeit oder der nationalen Gemeinschaft, die Semantik der radikalen Dekommunisierung und Lustration, die Bezugnahme auf Herkunftsmilieus, Generationsmerkmale, Nation, Region, Liberalismus, Sozialismus oder Konservatismus – das sind Schwerpunkte von Mobilisierungskampagnen in Polen und der Tschechischen Republik, die nicht auf sozioökonomische Konfliktlinien zurückgeführt werden können. Auch für den Sonderfall Ostdeutschland können die angeführten Grundannahmen der Elitenbildung nur punktuell angewendet werden.

Für die Untersuchung des Verhältnisses von neuen politischen Eliten und Gegeneliten ist vielmehr die Bezugnahme auf kulturelle Trennungslinien, Deutungskonflikte und Mentalitäten entscheidend. Kulturelle Framingprozesse stehen deshalb auch im Mittelpunkt meiner vergleichenden Betrachtung: Fragen nach der Erzeugung politischer Rahmendeutungen (Gamson 1992; Ekiert/Kubik 2000; Glenn 2001), dem Wandel kollektiver Deutungsmuster und der gesellschaftlichen Polarisierung in der Folge von selbst inszenierten Elitenkonflikten. Im folgenden diskutiere ich Probleme der politischen Elitenkultur in postkommunistischen Ländern, die sich in Ambivalenzen von alten und neuen Mentalitäten während des vergangenen Jahrzehnts ausgedrückt haben. Außerdem gehören in diesen Zusammenhang politische Stereotypen der Machteliten und populistische Leitbilder, die von politischen Führungsgruppen in öffentlichen Diskursen vertreten werden; teilweise im Sinn der Polarisierung gegenüber konkurrierenden Elitefraktionen, teilweise zur Mobilisierung von Anhängern vor Wahlen. Für die Rekonstruktion von Selbst- und Fremdbildern neuer Eliten werden in unserer historisch-komparativen Untersuchung (Schödl/Fehr 2000) unterschiedliche Quellen herangezogen. Neben schriftlichen Dokumenten (Selbstzeugnisse von Akteuren, Tagebüchern, Programmen, Zeitungsinterviews und -artikeln) stützen wir uns hauptsächlich auf Interviews, die auf der Grundlage eines offenen Leitfadens in jeweils zwei Regionen der drei postkommunistischen Gesellschaften durchgeführt werden. Eine weitere Datenquelle bieten empirische Materialien, die im Rahmen einer früher durchgeführten Vergleichstudie zum Transformationsprozess in Ostmitteleuropa erhoben worden sind: schriftliche Dokumente und offene Interviews mit achtzig Angehörigen der dissidentischen Gegeneliten in Polen und der DDR/Ostdeutschland (Fehr 1996). Im folgenden beginne ich mit einer Darstellung von Problemen der Elitenbildung in Polen (2), der Tschechischen Republik (3) und Ostdeutschland (4). Daran anschließend werden ausgewählte vergleichende Gesichtspunkte (5) zur Konjunktur politischer Selbst- und Fremdbilder in den ostmitteleuropäischen Gesellschaften diskutiert. Dabei überwiegen – das sind meine Ausgangsüberlegungen – instrumentalistische Auffassungen von Recht, Gerechtigkeit, Moral und Vergangenheitsbewältigung. In öffentlichen Stellungnahmen der neuen politischen Eliten werden nämlich keine kohärenten Selbstbilder und Deutungsmuster des „Sozialismus“, „Konservatismus“, „Liberalismus“, „rechts“, „links“ oder „demokratische Mitte“ verwendet. Kennzeichnend ist vielmehr der Gebrauch von Mythen, Metaphern, Verdichtungssymbolen (Edelman 1976) und Stereotypen, die der Abgrenzung gegenüber anderen Elitefraktionen dienen.

2. Polen: Von der Gemeinschaft zur neuen Generation?

In Polen existierte 1989 im Unterschied zu den anderen ostmitteleuropäischen Gesellschaften eine Gegenelite, die über eigene Reformstrategien und politische Handlungserfahrungen für den Systemwechsel verfügte, wie das Konzept der „selbstbeschränkten Revolution“ (Solidarnosc 1980/81), einen pragmatischen politischen Stil und charismatische Autoritäten (Walesa, Mazowiecki, Kuron u.a.). Die gesellschaftliche Zustimmung für Solidarnosc, die in den hohen Stimmengewinnen der „Bürgerkomitees Solidarnosc“ bei den ersten Wahlen zum Sejm und Senat im Juni 1989 zum Ausdruck kam, wurde von einem Vertrauen der Bevölkerung in die eingeleiteten Reformen der Mazowiecki-Regierung begleitet (Zagórski/Strzeszewski 2000: 70); ein Vertrauen, das auf einer vor 1989 erreichten Verbindung von moralischen und kulturellen Quellen der Legitimation für die Gegeneliten gründete. Auf diesem Hintergrund ist auch zu sehen, dass es den neuen politischen Eliten in der einleitenden Phase der Transformation 1989/1990 gelang, eine breite Akzeptanz für die Reformen zu erzielen. Entgegen einer in der kollektiven Mentalität der Polen tief verankerten Ablehnung von System und Regierung als der Gesellschaft gegenüber „fremden“ Einrichtungen gelang es den neuen politischen Führungsgruppen für die Anerkennung der neuen demokratischen Ordnung zu werben: durch Mobilisierung symbolischer Ressourcen („Ethos“ der Solidarnosc) und öffentliche Themenbildung. Im kulturellen Horizont des Gemeinschaftshandelns erfolgte so nach 1989 die Wiederaneignung des Staates und die Neubestimmung der „Welt“ des Politischen: Die „Unsrigen“ übernahmen in der Wahrnehmung der meisten Bürger Positionen der politischen Entscheidungsbildung und Repräsentation (zum Beispiel den neu eingerichteten Senat, der von 1989 bis 1991 durch 99 von 100 Persönlichkeiten aus dem Soilidarnosc-Milieu gebildet wurde). Eine andere Leitlinie der Reformpolitik, die an frühere Erfahrungen aus der Solidarnosc-Ära (1980/81) anknüpfte, waren Vorstellungen der lokalen Selbstverwaltung. Die politischen Strukturen sollten „von unten“ rekonstruiert werden, im öffentlichen Raum von Gemeinden, Stadtteilen und Städten. Im Selbstbild der neuen politischen Eliten überwogen hier Motive des Verantwortungshandelns und ein starker Sinn für die (lokale) Gemeinschaft, der über die in Polen allgemein verbreiteten „Wir“- und Primär-Gruppenorientierungen (Nowak 1982; Wedel 1992) hinausreichte: „Damals (vor den Kommunalwahlen vom Mai 1990, H.F.) hat sich aber mein Gewissen geregt und das Gefühl der Verantwortung für dieses kleine Stück Land, ich fing an verschiedene Wahlkomitees anzurufen und wurde schließlich zu einem Kandidaten, das war damals wohl der Verband der Freunde von Katowice.“ (Interview mit pu 12.9.2001) Die Kandidatennominierung erfolgte in dieser Phase noch ganz nach Rekrutierungsmustern, die auch für die Gründungszeit der ersten Solidarnosc von 1980 maßgeblich waren (Kuczma 1982: 252-271): Entscheidend waren das spontane Vertrauen und die persönliche Autorität, die einzelnen hervorgehobene Personen erworben hatten; ein Wahlvorgang, in dem sich Elemente des Plebiszits und des Charismas mit Formen der Anerkennung auf der Ebene von Freundeskreisen vermischten, wie ein Akteur die Kandidatennominierung im lokalen Bereich schildert: „und dann habe ich vorgeschlagen, dass wir eine kleine Volksabstimmung machen: Schreiben Sie bitte, wen möchten Sie als Kandidaten zum Gemeinderat in Mikolów haben. Es hat sich zu meinem großen Erstaunen herausgestellt, dass eben ich diese Minivolksabstimmung gewonnen habe.“ (Interview mit fj 25.9.2001)

Diese primär kulturellen und moralischen Quellen der demokratischen Legitimität wurden in dem sich 1990/1991 verschärfenden Machtwettbewerb zwischen den politischen Repräsentanten der unterschiedlichen Solidarnosc-Milieus ausgehöhlt. Der Konsens aus der Zeit des Widerstands gegenüber den kommunistischen Machteliten zerfiel. Die Polarisierung im alten Solidarnosc-Lager drückte sich während der Präsidentschaftskampagne im Herbst 1990 vor allem im Konflikt zwischen den Führungsfiguren aus: Der moderate politische Stil des Premiers Mazowiecki, seine auf Kompromiss, Konsens und Toleranz gerichtete Politik („Logik der Versöhnung“), stand im Gegensatz zu Walesas autoritär-dezisionistischem Politikstil, der sich in formalen Bekenntnissen zu (Parteien-) Pluralismus und einer populistischen Sprache manifestierte (Cyzewski/Kowalski 1991: 24). Über den Stellenwert "ideologischer" Teilungen von der ersten Präsidentschaftskampagne 1990 bis zur letzten Präsidentenwahl im Oktober 2000 lässt sich festhalten, dass zwar unterschiedliche Haltungen gegenüber nationalen und religiösen Symbolen existierten, gleichwohl blieben gegensätzliche Einstellungsmuster der Kanndidaten (1990: Walesa vs. Mazowiecki; 1995: Walesa vs. Kwasnewski; 2000: Kwasnewski vs. Krzaklewski) entscheidend. Für die Elitenkontroversen zur moralischen Aufarbeitung des kommunistischen Erbes waren keine inhaltlichen Differenzen zwischen den politischen Lagern maßgeblich. Seit Mai 1992, dem ersten Höhepunkt symbolisch inszenierter Ersatzkonflikte über radikale Dekommunisierung im früheren Solidarnosc-Lager, bis zu den jüngsten Sejm/Senatswahlen vom September 2001 wird die öffentliche Wahrnehmung der neuen politischen Führungsgruppen durch eine Mischung von alten und neuen Stereotypen überlagert, wie unterschiedliche Datenquellen (Interviews und Meinungsbefragungen) belegen: Die Trennungslinie „Wir“ gegen „sie“ unterlag zwar einigen Umwandlungen (Rychard 1993: 133; Ekiert 1996; Ekiert/Kubik 2000). Bemerkenswerter ist jedoch das Wiederaufleben dichotomischer Wahrnehmungsweisen in größeren Bevölkerungsgruppierungen (Pawlowska1994: 216ff.; Interview mit fj 25.9.2001; Weselowski 2000: 23).

Programmatische Unterschiede spielten für die Parteigründungen im vergangenen Jahrzehnt keine große Rolle. In der Regel waren der politische Stil, wie Fragen der Machtausübung, und die Einflüsse aus lokalen Herkunftsmilieus für die Entstehung von politischen Parteien entscheidend. Außerdem waren besonders im katholisch-konservativen und national-populistischen Spektrum Motive des parteipolitischen Engagements einflussreich, die an in der polnischen Opposition vor 1989 verbreitete alte dichotomische Politikmuster anknüpften: „für“ oder „gegen“, wie ein Akteur aus Warschau im Rückblick urteilt: „Die Parole der Gruppierung war aber weniger vom politischen Charakter, es ging mehr um die Art und Weise der Machtausübung ... damit meine ich die bei uns gut bekannte Situation, wo sich Leute melden, weil sie 'für etwas' oder 'gegen' sind und nicht, weil ihnen das konkrete Programm gefällt?“ (Interview mit kd 10.10.1991)

In den selbst inszenierten Konflikten zwischen den neuen politischen Führungsgruppen in Polen spielen bis in die Gegenwart Generationsunterschiede eine Rolle (Interview mit jr 11.7.01; Interview mit tz 3.7.01; Interview mit pa 31.8.01). Der "Krieg an der Spitze" 1990 im Spektrum der früheren Opposition in Polen kann als exemplarisch für die Herausbildung von neuen Gegen-Eliten mit Machtorientierungen aufgefasst werden, die auf Generationsgegensätze hindeuten. Im Rückblick urteilt ein Sejm-Kandidat von 1991: „Das waren vor allem 30- und 40-jährige; die an der Macht, die waren 10-20 Jahre älter. Die Unterschiede ergaben sich also aus der politischen Lebensgeschichte, hatten etwas mit der Generationsfrage zu tun.“ (Interview mit dl 10.10.1991). In einer anderen Hinsicht wirkten sich über die Gründungsphase 1990/91 hinaus Generationsunterschiede auf die parteipolitischen Umwandlungsprozesse aus. Die Ablösung Mazowieckis als Parteivorsitzender der „Freiheits-Union“ (UW) durch Balcerowicz im April 1995 markiert das Ende des dominierenden Einflusses einer bestimmten Altersgruppe aus der früheren „dissidentischen“ Opposition. Und das Scheitern der „Freiheits-Union“ an der Fünf-Prozent-Hürde bei den Sejm-Wahlen vom September 2001 steht zugleich für eine Zäsur in doppelter Hinsicht: Damit verliert das liberale und akademische Milieu der „Solidarnosc der Intelligenz“ seine meinungsbildende Funktion in der parlamentarischen Öffentlichkeit. Mehr noch: eine ganze politische Generation verliert ihre hervorgehobene Stellung. Der Abgang des früheren Außenministers Geremek als UW-Vorsitzender nach den letzten Parlamentswahlen unterstreicht diesen Wechsel. Die Wahl seines Nachfolgers, Frasyniuk (Gazeta Wyborcza vom 18.2.2002), steht symbolisch auch für eine nachrückende Generation (Frentzel-Zagórska/Wasilewski 2000). Frasyniuk zählte zwar als junger Arbeiter 1980 in Breslau zu den Gründern von Solidarnosc und nach der

Ausrufung des „Kriegszustandes“ vom 13.12.1981 zu den Sprechern der Solidarnosc im Untergrund. Er ist aber vom Habitus und politischen Stil her nicht mit den „dissidentischen“ Gegen-Eliten der siebziger Jahre zu vergleichen.

3. Tschechische Republik: Von der Anti-Politik zur Politik der Polarisierung

Unter organisatorischen Gesichtspunkten handelte es sich bei der Charta 77 und der 1988 gegründeten „Bewegung für Bürgerfreiheit“ um dissidentische Gegen-Eliten (Fehr 1995: 301ff.) auf schmaler sozialer Basis. Im Hinblick auf ihre Wirkung in der Öffentlichkeit waren es dagegen Gruppenverbände, die auf einem eigenen Handlungsrepertoire und zivilgesellschaftlichen Leitideen wie Selbstorganisierung, „parallele Polis“, Pluralismus und Toleranz gründeten (Benda u.a. 1988: 224; Havel 1990: 16ff.; Simecka 1990). Die Ablehnung von Machtorientierungen und die Wahl moralischer Handlungsimperative war bis zu den Kommunalwahlen im Herbst 1990 für die neuen politischen Akteure maßgeblich: „Der Kommunismus ist vom Leben besiegt worden, von der Idee, von der menschlichen Ehre“ (Havel 1994: 130). Die Zustimmung der Bevölkerung zur „moralischen Anti-Politik“, die Havel und andere Dissidenten verkörperten und die zu den normativen Grundlagen des „Bürgerforums“ zählte, war überwältigend (Boguszak u.a. 1990a, 1990b; Horsky 1991; Otahal 1992).

Die spontane Zustimmung der Bürger zur Politik der dissidentischen Gegen-Eliten wurde nach den beiden Wahlkampagnen von 1990 (Parlamentswahlen, Kommunalwahlen) durch Bestrebungen nach parteipolitischer Profilierung relativiert, die negative Eigenschaften, wie Egoismus, Hass und bewusste Lüge, mobilisierten: „Die Freiheit hat vieles geändert ... der Populismus – der kommt raus, die Demagogie und verschiedene Machtströmungen ... Wo die Saturation der Strömung zur Macht nicht kompensiert ist, dort kommt eine sehr starke Attacke, und man sucht immer die Fehler der anderen“ (Interview mit rh 29.10.1990). Unterhalb der Schwelle von Wählereinstellungen zeichneten sich seit 1991 zunehmend Anzeichen der Apathie gegenüber den neuen parteipolitischen Eliten ab: Der Bürger „misstraut vor allem den politischen Parteien, mit der Konsequenz, dass er es ablehnt, selbst aktiv in die Politik – mittels einer Partei – einzutreten“ (Brokl

1992: 975). Die verstärkte Distanz der Bürger gegenüber den neuen (partei-) politischen Führungsgruppen wurde auch in den Kontroversen über die Aufarbeitung des kommunistischen Erbes ersichtlich. Für die symbolisch aufgeladenen Vergangenheitsdiskurse in der politischen Öffentlichkeit spielten weder biographische Erfahrungen (Siklova 1991: 347-369) noch die Einlösung „historischer Gerechtigkeit“ eine entscheidende Rolle. Die Konkurrenzkämpfe der neuen politischen Eliten wurden vielmehr von Motiven der Vergeltung und semantischen Bestrebungen in den Massenmedien begleitet, die einem Zweck unterlagen: die jeweilige Deutung des Konflikts über die „Säuberung“ des öffentlichen Lebens (Gesetz 451/1991) sollte (personal-) politische Ziele der Hegemoniebildung befördern. Die Polemik gegen die angeblich neue Machtelite: die „Chartisten“ (Klaus 1991), war von Seiten der am 20.4.1991 gegründeten Demokratischen Bürgerpartei (ODS) nicht nur als Abwertung der politisch engagierten Intellektuellen aus der Dissidentenbewegung (Charta 77) angelegt, sondern richtete sich auch gegen die Sozialdemokraten. Die tschechischen Kommunisten waren nur ein untergeordneter Gegner. Die neu gebildete Sozialdemokratische Partei wurde durch Personen aus dem Milieu früher reformkommunistisch orientierter Gegen-Eliten („Obroda“, persönliche Netzwerke um V. Komarek u.a.) repräsentiert und konnte sich nach anfänglichen Mobilisierungsschwierigkeiten und Misserfolgen (bei den Parlamentswahlen 1992) schrittweise unter Milos Zeman bis Mitte der 90er Jahre als programmatische und politische Alternative zu den rechts-konservativen politischen Führungsgruppen um V. Klaus präsentieren (Voracek 1997: 201-209).

Nach dem Vorbild westeuropäischer konservativer Parteien versuchte Vaclav Klaus' ODS klassische Themen der Rechten mit marktliberalen Forderungen wie Entstaatlichung zu verknüpfen. Im Unterschied zu der auf ethischen Wertprämissen gründenden moralischen Anti-Politik: der Vision einer zivilen Gesellschaft, die nicht auf machtmäßig verfasste Organisationen und Parteien setzte (Havel 1990; Havel/Klaus 1996), deklarierte sich die Demokratische Bürgerpartei (ODS) als Sprecher der Menschen mit alltäglichen Wünschen, „populistisch (im guten Sinn des Wortes)“ (Klaus 1991: 44): „Wir wollen alle unsere Mitbürger, die bestimmte Lebenshaltungen, Ansichten und Handlungsweisen vertreten, vereinen, wollen der integrierende Kern der rechten Bewegung sein“ (Klaus 1991: 75). Dem Appell an die „einfachen“ Menschen als Träger der neuen Gesellschaftsordnung entsprach andererseits die Ablehnung von Konzepten, die auf intermediäre Gruppierungen, Bürgersinn und Toleranz (Klaus 1994: 44ff.) als Voraussetzungen einer aufzubauenden zivilen Gesellschaft basierten (Havel/ Klaus 1996; Klaus 2001: 8). Normative Forderungen nach sozialer Gerechtigkeit und Solidarität wurden ausgeblendet, Probleme des sozialen Zusammenhalts als „veraltet" bezeichnet (Klaus 1994; Klaus 1995). Die Wirtschaftspolitik der ODS mit dem Grundsatz „Marktwirtschaft ohne jedes Adjektiv" (Klaus 1991: 59) und die Parole „Mich interessiert nicht, woher das Geld kommt" lagen ganz auf der populistischen Linie. Die Vernichtung parteipolitischer Konkurrenten durch Denunziation und Lüge stand im Mittelpunkt der ODS-Öffentlichkeitsarbeit. Dabei profilierte sich die ODS als antikommunistische Kraft, die gleichermaßen zum Kampf gegen „Achtundsechziger", „Reformkommunisten", Sozialdemokraten und „etatistische Intellektuelle" aufrief. Die Ausschaltung der „Linken" (einschließlich der Sozialdemokraten) aus dem demokratischen Parteienspektrum wurde bis zu den Wahlen von 1996 und 1998 als primäres Ziel verfolgt.

Die Polarisierung der Gesellschaft durch ideologisch inszenierte Elitenkonflikte verstärkte sich nach einer ersten Phase der formalen Konsolidierung des politischen Systems. Nach dem dichotomischen Wahrnehmungsmuster „wir" vs. „sie" wurde 1998 die Mobilisierungskampagne der Demokratischen Bürgerpartei (ODS) gegenüber der konkurrierenden Sozialdemokratie aufgebaut. Dementsprechend eindimensional fiel auch die Machtkonfrontation aus: „Wir", die Befürworter von Marktwirtschaft gegen „sie", die „Ideologen" (Vercernik/Matjeu 1999: 272).

Diese Machtkämpfe zwischen den neuen parteipolitischen Eliten gipfelten Ende der neunziger Jahre in politischen Konflikten (Srubar 1998: 29ff.), die sich in einer allgemeinen Vertrauenskrise im Verhältnis der Bürger zu den politischen Führungsgruppen niederschlugen. Einen öffentlichen Ausdruck fand das Misstrauen gegenüber den neuen politischen Eliten (einschließlich der vom Sozialdemokraten Zeman seit 1998 geführten Regierung) in dem Aufruf von ehemaligen Studentensprechern zum zehnten Jahrestags des 17. November von 1989. Ihre Erklärung wird mit einer drastischen Gegenwartsdiagnose eingeleitet, die auf starke Zustimmung im öffentlichen Leben stieß und die Grundlagen der Legitimationskrise offen legte: „Wir fühlen uns betrogen. Wir schauen in die Gesichter arroganter politischer Machthaber, die sich nicht auf ein funktionierendes Regieren des Landes verständigen vermögen und deswegen uns, die Bürger, beschuldigen, wir hätten schlecht gewählt!" („Danke, tretet ab!" vom 17.11.1989). Die Legitimationskrise wird von den Initiatoren zutreffend als Ergebnis des Handelns der Machteliten beschrieben: „Unsere Politiker verhalten sich, als wären sie sich nicht bewusst, dass sie nicht nur für die Ausübung der anvertrauten Macht verantwortlich sind, sondern auch für die moralische Atmosphäre in der Gesellschaft, für die sie doch mit ihren Taten und ihrer Haltung als unübersehbares Vorbild dastehen!" (ebd.) Daran schließen die früheren

Studentensprecher die zentrale Forderung an, die als Appell sowohl an die Politiker als auch die Mitbürger zu verstehen ist: „Im Namen unserer Generation und der kommenden Generationen fordern wir kategorisch die Wiederkehr von Anstand, Moral, politischer Korrektheit und humanistischer Orientierung und verlangen von den führenden Politikern der großen politischen Parteien, dass sie im Interesse des Landes zurücktreten!" (ebd.) Die Erinnerung an den revolutionären Aufbruch vom November 1989 wird mit der Forderung verknüpft, angesichts der zukünftigem Möglichkeiten einer europäischen Integration die „ursprüngliche demokratische Identität zu erneuern ... Wir wollen ein normales Land werden, wo Anstand und Einhaltung der Gesetze die gültige Norm für den einfachen Bürger genau wie für den politisch Führenden ist ... fühlen sich sogar durch sie bedroht." (ebd.) Die öffentliche Wirkung des Aufrufs „Danke, tretet ab!" vom 17.11.99 wurde durch Nicht-Regierungs-Organisationen wie „Impulse 99" aufgenommen, die zur Wiederbelebung von moralischen Handlungsorientierungen und zur Stärkung der zivilen Gesellschaft als Perspektiven beitrugen. Das sind Gegen-Eliten, die in der Tradition authentischer Bürgervereinigungen agieren und die Grundlagen für den öffentlichen Protest von Bürgerinitiativen im Winter 2000/2001 im Konflikt um die Unabhängigkeit des öffentlich-rechtlichen Fernsehens legten: „Das Tschechische Fernsehen – eine öffentliche Angelegenheit" lautete eine Losung, mit der die Fernsehanstalt gegenüber Macht- und Kontrollansprüchen der politischen Führungsgruppen (ODS und Sozialdemokraten) verteidigt wurde (Prager Zeitung vom 15.3.2001). Präsident Havel drückte in öffentlichen Stellungnahmen seine Unterstützung für die Bürgerinitiative und die kritischen Journalisten aus. Prominente Akteure aus dem Machtkartell von Regierung und ODS reagierten auf die Forderungen von Bürgerinitiativen und Journalisten hingegen durch die Verbreitung negativer Stereotypen und Verschwörungsbilder über eine angeblich „mächtige" journalistische Lobby, die einflussreiche Positionen im öffentlichen Fernsehen erobert habe, die Massenmedien für partielle Ziele nutze und die „Krise" selbst erzeugt habe (Klaus 2001c: 4).

4. Ostdeutschland: Neue Eliten unter Legitimationsdruck

In Verlauf der spontanen Massendemonstrationen vom Herbst 1989 wurde den neuen Akteuren aus den Bürgerbewegungen ein Vertrauen entgegengebracht, das mit der Unterstützung für die Gegen-Eliten aus der Solidarnosc und dem tschechischen Bürgerforum vergleichbar ist: Kennzeichnend ist eine starke Betonung von Zielen allgemeiner Natur (wie zum Beispiel eine ethische Version der zivilen Gesellschaft), die Erfahrung exemplarischer Gemeinschaft im Protestgeschehen (Zwahr 1993: 102) und moralische Prinzipien der Legitimation. Sprecher des „Neuen Forums" wurden auf dem Höhepunkt der Massenmobilisierungen gegen das SED-Regime in ähnlicher Weise wie die individuellen Akteure der Solidarnosc und des Bürgerforums als die „Unsrigen" wahrgenommen – mit allen personalen Attributen, die für eine Vertrauensbeziehung grundlegend sind: „Offenheit", „Ehrlichkeit", Wahrhaftigkeit" (Neues Forum Leipzig 1990; Fehr 1996: 256; Krone 1999: 62ff.).

Die neuen politischen Eliten in Ostdeutschland unterlagen von Anfang allerdings einem starken Legitimationsdruck, der sich vom Prozess der Elitenbildung in Polen und der Tschechoslowakei abhebt: einmal nach „innen" und andererseits gegenüber den politischen Akteuren aus dem Westen. So mussten sie sich in der Phase der Runden-Tisch-Gespräche als Gegeneliten ohne große politische Erfahrungen gegenüber den alten kommunistischen Machteliten artikulieren. Dies gelang auf der Grundlage eines spontanen Vertrauens, das ihnen vor allem im lokalen politischen Raum entgegengebracht wurde, wie die Bildung lokaler Runder Tische in zahlreichen Städten und Kreisen belegt: „Es wurden Leute des Vertrauens gesucht" (Interview mit mr 12.6.2001). Die politische Legitimationsbasis für die Reformentwürfe der Runden Tische war in den meisten Städten und Kreisen ähnlich begründet. Unterschiede traten durch Personen und lokale Rahmenbedingungen in Leipzig (Interview mit fr 7.1.2002), Dresden (Interview mit an 21.1.2002) oder Rostock (Festlegungsprotokolle des „Runden Tisches" der Stadt Rostock, in: Archiv der Bürgerbewegungen e.V., Leipzig) zutage. Für Leipzig urteilt ein prominenter Akteur des Runden Tischs über Themenfelder vom Januar bis Mai 1990: „Wir haben Stadträte eingesetzt ... 24 Kommissionen waren bemüht um eine neue Schule, ein neues Verkehrswesen ... es sprudelte an Hoffnung. Und für mich ist die größte Enttäuschung, ... dass das alles erstarrt, bis hin zu der neuen Macht, nämlich der Abhängigkeit im Berufsleben und der Macht des Kapitals oder wie wir das nennen wollen" (Interview mit mr 12.6.2001). In einigen Städten, wie Rostock, war der „Runde Tisch" auch noch über die Kommunalwahlen vom Mai 1990 hinaus aktiv – ein Ausdruck von Ungleichzeitigkeiten der Demokratisierung im lokalen Raum.

Die Verhandlungen am zentralen Runden Tisch in Berlin (Thaysen 2000) waren in der Schlussphase ebenfalls durch Momente der Ungleichzeitigkeit bestimmt: Strategien der Machtkontrolle gegenüber der SED geführten Regierung speisten sich auch im Januar 1990 noch aus anti-systemischen

Mobilisierungsforderungen nach dem Muster „Gegen die Macht der SED!“ Ergänzt wurden diese Forderungen durch die Bereitschaft von Oppositionellen, der zukünftigen Modrow-Regierung der „nationalen Verständigung“ eine neue Legitimationsgrundlage durch Übernahme eigener Kabinettsposten zu verleihen. Daneben differenzierte sich das Spektrum der oppositionellen Sammlungsbewegungen aus. Einzelne Akteure, wie die Sozialdemokraten, betonten zunehmend die Selbstbild einer neuen politischen Führungsgruppe – „Partei“ war als Selbstverständnis bereits im Gründungsaufruf von Schwante, Oktober 1989, verwendet worden – und sprachen von Zielen der Machtübernahme (Meckel 1990: 250ff.). Die Auffassung konkurrierender Elitefraktionen überlagerte die Konsensformel der gemeinschaftlichen und friedlichen Revolution: „Es geht um die Macht in diesem Lande. Denn Macht ist nötig für die grundlegenden Veränderungen, die wir bewirken wollen. Wir suchen sie nicht um jeden Preis, aber wir suchen sie.“ (Meckel 1990: 250) Und ganz im Stil des Sprechers einer potentiellen Regierungselite resümierte Meckel in einer öffentlichen Rede: „Wir wollen Macht übernehmen, weil wir niemanden sehen, bei dem sie besser aufgehoben wäre als bei uns.“ (Meckel 1990: 250) Die Bürgerbewegungen mussten sich seit Anfang 1990 gegenüber von außen kommenden Akteuren der westdeutschen Parteien behaupten, die den politischen Raum Ostdeutschlands unter dem primären Interesse der Machtausweitung und -konsolidierung betrachteten. Kommunikationsprobleme auf allen Ebenen politischer Kontakte waren eine Folge. Für die Zusammenarbeit zwischen Akteuren auf der zwischenstaatlichen Ebene hält ein Mitglied der CDU/SPD-Koalitionsregierung unter Ministerpräsident de Maiziere die Gegensätze mit „Visionen“ versus Gestaltung fest: Den USA und der Bundesregierung ging es darum, die zukünftige Nato-Mitgliedschaft Deutschlands in den Vier+Zwei-Verhandlungsrunden über die deutsche Wiedervereinigung festzuschreiben. „Uns“ hingegen waren vor allem Beziehungen auf einem anderen Niveau mit der UdSSR und Polen wichtig (Interview mit el 22.1.2002). Diese Überlegungen sind um so bedeutsamer, da es sich um ein Regierungsmitglied handelt, das eine typische Karriere aus dem protestantischen Milieu aufwies und dem im Unterschied zu anderen Angehörigen der neuen politischen Eliten ein pragmatisches Verhältnis zu Macht eigen war. Schon frühzeitig, während des „Runden-Tisch-Dialogs“ in Berlin setzte dieser Repräsentant der neuen politischen Führungsgruppen auf Macht als ein legitimes Mittel für den Aufbau politischer Netze, und das zu einem Zeitpunkt, an dem andere Angehörige aus dem Milieu der dissidentischen Gegen-Eliten Macht noch aus ethischen Beweggründen als illegitim betrachteten (Interview mit Nr. 1 Januar 1990; Interview mit mr 12.6.2001).

In der zweiten Hälfte der neunziger Jahre kristallisierte sich dann ein neuer Typ politischer Elitenangehörigen heraus, der unter zwei Gesichtspunkten genauer zu bestimmen ist: erstens unter Generationsgesichtspunkten und zweitens der (pragmatischen) Wahrnehmung von Macht. Im Selbstbild dieser „zweiten Generation" ostdeutscher parteipolitischer Eliten ist die Verbindung von Macht als legitimer Ressource für die Durchsetzung politischer Ziele mit „zivilisatorischen" Wertprämissen (Interview mit an 23.1.2002) denkbar. Für die eigene Karriereplanung werden normative Maßstäbe in Anspruch genommen: Der Konkurrent soll nicht mit einem „Dolch im Rücken ... am Wegesrand" zurückbleiben (ebd.). Für das Verhältnis zwischen Eliten und Bürgern ist Vertrauen als normatives Kriterium grundlegend: „Im Kern geht es darum, dass man ihnen zivilisatorisch vertraut." (ebd.) Das Selbstbild der neuen Eliten wird ferner unter Bezugnahme auf Wertvorstellungen, wie „menschliche" Akzeptanz bestimmt. Erfahrungen in der parlamentarischen Arena und aus innerparteilichen Konkurrenzkämpfen legen für politischen Akteure, wie die oben zitierte Mitte dreißigjährige Bundestagsabgeordnete der „Grünen" nahe, zwischen „nomineller" und „substanzieller" Macht zu unterscheiden. Das ist eine Unterscheidung, die verdeutlicht, dass auch sozialwissenschaftliche Termini in das professionelle Selbstbild neuer ostdeutscher Eliten einfließen, und zwar stärker als bisher angenommen worden ist (Interview mit md 25.2.2002; Interview mit js 27.2.2002). Im politischen Denken prominenter Elitenakteure, die „nominelle" Macht besitzen, finden sich dagegen Bekenntnisse eines Generationsbewusstseins im Stil von Gemeinschaftsorientierungen (Angela Merkel: „Wir"-Gesellschaft) und Machtbewusstsein, die keine Rückschlüsse auf die eigene Altersgruppe oder die ostdeutsche politische Biographie beinhalten. Im Gegenteil, politische Generationszugehörigkeit wird in dieser Sichtweise mit der formalen Beteiligung an Machtgremien vermischt: „Ich war bei meiner Wahl aus verschiedenen Gründen eine ziemlich unkonventionelle Lösung, da ich ja nicht über die gesamte Strecke der Ära Helmut Kohl Teil dieser politischen Generation gewesen bin – ob nun als Frau, als Ostdeutsche, als vom Alter her relativ junge Parteivorsitzende oder als Quereinsteigerin." (Die Zeit 29.11.2001) Für Angela Merkel reduziert sich Machtbewusstsein auf das Selbstverständnis der Inhaberin „nomineller" Macht: „Dazu gehört auch, dass ich als Parteivorsitzende sage, was geht und was nicht. Dazu fehlt es mir weder an Selbst- noch an Machtbewusstsein." (Die Zeit 29.11.2001)

5. Vergleichende Gesichtspunkte: Auf dem Weg zu neuen politischen und kulturellen Spaltungen

Wer heute in der parteipolitischen Arena postkommunistischer Gesellschaften Macht ausübt, muss gegenüber den Bürgern/innen (wieder) eine Frage beantworten, die über klassische Fragen nach der politischen Legitimation hinausreicht: Welche moralischen Maßstäbe gelten für das eigene politische Handeln? Viele Angehörige der neuen politischen Führungsgruppen reagieren auf diese öffentliche Erwartungshaltung mit Aussagen allgemeiner Natur: Der „Geist der Nation", nationale und kulturelle Identitäten würden angeblich durch die Europäische Gemeinschaft bedroht. Die politischen Profile von Politikern in Polen und der Tschechischen Republik, die in der jüngsten Vergangenheit solche Slogans verwendeten, reicht von katholisch-nationalen Parteiallianzen in Polen (Olszewski, Kaczynski-Brüder u.a.) bis zu Populisten, die vermeintlich authentische Interessenpositionen der einfachen Leute aus der „Provinz" gegenüber der großstädtischen Elite („Bauernführer" Lepper: „Gegen die Warschauer Intelligenz!") und „Brüssel" verteidigen. Innerhalb des Elitenspektrums der Tschechischen Republik sind hier die veränderten Slogans des Befürworters der „Marktwirtschaft ohne Adjektive" (Klaus 1991) und der „Demokratischen Bürgerpartei" (ODS) zu nennen. Lange Jahre plädierten Klaus und seine Anhänger für eine europäische Einbindung der Tschechischen Republik, die Übernahme europäischer Standards und die „Rückkehr nach Europa" (Klaus 1995). In den letzten Jahren entdeckte Klaus das tschechische Identitätsproblem (Klaus 2002: 5; kritisch dazu Havel 2002: 3) als Mobilisierungsfaktor und vertritt inzwischen volkstümlich erscheinende Auffassungen, wie zum Beispiel: dass der Nationalstaat eine zu bewahrende „echte und „natürliche ... Organisationsebene der menschlichen Gesellschaft" (Klaus 2001a: 4) sei und dass „stolz auf seine eigene Nation und Flagge zu sein kein Symptom des Nationalismus" (Klaus 2001c: 5) sei. Außerdem sei die „Schaffung eines künstlichen europäischen Staates" ... „kontraproduktiv" und beeinträchtige die Tschechische Republik als „eine sich selbst regierende Nation" (Klaus 2001a). Die Warnungen vor der „engeren" europäischen Union laufen schließlich auf eine Verknüpfung von alten und neuen politische Stereotypen hinaus. Auf einer Linie mit seiner früheren Polemik gegen den Staat („Super-Staat") und die Macht der Intellektuellen liegt die Kritik am „beschleunigten" europäischen Integrationsprozess und der „Ersatzideologie" des "Europäismus“, die eng mit der Vorstellung „omnipotenter“ politischer und bürokratischer Eliten auf kontinentalem Niveau verbunden sei (Klaus 2002: 6).

Im Mittelpunkt der folgenden komparativen Betrachtungen stehen Fremdbilder, die in der Bevölkerung über die neuen politischen Eliten verbreitet sind und als negative Stereotypen artikuliert werden: „Leute der Macht“, die ohne Ehre und „korrupt“ sind; Politiker, die sich selbst bedienen, die „schmutzige Hände“ haben und für deren politisches Handeln eine ausgeprägte Distanz gegenüber den „Massen“ (Weselowski 2000: 23; Vecernik/ Mateju 1999: 270ff.) kennzeichnend ist. Solche Fremdbilder deuten auf den starken Einfluss von alten Mentalitäten in den Umbruchgesellschaften hin. Die neuen politischen Eliten sahen sich nach einer kurzen Übergangsphase von 1989 bis zum Sommer/Herbst 1990 in Polen und der Tschechoslowakei zunehmend mit ablehnenden Haltungen von seiten der Bürger konfrontiert, die auf in den siebziger und achtziger Jahren angelegte Deutungsmuster verweisen. Es handelt sich hierbei um Wahrnehmungsweisen, die auf einer kulturellen Rahmenvorstellung beruhten, deren Bedeutungsgehalt eindeutig schien: nämlich der Teilung in „Sie“, die kommunistischen Führungsgruppen, die ohne moralische Quellen der Legitimation gegenüber der Gesellschaft handeln, und „wir“, die Bürger, die Gesellschaft, die sich als „Gemeinschaft“ gegenüber den Machteliten konstituiert (Nowak 1982; Toranska 1986; Wnuk-Lipinski 1989; Simecka 1992; Havel 1990; Bohley u.a. 1989). In der nach-kommunistischen Gesellschaftsentwicklung zeichnet sich 1989/ 1990 ein fundamentaler Einstellungswandel ab: „Sie“, die neuen politischen Eliten werden in Polen und der Tschechoslowakei – die DDR und Ostdeutschland bilden aufgrund des Elitenimports aus der Bundesrepublik einen Sonderfall – als „unsrige“ wahrgenommen, als politische Führungsgruppen, die anfangs ein hohes Maß an Legitimation von Seiten der Bürger beanspruchen können. Seit 1992 werden die neuen Eliten in Polen und in der zweiten Hälfte der neunziger Jahre in allen drei Ländern jedoch zunehmend auf dem Hintergrund der alten Machteliten beurteilt, das heißt, als eine nur sich selbst verantwortliche neue politische Klasse, die Macht überbetont und im politischen Stil Gemeinsamkeiten mit den alten Führungsgruppen aufweist. Vor 1989 herausgebildete dichotomische Wahrnehmungsmuster der politischen Führungsgruppen und Institutionen (Wnuk-Lipinski 1989: 114) haben also – vor allem in Polen und in der Tschechoslowakei bzw. Tschechischen Republik ausgeprägt, in der DDR und Ostdeutschland entsprechend innerdeutschen politisch-kulturellen Konstellationen verschoben – den revolutionären Umbruch überdauert: "Wir", die "Gesellschaft", die Bürger: „kleinen Leute“ oder die „Ostdeutschen“ gegen "sie", die Repräsentanten der Macht, die als neue politische Klasse „da oben“ agieren (Polen), aus Westdeutschland importiert sind oder die Menschen ohne „saubere Hände" darstellen (Tschechische Republik). In der Wahrnehmung der Bevölkerung verfolgen sie vorwiegend Motive der Bereicherung und Machtgier.

Einige Soziologen/innen in den ost-mitteleuropäischen Gesellschaften sprechen in diesem Zusammenhang von einer „post-kommunistischen Mentalität" (Swida-Ziemba 1994), andere von einer ambivalenten Verbindung alter und neuer Mentalitäten in den Einstellungen von Eliten und großen Gruppierungen der Bevölkerung (Wnuk-Lipinski 1991; Ekiert 1996; Ekiert/ Kubik 2000). In welchen widersprüchlichen Verbindungen sich Elemente der postkommunistischen Mentalität in Stereotypen und Themen ausdrücken, soll abschließend an einigen Beispielen gezeigt werden.

„Macht verändert den Charakter". Über die Auswirkungen von Karriere auf das alltägliche Verhalten urteilt ein Handwerker mit folgender Anspielung auf die Karriere eines ostdeutschen Landespolitikers: „Als er dann Minister geworden war ... haben wir für sein Abgeordnetenzimmer Fußboden legen lassen. Er kommt rein, sieht mich, aber fragt nicht wie früher: `Geht´s gut?´ Der Minister sagt nur: `Gehen sie raus´. Wie die Macht die Menschen doch verändert. Oder verändert sie gar nicht?" (Scherzer 2000: 102) Ein anderes gängiges Fremdbild über die neuen politischen Führungsgruppen, das in allen drei Übergangsgesellschaften unter Bürgern verbreitet ist, ist eng mit den angeführten Auffassungen verbunden: „Unehrliche Politiker". Die neuen politischen Eliten werden in allen drei Übergangsgesellschaften als nicht vertrauenswürdig wahrgenommen In zahlreichen Meinungsäußerungen von einfachen Bürgern/innen, in Leserbriefen oder auch Meinungsbefragungen polnischer und tschechischer Soziologen zufolge werden die neuen politischen Führungsgruppen nach ähnlichen Rastern wie die kommunistischen Machteliten wahrgenommen: Mangel an Ehrlichkeit, Offenheit oder karriereorientierte Personenzirkel ohne soziale Verantwortung. Der Vorwurf der "Korruption" und der "Unehrlichkeit" – gängige Urteile von Solidarnosc-Anhängern gegenüber den alten kommunistischen Macht-Eliten vor 1989 (Kowalski 1988) – wird auf die neuen politischen Führungsgruppen übertragen (OPOP Gazeta Wyborcza 6.5.1993).

Damit gelangen wir zu einem anderen verbreiteten negativen Stereotyp über die neuen politischen Eliten: „Macht, parlamentarischer Streit und Ritual". Generell verstärken sich Tendenzen der Ablehnung des parlamentarischen Betriebs als Arena für künstlich inszenierte Kontroversen. Auf den Landtag Thüringens bezogen: „Ich erlebe die Abgeordneten doch jeden Tag . Streiten sich im Landtag, als ginge es um Leben und Tod, und in der Kantine sind sie die besten Kumpel, meist noch in den gleichen Vereinen. Alles nur Theater." (Scherzer 2000: 193) Im Urteil der Bürger werden die Konkurrenz-

Parteien offensichtlich als Orte des politischen Streits, der Eitelkeiten und als neue "politische Klasse" wahrgenommen, wie Meinungsbefragungen und sozialwissenschaftliche Analysen belegen (Bikont 1995: 11). Mechanismen der politischen Auseinandersetzung, die die Politikerglaubwürdigkeit unterminieren sind Lüge, Zynismus und Habgier (Havel 2000: 8). Die Rituale der Machteliten gipfeln in einem eigenem „Mosaikspiel", das Positionen und Ebenen der Polarisierung umfassen kann, wie Lothar de Maiziere, der letzte Ministerpräsident der DDR, im Rückblick auf seine Erfahrungen im ost-westdeutschen Elitenkampf hervorhebt (Interview mit de Maiziere vom 16.4.2002). Auf die „bewusst instrumentalisierten" (ebd.) Vergangenheitsdebatten bezogen spitzt de Maiziere zu: „Wir haben in Ostdeutschland den protestantischen moralischen Rigorismus ohne Protestanten." (ebd.) Im Ländervergleich rückt so eine Rahmendeutung in den Mittelpunkt, die in einer nur auf den ersten Blick widersprüchlich erscheinenden Frage zusammen gefasst werden kann: Antikommunismus ohne Kommunisten?"

In diesem Fall handelt es sich um eine Sichtweise, die als Gegnerstereotyp in den symbolisch inszenierten Vergangenheitskonflikten der neuen Eliten während der neunziger Jahre prägend war: Gegner sind in der Auseinandersetzung über das kommunistische Erbe der Vergangenheit nicht primär die alten kommunistischen Eliten, sondern parteipolitische Konkurrenten. Ein Merkmal ist für die Vergangenheitsdiskurse in allen ostmitteleuropäischen Gesellschaften grundlegend: Das politische Denken im Bezugsrahmen von Macht, symbolischer Politik und der "Entkommunisierung" oder „Vergangenheitsbewältigung" sieht von den unterschiedlichen und gemeinsamen Lernerfahrungen der demokratischen Opposition im Verlauf der Rund-Tisch-Dialoge von 1989 ab. Für Polen fasst Adam Michnik das Dilemma der Vergangenheitspolitik in einer Feststellung zusammen, die auch für andere Übergangsgesellschaften (einschließlich Ostdeutschland) zutrifft: "Man kann kein Land entkommunisieren, in dem die Kommunisten die Macht am Runden Tisch abgegeben haben." (Michnik 1993: 11) Selbstkritisch fasst Michnik die populistische Wendung der Solidarnosc im letzten Jahrzehnt in Feststellungen zusammen, die ebenso auf Entwicklungen einzelner Personenzirkel aus dem oppositionellen Milieu anderer früherer "realsozialistischer" Gesellschaften übertragen werden können: "Viele aktive Solidarnosc-Leute sind der Versuchung erlegen, vom Kommunismus mit bolschewistischen Antlitz zu einem Antikommunismus mit bolschewistischem Gesicht überzugehen." (Michnik 1993: 11) Die alten antisystemischen Mobilisierungsformeln werden mit dem Niedergang des kommunistischen Partei- und Staatsapparates entleert. Zugleich werden aber auch die in oppositionellen Milieus der DDR ähnlich wie in Polen und der Tschechoslowakei verbreiteten Formen der konziliant politischen Sprache aufgegeben.

Unbestimmt waren in allen ostmitteleuropäischen Gesellschaften die Vorstellungen darüber, was getan werden muss, um die Vergangenheit zu bewältigen: Gesetze zur „Durchleuchtung" (Tschechoslowakei 1991 ff., Polen 1997), eine Initiative für ein „Tribunal" zur Vergangenheitsaufarbeitung (Ostdeutschland 1991), ein Gesetz zur Aktenaufarbeitung (Stasi-Unterlagengesetz 1991) oder eine Verbindung von „radikaler Dekommunisierung" der Strukturen und Personen (Polen 1992 ff.). In allen Ländern vermischten sich in den Debatten Vorschläge zur Einlösung von Gerechtigkeit mit instrumentellen Auffassungen von Recht und Moral (Fehr 1998a). So gerieten in allen post-kommunistischen Gesellschaften die Forderungen nach Entkommunisierung und Aufarbeitung in den vergangenen Jahren zu einem "Zerrbild der Vergangenheitsbewältigung" (Smolar 1994: 161; Gebert 1997: 153f; Smolar 1999: 81ff.; Interview mit de Maiziere 16.4.2002).

6. Schlussbemerkungen und Ausblick

Alle angeführten Struktur- und Funktionsprobleme der neuen politischen Parteien und Eliten deuten in eine Richtung: In der „nach-revolutionären" politischen Arena überwiegen Tendenzen der Polarisierung und Konfrontation: des Kampfes zur Vernichtung parteipolitischer Konkurrenten, der Instrumentalisierung von Debatten zur Vergangenheitspolitik und über neue Verfassungen oder Strafgesetze (Lustrationsgesetze). Die Grundlagen für den Parteienwettbewerb sind immer noch unbestimmt. Die Wiederbelebung von populistischen Strömungen vor und nach den Sejm/Senatswahlen vom September 2001 in Polen beleuchtet ein zentrales Dilemma des postkommunistischen Elitenwandels, das unter anderen Kontextbedingungen auch für die Tschechische Republik gilt: Die exzessiven Machtkämpfe hindern die neuen politischen Eliten daran, als Akteure öffentlicher Meinungs- und Willensbildungsprozesse zu fungieren. Die Vernachlässigung öffentlicher Themenbildung über Probleme der Transformation führt in allen drei Ländern immer wieder zu Situationen, in denen die von den neuen politischen Führungsgruppen selbst erzeugten Krisen den Demokratisierungsprozess beeinträchtigen. In Polen und der Tschechischen Republik schlägt sich dies in selbst zerstörerischen Tendenzen für die politische Kultur nieder. Der politische Stillstand in der parlamentarischen Arena der Tschechischen Republik kann als ein Ergebnis des zwischen regierenden Sozialdemokraten und Klaus' Demokratischer Bürgerpartei (ODS) praktizierten „Oppositionsvertrags“ (Prager Zeitung 15.3.2001) aufgefasst werden. Der von diesem Machtkartell aus größter Regierungs- und Oppositionspartei im Winter 2000/2001 inszenierte Kampf gegen die Unabhängigkeit des öffentlich-rechtlichen Fernsehens ist nur ein aktuelles Fallbeispiel für eine Elitenpolitik, die Fragen der demokratischer Legitimation ignoriert. Dass der spontane Bürgerprotest gegen das Vorhaben der beiden großen Parteien eine breite Unterstützung fand und die Pläne des Machteliten unterband, ist auf das entfaltete bürgerschaftliche Selbstbewusstsein in der Tschechischen Republik zurückzuführen. Ostdeutschland scheint durch die Einbindung in das westdeutsche Parteiensystem von solchen Problemen unabhängig zu sein. Genauer betrachtet gibt es allerdings mehr Parallelen als bisher angenommen; etwa im fundamentalen Misstrauen gegenüber den politischen Eliten – mit einer Ausnahme, nämlich Politikern der PDS, die in Regionen und auf Bundestagsebene als „unsrige“ wahrgenommen und als Sprecher des ostdeutschen „Wir“-Gemeinschaftsgefühls gesehen werden (Interview mit tr 17.5.2001; Interview si 9.2.2002). Damit gelangen wir zu einem Grundproblem der Übergangsgesellschaften, das in der Tschechischen Republik und Polen in unterschiedlichen Ausdrucksformen zutage tritt. Da die parteipolitischen Eliten keine strukturbildende Rolle für die öffentliche Meinungs- und Willensbildung übernehmen, entsteht eine Lage, in der die Integrationskraft einzelner charismatischer und integrierender Schlüsselpersönlichkeiten von zentraler Bedeutung ist. In der Tschechischen Republik wird dies an der hervorgehobenen Rolle von Präsident Havel ersichtlich, der eine integrierende Rolle spielt, die aufgrund des rapiden Vertrauensverlusts der politischen Führungsgruppen im öffentlichen Raum immer maßgeblicher wird. Entgegen einer von seinen politischen Konkurrenten verbreiteten Vorstellung über das Ende der „moralischen Politik“ gewann Havel auch dementsprechend an politischer und moralischer Autorität im Verlauf der neunziger Jahre. Unterschiede im Stil politischer Führungsfiguren erhalten in der tschechischen Gesellschaft bis in die Gegenwart einen größeren Stellenwert als die angenommenen programmatischen Profile (Potucek 1999): Havel versus Klaus. Havel agiert als Befürworter einer offenen „zivilen Gesellschaft“ (Havel 2000a: 3), während der anti-intellektuelle Habitus von Klaus auf „Machtinstinkt“ als Grundlage politischen Handelns abstellt. Die Kontroverse beider Politiker über den „Sinn“ und die Funktion intermediärer Strukturen in postkommunistischen Gesellschaften kann als prototypisch für die Elitenkultur gesehen werden (Havel/Klaus 1996).

In Polen ist nach dem Auseinanderfallen der Wahlaktion Solidarnosc (AWS) im Spektrum der katholisch-konservativen Parteien und "rechten" Gruppenverbände ein Leerraum entstanden, der durch populistische Bündnisse wie „Recht und Gerechtigkeit“ oder die „Liga der polnischen Familien“ nicht ausgefüllt werden kann. Noch schwerwiegender erscheint nach den letzten Parlamentswahlen vom September 2001, dass mit der „Freiheits-Union“ (UW) die einzige konsensbildende Parteigruppierung aus der parlamentarischen Arena verschwunden ist, die über Führungsfiguren mit Erfahrung und persönlicher Autorität verfügte (Geremek, Suchocka, Mazowiecki, Kuron, Balcerowicz u.a.) und in öffentlichen Kontroversen, wie dem Verfassungsstreit (1997), durch ihre Repräsentanten (Mazowiecki) normative Grundlagen für Kompromisse und Übereinkunft entfalten konnte. Auf dem Hintergrund der angeführten Entwicklungsdilemmata politischer Eliten und Parteien erfahren informelle Gruppen, Bürgerinitiativen und „Nicht-Regierungs-Organisationen“ (NGO´s) in allen drei Übergangsgesellschaften einen Bedeutungszuwachs, der sich sowohl in thematischer als auch organisatorischer Hinsicht manifestiert (Ekiert/Kubik 2000; Glenn 2001; Potucek 2000; Roth 2001).

Literatur

Bikont, Anna (1995): Duch rzeckiego krazy po Polsce (Interview mit Prof. L. Kolarska-Bobinska, Direktorin des Zentrums für Meinungsforschung CBOS), in: Gazeta Wyborcza vom 21./22.1.1995, S.11.

Bohley, Bärbel u.a. (1989): 40 Jahre DDR ... und die Bürger melden sich zu Wort, Frankfurt/M.

Boguszak, Michael u.a. (1990): Czechoslovakia – January 1990, Praha.

Boguszak, Michael u.a. (1990): Czechoslovakia – May 1990, Praha.

Brokl, Lubomir (1992): Zwischen „samtener Revolution“ und Demokratie, in: Blätter für deutsche und internationale Politik, Heft 8, S. 975.

Bürklin, Wilhelm / Rebenstorf, Hilke u.a. (1997): Eliten in Deutschland, Opladen.

Czyzewski, Marek / Kowalski, Sergiusz (1991): "Ich schaffe die Demokratie", in: Taz vom 9.3.1991, S.24.

„Danke, tretet ab!“ (1999): Erklärung ehemaliger Studenten zum zehnten Jahrestag des 17. November 1989, in: Berichte zu Staat und Gesellschaft der Tschechischen und Slowakischen Republik, Heft 4, S. 39-41.

Derlien, Hans-Ulrich (1998): Elitezirkulation in Ostdeutschland 1989-1995, in: Aus Politik und Zeitgeschichte, B 5/98, 23.1.1998, S. 3-17.

Eberwein, Wolf-Dieter / Ecker-Ehrhardt (2001): Deutschland und Polen – Eine Werte- und Interessengemeinschaft? Die Eliten-Perspektive, Opladen.

Edelman, Murray (1976): Politik als Ritual, Frankfurt/M.

Fehr, Helmut (1995): Von der Dissidenz zur Gegenelite. Ein Vergleich der politischen Opposition in Polen, der Tschechoslowakei, Ungarn und der DDR (1976-1989), in: Ulrike Poppe u.a. (Hrsg.), Zwischen Selbstbehauptung und Anpassung, Berlin, S. 301-334.
Fehr, Helmut (1996): Unabhängige Öffentlichkeit und soziale Bewegungen – Fallstudien über Bürgerbewegungen in Polen und der DDR, Opladen.
Fehr, Helmut (1998a): Öffentlicher Sprachwandel und Elitenkonkurrenz, in: Ilja Srubar (Hrsg.), Eliten, politische Kultur und Privatisierung in Ostdeutschland, Tschechien und Mittelosteuropa, Konstanz, S. 65-96.
Fehr, Helmut (1998b): Von der Solidarität zum Kampf um die Macht. Elitenbildung und Intelligenz in Polen, in: Aus Politik und Zeitgeschichte, B 8/98, S.10-20.
Fehr, Helmut (2001): Legitimitätskonflikte in Umbruchgesellschaften, in: Jutta Allmendinger (Hrsg), Gerechte Gesellschaft?, Band B, Opladen, S. 1077-1992.
Ekiert, Grzegorz (1996): The State Against Society – Political Crises and Their Aftermath in East Central Europe, Princeton, N.J.
Ekiert,Grzegorz / Kubik, Jan (2000): Rebellious Civil Society, Ann Arbor.
Frentzel-Zagórska, Janina / Wasilewski, Jacek (Eds.) (2000): The Second Generation of Democratic Elites in Central and Eastern Europe, Warsaw.
Gamson, William A. (1992): Talking Politics, New York.
Gatnar, Lubomir u.a. (1998): Attitudes of Individuals and Institutions to Social Transformation, Working Paper: Institute of Sociology, Czech Academy of Science, Vol. 98, Num.2, Prag.
Gazeta Wyborcza (1994): Czy polityk jest nam do czego potrzebny?, in: Gazeta Wyborcza vom 11.7.1994.
Gazeta Wyborcza (2002): Pomysly na Unie, in: Gazeta Waborza vom 18.2.2002.
Gebert, Konstanty (1997): Wenn schlafende Akten lügen ... Das Für und Wider der Öffnung der Geheimdienstakten, in: Gary Smith u.a. (Hrsg.), Amnestie oder Die Politik der Erinnerung, Frankfurt/M, S. 138-154.
Gesetz Nr.451/1991 der CSFR (1991): Lustrationsgesetz vom 2.10.91, in: Zeitschrift für europäische Politik und Dialog, Berlin, S. 36-40.
Glenn, John K. III (2001): Framing Democracy. Civil Society and Civic Movements in Eastern Europe, Stanford.
Hanspach, Daniel (1997): Political, Organizational and Policy Transformation at the Municipal Level. The Case of Liberec, Praha: WP 97: 1.
Havel, Václav (1990): Versuch, in der Wahrheit zu leben, Reinbek.
Havel, Vaclav (1994): Sommermeditationen, Reinbek.
Havel, Václav (2000a): Adress by Vaclav Havel, President of the Czech Republic, before the Members of the European Parliament (16.2.2000), Strasbourg (Manuskript).
Havel, Václav (2000b): Niemand will den Tschechen Souveränität und Identität nehmen, in: Prager Zeitung vom 2.11.2000.
Havel, Václav (2002): New Year´s Adress by Václav Havel, Prag (Manuskript).
Havel, Václav / Klaus, Václav (1996): Civil Society After Communism. Rival Visions, in: Journal of Democracy, Vol. 7, No.1, S. 12-20.
Higley, John / Pakulski, Jan (1999): Elites in the Study of Consolidated Democracy, in: Aleksandra Jasinska-Kania u.a., Power and Social Structure, Warszawa, S. 117-137.

Higley, John u.a. (1996): The Persistence of Postcommunist Elites, in: Journal of Democracy, Vol. 7, S.133-147.
Horsky, Vladimr (1991): Die samtene Revolution in der Tschechoslowakei, in: Rainer Deppe u.a. (Hrsg.), Demokratischer Umbruch in Osteuropa, Frankfurt/M., S. 281-300.
Klaus, Václav (1991): Signale aus dem Herzen Europas, Wiesbaden.
Klaus, Václav (1994): Über Toleranz, Prag.
Klaus, Václav (1995): Tschechische Transformation und Europäische Integration. Gemeinsamkeiten von Visionen und Strategien, Passau.
Klaus, Václav (2001a): Die osteuropäischen Staaten und der europäische Integrationsprozess, Prag (Manuskript).
Klaus, Václav (2001b): European Union and Its Enlargement, Prag (Manuskript).
Klaus, Václav (2001c): The Role of Press during both the Liberation and the Post-Communist Reconstruction of the Czech Republic, Prag (Manuskript).
Klaus, Václav (2002): Czech Republic at the Gates of EU, Prag (Manuskript).
Kowalski, Sergiusz (1988): Solidarnosc Polska, Warszawa.
Krone, Tina (Hrsg.) (1999): „Sie haben so lange das Sagen, wie wir es dulden". Briefe an das Neue Forum September 1989 – März 1990, Berlin.
Kuczma, Jozef (1982): August 1980 as I Remember It, in: Sisyphus – Sociological Studies. Crises and Conflicts: The Case of Poland 1980-81, Warsaw, S. 252-271.
Meckel, Markus (1990): Redebeitrag, in: Protokoll der Delegiertenkonferenz der Sozialdemokratischen Partei der DDR, Berlin: 12.1.-14.1.1990, S. 249-263.
Adam Michnik in einem Streitgespräch mit Jürgen Habermas: Mehr Demut, weniger Illusionen, in: Die Zeit 17.12.1993, S.11.
Neues Forum Leipzig (1990): Jetzt oder Nie – Demokratie!, Leipzig.
Nowak, Stefan (1982): Wertvorstellungen der Polen, in: Journal für Sozialforschung, Heft 12, S. 90ff.
Otahal, Mihal (1992): Der rauhe Weg zur „samtenen Revolution", in: Berichte des Bundesinstituts für ostwissenschaftliche und internationale Studien, Köln.
OPOP (1993): Korupcja wszedzie, in: Gazeta Wyborcza 6.5.1993.
Potucek, Martin (1999): Havel versus Klaus: Public Policy Making in the Czech Republic, in: Journal of Comparative Policy Analysis: Research and Practice, Vol. I, Num. 2, S.163-176.
Potucek, Martin (2000): The Uneasy Birth of Czech Civil Society, in: Voluntas, Vol. 11, Num. 2, S. 107-121.
Roth, Roland (2001): Besonderheiten des bürgerschaftlichen Engagements in den eneuen Bundesländern, in: Aus Politik und Zeitgeschichte B 39-40, S. 15-22.
Rychard, Andrzej (1993): Adaptations, Reforms, and Breakthrough – The Sources and Limits of Institutional Changes in Poland, Warsaw.
Scherzer, Landolf (1997): Der Zweite, Berlin.
Scherzer, Landolf (2000): Der Letzte, Berlin.
Schödl, Günter / Fehr, Helmut (2000): Legitimitätskonflikte in Umbruchgesellschaften – Eine historisch-vergleichende Untersuchung des Elitenwandels in Polen, der Tschechoslowakei und der DDR/Ostdeutschland (1976-2000), (Manuskript: DFG-Projektantrag).
Siklova, Jirina (1991): The Gray Zone and the Future of Dissent in Czechoslovakia, in: Social Research, Vol. 57, S. 347-363.
Simecka, Milan (1992): Das Ende der Unbeweglichkeit, Frankfurt/M.

Smolar, Aleksander (1994): Die samtene Konterrevolution. Polnische Erfahrungen, in: Transit Heft 8, S. 161.

Smolar, Aleksander (1999): Vergangenheitspolitik nach 1989, in: Transit, Heft 18, S. 81-101.

Srubar, Ilja (1998): Elitenwandel in der Tschechischen Republik, in: Aus Politik und Zeitgeschichte B 8, S. 21-33.

Swida-Ziemba, Hanna (1994): Post-Communist Mentality, in: Aldona Jawlowska / Marian Kempny (Eds.), Cultural Dilemmas of Post-Communist Societies, Warsaw, S. 223-239.

Thaysen, Uwe (Hrsg.) (2000): Der Zentrale Runde Tisch der DDR. Wortprotokoll und Dokumente, Band I-V, Opladen.

Toranska, Teresa (1986): Die da oben. Polnische Stalinisten zum Sprechen gebracht, Köln.

Vecernik, Jiri / Mateju, Petr (Eds.) (1999): Ten Years of Rebuilding Capitalism. Czech Society after 1989, Praha.

Voracek, Emil (1997): Linke dissidentische Utopien kurz vor dem November 1989 und danach, in: Hans Misselwitz / Dieter Segert (Hrsg.), Rückkehr nach Europa?, Potsdam, S. 188-212.

Weselowski, W. (2000): Theoretical Aspects of Elite Research in Postcommunist Societies, in: Jania Frentzel-Zagórska / Jacek Wasilewski (Eds.); The Second Generation of Democratic Elites in Central and Eastern Europe, Warsaw, S. 17-36.

Wedel, Janine R. (Ed.), The Unplanned Society – Poland During and After Communism, New York.

Wnuk-Lipinski, Edward (1989): Inequalities and Social Crisis, in: Sisyphus, Vol. V, Warsaw.

Wnuk-Lipinski, Edmund (1991), Rozpad polowiczny, Warszawa.

Zagórski, Krzystof / Streszewski, Michal (2000): Nowa Rzeczywistosc. Oceny i opinie 1989-1999, Warszawa.

Zwahr, Hartmut (1993): Das Ende einer Selbstzerstörung, Göttingen.

Verzeichnis der Autorinnen und Autoren

Irene Becker, Dr., wissenschaftliche Mitarbeiterin am Fachbereich Wirtschaftswissenschaften der Universität Frankfurt/M. E-Mail: irebecke@wiwi.uni-frankfurt.de

Heinrich Best, Prof. Dr., Professor für Soziologie an der Universität Jena. E-Mail: Best@soziologie.uni-jena.de

Tomke Böhnisch, Dr., wissenschaftliche Mitarbeiterin am Zentrum für Gender Studies der Universität Basel, E-Mail: Tomke.Boehnisch@t-online.de

Alex Demirovic, PD Dr., vertritt zur Zeit eine Professur für allgemeine und politische Soziologie an der Gesamthochschule/Universität Wuppertal, E-Mail: Demirovic@em.uni-frankfurt.de

Helmut Fehr, PD Dr., wissenschaftlicher Mitarbeiter am Institut für Geschichtswissenschaften der Humboldt-Universität Berlin. E-Mail: fehr@t-online.de

Gunter Gebauer, Prof. Dr., Professor für Philosophie und Sportsoziologie an der FU Berlin. E-Mail: ggebauer@zedat.fu-berlin.de

Rainer Geißler, Prof. Dr., Professor für Soziologie an der Universität/Gesamthochschule Siegen. E-Mail: geissler@soziologie.uni-siegen.de

Max Haller, Prof. Dr., Professor für Soziologie an der Universität Graz. E-Mail: Max.Haller@Kfunigraz.ac.at

Michael Hartmann, Prof. Dr., Professor für Soziologie an der TU Darmstadt. E-Mail: hartmann@ifs.tu-darmstadt.de

Ursula Hoffmann-Lange, Prof. Dr., Professorin für Politikwissenschaft an der Universität Bamberg. E-Mail: ursula.hoffmann@sowi.uni-bamberg.de

Stefan Hradil, Prof. Dr., Professor für Soziologie an der Universität Mainz. E-Mail: stefan.hradil@uni-mainz.de

Peter Imbusch, PD Dr., Privatdozent für Soziologie an der Universität Marburg und wissenschaftlicher Mitarbeiter am Institut für interdisziplinäre Konflikt- und Gewaltforschung der Universität Bielefeld. E-Mail: peter.imbusch@uni-bielefeld.de

Beate Krais, Prof. Dr., Professorin für Soziologie an der TU Darmstadt. E-Mail: Krais@ifs.tu.darmstadt.de

Rainer Paris, Prof. Dr., Professor für Soziologie an der Fachhochschule Magdeburg-Stendal. E-Mail: rainer.paris@sgw.hs-magdeburg.de

Rüdiger Preißer, Dr., wissenschaftlicher Mitarbeiter beim Deutschen Institut für Erwachsenenbildung in Bonn. E-Mail: preisser@die-bonn.de

Erwin K. Scheuch, Prof. Dr., Professor (em.) für Soziologie an der Universität Köln. E-Mail: scheuch@za.uni-koeln.de

Michael Vester, Prof. Dr., Professor für Politikwissenschaft an der Universität Hannover. E-Mail: m.vester@mbox.agis.uni-hannover.de

Paul Windolf, Prof. Dr., Professor für Soziologie an der Universität Trier. E-Mail: windolf@uni-trier.de